Uni-Taschenbücher 1106

FÜR WISSEN
SCHAFT

Eine Arbeitsgemeinschaft der Verlage

Wilhelm Fink Verlag München
Gustav Fischer Verlag Stuttgart
Francke Verlag Tübingen
Harper & Row New York
Paul Haupt Verlag Bern und Stuttgart
Dr. Alfred Hüthig Verlag Heidelberg
Leske Verlag + Budrich GmbH Opladen
J. C. B. Mohr (Paul Siebeck) Tübingen
R. v. Decker & C. F. Müller Verlagsgesellschaft m. b. H. Heidelberg
Quelle & Meyer Heidelberg · Wiesbaden
Ernst Reinhardt Verlag München und Basel
K. G. Saur München · New York · London · Paris
F. K. Schattauer Verlag Stuttgart · New York
Ferdinand Schöningh Verlag Paderborn · München · Wien · Zürich
Eugen Ulmer Verlag Stuttgart
Vandenhoeck & Ruprecht in Göttingen und Zürich

Herbert Kuntze
Günter Roeschmann
Georg Schwerdtfeger

Bodenkunde

Vierte, erweiterte und neubearbeitete Auflage
150 Abbildungen, 157 Tabellen

Verlag Eugen Ulmer Stuttgart

HERBERT KUNTZE, Prof. Dr., Leitender Direktor und Professor, geb. 1930. Studium der Landwirtschaft in Göttingen. 1957–1964 Grünland-lehranstalt und Marschversuchsstation für Niedersachsen, Infeld, 1964–1969 Staatliche Moorversuchsstation in Bremen, seit 1969 Leiter des Bodentechnologischen Instituts Bremen des Niedersächsischen Landesamts für Bodenforschung, 1970 apl. Professor an der Universität Göttingen, Lehrgebiet Boden- und Landeskultur. Seit 1986 Präsident der Deutschen Bodenkundlichen Gesellschaft.

GÜNTER ROESCHMANN, Prof. Dr., Direktor und Professor, geb. 1925. Studium der Landwirtschaft in Kiel und Weihenstephan und der Geologie in Münster, seit 1955 am Niedersächsischen Landesamt für Bodenforschung in Hannover, 1962–1987 Lehrauftrag für Bodenkunde und Bodenkartierung an der Universität Münster; seit 1971 dort Honorarprofessor. 1978–1982 Vizepräsident der Deutschen Bodenkundlichen Geschellschaft.

GEORG SCHWERDTFEGER, Prof. Dr., geb. 1920. Studium der Landwirtschaft in Göttingen, 1950–1959 Sachbearbeiter, Lehrgangsleiter und Landw.-Lehrer bei den Landw.-Kammern Hannover und Weser-Ems, von 1959 bis 1985 Dozent an der Fachhochschule Nordost-Niedersachsen Fachbereich Bauingenieurwesen (Wasserwirtschaft und Kulturtechnik) in Suderburg.

CIP-Titelaufnahme der Deutschen Bibliothek

Kuntze, Herbert:
Bodenkunde. – 4., erw. u. neubearb. Aufl. – Stuttgart : Ulmer, 1988
  (UTB für Wissenschaft : Uni-Taschenbücher ; 1106)
  Bis 3. Aufl. u.d.T.: Bodenkunde
  ISBN 3-8001-2563-3

NE: Roeschmann, Günter:; Schwerdtfeger, Georg:; UTB für
  Wissenschaft / Uni-Taschenbücher

© 1969, 1988 Eugen Ulmer GmbH & Co.
Wollgrasweg 41, 7000 Stuttgart 70 (Hohenheim)
Printed in Germany
Einbandgestaltung: Alfred Krugmann
Satz: Typobauer, Scharnhausen
Druck: Offsetdruckerei Karl Grammlich, Pliezhausen
Gebunden bei Reclam, Ditzingen

Vorwort

Aus der 1. Auflage

Bodenkunde gehört zur Grundlagenforschung von Land-, Wald- und Gartenbau und ist im besonderen für eine zeitgemäße Bodenmelioration und Bodenkultur eine unerläßliche Voraussetzung, nicht zuletzt auch für eine sinnvolle Landschaftsgestaltung einschließlich der Raumplanung. Sie selbst stützt sich auf verschiedene Wissensgebiete, vor allem auf Mineralogie, Geologie, Meteorologie, Physik, Chemie und Biologie.

Dieses Lehrbuch betont in erster Linie die angewandte Bodenkunde und stellt somit eine »Feldbodenkunde« dar. Es ist u.a. als Ergänzung der Vorlesungen über dieses Fachgebiet gedacht. Deshalb muß es an Stoff mehr bringen, als es der in seinen Vorträgen und Übungen zeitlich eingeengte Dozent vermag, und zwar auch aus den grundlegenden verwandten Disziplinen, ohne die man als Bodenkundler nicht auskommt. Um den Studierenden auf einer möglichst breiten naturwissenschaftlichen Grundlage verständnisvoll zum angestrebten Ziel zu führen, sind eingangs Geologie, Mineralogie und Bodenphysik umfassender behandelt, als es in einschlägigen Lehrbüchern üblich ist.

So dürften nicht nur dem Studenten für Landbau, Gartenbau, Forstwirtschaft und Wasserwirtschaft, sondern selbst für das weitergehende bodenkundliche Studium in allen naturwissenschaftlichen Disziplinen vielfältige Anregungen zum selbständigen Wissenserwerb gegeben werden. Aber auch allen in Praxis, Lehre, Beratung und Verwaltung daran Interessierten und dafür Verantwortlichen vermittelt das Buch den neuesten Stand der Bodenkunde mit praxisnahen Empfehlungen zu ihrer Anwendung.

Die Autoren haben sich von Anfang an bei den ihnen jeweils zufallenden Kapiteln stetig ergänzt in dem Wunsch, eine zweckdienliche Gemeinschaftsarbeit vorzulegen.

Viele fördernde Fachgespräche sind vor allem mit maßgebenden Kollegen der Deutschen Bodenkundlichen Gesellschaft geführt worden. Ihnen und allen anderen, die uns fachkundigen Rat gegeben haben, sagen wir Dank.

Sommer 1969   Die Verfasser

Zur 4. Auflage

Die mit der 2. Auflage erfolgte Umstellung auf ein Taschenbuch der
UTB-Reihe zwang trotz sprunghaft zunehmenden Fachwissens in der
Bodenkunde zu einer Straffung des Textes. In der 3. Auflage waren nur
wenige Ergänzungen und erforderliche Verbesserungen möglich.
Der im Vorwort zur 3. Auflage von uns ausgesprochene Wunsch nach
einer gründlichen Neubearbeitung mehrerer Abschnitte ist durch ver-
ständnisvolles Entgegenkommen des Verlages mit dieser 4. Auflage ermöglicht worden. Dabei wurden auch zahlreiche Abbildungen neu ge-
zeichnet. Für die sorgfältige Ausführung dieser Arbeit haben wir Frau
Diplom-Geographin Birgitta Henzler, Trier, zu danken.
Den beiden ehemaligen Mitautoren Prof. Dr. Werner Baden, Hannover,
und Prof. Dr. Franz-Josef Vollmer, Bonn, sind wir zu Dank für Ihre
Mitarbeit bei der 1. Auflage verpflichtet. Bis zur 3. Auflage hat Prof.
Dr. Niemann, Osnabrück, die Bodensystematik und die gartenbaulichen Abschnitte bearbeitet. Wir danken ihm für mehr als zwei Jahrzehnte Zusammenarbeit.
Die FAO in Rom hat vor wenigen Jahren eine umfangreiche, bedeu-
tungsvolle Weltbodencharta veröffentlicht. Die bereits 1972 vom Euro-
parat verfaßte Bodencharta hat für das zunehmende Umweltbewußtsein
einen großen Beitrag geleistet; daher nehmen wir auch sie in diese Ausgabe auszugsweise wieder auf.
Aus diesem Umweltbewußtsein ist die Bodenschutzkonzeption der Bundesregierung und das Bodenschutzprogramm der Umweltministerkonferenz der Bundesländer erwachsen. Die dort aufgestellten Forderungen
wurden in allen Abschnitten bei der Neubearbeitung dieser Auflage
berücksichtigt. In breitem Umfang sind sie in den Abschnitten Bodeneigenschaften, pedogenetische Prozeßkomplexe, Beschreibung der Bodentypen, insbesondere aber in dem völlig neu bearbeiteten Abschnitt Bodentechnologie aufgenommen worden. Wie in den Vorworten der vorangegangenen Auflagen bitten wir unsere Leser um fördernde Kritik
und Ergänzungswünsche.
Dem Verlag Ulmer haben wir mit seinem Inhaber Herrn Roland Ulmer,
den Damen und Herren im Lektorat und in der Herstellung für die
durch Erweiterung des Umfangs besonders aufwendigen Arbeiten zu
danken. Erfreulich ist, daß trotz dieser erheblichen Umfangvermehrung
der Preis des Taschenbuches in Grenzen gehalten werden konnte, so daß
es nicht nur für Studenten weiterhin preiswert bleibt.

Januar 1988   Die Verfasser

Inhaltsverzeichnis

Bodenkundliche Ausbildungsstätten in der Bundesrepublik (Lehr- und Prüfungsfach)

1. Universitäten

Ort	Fachbereich
Kiel	Agrarwissenschaft
Oldenburg	Naturwissenschaft
Berlin	Landespflege, Agrarwissenschaft
Braunschweig	Bauingenieurwesen
Hannover	Gartenbau, Landespflege, Geographie, Bauingenieurwesen
Bonn	Agrarwissenschaft, Geodäsie
Göttingen	Agrarwissenschaft, Forstwissenschaft, Geographie
Gießen	Agrarwissenschaft
Trier	Geographie
Stuttgart-Hohenheim	Agrarwissenschaft
Bayreuth	Geoökologie
Freising-Weihenstephan	Agrarwissenschaft
München	Forstwirtschaft
Freiburg im Breisgau	Forstwissenschaft

2. Gesamthochschulen, Fachhochschulen

Ort	Fachbereich
Eckernförde	Bauingenieurwesen (Wasserwirtschaft und Kulturbau)
Rendsburg	Landbau
Suderburg	Bauingenieurwesen (Wasserwirtschaft und Kulturtechnik)
Osnabrück	Landbau, Gartenbau
Göttingen	Forstwissenschaft
Paderborn/Soest	Landbau
Essen	Landespflege
Siegen	Bauingenieurwesen (Wasserwirtschaft und Kulturbau)
Kassel/Witzenhausen	Landbau
Geisenheim	Gartenbau, Landespflege
Bad Kreuznach	Landbau
Nürtingen	Landbau, Landespflege
Freising-Weihenstephan	Gartenbau, Landbau

Einleitung

Die Bodenkunde als reine und anwendungsorientierte Naturwissenschaft

Die Bodenkunde ist heute in ihrem Grundlagenbereich eine Naturwissenschaft im Grenzgebiet zwischen den Geo- und Biowissenschaften und der Meteorologie. Der Boden selbst wird als eigener Naturkörper im Durchdringungsbereich zwischen Atmosphäre, Hydrosphäre, Biosphäre und Lithosphäre im weiteren Sinne verstanden. Er ist unter dem Einfluß der von diesen Sphären ausgehenden und der weiteren bodenbildenden Faktoren entstanden. Nach der Tiefe wird er in Bodenhorizonte mit unterschiedlichen Eigenschaften gegliedert.

Dies war nicht immer so. Zwar haben bereits vor 3000 Jahren z. B. die Chinesen und Ägypter, später auch die Griechen, die Böden nach ihrem Nutzwert beurteilt, erfaßt und Vorschläge für ihre Verbesserung erarbeitet. Dies geschah jedoch damals wie auch später bis vor etwa 150 Jahren fast ausschließlich für eine land- und gartenbauliche Nutzung. Die landwirtschaftlich ausgerichtete, angewandte Bodenkunde wurde auch »Agrologie« genannt (z. B. noch bei ALBRECHT THAER).

Im 19. Jahrhundert standen dann zunächst agrikulturchemische Fragen im Vordergrund bodenkundlich-naturwissenschaftlicher Forschungen, beginnend mit CARL SPRENGEL und JUSTUS VON LIEBIG. Als eigenes Fachgebiet ist die Bodenkunde erst 1862 in dem Lehrbuch von F. A. FALLOU »Pedologie oder allgemeine und angewandte Bodenkunde« bekannt geworden, wenn auch zunächst unter Betonung geologischer Gegebenheiten. Von 1878 bis 1898 veröffentlichte E. WOLLNY 20 Bände »Forschungen auf dem Gebiete der Agrophysik«, in denen zu vielen heute aktuellen bodenphysikalischen Fragen bereits grundlegende Aussagen gemacht worden sind.

Als Begründer der modernen Bodenkunde gilt W. W. DOKUTSCHAJEW, der 1883 das Werk »Die russische Schwarzerde« herausgab. Hierin wird erstmals auf die universelle Wirkung des Klimas und der Vegetation bei der Bodenbildung hingewiesen. Zehn Jahre später veröffentlichten in Deutschland E. RAMANN und in den USA E. W. HILGARD gleichzeitig Werke mit ähnlicher klimagenetischer Beschreibung und Gliederung der Böden. In RAMANNS Lehrbuch »Forstliche Bodenkunde und Standortslehre« wurden mehr die waldbaulichen, in HILGARDS Werk mehr die landwirtschaftlichen Aspekte betont. In dem 1906 von E. MITSCHERLICH herausgebrachten Bodenkunde-Lehrbuch stand die Pflanzenphysiologie im Vordergrund. Seit 1926 ist die Deutsche Bodenkundliche

Gesellschaft mit ihren Organen »Zeitschrift für Pflanzenernährung und Bodenkunde« und den »Mitteilungen der Deutschen Bodenkundlichen Gesellschaft« Sammelbecken aller am Boden Interessierter. Aus diesen Grundlagen entwickelte sich dann – in den verschiedenen Ländern in unterschiedlicher Systematik – die moderne, zunächst überwiegend genetisch ausgerichtete, horizontbezogene Bodenbetrachtung. Sie ist in Deutschland mit den Namen E. BLANCK und H. STREMME, seit 1950 u.a. mit W.L. KUBIENA, F. SCHEFFER, P. SCHACHTSCHABEL und E. MÜCKENHAUSEN verbunden. Auf ihren Arbeiten fußt auch die in diesem Buch dargestellte Bodensystematik.

Seit einiger Zeit sind Bestrebungen im Gange, diese pedogenetische Systematik mit der »Soil Taxonomy« der USA zu korrelieren. Sie betont zur Kennzeichnung und Abgrenzung der Bodeneigenschaften u.a. die chemischen und physikalischen Diagnosemerkmale. Das gleiche gilt für die internationale Bodennomenklatur der FAO (Food and Agricultural Organisation der UN). Letztere liegt der Legende der Weltbodenkarte der FAO zugrunde.

Die deutsche Bodensystematik stellt – wie auch der Inhalt dieses Buches zeigt – eine für wissenschaftliche wie praktische Zwecke gleichermaßen brauchbare Gliederung der mitteleuropäischen Böden dar. Sie läßt die Verflechtungen der Bodenkunde mit vielen anderen Nachbardisziplinen – wie z.B. Physik, Chemie, Biologie, Geologie, Geographie und Mineralogie/Petrologie – erkennen. Sie erleichtert sowohl die Abgrenzung der Böden in der Natur als auch die Anwendung bodenkundlicher Erkenntnisse in vielen Bereichen der Wissenschaft und Praxis (s. auch Europäische Bodencharta, Seite 16).

Aufgaben der angewandten Bodenkunde

Historisch-genetische Anwendungsrichtungen

Vor- und Frühgeschichte: 1) Standorteigenschaften von Siedlungsplätzen und deren anthropogene Veränderungen. 2) Bodengenetische Untersuchung anthropogener Aufschüttungen (z.B. Grabhügel, Burgwälle). 3) Bodendatierung mit Hilfe historischer und prähistorischer Funde (z.B. Werkzeuge, Keramik, Schmuck).

Mineralogie, Petrographie: 1) Mineralneubildungen in Böden (z.B. Tonmineralien, Eisenoxide). 2) Mineralgenese in älteren Bodenrelikten (z.B. Laterit) und fossilen Böden.

Geographie: 1) Bodengenetische Hinweise zur Deutung und relativen Datierung geomorphologischer Elemente (z.B. Terrassen, Rumpfflächen). 2) Landschaftsgeschichtliche Deutung der Genese und Vergesellschaftung von Böden.

Geologie: Fossile Böden 1) als erdgeschichtliche Dokumente aus

Schichtlücken-Zeiträumen, 2) als stratigraphische Leithorizonte (z.B. in fossilfreien Gesteinsserien).
Paläontologie, Paläoklimatologie: Fossile Böden als klimatisch-ökologische Dokumente vorzeitlicher Biotope.

Ökologische Anwendungsrichtungen
Mikrobiologie: Bodengenetische und ökologische Deutung mikrobiologischer Prozesse in Böden.
Zoologie, Botanik: Einflüsse von Bodeneigenschaften auf die Bodenfauna und Bodenflora (Ökologie und Soziologie).
Pflanzensoziologie: Standortkundliche und regionale Zusammenhänge zwischen Bodeneigenschaften und Pflanzengesellschaften.
Naturschutz: Eigenschaften und Vergesellschaftung von Böden als Grundlage für sinnvollen Naturschutz.
Landespflege: Bodenuntersuchung und -kartierung als Grundlage für die Planung und deren Durchführung: 1) zur Erhaltung und Verschönerung der Landschaft. 2) zur Beseitigung von Landschaftsschäden.
Raumordnung, Landesplanung: Bodenuntersuchung und -kartierung als Grundlage 1) für Flächennutzungspläne 2) für die Großraum- und Regionalplanung, 3) zur Erfassung von »Grenzertragsböden«.
Umweltsicherung: Bodenuntersuchung und -kartierung zur Feststellung, Beseitigung und Verhinderung 1) von Umweltbelastungen (Salze, toxische und radioaktive Substanzen, sonstige mineralische und organische Schmutz- und Schadstoffe aus Abwasser, Müll, Klärschlamm); 2) von Erosions- und Deflationsschäden; 3) zur Ausweisung potentieller Erholungsgebiete; als Grundlage 4) zur sinnvollen Brachflächennutzung; 5) für die Rekultivierung von Tagebauen, Kiesgruben, Mülldeponien und Abraumhalden; 6) für die Friedhofsplanung (Filterwirkung des Bodens).
Gartenbau: 1) Bodenuntersuchung bei der Anlage von Gärten, Grünflächen, Obstanlagen; 2) Eigenschaften von Böden und künstlichen Substraten im Gemüse- und Zierpflanzenbau.
Forstwirtschaft: 1) Bodenkartierung im Rahmen der forstlichen Standortaufnahme sowie zur Ausweisung von Brach- und Grenzertragsflächen für die Aufforstung; 2) Untersuchung des Bodens als ökologischer Faktor bei der Holzartenwahl und Bestandespflege.
Landwirtschaft: Bodenuntersuchung und -kartierung als Entscheidungshilfe für die landwirtschaftliche Praxis und Beratung sowie als Grundlage 1) zur Nutzungseignung und Fruchtbarkeit der Böden; 2) zur Bodenbewertung unter Verwendung der Bodenschätzung; 3) für die Planung und Durchführung von Maßnahmen zur Bodenerhaltung (Erosionsschutz); 4) für Beratungen zur Düngung und Bodenbearbeitung sowie 5) für die Agrarstruktur-Planung und Flurbereinigung.

Wirtschaftlich-technische Anwendungsrichtungen

Hydrogeologie, Wasserwirtschaft: Erfassung der Bodenveränderungen 1) durch Flußregulierung, Vorflutausbau, Schöpfwerksbau, Talsperrenbau. 2) durch Grundwasserabsenkung um Wasserwerke (Bodenkundliche Beweissicherung). 3) Bodenkundliche Untersuchungen zur Grundwasserneubildung und Wasserbilanz für wasserwirtschaftliche Rahmenpläne.

Kulturtechnik. Bodenuntersuchung und -kartierung für Zwecke der Bodenverbesserung 1) durch Gefügemeliorationen (z.B. Tiefumbruch, Tieflockerung, Deckkultur, Meliorationsdüngung); 2) durch Hydromeliorationen (z.B. Entwässerung, Beregnung, bei Bewässerung insbesondere zur Verhinderung oder Verminderung der Bodenversalzung.

Ingenieurgeologie, Bauwirtscahft: 1) Bodeneigenschaften im Rahmen flächiger Baumaßnahmen (z.B. Flugplatz- oder Sportplatz-Bau). 2) Bodenwasserhaushaltsänderungen durch Baumaßnahmen (Bodenkundliche Beweissicherung).

Industrie: Bodenbewertung für neue Industriestandorte.

Verkehr: Veränderungen umliegender Böden durch Straßen-, Kanal- oder Eisenbahnbau (Bodenkundliche Beweissicherung).

Europäische Bodencharta (1972, auszugsweise)

1. Der Boden ist eines der kostbarsten Güter der Menschheit. Er ist ein fundamentaler Teil der Biosphäre und, zusammen mit der Vegetation und dem Klima, trägt er zur Regelung der Zirkulation bei und bestimmt die Qualität des Wassers.

2. Der Boden ist ein nur begrenzt vorhandenes Gut und leicht zerstörbar. Er bildet sich langsam durch physikalische, physikalisch-chemische und biologische Prozesse. Seine Produktionskapazität läßt sich durch sorgfältiges Vorgehen verbessern.

3. Jede regionale Planung muß von den Eigenschaften des Bodens und von den heutigen und morgigen Bedürfnissen der Gesellschaft ausgehen. Böden geringerer Ertragsleistung und nicht bewirtschaftbare Flächen stellen ein großes Potential als Naturreserven, Wiederaufforstungsgebiete, Schutzzonen gegen Bodenerosion und Lawinen, Regulatoren für Wassersysteme und als Erholungsgebiete dar.

4. Land- und Forstwirte müssen Verfahren anwenden, bei denen die Qualität des Bodens erhalten bleibt. Die zum Ackerbau und zum Ernten verwendeten Verfahren sollten die Eigenschaften des Bodens erhalten und verbessern.

5. Der Boden muß gegen Erosion geschützt werden.

6. Der Boden muß gegen Verunreinigungen geschützt werden.

7. Die Entwicklung von Städten muß konzentriert und so geplant werden, daß guter Boden weitmöglichst davon verschont bleibt und

eine Beeinträchtigung von landwirtschaftlichen und forstwirtschaftlichen Böden, des Naturhaushaltes und von Erholungsgebieten vermieden wird.

8. Die Kosten für den Schutz umliegender Gebiete müssen bei der Planung bereits miteinkalkuliert werden und, falls es sich nur um ein vorübergehendes Vorhaben handelt, müssen auch die Kosten für die Wiederherstellung im Budget berücksichtigt werden.

9. Eine Bestandsaufnahme der vorhandenen Bodenreserven ist unerläßlich. Zu diesem Zweck sind Bodenkarten, ergänzt durch angemessene Spezialkarten über die Bodennutzung, Geologie, die wirkliche und potentielle Hydrologie der Böden und dergleichen erforderlich. Diese Karten sollen so angefertigt werden, daß sie auf internationaler Ebene miteinander verglichen werden können.

10. Weitere Forschungsarbeit und eine Zusammenarbeit der einzelnen Fachgruppen sind erforderlich. Von ihr hängt die Perfektionierung der Erhaltungstechniken in Landwirtschaft und Forst ab, außerdem die Aufstellung der Normen für die Verwendung chemischer Düngemittel, die Entwicklung von Ersatzstoffen für giftige Schädlingsbekämpfungsmittel und der Verfahren zur Verringerung einer Verunreinigung.

11. Bodenerhaltung muß auf allen Stufen gelehrt werden und immer stärker in den Blickpunkt der Öffentlichkeit treten. Die Behörden sollten danach streben, daß die der Öffentlichkeit über die Massenmedien gegebenen Informationen korrekt sind.

12. Der Boden ist ein wesentliches, aber nur begrenzt vorhandenes Gut. Deshalb muß seine Nutzung rationell geplant werden, was bedeutet, daß die zuständigen Planungsbehörden nicht nur die unmittelbaren Bedürfnisse ins Auge fassen dürfen, sondern auf eine langfristige Erhaltung des Bodens hinarbeiten müssen, und dabei die Produktionskapazität des Bodens möglichst steigern oder aber zumindest erhalten sollen.

Staaten, die diese vorstehend aufgeführten Prinzipien akzeptierten, sollten auch die erforderlichen Mittel zu ihrer Verwirklichung zur Verfügung stellen und eine echte Bodenverbesserungspolitik fördern.

Abkürzungen

Nachstehende Abkürzungen werden aus Gründen der textlichen Straffung häufig verwendet. Nicht aufgeführt sind jedoch solche, die als Fachausdrücke und Begriffe genormt und damit allgemein gebräuchlich sind. Sie sind über das Stichwortverzeichnis zu finden.

Symbol	steht als Abkürzung für
A	Abfluß, Abflußhöhe
a	Jahr (annum), jährlich
a (Index)	aktuell
ADV	Allgemeine Datenverarbeitung
AHL	Amonium-Harnstoff-Lösung
CAL	Calciumlactatlösung
d	Tag (day), täglich
D	Äquivalentdurchmesser
e (Index)	effektiv
EKP	Elektrokinetisches Potential
ET (auch als Index)	Evapotranspiration
Fl	Flur
GF	Gesamtfläche
GW	Grundwasser
GOF	Geländeoberfläche
GVE	Großvieheinheit
IEP	Isoelektrischer Punkt
KS	Klärschlamm
K, k	Konstante, konstant
KWB	klimatische Wasserbilanz
Ld	Lagerungsdichte
LF	Landwirtschaftliche Nutzfläche
M	Mittleres/er
Me	Metallion
N	Niederschlag(shöhe)
NAV	Natriumadsorptionsverhältnis
o.S.	organische Substanz
p	Potential, potentiell (als Index)
PSM	Pflanzenschutzmittel
ROP	Redoxpotential
Thw	Tidehochwasser
Tnw	Tideniedrigwasser

TM	Trockenmasse
Tr.S.	Trockensubstanz
u.	unter (Fl, GOF)
V	Verdunstung(shöhe)
We	effektive Durchwurzelung
WS	Wassersäule

DIN-Normen, Deutsches Institut für Normung.

(sämtliche Beuth-Vertriebs GmbH, Berlin 30)

DIN 4047, Teil 1–10, 1985: Landwirtschaftlicher Wasserbau; Begriffe.

DIN 4220, Teil 1 + 2, 1987: Bodenkundliche Standortbeurteilung.

DIN 18122, 1976: Baugrund. Untersuchung von Bodenproben, Zustandsgrenzen (Konsistenzgrenzen, Bestimmung der Fließ und Ausrollgrenzen.)

DIN 18915, Teil 1–3, 1973: Landschaftsbau; Bodenarbeiten für vegetationstechnische Zwecke.

DIN 11542, Blatt 1 + 2, 1967: Torf für Gartenbau und Landwirtschaft.

DIN 19655, 1961: Bewässerung; Richtlinien

DIN 19671, Teil 1 + 2, 1964: Erdbohrgeräte für den Landeskulturbau.

DIN 19672, Teil 1 + 2, 1968: Bodenentnahmegeräte für den Landeskulturbau; Geräte zur Entnahme von Bodenproben in ungestörter Lagerung.

DIN 19680, 1970: Bodenuntersuchungen im Landwirtschaftlichen Wasserbau; Bodenaufschlüsse und Grundwasserbeobachtungen.

DIN 19681, 1970: Bodenuntersuchungen im Landwirtschaftlichen Wasserbau; Entnahme von Bodenproben.

DIN 19682, Teil 1–13, 1972: Bodenuntersuchungsverfahren im landwirtschaftlichen Wasserbau; Felduntersuchungen.

DIN 19683, Teil 1–19, 1973: Bodenuntersuchungsverfahren im Landwirtschaftlichen Wasserbau; Physikalische Laboruntersuchungen.

DIN 19684, Teil 1 11, 1977: Bodenuntersuchungsverfahren im Landwirtschaftlichen Wasserbau; Chemische Laboruntersuchungen.

DIN 19685, 1979: Klimatologische Standortuntersuchung im Landwirtschaftlichen Wasserbau; Ermittlung der meteorologischen Größen.

DIN 19686, 1983: Vegetationskundliche Standortuntersuchung.

DIN 1185, Teil 1–5, 1973: Dränung; Regelung des Bodenwasser-Haushaltes durch Rohrdränung, Rohrlose Dränung und Unterbodenmelioration.

DIN Taschenbuch 187, 1982: Wasserbau 2, Normen über Bewässerung, Entwässerung, Bodenuntersuchung.

1 Geowissenschaftliche Grundlagen

1.1 Die Erde als Planet

Vor etwa 6 Milliarden Jahren hat sich die Erde, wie auch die anderen acht Planeten unseres Sonnensystems, vermutlich durch Zusammenballungen von kalter kosmischer Materie gebildet. Diese bereits 1755 von KANT und 1796 von LAPLACE vorgelegte Nebular-Theorie hat heute in abgewandelter Form wieder an Bedeutung gewonnen. Aus geophysikalischen Tiefensondierungen geht hervor, daß die Erde einen schaligen Aufbau besitzt. Über einem *Erdkern* von etwa 6950 km $\varnothing$ folgen der *Erdmantel* (2840 km), die relativ dünne *Erdkruste* (5 bis 60 km), deren Oberflächenvertiefungen häufig mit Wasser gefüllt sind (Hydrosphäre), und die *Lufthülle* (Atmosphäre, s. Abb. 2).

Im Planetensystem unserer Sonne ist die Erde der drittnächste Planet zur Sonne. Sie bewegt sich in 365 Tagen mit einer Geschwindigkeit von etwa 30 km/s auf einer kreisähnlichen Ellipse einmal um die Sonne, die in einem der beiden Brennpunkte steht. Die Erde stellt ein an den Polen nur wenig abgeplattetes Rotationsellipsoid dar, das in Anbetracht der ungleichen Verteilung von Land und Meer auch als »Geoid« bezeichnet wird. Sie dreht sich in 24 Stunden in west-östlicher Richtung einmal um ihre Achse, die um 66 ° 33′ gegen die Erdbahn geneigt ist. Die Rotationsgeschwindigkeit beträgt am Äquator 465 m/s. Die Rotationsachse der Erde entspricht nicht genau der Symmetrieachse des Geoids und bewegt sich spiralförmig auf einem Kegelmantel. Am Äquator betragen der Erdumfang etwa 40000 km, der Erdradius 6378,260 km. Bei einer Oberfläche von 510×10^6 km² beträgt das Gesamtvolumen der Erde etwa 1083×10^{12} km³. Die durch Schwerkraft bedingte Fallbeschleunigung ist an den Polen mit 9,82 m/s² nur wenig größer als am Äquator. Das im Erdmittelpunkt liegende magnetische Kraftfeld der Erde besitzt zwei Pole, die mit den Rotationspolen des Geoids nicht übereinstimmen. Daraus ergibt sich eine Abweichung der Kompaß-Magnetnadel von der geographischen N-S-Richtung, die als magnetische Mißweisung oder Deklination bezeichnet wird.

1.1.1 Atmosphäre

Die Lufthülle ist eine der wichtigsten Voraussetzungen für das Leben auf der Erde. Sie entstand bereits in frühen Stadien der Erdgeschichte durch Exhalationen aus oberflächlich erkaltenden Gesteinen. In dieser *Uratmosphäre* herrschten vermutlich CO_2, NH_3 und CH_4 vor. Die Gase

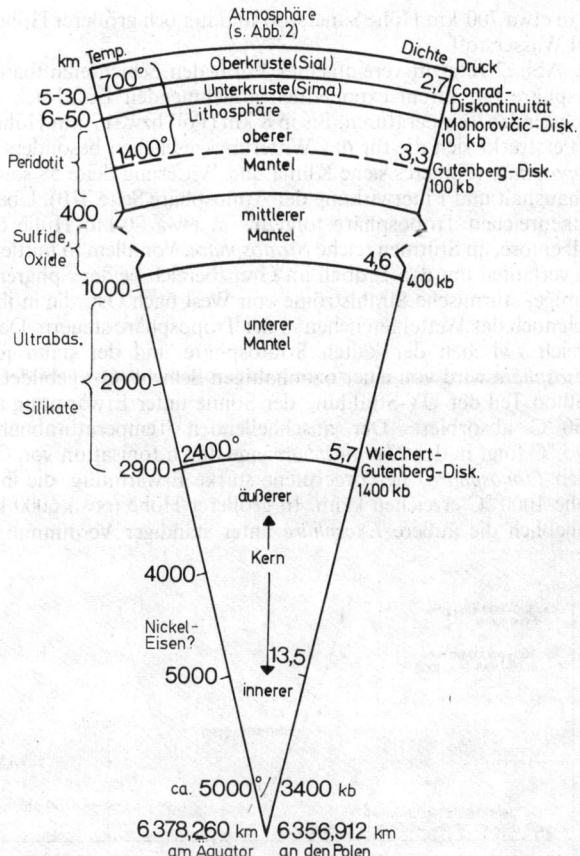

Abb. 1. Schalenaufbau des Erdkörpers (in Anlehnung an BRINKMANN 1975 und RICHTER 1975).

werden durch die Schwerkraft am Entweichen in den Weltraum gehindert. Die heutige Atmosphäre zeigt bis in etwa 110 km Höhe eine relativ homogene Zusammensetzung *(Homosphäre)* aus durchschnittlich 21 %vol Sauerstoff, 78 %vol Stickstoff, 0,9 %vol Argon, 0,03 %vol Kohlendioxid, Spuren von Wasserstoff und weiteren Edelgasen sowie wechselnden Mengen an Staub, Rauch, Ruß und vor allem an Wasserdampf. In der darüber beginnenden *Heterosphäre* herrschen leichte Gase vor:

bis in etwa 700 km Höhe Sauerstoff und in noch größerer Höhe Helium und Wasserstoff.

Die Abb. 2 zeigt in vereinfachter Form den Schichtenaufbau der Atmosphäre mit ihrem exponentiell abnehmenden Luftdruck und den wechselnden Temperaturen. Bis in 8 km (Pol) bzw. 17 km Höhe (Äquator) erstreckt sich die für das Witterungsgeschehen besonders wichtige *Troposphäre* (Näheres siehe Klima und Witterung Seite 58 sowie Energiehaushalt und Filterwirkung der Atmosphäre Seite 310). Über der oft wolkenreichen Troposphäre folgt bis in etwa 30 km Höhe die meist wolkenlose, an Stürmen reiche *Stratosphäre*. Vor allem in mittleren Breiten verlaufen um den Erdball im Grenzbereich beider Sphären wellenförmige, stürmische Strahlströme von West nach Ost, die in ihrem Bereich auch das Wettergeschehen in der Troposphäre steuern. Der Grenzbereich zwischen der kalten Stratosphäre und der dann folgenden *Mesosphäre* wird von einer ozonhaltigen Schicht (O_3) gebildet, die den größten Teil der UV-Strahlung der Sonne unter Erwärmung auf max. +50 °C absorbiert. Der anschließenden Temperaturabnahme auf −75 °C folgt in der *Thermosphäre* eine durch Ionisation von Gasmolekülen *(Ionosphäre)* hervorgerufene starke Erwärmung, die in 300 km Höhe 1000 °C erreichen kann. In größerer Höhe (etwa 6000 km) geht schließlich die äußere *Exosphäre* unter ständiger Verdünnung in den

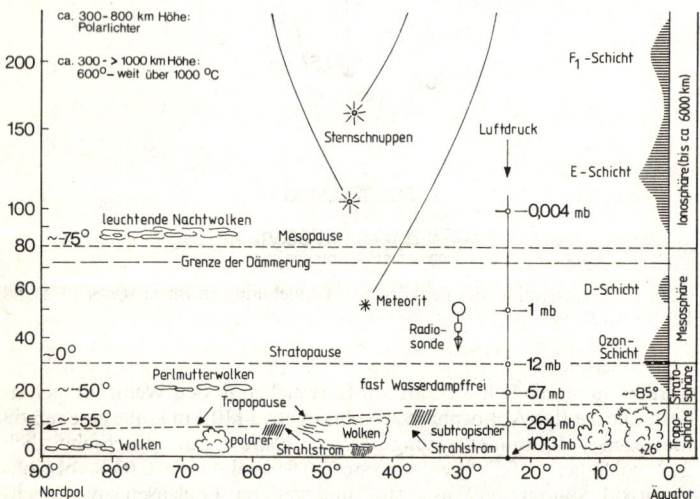

Abb. 2. Die Stockwerkgliederung der Atmosphäre (nach v. EIMERN 1979, verändert).

Weltraum über. Hier beträgt die Sonnenstrahlungsenergie etwa 2 cal/ cm² min bzw. 8,165 J/cm² min oder 33 Kilowattstunden pro Tag und m² *(Solarkonstante)*.

1.1.2 Hydrosphäre

Im Vergleich zur Größe des festen Erdkörpers stellt die Wasserhülle der Erde nur eine dünne, leicht bewegliche, die Vertiefungen der Erdoberfläche ausfüllende Sphäre dar, aus der die Festländer herausragen. Mit 361 Mio. km² bedeckt das Wasser rund 71% der Erdoberfläche. Mehr als 97% (1350 × 10⁹ km³) der gesamten Wassermengen der Erde entfallen auf die Ozeane, der größte Teil des Restes auf die Gletscher. Das Wasser der Seen und Flüsse, das Grundwasser und juvenile Wasser sowie das in der Biomasse und der Atmosphäre vorhandene Wasser ist zwar mit 0,3% mengenmäßig unbedeutend. Es stellt jedoch für das Leben auf dem Festland sowie für die Vorgänge der Bodenbildung, Verwitterung, Verlagerung und Sedimentation eine der wichtigsten Voraussetzungen dar.
Bei einer mittleren Dichte von 1,027 (bei 0 ° bis 15 °C) enthält das Meerwasser im Durchschnitt 3,5% gelöste Salze. NaCl ist mit 77% darin am stärksten vertreten. Es folgen 11% $MgCl_2$; 4,74% $MgSO_4$; 3,6% $CaSO_4$; 2,46% K_2SO_4. Der Gehalt an $CaCO_3$ ist mit 0,35% relativ gering. Insgesamt wurden im Meerwasser nahezu 50 Elemente nachgewiesen. Für die Lebens-Vorgänge im Meer sind vor allem die Gehalte an N, P und Si in Form ihrer Verbindungen (z.B. Nitrate, Nitrite, Ammoniak, organisch gebundener Stickstoff, Phosphate und Silikate) von Bedeutung. Die Wassertemperaturen schwanken in Abhängigkeit von den Klimazonen der Erde und der Meerestiefe erheblich (+ 35 ° bis − 3 °C). Die vielfältigen Meeresströmungen haben unterschiedliche Ursachen. Außer windbedingten, oberflächennahen (max. 100 bis 200 m) Driftströmen, wie z.B. den passatabhängigen Nord- und Südäquatorial-Strömen, sind durch Dichte-Unterschiede (Temperatur und Salzgehalt) des Meereswassers bedingte Tiefenströme verbreitet, durch die erhebliche mineralische Materialmengen transportiert werden. Für die Küstenformung haben schließlich die *Tiden*- oder Gezeitenströme der Meere große Bedeutung, die durch die Anziehungskräfte (Gravitation) des Mondes und − zum kleineren Teil − der weit entfernten Sonne sowie durch Fliehkräfte auf der abgewandten Seite der Erde hervorgerufen werden.
Die in den Gletschern besonders der Polregionen gebundenen Wassermassen sind im Vergleich zur gesamten Hydrosphäre gering. Durch Abschmelzen in wärmeren Perioden der Erdgeschichte und erhöhte Wasserbindung in Kaltzeiten bewirkten sie jedoch u.a. Meeresspiegelschwankungen von z.T. mehr als 100 m, die besonders an flachen Küsten erhebliche Landverluste bzw. -gewinne zur Folge hatten. So war

z. B. während der letzten Eiszeit das Gebiet zwischen der heutigen Nordseeküste und der Doggerbank landfest, da der damalige Meeresspiegel etwa 40 m tiefer lag als heute.
Für die Bodenkunde ist besonders der als Grundwasser und Bodenwasser vorliegende Teil der Hydrosphäre von Bedeutung. Auf die damit zusammenhängenden Fragen wird in mehreren späteren Kapiteln eingegangen.

1.1.3 Biosphäre

Die Biosphäre umfaßt eine dünne Oberflächenschicht der festen Erdkruste, die Binnengewässer und den belebten Teil der Weltmeere. Da sie die Gesamtheit der von Lebewesen besiedelten Teile der Erde einbezieht, sind auch die unteren Bereiche der Atmosphäre bis zu etwa 150 m Höhe dazuzurechnen. Abb. 2 (s. Seite 22) verdeutlicht die Durchdringungen von Atmosphäre und Lithosphäre durch die Biosphäre, ohne die Vielzahl der Wechselbeziehungen zu erfassen.
Nur im Bereich der Biosphäre kommt es zur Ausbildung von Ökosystemen. In allen Ökosystemen reguliert sich das von Lebewesen (Biozönose) und deren anorganischer Umwelt (Biotop) gebildete Wirkungsgefüge weitgehend selbst. Das umfangreichste und mannigfaltigste Ökosystem ist die gesamte Biosphäre. Sie ist wie alle in ihr ausgebildeten Ökosysteme mehr oder minder ausschließlich auf die Sonnenstrahlung als Energiequelle angewiesen. Da auch aus jedem Ökosystem Energie abfließen kann, sind alle Ökosysteme offene Systeme. Durch Photosynthese gebundene und damit auch für andere Lebewesen nutzbar gemachte Energie wird letzten Endes als ungenutzte Atmungswärme wieder aus dem Ökosystem abgegeben. Das kann nicht als Energiekreislauf, sondern nur als Energie(durch)fluß betrachtet werden. Dagegen kommt es für einzelne Stoffe wie Stickstoff, Schwefel und Kohlenstoff zu Kreisläufen (s. Bodenbiologie Seite 183 bis 196).
ELLENBERG hat 1973 einen Vorschlag für eine Hierarchie der Ökosysteme vorgelegt. Er stellt den natürlichen oder naturnahen die urban-industriellen Ökosysteme gegenüber. Diese hängen von den vom Menschen erschlossenen, zusätzlichen Energiequellen wie Kohle, Erdöl und Atomkraft ab, wenn sie auch in engen Wechselbeziehungen zu den naturnahen Ökosystemen stehen und mit diesen durch Übergänge verbunden sind.
Die Mega-Ökosysteme des marinen und limnischen Bereichs (Gewässer) unterscheiden sich grundsätzlich von den Landökosystemen. Nur bei letzteren kommt es durch fortdauernde Dynamik zu immer neuen Formen der Bodenbildung. Auf solchen Standorten wachsen autotrophe Pflanzen mit viel Biomasse und relativ langsamem Umsatz. Dies führt in den Böden zur Humusanreicherung (s. Seite 135). In der Hierarchie der Ökosysteme lassen sich die Makro-Ökosysteme (z. B. Wälder) weiter

in Meso-Ökosysteme aufteilen, die als grundlegende Typen der Klassifikation dienen. Als Beispiel für ein derartiges, weitgehend einheitliches Mesosystem wird der kältekahle Laubwald der feuchtgemäßigten Klimagebiete (s. Abb. 18) mit der Bodenzone der Braunerden (Cambisole und Luvisole) (s. Abb. 121, s. Seite 456) genannt.

Die von ELLENBERG vorgeschlagene weitere Unterteilung ermöglicht die Erfassung von Unterschieden, die z.B. bei Mikro-Ökosystemen durch die Höhenlage und bei Nano-Ökosystemen durch Wechsel im Wasserhaushalt bedingt sind. Da fast jedes Ökosystem aus mehreren Schichten oder sonstigen Teilsystemen besteht, ist eine befriedigende Systematik mindestens ebenso schwierig wie die Systematik der Bodengesellschaften. Solche Teilsysteme sind z.B. die Streuauflage mit dem davon beeinflußten Ah-Horizont in einem Wald, eine auf besonderem Substrat inselartig angesiedelte Lebensgemeinschaft (Moos-, Farn- und Pilzbewuchs auf älterem Holz) oder einjährige Begleitpflanzen in Hackfrucht- und Getreideäckern.

Um Stoff- und Energieflüsse für einen Standort zu erfassen, ist eine vertikale und horizontale Aufteilung der Biosphäre in einzelne Kompartimente erforderlich. Dabei müssen z.B. Einträge schon über der Oberfläche des Kronenraumes erfaßt werden. In den Beständen ist nach Baum-, Strauch-, Kraut- und Moosschicht und im Boden nach Streuauflage, Bodenoberfläche, Oberboden, Intensiv- und Extensivwurzelraum und Sickerwasseraustritt im Unterboden zu unterscheiden. Neben diesen horizontal angeordneten Kompartimenten sind in der Biosphäre auch im Boden oft laterale Flüsse bis zur Entfernung von mehreren Kilometern vorhanden, während Oberflächenabflüsse fast stets derartige Entfernungen durchlaufen. Dadurch ergibt sich bei Untersuchungen von Ökosystemen eine sehr große Zahl von Einzelmeßstellen. Beispielhafte Untersuchungen sind für Waldökosysteme im Solling (ULRICH u.a.) und für Ackerflächen im Harzvorland (ROHDENBURG u.a.) durchgeführt worden.

Um die Vielzahl der in der Biosphäre wirksamen Einzelfaktoren in ihrem dynamischen Zusammenwirken zu erfassen, ist eine sinnvolle Gliederung erforderlich. Dies erfolgt für den Boden durch Angaben über seinen Wasser- (s. Seite 262), Luft- (s. Seite 274), Wärme- (s. Seite 278) und Nährstoffhaushalt (s. Seite 282).

1.1.4 Lithosphäre

Die aus den uns bekannten Gesteinen aufgebaute, etwa 60 bis 200 km dicke *Lithosphäre* weist ein ungleichmäßiges Oberflächenrelief auf. Aus der *hypsometrischen Kurve* (Abb. 3) läßt sich ablesen, daß der Tiefseeboden mit Meerestiefen zwischen 4000 m und 5700 m unter NN den größten Flächenanteil aufweist, gefolgt von den durchschnittlich bis in etwa 900 m Höhe über NN aufsteigenden Kontinentaltafeln einschließlich der bis in etwa 200 m unter NN hinabreichenden *Schelfgebiete*, zu denen z. B. die Nordsee gehört. Die gesamte Landmasse der Erde mit ihren sechs *Kontinenten* Eurasien, Nord- und Südamerika, Afrika, Antarktis und Australien sowie den zahllosen großen und kleinen Inseln nimmt nur 29% der gesamten Erdoberfläche ein. Zu den als »*Kontinentalhang*« bezeichneten Höhenstufen der hypsometrischen Kurve gehören auch die höheren Lagen der zahlreichen untermeerischen Gebirgszüge, deren Gipfel örtlich als Inseln aus dem Meer herausragen.

Der obere Teil der Lithosphäre, die *Erdkruste*, besitzt nur eine relativ sehr geringe, etwa zwischen 5 und 60 km wechselnde Mächtigkeit, die in einem Erdmodell von 1 m Durchmesser nur 0,3 bis 4,7 mm dick wäre. Da die tiefsten Erdschächte etwa 3000 m tief sind und man mit Tiefbohrungen – in der UdSSR bisher bis in maximal 12000 m Tiefe vorgedrungen ist, können die Gesteine der Erdkruste auch nur bis zu dieser Tiefe direkt untersucht werden. Die petrographische und chemische Zusammensetzung der tieferen Schichten der Erdkruste, des Erdmantels oder gar des Erdkerns kann nur durch indirekte Schlußfolgerungen und Berechnungen, z. B. aus geophysikalischen Meßdaten, ungefähr abgeschätzt werden.

Die Erdkruste läßt sich nach den heutigen Kenntnissen in zwei Teile gliedern: die kontinentale *Oberkruste* besteht aus der Sedimentgesteins-Decke und dem Grundgebirge mit überwiegend magmatischen und me-

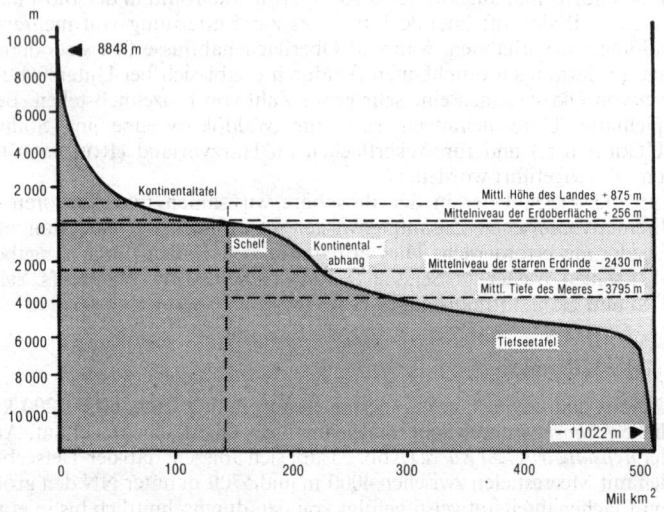

Abb. 3. Hypsometrische Kurve (nach Kossinna 1923, verändert).

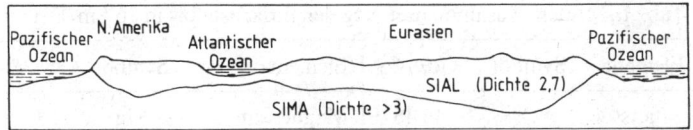

Abb. 4. Schnitt durch die Erdkruste (nach SCHWEGLER u.a. 1969).

tamorphen Gesteinen granodioritischer Zusammensetzung (»Granit-Schale«) und hohen Gehalten an Silicium (Si) und Aluminium (Al). Sie wird daher auch als »Sial« bezeichnet (s. Abb. 4) und besitzt in der Regel eine Mächtigkeit zwischen 5 und 30 km. Ihre Untergrenze bildet die sog. *Conrad-Diskontinuität*, eine Unstetigkeitsfläche, die durch einen raschen Anstieg der Geschwindigkeit von Erdbebenwellen gekennzeichnet ist und zur Unterkruste überleitet.

Im Gebiet der Weltmeere ist die Oberkruste sehr geringmächtig oder fehlt gänzlich, so daß die *Unterkruste* oberflächlich ansteht. Sie wird daher auch als »ozeanische Kruste« bezeichnet. Ihre gabbroide Zusammensetzung läßt erkennen, daß hier – im sog. »Sima« – neben Silicium besonders an Magnesium (Mg) und an Eisen (Fe) reiche Gesteine vorherrschen. Ihre mittlere Dichte beträgt etwa 3,0. Die Unterkruste hat eine Dicke von 6 bis 50 km. Ihre Untergrenze zum Erdmantel ist durch einen weiteren sprunghaften Anstieg der Erdbebenwellen-Geschwindigkeit, die sog. *Mohorovičić-Diskontinuität*, gekennzeichnet.

Die Temperatur nimmt in der Erdkruste von oben nach unten zu und erreicht in etwa 60 km Tiefe schätzungsweise 1000 °C. Sie nimmt im Mittel etwa 3 °C je 100 m (bzw. 1 °C/33 m) zu. Diese mittlere *»Geothermische Tiefenstufe«* schwankt z.B. in Abhängigkeit von der Wärmeleitfähigkeit der Gesteine, ihrer unterschiedlichen radioaktiven oder vulkanischen Aufheizung sowie der Entwicklung chemischer Reaktionswärme bei der Inkohlung etwa zwischen 9 °C und 90 °C Erwärmung auf je 1000 m Tiefenzunahme.

Die mittlere chemische Zusammensetzung der Erdkruste geht aus Tab. 1 hervor. Sie zeigt, daß nur wenige Elemente des periodischen Systems mit wesentlichen Anteilen an ihrem Aufbau beteiligt sind, darunter die als Pflanzennährstoffe bekannten Elemente Ca, Na, K, Mg, Mn, P und S.

Die Erdkruste ist nicht starr und unbeweglich. Sie wird durch Vorgänge der exogenen und besonders der endogenen Dynamik ständig langsam umgestaltet.

Im Schalenaufbau der Erde folgt unter der dünnen Erdkruste der *Erdmantel*. Sein oberer Teil wird nach unten durch eine Zone mit Geschwindigkeitsumkehr der Erdbebenwellen *(Gutenberg-Diskontinuität)* begrenzt. Sie liegt unter den Ozeanen in etwa 60 km, unter den Kontinenten in etwa 100 bis 200 km Tiefe und entspricht vermutlich der

Tab. 1. Mittlere Zusammensetzung der Erdkruste bis in 16 km Tiefe

Element	Symbol	Gew. %	Element	Symbol	Gew. %
Sauerstoff	O	46,46	Magnesium	Mg	2,07
Silicium	Si	27,61	Wasserstoff	H	0,14
Aluminium	Al	8,07	Phosphor	P	0,12
Eisen	Fe	5,06	Kohlenstoff	C	0,09
Calcium	Ca	3,64	Mangan	Mn	0,09
Natrium	Na	2,75	Schwefel	S	0,06
Kalium	K	2,58	Übrige Elemente		0,92

Aufschmelzungszone der festen Gesteine. Erdkruste und basaltisch-peridotitisch zusammengesetzter oberer Erdmantel werden daher zur Lithosphäre zusammengefaßt, die in dem angeführten Erdmodell von 1 m Durchmesser etwa 1,5 cm dick wäre.

1.1.5 Erdinneres

Über die stoffliche Zusammensetzung und Gliederung des Erdinnern gibt es mehrere Hypothesen, denen jedoch die Anerkennung des Schalenaufbaues in Kruste, Mantel und Kern gemeinsam ist. Als untere Begrenzung des *Erdmantels* wird im allgemeinen die Zone der *Wiechert-Gutenberg-Diskontinuität* in etwa 2900 km Tiefe angesehen, in der die Geschwindigkeit der P-Wellen von 13,64 km/sec auf 8,1 km/sec abfällt und die Dichte von 5,7 g/cm² auf 9,4 g/cm² ansteigt. Für den mittleren und unteren Mantel wird von vielen Forschern eine peridotitische Materie angenommen, die nach der Tiefe zu bei ansteigendem Druck- und Temperaturgradienten zunehmend in Form von Hochdruck-Modifikationen ultrabasischer Gesteine vorliegen soll.

Der Aufbau und die Zusammensetzung des *Erdkernes* ist weitgehend unbekannt. Aufgrund geophysikalischer Messungen und Berechnungen wurden verschiedene Hypothesen aufgestellt. Weit verbreitet ist die u.a. aus der Zusammensetzung von Meteoriten abgeleitete Auffassung, daß der Erdkern aus metallischem Nickel und Eisen besteht, denen Silikate des Eisens und Magnesiums beigemengt sind. Nach einer anderen Hypothese sind im Erdkern ähnliche Mineralarten wie in der Kruste, jedoch in dichterer Gitterbindung vorhanden.

Schätzungen der Temperaturen im inneren Erdkern schwanken zwischen 2000 °C und 20000 °C. Wahrscheinliche Werte liegen zwischen 3000 °C und 5000 °C. Der Druck soll im Erdmittelpunkt mehr als 3500 kbar (= 3,5 Mio. Atmosphären) betragen. Auch über den Aggregatzustand der Materie im Erdkern ist keine sichere Aussage möglich.

1.2   Mineralien

1.2.1   Kristallaufbau

Unsere Erde ist in ihren obersten Schichten aus festen Körpern aufgebaut. Diese bestehen aus chemischen Elementen oder deren Verbindungen und werden als **Minerale** bezeichnet. Wie bei aller Materie bilden Atome deren kleinste, mit chemischen Mitteln nicht weiter zerlegbare Einheiten. Die physikalischen und chemischen Eigenschaften jedes Elements werden durch einen fast die gesamte Masse des Atoms enthaltenden, elektrisch positiv geladenen Atomkern und die ihn in einer schalenförmig umgebenden Atomhülle angeordneten, elektrisch negativ geladenen Elektronen bestimmt. Durch Veränderung der auf der äußersten Elektronenschale befindlichen, normalen Elektronenzahl entstehen **Ionen**. Sie sind nach außen hin nicht elektrisch neutral, sondern besitzen bei Elektronenüberschuß eine negative und bei Elektronenmangel eine positive elektrische Ladung. Wenn positiv oder negativ geladene Atome zu kleineren oder größeren Molekülen gehören, so werden diese Moleküle zu Ionen.

Je nach Anzahl der überschüssigen oder fehlenden Elektronen spricht man von einfach, zweifach, dreifach usw. geladenen Ionen. In der Chemie werden sie als einwertige (z.B. Na^+, Cl^-), zweiwertige (z.B. Ca^{2+}, CO_3^{2-}), dreiwertige (z.B. Al^{3+}), vierwertige (z.B. SiO_4^{4-}) Ionen bezeichnet. Positive Ionen werden *Kationen* genannt, da sie in einem elektrischen Feld zur Kathode wandern, negative Ionen dagegen *Anionen* (Wanderung zur Anode). Den Vorgang der Ionenbildung durch Abtrennung eines oder mehrerer Elektronen von einem neutralen Körper bzw. Anlagerung an einen neutralen Körper bezeichnet man als Ionisation. Viele feste Stoffe sind aus Ionen aufgebaut. So besteht das Ionengitter eines Ionenkristalls aus Ionen beiderlei Vorzeichens. Dies sind z.B. im Kochsalz Na^+- und Cl^--Ionen. Körper, deren einzelne Bausteine (Atome, Ionen) in einer bestimmten, immer wiederkehrenden Anordnung im Raum verteilt sind, bezeichnet man als **Kristalle**. In diesen sind die Bausteine geometrisch regelmäßig in drei räumlich verschiedenen Richtungen angeordnet. Dieser Aufbau fester Körper wird als Kristallgitter bezeichnet.

Um sich einen Begriff von der Anzahl der Kristallbausteine und ihren Größenordnungen im Raum zu machen, stellt man sich die Teilung eines Würfels von 1 cm Kantenlänge um jeweils eine Zehner-Potenz vor (Tab. 2.). Die kleinste Einheit im metrischen System ist ein Picometer (pm) = 10^{-12} m. Atome haben Durchmesser zwischen 36 und 300 pm. Daher ist in der Tabelle 2. eine Aufteilung bis zur Kantenlänge von 100 pm = 1/10 nm (Nanometer) vorgenommen worden. Dieser Wert entspricht im alten Maßsystem einem Ångström, Kurzzeichen Å. Vom Zentimeter bis 100 Picometer ergeben sich bei der Würfelaufteilung acht

Tab. 2. Vergrößerung der Oberfläche bei Aufteilung eines Würfels von 1 cm Kantenlänge

Kantenlänge		Anzahl der Würfel	Gesamtoberfläche
1 cm	Zentimeter	$1 = 10^0$	6 cm^2
1 mm	Millimeter	10^3	60 cm^2
0,1 mm		10^6	600 cm^2
0,01 mm		10^9	6000 cm^2
1 μm = 0,001 mm	Mikrometer	10^{12}	6 m^2 = 60000 cm^2
0,1 μm		10^{15}	60 m^2
0,01 μm		10^{18}	600 m^2
1 nm = 0,001 μm	Nanometer	10^{21}	6000 m^2
0,1 nm = 100	Picometer (pm)	10^{24}	6 ha = 60000 m^2

Potenzschritte. Da bei jeder dieser Teilungen aus einem Würfel 10^3 neu entstehen, sind nach acht Teilungsschritten insgesamt 10^{24} Würfel mit je 100 pm Kantenlänge vorhanden. Damit wird deutlich, welche immens große Fläche die Summe der Oberflächen der Elektronenschalen in einem Kristallgitter darstellt. Dies ist für die an diese Oberfläche gebundenen Reaktionen von großer Bedeutung. Da fast alle an der Erdoberfläche vorhandenen Stoffe kristallin sind, können sich Reaktionen ohne Auflösung des Kristallgitters nur an ihren Oberflächen abspielen.

Der kristallinen Phase steht die *amorphe* gegenüber, die für alle Gase und Flüssigkeiten typisch ist. Doch gibt es auch scheinbar feste Körper im amorphen Zustanden, z. B. Glas. In allen amorphen Stoffen sind die Bausteine rein zufällig verteilt (siehe Abb. 5, linke Seite; aus dem drei-

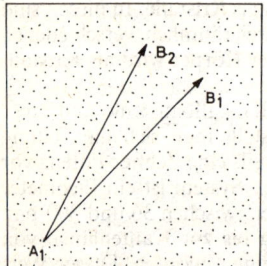 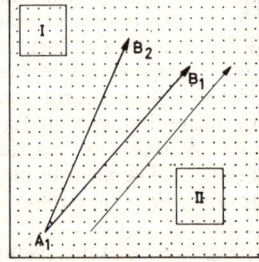

Abb. 5. Statistisch (links) und geometrisch homogene (rechts) Verteilung: amorphe Isotropie (links) und kristalline Anisotropie (rechts) (nach SCHUMANN 1962).

dimensionalen Raum der Materie ist nur eine zweidimensionale Ebene dargestellt). Zwei gleich große Räume enthalten daher auch gleich viel Atome. Die Atomverteilung ist »statistisch gleichartig«.

Setzt man in A_1 einen »Fahrstrahl« nach B_1 und einen anderen nach B_2 an, so werden diese zunächst bei kurzen Entfernungen unterschiedliche Anzahlen von Atomen treffen. Sehr lange Fahrstrahlen treffen jedoch bei gleicher Weglänge unabhängig von der gewählten Richtung bei statistisch gleichartiger Atomverteilung stets auf gleich viel Atome. Da nun die physikalischen Eigenschaften der Körper von der Anordnung der Atome in ihrem Inneren abhängig sind, verhalten sich amorphe Körper in jeder Richtung physikalisch gleich, sie sind *isotrop*.

Grundsätzlich anders liegen die Verhältnisse bei *kristallinem* Aufbau eines Körpers (Abb. 5, rechte Seite). Zwei an beliebiger Stelle herausgegriffene, gleich große Raumteile I und II enthalten nicht mehr statistisch, sondern streng geometrisch gleich viel Atome. Sie sind daher in allen physikalischen Werten gleich. Aus Abb. 5 ist zu ersehen, daß parallele Fahrstrahlen im allgemeinen gleichwertig, nicht parallele Fahrstrahlen ungleichwertig sein werden. Dementsprechend verhalten sich mehrere wichtige physikalische Eigenschaften kristalliner Körper, wie z. B. die Lichtbrechung, die Spaltbarkeit oder die Ritzhärte, in verschiedenen Richtungen verschieden, solche Körper sind *anisotrop*.

Auch die Wachstums- und Auflösungsgeschwindigkeit ist bei Kristallen wegen dieser Auswirkung der Gitteranordnung verschieden. Bei unbeeinflußter Entwicklung sind die Begrenzungsformen gesetzmäßige Vielflächner (Polyeder). Ein einfaches Beispiel hierfür ist der Koch- oder Steinsalz(NaCl)-Kristall. Er ist würfelförmig.

Fast alle an der Erdoberfläche vorhandenen Stoffe sind kristallin,, d. h. als Kristalle ausgebildet. Die ebenen Begrenzungsflächen der Kristalle sind Gitterebenen. Die kristallographisch gleichen Flächen derselben Kristallart bilden an allen Individuen gleiche Winkel miteinander. Natürliche Kristalle weichen oft von der »idealen« geometrischen Gestalt ab. Sie sind *»verzerrt«* (Abb. 6), so daß Würfel als Quader, Oktaeder als flache Tafeln mit großen Dreiecksflächen erscheinen. Doch die Flächenwinkel sind stets genau eingehalten, man spricht vom Gesetz der *Winkelkonstanz*.

Alle übrigen physikalischen Eigenschaften der Kristalle sind ohne die Kenntnis ihres Aufbaues nicht verständlich. Die Kristallformen entstehen durch die Anordnung der Atome, Moleküle oder Ionen im Raum bei der Bildung aus erstarrenden Schmelzen, gesättigten Lösungen, Gasen oder durch chemische Reaktionen.

Dabei wird jedes chemische Element durch eine besondere Atomart vertreten, die sich von anderen durch Aufbau, Gewicht und Anziehungskraft unterscheidet. Aufgrund des verschiedenartigen Energiegehaltes der Atome bzw. Ionen kann man diesen auch verschieden große Wirkungsbereiche, d. h. verschiedene Größen zuordnen. Man stellt sich

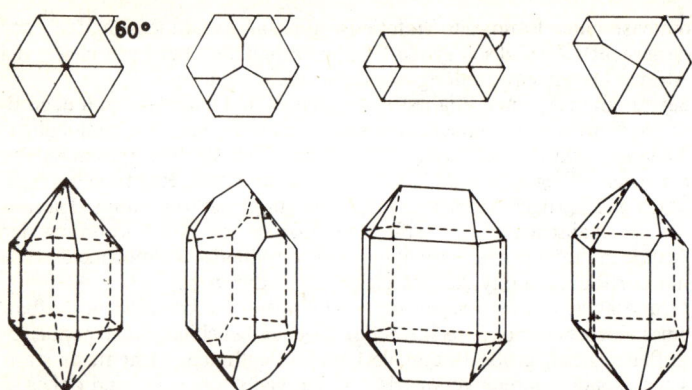

Abb. 6. Verzerrung von Quarzkristallen (Kopfbilder und Parallelprojektionen, nach RAMDOHR und STRUNZ 1967).

die Atome der einzelnen Elemente in der Regel schematisch als starre Kugeln verschiedener Größe vor.

In Tab. 3. ist der scheinbare Halbmesser des Wassermoleküls und elf wichtiger Ionen der festen Erdrinde aufgeführt. Die von diesen Ionen ausgehenden Anziehungskräfte sind nicht richtungsgebunden. Sie haben daher das Bestreben, eine möglichst dichte Lagerung der einzelnen Ionen im Raum herbeizuführen. Daher stellen die festen Körper der Erdrinde Packungen solcher Kugeln dar. Sie sind nur dann stabil, wenn die Ionen sich in ihrem äußeren Schalenbereich berühren und gegenseitig im Raum festhalten.

Der häufigste Fall ist der, daß sich die positiven und negativen Ladungen der Ionen ausgleichen. Die ungleich geladenen Ionen ziehen einander an und treten dabei so dicht wie möglich zusammen. Die Abb. 5 (rechts) gibt die Anordnung für den Kochsalzkristall mit einem regelmäßigen Wechsel von Na^+ und Cl^- wieder. Dadurch ist die Würfelform des Kochsalzkristalls erklärbar.

Die einfachste Anordnung ist die des Wassermoleküls, in dem einem O^{2-} zwei H^+ gegenüberstehen; aufgrund dieses Dipolcharakters entstehen Eiskristalle mit unterschiedlichen Formen.

Sollen drei gleichgroße Ionen von einem kleineren Zentralion zusammengehalten werden und die vier Mittelpunkte dieser Ionen in einer Ebene liegen, so kann der Durchmesser der Ionen leicht berechnet werden. Beträgt der Durchmesser der großen Ionen 1, so ist derjenige des Zentralions 0,155. Diesen Fall hat die Natur in der CO_3-Koordination verwirklicht, die planar als Dreieck ausgebildet ist. CO_3 ist selbst ein zweifach negativ geladenes Anion (CO_3^{2-}). Die zweifach negativ gelade-

Tab. 3. Ionenradius des Wassers und Atomradien wichtiger Elemente der Erdrinde

Element	Ionenradius	Element	Atomradius
»H₂O«	135	Fe	61 bzw. 78
K	133	Al	55
O	132	Si	39
Ca	106	H	35
Na	95	S	30 bzw. 184
Mg	78	C	18

Der scheinbare Ionenradius ist in pm = Picometer angegeben.

nen Sauerstoffanionen haben einen Radius von 132 pm (siehe Tab. 3.). Das zwischen diesen drei Sauerstoffanionen festgehaltene Zentralion muß ein positiv geladenes Kation sein und darf einen Radius bis zu 20 pm haben. In dieser Größenordnung liegt der Ionenhalbmesser des vierfach positiv geladenen *Kohlenstoffs* mit etwa 18 pm.

Die nächsthöhere Gruppierung ist die von vier äußeren Kugeln, die wiederum aus Sauerstoffanionen bestehen. Dann ergibt sich für die mittlere Kugel ein Radius von 39 pm. Diese Abmessung hat das vierwertig positiv geladene *Siliciumkation*. Das Radikal SiO_4^{4-} ist eines der häufigsten und stabilsten in der Erdkruste. Da die Anziehungskräfte gleichmäßig auf die ganze Oberfläche des Siliciumkations wirken, müssen die Sauerstoffanionen in gleichen Abständen zueinander liegen. Die Verbindung ihrer Mittelpunkte durch gerade Linien ergibt ein *Tetraeder*; man nennt daher die vorstehend beschriebene SiO_4-Koordination auch SiO_4-Tetraeder (Abb. 7, Mitte).

Eine noch größere Zentralkugel ist bei der Vereinigung von sechs Sauerstoffanionen möglich, ihr Radius beträgt 55 pm. Dieser Aufbau ist in dem Korund-Oktaeder mit sechs O-Atomen verwirklicht. Verbindet man die Mittelpunkte dieser sechs Sauerstoffatome, so entsteht ein Oktaeder (Abb. 7 rechts). Die nächsthöhere Kombination ist die des Hexaeders (Würfels), bei welcher acht gleiche Kugeln das Zentralatom umgeben. Bei der letzten und höchsten Kombinationsmöglichkeit sind es zwölf äußere Kugeln, die gleichartige eine mittlere, gleich große Kugel berühren. Dies ist ein Kubooktaeder.

Die geschilderten Gruppierungen werden *Koordinationen* genannt. Man spricht von Dreier-, Vierer- bis Zwölfer-Koordination. SiO_4- und AlO_6-Koordinationen sind Bausteine der Tonminerale. Mit Hilfe dieser Vorstellungen läßt sich eine große Anzahl von Erscheinungen und Eigenschaften der kristallinen Stoffe erklären:

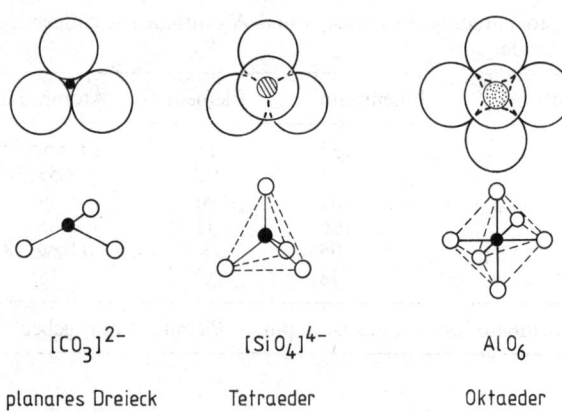

$$[CO_3]^{2-} \qquad [SiO_4]^{4-} \qquad AlO_6$$

planares Dreieck   Tetraeder   Oktaeder

Abb. 7. Koordinationspolyeder in oxidischen Verbindungen.

1. die viel geringere Zahl von tatsächlich auftretenden Verbindungen, als man nach der großen Anzahl von Elementen bei voller Kombinationsmöglichkeit erwarten müßte;
2. die bestimmende Rolle der Anionen für die Ordnung im Kristallgitter;
3. das Auftreten von Symmetrie bei der Kristallbildung.

Ein einfaches Symmetrieelement ist die Spiegelebene. Nur bei ungehemmtem Wachstum wird die Oberfläche eines Kristalls durch ebene Flächen gebildet. Diese Begrenzungsflächen sind Gitterebenen.

Begriffsbestimmungen für Kristalle, Minerale und Gesteine:

Kristalle sind feste Körper mit dreidimensionalperiodischer Anordnung ihrer atomaren Bausteine (nach RAMDOHR und STRUNZ 1976. (Für die Bodenkunde ist die *Kristallographie* jedoch nur eine Hilfswissenschaft, die vor allem als Grundlage für die *Mineralogie* dient. Diese beschäftigt sich mit dem Baumaterial der festen Erdrinde.)

Minerale sind spezielle Gruppen von Kristallarten, die als chemisch und physikalisch einheitliche Bestandteile die feste Erdrinde bilden.

Gesteine sind Aggregate von Mineralien (Mineralgesellschaften), die in fester, felsartiger oder in lockerer Anordnung und Form auftreten können.

1.2.2 Mineralklassen unter besonderer Berücksichtigung der Silikate

Von den etwa 2000 in der Erdkruste vorkommenden Mineralarten sind nur einige Dutzend für die angewandte Geologie und Bodenkunde von Bedeutung.

Als Einteilungsprinzip dient an erster Stelle die chemische Zusammensetzung, an zweiter Stelle der Gitterbau. Dabei werden die großen Anionen (O, S, Cl usw.) für die Klasseneinteilung benutzt, da diese für die Besonderheiten der Raumgitterstrukturen maßgebend sind.

1.2.2.1 Nichtsilikate

Elemente: Die Edelmetalle Gold (Au), Silber (Ag) und Platin (Pt) kristallisieren in kubisch flächenzentrierten Gittern, ihre Atome bilden also eine sehr dichte Kugelpackung, so daß sich hohe spezifische Gewichte ergeben. – Elementarer Schwefel (S) kommt in so großen Mengen in der Natur vor, daß jährlich mehrere Millionen Tonnen abgebaut und industriell verarbeitet werden. – Der Kohlenstoff (C) hat als Diamant und als Graphit zwei verschiedene Gitterformen.

Sulfide: Das Eisenbisulfid (FeS_2) findet sich häufig und wird als Mineral *Pyrit*, Schwefel- oder Eisenkies genannt. Seine Bedeutung als Schwefelerz, z. B. durch Abrösten für die Schwefelsäurefabrikation, ist größer als die, welche es als Eisenerz hat. – Für die Buntmetallgewinnung spielen Kupferkies ($CuFeS_2$), Bleiglanz (PbS) und Zinkblende (ZnS) eine große Rolle. Sulfidische Minerale sind für Bausteine und -stoffe schädliche Gemengteile, weil sich bei ihrer Verwitterung an feuchter Luft Schwefelsäure bildet, die das Bauwerk zerstört. Im Boden können diese pflanzenschädlichen Stoffe das Bodenleben zum Erlöschen bringen.

Halogenide: Große wirtschaftliche Bedeutung haben als Chloride *Steinsalz* (NaCl) und als Düngemittel die Kalisalze *Sylvin* (KCl) und *Karnallit* ($KClMgCl_2 \cdot 6H_2O$). Kalziumfluorid (CaF_2), auch Flußspat oder Fluorit genannt, findet sich in feiner Verteilung in vielen Gesteinen.

Oxide und Hydroxide: Sauerstoffreiche Verbindungen stehen innerhalb der oberen Erdrinde (Oxisphäre) an erster Stelle. Wegen des großen Ionenradius des Sauerstoffs ist seine Anordnung im Kristallgitter vor allem für den Gitterbau maßgebend. – Das *Wasserstoffoxid* (H_2O) tritt bei niedrigem Druck und tiefer Temperatur in der festen Form des Eises auf. Sein Gitter besitzt eine sehr lockere Packung, wobei die Sauerstoffatome durch Wasserstoffbrücken aneinandergeknüpft sind. Demzufolge hat Eis nur ein spezifisches Gewicht von 0,92.

Quarz (SiO_2) ist aus SiO_4-Tetraedern aufgebaut. Jedes Sauerstoffatom gehört gleichzeitig zwei Tetraedern an. Trotz eines lockeren Gitters, das zu dem relativ geringen spezifischen Gewicht von 2,65 führt, ist Quarz sehr hart und weist keine Spaltbarkeit auf. Durch diese hohe mechanische und chemische Widerstandskraft sowie die Häufigkeit in der Erdrinde (12%) ist er einer der wichtigsten Bestandteile vieler Baustoffe. Quarz kommt in mehreren, durch Temperaturunterschiede bei der Kristallisation bedingten Zustandsarten und in vielen Färbungen durch akzessorische Bestandteile vor. Im Boden spielt Quarz als wichtigste Mineralart in Form von Sand eine sehr bedeutende Rolle. Feuerstein ist überwiegend aus amorpher Kieselsäure aufgebaut. – *Opal* – mit einer

Mohrhärte von 5,5 bis 6,5 – ist in der Regel eine amorphe Substanz mit der Formel ($SiO_2 \cdot nH_2O$).

Da in diesem Gel die Si- und O-Atome nicht gittermäßig angeordnet sind, schwankt die Menge des eingebauten Wassers. Von dem in pflanzlichen und tierischen Geweben in opalähnlicher Form vorkommenden SiO_2 ist die aus Panzern von Kieselalgen (Diatomeen) bestehende Kieselgur als industrieller Rohstoff von wirtschaftlicher Bedeutung. In manchen Pflanzen kommen Opal-Phytolithe als Gerüstsubstanzen vor.

Das *Aluminiumoxid* kommt in Form von Gibbsit, Boehmit und Diaspor (AlOOH) vor und ist häufig in Tonerde und Bauxit angereichert. In dichtester Kugelpackung tritt es auch als Korund auf, der aufgrund seiner hohen Härte als Schleifmittel verwendet wird.

Die verschiedenen *Eisenoxide* und *-hydroxide* sind meist im Gemisch anzutreffen. Sie bedingen weitgehend die Färbung der Gesteine und Böden. Das Eisen-III-oxid (Fe_2O_3) ist unter den Namen Roteisenstein, *Hämatit* oder Eisenglanz bekannt. Größere Vorkommen stellen wertvolle Eisenerzlager dar. In feinen Schüppchen verteilt (z. B. als Einschluß in Feldspäten sowie in der Rinde der Quarzkörner von Sandsteinen) ruft es eine Rotfärbung der Gesteine und der daraus entstandenen Böden hervor. Das dominierende Eisenoxid in Ockerproben aus Dränrohren ist Ferrihydrit ($5FeO_3 \cdot 9H_2O$).

Das Eisen-II-ferrat ($FeOFe_2O_3$ – früher meist Fe_3O_4 geschrieben) ist als *Magnetit* oder Magneteisenstein ein besonders hochwertiges Erz. Diese Mineralart besitzt einen starken Magnetismus, der bei Rotglut verschwindet, beim Abkühlen aber wieder eintritt. Größere Magnetitkörner können bei der Verwitterung häßliche braune Flecken im Baustein bilden.

In den Böden besonders weit verbreitete, wasserhaltige Eisenoxide sind der in Form von Nadeleisenerz vorkommende Goethit (α-FeOOH) sowie der erheblich seltenere Lepidokrokit (γ-FeOOH), Rubinglimmer. An Goethit reiche Gesteine und Erze werden als Brauneisenstein, Limonit, Eisenocker und Raseneisenstein bezeichnet.

Die folgenden Klassen umfassen Salze von Säuren mit komplexem, sauerstoffhaltigen Anion.

Karbonate: Deren CO_3-Koordination ist wegen der günstigen Ionenradienverhältnisse des Kohlenstoffkations und der Sauerstoffanionen zueinander sehr stabil.

Das Calciumkarbonat ($CaCO_3$), der *Calcit* oder *Kalkspat*, steht unter den Karbonaten mengenmäßig an erster Stelle. Es ist, wie der Name andeutet, vorzüglich spaltbar. An dieser Spaltbarkeit und seiner geringen Härte kann man es leicht erkennen. Seine chemische Widerstandsfähigkeit ist relativ gering. In kohlesäurehaltigem Wasser ist seine Lösungsgeschwindigkeit groß. In den Gesteinen der Kreide, des Jura und der Trias (besonders im Muschelkalk, aber auch im Keuper) ist Calciumkarbonat reichlich vertreten und Ausgangsmaterial einer gehemmten Bodenbildung, die zum Bodentyp der Rendzina führt.

Das reine Magnesiumkarbonat ($MgCO_3$), der *Magnesit*, gleicht in vielem dem Kalkspat. *Dolomit* ist ein echtes Doppelsatz ($CaMg[CO_3]_2$).

Das Eisen-II-karbonat ($FeCO_3$) wird als Eisenspat, *Siderit* oder Spateisenstein in zahlreichen Vorkommen als vorzügliches Erz zur Eisengewinnung abgebaut. Es verwittert an feuchter Luft zu Brauneisenstein.

Zu dieser Klasse sind auch die Nitrate und Borate zu rechnen. Natriumnitrat ($NaNO_3$), als *Natron- oder Chilesalpeter* bekannt, findet sich als Ablagerung aus Vogelkot in den regenlosen, pazifischen Küstenstrichen Chiles als Caliche, die meist erheblich durch andere Salze verunreinigt ist. Synthetisch wird diese Mineralart nach dem Haber-Bosch-Verfahren in großem Umfange aus Luftstickstoff hergestellt. *Kalksalpeter* ($Ca[NO_3]_2$) entsteht vor allem an feuchten Stallwänden als Mauersalpeter.

Sulfate: Calciumsulfat ($CaSO_4$) wird in der wasserfreien Form *Anhydrit* genannt und findet sich in großer Menge in marinen Lagerstätten. Das wasserhaltige Calciumsulfat ($CaSO_4 . 2H_2O$) ist als *Gips* bekannt. Im Zechstein und Gipskeuper kommt es gebirgs- und bodenbildend vor. Die Aufnahme der großen Wassermoleküle in das Kristallgitter führt zur Volumenvergrößerung sowie zu einer Verringerung der Dichte und Härte. Der aus Lagerstätten gewonnene Gips wird gemahlen und um 120 °C erhitzt. Dabei entsteht der in der Bauindustrie und für Abgüsse benutzte Stuck- oder Schnellbindegips ($CaSO_4 \cdot \frac{1}{2} H_2O$). – Das Bariumsulfat ($BaSO_4$) wird wegen seines hohen spezifischen Gewichts Schwerspat oder Baryt genannt.

Phosphate: Calcium-Fluor-Phosphat ($Ca_5 (F, Cl, OH) (PO_4)_3$), der *Apatit*, hat eine noch kompliziertere chemische Zusammensetzung als es die vorstehende Formel zum Ausdruck bringt. An Stelle des PO_4 kann teilweise SO_4 oder SiO_4 treten. Manche Apatite enthalten auch CO_3-Gruppen. Stellvertretend für Ca können andere Elemente im Gitter vorhanden sein, so daß sich der Apatit auch in fast allen Farben findet. Er ist in feinster Verteilung in den meisten Gesteinen, vor allem in Eisenerzen enthalten. Da der in Säuren lösliche Apatit in den meisten Böden vorkommt, ist hiermit eine grundlegende Voraussetzung für alle Lebensprozesse erfüllt; denn alles Leben ist an das Vorhandensein von Phosphaten geknüpft. Aus apatitischen Rohphosphaten wird durch Säureaufschluß großtechnisch Superphosphat hergestellt. Viele Millionen Tonnen Rohphosphat werden aus Lagerstätten in Nordafrika, Florida, der russischen Eismeerregion, auf der Pazifikinsel Nauru in jährlich steigender Menge abgebaut.

Organische Verbindungen: Zu dieser Mineralklasse gehören neben *Bernstein, Erdwachs* und *Asphalt* im weiteren Sinne auch die verschiedenen Formen der *Kohlen* und *Torfe.* Ferner sind Humusbestandteile wie Polysaccharide und Salze organischer Säuren chemisch hier einzuordnen. Als Kohlenstoffverbindungen brennen alle organischen Minerale leicht.

1.2.2.2 Silikate

Etwa 80 % der die Erdrinde aufbauenden Minerale sind Silikate. Daher sind die natürlichen und industriell gefertigten Bausteine in erster Linie aus diesen zusammengesetzt.

Das vierfach negativ geladene SiO_4-Tetraeder ist ein starker Protonenakzeptor und daher nur in stark alkalischer Lösung (pH > 12) stabil.

Nach der Art, wie die SiO_4-Tetraeder im Gitter angeordnet sind, werden verschiedene Strukturtypen unterschieden, die man zur Einteilung der Silikate benutzt hat.

Inselsilikate: An Stelle der vorstehend beschriebenen Sauerstoffbrücken werden die Tetraeder durch Metallkationen (Mg^{2+}, Fe^{2+}, Al^{3+}) im Kristallgitter zusammengehalten. Diese elektrostatische Bindung der SiO_4-Koordinationen ist sehr fest und die Packung im Kristallgitter sehr dicht. Daher haben die zu dieser Abteilung gehörenden Minerale meist ein relativ hohes spezifisches Gewicht und eine bedeutende Härte. Vertreter dieser Gruppe sind: *Olivin* ([Mg, Fe]$_2$SiO$_4$), Disthen oder Cyanit (Al$_2$[OSiO$_4$]) und *Topas* (Al$_2$[F$_2$SiO$_4$]).

Gruppen- und Ringsilikate: Zwei, drei, vier oder sechs Tetraeder sind durch Sauerstoffbrücken zu selbständigen Gruppen innerhalb des Gitters verbunden. Dabei können auch Ringe entstehen (Abb. 8, Mitte). Diese Ringe liegen in einer Ebene und werden durch zweifach positive Ionen untereinander verknüpft. Als Beispiel für diese Gruppe ist der

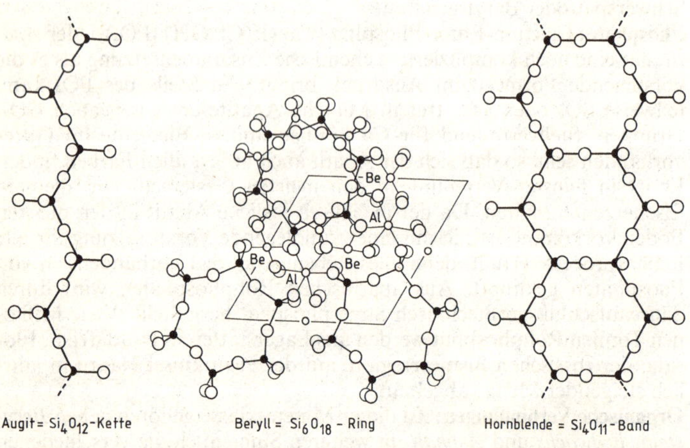

Augit= Si$_4$O$_{12}$-Kette   Beryll = Si$_6$O$_{18}$ - Ring   Hornblende = Si$_4$O$_{11}$-Band

Abb. 8. Struktur von Ring- und Fasersilikaten.

Beryll ($Al_2Be_3[Si_6O_{18}]$) zu nennen. Varietäten sind grüner Smaragd und blauer Aquamarin.

Faser- und Bändersilikate: Verbindungen mit unendlichen Ketten von SiO_4-Tetraedern haben in Richtung der Fasern hohe Festigkeit und senkrecht zu diesen gute Spaltbarkeit (Abb. 8, links).

Die Spitzen der Tetraeder liegen abwechselnd oberhalb und unterhalb der Zeichenebene. Im vollständigen Kristallgitter sind die Ketten parallel zueinander angeordnet und werden durch elektrostatische Ionenbindung zusammengehalten. Diese Kettenform liegt in den *Augiten* ($CaMgSi_2O_6$ + Al, Fe) vor, die aber noch zahlreiche weitere Elemente in geringen Mengen enthalten, so daß ihre Farbe oft stark wechselt. Diese Mineralgruppe gehört zu den Pyroxenen.

Wenn zwei dieser Ketten zusammentreten, entstehen Bänder. In diesen hat die Hälfte der Tetraeder zwei und die andere Häfte drei Sauerstoffatome gemeinsam (Abb. 8, rechts). Damit sind in vier Tetraedern vier Siliciumatome und elf Sauerstoffatome vorhanden. Von letzteren tragen sechs negative Ladungen. Dadurch können zwischen den parallel orientierten Silikatbändern außer Metall-Kationen auch noch Wassermoleküle und kleine Anionen, z.B. Hydroxid-Ionen, eingebaut sein. Die Mineralgruppe der Hornblenden gehört zu den Amphibolen und kann durch folgende Summenformel gekennzeichnet werden:
$Ca_2[Mg, Fe]_5[OH]_2[Si_4O_{11}]$. Ein bekanntes Beispiel für diese faserige Struktur mit ausgezeichneter Spaltbarkeit ist der *Serpentinasbest*.

Gerüstsilikate: Bei einer Verknüpfung der SiO_4-Tetraeder über alle vier Ecken ist jedes Sauerstoffatom an zwei Siliciumatome gebunden; daraus ergibt sich die Formel SiO_2 des Quarzes. Ein Teil der Anwendungen des Quarzes in der Technik hängt mit den röhrenförmigen Hohlräumen seines Gitters mit sechszähliger Symmetrie zusammen (Schwingquarze). Sind bei der Auskristallisation im Magma nicht genügend Siliciumatome vorhanden, so können sie durch andere Atome gleicher Größenordnung ersetzt werden. In Frage kommen vor allem die im Periodensystem benachbarten Aluminiumatome, zumal Aluminium nach Sauerstoff und Silicium das dritthäufigste Element in der Erdkruste ist.

Wird im Quarzgitter jedes vierte Siliciumatom durch ein Aluminiumatom ersetzt, so entsteht aus dem Bauelement (Si_4O_8) das des Alkalifeldspates ($AlSi_3O_8$). Dieses Kristallgitter wäre nicht mehr elektrisch neutral, da die Aluminiumatome ein Valenzelektron weniger für die Bindungen zur Verfügung stellen können als die Siliciumatome. Die zum Ladungsausgleich erforderlichen, einwertigen Kationen haben in den Hohlräumen des Gitters Platz (Abb. 9). Kalifeldspat oder *Orthoklas* ist ($K[AlSi_3O_8]$) und Natronfeldspat oder *Albit* ($Na[AlSi_3O_8]$).

Wird im Quarzgitter jedes zweite Siliciumatom durch ein Aluminiumatom ersetzt, so entsteht aus dem Bauelement (Si_4O_8) das der Aluminiumsilikate ($Al_2Si_2O_8$). Hier ist vor allem der *Kalkfeldspat* oder Anorthit ($Ca[Al_2Si_2O_8]$) zu nennen. Albit und Anorthit sind die Endglieder einer lückenlosen Mischungsreihe, die als *Plagioklas*gruppe bezeichnet wird. – Beim Permutit (Na[Al$_2$Si$_2$O$_8$]) sind die Natriumionen so locker gebunden, daß sie leicht durch Calciumionen ersetzt werden können. Permutite sind daher als Ionenaustauscher zum Enthärten von Wasser geeignet. Die Mineralgruppe der Feldspäte steht mengenmäßig an erster Stelle in der Erdkruste.

Schichtsilikate: Bei dieser Vernetzungsart von SiO$_4$-Tetraedern kann die Gestalt der Silikatschichten sehr verschieden sein. Am häufisten sind Schichten, die aus Sechserringen aufgebaut sind, wobei auf jedes Bauelement zwei Silicium- und fünf Sauerstoffatome kommen. Zum Weiterwachsen des Si$_4$O$_{10}$-Netzes (Abb. 10) sind je zwei dieser Bauelemente erforderlich. – Eine andere Form der Vernetzung ist aus Oktaedern aufgebaut (Abb. 7 und 11). In diesen umgeben sechs Sauerstoff- und Hydroxilionen Al^{3+}-, Fe^{3+}-, Fe^{2+}- oder Mg^{2+}-Ionen als Zentralkationen. Diese Koordinationsoktaeder werden durch je zwei gemeinsame Hydroxilionen zu Netzen verbunden. Aus den SiO$_4$-Netzen ragen an den Tetraederspitzen Sauerstoffatome heraus, die an die Stelle eines Sauerstoffatoms im gegenüberliegenden Koordinationsoktaeder treten. Dadurch wird ein SiO$_4$-Netz mit einem Netz aus Koordinationsoktaedern verbunden. So entsteht ein Zweischichtmineral (Abb. 12, links). Dreischichtminerale entstehen, wenn auch die andere Seite der Oktaederschicht über gemeinsame Sauerstoffatome mit einem SiO$_4$-Netz verbunden wird. (Abb. 12, rechts). Derartige Schichtsilikate liegen nicht nur in den Ausgangsgesteinen in mannigfachen Formen vor, sondern werden auch bei der Verwitterung neu gebildet. Da sie sich im Boden ausschließlich in der Tonfraktion kleiner als zwei Mikrometer finden, werden sie als *Tonminerale* bezeichnet.

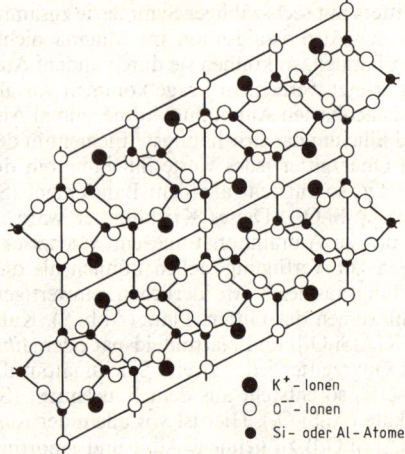

● K$^+$- Ionen
○ O^{--}- Ionen
● Si- oder Al-Atome

Abb. 9. Gerüstsilikat.

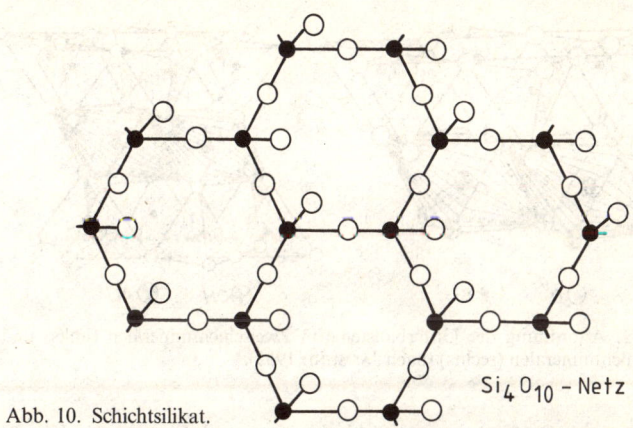

Si_4O_{10} – Netz

Abb. 10. Schichtsilikat.

Diese in kolloidaler Größe vorliegenden, feinkristallinen Tonminerale können im Gegensatz zu den bisher beschriebenen primären Mineralen weder makro- noch mikroskopisch bestimmt werden. Auch die chemische Analyse versagt bei diesem Bemühen weitgehend, da die OH-haltigen K-, Na-, Ca-, Mg-, Fe- und Al-Silikate je nach Herkunft recht unterschiedlich zusammengesetzt sind. – Übergangs- und Wechsellagerungsminerale sind in den meisten Böden häufiger zu erwarten als die oben schon beschriebenen reinen Schichtsilikate, die gleichsam Endglieder der Tonmineralneubildung darstellen. Im Boden werden durch Verwitterung, Auswaschung, Nährstoffentzug durch Pflanzen, Düngung und viele andere Vorgänge dauernd die Bedingungen geändert. Dabei

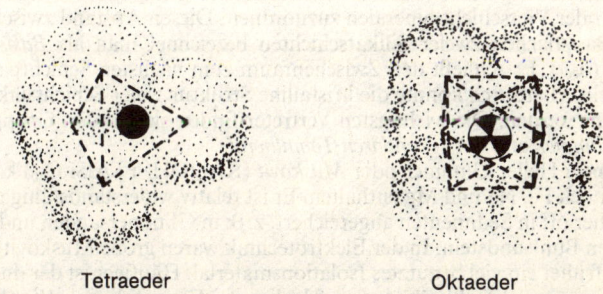

Tetraeder   Oktaeder

Abb. 11. Strukturmodell eines SiO_4-Tetraeders (links) und eines $Al(O_2, OH)_6$-Oktaeders (rechts).

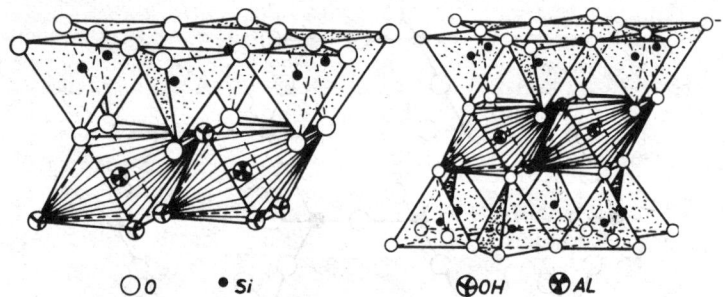

Abb. 12. Anordnung der Gitterbausteine in Zweischichtmineralen (links) und Dreischichtmineralen (rechts) (nach JASMUND 1955).

werden neue Stoffgruppen wie Aluminium- und Eisenoxide, Kieselsäure, Erdalkali- und Alkaliionen frei und können in die Tonmineralneubildung einbezogen werden. Auch die sich daraus ergebenden Unregelmäßigkeiten beim Aufbau der Tonminerale im Boden führen zu erheblichen Schwierigkeiten bei Laboranalysen mit den gebräuchlichen chemischen Methoden.

Erst mit modernen physikalischen Methoden hat man den Kristallaufbau der Tonminerale erkennen und zu ihrer Unterscheidung auswerten können. Nach Vorbehandlung der bei fraktionierter Schlämmung gewonnenen Rohtonsubstanz (K- oder Mg-Sättigung und Quellung in Glycerin bei konstanter Temperatur) werden Röntgenstrahlen von den Netzebenen der Silikatkristalle gebeugt. Das Ausmaß der Beugung kann durch einen Film oder mit Hilfe eines Zählrohres registriert werden. So ist es möglich, unterschiedliche Abstände der Schichtpakete bei verschiedenen Tonmineralen zu erkennen und diese damit den Zwei-Drei- oder Vierschichtmineralen zuzuordnen. Diesen Abstand zwischen den Basisflächen zweier Silikatschichten bezeichnet man als *Basisabstand* (d_{001}). Er schließt den Zwischenraum zum nächsten Schichtpaket stets ein. Hierdurch konnte die kristalline Struktur vieler Schichtsilikate erkannt werden. Die wichtigsten Vertreter finden sich in den Gruppen der *Glimmer* und der *sekundären Tonminerale*.

Glimmer: Heller Glimmer oder *Muskovit* ($KAl_2[OH, F]_2AlSi_3O_{10}$) kann auch noch Fe, Na und Mg enthalten. Er ist relativ widerstandsfähig und ist daher oft in Sedimenten angereichert, z. B. in Glimmersanden und im Oberen Buntsandstein. In der Elektrotechnik waren große Muskovitkristalle früher ein viel benutztes Isolationsmaterial. Häufiger ist der dunkle Glimmer oder *Biotit*; dessen idealisierte Formel lautet ($K (Mg, FeII,Mn)_2(Al,Si)_4O_{10}$). Er ist ein wichtiges Gemengteil des Granits, in dem er an seiner glänzenden, tiefschwarzen Farbe gut erkennbar ist. –

Beide Glimmer liefern als *primäre Tonminerale* im Boden bei der Verwitterung bedeutende Kaliummengen.

Eine Freisetzung von Kalium findet auch bei der Verwitterung von Feldspat statt, wie sie in Abb. 20 dargestellt ist. Das Gerüstsilikat wird dabei bis zu hydratisierter Kieselsäure zerlegt. Mit fortschreitender Verwitterung finden nicht nur Abbau- sondern auch Aufbauprozesse statt. Hierbei bilden sich über kolloidale Tonkomplexe *sekundäre Tonminerale*.

Eine derartige Neubildung führt in tropischen und subtropischen Böden zum **Kaolinit** ($Al_2(OH)_4Si_2O_5$). Er bildet den wesentlichen Bestandteil des Kaolins, das als keramischer Ton das Rohprodukt für die Porzellanherstellung ist. Größere Vorkommen von Kaolin gibt es in Sachsen und in der Oberpfalz, in der Tschechoslowakei, England, China und Japan. – Die Kristallstruktur des Kaolinits ist zweischichtig; eine Schicht besteht aus SiO_4-Tetraedern und eine aus AlO_6-Oktaedern (Abb. 12). In jedem Schichtpaket ist die Zahl der positiven gleich der der negativen Ladungen, so daß keine Zwischenschichtionen zum Ladungsausgleich erforderlich sind. Die Begrenzung der Schichtpakete erfolgt auf der einen Seite von Sauerstoff-, auf der anderen Seite von Hydroxylionen, zwischen denen Wasserstoffbrücken OH..O eine starre Verbindung herstellen. Der Abstand von Schichtpaket zu Schichtpaket beträgt 0,28 nm und der Basisabstand 0,72 nm. – Ein weiteres Zweischichtmineral ist der *Halloysit*, bei dem zwischen die Schichtpakete Wassermoleküle eingelagert sind.

Bei den **Dreischichtmineralen** besteht jedes Schichtpaket aus zwei Tetraederschichten und einer Oktaederschicht, die zwischen den Tetraederschichten angeordnet ist (Abb. 12, rechts). In den Tetra- und Oktaedern werden in der Regel einige Atome höherer Wertigkeit durch Atome geringerer Wertigkeit ersetzt, z. B. Si durch Al und Al durch Mg. Durch die dadurch entstehende, ständige, überschüssige, negative Ladung kommt es zur Sorption von Kationen. Diese haben für die Nährstoffversorgung der Pflanzen eine große Bedeutung. Die von den Oberflächen der Schichtpakete ausgehende Wirkung als Ionenaustauscher beeinflußt das gesamte physikalisch-chemische Geschehen im Boden. In diesen Mineralen haben die Zwischenschichten einen wechselnden Abstand von 1,3 bis 3 nm, Wasseraufnahme führt zu einer Quellung, die den Abstand zwischen den Schichtpaketen um ein Mehrfaches aufweiten kann. Diese Aufweitung wird dann erleichtert, wenn die negative Schichtladung abnimmt.

Dreischichtminerale weisen durch Wechsellagerung oft eine stark variierende chemische Zusammensetzung auf. Sie können daher nicht durch eine chemische Summenformel gekennzeichnet werden. Der für die röntgenographisch ermittelte Kristallstruktur charakteristische Basisabstand, die negative Ladung sowie Entstehung und Vorkommen dienen daher zur Einteilung der Tonminerale (Tab. 4.).

Tonmineralkristalle haben häufig keine einheitliche, sondern eine unterschiedliche Schichtenfolge mit wechselnden Anteilen der einzelnen Bausteine. Wenn diese regelmäßig wiederkehren, werden sie *Wechsellagerungsminerale* genannt; hieran können Illit und Smectit oder Biotit und Vermiculit beteiligt sein. In diesen Fällen kann die Intensität der Röntgenreflexe erste Hinweise auf die Menge eines vorherrschenden Tonminerals liefern.

Entstehung der Tonminerale: In Ergänzung zur Tab. 4. ist für das Verständnis der Tonmineralbildung eine Kenntnis der Ausgangsgesteine von Bedeutung. Sind diese basisch und magmatisch, wie z.B. Basalt, entstehen durch Verwitterung vornehmlich Smectite und Vermiculite. Saure Tiefengesteine, wie z.B. Granit, liefern besonders im gemäßigten Klima häufig Illite. Chlorite sind Anzeiger einer hohen Verwitterungsin-

Tab. 4. Basisabstände, Ladung und Entstehung der Tonminerale

Tonmineral	Basisabstand in nm	negative Ladung	Entstehung und Vorkommen
Dreischichtminerale			
Smectite: (Montmorillonit, Beidellit, Nontronit)	1,8	0,2–0,6	starke chemische Verwitterung basenreicher Magmatite, unstabil b. Auswaschung u. Versauerung
Vermiculit	1,4	0,6–0,9	Glimmer m. hohem Si-, aber geringem Al-Anteil
Chlorit	1,4	0,8	aus Chloritschiefern u. anderen Umwandlungsgesteinen
Illit (Glaukonit)	1	1	primäre Glimmer im Ausgangsgestein, randlich aufweitbar vor allem bei K-Verarmung in marinen Sedimenten
Zweischichtminerale			
Kaolinit	0,72	–	gleiche Anteile von Si u. Al, Fehlen von Mg u. anderen Basen
Halloysit	1,01		Umwandlung v. Allophanen bei fehlenden Basen
Allophane			röntgenamorphe, wasserreiche Aluminiumsilikate, oft i. jungen Böden aus Vulkanasche

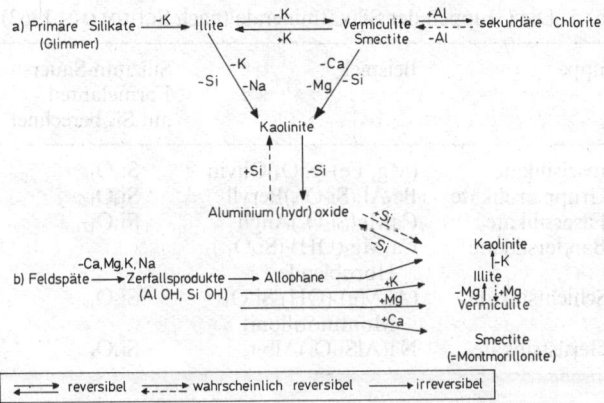

Abb. 13. Schema der Bildung, Umwandlung und des Zerfalls der Tonminerale.

tensität. Unter tropisch-subtropischen Bedingungen kann es nur zum Aufbau von Kaoliniten kommen. Bei schneller Auswaschung der bei tropischer Verwitterung freigesetzten Siliciumverbindungen kommt es nicht zur Tonmineralneubildung. Dann reichern sich freie Metalloxide an, die diese Böden rostrot färben und die bei Austrocknung verkrusten. Es kommt dann zur Bildung lateritischer Böden.

Die Tonmineralbildung erfolgt auf drei Wegen (Abb. 13):

a) Aus primär in den Gesteinen vorhandenen Schichtsilikaten (z. B. Biotit) entstehen durch deren vorwiegend mechanische Aufarbeitung (physikalische Verwitterung) sekundäre Tonminerale.

b) Durch Verlust an Ionen der Glimmerminerale (z. B. K^+) entstehen Illite ohne Änderung der Gitterstruktur.

c) Aus den bei der chemischen Verwitterung freigesetzten Zerfallsprodukten der Feldspäte werden sekundäre Tonminerale neu gebildet.

Beim Weg a) erfolgt zunächst eine Zerkleinerung der Glimmerminerale bis zu kolloidalen Größe. Die nachfolgenden chemischen Prozesse sind durch Kationen- und Anionenumtausch für die Nährstoffversorgung der Pflanzen von größter Bedeutung.

Der Weg c) zur Tonmineralneubildung aus den Zerfallsprodukten der Silikate erfordert viel längere Zeiträume. Er ist in Abb. 20 dargestellt.

Die neu gebildeten sekundären Tonminerale unterliegen je nach Art und Richtung der Bodenbildung weiteren Umwandlungen. – Im humiden Klima führt in den oberen Profilbereichen ein Ersatz von Zwischenschichtkationen zu zunehmend aufweitbaren, stark quellenden Tonmineralen. In ariden Zonen verlagern sich dagegen solche Vorgänge in

Tab. 5. Die Gruppen der Silikatminerale (nach SCHUMANN 1962)

Gruppe	Beispiel	Silizium-Sauerstoff-Formelanteil, auf Si_4 berechnet
1. Inselsilikate	$(Mg, Fe)_2(SiO_4)$Olivin	Si_4O_{16}
2. Gruppensilikate	$Be_3Al_2(Si_6O_{18})$Beryll	Si_4O_{12}
3. Fasersilikate	$CaMg(Si_2O_6)$Augit	Si_4O_{12}
Bändersilikate	$Ca_2Mg_5(OH)_2(Si_4O_{11})_2$ Hornblende	
4. Schichtsilikate	$(Al,Mg)_2(OH)_2Si_4O_{10}$ Montmorillonit	Si_4O_{10}
5. Gerüstsilikate	$Na(AlSi_3O_8)$Albit	Si_4O_8

tiefere Profilbereiche, weil Lösung, Austausch und Umlagerung der Ionen im Boden an überschüssiges Wasser gebunden ist. Durch intensive Verwitterung im extrem sauren, humiden und warmen Bereich können schließlich alle Tonminerale höherer Ordnung über Zweischichtminerale und weiterem Verlust aller Siliciumverbindungen in Aluminiumoxide (Bauxit) umgewandelt werden (Laterisierung).
Wenn auch die eigentlichen Kristallblättchen der sekundären Tonminerale durch mehrere (häufig 10 bis 20) Silikatschichten gebildet werden, so bleibt doch die Form. Die flächenhafte Vernetzung der Tetraederschichten ist auch für die sekundären Tonminerale kennzeichnend. Da hier drei Sauerstoffatome eines Tetraeders gleichzeitig je einem anderen Tetraeder angehören, können die Gruppen der Silikatminerale allgemein durch ihren Silicium-Sauerstoff-Formelanteil unterschieden werden. Um bei Sauerstoff auf ganze Zahlen zu kommen, wird sein Anteil auf Si_4 bezogen (siehe Tab. 5.).

1.2.3   Eigenschaften der Minerale

Für alle kristallinen Minerale gilt das Gesetz der Winkelkonstanz. Aus den Symmetrieverhältnissen der Kristallgitterbegrenzungsflächen läßt sich die Symmetrie der Kristallgitter ableiten. Wachstumsgeschwindigkeit, Ausbildung (Tracht), Flächenanordnung (Habitus) und die dadurch bedingte Kristallform der einzelnen Minerale finden darin ihre Erklärung. Heute sind röntgenographische und elektronenmikroskopische Verfahren die wichtigsten Hilfsmittel zur Untersuchung der Kristallstrukturen.
Diese lassen sich bei großen Molekülen nicht allein aus der Summenformel ableiten. Die quantitative Bauschanalyse ist bereits eine recht genaue Untersuchungsmethode. Oft begnügt man sich in der Bodenkunde

bei der chemischen Kennzeichnung der Minerale mit wenigen leicht auszuführenden, qualitativen Analysen zum Nachweis bestimmter Elemente. So zeigt z. B. die Gelbfärbung einer Flamme das Vorkommen von Natrium an.

Die physikalischen Eigenschaften der Minerale lassen sich in drei Gruppen einteilen und sind charakteristische Materialkonstanten:

1. skalare Eigenschaften, die nicht von der Richtung abhängen,
2. vektorielle Eigenschaften, bei denen ein Unterschied zwischen Richtung und Gegenrichtung besteht,
3. bivektorielle (oder tensorielle) Eigenschaften, die in Richtung und Gegenrichtung völlig gleich sind.

Neben diesen meist durch genaue physikalische Messungen zu erfassenden Eigenschaften spielen beim Ansprechen der Minerale die durch die menschlichen *Sinnesorgane* leicht anzustellenden Beobachtungen eine große Rolle.

Mit dem *Auge* lassen sich Farbe und Glanz feststellen. Die Eigenfarbe wird als sogenannter »Strich« durch Abrieb auf einer unglasierten Hartporzellanplatte ermittelt. Der Glanz ist von der Ausbildung der Oberflä-

Tab. 6. Eigenschaften der Minerale

	Maß-einheit	Beispiele
1. Skalare Eigenschaften		
Dichte bzw. spezifisches Gewicht	g/cm³	Wasser = 1, Silikate 2,5–3,5
Schmelz- bzw. Erstarrungstemperatur	°C	Schwefel 120 °C, Quarz 1750 °C
2. Vektorielle Eigenschaften		
Härte: Ritzhärte nach Mohs	10 Stufen	Gips 2, Quarz 7, Diamant 10,
Schleifhärte n. Rosiwal	Korund = 1000	Gips 1,25; Kalkspat 4,5 Diamant 140000
Bruch		zackig (Silber), splittrig (Feuerstein), erdig-rauh (Kreide, Ton)
Spaltbarkeit		höchst vollkommen z. B. Glimmer; Glas ist nicht spaltbar
3. Bivektorielle Eigenschaften		
Wärmeleitfähigkeit	λ oder W/(mK)	Silber = 1, Kalkspat = 0,01 Luft = 0,000058
elektrische Leitfähigkeit	S/m	Silber = $6,1 \cdot 10^5$ Quarzglas = $2 \cdot 10^{-14}$
Lichtbrechung	n(Brechungsindex)	Luft = 1,000293 Wasser = 1,33, Glas = 1,5
Radioaktivität	Halbwertzeit	^{238}Uran = $4,51 \cdot 10^9$ Jahre

che abhängig. Je glatter diese ist, desto stärker ist der Glanz. Man unterscheidet z.B.: Fettglanz, Metallglanz, Diamantglanz, Glasglanz oder Seidenglanz.

Auch der *Tastsinn* kann bei der Beobachtung der Minerale helfen. Talk fühlt sich fettig an, wie mit Öl bestrichen. Kreide und Ton haben eine matte, an frischen Bruchstellen etwas rauhe Oberfläche.

Bei Untersuchungen zur Schmelzbarkeit kann ein geübtes *Ohr* bei einigen Mineralen typische Erscheinungen des Verknisterns oder Verpuffens (durch Freiwerden und Verdampfen von Kristallwasser) wahrnehmen (z.B. ungebrannter Gips). – Auch der *Geruch* von organischen Stoffen beim Verbrennen (z.B. Oxidation von Schwefelverbindungen) ist für manche Minerale typisch.

1.3 Entstehung und Gliederung der Gesteine

Sowohl die Genese als auch die Eigenschaften der aus unterschiedlichen Mineralien bestehenden Gesteine sind für das Verständnis bodenkundlicher Prozesse wie auch für viele Bodeneigenschaften von großer Bedeutung. Im folgenden wird daher zunächst – nach einer kurzen Einführung in die tektonischen Wirkungen in der Erdkruste – auf die durch Kräfte des Erdinnern gesteuerten sog. endogenen Vorgänge und die mit ihnen zusammenhängenden magmatischen und metamorphen Gesteine eingegangen. Spätere Kapitel behandeln die an der Erdoberfläche ablaufenden exogenen Vorgänge und die daraus resultierenden Sedimentgesteine.

1.3.1 Endogene Vorgänge

1.3.1.1 Tektonik

Geologische Vorgänge im Erdinnern haben und hatten im Laufe der Erdgeschichte erheblichen Einfluß auf die Gestaltung der Erdkruste. Sie können in tektonische und magmatische Prozesse mit fließenden Übergängen gegliedert werden. Der Begriff *Tektonik* umfaßt sowohl die Lagerungsverhältnisse der Gesteine in der Lithosphäre als auch die Ursachen und Kräfte, die zu diesen Lagerungsformen führten. Dies gilt für den einzelnen Gesteinsverband wie auch für die Großstrukturen der Erdkruste.

Langsame, über Jahrmillionen andauernde Hebungen und Senkungen der Erdkruste, oft ohne erkennbare Verformungen der Gesteine, werden unter dem Begriff *Epirogenese* zusammengefaßt. Die langsame, schildförmige Hebung Skandinaviens und die vermutete Senkung des Nordseebeckens sind Beispiel für solche gegenläufigen Bewegungen, die wahrscheinlich Ausdruck von Massenverlagerungen im Erdinnern sind.

Tektonische Bewegungen in der Erdkruste laufen häufig ruckartig ab
(Erdbeben): wenn die einwirkenden Druckkräfte die Grenzen der Ge-
steinsfestigkeit überschreiten, kommt es zum Bruch. Es entstehen dann
Bewegungsbahnen, sog. *Verwerfungen*, entlang derer Gesteinsschollen
aneinander vorbeigeglitten sind. Sie stellen häufig bevorzugte Wasserleitbahnen im Gestein dar. Viele Gesteine werden beim Bruch in ein
System von kleineren oder größeren *Klüften* und *Spalten* zerlegt (*Kataklase* s. Seite 318), dessen Dichte und Art besonders in Oberflächennähe
sowohl für die Bodenbildung als auch für die Bodeneigenschaften (z. B.
Wasserbewegung, Durchwurzelung) wesentlich ist.
Bei der Einwirkung endogener Kräfte treten aber auch bruchlose Verformungen von Gesteinsverbänden als *Verbiegungen* auf. Sie fanden in
der Regel in größerer Tiefe bei hohen Temperaturen und hohem allseitigem Umschließungsdruck in Jahrmillionen-langen Zeiträumen statt.
Als Formen werden neben einfachen *Flexuren* (Verbiegungen in beliebiger Richtung) vor allem die durch aufwärts gerichteten Druck gebildeten *Beulen* (z. B. Salzdome Norddeutschlands) sowie die häufigen, durch
seitlichen Druck und Einengung entstandenen, oft sehr komplizierten
tektonischen *Falten* unterschieden. In den jungen und alten Faltengebir-
gen der Erde (z. B. Alpen, Himalaya, Anden bzw. Harz, Rheinisches
Schiefergebirge) liegen eindrucksvolle Beispiele vor für die Vielfalt der
Formen gefalteter Festgesteine. Die Faltengrößen schwanken zwischen
wenigen Millimetern und vielen Kilometern. »Unechte«, nicht tektonisch bedingte Falten entstehen z. B. durch subaquatische Rutschungen
weicher Sedimente oder durch Solifluktion.
Auch die bei Faltungen auftretenden großen Spannungen zerlegen die
Gesteine häufig in größere bis mikroskopisch kleine Gesteinskörper
unter Bildung von Scherflächensystemen. Besonders in tonig-schluffi-
gen Sedimenten, aber auch in metamorphen Gesteinen entsteht vielfach
ein engständiges Scherflächensystem, die sog. *Schieferung*, die häufig in
unterschiedlichen Winkeln zur Schichtung liegt. Auch bei der Faltung
wird also der Gesteinsverband mehr oder weniger umgestaltet, zerlegt
und in Oberflächennähe infolge der Druckentlastung aufgelockert. Dadurch werden dort sowohl die Verwitterung und Bodenbildung als auch
die Wasserbewegung und Durchlüftung beeinflußt und häufig gefördert.
Die Lage einer Schichtfläche, Kluft, Verwerfung usw. im Raum wird
durch ihr »*Streichen*« (= Himmelsrichtung der Horizontalen auf der
Schichtfläche) und ihr »*Fallen*« (= Einfallwinkel gegenüber der Horizontalen) gekennzeichnet (Abb. 14, s. Seite 50).
In gefalteten Gebieten treten an der Erdoberfläche oft besonders komplizierte Erosionsformen mit kleinflächig wechselnden Gesteinen und
Böden auf.
Als tektonische Großformen der Erdkruste werden u. a. folgende **Ge-
birgsbau-Typen** unterschieden: *Faltengebirge* sind in der Regel schmale

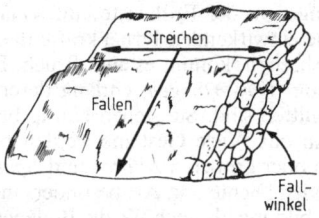

Abb. 14. Fallen und Streichen einer geologischen Schichtfläche (nach MÜCKENHAUSEN 1985).

girlandenförmig-langgestreckte Berglandgebiete mit auffällig parallelen, den Faltenachsen folgenden Höhenzügen und Tälern (z.B. Schweizerfranzösischer Falten-Jura). *Deckengebirge* entstanden durch besonders starke horizontale Verschiebungen. In den Alpen wurden die Gesteinsserien z.B. unter intensiver Faltung auf z.T. viele Kilometer langen Überschiebungsbahnen auf weniger als ein Drittel der ursprünglichen Gesteinsausdehnung deckenartig übereinandergeschoben. *Bruchfaltengebirge* haben sich in relativ stabilen Gebieten entlang von Bruchzonen in der Erdkruste durch epirogenetisch bedingte Vertikal- und Horizontalbewegungen gebildet. Es entstand eine Art Mosaik von gehobenen und abgesunkenen Schollen mit weitspanniger Verbiegung der Schichten und stärkerer Faltung nur in den relativ schmalen Zonen entlang der Schollengrenzen (Beispiel: Südniedersachsen, Nordhessen). *Bruchschollengebirge* sind Gebiete, in denen mosaikartige Gebirgsschollen ohne Verbiegungen mehr oder weniger stark emporgehoben (Horste, z.B. Spessart, Schwarzwald) bzw. abgesenkt wurden (Gräben, z.B. Oberrheintal, Leinetal). Sie können bereits gefaltete als auch vorher ungestörte Gesteinskomplexe umfassen.

Die früheren und heutigen Veränderungen des geotektonischen Großbildes der Erde mit seiner wechselnden Verteilung von Ozeanen und Kontinenten werden heute durch das nur noch z.T. umstrittene geotektonische Konzept der *Plattentektonik* erklärt, das die *Kontinentalverschiebungshypothese* von A. WEGENER bestätigt. Demnach haben sich mindestens sechs etwa 100 km dicke *Großschollen* der Lithosphäre (Eurasien, Afrika, Nord- und Süd-Amerika, Pazifik, Indo-Australien und Antarktis) im Laufe der Erdgeschichte aufgrund von Konvektionsströmen des Magmas im oberen Mantelbereich langsam in unterschiedliche Richtungen bewegt. Stark vereinfacht entstanden beim Zusammenstoß von Großschollen an deren Stirnseiten in Jahrmillionen Faltengebirge, wie z.B. die Alpen zwischen afrikanischer und eurasischer oder die Anden zwischen pazifischer und amerikanischer Platte, wobei hier die schwerere pazifische langsam unter die leichtere amerikanische Großscholle abtaucht (Erdbeben!). Andererseits bildeten sich zwischen lang-

sam auseinanderdriftenden Platten ständig breiter werdende, langgestreckte *Bruchsysteme*, innerhalb derer aus der Tiefe Magma aufstieg
und *untermeerische Gebirgszüge* (Schwellen) aus vulkanischen Gesteinen
bildete. Die mittelatlantische Schwelle zwischen der amerikanischen und
der afrikanischen Großscholle verbreitet sich z. B. auf solche Weise
auch heute jährlich um Zentimeterbeträge. Seit dem Jura haben diese
Vorgänge u. a. zum Auseinanderdriften von Afrika und Südamerika
geführt.

1.3.1.2   Magmatismus, Magmatische Gesteine

Die Vorgänge bei der Tektogenese werden auf Massenverlagerungen im
Erdinnern zurückgeführt. Diese erfolgen in Form glutflüssiger silikatischer Schmelzen, die als *Magma* (griech. Teig) bezeichnet werden und
die in erstarrtem Zustand magmatische Gesteine (*Magmatite*, Erstar-
rungsgesteine) bilden. Bei langsamer Abkühlung erstarren die magmatischen Schmelzen in der Erdkruste zu meist grobkörnigen plutonischen
Gesteinen (*Plutonite* oder Tiefengesteine). Demgegenüber erstarren die
bis an die Erdoberfläche aufgedrungenen Magmen relativ schnell zu
mehr oder weniger feinkörnigen, z. T. blasigen oder schaumigen vulkanischen Gesteinen (*Vulkanite* oder Ergußgesteine), deren Auftreten vor
allem an tektonische Schwächezonen der Erdkruste gebunden ist.
Vulkane, die einen Wechsel von Aschenlagen (Tuffen) und Lavaschich-
ten aufweisen, werden als Schicht- oder *Stratovulkane* bezeichnet. Lok-
ker- oder Aschenvulkane bestehen nur aus porösen Glutwolken-Ab-
sätzen (wie z. B. im Yellowstone-Park/USA). Als vulkanische Explo-
sionstrichter *(Gasvulkane)* werden z. B. einige Eifelmaare gedeutet.
Vulkanexplosionen sind allerdings erheblich seltener als Ausbrüche, bei
denen etwa 1000 bis 1100 °C heißes, mehr oder weniger gasreiches
Magma aus Spalten oder in Schloten als silikatischer Schmelzfluß an die
Erdoberfläche dringt, in Form von oft kilometerlangen Lavaströmen
ausfließt und bei etwa 700 °C erstarrt. Auf diese Weise entstehen die z. T.
riesigen *Schildvulkane* (z. B. Hawaii) und die *Plateauvulkane* (Nordin-
dien). *Quellkuppen* (Subvulkane) und *Staukuppen* – wie z. B. der Dra-
chenfels und die Wolkenburg im Siebengebirge – bilden sich häufig aus
zähflüssigem, silikatreichem Magma (Trachyt, Andesit). – Im Zusammenhang mit der vulkanischen Tätigkeit treten in der Umgebung
häufig aus Röhren oder Spalten im Gestein bis zu 800 °C heiße Gase aus
(Exhalationen). Wasserdampfaustritte bezeichnet man als *Fumarolen*,
solche mit hohem Schwefelwasserstoff-Gehalt als *Solfataren*. *Mofetten*
sind CO_2-Exhalationen, *Geysire* episodische oder periodische Spring-
quellen von heißem Wasser.
Wenn Magmen aus dem Erdinnern in die Erdkruste hinein aufsteigen
und dort erstarren, ohne ausgeflossen zu sein, so entstehen *Plutone* in
Form von meist riesigen Magmatit-Kammern. Wurden die über ihnen
liegenden Gesteine durch Erosion abgetragen, so treten die Plutonite an

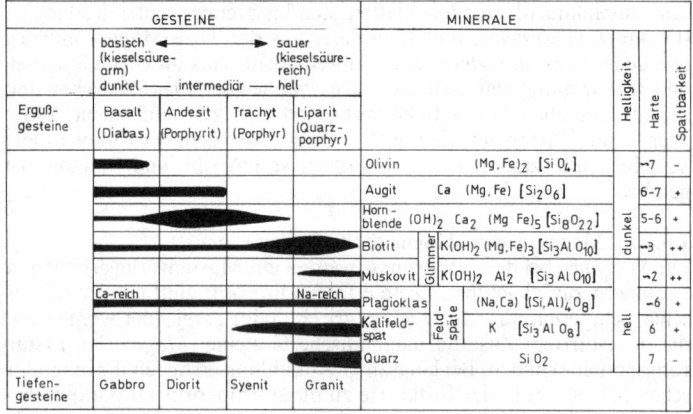

Abb. 15. Mineralzusammensetzung wichtiger Magmatite (nach PAPE 1972, verändert).

die Erdoberfläche. Der Brocken im Harz ist ein Beispiel für einen relativ kleinen, als senkrecht stehender Stock ausgebildeten Granit-Pluton. Sehr große Plutone von maximal 250000 km² Oberfläche liegen z. B. in Ost- und Südafrika. Platten- bis pilzförmige Plutone werden als *Lakkolithe*, solche mit verbreiterter Basis als *Batholithe* bezeichnet.

Die Gliederung und Zusammensetzung der wichtigsten **Magmatite** geht aus Abb. 15 hervor. Sie läßt die für bodenkundliche Fragen vorteilhafte Grobeinteilung in hellere (leukokrate) sogenannte »saure« und dunklere (melanokrate) »basische« Magmatite mit den zwischen beiden vermittelnden intermediären Gesteinen erkennen. Wie aus deren Mineralzusammensetzung hervorgeht, bezieht sich diese Unterscheidung auf den unterschiedlichen Gehalt an Kieselsäure, nicht aber auf den bodenkundlich wichtigen, bei der Verwitterung dieser Gesteine entstehenden Säuregrad im Boden (pH-Wert).

Tabelle 7 zeigt, daß die relativ hohen Gehalte auch der »sauren« Magmatite an Alkalien (K, Na) und Erdalkalien (Ca, Mg) bei der Gesteinsverwitterung eine basische Bodenreaktion fördern.

Der gesamte Formenschatz der Magmatite ist natürlich erheblich größer, als er in Abbildung 15 dargestellt ist. Einige als bodenbildende Substrate in Mitteleuropa wichtige, nicht aufgeführte Magmatite werden am Schluß des Kapitels zusammen mit den vulkanisch ausgeworfenen pyroklastischen Gesteinen kurz besprochen. Abb. 16 zeigt die international gebräuchliche Einteilung der Magmatite mit und ohne Feldspatvertreter *(Foide)*. Aus Abb. 15 ergibt sich, daß *Tiefen-* und *Ergußgesteine* mineralogisch gleich oder ähnlich zusammengesetzt sein

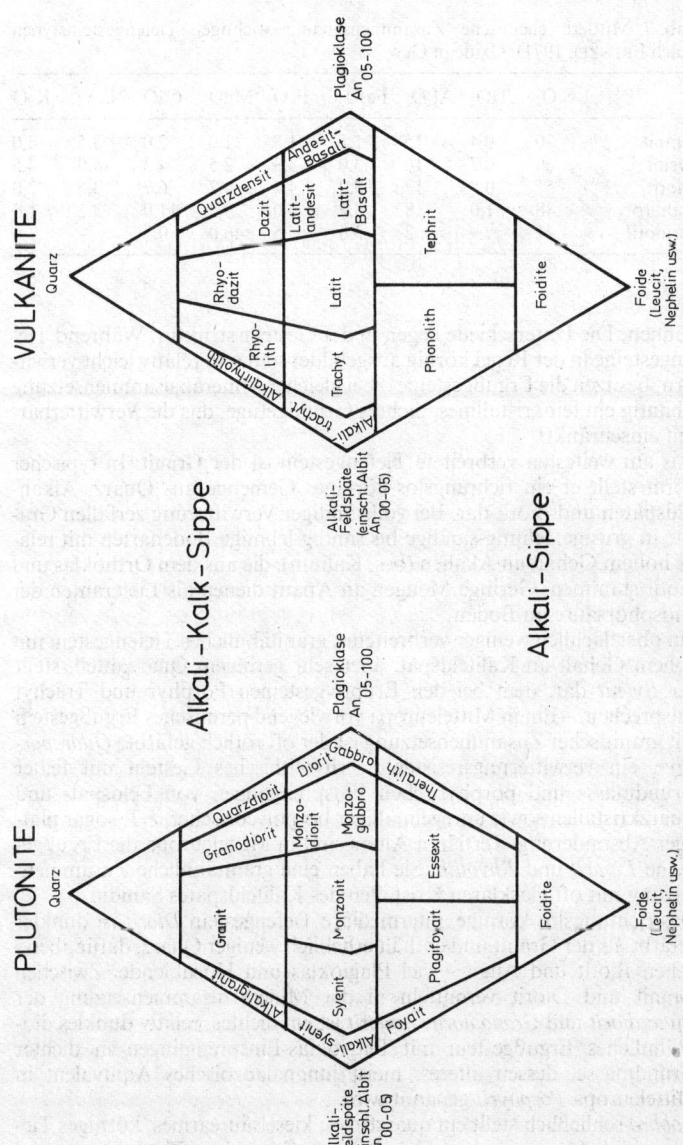

Abb. 16. Gliederung der Magmatite (nach STRECKEISEN 1973, vereinfacht), Anzunehmender Gehalt an Anorthit in %; Foide = Feldspatvertreter.

Tab. 7. Mittlere chemische Zusammensetzung wichtiger Tiefengesteinstypen (nach FRENZEL 1971). Oxide in Gew. %

	SiO_2	TiO_2	Al_2O_3	Fe_2O_3	FeO	MgO	CaO	Na_2O	K_2O
Granit	70	0,4	15	1,5	1,8	1,0	2,0	3,5	4,0
Syenit	60	0,7	16	3,0	3,3	2,5	4,3	4,0	4,5
Diorit	57	0,8	17	3,2	4,4	4,2	6,7	3,5	2,0
Gabbro	48	1,0	18	3,2	6,0	7,5	11,0	2,5	1,0
Peridotit	41	–	2	3,0	5,5	46,0	0,7	–	–

können. Die Unterschiede liegen in der Gesteinsstruktur. Während Tiefengesteine in der Regel körnig ausgebildet sind und relativ leicht verwittern, besitzen die Ergußgesteine – bei gleicher Mineralzusammensetzung – häufig ein feinkristallines, dichtes Grundgefüge, das die Verwitterbarkeit einschränkt.

Das am weitesten verbreitete Tiefengestein ist der **Granit**. In typischer Form stellt er ein richtungslos-körniges Gemenge aus Quarz, Alkalifeldspäten und Biotit dar. Bei vollständiger Verwitterung zerfallen Granite in grusige, lehmig-sandige bis sandig-lehmige Bodenarten mit relativ hohem Gehalt an Akalien (bes. Kalium), die aus dem Orthoklas und Biotit stammen. Geringe Mengen an Apatit dienen als Lieferanten der Phosphorsäure im Boden.

Ein oberflächlich weniger verbreitetes, granitähnliches Tiefengestein mit hohem Gehalt an Kalifeldspat, aber sehr geringem Quarzanteil, stellt der *Syenit* dar, dem bei den Eruptivgesteinen Porphyr und Trachyt entsprechen. – Ein in Mitteleuropa vorwiegend permisches Ergußgestein mit granitischer Zusammensetzung ist der oft rötlich gefärbte *Quarzporphyr*, ein verwitterungsresistentes, rhyolithisches Gestein mit feiner Grundmasse und porphyrischen Einsprenglingen von Feldspat- und Quarzkristallen sowie unregelmäßiger bis polyedrischer, z.T. sogar plattiger Absonderung. Tertiären Alters sind in Mitteleuropa die Ergußgesteine *Liparit* und *Rhyolith*. Sie haben eine granitähnliche Zusammensetzung mit oft glasklaren Kristallen des Kalifeldspates Sanidin.

Das richtungslos körnige, intermediäre Tiefengestein *Diorit* ist dunkler gefärbt als der Granit und enthält erheblich weniger Quarz, dafür aber – neben Biotit und Augit – viel Plagioklas und Hornblende. Zwischen Granit und Diorit vermitteln in der Mineralzusammensetzung der *Quarzdiorit* und *Granodiorit. Andesit* ist ein dichtes, relativ dunkles dioritähnliches Ergußgestein mit Plagioklas-Einsprenglingen in dichter Grundmasse, dessen älteres, meist jungpaläozoisches Äquivalent in Mitteleuropa *Porphyrit* genannt wird.

Gabbro schließlich stellt ein quarzfreies, kieselsäurearmes, körniges Tiefengestein dar mit hohen Gehalten an Ca-reichen Plagioklasen und

Pyroxenen (besonders Diallag) sowie zurücktretend Hornblende, Biotit und nur z.T. Olivin. Das basenreichste, fast schwarze Tiefengestein ist der *Peridotit*, der im wesentlichen aus Pyroxen und Olivin besteht.
Die dunklen, oft schwarzen *Basalte* entsprechen – als tertiäre bis nachtertiäre basische **Ergußgesteine** – in ihrer mineralischen Zusammensetzung dem Gabbro. Aufgrund ihrer oft sehr dichten, feinkristallinen Struktur sind die Basalte – trotz ihres hohen Gehaltes an relativ leicht verwitternden Silikaten – recht verwitterungsbeständig. Bekannt ist die typische, säulenförmige Absonderung der Basalte.
Zu den **Eruptivgesteinen** werden hier auch die sog. pyroklastischen vulkanischen *Tuffe* gezählt, bei denen es sich um verschiedenkörnige Sedimente magmatischen Ursprungs handelt. Die Sedimentation des ausgeworfenen Materials kann äolisch oder submarin erfolgen. Nach der Korngröße unterscheidet man feinkörnige vulkanische Glasaschen, vulkanische Glassande und *Lapilli* (Steinchen) mit Korngrößen zwischen 2 und 20 mm. Größere, oft kugelige Auswürflinge werden als vulkanische *Bomben* bezeichnet. Stofflich entsprechen die Tuffe in der Regel den aus dem gleichen Vulkan stammenden Laven. Bestimmte verfestigte Formen sind z.B. als Schmelztuff *(Ignimbrit)*, als Traß und *Bimsstein* bekannt. – Aufgrund ihrer günstigen physikalischen und chemischen Eigenschaften entstehen aus den relativ leicht verwitternden vulkanischen Lockermassen – die z.B. im Neuwieder Becken und im Westerwald vorkommen – in der Regel gut bearbeitbare, nährstoffreiche, tiefgründige Böden mit günstigem Wasser- und Lufthaushalt.

1.3.1.3 Metamorphose, Metamorphe Gesteine

Wenn Tiefen- oder Sedimentgesteine bei tektonischen Bewegungen der Erdkruste in große Tiefen absinken, werden sie bereits unterhalb ihrer Schmelztemperatur in festem Zustand durch erhebliche Druck- und Temperaturanstieg in ihrem Mineralbestand und ihrer Struktur wesentlich verändert. Diese Umwandlungsprozesse bezeichnet man als Gesteinsmetamorphose und die daraus hervorgehenden Gesteine als Umwandlungsgesteine oder *Metamorphite*. Im Bereich der Aufschmelzungszone entstehen aus metamorphen Gesteinen durch sog. *Anatexis* schließlich wieder Magmatite.
Die Druckwirkung kann in senkrechter Richtung durch die Auflast der Gesteine oder seitlich durch sog. *Streß* z.B. bei Gebirgsbildungsvorgängen erfolgen (Dynamo- oder *Dislokationsmetamorphose*). Der Temperaturanstieg ist von der jeweiligen geothermischen Tiefenstufe abhängig (s. Seite 27). Gleiche Temperaturen können also z.B. in unterschiedlichen Tiefen und bei verschiedenen Drucken auftreten. Die Gesteinsumwandlung durch Hitzeeinwirkung wird als *Thermometamorphose* bezeichnet. In der Regel sind jedoch beide Faktoren beteiligt. Je nach den herrschenden Druck-Temperatur-Bedingungen entsteht eine Vielzahl von Metamorphiten mit spezieller Mineralfazies, deren wichtigste Tab. 8 zeigt.

Tab. 8. Die wichtigsten Metamorphite (nach RICHTER 1975 und WINKLER 1974)

Metamorphose-Zonen	Temperatur (in °C)	Gefüge	Ausgangsgestein							
			Quarzsandsteine	Tonschiefer	Arkosen Grauwacken	saure Magmatite und Tuffe	Basische und ultrabasische Magmatite	tonige Mergel	Mergel und mergelige Kalke	Kalke
»Epizone« (niedriger Druck)	niedrig (180–300)	feinkörnig schwach geschiefert		Phyllit	Serizit-phyllit	Serizit-quarzit z. T.	Grün-schiefer	Serizit-Chlorit-schiefer	Kalk-phyllit (Kalk-gehalt > 10 %)	
»Meso-zone« (mittlerer Druck)	mittel bis hoch (> 500)	mittel-körnig, geschiefert	Quarzite	Glimmerschiefer		Ortho-gneis	Ortho-Hornblende-schiefer	Para-Hornblende-schiefer	Kalk-glimmer-schiefer	Marmor
»Kata-zone« (hoher Druck)		mittel bis grobkör-nig, schwach geschiefert bis massig		Paragneis		Ortho-gneis	Ortho-Amphi-bolit / Plagioklas-Biotit-Horn-blende-Gneis Eklogit	Para-Amphi-bolit	Kalk-Silikat-felse Skarn	

Als *Kontaktmetamorphose* werden Umwandlungen in der Kontaktzone zwischen aufsteigendem heißen Magma und dem Nebengestein bezeichnet. So wird z. B. silikatisches Nebengestein in splittrig-feinkristallinen *Hornfels* umgewandelt, der neben Quarz, Feldspat und Biotit häufig die typischen Kontaktminerale Andalusit und Cordierit enthält. Als besonderer Fall einer Umwandlung von organischer Substanz durch Hitze und Druck unter Luftabschluß sei die *Inkohlung* genannt, bei der – unter zunehmender relativer Anreicherung von Kohlenstoff und Abspaltung von flüchtigen Bestandteilen (H_2O-Dampf, CO_2, CH_4) – aus Torf zunächst Braunkohle, später Steinkohle, Anthrazit und schließlich reiner Kohlenstoff in Form von Graphit entstehen kann. In ähnlicher Weise entstehen z. B. aus Faulschlamm (Sapropel) Erdöl und Erdgas.

Die als Ausgangsgesteine der Bodenbildung wichtigen metamorphen Gesteine stammen vor allem aus dem Bereich der *Regionalmetamorphose*. Unter gerichtetem Druck (Streß) bilden sich z. B. auf Schieferungsflächen aus Glimmern parallel zueinander liegende, seidenglänzende Beläge von Serizitschüppchen. Aus Tonstein entsteht so *Tonschiefer* und *Phyllit*. Zunehmender Druck und ansteigende Temperaturen bewirken u. a. »plastische« Verformungen, Mineralzertrümmerungen und Umbildung von Mineralien. Drucklösung führt häufig zur Gesteinsverdichtung, und Stoffzufuhr von außen hat metasomatische Mineralneubildungen zur Folge. So entsteht z. B. aus Sandstein der verwitterungsresistente, harte, dichte *Quarzit*, aus Kalkstein der gröber kristalline *Marmor*.

Die Intensität der Metamorphose nimmt bei normaler geothermischer Tiefenstufe und allmählich mit der Tiefe ansteigendem allseitigem Druck von oben nach unten zu. Man unterscheidet in diesem Falle drei Tiefenzonen mit zunehmender Metamorphose: Epizone, Mesozone und Katazone. Die Tiefenlage dieser Zonen schwankt infolge von Unregelmäßigkeiten der Druck- und Wärmeverteilung in der Erdkruste stark. Sie treten örtlich sogar nebeneinander auf (z. B. beim Aufstieg sog. Wärmedome).

Tab. 8 gibt in stark vereinfachter Form die wichtigsten in diesen Zonen aus unterschiedlichen Ausgangsgesteinen entstehenden Metamorphite wieder. *Orthometamorphite* entstehen aus Magmatiten, *Parametamorphite* aus Sedimentgesteinen. Gegenüber den Magmatiten und Sedimentgesteinen treten metamorphe Gesteine als Ausgangssubstrate für die Bodenbildung flächenmäßig zurück. – Schräg oder senkrecht zur Erdoberfläche stärker geschieferte, mittel- bis grobkörnige Metamorphite verwittern in der Regel am schnellsten und tiefgründigsten. Grobkörnige Gesteine bilden oft grusige bis lehmig-sandige, feinkörnige dagegen lehmig-tonige Böden.

1.3.2 Exogene Vorgänge

Endogene Kräfte schufen und schaffen auch heute noch durch ständige, für unsere Zeitmaßstäbe langsame tektonische Umgestaltung der Erdkruste unterschiedliche Voraussetzungen für den Angriff der von außen wirkenden, exogenen Kräfte. Diese entstehen als Folge des ständigen Energiestromes von der Sonne im Zusammenwirken mit der Erddrehung und der von der Erde ausgehenden Schwerkraft. Temperatur, Wasser, Eis und Wind sind die wesentlichsten exogenen Faktoren, deren Wirksamkeit besonders auf dem Festland primär durch das Klima und den Witterungsverlauf sowie sekundär z. T. durch die klimaabhängigen biotischen Kräfte (Flora und Fauna) beeinflußt wird. Zum Verständnis der exogenen Vorgänge wird daher das Klima- und Witterungsgeschehen – vorzugsweise für die bodenkundlich wichtigen Festlandgebiete – in vereinfachter Form kurz dargestellt, ergänzt durch Angaben zur Vegetation.

1.3.2.1 Klima, Witterung, Vegetation

Sonneneinstrahlung, Wärmeabstrahlung von der Erdoberfläche und Erdrotation sind die für Luftbewegungen in der Troposphäre, Stratosphäre und Mesosphäre und damit für das Wettergeschehen bedeutsamsten Faktoren. Aus der Summe der *Witterungen* über längere Zeiträume ergibt sich ein für jedes Gebiet der Erdoberfläche typisches *Klima*, das vor allem durch den jahreszeitlichen Gang langjähriger Mittelwerte von Lufttemperatur, Niederschlag und Bewölkung gekennzeichnet wird.

Der Luftdruck nimmt innerhalb der Lufthülle mit Annäherung an die Erdoberfläche allgemein zu (s. Abb. 2). Durch Wärmeabstrahlung von der Erdoberfläche werden die unteren Luftschichten – oft unter Aufnahme von Wasserdampf – stärker erwärmt als höhere und dehnen sich aus. Die spezifisch leichtere, erwärmte Luft steigt in Schichten mit geringerem Luftdruck auf, während schwerere, kühle oder kalte Luftmassen nachströmen. Beide Luftbewegungen sind als *Wind* spürbar. Die aufsteigende Warmluft dehnt sich aus und kühlt sich ab. Dabei kondensiert der Wasserdampf unter *Wolken-* oder *Niederschlagsbildung*. Da die Sonneneinstrahlung und die Erwärmung der bodennahen Luftschicht im Äquatorialbereich am größten ist, entsteht dort durch ständigen Luftaufstieg ein regenreiches Tiefdruckgebiet mit *humidem* Klima (Niederschlagsmenge größer als Verdunstungsmenge), das von einem Höhen-Hoch überlagert wird. An den Polen mit ihren Kalotten aus spezifisch dichter Kaltluft liegen demgegenüber in Erdnähe beständige Hochdruckgebiete mit relativ geringen Niederschlägen. Das dadurch vorhandene Temperatur- und Luftdruckgefälle von den Polen zum Äquator hält die wetterbestimmenden Luftbewegungen auf der Erde in Gang. Sie würden ohne weitere Einflüsse z. B. auf der Nordhalbkugel einen meridionalen, erdnahen Nordwind und in größerer Höhe einen Südwind erzeugen. Durch die Erdrotation und die dadurch erzeugte *Coriolis*-Beschleunigung wird jedoch die meridionale Luftbewegung abgelenkt, so daß aus den Nordwinden Ostwinde werden und aus den Südwinden Westwinde. Weitere Ablenkungen und Veränderungen der Luftbewegungen erfolgen z. B. durch die Reibung in der Nähe der Erdoberfläche und Windbremsung in den unteren Luftschichten bis in etwa 1000 m Höhe.

Wie Abb. 17 stark vereinfacht zeigt, fließen die im Äquatorialbereich aufsteigenden feuchten Luftmassen nach dem Abregnen zunächst in nördliche bzw. südliche Richtungen ab. Teile dieser Luftmassen sinken im Bereich der Wendekreise (30°) – von der Coriolis-Kraft nach Westen abgelenkt und unter Ausbildung hohen Luftdruckes am Boden – nach unten ab. Die dabei zunehmende Austrocknung und Erwärmung dieser Luftmassen führt zur Entstehung von subtropischen Hochdruckzonen beiderseits des Äquators mit *ariden* Klimabedingungen (Niederschlagsmenge < Verdunstungsmenge) und Wüstenbildungen. Beim Zurück-

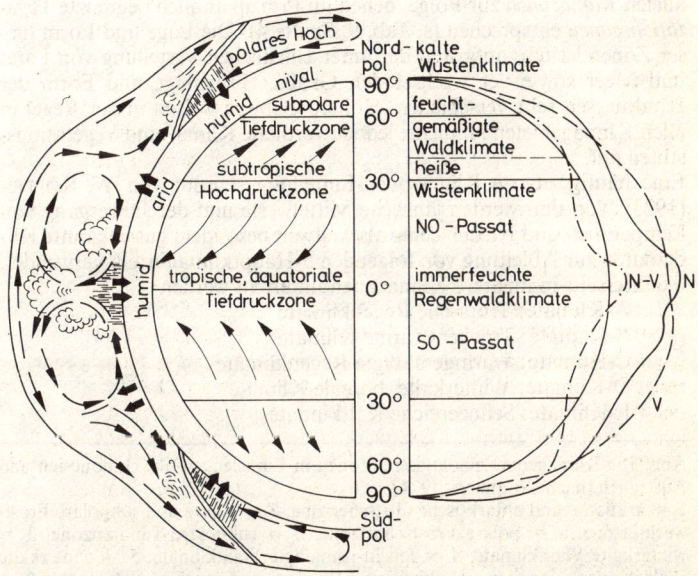

Abb. 17. Vereinfachtes Schema der Luftzirkulation in der Troposphäre sowie der aus Niederschlag (N) und Verdunstung (V) abgeleiteten Klimagliederung. Dicke Pfeile: Niederschlag (↓) bzw. Verdunstung (↑). Dünne Pfeile: Troposphärische Zirkulation.

strömen zum Äquator (Passat-Winde) nimmt die trockene, warme Luft dann besonders über den Ozeanoberflächen wieder Feuchtigkeit auf. – Andere Teile der im Äquatorialbereich aufgestiegenen Luftmassen strömen jedoch in nördlichere bzw. südlichere Gebiete ab und treffen im Bereich der subpolaren Tiefdruckzone auf die vom polaren Hochdruckgebiet in Äquatorrichtung abfließende Kaltluft. Dabei gleitet die Warmluft über die schwerere Kaltluft entlang einer schrägen Grenzfläche aufwärts unter Abkühlung und Wolkenbildung mit Regenfällen. Zwischen dem dadurch entstehenden gemäßigt-humiden Klima der subpolaren Tiefdruckzone mit ihren häufigen, meist mäßigen Regenfällen – zu der auch Mitteleuropa gehört – und dem ariden Wüstenklima, wie auch zwischen diesem und dem tropisch-humiden, äquatorialen Bereich, liegen Übergangsgebiete mit *semihumiden* bis *semiariden* Klimaverhältnissen, die häufig einen ausgesprochenen Wechsel zwischen Trockenzeiten und Regenzeiten aufweisen.

Die hier beschriebenen, im einzelnen erheblich komplizierteren und z.T. örtlich wie auch jahreszeitlich wechselhaften Vorgänge in der Troposphäre haben die Entstehung von mehr oder weniger breitenkreisparallelen *Klimazonen* zur Folge, denen im Prinzip ähnlich begrenzte *Vegetationszonen* entsprechen (s. Tab. 9, Spalte 4). Die Lage und Form dieser Zonen ist u.a. aufgrund der unterschiedlichen Verteilung von Land und Meer sowie der wechselnden Größe, Höhenlage und Form der Landmassen sehr verschieden. Höhere Gebirge weisen in der Regel in allen Klimagebieten ähnliche, jedoch vertikale Klima- und Vegetationsstufen auf.

Eine häufig zitierte Klimazonen-Einteilung stammt von W. KÖPPEN (1923). Von ihm werden jährliche Mittelwerte und der Jahresgang von Temperatur- und Niederschlag als weltweit besonders gut bekannte Klimadaten zur Ableitung von folgenden 5 Hauptklimagürteln verwendet, die ihrerseits in mehrere Klimazonen unterteilt werden:

A-Klimate: Tropische Regenklimate
B-Klimate: Trocken-warme Klimate
C-Klimate: Warmgemäßigte Regenklimate
D-Klimate: Winterkalte, boreale Klimate
E-Klimate: Schneereiche Kaltklimate

Abb. 18. Klimageomorphologische Zonen in Eurasien, Afrika, Indonesien und Australien (nach WILHELMY 1974).
1 = arktische und antarktische Gletscherzone; 2 = polare und subpolare Frostwechselzone, a = polare Frostschutzzone, b = subpolare Tundrenzone; 3 = winterkalte Waldklimate; 4 = feucht-gemäßigte Waldklimate; 5 = winterkalte Waldsteppen-, Steppen-, Halbwüsten-, Wüsten- und Hochwüstenklimate; 6 = außertropische wechselfeuchte Klimate, a = mediterrane Winterregengebiete, b = außertropisches Monsungebiet; 7 = feuchte Subtropen; 8 = trockene Subtropen; 9 = subtropisch-tropische Wüstenklimate; 10 = trockene Randtropen; 11 = wechselfeuchte Tropen; 12 = immerfeuchte Tropen.

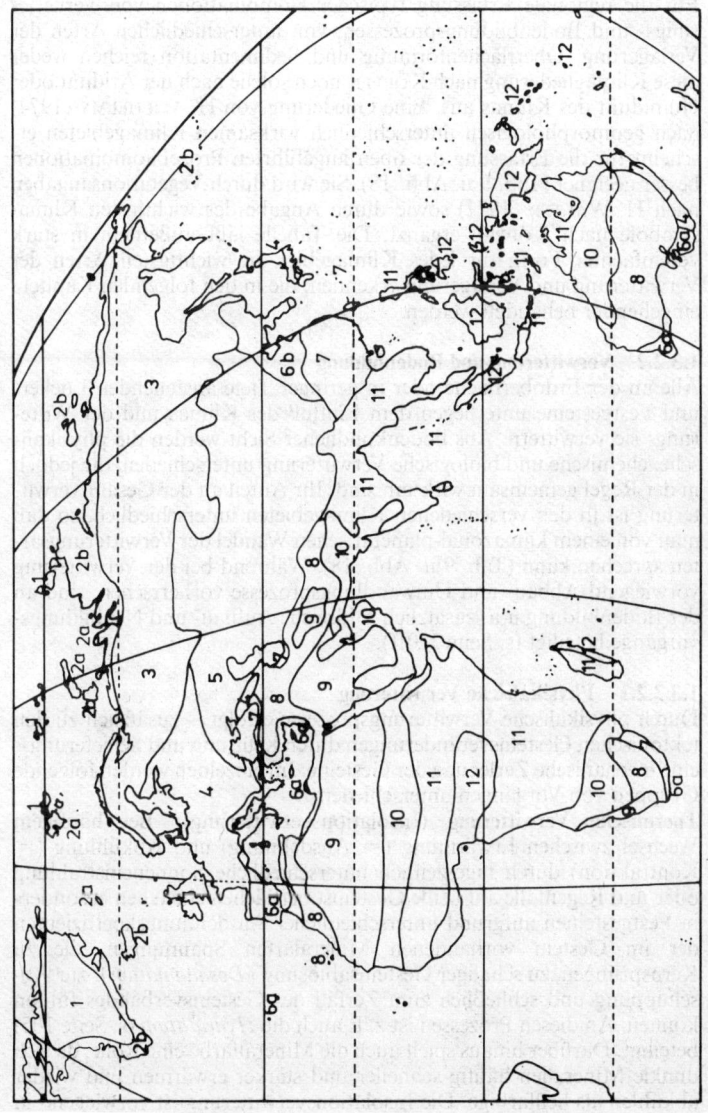

Für die regionale Erfassung typischer Kombinationen von Verwitterungs- und Bodenbildungsprozessen, von unterschiedlichen Arten der Verlagerung, Oberflächenformung und Sedimentation reichen weder diese Klimagliederung nach KÖPPEN noch solche nach der Aridität oder Humidität des Klimas aus. Eine Gliederung von H. WILHELMY (1974) nach geomorphologisch unterschiedlich wirksamen Klimagebieten erscheint für die Erfassung der oben angeführten Prozeßkombinationen besser geeignet (Tab. 9 u. Abb. 18). Sie wird durch Vegetationsangaben nach H. WALTER (1977) sowie durch Angabe der wichtigsten Klimasymbole nach KÖPPEN ergänzt. Die Tabelle läßt außerdem in stark vereinfachter Form für jedes Klimagebiet die wichtigsten Arten der Verwitterung und Verlagerung erkennen, die in den folgenden Kapiteln eingehender behandelt werden.

1.3.2.2 Verwitterung und Bodenbildung
Alle an der Erdoberfläche oder in geringer Tiefe anstehenden Locker- und Festgesteine unterliegen dem Einfluß des Klimas und der Witterung: sie verwittern. Aus bodenkundlicher Sicht werden die physikalische, chemische und biologische Verwitterung unterschieden, die jedoch in der Regel gemeinsam wirksam sind. Ihr Anteil an der Gesamtverwitterung ist in den verschiedenen Klimagebieten unterschiedlich, so daß man von einem klimazonal-planetarischen Wandel der Verwitterungsarten sprechen kann (Tab. 9 u. Abb. 18). Während bei der Verwitterung vorwiegend Abbau- und Umwandlungsprozesse vorherrschen, sind an der Bodenbildung u.a. zusätzlich zahlreiche Aufbau- und Neubildungsvorgänge beteiligt (s. Seite 320ff).

1.3.2.2.1 Physikalische Verwitterung
Durch physikalische Verwitterungsprozesse erfolgt – zusätzlich zu den tektonischen Gesteinsveränderungen durch Klüftung und Schieferung – eine mechanische Zerlegung der Gesteine. Im einzelnen werden folgende Gruppen von Vorgängen unterschieden:
Thermische Verwitterung (Insolationsverwitterung): Bei häufigem Wechsel zwischen Erwärmung (= Ausdehnung) und Abkühlung (= Kontraktion) durch tageszeitlich unterschiedliche Sonneneinstrahlung oder/und Regenfälle auf heiße Gesteinsoberflächen entstehen besonders in Festgesteinen aufgrund unterschiedlicher Ausdehnungskoeffizienten der im Gestein vorhandenen Mineralarten Spannungen, die zu Kernsprüngen, zu schaliger Gesteinsablösung *(Desquamation)*, zur Abschuppung und schließlich zum Zerfall des Gesteinsverbandes führen können. An diesen Prozessen ist z.T. auch die *Hydratation* (s. Seite 165) beteiligt. Darüber hinaus spielt auch die Mineralfarbe eine Rolle, da sich dunkle Mineralien häufig schneller und stärker erwärmen und wieder abkühlen als hellfarbige. Die Insolationsverwitterung ist vorwiegend in warmen bis heißen Klimagebieten mit starkem täglichem Temperatur-

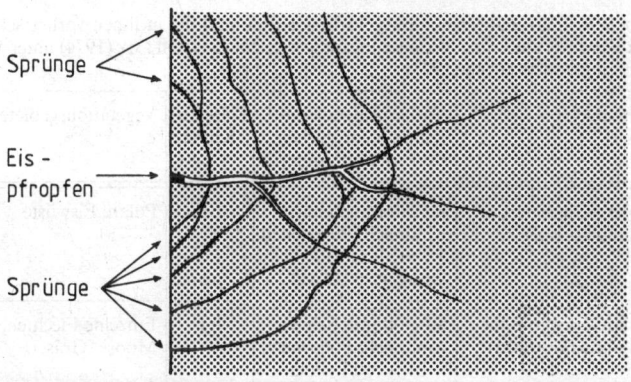

Sprünge

Eis-
pfropfen

Sprünge

Abb. 19. Desquamation beim Gefrieren von Wasser in Gesteinsspalten.

wechsel, episodischen Regenfällen und spärlicher Vegetation verbreitet, kommt aber auch in anderen Klimaten vor (Tab. 9).

Frostverwitterung: Sie beruht auf der Eigenschaft des Wassers, sich bei Gefrieren um 9% seines Volumens auszudehnen. Gefriert Wasser in mehr oder weniger geschlossenen Gesteinshohlräumen, so treten erhebliche Drucke auf (bei -22 °C z.B. ein Maximaldruck von 2100 kg/cm^2), die besonders bei häufigem Frostwechsel durch fortschreitende Öffnung von Spalten und Rissen *(Spaltenfrost)* zum Zerfall oder mindestens zu schaliger Ablösung durchfeuchteter Gesteinsteile führen (Abb. 19). Diese Frostsprengung oder *Kryoklastik* kann zur Entstehung sehr feiner Korngrößen führen (Sand, Schluff, Grobton). Da der Gefrierpunkt des Wassers in sehr kleinen Hohlräumen durch Kapillarkräfte erniedrigt wird, setzt die Frostsprengung z.B. in feuchten, tonigen Gesteinen erst bei Temperaturen um -3 °C bis -5 °C ein. – Die Frostverwitterung ist in allen Klimagebieten mit mindestens zeitweiligem Bodenfrost wirksam, sie tritt jedoch in den polaren und subpolaren Klimaten, in Hochgebirgen sowie in Kontinentalgebieten mit strengen Wintern besonders intensiv in Erscheinung.

Salzverwitterung: Wenn salzhaltige Lösungen (z.B. durch Aufstieg aus dem Grundwasser) in Gesteinshohlräume eindringen und dort verdunsten, so bilden sich Salzkristalle, deren Kristallisationsdruck die Hohlraumwandungen auseinanderdrücken und dadurch den Gesteinsverband lockern kann. Der stärkste Druck wird hierbei in Richtung des schnellsten Kristallwachstums ausgeübt. Diese Druckwirkungen werden z.T. erheblich verstärkt, wenn bestimmte wasserfreie Salze bei Wiederbefeuchtung durch Regen, Tau oder Nebel infolge Hydratation Wasser aufnehmen und dabei ihr Volumen z.T. um 30 bis 100% vergrößern (Hydratationsprengung): *Anhydrit* $=$ $CaSO_4$ + nH_2O $\rightarrow$ $CaSO_4 \cdot$

Tab. 9. Klima- und Vegetationsgebiete der Erde und die in ihnen vorherrschenden Verwitterungs- und Verlagerungsprozesse. Nach WILHELMY (1974) unter Verwendung von WALTER (1977)

Klimagebiete	Vorherrschende mittl. Klima-Kennzeichen (MT = mittl. Temp.)	Köppen-Klima	Vegetationsgebiete
Polare Gletscher-klimate (nival)	< 200 mm Schnee; windreich; Polarnacht < −30 °C MT; Polartag < 0 °C MT	EF	Polare Eiswüste
Polare Frostschutt-Klimate (kalt-arid)	80–400 mm Schnee; windreich; Polarnacht −25 °C MT; Polartag < +6°C MT	ET	Einzelne Flechten, Moose, Gräser
Subpolare Tundren-Klimate (kalt-humid)	80–400 mm Schnee; Wind; Polarnacht < −8 °C MT; Polartag < +10 °C MT	ET	Moos- und Flechtentundren mit Zwergbirke, Polarweide, einzelne Blütenpflanzen
Winterkalte boreale Waldklimate (humid bis semihumid)	200–500 mm Regen + Schnee, Winter lang: −3 ° bis −25 °C MT; Sommer kurz: ∅ +15 °C MT	Dw z.T.	Nadelwälder (Taiga) mit (Strang- u. Netz-) Mooren
Feuchtgemäßigte Waldklimate (humid)	500–1000 mm ganzjähr. Regen bzw. Schnee; Sommer +15 ° bis 20 °C; Winter +2 ° bis −13 °C MT	Cf + Df z.T.	Sommergrüne Laub- u. Mischwälder, viel Kulturland
Winterkalte, kontinentale Waldsteppen-, Steppen- und Wüstenklimate (semihumid bis arid)	100–500 mm (± Sturz-) Regen, 5 Mon. Winterstarre (0 °bis −30 °) 3–4 Mon. Sommerdürre 22 ° bis 25 °C MT; windreich	BSk, BWk, Df, EH	Wald- und Wiesensteppe, viel Kulturland; Kurzgras bis Dornstrauch-Steppe, Hochwüste
Wechselfeuchte mediterrane Winterregenklimate (semihumid)	350–1000 mm Winterregen; Winter +6° bis 13 °C MT; Sommer arid, +22 ° bis 35 °C	Cs	Immergrüne Winterregen-Hartlaubgehölze und Hartlaubsteppen; viel Kulturland

Nr. in Abb. 18	Vorherrschende Verwitterungsarten	Vorherrschende Arten des Materialtransportes
1	Frostsprengung	Eisschurf; selten Schmelzwassererosion
2a	Frostsprengung; chemische Verwitterung kurz und gering	Auftauzone: Kryoturbation und freie Solifluktion; starke Tiefen- und Seitenerosion in Tälern (Polartag), Löß- und Flugsandverwehung
2b	Frostsprengung; chemische Verwitterung kurz und gering	Auftauzone: Kryoturbation u. gebundene Solifluktion (ruckartig); starke Tiefen- und Seitenerosion in Tälern (Polartag)
3	Frostsprengung und chemische Verwitterung gering bis mäßig	Starke Seitenerosion in Tälern durch Schmelzwasser und Eisgang; Solifluktion besonders an Südhängen; Kryoturbation gering bis fehlend
4	Chemische + biologische Verwitterung mäßig bis stark, Thermische + Frostverwitterung mäßig-gering	Geringe bis mäßige Fluß-Tiefenerosion, Transport gelöster Verwitt.produkte; geringe Winderosion auf Sand-Äckern; mäßige Wassererosion auf Hang-Äckern
5	Temperatur- u. Frostverwitterung stark; Chemische Verwitterung relativ gering	Solifluktion an feuchteren Hängen; starker flächenhafter Abtrag und fluviatile Erosion durch Schmelzwasser u. Sturzregen; starke Winderosion
6a	Rel. starke chemische Winterverwitterung, rel. starke thermische Sommerverwitterung	Starke winterliche Fluß-Tiefen- u. Seitenerosion, Verkarstung, Karrenbildung; rel. starke Wassererosion nach Entwaldung unter Acker

Außertropische wechselfeuchte Monsunklimate (semihumid)	Winter trocken 0 ° bis − 12 °C MT; Sommer + 20 ° bis 26 °C MT mit häufigen Starkregen: 250–650 mm	Dw, Cw z. T.	Sommergrüne Mischwälder, viel Kulturland
Feuchte Subtropenklimate (humid)	500–3000 mm ganzjähr. Regen, milde Winter; heiße Sommer + 27 ° bis 30 °C MT u. Regenmaximum	Cfa	Warmtemperierte, feuchte immergrüne Nadel- und Laubwälder
Trockene Subtropenklimate (semiaridarid)	Winter mild m. Sturzregen, < 400 mm gesamt. Sommer heiß, trocken (8–10 Mon.), Nächte ± kalt	BSh z. T.	Gras-, Dornstrauch-Sukkulenten- oder Wermut-Steppen
Halb- und Voll-Wüstenklimate (arid)	0,5–200 mm episod. Sturzregen, heiße Sommer (∅ + 35 °C MT) u. Winter (+ 20 °C MT) oft kalte Nächte	BWh	Einzelne Xero- und Halophyten
Trockene Randtropenklimate (arid-semiarid)	150–600 mm Zenitalregen im Sommer; ganzjähr. warm bis heiß, + 18 ° bis 30 °C MT (mittl. Schwankg.)	BSh z. T.	Natürliche Savannen, Grasland, Trockengehölze
Wechselfeuchte Tropenklimate (semiaridsemihumid)	Sommer-Regenzeit (meist > 1000 mm) 6–9 Mon., ganzjährig warm (> + 18 °C) geringe Schwankungen	Aw	Feuchte bis trockene regengrüne Wälder und Savannen (oft anthropogen)
Immerfeuchte Tropenklimate (humid)	> 2000 mm Zenitalregen ganzjährig; immer warm (> + 18 °C), kaum Schwankungen	Af	Immergrüne Regenwälder

$nH_2O = $ *Gips* mit 60% größerem Volumen. Diese Vorgänge führen vor allem in semiariden und semihumiden Klimaten (Tab. 9) häufig zu schaliger Ablösung (Desquamation) und können schließlich den Zerfall der Gesteine bewirken. In gemäßigten Breiten kommt es häufig über

6b	Starke chemische Verwitterung (Sommer), Winter-Frostverwitterung	Starke lineare Erosion (terrassierte Lößschluchten), starke sommerliche Fluß-Tiefen- und -Seitenerosion; rezente Lößanwehung aus östlicher Wüste in China
7	Starke chemische Verwitterung, örtlich physikalische Verwitterung	Starke Linear- u. Flächenerosion nach Entwaldung; Verkarstung, relativ geringe Flußerosion in engen Schluchten (Schlammfluten) zwischen Beckenlandschaften
8	Starke Temp. u. Salz-Verwitterung, geringe chem. Verwitterung, Krusten durch kapillaren Aufstieg	Starke episodische Flächenspülung und Trockental- bzw. Cañon-Erosion; Binnenentwässerung z. B. in Salztonebenen; perennierende Fremdströme in Cañons
9	Starke Temperatur- und Salzverwitterung, kaum chemische Verwitterung (Nebel)	Starke Winderosion; selten episodische Flächenspülung bes. in Randwüsten, Trockental-Erosion episodisch in Salztonebenen; perennierende Fremdströme
10	Mittl. Temperatur-Verwitterung, mittl. chemische Verwitterung im Sommer	Häufige sommerliche Flächenspülung (bes. Äcker); rel. geringe Flußerosion; perennierende Fremdströme; örtliche Winderosion
11	Starke chemische Verwitterung im Sommer; mittl. Temperatur-Verwitterung	Starke sommerliche Flächenspülung; rel. geringe Schlammflußerosion
12	Ganzjährig starke chemische Verwitterung; geringe physikalische Verwitterung	Starke Verkarstung und Kerbtalerosion in Hochgebieten; Bergrutsche, Bodenfließen, mäandrierende Dammflüsse in großen Überflutungsebenen (z. B. Amazonas)

Salzausblühungen zu Schäden an Gebäuden aus kalk- und gipshaltigen Bausteinen. – Auch durch *Quellung* und *Schrumpfung* können Gesteine mit quellfähigen Mineralien (z. B. Montmorillonit, Vermiculit) langsam zerfallen.

1.3.2.2.2   Chemische Verwitterung

Lösungsverwitterung: Die Zersetzung der Gesteine durch Umsetzungen ihrer Mineralien mit den Atmosphärilien (besonders H_2O, CO_2, O_2, SO_3 und NO_x) wird als chemische Verwitterung bezeichnet. Von der Lösungsverwitterung werden vor allem leicht wasserlösliche Gesteine und Mineralien betroffen, wie z.B. Steinsalz (NaCl), die als Düngemittel verwendeten Kalisalze Sylvinit (KCl) und Karnallit (KCl $\cdot$ $MgCl_2$ $\cdot$ $6H_2O$). Kommen diese Stoffe mit Wasser in Berührung, so findet zunächst eine *Hydratation* der randlichen Ionen der Kristallgitter statt, die sich aufgrund des Dipolcharakters der Wassermoleküle mit unterschiedlich dicken Wasserhüllen umgeben. Dadurch wird der Zusammenhalt der randlichen Kristallgitter-Ionen gelockert, und sie gehen in Lösung. Je größer die Angriffsfläche für die Wassermoleküle ist (z.B. durch vorherige physikalische Zerkleinerung des Gesteines) umso schneller wird das Gestein gelöst. Die Lösungsverwitterung ist – sofern leicht wasserlösliche Gesteine (z.B. Salzstöcke) oder Mineralien in Oberflächennähe vorhanden sind – auf der ganzen Erde verbreitet. Sind die Salzgesteine z.B. durch tonige Beimengungen verunreinigt, so bleiben nach der Salzlösung Residualtone übrig. Über Salzstöcken bildet sich nach der Salzablaugung *(Subrosion)* in der Regel aus schwer löslichen Ablagungsrückständen der bekannte »Gipshut«.

Hydrolytische Verwitterung. Die am weitesten verbreitete Art der chemischen Verwitterung stellt die Gesteins- und Mineralzersetzung durch *Hydrolyse* dar, die als Umsetzung eines Salzes mit den Ionen des Wassers verstanden wird. Die Hydrolyse tritt bei Salzen auf, die sich aus einer schwachen Säure und/oder einer schwachen Base gebildet haben. Dazu gehören z.B. die Carbonate und ihre Gesteine, vor allem aber auch die primären Silikatmineralien wie Feldspäte, Glimmer, Hornblenden und Augite (Verwitterungsstabilitätsreihe s. Seite 320). Zunächst geht der Hydrolyse die bereits besprochene Hydratation voraus. Die dann folgenden Vorgänge der Hydrolyse werden im folgenden für den *Orthoklas* (Kalifeldspat) kurz erläutert, der mit fast 20 % an der Mineralzusammensetzung der Erdkruste beteiligt ist und damit eines der am weitesten verbreiteten Mineralien darstellt. Er kann vereinfacht als Salz der sehr schwachen Kieselsäure (H_4SiO_4) mit der starken Base KOH angesehen werden. Bei seiner Verwitterung in wässriger Lösung (s. Abb. 20) werden zunächst auch hier die randlichen Ionen des Kristallgitters – vor allem das Kalium – durch Hydratation gelockert. Nach ihrer Herauslösung reagieren sie in reinem Wasser mit dessen dissoziierten Ionen:

$$KAlSi_3O_8 + H^+ + OH^- \rightarrow HAlSi_3O_8 + K^+ + OH^-$$

Es bildet sich also zunächst in der äußersten Randzone des verwitternden Kristalls eine Art »Wasserstoff-Feldspat« sowie Kalilauge. Ihre Entstehung läßt sich daran erkennen, daß eine wässrige Aufschlämmung von Orthoklas-Pulver schwach alkalisch reagiert. Bei der weiteren Verwitterung wird nun durch Trennung der Bindungen zwischen den Sauerstoff- und Aluminium- bzw. Silicium-Atomen des Kristallgitters

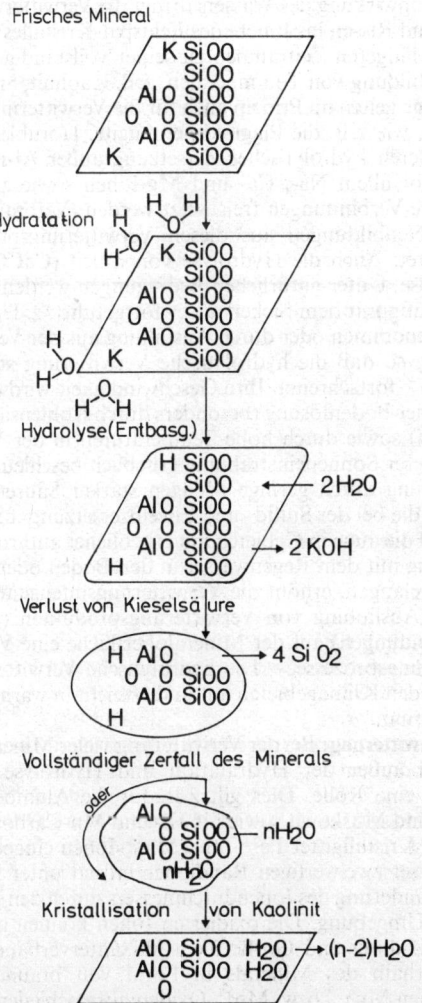

Abb. 20. Schema der Verwitterung des Kalifeldspates (Orthoklas) zum Tonmineral Kaolinit (in Anlehnung an MÜCKENHAUSEN 1968).

dessen Struktur zerstört unter Bildung von Aluminiumhydroxid und Kieselsäure:

$$HAlSi_3O_8 + 8H_2O \rightarrow Al(OH)_3 + 3H_4SiO_4 + H_2O$$

Bei längerer Einwirkung des Wassers dringt die Verwitterungsfront z. B. auf Spalten und Rissen ins Innere des Feldspat-Kristalles vor und führt schließlich in längeren Zeiträumen zu seiner vollständigen Zersetzung oder zur Neubildung von Tonmineralen, z. B. Kaolinit, Smectite.

Diese Vorgänge gelten im Prinzip auch für die Verwitterung der übrigen *Alumosilikate*, wie z. B. die Plagioklase, Augite, Hornblenden und des Olivins, bei deren hydrolytischer Zersetzung außer Al-Hydroxid und Kieselsäure vor allem Na-, Ca- und Mg-Ionen sowie z. T. erhebliche Mengen an Fe-Verbindungen freigesetzt werden (Verbraunung s. Seite 328). Über Neubildungen aus diesen Verwitterungsprodukten wird später berichtet. Auch die Hydrolyse von Calcit ($CaCO_3$) verläuft in ähnlicher Weise. Unter natürlichen Bedingungen werden die freigesetzten Stoffe häufig mit dem Sickerwasser fortgeführt, z. T. von Pflanzenwurzeln aufgenommen oder durch Ausfällung aus der Verwitterungslösung entfernt, so daß die hydrolytische Verwitterung ständig – wenn auch langsam – fortschreitet. Ihre Geschwindigkeit wird durch niedrige pH-Werte in der Bodenlösung (besonders durch Kohlensäure oder organische Säuren) sowie durch hohe Temperaturen in der Verwitterungszone bei längerer Sonneneinstrahlung erheblich beschleunigt. Auch die pH-Erniedrigung durch geringe Mengen starker Säuren (z. B. H_2SO_4 oder HNO_3), die bei der Sulfid- und Eiweißzersetzung durch Oxidation entstehen und die auch in Gebieten mit erheblicher anthropogener Luftverschmutzung mit dem Regenwasser in den Boden oder auf Geländeoberflächen gelangen, erhöht die Verwitterungsintensität. Andererseits bewirkt eine Ausfällung von Verwitterungsprodukten (vor allem Fe- und Al-Verbindungen) auf der Mineraloberfläche eine Verlangsamung der Verwitterungsprozesse. – Die hydrolytische Verwitterung tritt vor allem in humiden Klimagebieten auf und erreicht in warmfeuchten Tropen ihr Maximum.

Oxidationsverwitterung: Bei der Verwitterung vieler Mineralien und Gesteine spielen außer der Hydratation und Hydrolyse auch Oxidationsprozesse eine Rolle. Dies gilt z. B. für die Alumosilikate Augit, Hornblende und Muskowit sowie für Fe- und Mn-Carbonate und -Sulfide, in deren Kristallgitter Fe^{2+}- und Mn^{2+}-Ionen eingebaut sind. Die Oxidation dieser zweiwertigen Randionen erfolgt unter Elektronenabgabe und Veränderung des Ionendurchmessers durch den Luftsauerstoff der direkten Umgebung. Die oxidierten Ionen können aufgrund ihrer veränderten Ladung und Größe nicht im Gitterverband bleiben und werden außerhalb des Minerals in Form von braunen Fe^{3+}- und schwarzbraunen Mn^{3+}- bzw. Mn^{4+}-Oxiden ausgeschieden. Bei der Oxidationsverwitterung von Eisensulfiden (z. B. Pyrit, FeS_2) werden sowohl die Fe- als auch die Sulfid-Ionen oxidiert, wobei neben Schwefelsäure

(H_2SO_4) Eisensulfat ($Fe_2(SO_4)_3$) und nach dessen Hydrolyse besonders häufig Goethit (α-FeOOH) entsteht (Verockerung).

Verwitterung durch Komplexbildung: In Böden entstehen sowohl bei der Zersetzung organischer Stoffe als auch durch Ausscheidung aus Pflanzenwurzeln häufig relativ einfache organische Säuren (z.B. Citronensäure, Weinsäure oder Fulvosäuren), die zur chemischen Gesteinsverwitterung beitragen können. Der hydrolytisch wirksame H-Ionenangriff dieser Säuren auf die Randionen der Mineralien wird verstärkt durch ihre Eigenschaft, besonders mit Al, Fe und Mn stabile, unterschiedlich lösliche metall-organische Komplexverbindungen zu bilden. Die wasserlöslichen, meist in Form von Chelaten in der Bodenlösung vorliegenden Komplexe können dann relativ leicht ausgewaschen werden.

1.3.2.2.3 Biologische Verwitterung

Sie umfaßt alle durch die Lebenstätigkeit von Pflanzen, Tieren und Mikroorganismen in und auf Gesteinen sowie in Böden ablaufenden physikalischen und chemischen Verwitterungsvorgänge:

Physikalisch-biologische Verwitterung: Die in Gesteine oder Böden eindringenden Wurzeln höherer Pflanzen – vor allem die der Waldbäume – können osmotische Turgordrucke von 10 bis 15 kp/cm² entwickeln und so – wie auch durch ihr Wachstum in Spalten und Risse der Gesteine hinein – zur Auflockerung von Festgesteinen wie auch von verdichteten Sedimenten und Böden beitragen. Ähnliche, die chemische Verwitterung begünstigende Wirkungen werden durch wühlende Bodentiere (z.B. Wühlmäuse, Maulwürfe, Hamster sowie die zahlreichen Regenwurmarten) hervorgerufen. Eine weitgehende Zerstörung von Festgesteinen kann z.B. in Küstengebieten durch die Tätigkeit von Bohrmuscheln, Bohrwürmern und Bohrschwämmen erfolgen.

Als eine besondere Art physikalisch-biologischer Verwitterung sei hier noch die mechanische Zerkleinerung organischer Abfallstoffe der Vegetation durch Bodentiere genannt, die z.B. Pflanzenrückstände zerbeißen oder zernagen.

Chemisch-biologische Verwitterung: Sie beginnt auf der Oberfläche von Festgesteinen z.B. nach der Besiedelung durch Flechten, die eine Symbiose zwischen Algen und Pilzen darstellen und durch die Ausscheidung spezieller Flechtensäuren die Gesteinsoberfläche angreifen und aufrauhen. Sie sind sowohl auf silikatischen als auch auf karbonatischen Gesteinen verbreitet und kommen als erste Pioniere der Besiedelung auch in subtropischen Wüsten, in Hochgebirgen und in der polaren Frostschutzzone (Tab. 9) vor. Nach dem Absterben sammeln sich die Zersetzungsrückstände der Flechten zusammen mit dem angewitterten Gesteinsgrus in Vertiefungen der Gesteinsoberflächen und bilden so das humose Material für die weitere Besiedelung und Verwitterung durch Leber- und Laubmoose sowie später durch höhere Pflanzen. Auch diese nehmen – wie bereits erwähnt – an der chemisch-biologischen Verwitterung teil. Schließlich ist auch eine große Zahl von *Mikroorganismen* durch Ausscheidung organischer Säuren an der Gesteinsverwitterung beteiligt, wie z.B. Ätzspuren auf glatten Gesteinsoberflächen gezeigt haben. Die Haupttätigkeit der Bodenbakterien, wie auch die vieler Pilze und Strahlenpilze (Actinomyceten), beruht jedoch auf der »Verwitterung« bzw. Zersetzung und Mineralisierung organischer Substanzen in Gesteinen und Böden. Sie erfolgt schrittweise unter Bildung zahlreicher Zwischenprodukte und führt schließlich u.a. zu den in großen Mengen produzierten Endprodukten H_2O und CO_2, die in der Bodenlösung als Kohlensäure die chemische Verwitterung beschleunigen. – Biologische Verwitterungsprozesse spielen vor allem in humiden Gebieten, und hier speziell im subtropisch-tropischen Bereich, eine große Rolle. Sie sind aber auch in Klimaten mit humiden Jahreszeiten oder Perioden zeitweilig von Bedeutung.

1.3.2.2.4 Bodenbildung

Als Bodenbildung *(Pedogenese)* wird hier die Veränderung von mineralischen und organischen Gesteinen sowie von Pflanzen- und Tierresten durch physikalische, chemische und biologische Prozesse der *Verwitterung* und *Zersetzung*, der *Umbildung* und *Neubildung* sowie der internen *Verlagerung* von Bodenstoffen in festem oder gelöstem Zustand verstanden, unter Ausbildung einer durch Bodenhorizonte gekennzeichneten *Pedosphäre*. Die bisher besprochenen Verwitterungsvorgänge stellen also nur einen Teil der bei der Pedogenese sowohl neben- als auch nacheinander ablaufenden Bodenbildungsprozesse (s. Seite 318ff) dar. Einzelheiten der Bodenentstehung und der Bodeneigenschaften werden später eingehend behandelt (s. Seite 325ff und 365ff).

1.3.2.3 Verlagerung und Sedimentation auf dem Festland

Für das Verständnis der Entstehung und der Eigenschaften von Sedimenten und Sedimentgesteinen als Ausgangssubstraten für die Pedogenese sind, neben der Verwitterung und Bodenbildung, die Kenntnis der wichtigsten festländischen und marinen Verlagerungs- und Sedimentationsprozesse sowie deren Ergebnisse von Bedeutung. Im folgenden werden daher diese Vorgänge anhand der Wirksamkeit der verschiedenen exogenen Kräfte dargestellt. Für das Studium der oft komplizierten, z.T. mehrphasigen Morphogenese der heutigen Oberflächenformen wird auf die geomorphologische Literatur verwiesen.

1.3.2.3.1 Schwerkraftwirkungen

Da die *Gravitation* (Schwerkraft) als endogene Kraft besonders in Gebirgslandschaften z.T. erheblichen Einfluß auf die exogene Verlagerung von Gesteins- und Bodenmassen ausübt, wird ihre Wirkung zusammen mit den exogenen Vorgängen behandelt. – Wenn die ins Erdinnere gerichteten Gravitationskräfte in Hanglagen größer werden als die der

Gesteins-*Kohäsion* und inneren Reibung, so erfolgt eine Bewegung dieser Gesteinsmassen hangabwärts. Man unterscheidet plötzliche (»spontane«) und langsame Massenverlagerungen.

An Steilhängen werden z. B. durch die Temperatur- oder Frost-Verwitterung Gesteinsbrocken losgelöst und stürzen, oft in besonderen Rinnen, als *Steinschlag* abwärts, unter Anhäufung von Sturzhalden am Unterhang. Bewachsene Sturzhalden lassen im allgemeinen erkennen, daß sie nicht oder selten aktiv sind. – Der spontane Absturz größerer Gesteinsmassen – oft an feucht-kalten Nordhängen – wird als *Bergsturz*, der Absturz von größeren Schutt- und Gesteinsmassen auf einer Gleitbahn als *Bergrutsch* bezeichnet. Dabei bildet sich an der Abrißstelle in der Regel eine Nische und am Ende der Gleitbahn – oft erst am gegenüberliegenden Hang – eine Art »Brandungswall« aus den bewegten Massen. Gleitbahnen werden häufig durch Schichtgrenzen (z. B. Sand- oder Kalkstein über Tonstein), durch Verwerfungen, Klüfte oder Schieferungsflächen mit verstärkter Wasserzirkulation gebildet. Spontane Hangrutsche weniger großer, aufgeweichter Bodenmassen auf einer oft schaufelartigen Gleitfläche nennt man *Erdschlipf* (engl. landslide oder mudflow, franz. glissement). Der Abrutsch erfolgt hier meist über undurchlässigen, oft tonigen Untergrundschichten. – *Muren* sind episodische, plötzliche Verlagerungen zähflüssiger wassergetränkter Schlamm- oder Schuttmassen, die sich meistens in steilen Bachbetten mit großer Geschwindigkeit hangabwärts bewegen und dabei z. T. tiefe »Murkanäle« in die Hänge reißen. Sie treten vor allem nach der Schneeschmelze oder nach längeren bzw. stärkeren Regenfällen auf. – Plötzliche Erdbewegungen durch die Schwerkraft treten auch beim Einsturz von *Dolinen* in Karstgebieten auf.

Zu den langsamen Verlagerungen durch Gravitationskräfte gehört das besonders in gemäßigt-humiden Klimaten verbreitete Bodenkriechen *(Gekriech)*, das auch in bewachsenen Schutt- und Bodendecken an steilen Hängen auftritt und im Anschnitt am sogenannten »Hakenschlagen« der Gesteinsschichten sowie an den aufwärts gebogenen Stämmen der Waldbäume erkennbar ist (Abb. 21). Häufiger Frost- und Bodenfeuchte-Wechsel fördern diese Art der Bodenbewegung.

1.3.2.3.2 Periglaziäre Frostwechselwirkungen

Während der Eiszeiten waren die Polgletscher weit bis nach Süden vorgerückt, so daß ein großer Teil der heute gemäßigt-humiden Klimagebiete – wie z. B. auch Mitteleuropa – damals zum Periglazialgebiet mit Dauerfrostboden gehörte. Wie in den heutigen periglaziären polaren und subpolaren Klimaten (Tab. 9) wechselten lange, strenge Winter mit kühlen Sommern. Periglaziäre Verlagerungsprozesse waren damals also auch in Mitteleuropa verbreitet, haben ihre Spuren in den Oberflächensedimenten hinterlassen und sind daher für das Verständnis der heutigen Böden von Bedeutung.

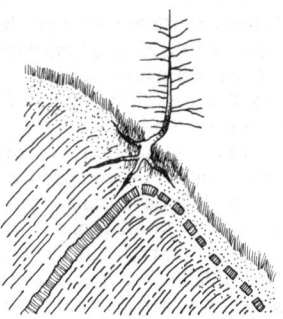

Abb. 21. Hanggekriech und »Hakenschlagen« (nach BRINKMANN 1975).

Als periglaziäre **Solifluktion** wird das schwerkraftbedingte, langsame Bodenfließen zeitweilig aufgetauter, wassergesättigter, mehr oder weniger bindiger Frostschutt- und Bodendecken über Dauerfrostboden an Hängen polarer bis subpolarer Gebiete in der Umrandung heutiger Gletscher oder in klimatisch ähnlichen Hochgebirgslagen bezeichnet. Während der nur kühlen Monate des Polartages bzw. des Sommers taut der Oberboden bis in etwa 0,5 bis 1,0 m Tiefe auf. Das nach der Schneeschmelze im Auftauboden vorhandene Wasser kann wegen des dichten Dauerfrostbodens nicht nach unten versickern und wird außerdem durch bindige Bodenarten mehr oder weniger am Hangabzug gehindert. Der entstehende Bodenbrei fließt dann je nach Hangneigung, Bodenart und Bewuchs unterschiedlich langsam hangabwärts. *Freie Solifluktion* ist in der Frostschuttzone, *gebundene Solifluktion* in der vegetationsbedeckten Tundrenzone verbreitet. Die Vegetationsdecke reißt beim unregelmäßigen Fließvorgang häufig auf, unter Bildung von girlandenförmigen oder zungenförmigen Fließwülsten oder gar an Unterhängen von zusammengerollten Grasteppichen. Beim Fließvorgang erfolgt häufig eine Sortierung nach der Korngröße. In welligen Gebieten führt die periglaziäre Solifluktion schließlich zu einer weitgehenden Einebnung der Landschaft *(Kryoplanation)*. Diese hat auch während der Eiszeiten im mitteleuropäischen Raum bei der Entstehung der heutigen Oberflächenformen eine wesentliche Rolle gespielt.

Jahres- und tageszeitlicher, langandauernder Frostwechsel hat aber auch in ebenen Gebieten charakteristische Folgen: Beim Gefrieren bilden sich z. B. im nassen Auftauboden horizontale Eislinsen, die die darüberliegenden Schichten besonders bei kontinuierlicher Wasserzufuhr mehrere Meter hoch anheben können (Bildung von hügeligen *Pingos* bzw. *Palsen*). Schnelles, tiefes Gefrieren führt häufig zum Aufreißen von z. T. netzförmigen Systemen vertikaler, nach unten spitz zulaufender Spalten, die sich später mit Schmelzwasser füllen und beim Gefrieren

Eiskeilnetze bilden. Nach dem Abtauen oder bereits im geöffneten Zustand mit Flugsand, Löß oder Lehm gefüllte, fossile Eiskeile sind z.B. in ehemaligen, pleistozänen Periglazialgebieten Mitteleuropas verbreitet. Dies gilt auch für die sogenannten *Taschen- oder Brodelböden*, die noch heute in Gebieten mit ständigem Frostwechsel durch **Kryoturbation** entstehen (Abb. 22): Beim Wiedergefrieren des breiartigen Auftaubodens wird zwischen dem liegenden Dauerfrostboden und der von oben eindringenden Gefrornis gespanntes Wasser eingeschlossen, das auf Schwächezonen seitlich oder nach oben auszuweichen sucht und dabei zu einer Verknetung der Schichten beiträgt. *Tropfenböden* entstehen demgegenüber durch tropfenförmiges Einsinken z.B. von schluffig-lehmigem Material in wassergesättigte Sande des Auftaubodens. Durch frostbedingte Dehydratation hervorgerufene Schrumpfungsvorgänge haben in schluffig-tonigen Auftauböden häufig Rißbildungen zur Folge, die zusammen mit Gesteinswanderungen durch Frosthebung und Korngrößentrennung zur Entstehung von *Frostmuster-* oder *Strukturböden* führen. Diese sind auf ebenen Flächen in Form von Steinringen oder oft sechseckigen Polygonen verbreitet (s. Abb. 23). Im Querschnitt stellen sie kesselartige Formen dar mit eingeregelten Steinen an der Kesselwand, Feinmaterial als Kesselfüllung und z.T. einem oberflächlichen Steinpflaster. Der Durchmesser der Strukturen ist wahrscheinlich von der Länge der Frostwechselphasen und von der Bodenart abhängig. An Hängen gehen die Steinringe und Polygone infolge der hier wirksamen Solifluktion in Steingirlanden, Steinstreifen oder in zungenartige Formen über.

1.3.2.3.3   Schnee- und Eiswirkungen

Schnee und Eis können erhebliche Verlagerungen von Gesteins- und Schuttmaterial bewirken. Große Schneemassen rutschen z.B. an Hängen als Lawinen ab und reißen Bodenmaterial mit sich. Dies gilt besonders für die sog. *Grundlawinen*, die vor allem zur Zeit der Schnee-

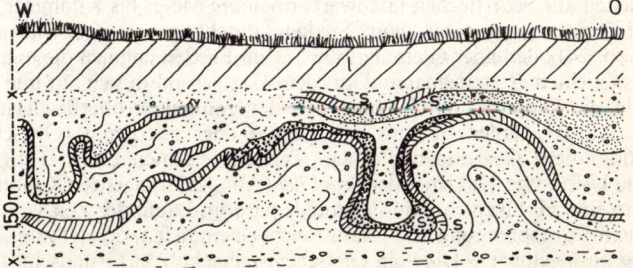

Abb. 22. Kryoturbate Stauchungen durch Frostschub (Taschenboden) im Kies der Rheinmittelterrasse bei Neuß (nach STEEGER in BRINKMANN 1975). l = Löß, s = Sand und Kies, t = Ton.

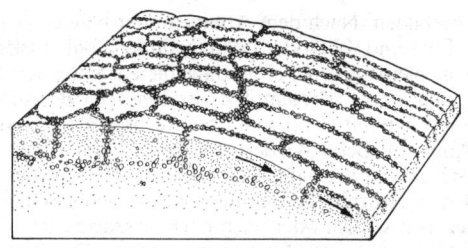

Abb. 23. Freie Solifluktion: Übergang von Steinnetzen zu Steinstreifen bei zunehmender Hangneigung (nach SHARPE in WILHELMY 1974).

schmelze durch Ablösung von feuchten, schweren Altschneedecken entstehen, z. T. rinnenförmige Lawinenbahnen in die Hänge reißen und viel Gesteinsschutt in die Täler verlagern können. Staubschnee- und Festschnee-Lawinen führen meistens kein Gesteinsmaterial mit sich.
Im nivalen Klimabereich und in Hochgebirgen wird viel Gesteinsmaterial und Schutt durch *Gletscher* verfrachtet und in vielfältiger Form als glazigenes Sediment wieder abgelagert. Man unterscheidet im allgemeinen Talgletscher (z. B. Alpen), Plateaugletscher (z. B. Island) und die großen Inlandeismassen der Arktis (Grönland) und Antarktis. Gletscher entstehen aus Schnee durch kontinuierliche Firneis-Bildung (Sammelkristallisation geschmolzener Schneekristalle) und dessen Verfestigung zu kompaktem Gletschereis. Dies geschieht z. B. im Hochgebirge oberhalb der Schneegrenze in einer meist flachen Firnmulde, im sogenannten Nährgebiet (Abb. 24), in dem mehr Schnee fällt, als durch Abschmelzen (Ablation) verschwindet. Aus der Firnmulde fließt das mächtige Gletschereis u. a. durch Druckverflüssigung (bei einem Druck von etwa 1000 kg/cm² schmilzt Eis bereits bei -10 °C) und laminares Gleiten auf Scherflächen talabwärts (mehrere Meter bis Kilometer pro Jahr) in Form einer von Spalten durchzogenen *Gletscherzunge* (Abb. 24) oder eines Gletscherlobus. Beim Fließen nehmen die unteren Eisschichten Gesteinsmaterial aus dem Untergrund in sich auf und hobeln die Gesteine der Talsohle und der Talflanken oberflächlich ab *(Exaration)* unter Bildung von glatten oder gekritzten (Gletscherschrammen) Gesteinsoberflächen. Typische Formen dieser Tätigkeit sind U-förmige Mulden- oder *Trogtäler* (Abb. 28) mit glatten Rundhökkern und Hohlkehlen. Die Firnmulde wird im Laufe der Zeit vom Eis durch Frostsprengung und Exaration zu einem tiefen, oft steilwandigen *Kar* ausgeschürft. – Der vom Gletschereis abgehobelte Grundschutt der unteren Eisschichten bildet die *Grundmoräne.* Seitlich auf den Gletscher fallender Oberflächenschutt häuft sich am Gletscherrand zu *Seitenmoränen* an, die sich beim Zusammenfluß zweier Gletscherzungen zu einer

Mittelmoräne vereinigen (Abb. 24). Vor der Stirn des Gletschers bilden die aus dem Eis stammenden Schuttmassen *Endmoränenwälle*, die beim Oscillieren des Gletschers zu Stauch-Endmoränen mit gestörter Sedimentschichtung zusammengeschoben werden können. Moränenmaterial ist meist unsortiert, z.T. grobkörnig, z.T. auch steinig-lehmig, und enthält die im Gletschergebiet anstehenden Gesteinsarten oft in bunter Mischung. – Die Gletscherschmelzwässer sammeln sich in subglaziären Eisspaltensystemen zu Strömen, die große Schutt- und Geröllmengen transportieren können, die zur Tiefenerosion im Gletscherbett beitragen und an der *Gletscherstirn* aus *Gletschertoren* ins Gletschervorland abfließen. Die mitgeführten Schuttmassen werden vor dem Gletschertor in Form eines Schwemmkegels abgelagert, der als *Sander* (isländisch) bezeichnet wird, und der in Gletschernähe meist aus steinig-kiesigen Sedimenten, mit zunehmender Entfernung aus Sanden besteht.

Die großen Schmelzwassermengen der pleistozänen Inlandgebiete haben vor dem Eisrand breite *Urstromtäler* eingetieft und darin geschichtete, glazifluviatile Kies-, Sand- und Schluffsedimente abgelagert. Die tonige Gletschertrübe wurde bis in ruhige Becken transportiert und dort z.B. als *Bänderton* sedimentiert. Durch periodisch wechselnde Wasserführung der z.T. sehr breiten und weit verzweigten Schmelzwasserflüsse entstanden häufig Urstromtal- bzw. Sander-Terrassen (Abb. 25).

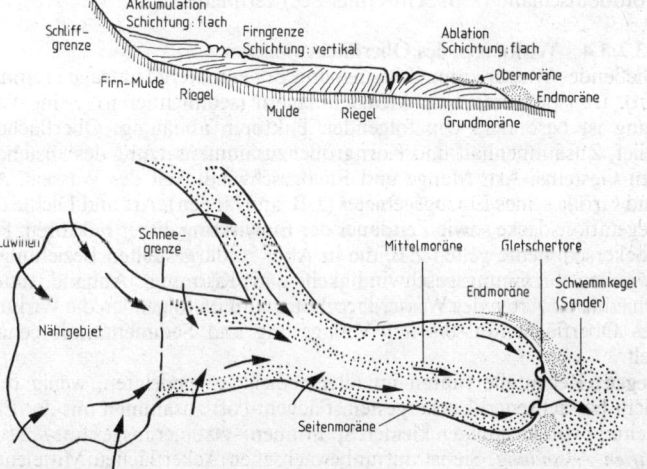

Abb. 24. Schematische Darstellung eines Talgletschers mit Gletscherzunge im Längsschnitt (nach Streiffbecker 1938) und in der Aufsicht (nach Seydlitz, verändert).

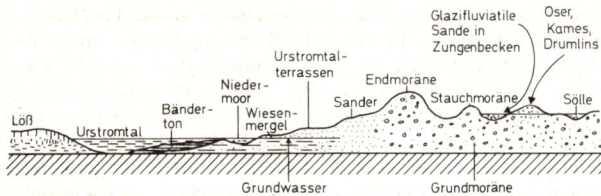

Abb. 25. Schematische Darstellung der glaziären Ablagerungen mit Urstromtal.

Innerhalb der Endmoränenwälle, d. h. im sogenannten *Zungenbecken*, wurde das im Eis mitgeführte Schuttmaterial beim Abschmelzen der Gletscher als z. T. lehmige *Grundmoräne* flächenhaft abgesetzt. Schwarmweise auftretende, in Fießrichtung des ehemaligen Eises gestreckte elliptische Hügel aus Grundmoränenmaterial heißen *Drumlins*. In subglaziären Tunneltälern sedimentierte Kiese bilden nach dem Abschmelzen langgestreckte Hügelrücken, sog. *Oser*, während Kies- und Sandrücken, die unter freiem Himmel, z. B. zwischen Toteisblöcken, aus Schmelzwasser sedimentierten, als *Kames* bezeichnet werden. *Sölle* sind kleinere rundliche Hohlformen, die u. a. als Toteislöcher gedeutet werden. Große, vom Eis ausgehobelte Hohlformen innerhalb des Zungenbeckens bilden nach dem Abschmelzen des Eises langgestreckte *Rinnenseen*, die sowohl im Alpenvorland (z. B. Starnberger See) als auch in Norddeutschland (z. B. Schweriner See) verbreitet sind.

1.3.2.3.4   Wirkungen des Oberflächenwassers

Fließendes Wasser kann Gesteins- und Bodenmaterial abtragen (erodieren), transportieren und wieder ablagern (sedimentieren). Seine Wirkung ist besonders von folgenden Faktoren abhängig: Oberflächenrelief, Zusammenhalt und Korngrößenzusammensetzung des anstehenden Gesteins, Art, Menge und Fließgeschwindigkeit des Wassers, Art und Größe seines Einzugsgebietes (z. B. an Hängen), Art und Dichte der Vegetationsdecke sowie Zeitdauer der Einwirkung dieser Faktoren. Für Lockersedimente gelten z. B. die in Abb. 26 dargestellten Beziehungen zwischen Strömungsgeschwindigkeit und Körnung. Anhand unterschiedlicher Arten des Wasserdargebotes wird im folgenden die Wirkung des Oberflächenwassers auf Verlagerung und Sedimentation behandelt.

Regen: Regenfälle führen im allgemeinen auf geneigten, wenig oder nicht bewachsenen Lockergesteinsflächen – oft zusammen mit der Entstehung von unzähligen kleinen Spülrinnen – zu einer insgesamt *flächenhaften Abspülung*. Sie ist auf unbewachsenen Ackerflächen Mitteleuropas und Nordamerikas besonders in Löß- und Sandlößgebieten als gefährliche *Wassererosion* verbreitet. Durch Aussparung von Flächen mit stärker zusammenhaltenden Böden oder Festgesteinen und Vertiefung der Spülrinnen im Lockermaterial zu Gräben geht diese Form der flächenhaften Abtragung allmählich in die *linienhafte Erosion* durch kleinere und größere Gerinne über, die der folgende Abschnitt behandelt. Flächenhafte Abtragung ist besonders in wechselfeuchten bis trockenen Klimaten (Tab. 9) mit periodischen oder episodischen Starkregenfällen verbreitet, in denen vor allem in Trockenzeiten mit schütterer oder fehlender Vegetation durch Entstehung von *Schichtfluten* nach Sturzregen große Mengen lockeren Materials von den Hängen abgespült, in abflußlosen Senken bzw. Trockentälern *(Wadis)* sedimentiert oder in größeren Flüssen weitertransportiert werden. – Typische Einebnungsflächen dieser Art stellen die weit verbreiteten, flach geneigten Gebirgsfußflächen dar. Sie setzen sich aus einer oberen schuttfreien Abspülungsfläche, dem *Pediment* (Abb. 27), und dem bei etwa gleicher Hangneigung anschließenden *Glacis* zusammen, das aus den abgespülten Schuttmassen besteht und häufig in eine *Salztonebene* oder ein Flußtal ausläuft.

Die beschriebenen Regenwirkungen sind – wie alle Verlagerungsprozesse durch Wasser – weitgehend abhängig von der Widerstandsfähigkeit der Gesteine gegen Erosion: Während tektonisch zerrüttete Gesteine und Lockersedimente relativ schnell abgetragen werden, überragen Festgesteine ihre weichere Umgebung häufig als *Härtlinge* und bilden – u.a. in Abhängigkeit von der Lagerung der Gesteinsschichten und deren tektonischer Verformung – Einzelberge, Bergrücken, Bergket-

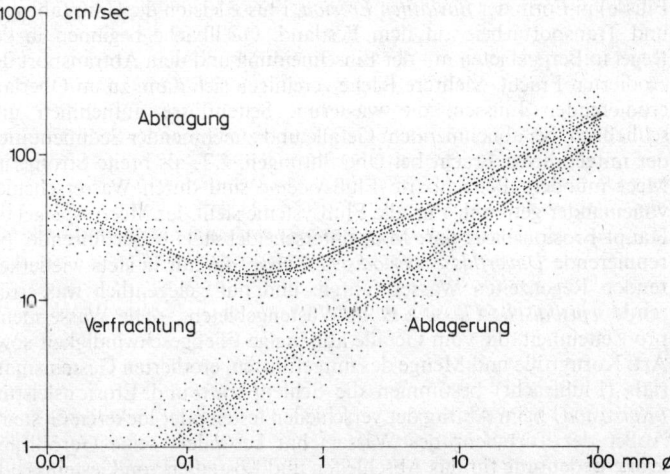

Abb. 26. Zusammenhang zwischen Fließgeschwindigkeit des Wassers (cm/sec) und Frachtvermögen in Abhängigkeit von der Korngröße (mm ∅) (nach HJUL-STRÖM in BRINKMANN 1975).

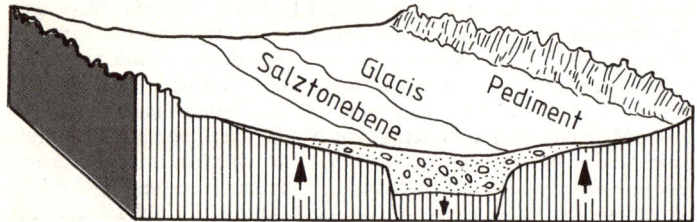

Abb. 27. Pediment und Glacis (nach WILHELMY 1972).

ten oder Gebirge. In geologischen Zeiträumen hat die Wirkung des Regens jedoch eine Erniedrigung des gesamten Oberflächenreliefs zur Folge. Sie gehört damit zur Gruppe der *flächenhaften Denudationsprozesse*, die schließlich – wenn keine tektonischen Bewegungen hinzukommen – zusammen mit der linearen Erosion durch Flüsse zur Ausbildung einer *Fastebene* (Peneplain) führen können.

Flüsse und Bäche: Im Gegensatz zur flächenhaften Abspülung erfolgt die linienhafte Abtragung durch kleine und große Gerinne (Bäche, Flüsse) in Form der *fluviatilen Erosion*. Flüsse leisten die Hauptabtrags- und Transportarbeit auf dem Festland. Quellbäche beginnen in der Regel in Berggebieten mit der Einschneidung und dem Abtransport der erodierten Fracht. Mehrere Bäche vereinigen sich dann zu im Oberlauf erodierenden Flüssen, die wiederum Seitenflüsse aufnehmen und schließlich, bei abnehmendem Gefälle und zunehmender Sedimentation der mitgeführten Fracht bei Überflutungen, z.T. als breite Ströme ins Meer münden. Benachbarte Flußsysteme sind durch Wasserscheiden voneinander getrennt. Für alle Flußsysteme stellt der Meeresspiegel die Haupt-Erosionsbasis dar. Man unterscheidet stets waserführende, perennierende *Dauerflüsse, periodische Flüsse*, die nur in stets wiederkehrenden Regenzeiten Wasser führen, und nur gelegentlich wasserführende, *episodische Flüsse* z.B. in Wüstengebieten. – Die Wassermenge pro Zeiteinheit, die vom Gefälle abhängige Fließgeschwindigkeit sowie Art, Korngröße und Menge des mitgeführten, erodierten Gesteinsmaterials (Flußfracht) bestimmen die Schleppkraft und Erosionsleistung *(Korrasion)* beim Abtrag der verschieden festen oder lockeren Gesteine. Außer der Turbulenz des Wassers hat besonders seine Geröllfracht große Bedeutung für das Abschleifen und Losreißen von Gesteins- oder Sedimentanteilen an der Flußsohle *(Tiefenerosion)* und von den Seiten des Flußbettes *(Seitenerosion)*. Auch Eisgang der Flüsse fördert deren Erosionskraft, während abnehmende Fließgeschwindigkeit zur Sedi-

mentation führt. Durch gegenseitiges Abschleifen werden die losgerisse-
nen Gesteinsbrocken – je nach Gesteinshärte unterschiedlich schnell –
beim Transport zu *Geröllen* abgerundet. Harte Gesteine bilden im Flußbett oft Stufen (z. B. Wasserfälle, Stromschnellen), die im Laufe der Zeit
zurückverlegt werden. Diese *rückschreitende Erosion* kann in geologischen Zeiträumen zur Eintiefung von *Schluchten, Klammen* oder *Cañons*
führen (Abb. 28). V-förmige *Kerbtäler* entstehen vor allem in humiden
Klimaten bei anhaltender Tiefenerosion und gleichmäßiger Hebung des
Gebietes. Durch teilweise Auffüllung eines Kerbtales mit Sedimenten
entsteht, je nach Steilheit der Hänge, ein kasten- oder *Sohlental*. *Mul-
dentäler* sind in nördlichen Breiten häufig aus Kerbtälern hervorgegangen, deren Flanken durch (z. T. eiszeitliche) Solifluktion abgeflacht wurden. Demgegenüber stellen breite Flachmuldentäler typische Talformen
der Rumpfflächen in den wechselfeuchten Tropen dar, die ihre Entstehung häufig der Flächenspülung verdanken. Die Genese der *Trogtäler*
ist bereits früher behandelt worden.
Die Art der Wasserbewegung ändert sich im Flußtal vom Oberlauf zum
Unterlauf. Während im *Oberlauf* in der Regel ein gesteinsbedingt
schneller Wechsel unterschiedlich steiler Gefällestrecken mit vorwiegend
gestreckter Linienführung und starker, sehr ungleichmäßiger Wassertur-
bulenz typisch ist, wird die Strömung im *Mittel-* und *Unterlauf* bei
verringertem Gefälle und breiterem Flußbett im allgemeinen zunehmend ruhiger. Die Fließgeschwindigkeit ist innerhalb des Flußbettes bei
geradem Flußverlauf im mittleren, oberflächennahen Wasserbereich –
dem sog. *Stromstrich* – am größten. Nahe der Flußsohle entstehen

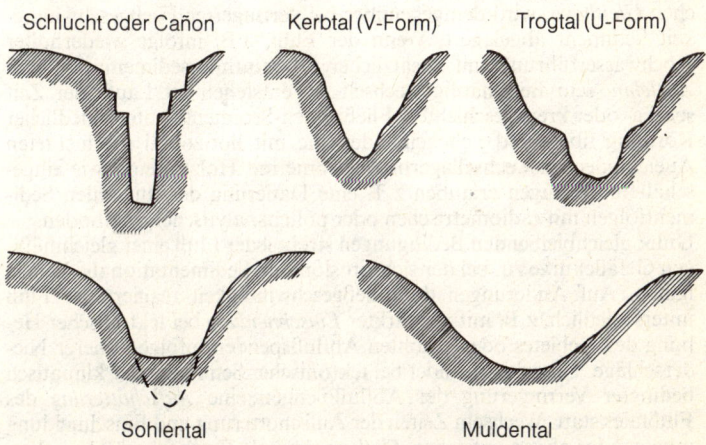

Abb. 28. Querprofile von Talformen (nach ROSENBERGER 1955).

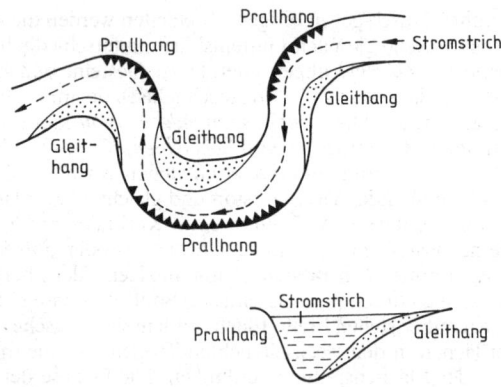

Abb. 29. Flußschlinge mit Stromstrich, Prallhang und Gleithang.

durch Reibung wirbelartig verflochtene Stromfäden und Wasserwalzen mit erhöhter Erosionskraft, die hinter Hindernissen durch Strudelbildung zur Auskolkung von Strudellöchern führen kann. Pendelbewegungen des Stromstriches bewirken eine unregelmäßige Erosionswirkung auf die Uferregion, die zur Entstehung von Flußkrümmungen und im Extremfall zur *Mäanderbildung* führt. Ein mäandrierender Fluß fließt streckenweise entgegengesetzt zu seiner Hauptfließrichtung. In Flußwindungen entsteht am Außenbogen durch ständige Ufererosion ein steiler *Prallhang* (Abb. 29). Im Innenbogen der Flußwindung, dem flachen *Gleithang*, wird demgegenüber bei verringerter Fließgeschwindigkeit Sediment abgelagert. Wenn der Fluß, z. B. infolge wiederholter Hochwasserführung mit zusätzlicher Überflutungssedimentation von *Auelehm*, sein Bett häufig wechselt, so entstehen im Laufe der Zeit schräg- oder kreuzgeschichtete Fließrinnen-Sedimente unterschiedlicher Körnung über- und nebeneinander, die mit horizontal geschichteten Auelehmdecken wechsellagern. Auelehme mit Holzresten sowie eingeschaltete Torflagen erlauben z. T. eine Datierung der fluviatilen Sedimentfolgen mit radiometrischen oder pollenanalytischen Methoden.

Unter gleichbleibenden Bedingungen strebt jeder Fluß einer gleichmäßigen Gefällekurve zu, bei der sich Erosion und Sedimentation die Waage halten. Auf Änderungen der Fließgeschwindigkeit reagiert der Fluß unterschiedlich, z. B. mit verstärkter *Einschneidung* bei tektonischer Hebung des Gebietes oder erhöhten Abflußspenden infolge höherer Niederschläge. Umgekehrt findet bei tektonischer Senkung oder klimatisch bedingter Verringerung der Abflußmengen eine *Aufschotterung* des Flußtales statt. Wechseln Zeiten der Aufschotterung und Einschneidung miteinander ab, so entstehen *Flußterrassen* als Reste verschieden alter, durch Erosion zerschnittener Talböden (Abb. 30). – Bei der Einmündung des Flusses in einen See oder ins Meer werden infolge der verringerten Fließgeschwindigkeit große Mengen mitgeführter Stoffe in Form eines Schwemmkegels oder *Deltas* sedimentiert (Abb. 31). Zunächst lagern sich direkt vor der Küste gröbere Sedimente in relativ steil einfallenden Schichten (bis zu 35 °) ab, die seewärts bei langsam verringertem Böschungswinkel und größerer Wassertiefe feiner werden und schließlich in fast horizontal geschichtete Tone übergehen. Bei der Vorverlegung des Deltas schüttet der Fluß über die Deltasedimente flach geneigte sog. *Übergußschichten* (1 bis 2 °) hinweg. Oft entsteht quer zur Wasserströmung eine *Mündungsbarre*, die den Mündungstrichter im Gezeitenbereich abriegelt. – Durch Flüsse werden große Materialmengen erodiert, transportiert und wieder sedimentiert. So verlagert der Mississippi z.B. 40 Mio. t Sand und Geröll, 341 Mio. t Feinmaterial (Schweb) und 130 Mio. t gelöste Stoffe im Jahr! Sein Delta wächst jährlich um etwa 80 m seewärts und hat eine Größe von 34000 km². – Trichterförmige Flußmündungen *(Ästuare)* entstehen z.B. in Gebieten mit starken Gezeitenbewegungen des Meeresspiegels, besonders bei gleichzeitig sinkender Küstenregion (z.B. Elbe, Themse, Seine und St. Lorenz-Strom). Die Sinkstoffe werden hierbei in die offene See transportiert oder lagern sich als »Sände« in den Trichtermündungen ab. –

Seen: Sie verdanken ihre Entstehung unterschiedlichen geologischen Vorgängen. So gibt es, um nur wenige Beispiele zu nennen, Eisschurf-(Kar-)Seen, glazifluviatile Rinnen-Seen, Altwasser-Seen in Flußauen, Maare, Auslaugungs-(Karst-)Seen sowie durch Einbruchstektonik entstandene Seen (Totes Meer): In Seen sammeln sich verschiedenartige *limnische Sedimente.* Von Flüssen durchströmte Fluß- oder Schaltseen (z.B. Bodensee) weisen an der Flußmündung häufig ein Delta auf und

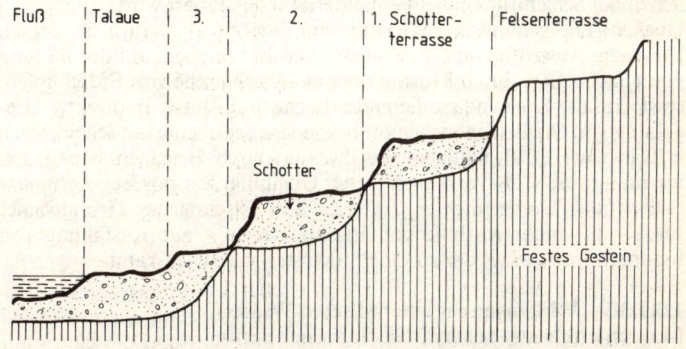

Abb. 30. Schematische Darstellung einer Talflanke mit fluviatilen Terrassen (nach GERMAN in RICHTER 1975).

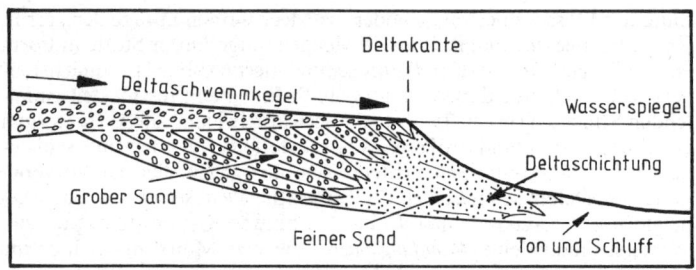

Abb. 31. Längsschnitt durch eine Deltaschüttung (nach LOUIS in WILHELMY 1972, verändert).

werden oft relativ schnell aufgefüllt mit sandigen, schluffigen und tonigen Sedimenten. Sie sind meist relativ nährstoffarm *(oligotroph)*, aber sauerstoffreich. Aus kalkreichem Wasser können Kalkalgen $CaCO_3$ abscheiden, das sich als *Seekreide* am Seeboden absetzt. Am Grunde nährstoffreicher *(eutropher)* Seen lagern sich unter weitgehendem Sauerstoffabschluß wenig oder nicht zersetzte Reste der reichen Pflanzen- und Tierwelt als *Faulschlamm* ab. Viele Seen humider Gebiete (Tab. 9) verlanden unter Bildung von Torf. In nährstoff- und planktonarmen *(dystrophen)* Moor-Seen flocken am Seeboden Humuskolloide als Torfschlamm oder Dy aus. Besondere Verhältnisse herrschen in Seen arider Gebiete, in denen sich Zufluß und Verdunstung die Waage halten. Sie besitzen dann keinen (Kaspi-See) oder nur einen periodischen Abfluß (Tschad-See) und werden im Laufe der Zeit zu *Salzseen*, die häufig am Rande eine Salzkrustenzone aufweisen (Oase Siwa). Die Salztonebenen arider Gebiete stellen z.T. episodische oder periodische Seen dar, in denen bei Schichtfluten viel Feinmaterial sedimentiert wird.

Quellen: Die geologische Wirkung von Quellen als natürliche, örtlich begrenzte Austritte von Grundwasser beruht vor allem auf der Bildung von *Quellmulden* durch Erosion oder als Abrißnische von Erdschlipfen, sowie auf der Speisung erodierender Bäche und Flüsse. In direkter Umgebung von Quellen entstehen oft besondere Sedimente. So scheidet sich z.B. in $Ca(HCO_3)_2$-haltigem Quellwasser durch Druckentlastung, Erwärmung und CO_2-Verbrauch durch Quellpflanzen poröser *Kalksinter (»Quelltuff«)* oder dichter *Travertin* aus. Eisenreiches Grundwasser führt – oft unter Mithilfe von Eisenbakterien – zur Ausfällung von braunem *Eisenocker*, der zu Goethitkrusten verhärten kann.

1.3.2.3.5 Wirkungen des unterirdischen Wassers
Man unterscheidet aus hydrogeologischer Sicht:
1. das durch versickernde Niederschläge gespeiste *Grundwasser* (= vadoses Wasser),

2. das aus dem Erdinnern stammende, bei der Magmen-Entmischung entstehende *juvenile Wasser* und
3. das in früheren Zeiten der Erdgeschichte als tiefes Grundwasser gespeicherte *fossile Wasser*.

Grundwasser: Für die Prozesse der Verlagerung und Sedimentation ist vor allem das vadose Grundwasser von Bedeutung. Es wird definiert als *»das die Boden- und Gesteinshohlräume zusammenhängend ausfüllende und der Schwerkraft (d.h. dem hydrostatischen Druck) unterliegende Wasser«* (DIN 4049). Unterirdische Wasserläufe bzw. Höhlengewässer in Karstgebieten werden besonders dargestellt. Grundwasser entsteht durch die Versickerung von Niederschlagswasser und durch lateralen Zuzug von Oberflächenwasser aus Flüssen und Seen in Boden- und Gesteinshohlräume. Die »Bergfeuchte« besteht vorwiegend aus Haftwasser.

Der *Grundwasserspiegel* ist wasserwirtschaftlich definiert als Wasserspiegel in Brunnen und Beobachtungsrohren nach Druckausgleich mit dem Grundwasser. Der Begriff wird aber häufig auch auf die *Grundwasseroberfläche* in Gesteinen und Böden (Abb. 32) übertragen, deren Wasserdruck dem der Atmosphäre entspricht (freies Grundwasser). Als *Grundwasserstand* wird die Höhe des Grundwasserspiegels bezogen auf NN bezeichnet. Über dem Grundwasser erhebt sich ein unterschiedlich hoch ansteigender *Kapillarraum*, der bereits zur wasserungesättigten Bodenzone gehört. Bodenhorizonte und Gesteine, in denen sich Grundwasser frei bewegen kann, nennt man *Grundwasserleiter*, -Träger, -Speicher oder Aquifer. Dazu gehören z.B. Kies und Sand, poröser Sandstein sowie kluftreicher Tonschiefer oder Kalkstein mit > 10 % Poren- bzw. Kluft-Volumen. Ist die Wasserleitfähigkeit gering, wie z.B. in dichtem Sandstein oder Kalkstein mit 1 bis 5 % Porenvolumen, so spricht man von einem *Geringleiter* oder Aquiclude; fehlt sie, so liegt ein *Nichtleiter* oder Aquifuge vor (z.B. Tonstein oder dichter Granit). Nichtleiter und Geringleiter können Wasserleiter als *Grundwasserdeckschicht* überlagern oder als *Grundwasserstauer* (= Grundwassersohlschicht, Staukörper) unterlagern (Abb. 32). Mehrfacher Schichtwechsel von Grundwasserstauern und -leitern kann zur Ausbildung mehrerer *Grundwasserstockwerke* mit unterschiedlichen Grundwassereigenschaften führen. *Gespanntes Grundwasser* tritt häufig in einem zwischen zwei Stauern liegenden Grundwasserleiter auf, in dem der hydrostatische Druck des Grundwassers infolge des behinderten Ausgleichs größer ist als der Luftdruck.

Der Grundwasserstrom fließt in einheitlich zusammengesetzten Grundwasserleitern im allgemeinen in breiter Front von den Nährgebieten zu tiefer liegenden Flächen, wobei seine Oberfläche in abgeschwächtem Maße den Geländeformen folgt. Je nach der Neigung der Grundwasseroberfläche sowie der Porengrößenverteilung und -kontinuität im Sediment strömt Grundwasser unterschiedlich schnell. In Sanden beträgt die

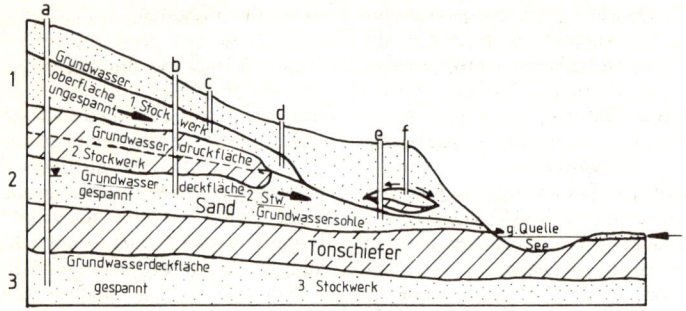

Abb. 32. Grundwasserarten und Grundwasserstockwerke mit Bohrbrunnen (nach HERRMANN 1977).

Fließgeschwindigkeit z. B. 0,2 bis 3,0 m/d, in Schottern und Kiesen 10 bis 45 m/d. Sie kann in stark geklüfteten Gesteinen (z. B. Kalken) auch 50 bis 100 m/d erreichen. – Das Grundwasser steht im allgemeinen mit dem Oberflächenwasser der Flüsse und Seen in Verbindung. In Flußtälern begleitet z. B. ein breiter Grundwasserstrom den Fluß. Bei Niedrigwasser strömt Grundwasser aus der Talaue ins Flußbett ein, während bei Hochwasser der umgekehrte Vorgang abläuft. Die *Grundwasserschwankungen* liegen im gemäßigt-humiden Mitteleuropa mit ozeanischem Einfluß im Durchschnitt zwischen 0,5 und 2,0 m. In semi-humiden bis ariden Klimagebieten (Tab. 9) können die jährlichen Grundwasserschwankungen in Abhängigkeit von den periodischen bzw. episodischen Niederschlägen viele Meter betragen.

Die vielfältigen Bewegungen des Grundwassers, seine unterschiedlichen pH-Werte, die verschiedenartige Mikroflora (vor allem Bakterien) sowie z. B. die vom Klima abhängigen Wassertemperaturen bewirken eine wechselnde Auslaugung der durchflossenen Gesteine. Die gelösten Stoffe werden mit dem Grundwasser transportiert und bedingen seine für technische Zwecke wichtige »Härte« und »Aggressivität« sowie seine *Qualität* als *Trink-* und *Brauchwasser*. Die »Karbonathärte« gibt an, wieviel Milligramm CaO bzw. MgO in einem Liter Wasser gelöst sind (1 deutscher Härtegrad = 10 mg CaO oder 7,14 mg MgO/l. Weiches Wasser hat 4 ° bis 8 ° d.H., hartes Wasser 18 ° bis 30 ° d.H.). Als »Sulfathärte« des Wassers wird sein Gehalt an $CaSO_4$, $MgSO_4$, $CaCl_2$ und $MgCl_2$ bezeichnet. Für die Qualität von Trink- und Brauchwasser ist z. B. sein Gehalt an Chloriden, Nitraten, Phosphaten und Eisenoxiden, an Kieselsäure und organischen Verbindungen sowie an gelösten Schadstoffen (z. B. Pestiziden) von Bedeutung. Außer diesen Stoffen können viele weitere anorganische und organische Verbindungen im Grundwasser gelöst sein, die bei Änderungen der physikalischen, chemischen und biologischen Bedingungen umgebildet (z. B. durch Reduktion) oder ausgefällt werden (z. B. durch Oxidation) und die Eigenschaften der durchflossenen Gesteine verändern können. Die in Lösung bleibenden Stoffe aber werden mit dem Grundwasserstrom den Flüssen und dem Meere zugetragen, verändern die Zusammensetzung des Meerwassers oder beteiligen sich an der Entstehung mariner, chemischer Sedimente und Sedimentgesteine.

Karstwasser: Es stellt eine besondere Form des unterirdischen Wassers dar und kommt in semiariden bis vollhumiden Gebieten mit anstehenden oder oberflächennahen Kalk-, Dolomit- und Gipsgesteinen vor. Intensive Kohlensäure-Verwitterung hat in diesen relativ leicht löslichen, meist klüftigen Gesteinen durch *Korrosion* zu einer raschen Erweiterung der oberflächennahen Klüfte zu Spalten, *Schlotten* oder Erdorgeln geführt. Zusammen mit der dadurch verstärkten Regenversickerung und Kalklösung (Subrosion) im Gestein kam es zur Entstehung unterirdischer Hohlraumsysteme, den *Karsthöhlen.* In relativ ebenen bis welligen Kalksteingebieten bildeten sich häufig zahlreiche flache Lösungs- und steilere Einsturztrichter (Erdfälle) über den Schlotten und Höhlen des Untergrundes, die als *Dolinen* bezeichnet werden. In Höhlen entstanden durch Verdunstung der an Calciumbicarbonat gesättigten Sickerwässer vielgestaltige *Tropfsteine.*

1.3.2.3.6 Windwirkungen

Neben dem Wasser ist der Wind als wichtiger Faktor für exogene Verlagerungs- und Sedimentationsvorgänge zu nennen. Für den flächenhaften Abtrag durch Wind *(Deflation)* sind vor allem die Turbulenz und Stärke des Windes sowie der Bodenzustand von Bedeutung. Die Windstärke wird in der Regel in Graden und m/sec der heute 17stufigen Beaufort-Skala angegeben, die für die Segelschiffahrt aufgestellt wurde (Beispiel-Windstärken siehe Tab. 10). Eine Verwehung setzt ein, wenn lose, trockene Sedimentkörner oder Aggregate ohne Vegetationsschutz an der Oberfläche liegen. Durch die Turbulenz des Windes an der Erdoberfläche werden die Körner zunächst abgehoben und dann gemäß der Windgeschwindigkeit rollend, springend oder fliegend fortbewegt. Die Angaben in Tab. 10 beziehen sich auf die fliegende Verwehung nach dem Abheben vom Boden.

Die großflächige Deflation ist sowohl in polaren Kältewüsten als auch besonders in semiariden bis ariden Rand- und Küstenwüsten verbreitet. Typische Deflationsformen stellen außer Wannen und Terrassen z. B. die weiten *Geröllwüsten (Serir)* mit ihrem wüstenlacküberzogenen, an *Windkantern* reichen Ausblasungspflaster dar. Während der Eiszeiten sind in den damaligen Periglazialgebieten Mitteleuropas und Nordamerikas ähnliche Deflationspflaster mit Windkantern entstanden. – In Berg- und Felswüsten *(Hammadas)* tritt an die Stelle der flächenhaften Deflation die Windschliff-Wirkung *(Korrasion),* die wie ein Sandstrahl-

Tab. 10. Windstärke und bewegte Teilchengröße (unter Verwendung von MÜCKENHAUSEN 1985)

Windstärke nach Beaufort			Bewegtes Material	
Grad	Windart	m/sec	Durchm./ mm	Bezeichnung
1	leiser Zug	bis 0,5	0,002– 0,063	Schluff (Staub, Löß)
1	leiser Zug	– 1,5	– 0,1	Feinstsand
2–3	leichte bis schwache Brise	– 4	– 0,25	Feinsand
3–4	schwache bis mäß. Brise	– 7	– 0,63	Mittelsand
6–7	starker bis steifer Wind	– 15	– 1,0	Grobsand
8–9	Sturm (> 10 : Orkan)	– 25	– 10,0	Mittelkies

gebläse wirkt und z.B. Furchen, Mulden oder Waben aus den Festgesteinen herausschleift. – Die Akkumulation des verwehten Materials erfolgt bei verringerter Windgeschwindigkeit und Transportkraft. Bei höherer Windgeschwindigkeit werden Sande, bei geringerer Schluffe sedimentiert (Tab. 10).

Neben Flugsandfeldern mit Rippelmarken sind *Dünen* verbreitete Akkumulationsformen des Windes, die z.T. hinter Hindernissen (Steinen, Pflanzen) entstehen, z.T. aber auch als freie Dünen oder gar als Wanderdünen auftreten. Bekannte Formen sind die häufig küstenparallelen Wall- oder Querdünen, die in Windgassen häufigen, konkav gegen den Wind zeigenden *Parabel-* oder *Bogendünen*; die konvex gegen den Wind zeigenden *Barchane* oder *Sicheldünen* sowie die oft viele Kilometer langen Strich- oder Längsdünen der Wüstengebiete. Fast alle Dünen bestehen aus einem flach zum Wind geneigten (etwa 10 ° bis 16 °) *Luv-Hang* und einem steileren, windabgewandten *Lee-Hang* (um 30 °), an dem der verwehte Sand herabrieselt unter Bildung einer steilen Schrägschichtung.

Äolische Staubsedimente, wie z.B. der *Löß*, (s. Seite 122) stammen häufig aus polaren oder subtropischen ariden und semiariden Gebieten. Sie wurden – und werden z.T. heute noch – bereits bei mäßiger Windgeschwindigkeit (Tab. 10) über große Strecken transportiert und oft in benachbarten Steppen- oder Tundrenarealen in Form großflächiger Schluffdecken abgelagert. Ihr ursprünglicher Kalkgehalt schwankt in Abhängigkeit von dem im Ausblasungsgebiet anstehenden Gestein (Löß: etwa 10 bis 20% $CaCO_3$). Grobschluff aus Quarzkörnern herrscht neben wenig Feldspat, Glimmer und Ton vor. Die günstigen physikalischen Eigenschaften des auch in Mitteleuropa weit verbreiteten Lösses werden später eingehender dargestellt.

1.3.2.4   Verlagerung und Sedimentation im Meeresbereich

Das Meer stellt ein großes Sammelbecken für das vom Festland durch Wasser und Wind abgetragene Boden- und Verwitterungsmaterial dar. Insgesamt tragen die Flüsse jährlich etwa 10 km³ Fracht ins Meer, davon 80% als klastische Feststoffe (90% Schluff und Ton, 10% Sand) und 20% in gelöster Form (60% Carbonate, 28% Chloride und Sulfate, 10% SiO_2, 2% Al-, Mn-, Fe-Oxide und sonstige). Dazu kommen vergleichsweise wenig verwehter Staub und vulkanische Asche. Diese Abtragsrate würde das Festland im Durchschnitt in 20000 Jahren um etwa 1 m erniedrigen.

1.3.2.4.1   Der Küstenbereich

In dieser Begegnungszone zwischen festländischen und marinen Vorgängen herrscht die Abtragung vor. Wichtigster Faktor ist die durch Wind hervorgerufene Wellenbewegung, die bei schwerem Seegang mit leichten Aufwirbelungen am Meeresboden bis in 300 m Tiefe vordringen kann. An *Steilküsten* (Abb. 33) wirbeln die Brandungswellen sandig-kiesiges, bei Sturm auch steiniges Material auf, schleudern es mit großer Wucht gegen das Kliff und erodieren eine Brandungshohlkehle. Durch Nachbrechen des überhängenden Gesteins wird das Kliff ständig landeinwärts verlegt, während davor eine Abrasionsplattform (Brandungsplatte) entsteht, auf der sich Gesteinsbrocken, Sand und Kies in Form von Strandwällen und Halden ansammeln. – An *Flachküsten* (Abb. 34) halten sich Abtrag und Anlandung oft die Waage. Die Wellen laufen auf einer häufig langen Brandungsplattform langsam unter Bildung von Sandbänken aus, während das feinere Material durch den Abfluß-Sog wieder mitgenommen wird. Ausgewehter Strandsand wird zu Küstendünen zusammengeweht. Schräg auf die Küste zulaufende Brandung bewirkt einen seitlichen Materialversatz längs der Küstenlinie. Im Wind- und Strömungsschatten eines Küstenvorsprunges kann dieses Material unter Bildung eines langgestreckten sog. Sandhakens sedimentiert werden (z.B. Halbinsel Hela), der als Strandwall, Nehrung oder Lido die dahinterliegende Bucht als Haff oder Lagune weitgehend abschnüren kann. Buchtenreiche Küsten können so zu einer *Ausgleichsküste* begradigt werden.

Eine besondere Art der Flachküste stellt die *Wattenküste* im Gezeitenbereich dar, die z.B. am Südrand der Nordsee im Schutz der Ostfriesischen Inseln entstand. Durch den Flutstrom wird in einem verzweigten Rinnensystem, den *Prielen*, sandig-toniges, oft schwach humoses Feinmaterial herantransportiert und während des Staues vor einsetzender Ebbe auf den weiten, ebenen Sand- und Schlickwatt-Flächen sedimentiert. Ein Teil des Sedimentes wird nun durch den Ebbstrom wieder mitgenommen. Während des Holozäns sind so – von Zeiten des Torfwachstums unterbrochen – viele Meter mächtige, feingeschichtete, durch Muschelschalenreste kalkhaltige, schluffig-tonige bis feinstsandige Wat-

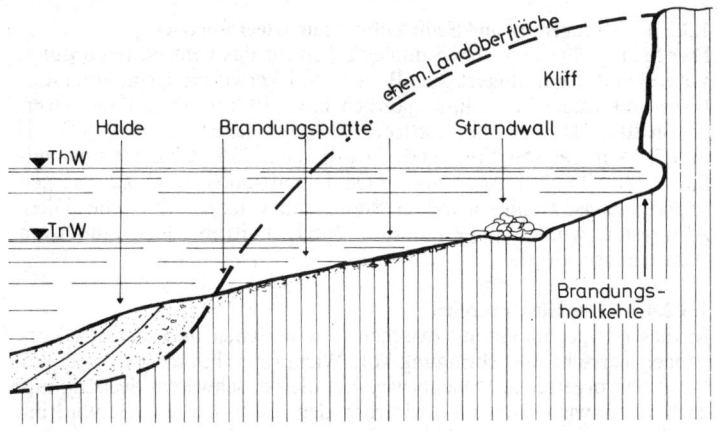

Abb. 33. Steilküstenformung (schematisch nach GERMAN in RICHTER 1975).
Thw = Tide-Hochwasser (Flut), Tnw = Tide-Niedrigwasser (Ebbe).

tensedimente entstanden, die das Ausgangsmaterial für die Seemarschen bilden. – An gezeitenbeeinflußten Flachküsten tropischer Klimate sind *Mangrove-Watten* verbreitet. Dort wird das mit der Flut antransportierte Feinmaterial zwischen den Stelz- und Luftwurzeln der Mangrove-Wälder als zäher schwarzer Schlick abgelagert.

Wenn das Meer aufgrund tektonischer Senkung oder eustatischen Meeresspiegelanstiegs in bergiges Land eindringt *(Ingression)*, werden die Täler überflutet, und die Berge bilden Inseln. Je nach Geologie und Geomorphologie entstehen so unterschiedliche *Ingressionsküsten*. Besondere Küstenformen entstehen im Bereich der tropischen *Koralleninseln*. Hier bestehen die Küstensedimente ausschließlich aus dem durch die Brandung zerkleinerten Detritus der ständig nachwachsenden Riffkorallen.

1.3.2.4.2   Die Flachsee

Über 90 % der auf dem heutigen Festland vorkommenden Sedimentgesteine stammt aus dem *neritischen* Bereich der Flachsee, die bei Meerestiefen bis zu 300 m den wechselnd breiten Kontinental-Schelf (Abb. 3) umfaßt. Die Sedimentation überwiegt hier bei weitem die durch Meeresströmungen bedingte *Abrasion*. Je nach den herrschenden Wasserverhältnissen (z. B. Temperatur, Lichteinfluß, O_2-, CO_2-, Salz- und Kalkgehalt), dem Meeresboden-Relief und der Entfernung von der Küste werden unterschiedliche Sedimente gebildet. In *Küstennähe* entstehen besonders in weitem Umkreis vor Flußmündungen zunächst gröber klastische, marine Sedimentserien aus Sanden bis tonigen Schluffen, die je nach dem Herkunftsgebiet der Flüsse und der Verbreitung kalkschaliger Organismen primär kalkhaltig oder kalkfrei sind. In *Küstenferne* kommen vorwiegend Tone unterschiedlicher Mineralzusammensetzung zum Absatz. Meeresströmungen können die Sedimente über große Entfernungen verfrachten. In polnahen Meeren schmelzen aus dem Eis der kalbenden Gletscher und der Eisberge große Schuttmassen aus und sedimentieren als moränenartige, marine Ablagerungen auf dem von Meerestieren reich belebten Meeresgrund. Die Kalkschalen der Fauna bleiben hier nicht im Sediment erhalten, da sie in dem an O_2 und CO_2 reichen Kaltwasser aufgelöst werden (s. Seite 70). Anders ist es in wärmeren Flachmeeren. Hier werden die Hartteile der abgestorbenen Organismen nach dem Absinken in das Meeressediment eingebettet und bleiben z. T. als Fossilien erhalten. Aus der Zusammensetzung dieser Faunen- und Florenreste kann auf die ökologischen Bedingungen zu ihren Lebzeiten geschlossen werden. Besonders in sehr flachen, warmen Meeresbereichen erfolgt aber z. B. auch eine chemische Ausfällung von Kalk – oft als Aragonitnädelchen – aus dem an Ca-Bikarbonat übersättigten Meerwasser, und es bilden sich helle *Kalkschlamm*-Sedimente. Auch die bekannten *Korallenriff*-Bauten sind in warmen tropischen Flachmeeren verbreitet. Andere Sedimentationsbedingungen herrschen z. B. in weitgehend abgeschlossenen Flachmeer-Becken ohne Meeresströmung (z. B. Schwarzes Meer). Infolge O_2-Mangels fehlt hier in der Tiefe höheres organisches Leben. Die aus dem belebten Oberflächenwasser absinkenden Organismenreste werden dort u. a. durch anaerobe Bakterien unter Bildung von H_2S teilzersetzt, und es bilden sich am Meeresboden sogenannte euxinische Sedimente in Form von pyritreichem, grauschwarzem Ton- oder Kalkschlamm sowie von Faulschlamm *(Sapropel)* mit höheren Gehalten an organischen Stoffen. – In der geologischen Vergangenheit kam es örtlich in abgeschnürten, flachen, zeitweilig austrocknenden Meeresbuchten zu marinen Salzabscheidungen *(Evaporiten)*, die auch zu den Flachmeer-Sedimenten gehören.

1.3.2.4.3 Die Tiefsee

80 % der Meeresfläche gehören zur Tiefsee mit ihren submarinen weiten Ebenen, den z. T. hochgebirgsähnlichen ozeanischen Rücken und z. T.

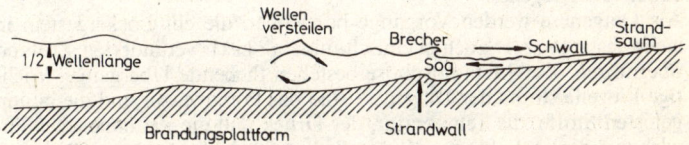

Abb. 34. Flachküstenformung (schematisch nach RICHTER 1975).

vulkanischen Bergländern sowie den *abyssalen* Tiefseegräben. In der *bathyalen* Region bis in 800 m Tiefe ist das Wasser noch intensiv belebt und relativ warm, in der darunter folgenden *pelagischen* Region bis in etwa 4000 m Tiefe herrschen jedoch Temperaturen zwischen $+4\,^\circ$ und $-1\,^\circ C$, die u.a. durch polare Meeresströme hervorgerufen werden. Pelagische Sedimente sind am weitesten verbreitet. Zu ihnen gehören neben geringen Mengen an äolischem Staub und vulkanischen Sedimenten vor allem die aus Plankton-Schalen aufgebauten Tiefsee-Schlämme. Im *hemipelagischen* Bereich zwischen 1500 und 2500 m Tiefe kommen besonders an den flach (etwa $4\,^\circ$) geneigten Kontinentalabhängen blauschwarze, FeS_2-reiche Blauschlicke sowie glaukonithaltige Grünsande und -schlicke zum Absatz. In der am weitesten verbreiteten *eupelagischen* Region zwischen 2500 und etwa 5000 m Tiefe herrscht dann der helle, kalkreiche *Globigerinenschlamm* vor, der weitgehend aus den zarten kugeligen Skeletten der Foraminiferengattung *Globigerina* besteht und etwa 36 % der gesamten Meeresbodenfläche bedeckt. Relativ geringe Verbreitung (2 %) hat der aus planktonischen Kieselskeletten aufgebaute, in 4 bis 8000 m Tiefe verbreitete *Radiolarienschlamm*. Im *Diatomeenschlamm* der polaren Meere (8 %) überwiegen die Skelette einzelliger Kieselalgen. Unterhalb von 5000 m herrscht dann der Rote Tiefseeton vor, ein brauner, zäher Schlick. Er wird als Lösungsrückstand des Globigerinenschlammes aufgefaßt, dessen Kalkschalen in dem O_2-reichen, kalten Tiefenwasser in Lösung gehen. – Besonderheiten stellen tiefe, steile submarine Cañons in den Kontinentalabhängen dar, die wohl durch episodische abgleitende Schutt- und Trübeströme entstanden sind und in der Tiefsee in deltaähnlichen Schutt- und Schlammfächern enden. Diese Sedimente weisen häufig eine von grob zu fein gradierte Schichtung auf und werden als *Turbidite* bezeichnet.

1.3.2.5　Sedimente und Sedimentgesteine

Im Anschluß an die Sedimententstehung wird nun auf die petrographische Gliederung der Sedimente und Sedimentgesteine eingegangen unter besonderer Berücksichtigung für die Bodenbildung wichtiger Eigenschaften. Man unterscheidet sedimentäre Lockergesteine und diagenetisch veränderte, sedimentäre Festgesteine. Ihre Verbreitung in Mitteleuropa geht aus Abb. 35 hervor.

1.3.2.5.1　Diagenese

Als Diagenese werden Vorgänge bezeichnet, die ein Lockergestein in einen festeren, z.T. auch chemisch-mineralogisch veränderten Zustand überführen. Zur Metamorphose bestehen fließende Übergänge. Wichtige Einzelfaktoren der Diagenese sind das Porenwasser und die in ihm gelösten Stoffe, die Temperatur, der Druck und die Zeitdauer der Einwirkung dieser Faktoren. Junge Sedimente können aber z.B. durch intensive Diagenese erheblich stärker verändert sein als sehr alte Sedi-

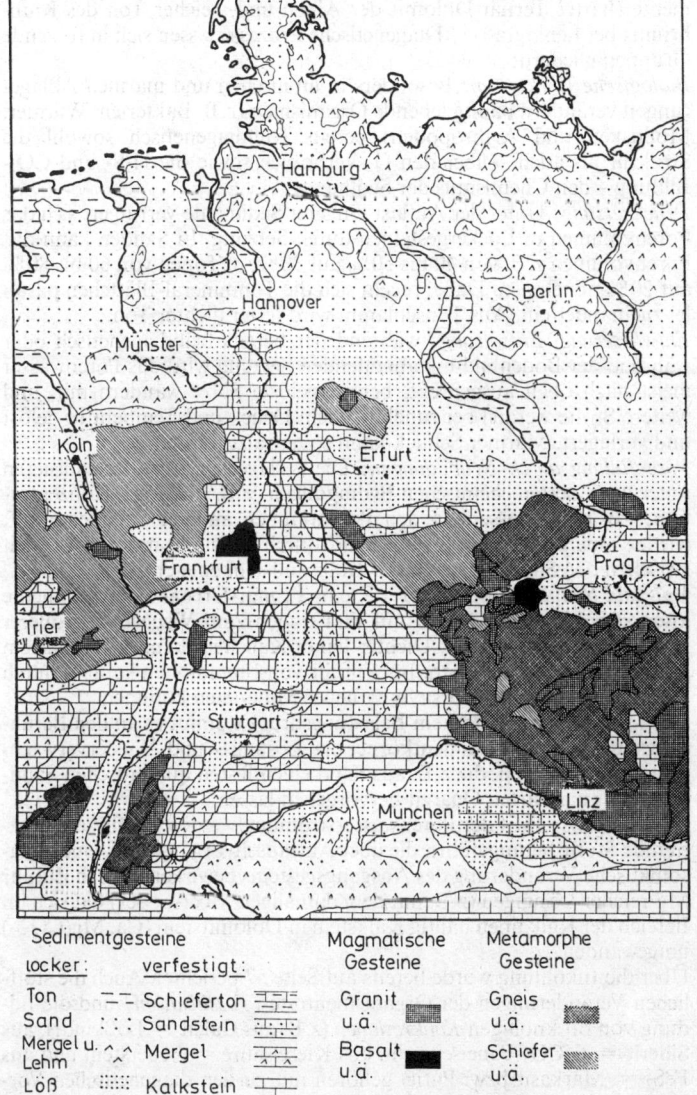

Sedimentgesteine

locker: verfestigt:

Ton   == Schieferton

Sand   ::: Sandstein

Mergel u. ^^ Mergel
Lehm

Löß   :::: Kalkstein

Magmatische Gesteine

Granit u.ä.

Basalt u.ä.

Metamorphe Gesteine

Gneis u.ä.

Schiefer u.ä.

Abb. 35. Verbreitung wichtiger Ausgangsgesteine der Bodenbildung in Mitteleuropa (nach SCHLICHTING in SCHEFFER/SCHACHTSCHABEL 1982).

mente (harter Tertiär-Dolomit der Alpen und weicher Ton des Kambriums bei Leningrad). – Diagenetische Prozesse lassen sich in folgende Gruppen gliedern:

Biologische Wirkungen: Besonders in limnischen und marinen Ablagerungen verändern häufig lebende Organismen (z. B. Bakterien, Würmer, Mollusken und Arthropoden) bereits frühdiagenetisch sowohl die Struktur als auch – über den O_2-Verbrauch sowie die H_2S- und CO_2-Bildung – den Chemismus der Sedimente.

Drucksetzung: Unter der Auflast jüngerer Sedimente verringert sich das Porenvolumen in Lockergesteinen durch Setzung. In Sanden kann das Porenvolumen z. B. von 40 bis 50 % auf 30 %, in Tonen von 60 bis 80 % auf 20 % abnehmen. Dabei regeln sich die Tonmineral-Blättchen parallel zueinander ein. Aus Tonschlamm wird fester dichter Ton.

Entwässerung, Entsalzung: während der bereits frühdiagenetisch oder während der Bodenbildung ablaufenden Setzung wird das Porenwasser meist nach oben ausgepreßt, bereits gelöste Salze wandern mit, und weitere Stoffe werden bei zunehmendem Druck und Temperatur gelöst und verlagert. Mariner Schlick kann so entsalzt werden.

Porenfüllung durch Neubildungen: Die verlagerten Salze kristallisieren unter veränderten chemischen Bedingungen (z. B. pH-Wert, Konzentration, Lösungsgenossen) in den Porenräumen anderer Sedimente z. T. wieder aus. So kann z. B. aus Sand durch Kristallisation von Calcit zwischen den Sandkörnern fester Kalksandstein entstehen.

Um- und Sammelkristallisation: Kleine Primär-Kristalle der Sedimente lösen sich z. T. unter Druck auf und tragen zum Wachstum größerer Kristalle gleicher Art bei. Dichter feiner Kalkstein kann so zu hartem spätigem Kalkstein werden. Bei Zufuhr von Fremddionen kann es durch Umkristallisation zur Entstehung neuer Mineralien kommen.

Drucklösung: Unter starkem Belastungsdruck kommt es an den Berührungspunkten der Sedimentkörner zu Lösungs- und Wiederverwachsungserscheinungen, die z. B. aus Sand einen festen quarzitischen Sandstein oder gar harten Quarzit hervorgehen lassen.

Metasomatose: Mit der Porenwasserströmung werden häufig sedimentfremde Stoffe herangeführt, die über Austauschvorgänge z. T. eine metasomatische Veränderung des Ausgangsgesteins bewirken. Durch Zufuhr Mg-reicher Lösungen (z. B. mit dem damaligen Meerwasser) hat sich im Bereich der Kalkalpen häufig Kalkstein in Dolomitstein (Ca, $Mg(CO_3)_2$) umgewandelt.

Über die Inkohlung wurde bereits auf Seite 57 berichtet. Auch die stofflichen Veränderungen der Organismenreste *(Fossilisation)* und die Bildung von oft knolligen *Konkretionen* (z. B. aus Calcit = Lößkindel, aus Siderit = $FeCO_3$-Toneisenstein, aus Kieselsäure = Feuerstein und aus FeS_2 = Markasit bzw. Pyrit) gehören mit zu den diagenetischen Vorgängen. Weitere Veränderungen erfolgen schließlich durch die bereits besprochenen, nicht zur Diagenese gehörenden tektonischen Einflüsse

(z. B. Klüftung, Faltung) oder durch Metamorphose (z. B. Schieferung, Bildung neuer Mineralgesellschaften und Gesteine).

1.3.2.5.2 Klastische Sedimentgesteine

Lockere und verfestigte Sedimente aus feinem bis grobem Gesteinsschutt werden als *klastisch* (= zerbrochen, griech.) bezeichnet. Sie sind in der Regel primär fein bis grobbankig geschichtet. Ebenflächige, gleichmäßige Schichtung wird als *konkordante*, winklig aufeinander stoßende Schichtung sowie z. B. Wechsel zwischen gefalteten und ungefalteten Schichten als *diskordante* Schichtung bezeichnet. Diskordante

Tab. 11. Klastische Sedimente (Trümmergesteine)

Lockergesteine			Festgesteine	
Körnung*			Verwitterbarkeit	
Ø in mm	Name	Symbol	leicht bis mittel	mittel bis schwer
Psephite > 63 63–20 20–6,3 6,3–2,0	Steine Grob- Mittel- *Kies* Fein-	X gG mG fG	Breccien und Konglomerate mit Ton-, Kalk- oder Eisen-Bindemittel (alle Stein- und Kieskorngrößen)	Breccien und Konglomerate mit silikatischem Bindemittel,
Psammite 2,0–0,63 0,63–0,2 0,2–0,063 0,1–0,063	Grob- Mittel- *Sand* Fein- Feinst-	gS mS fS ffS	Sandsteine mit Ton-, od. Eisen-Bindemitt. Kalksandsteine, Arkosen (z. T.), Glaukonitsandsteine (Flug-, Fluß-sand) (alle Sandkorngrößen)	Sandsteine mit silikatischem Bindemittel Quarzite, Arkosen (z. T.), Grauwacken, sandige Schiefer
Pelite 0,063–0,020 0,020–0,006 0,006–0,002 < 0,002	Grob- Mittel- *Schluff* Fein- Ton	gU mU fU T	(Löß), Schluffsteine, Tonsteine, Schiefertone, Mergeltonsteine, (oft Schluff-Ton-Mischungen)	Schlufftonschiefer, Tonschiefer

* Korngrößenabgrenzung nach DIN 4022 und 4220

Schichtgrenzen können große Altersunterschiede zwischen Liegendem und Hangendem anzeigen (z. B. junge, eiszeitliche Schotter über sehr alten, paläozoischen Tonschiefern). Klastische Sedimente werden nach der Korngröße gegliedert:

Psephite sind steinig-kiesige, grobe Sedimente, die unverfestigt z. B. als Flußschotter, Wüstenschutt, Fanglomerat, Blockschutt oder Gehänge-schutt, in verfestigter Form als Konglomerat bzw. Nagelfluh (mit gerun-deter Körnung) oder als Breccie (mit eckiger Körnung) vorkommen. Durch Ton und Kalk verkittete Psephite verwittern leichter als solche mit silikatischem Bindemittel und liefern fruchtbarere, oft tiefgründige, aber steinige Böden.

Psammite: Hierzu gehört die große Gruppe der marinen, fluviatilen oder äolischen Sande und Sandsteine. Außer ihrem primären Gehalt an Silikaten (z. B. Feldspat, Glimmer, Augit, Hornblende) in der Kornfrak-tion ist bei den Sandsteinen die Art des Bindemittels (s. Seite 94) für ihre Verwitterbarkeit und ihren Wert als Bodenbildungssubstrat ausschlag-gebend. Durch Fe-Oxide verfestigte Quarz-Sandsteine sind zwar relativ leicht verwitterbar, liefern aber ebenso unfruchtbare Böden wie die schwer verwitterbaren, harten quarzitischen Sandsteine und Quarzite (z. B. Taunus- und Kellerwald-Quarzite). Aus den leichter verwitterba-ren Sandsteinen mit tonigem Bindemittel (z. B. Unterer und Oberer Buntsandstein) sowie aus Kalksandsteinen (z. B. Tertiär-Molasse am Alpennordrand) entstehen meistens fruchtbarere, tiefgründigere, saure bis neutrale Böden. Ähnliches gilt für die feldspatreichen Arkosen. Die aus Quarz, Feldspat, Glimmer und Schieferbruchstückchen bestehen-den Grauwacken (z. B. des Devons und Karbons im Harz) haben neben tonig-silikatischem auch z. T. karbonatische Bindemittel und sind dem-entsprechend unterschiedlich zu bewerten. – Der bodenkundliche Wert sandiger Lockergesteine ist wesentlich abhängig von der Körnung, der Lagerungsdichte sowie vom Gehalt an Karbonaten (besonders Kalk) sowie an Quarz, Feldspat, Glimmer und Eisenverbindungen. – Aus den wechselnden Gehalten an Schwermineralien (u. a. Turmalin, Zirkon, Granat) lassen sich z. B. unterschiedliche Herkunftsgebiete genetisch gleicher Sandsteine und Sande ableiten.

Pelite sind die besonders weit verbreiteten, lockeren und verfestigten Ton- und Schluffgesteine. In schluffigen Lockergesteinen (z. B. im meist grobschluffigen Löß) bestimmen – wie bei den Sanden – die Gehalte an Karbonaten, Silikaten und Quarz sowie die Lagerungsdichte und Poren-größenverteilung die Verwitterungs- und Fruchtbarkeitseigenschaften. Schluffe neigen (besonders nach Umlagerung) zur Verschlämmung, Dichtlagerung und Haftnässebildung und sind erosionsgefährdet (z. B. Schwemmlöß). Ähnliches gilt auch für den meist kalkfreien Sandlöß (Flottsand, Flottlehm) mit seinen beiden Korngrößenmaxima in der Grobschluff- und Mittelsand-Fraktion. Die Eigenschaften weicher Tone (z. B. Quellfähigkeit, geringe Wasserdurchlässigkeit im gequollenen Zustand) sind stark von ihrer Tonmineralzusammensetzung und den sorbierten Kationen abhängig. Selten besteht Ton aus nicht quellbarem Silikat- und Quarzmehl. Kaolinitreiche Tone (z. B. aus der lateritischen Verwitterung) sind weniger quellungs- und sorptionsfähig als Illit-Tone (z. B. Marschenklei). Die höchste Quellungs- und Sorptionsfähigkeit weisen montmorillonitreiche Tone auf. – Die Verdichtung von Tonen unter paralleler Einregelung der Tonmineralblättchen führt zur Entstehung von Tonstein. Durch Verfestigung mit silikatischem Bindemittel bildet sich der nicht mehr quellbare Tonschiefer, aus dem grusige bis steinig-lehmige Böden entstehen. Kalkhaltige Tonschiefer und Schiefertone verwittern leichter und ergeben oft fruchtbare Tonböden.

Die bisherigen Angaben zur Verwitterbarkeit bezogen sich auf oberflächlich anstehende Festgesteine. In nicht zu steilen Hanglagen des mitteleuropäischen Berglandes z. B. werden jedoch die Festgesteine großflächig von unverfestigten Schuttdecken und Fließerden überlagert, die während der Vereisungen des Pleistozäns durch Solifluktion entstanden sind, und in denen sich die heutige Verwitterung und Bodenbildung abspielt. Die Zusammensetzung und Eigenschaften des hangabwärts verlagerten Schuttes sind weitgehend von der Art der oberhalb anstehenden Festgesteine abhängig. So kann z. B. an einem Unterhang über einem dort anstehenden, dichten kalkfreien Schieferton (z. B. des Röt) eine wechselnd mächtige, mit Lößmaterial vermischte steinig-lehmige, kalkhaltige Schuttdecke liegen, die von einem am Oberhang anstehenden Kalkstein (z. B. des Muschelkalkes) stammt. Die Vielfalt der Schuttdecken und ihrer Eigenschaften wird noch dadurch erhöht, daß häufig mehrere verschieden alte Schuttdecken mit unterschiedlichen Eigenschaften übereinander liegen, so daß die Eigenschaften der darunter anstehenden Festgesteine für die Bodenbildung nur eine untergeordnete Rolle spielen.

1.3.2.5.3 Chemische und biochemische Sedimentgesteine

Mergelsteine (s. Tab. 12) leiten als klastisch-chemische Mischgesteine von den kalkhaltigen Tonen über zu den chemisch-biochemischen Kalkgesteinen (s. Tab. 13). Ihre Verwitterbarkeit ist im wesentlichen von

Tab. 12. Klastisch-chemische Mischgesteine: Mergel (nach Bodenkundliche Kartieranleitung 1982)

	mergeliger Ton	Mergel-ton	Mergel	Kalk-mergel	Mergel-kalk
CaCO$_3$ Gew. %	2–10	10–25	25–50	50–75	75–90
Ton Gew. %	75–95	65–75	35–65	25–35	5–25

ihrem Ton- und $MgCO_3$-Gehalt sowie vom Verfestigungsgrad abhängig. Harte Mergelsteine und Dolomitmergel, z.B. des Jura und der Unterkreide in den Alpen, verwittern besonders bei teilweise silikatischem Bindemittel relativ langsam zu tonig-steinigen Böden. Aus den weit verbreiteten, weniger verfestigten Mergelsandsteinen und Tonmergeln entstehen in der Regel nährstoffreiche, oft schwere, örtlich staunasse Tonböden. – Die primären Kalkgehalte der eiszeitlichen, sandig-schluffigen bis lehmigen, steinhaltigen Geschiebemergel Norddeutschlands sind bereits primär bei der Ablagerung, aber auch infolge sekundärer Entkalkung sehr unterschiedlich. Geschiebemergel und entkalkte Geschiebelehme der letzten Vereisung (Würm/Weichsel) sind oft weniger verdichtet und nährstoffreicher als die der älteren Vereisungen.   .

Karbonatgesteine und unter ihnen besonders die Dolomit- und Kalksteine sind in Mitteleuropa weit verbreitet (Abb. 35). Sie haben je nach der Art ihrer diagenetischen Veränderung unterschiedliche Eigenschaften (Tab. 13). Während poröse Kalke und Mergelkalke durch rasche Kalklösung relativ leicht zu tonig-steinigen Böden verwittern, bilden reine, harte Kalksteine (< 5% Ton), Kieselkalke und besonders Dolomitsteine häufig trockene, flachgründige, steinige Böden. Typische Beispiele für Kalkgesteine Mitteleuropas gehen aus Tab. 13 hervor. – Relativ leicht löslich ist der zu den **Evaporiten** (Verdampfungsgesteinen)

Tab. 13. Beispiele für chemische und biochemische Sedimente und Gesteine

Hauptkomponenten	Abnehmende relative Verwitterbarkeit bzw. Löslichkeit
Chloride u. a.	⎰ Steinsalz, Kalisalze, Mischsalze
$CaSO_4 \cdot 2H_2O$	⎱ Gipsstein, porös
+ $CaSO_4$	Gipsstein, dicht und Anhydrit
	⎛ Kalkstein, porös; Quellkalk (»Kalktuff«)
	Oolithkalkstein
	Schillkalkstein aus Kalkschalen
$CaCO_3$	⎨ Kalkstein, dicht; Riffkalkstein
	Sinterkalkstein (Travertin)
	⎝ Spatkalkstein
$MgCO_3$ u. $CaCO_3$	Dolomitsteine
SiO_2 u. $CaCO_3$	⎰ Kieselkalkstein
	Kieselschiefer
SiO_2	⎱ Hornstein
Ton (Sand) und $CaCO_3$	Mergelsteine (Sandmergel → Tonmergel)

gehörende Gipsstein, der bei großer Reinheit (z. B. am südwestlichen Harzrand) flachgründige, steinige Böden, in unreiner, toniger Fazies (z. B. als Gipskeuper-Mergel bei Heilbronn) tonige Böden entstehen läßt. Die ebenfalls im Zechsteinbecken durch Eindampfung entstandenen besonders leicht wasserlöslichen Chloride, Sulfate und Karbonate des Natriums und Kaliums sowie Mischsalze, z. B. mit Magnesium, treten im humiden Klima Mitteleuropas nicht als Ausgangsgesteine für die Bodenbildung auf. – Zu den harten, schwer löslichen, biogenen **Kieselgesteinen** gehören der durch Verkieselung aus Radiolarienschlamm entstandene Kieselschiefer (z. B. des Kulm im Harz) sowie der ehemals aus Kieselschwammgerüsten aufgebaute, jedoch durch Diagenese vollständig in Chalzedon oder Opal umgewandelte Hornstein. Die nicht verfestigte, aus Kieselalgengerüsten bestehende Kieselgur hat keine Bedeutung als Bodenbildungssubstrat.

1.3.2.6   Vertorfung und Moorbildung

Eine besondere Gruppe biogener Gesteine sind die Torfe und Kohlen (Kaustobiolithe). Vertorfung bedeutet Anhäufung abgestorbener Pflanzen- und Tierreste durch Wasserüberschuß unter zunehmend anaeroben, reduzierenden Bedingungen. Dann wird die ± aerobe Zersetzung (Mineralisierung $\leftrightarrows$ Humifizierung) gehemmt. Unter anaeroben Bedingungen tritt Verwesung auf. Es entstehen Faul- und Sumpfgase (CH_4). Im mineralogisch-petrographischen Sinne ist *Torf* ein organogenes Gestein mit > 30 Gew.% organischer Substanz. Inkohlung bedeutet Zunahme des C-Gehaltes durch Diagenese (Pflanzen enthalten 44% C, Torf 45 bis 55% C, Huminstoffe 55 bis 60% C, Braunkohle 70 bis 80% C, Steinkohle, Anthrazit 100% C).

Moore sind im *geologischen* Sinne Lagerstätten von Torfen, *geobotanisch* Landschaftsteile mit > 30 cm (entwässert > 20 cm) mächtigen Torflagen und je nach Feuchte und Trophie charakteristischen Pflanzen- und Tiergesellschaften, die *ökologisch* Feuchtbiotope sind. Durch Entwässerung und Kultivierung entstehen aus Mooren anthropogene Moor*böden* (Moorkulturtypen) (s. Seite 473). Moore stellen bodensystematisch eine eigene Bodenklasse dar.

Ökologisch stehen die Anmoore den Mooren nahe als hydromorphe Bodenbildungen mit 15 bis 30 Gew.% organischer Substanz im Ah-Horizont (Anmoorgleye).

Aus der regionalen Verbreitung der Moore und Anmoore wird deutlich, daß Topographie und Klima für ihre Entstehung verantwortlich sind. Folgerichtig unterscheidet man vom Grundwasser und Relief abhängige *topogene* (*Nieder*moore) und klimatisch durch Niederschlagsüberschuß bedingte *ombrogene* Moore (*Hoch*moore) (s. Abb. 36 und 37).

Flache Seen, Teiche, Altarme von Flüssen neigen zur natürlichen Eutrophierung, die eine Massenentwicklung von Plankton, niederen und höheren Wasserpflanzen ermöglicht. In einem See kommt es je nach Ero-

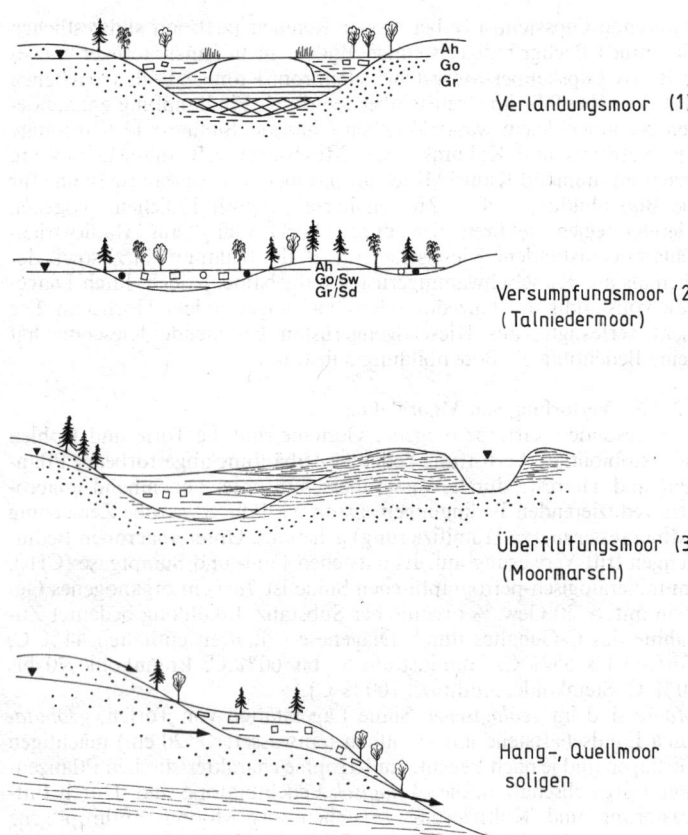

Abb. 36. Moortypen Westeuropas. a) Topogene Moore.

sion und Kalkgehalt seiner Umgebung zunächst zur Sedimentation von mineralischen Substanzen. Diese limnischen Sedimente am Grunde stehender Gewässer bestehen aus allochthonen (geschichtet Eingeschlämmtes, z.B. Seeton) und autochthonen Komponenten (Reste von Wasserpflanzen und -tieren) sowie Ausfällungen (Karbonate-Seekreide). Süßwassersedimente mit erkennbaren Anteilen organischer

Substanz heißen **Mudden** (s. Tab. 14). Sie entstehen in Warmzeiten am Grunde stehender Gewässer und sind meist ungeschichtet. Je höher der Gehalt an feinverteilter organischer Kolloidsubstanz in den Mudden ist, desto stärker neigen sie bei Wasserentzug zum irreversiblen Schrumpfen. Mudden sind entwicklungsgeschichtlich das erste Stadium topogener Moorbildungen (*Verlandungs*moore). In *Versumpfungs*mooren (Grundwasseranstieg) fehlen die Mudden.

Sandmudde: Sediment vorwiegend aus Sand mit erkennbarem Anteil organischer Substanz. Farben von ocker, hellgrau bis schwarzgrau mit grünlich-bräunlichen Nuancen.

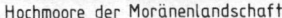

Hochmoore der Moränenlandschaft

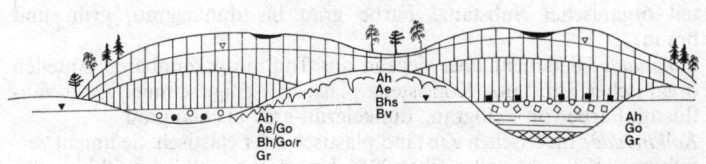

über Versumpfungsmoor (5) wurzelecht über (6) über Verlandungsmoor (4)
fossilem Podsol

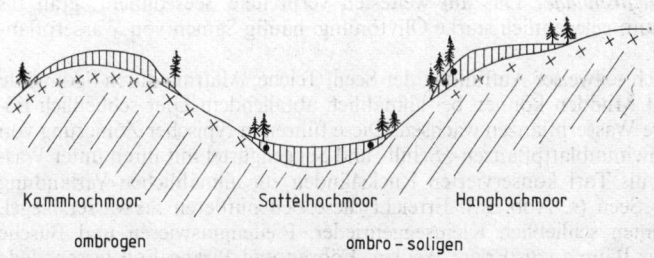

Gebirgs–Hochmoore

Kammhochmoor   Sattelhochmoor   Hanghochmoor

ombrogen   ombro–soligen

Abb. 37. Moortypen Westeuropas. b) Ombrogene Moore.

Tab. 14. Formen der Mudden

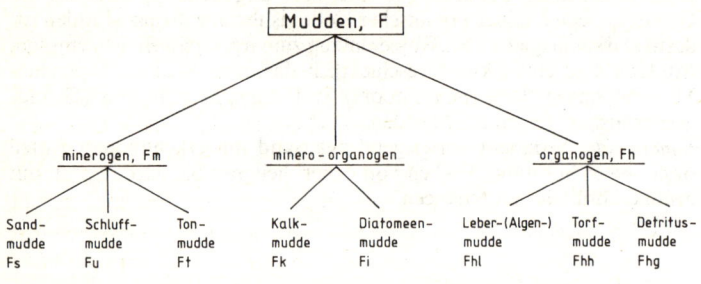

Schluffmudde: Sediment vorwiegend aus Schluff mit erkennbarem Anteil organischer Substanz. Farbe grau bis dunkelgrau, grün und braun.

Tonmudde: Sediment überwiegend aus Ton mit erkennbaren Anteilen organischer Substanz; Konsistenz plastisch, seifig, schmierig, oft zähflüssig; Farbe von weißgrau,, dunkelgrün-grau bis blaugrau.

Kalkmudde: Im frischen Zustand plastisch oder elastisch. Sediment zerfällt mit HCl nicht völlig, über 20% Ungelöstes, gelblichweiß bis gelbbraun.

Diatomeenmudde: Keine sichere Geländeansprache, mikroskopische Untersuchung, da mit Ton- oder Kalkmudde zu verwechseln, weißgrau.

Lebermudde: Überwiegend organisch (Algenreste). Sediment homogen, elastisch (leberartig) gallertartige Konsistenz, muschelig brechend: grün, gelb und rötlich bis rotbraun.

Torfmudde: Sediment aus vorwiegend deutlich erkennbaren Torfresten. Sicher nur mikroskopisch zu bestimmen; bräunlich bis braunschwarz.

Detritusmudde: Das am weitesten verbreitete Seesediment; grau bis braun; gelegentlich starke Olivtönung, häufig Samen von Wasserpflanzen.

Nach teilweiser Auffüllung der Seen, Teiche, Altarme durch Sedimente und Mudden können bei allmählich abfallendem Ufer schließlich höhere Wasserpflanzen wachsen. Diese führen in typischer Zonierung von Schwimmblattpflanzen-, Schilf- und Seggengürtel mit ihren unter Wasser als Torf konservierten Rückständen zur allmählichen Verlandung der Seen (s. Abb. 38). Erreicht diese den mittleren Seewasserspiegel, können schließlich Kleinseggenrieder, Pfeifengraswiesen und Büsche oder Bäume von Erlen, Weiden, Föhren und Birken Fuß fassen. Jede Vegetation hinterläßt einen Torf, der nach vorherrschenden Pflanzenresten makroskopisch moorgenetisch und damit in seiner Trophie bestimmt werden kann (Großrestanalyse). In den Tabellen 28 und 29 (s. Seite 143/4) wird die Ansprache von Torfarten aufgezeigt.

Typische **Niedermoortorfe** sind Schilf-, Seggen-, Erlenbruchtorfe. Sie sind in Abhängigkeit von der Nährstoffzufuhr aus ihrem Einzugsgebiet meist N- und Ca-reich (s. Tab. 15).

In die Löß- oder jungpleistozäne Landschaft eingebettete Niedermoore sind N- und Ca-reicher als topogene Moorbildungen der Altmoränenlandschaft. Topogene Moore sind überall anzutreffen, Wüsten ausgenommen. Durch Erosionen und Überflutungen können wachsende Moore von Mineralbodenmaterial durchsetzt und bedeckt werden (*Überflutungsmoore*, s. Abb. 36). Vor allem im Gezeitenbereich entstehen vielfach starke Überschlickungen; bei < 4 dm Kleibedeckung werden sie *Moormarsch* genannt.

In arid-semihumiden Klimaten finden Verlandungsmoore mit dem Aufwachsen von Bruchwäldern ihren Abschluß. Herrscht jedoch langfristig ein klimatischer Wasserbilanzüberschuß, d.h. ein semihumid bis humides Klima vor mit Abflußbehinderung, kann das Moor weiter wachsen. Dann siedeln sich zunehmend solche Pflanzen an, die bei Wasserüberschuß *geringere* Nährstoffansprüche stellen. In einer üppigen oligotraphenten Moosvegetation ersticken die Bruchwälder. Da im Zentrum eines Moores die natürliche Entwässerung ungünstiger ist als am Rand, sind dort die Wachstumsbedingungen für Torfmoose (Sphagnen, Bleichmoose) und Wollgräser besonders günstig. Ohne Anschluß an das Mineralbodenwasser – Sphagnen haben keine Wurzeln – wird die torfbildende Vegetation schließlich allein von der früher sehr geringen Nährstoffzufuhr aus Niederschlägen und Einwehungen abhängig. Nur wenige, anspruchslose Pflanzenarten sind an dieser ombrogenen Torf-

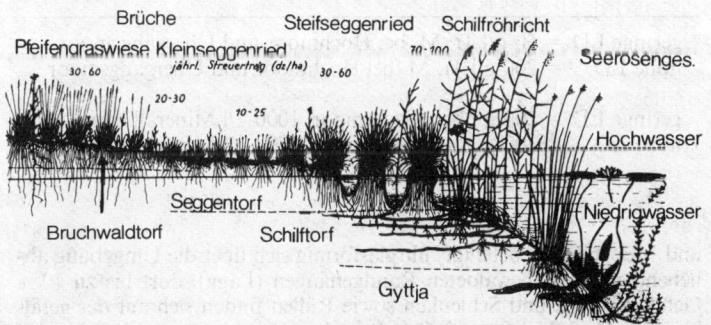

Abb. 38. Zonierung der Pflanzengesellschaften an einem nährstoffreichen See (halbschematisch) (nach ELLENBERG 1975).

Tab. 15. Mittlere natürliche Gesamtnährstoffgehalte von Moor- und Mineralböden in % Trockensubstanz

Torfart	N	P_2O_5	K_2O	CaO	pH
Hochmoor	< 1,2	< 0,1	< 0,05	< 0,3	< 3
Übergangs-moor	1,0–2,5	0,1–0,2	0,05–0,1	0,3–1,0	3–4
Niedermoor	> 2,5	> 0,2	> 0,1	> 1,0	> 4
Mineral-böden zum Vergleich	0,03–0,3	0,02–0,2	0,2–3,0	0,2–1,5	3–7

	kg/ha · 10 cm (geringe–hohe Lagerungsdichte*)			
	N	P_2O_5	K_2O	CaO
Hochmoor	< 600– 2400	< 50– 200	< 25–100	< 150– 600
Übergangs-moor	500–10000	50– 400	25–200	600–2000
Niedermoor	> 2500–10000	> 200– 800	> 100–400	> 1000–4000
Mineral-böden zum Vergleich	300– 5000	200–3500	2000–5000	2000–25000

* geringe LD = 50 g/l Tr. M. bei Hochmoor und Übergangsmoor
  hohe LD = 200 g/l Tr. M. bei Hochmoor und Übergangsmoor

  geringe LD = 200 g/l bei Niedermoor, 1000 g/l Mineralboden
  hohe LD = 400 g/l bei Niedermoor, 1700 g/l Mineralboden

und Moorbildung beteiligt: uhrglasförmig sich über die Umgebung abhebend mit teils bewaldeten Randgehängen (Lagg), dort bis zu 10% Gefälle. Bulten und Schlenken sowie Rüllen finden sich auf der gefällearmen Hochfläche (> 2,5‰), und im Zentrum entstehen infolge schlechter natürlicher Entwässerung u. U. sehr tiefe Kolke (Mooraugen). Über das Grundwasser des Mineralbodens herauswachsend nennt man

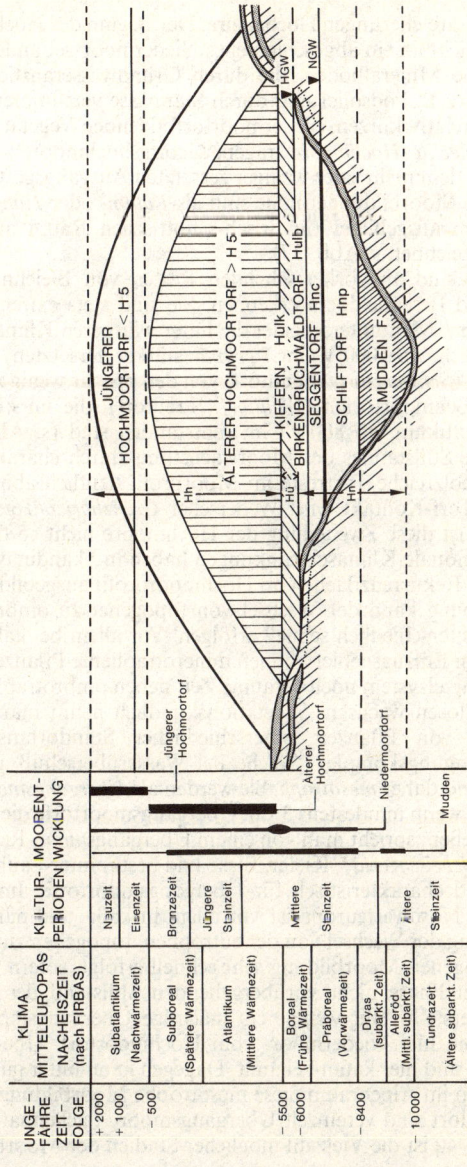

Abb. 39. Entwicklung der Moore (nach OVERBECK 1975).

Bleichmoostorfanreicherungen **Hochmoore**. Der Beginn des Hochmoorwachstums ist nicht an ein abgeschlossenes Niedermoor gebunden.

Nährstoffarme Mineralböden, die durch Grundwasseranstieg oder bodengenetisch (z. B. Podsolierung) durch Staunässe versumpfen, können nach einer relativ kurzen, niedermoortorfbildenden Vegetation unmittelbar *wurzelechte Hochmoore* tragen. Gebirgshochmoore wachsen unmittelbar auf dem mehr oder weniger zersetzten Ausgangsgestein auf (ombro-*soligene* Moorbildungen). Sie sind als *Kamm-* oder *Hang-* bzw. *Sattel*hochmoore ausgebildet (im irisch-schottischen Raum auch als *blanket bogs* bezeichnet; s. Abb. 37).

Hochmoortorfe sind an vorherrschenden Resten von Bleichmoosen, Wollgräsern und Besenheide zu erkennen. Sie sind stets extrem sauer und nährstoffarm. Man unterscheidet die unter wärmeren Klimabedingungen (atlantisch, ab 5000 v. Chr.) *primär* stärker zersetzten, *älteren* Hochmoortorfe (*Schwarztorf*, Brenntorf) von den primär wenig zersetzten *jüngeren* Hochmoortorfen (*Weißtorf*, Streutorf), die im kühleren Klima (Subatlantikum, ab 800 v. Chr.) entstanden sind (s. Abb. 39). Der sich infolge Stillstandes des Moorwachstums durch charakteristische, teilweise holzreiche Torfreste im Moorprofil deutlich abhebende Schwarz-Weiß-Torf-Kontakt wird Weberscher *Grenzhorizont* genannt. Im Alpenraum ist diese Zweiteilung der Hochmoore nicht so deutlich ausgeprägt. Regionale Klimaschwankungen haben in Skandinavien bis zu neun solcher Rekurrenzflächen im Hochmoorprofil ausgebildet.

Je nach Umgebung kann der Wechsel von topogener zu ombrogener Moorbildung unterschiedlich schnell erfolgen. Vor allem bei kalk- und nährstoffreichem Einzugsgebiet können minerotraphente Pflanzenarten mit tieferem Wurzelsystem noch geraume Zeit neben ombrotraphenten, teilweise wurzellosen wachsen. Vegetationskundlich nennt man dieses Nebeneinander von Pflanzen unterschiedlicher Standortansprüche einen Durchdringungskomplex. Solche bei Wasserüberschuß angereicherten Torfe sind daher *mesotroph*. Sie werden als *Übergangsmoortorfe* bezeichnet. Erst wenn mindestens 3 dm Übergangsmoortorfe die Moorbildung abschließen, spricht man von einem Übergangs*moor*. Reste von Blumenbinse *(Scheuchzeria)*, Kiefer, Birke und bestimmter Laubmoose und Seggen sind charakteristisch für Übergangsmoortorfe. Im atlantisch geprägten Nordwesteuropa ist vor allem in kalk- und nährstoffarmer Umgebung der Wechsel von der eutrophen, topogenen zur oligotrophen, ombrogenen Moorbildung sehr schnell erfolgt, sofern man in dieser kritischen Phase nicht vorübergehenden Stillstand des Moorwachstums unterstellt. Nur wenige cm mächtige Übergangsmoortorfschichten trennen hier Niedermoor- vom Hochmoortorf. Übergangsmoore im i. e. S. sind hier kaum bekannt. Dagegen kann unter günstigen Voraussetzungen im Alpenraum diese mesotrophe Moorbildung länger anhalten. Nur dort sind vereinzelt Übergangsmoore flächenhaft anzutreffen. In Abb. 40 ist die Vielzahl möglicher Stadien der Moorbildung

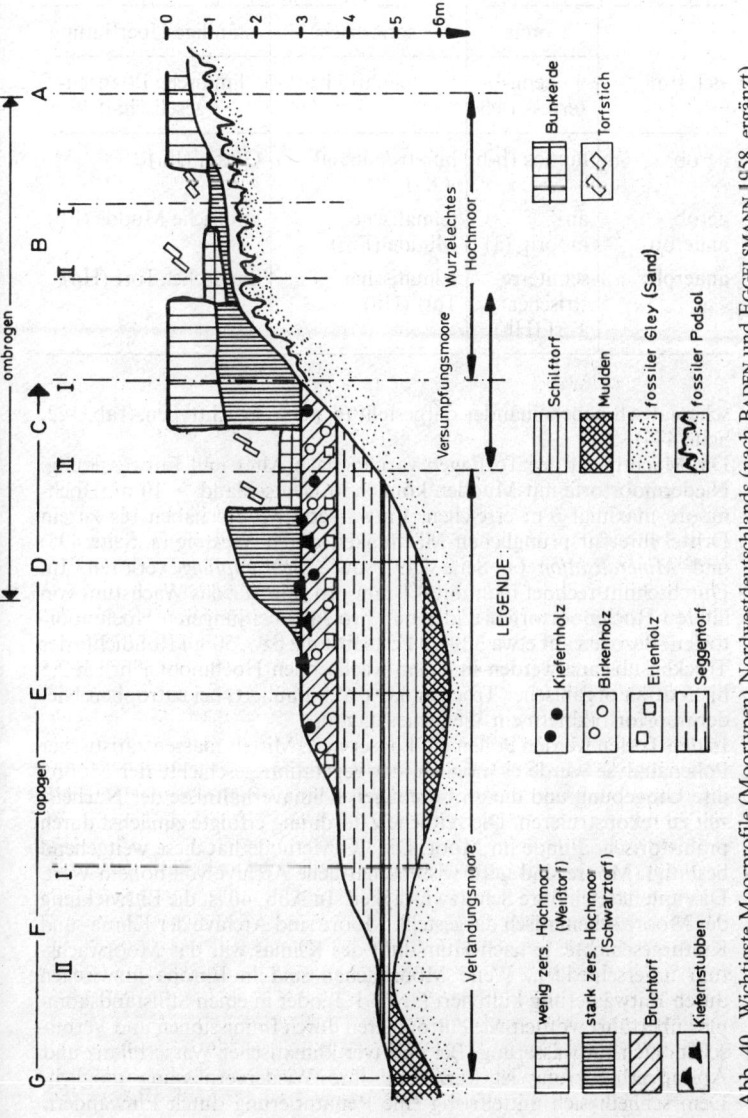

Abb. 40. Wichtigste Moor-Profile (Moortypen) Nordwestdeutschlands (nach BADEN und EGGELSMANN 1958, ergänzt).

LEGENDE :

Bunkerde

Torfstich

Schilftorf

Mudden

fossiler Gley (Sand)

fossiler Podsol

Kiefernholz

Birkenholz

Erlenholz

Seggentorf

wenig zers. Hochmoor (Weißtorf)

stark zers. Hochmoor (Schwarztorf)

Bruchtorf

Kiefernstubben

ombrogen

Wurzelechtes Hochmoor

Versumpfungsmoore

topogen

Verlandungsmoore

Tab. 16. Gliederung von Feuchtbiotopen

	ohne	periodische	ständige Überflutung
Belüftung	semi-terrestrische	telmatische	limnische Pflanzen-gesellschaft
aerob	humos ($\bar{h}$-h)	humos/alluvial (Aa)	Gyttja (JG)
aerob/anaerob	an-moorig (a)	telmatische Mudde (Fm)	limnische Mudde (Fh)
anaerob	semiterrestrischer Torf (Hh)	telmatischer Torf (Hu)	limnischer Torf (Hn)

schematisch nebeneinander dargestellt (s. auch Schichttypen, Tab. 122, Seite 474).

Die Mächtigkeit der Torflagen variiert nach Alter und Entwässerung. Niedermoortorfe mit Mudden können in Deutschland > 10 m, Hochmoore maximal 6 m erreichen. Entwässerte Moore haben bis zu ein Drittel ihrer ursprünglichen Mächtigkeit durch *Sackung* (s. Seite 495) und *Mineralisation* (s. Seite 149) sowie *Schrumpfung* verloren. Im Durchschnitt rechnet man mit 0,1 mm pro Jahr für das Wachstum von älteren Hochmoortorfen und 1 mm pro Jahr bei jüngeren Hochmoortorfen. Bezogen auf etwa 3 % vol Festsubstanz bzw. 50 g/l Rohdichte der Trockensubstanz werden in einem wachsenden Hochmoor jährlich 2,5 bis 5 dt/ha organischer Trockenmasse akkumuliert, bei eutrophen Niedermoortorfbildnern ein Vielfaches davon.

In den Torfen werden Pollen gut konserviert. Mittels massenstatistischer Pollenanalyse wurde es möglich, die Vegetationsgeschichte der Moore, ihre Umgebung und die großräumigen Klimaverhältnisse der Nacheiszeit zu rekonstruieren. Die zeitliche Zuordnung erfolgte zunächst durch prähistorische Funde im Moor. Die ^{14}C-Methode hat diese weitgehend bestätigt. Moore sind naturwissenschaftliche Archive von hohem Wert. Das unterstreicht ihre Schutzwürdigkeit. In Abb. 40 ist die Entwicklung der Moore schematisch dargestellt. Moore sind Archive der Klima- und Kulturgeschichte, je nach Humidität des Klimas war das Moorwachstum unterschiedlich. Weite Moorflächen sind in Europa inzwischen durch Entwässerung kultiviert (s. 4.4.1.2) oder in einen Stillstandskomplex überführt worden. Sie eutrophieren durch Immissionen und Verbuschen nach Entwässerung. Bei positiver klimatischer Wasserbilanz und Abflußverhinderung ist kurzfristig ihre Wiedervernässung möglich. Dem schließt sich mittelfristig eine Renaturierung durch Einwandern typischer Moorpflanzen und Tiere an, sofern diese nicht durch Immissionen daran behindert werden. Erst langfristig (Jahrhunderte) ist mit sichtbarer Vertorfung das *End*stadium einer Moor*regeneration* erreicht. Moor*schutz* hat z. Zt. einen hohen umweltpolitischen Stellenwert (Feuchtbiotop, Flucht- und Rastbiotop, Genreservoir).

Feuchtbiotope lassen sich nach der Dauer ihrer Vernässung (Überflutung) und Belüftung in semiterrestrische, telmatische und limnische Pflanzengesellschaften unterteilen, die zu unterschiedlichen Mengen (humos-anmoorig-Torf) und Formen (Humus, Mudden, Torfen) führen (s. Tab. 16).

1.3.3   Der geologische Stoffkreislauf

Die durch endogene Kräfte z. B. orogenetisch oder epirogenetisch an die Erdoberfläche gehobenen oder vulkanisch entstandenen Magmatite unterliegen den Wirkungen der exogenen Kräfte: Durch die Wirkungen der Schwerkraft, der Temperatur, des Wassers, Eises und Windes werden die auf ihnen entstandenen Böden und Verwitterungsprodukte in fester oder gelöster Form verlagert und an anderen Stellen in Form von klastischen oder (bio-)chemischen Sedimenten wieder abgelagert. Die

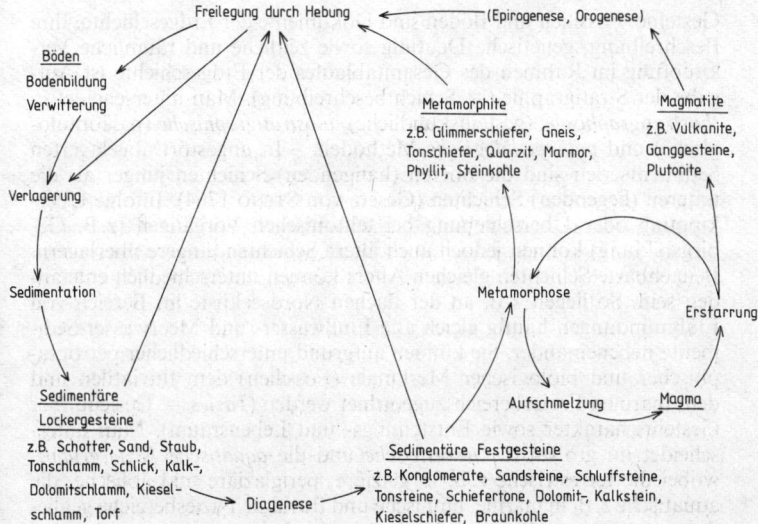

Abb. 41. Der geologische Stoffkreislauf.

Diagenese sorgt dann für die Bildung neuer sedimentärer Festgesteine, die wiederum durch endogene Kräfte (z. B. beim Absinken in größere Tiefen durch Metamorphose, anschließende Aufschmelzung und durch Wiedererstarrung bei Hebung) zu magmatischen Gesteinen umgewandelt werden können (Abb. 41). Dieser einfache, große Kreislauf kann an mehreren Stellen unterbrochen werden und in anderer Richtung verlaufen. So können z. B.

a) Sedimentäre Locker- und Festgesteine sofort nach ihrer Entstehung wieder verwittern und erneut umgelagert werden.

b) Festgesteine können durch Metamorphose zu Paragesteinen umgewandelt werden, ohne Aufschmelzung wieder an die Oberfläche gelangen und dort verwittern.

c) Magmatite können vor ihrer Heraushebung und Freilegung zu metamorphen Orthogesteinen umgebildet und als solche wieder in den exogenen Kreislauf einbezogen werden.

Insgesamt gesehen hält also das Zusammenspiel der endogenen und exogenen Faktoren seit der Entstehung fester Gesteine auf der Erde den großen geologischen Stoffkreislauf in Gang, der von Ort zu Ort verschieden weit und stellenweise auch mehrfach durchlaufen wurde.

1.4 Stratigraphie, Paläoböden

Gesteine, Fossilien und Böden sind Dokumente der Erdgeschichte. Ihre Beschreibung, genetische Deutung sowie zeitliche und räumliche Verknüpfung im Rahmen des Gesamtablaufes der Erdgeschichte ist Aufgabe der Stratigraphie (= Schichtbeschreibung). Man unterscheidet *lithostratigraphische* (gesteinskundliche), *biostratigraphische* (paläontologische) und *paläopedologische* Methoden. – In ungestört abgelagerten Sedimentserien sind die oberen (hangenden) Schichten jünger als die unteren (liegenden) Schichten (Gesetz von Steno 1764). Infolge Überkippung oder Überschiebung bei tektonischen Vorgängen (z. B. Gebirgsbildung) können jedoch auch ältere Schichten jüngere überlagern. Benachbarte Schichten gleichen Alters können unterschiedlich entstanden sein. So liegen z. B. an der flachen Nordseeküste im Bereich von Flußmündungen häufig gleich alte Flußwasser- und Meerwasser-Sedimente nebeneinander. Sie können aufgrund unterschiedlicher petrographischer und biologischer Merkmale (Fossilien) dem fluviatilen und dem marinen Faziesbereich zugeordnet werden (*Fazies* = Gesicht, hier Gesteinscharakter sowie Entstehungs- und Lebensraum). Man unterscheidet im großen die *terrestrische* und die *aquatische Faziesgruppe*, wobei die terrestrische z. B. in glaziäre, periglaziäre und äolische, die aquatische z. B. in marine, limnische und fluviatile Faziesbereiche gegliedert werden kann. Petrographische Merkmale sowie – wenn vorhanden – Mikro- und Megafossilien dienen zur faziellen Deutung und Differenzierung der Sedimente sowie zu ihrer stratigraphischen Einordnung in die erdgeschichtliche Zeitabfolge. Bei den Böden entsprechen den Faziesgruppen in etwa die Abteilungen der anhydromorph-terrestrischen, der hydromorphen bzw. semiterrestrischen, der subhydrischen und der anthropogenen Böden. Sie können als rezente Oberflächenböden, als oberflächlich anstehende Relikte vorzeitlicher Böden *(Bodenrelikte)* oder als unter Deckschichten begrabene *fossile Böden* auftreten. Für stratigraphisch-erdgeschichtliche Untersuchungen haben vor allem Bodenrelikte und fossile Böden Bedeutung. Ihre Untersuchung ist Aufgabe der Paläopedologie. – Böden gab es in allen Epochen der Erdgeschichte. Endogene Vorgänge auf dem Festland (Gebirgsbildungen, epirogenetische Hebungen) haben jedoch in geologischen Zeiträumen meistens so starke Erosionsprozesse an der Erdoberfläche ausgelöst, daß die Böden zum größten Teil abgetragen wurden. Stellenweise sind Verlagerungsprodukte von Böden oder Bodenrelikte in Sedimentgesteinen z.B. des Tertiärs (Roterde, Laterit) oder des Buntsandsteins erkennbar. Vollständig erhaltene, fossile Festlandböden als stratigraphisch auswertbare Dokumente für Zeiten der Sedimentationsruhe sind in geschützten Lagen der damaligen Landoberflächen zu erwarten. Großflächig sind fossile Böden z.B. in küstennahen oder festländischen Senkungsgebieten des Karbons in Form der ehemals hydromorphen bis zeitweilig subhydrischen, z.T. anmoorigen fossilen Wurzelböden unter den damaligen Torfen, den heutigen Kohlenflözen, erhalten geblieben. Die Wurzelböden wurden später diagenetisch zu Tonschiefern mit z.T. hohen Gehalten an kohliger Substanz umgeformt. Ihre fossilen Bodenmerkmale lassen sich jedoch z.T. noch in Dünnschliffen erkennen.

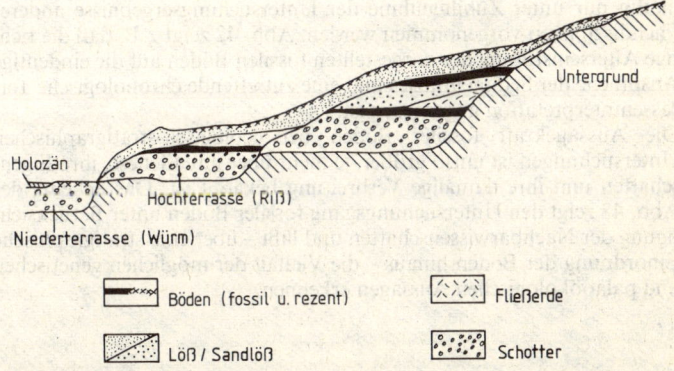

Abb. 42. Beziehungen zwischen jüngeren Quartärterrassen, Lößdeckschichten und fossilen Böden (nach BRUNNACKER in FINK 1976).

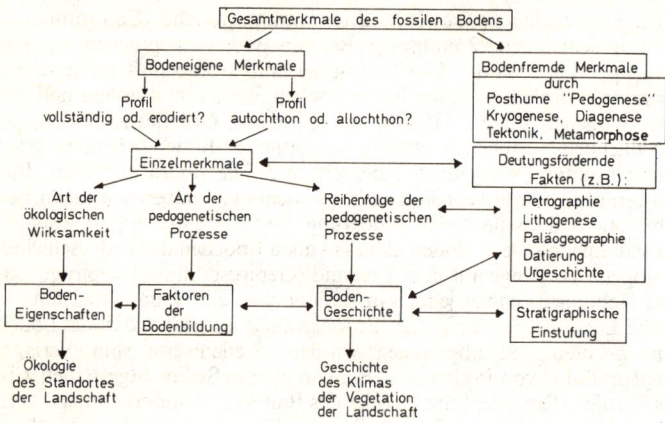

Abb. 43. Schema zur Untersuchung und Deutung fossiler Böden (nach ROESCH-MANN 1975).

In fossilarmen Sedimentgesteinsserien können fossile Böden oder Bodenrelikte örtlich zur stratigraphischen Gliederung herangezogen werden. Dies gilt besonders für Sedimentserien des Quartärs. Auch hier sind fossile Böden dann erhalten geblieben, wenn die nachfolgende Sedimentation ohne vorangegangene Erosionsphase einsetzte und auch später kein Abtrag erfolgte.

Eine stratigraphische und regionale Einordnung fossiler Böden kann häufig nur unter Zuhilfenahme der Untersuchungsergebnisse anderer Fachdisziplinen vorgenommen werden. Abb. 42 zeigt z.B, daß die richtige Alterseinstufung der dargestellten fossilen Böden auf die eindeutige Ansprache der Sedimentfazies und eine zutreffende chronologische Terrasseninterpretation angewiesen ist.

Die Aussagekraft fossiler Böden bei geologisch-stratigraphischen Untersuchungen ist umso größer, je mehr über ihre Genese, ihre Eigenschaften und ihre damalige Verbreitung bekannt ist. Das Schema der Abb. 43 zeigt den Untersuchungsgang fossiler Böden unter Berücksichtigung der Nachbarwissenschaften und läßt – über eine stratigraphische Einordnung der Böden hinaus – die Vielfalt der möglichen genetischen und paläoökologischen Aussagen erkennen.

1.5   Erdgeschichte Mitteleuropas unter besonderer Berücksichtigung des Quartärs

1.5.1   Geologische Zeitrechnung

Mit der Bildung einer geschlossenen Gesteinskruste begann vor etwa 3,5 Milliarden Jahren die geologische Zeitrechnung. Über die davor liegende Zeit ist wenig bekannt. Lange war man auf Schätzungen des Alters der Gesteine angewiesen. Dies geschah z. B. durch *akutogeologische* Übertragung heutiger Sedimentationsgeschwindigkeiten unterschiedlicher Ablagerungen auf ältere Gesteinsschichten. Absolute Datierungen gelangen für kurze Zeitabschnitte der Erdgeschichte z. B. durch die Zählung von Jahresschichten *(Warven)* in eiszeitlichen Bändertonen. Aber erst nach Einführung *radiometrischer Methoden* war die Aufstellung einer »absoluten« i. e. S. physikalischen Zeitskala für die bisher nur in ihrer relativen Zeitabfolge bekannten Abschnitte der Erdgeschichte möglich. Diese Methoden beruhen auf der Tatsache, daß *radioaktive Isotope* verschiedener Elemente unterschiedlich schnell in andere Isotope zerfallen. Zur Altersbestimmung kann daher die Restaktivität des Mutterisotops oder die Anreicherung der Zerfallsprodukte in den Mineralien bzw. Gesteinen dienen, wenn man die isotopenspezifischen *Halbwertszeiten* berücksichtigt. Sie sind definiert als die Zeiträume, in denen die Hälfte einer ursprünglich vorhandenen Menge an Mutterisotop zerfällt. Je nach dem vermuteten Alter von Gesteinen oder Mineralien bieten sich verschiedene radioaktive Isotope an, wie z. B.

Kalium ^{40}K: Halbwertszeit $1,3 \times 10^9$ Jahre, Zerfallsprodukt ^{40}Ar
Rubidium ^{87}Rb: Halbwertszeit $4,5 \times 10^9$ Jahre, Zerfallsprodukt ^{87}Sr
Uran ^{238}U: Halbwertszeit $4,51 \times 10^9$ Jahre, Zerfallsprodukt ^{206}Pb
Thorium ^{232}Th: Halbwertszeit $1,39 \times 10^{10}$ Jahre, Zerfallsprodukt ^{208}Pb.

Mineralien oder Gesteine, die diese Isotope enthalten, können also datiert werden. Die radiometrischen Altersangaben beruhen auf solchen Isotopenmessungen.

Zur Datierung junger Proben bietet sich vor allem die *Radiocarbon-Methode* an. Voraussetzung ist, daß die Sedimente organische Substanzen enthalten, die möglichst zur Zeit der Sedimentation gebildet wurden. Pflanzen nehmen z. B. bei der Assimilation mit dem CO_2 Kohlenstoff der Luft auf, der neben normalem Kohlenstoff ^{12}C in Spuren – aber immer im gleichen Verhältnis – den *radioaktiven Kohlenstoff ^{14}C* enthält. Da die Halbwertszeit des ^{14}C 5570 Jahre beträgt, sind Radiocarbon-Datierungen unter Berücksichtigung methodischer Fehlerquellen auf organische Substanzen der letzten 40000 bis 50000 Jahre beschränkt. Am besten eignen sich z. B. Holz, Holzkohle, Torf, Braunkohle.

Die Altersbestimmung von *Huminstoffen* aus Böden ist problematisch, da diese in der Regel während längerer Zeiträume gebildet wurden und dementsprechend aus einer Mischung unterschiedlich alter organischer Substanzen mit unbekannten Anteilen bestehen. Sie ergibt nur ein angenähertes Durchschnittsalter, das zudem durch eingewaschene, junge organische Stoffe aus dem Hangenden »verjüngt« sein kann. Solche sog. *Kontaminationen* können besonders bei sehr geringen Humusgehalten und hohen Bodenaltern erhebliche Verfälschungen hervorrufen. Im allgemeinen geben aber auch die Durchschnittsalter von Huminstoffen wertvolle Hinweise auf die ungefähre Altersstellung fossiler Böden der letzten 40000 Jahre.

1.5.2   Präquartäre Erdgeschichte Mitteleuropas

Wichtige Einzelheiten der Erdgeschichte Mitteleuropas gehen aus der Tab. 17 hervor. Besonders einschneidende erdgeschichtliche Ereignisse stellen die Gebirgsbildungen (Orogenesen) dar. In Nordeuropa (Grönland, England, Norwegen) entstand z.B. während des Silurs das ehemals wohl alpenähnliche *Kaledonische* Gebirge, das einen im Nordwesten liegenden Urkontinent Laurentia mit dem Urkontinent Fennosarmatia im Osten verband (*Paläo-Europa*, s. Abb. 44).

Diese *kaledonische Ära* dauerte etwa 120 Millionen Jahre. Sie wurde von der *variszischen Ära* abgelöst, die bis zum Perm dauerte und mehrere alpine Faltengebirge von Nordafrika über Spanien und Frankreich bis nach Ostdeutschland entstehen ließ (*Meso-Europa*, Abb. 44), so u.a. das Rheinische Schiefergebirge und den Harz. Im südlichen Europa wurden schließlich in der *alpidischen Ära* die Sedimente des Südeuropa von Osten nach Westen durchquerenden Meeres der Tethys-Geosynklinale beim »Zusammenstoß« der südlichen afrikanischen mit der nördlichen eurasischen Platte unter gleichzeitigem Aufdringen magmatischer Gesteine zum heutigen Alpengebirge zusammengeschoben (*Neo-Europa*, Abb. 44). Die zahlreichen Phasen dieser Orogenese dauerten etwa vom Jura bis zum Tertiär (etwa 180 Millionen Jahre) und vervollständigten den heutigen Subkontinent Europa.

Die Phasen der Gebirgsbildungen dürfen nicht als einheitliche, kurzfristige tektonische Ereignisse angesehen werden. Sie setzen sich vielmehr aus kontinuierlichen unzähligen ruckartigen Krustenbewegungen (Erdbeben) zusammen, unter gleichzeitiger Heraushebung der betreffenden Gebiete, und dauerten mehrere Millionen Jahre lang. Die Hebungsbeträge waren in jedem Falle größer als die der Abtragung. Erosion in den Hebungsgebieten hatte in den Randsenken der Gebirge die Ablagerung mächtiger, fein- bis grobkörniger Schuttsedimente zur Folge. Zu diesen gehören z.B. die viele tausend Meter mächtigen, später gefalteten, variszischen Randsenken-Sedimente des Karbons im Ruhrgebiet; die klastischen Trogfüllungen des Perms – z.B. im Saargebiet – sowie die ebenso mächtigen *Flysch*- und *Molasse*-Sedimente der alpidischen Ära in Oberbayern (Tab. 17). – Die orogenen Phasen waren in der Regel mit ver-

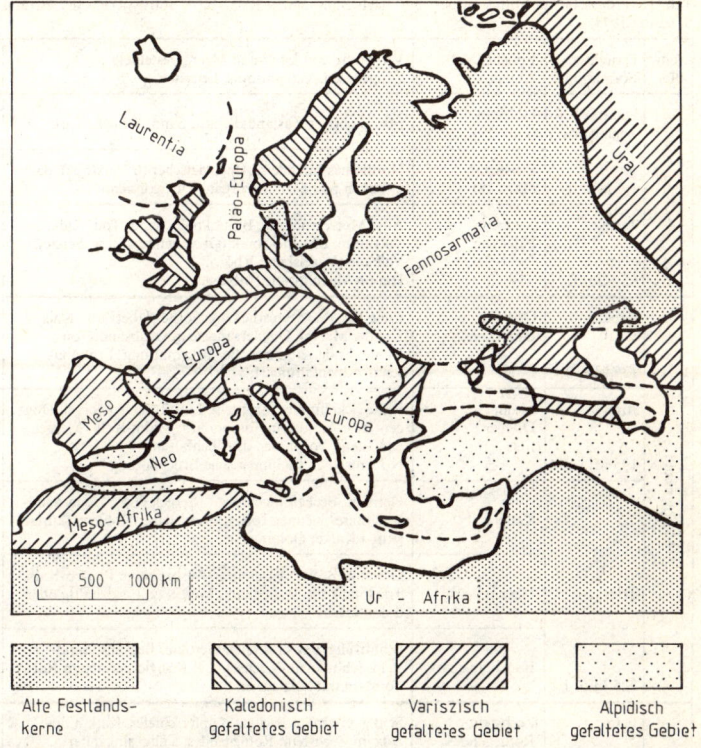

Abb. 44. Geotektonische Gliederung Europas.

stärkter vulkanischer Tätigkeit verbunden. So wurden im älteren Paläozoikum häufig submarine Diabase gefördert. Das Karbon ist außerdem durch das Aufdringen großer Magmenmassen (Granit bis Diorit) während der variszischen Orogenese gekennzeichnet, während im Perm bei ausklingenden Krustenbewegungen Porphyre und Melaphyre (Saar), Quarzporphyre und Tuffe (Thüringen) gefördert wurden. Auch im Verlauf der Alpenfaltungen drangen unterschiedlich zusammengesetzte Magmen auf.

In der Umrandung der Gebirge herrschten u. a. weitgespannte epirogenetische Bewegungen vor. Während sich Hebungsphasen aufgrund der damit verbundenen Abtragung durch Erosionsdiskordanzen nachwei-

Tab. 17. Erdgeschichte Mitteleuropas (u.a. nach BRINKMANN 1966–1974, SCHWARZBACH 1961 und SCHMIDT 1972)

Zeitalter	Periode, Formation	Epoche, Abteilung	Verteilung von Land und Meer, Gesteine; Orogenesen, Vulkanismus, Eiszeiten.
Neo- oder Känozoikum	Quartär Beginn vor	Holozän (Tab. 19)	Etwa heutiger Zustand; Schutt, Sand, Schlick, Torf.
	1,5 Mio. J.	Pleistozän (Tab. 18)	Nordisches Inlandeis, Alpengletscher (6 Vorstöße); dazwischen periglaziäre Vorgänge u. Sedimente
	Tertiär 65 Mio. J.	Neogen Paläogen	Allg. Meeresrückzug; Braunkohle, Sand, Ton, Kalk, Vulkanite; Bruchtektonik (Oberrheintal, Hess. Senke); Vulkane (Vogelsberg, Rhön); Haupt-Alpenfaltung (Molasse)
Mesozoikum	Kreide 135 Mio. J.	Oberkreide Unterkreide	Ende Kreide Meeresrückzug, vorher Überflutg. Kalk, Kreide, Mergel, Quadersandstein, Grünsand, Ton, Kohle; Ende Kimmerischer Bruchfaltung. Frühphasen d. Alpenfaltung (Flysch)
	Jura 195 Mio. J.	Malm Dogger Lias	Weite Schelfmeere m. Inseln; Lias-Tone u. Mergel; Dogger-Tone, Sandstein, Eisenoolith; Malm-Kalk, Mergel, Sandstein; Vorphasen d. Alpenfaltung N-Deutschland Kimmerische Bruchfaltung
		Keuper	German. Becken Flachmeer: Mergel, Gips, Delta-Sandst.;Unterer Keuper Ton- u. Sandsteine, Kohlen; Tethys: (Riff-) Kalke; Dolomite
	Trias	Muschelkalk	German. Becken Flachmeer-Ausbreitung: Platten-Kalk, Trochitenkalk, Wellenkalk, Mergel (z.T. salzhaltig oder dolomitisch)
	225 Mio. J.	Buntsandstein	Schuttfüllg. des sinkenden German. Beckens: Sandstein-Schluffstein-Wechsel, z.T. Konglomerate; im Röt Tonstein mit Salzlagern
Paläozoikum	Perm 285 Mio. J.	Zechstein Rotliegendes	Senkg. German. Becken; Kupferschiefer, Kalk, Gips, Salz im Zechstein, Rotliegendes; Füllg. sinkender Tröge: Konglom., Sandstein, z.T. Ton, Kohle; Vulkanismus: Porphyre; Tethys-Perm: Kalk, Salz
	Karbon 350 Mio. J.	Oberkarbon Unterkarbon	Variszische Gebirgsbildg. Sedimentation in Randsenken: Grauwacke, Sandstein, Tonschiefer, Kohle mit Wurzelböden, Kalk; Granit, Diabas
	Devon 405 Mio. J.	Ober- Mittel-Devon Unter-	Meer mit Inseln südl. Old-Red-Kontinent (variszische Geosynkline): Tonschiefer, Sandstein, Quarzit, Grauwacke, Kalk; Vulkanite: Diabas
	Silur 500 Mio. J.	Gotlandium Ordovizium	Kaledonische Gebirgsbildg. in N-Europa: Old-Red-Kontinent; M-Europa Meer (Variszische Geosynkline): Ton- u. Kieselschiefer, Kalke
	Kambrium 570 Mio. J.	Ober- Mittel-Kam. Unter-	Seitenmeer d. N-europäischen Kaledonischen Geosynkline: Grauwacke, Sandstein, Tonschiefer; Kalkstein; Oberes Kambrium Diabas
Präkambrium	Eozoikum = Algonkium 2500 Mio. Jahre		N- Europa mehrfach Gebirgsbildg.: Metamorpher Quarzit, Kalk, Schiefer; Granit bis Gabbro; Allg. Bildung großer Kontinentaltafeln
	Archäozoikum = Archaikum 3500 Mio. Jahre		Bildung der Erstarrungskruste; mehrfach Gebirgsbildung mit Vulkanismus: Metamorphite, Sedimentgesteine, Granit

Klima und Lebewelt	Beispiele für (bodenkundlich wichtige) Vorkommen i. Mitteleuropa
Erwärmung: Klima, Pflanzen u. Tiere wie heute; Einfluß des Menschen	Küsten, Täler, Dünen, Moore
Wechsel von Kalt- u. Warmzeiten, von Wald und Tundra; der Mensch erscheint	Norddeutsches Flachland u. Alpen (glaziär) Mitteldeutschland (periglaziär)
Ende Neogen Klimasturz; vorher subtropisch warm-feucht (Laterit); höh. Blütenpflanzen (Palmen) u. Säuger; Menschenaffen; Saurier ausgestorben	N-Rand Mittelgebirge (Ville, Helmstedt, Halle); Mainzer Becken; Bayerisches Tertiäres Hügelland
O.Kreide subtrop. warm, U.Kreide kühlfeucht; Riesensaurier-Blüte u. Ende; Ausbreitg. Angiospermen O.Kreide; erste Vögel u. höhere Säuger	Westfalen, Teutoburger Wald, Weserbergland, N-Harzvorland, Elbsandsteingebirge, Naab-Vils-Gebiet, Alpen-Flysch
Malm-warm-arid (Salz, Münder Mergel), Lias-Dogger kühl-humid; Gymnospermen Farne; Ammoniten- u. Reptilienblüte; (Saurier); Urvogel, Kleinsäuger	Wiehen- u. Wesergebirge, S-Hannover, Helmstedt, Lothringen, Fränkisch-Schwäbische Alb; Alpen
Trocken-warm bis arid; Gymnospermen, Schachtelhalme, Farne; ausgestorben: Siegel- u. Schuppenbäume; Muschel-Ausbreitung; Ammoniten (Ceratiten-) u. Kalkalgen-Blüte; erste Belemniten u. Kleinsäuger; Saurier	Osnabrück, S-Hannover, N-Harzvorland, Thüringer Becken; Steigerwald (Sandstein), Frankenhöhe, Neckar, Alpen
	S-Hannover, N-Hessen, Elm, Thür. Becken, Raum Würzburg-Taubertal, Nord- u. Ost-Schwarzwald; Alpen
	S-Niedersachsen, N-Hessen, Spessart, Odenwald, N-Schwarzwald, Pfälzer Wald, N-Vogesen, Thüringen; Alpen
Zuerst humid, dann arid; Rotlieg. noch Pteridophyten, Florensprung; Zechstein Gymnospermen, erste Coniferen; Ausbreitg. Reptilien; letzte Brachiopoden	Zechst. O-Rand Rhein. Masse, N-Hessen, S-Harzrand, Thüringer Wald; Alpen (Tauern), Rotlieg. Ardennen, Schwarzwald, Thüringer Wald, Sachsen, Saar-Nahe-Gebiet
Tropische Kryptogamen-Wälder: Farne, Calamiten, Siegel- und Schuppenbäume; erste Coniferen, Reptilien, Insekten	Raum Aachen, Ruhr- u. Saargebiet, Frankenwald, Oberschlesien, Granit: Schwarzwald, Erzgebirge, Sudeten
Warmklima; erste Schachtelhalme, Farne, Bärlapp; erste Amphibien (Lurche) Ammoniten-Blüte; viele Fischarten	Ardennen, Hunsrück, Taunus, Rheinisches Schiefergebirge, Harz, Vogtland
Warmklima; Graptolithen-Blüte; z.B. erste Gefäßpflanzen u. Wirbeltiere (Panzerfische), erste Landtiere	Ardennen, Rheinisches Schiefergebirge, Harz, Franken, Thüringen, Sachsen, Böhmen (u.a. Diabas, Glimmerschiefer)
Zuerst kühl, dann wärmer, plötzlicher Fossilreichtum; Algen; Trilobiten-Blüte, alle Tierstämme außer Wirbeltieren	Hohes Venn, Fichtelgebirge, z.T. Erzgebirge, Lausitz, Böhmen
Klima wechselnd; zuerst nur Algen; später Entwicklg. primitiver wirbelloser Meerestiere; erste Brachiopoden	Sachsen, Böhmen, Schlesien (Assyntisches Faltengebirge Ende Präkambrium)
Klima wohl wechselnd; erste primitive pflanzliche Lebensspuren (Graphit); älteste Eiszeitspuren (S-Afrika)	Kristalliner Sockel unter allen Sed. Gesteinen anstehend: Vogesen, Schwarzwald, Spessart, Odenwald, Böhmen

sen lassen, sind Senkungsphasen an mächtigen Sedimentserien erkennbar. Im Zechstein begann z.B. die Einsenkung des »Germanischen Bekkens«, das bis zum Keuper mit viele hundert Meter mächtigen Sedimenten ausgefüllt wurde und dessen Kern im hessisch-südniedersächsischen Raum lag. Am Rande des Beckens waren (wie z.B. im Keuper in der Umgebung von Nürnberg) sandige Deltaschüttungen verbreitet. Im unteren Keuper kam es örtlich zur Torfbildung (Kohlenkeuper). Rote Farben der Beckensedimente weisen auf mehr oder weniger semiaride Klimabedingungen hin. Besonders in randnahen Bereichen des süddeutschen Buntsandsteins sind zwischen mehreren Schichtkomplexen Relikte *fossiler Böden* bekannt. Sie zeigen, daß die Sedimentation zeitweilig aussetzte und Bodenbildungsprozesse möglich wurden, über deren Natur z.Zt. noch wenig bekannt ist. Solche fossilen Bodenrelikte und Böden können örtlich zur stratigraphischen Gliederung fossilarmer bis fossilfreier Sedimentserien verwendet werden. – Während des Zechsteins, des Oberen Buntsandsteins (Röt), des Muschelkalkes und Keupers war das Germanische Becken meistens von einem warmen Flachmeer erfüllt, das bei zeitweiliger Abschnürung vom Weltmeer unter ariden Klimabedingungen unter Bildung von Gips und Salz eindampfte.

Neben epirogenen Wellenbewegungen der Erdkruste war außerhalb der Faltengebirge aufgrund von Zerrungs- und Einengungsvorgängen auch Bruchtektonik verbreitet (u.a. Jura, Kreide, Tertiär), die vor allem in den Bruchzonen von vulkanischen Vorgängen begleitet wurde. So entstanden z.B. zur Zeit des Einbruches des Oberrheintalgrabens und der hessischen Senke während des Tertiärs die vorwiegend basaltischen Vulkanite des Vogelberges, Westerwaldes, Habichtswaldes, Kaiserstuhles und der Rhön sowie die vielen Vulkanschlote in Hessen, im Siebengebirge und Hegau sowie auf der Schwäbischen Alb. Das Nördlinger Ries ist als Krater eines im Neogen (Miozän) eingeschlagenen Riesenmeteors zu deuten. In Süddeutschland entstand seit der Kreidezeit durch Hebung und Schrägstellung der Scholle des schwäbischen und fränkischen Jura und der nördlich anschließenden mesozoischen Schichtkomplexe die durch Abtragung mitgeformte, heutige *Schichtstufenlandschaft.* Seit dem Jura kam es im hessisch-südniedersächsischen Raum unter gleichzeitigem, langsamem Meeresrückzug zu mehrphasigen Hebungen und Bruchfaltungen der mesozoischen Gesteinsserien, die das dortige Schichtstufenmosaik erklären. Nach einer letzten Überflutungsperiode im Paläogen (Oligozän) zog sich das Meer im letzten Abschnitt des Tertiärs, dem Pliozän, schließlich ganz aus Mitteleuropa zurück.

1.5.3 Quartär

Mit der Klimaverschlechterung am Ende des Tertiärs begann vor etwa 1,5 Millionen Jahren die als Eiszeitalter (Quartär) bezeichnete Epoche mit starken *Klimaschwankungen*. Mindestens sechs längere Kaltzeiten wechselten in Europa ab mit Warmzeiten, deren Klima mehr oder weniger dem heutigen entsprach (Tab. 18). Das vor etwa 10000 Jahren beginnende Holozän (Nacheiszeit, früher Alluvium) wird als vorläufig letzte Warmzeit vom Pleistozän (früher Diluvium) abgetrennt. Die Ursachen des quartären Klimasturzes dürften komplexer Natur sein. Nach neueren Theorien werden sie aus Wechselwirkungen verschiedener Einzelursachen abgeleitet, wie z. B. aus kosmischen Veränderungen bei der Rotation des Milchstraßensystems (STEINER), aus Schwankungen der Sonneneinstrahlungsenergie (MILANKOVITCH), aus topographischen Veränderungen im nördlichen Atlantik bei wechselndem Einfluß des Golfstromes (EWING u. DONN) sowie rhythmischen Schwankungen der Ausdehnung des Antarktischen Eises (WILSON).

1.5.3.1   Pleistozän

Aus der Tab. 18 geht die zeitliche Abfolge der Warm- und Kaltzeiten des Pleistozäns hervor. Während der *Kaltzeiten* (Glaziale) war Skandinavien von mächtigen Inlandeiskappen bedeckt, die nach Süden bis in den norddeutschen Raum vordrangen. Zur gleichen Zeit waren auch große Teile der Alpen vergletschert. Die Grenzen der Vereisungsgebiete gehen aus Abb. 45 hervor. Der Raum zwischen den beiden Vereisungsgebieten war zwar bis auf einige Mittelgebirge eisfrei, wies jedoch polare bis subpolare Klimaverhältnisse auf. Periglaziäre Frostschutzzonen lagen in der Umrandung der Gletscher, und Tundra war in den eisferneren Gebieten verbreitet. Die Bildung von arktischen Strukturböden sowie Solifluktion an Hängen waren verbreitete Phänomene, deren Wirkungen noch in vielen heutigen Sedimenten und Böden erkennbar sind. Während die Eismassen Moränenmaterial mit sich führten und sedimentierten, dessen petrographische Zusammensetzung auf die Herkunftsgebiete der Gletscher schließen läßt, kamen z. B. in breiten Urstromtälern kiesig-sandige Schmelzwassersedimente, in Becken schluffig-tonige Stillwassersedimente zum Absatz. Kalte, trockene Winde wehten aus offenen Flächen der periglazialen Gebiete außer Sand auch große Staubmassen fort, die an anderer Stelle in Form verschieden alter Lößschichten wieder sedimentierten und wichtige Ausgangssubstrate für die heutigen Böden darstellen (Abb. 45).

Die Klimaabfolge innerhalb der Warmzeiten (Interglaziale, Tab. 18) läßt sich z. B. aus pollenanalytischen Untersuchungen interglazialer Torfe ableiten. Sie zeigen z. B., daß das Klimaoptimum im Holstein-Interglazial wärmer war als im Holozän. Der mit dem Abschmelzen der Gletscher verbundene Meeresanstieg bewirkte an den Küsten eine Transgression mit Ablagerungen mariner Eem- und Holstein-Sedimente. Als kaltzeitliches Stillwassersediment des ausgehenden Elster-Glazials hat der Lauenburger Ton in Norddeutschland relativ weite Verbreitung. Wie Funde fossiler Interglazialböden zeigen, entsprachen

Tab. 18. Gliederung des Quartärs von Mitteleuropa (Zusammengestellt unter Verwendung von WOLDSTEDT & DUPHORN 1974, WOLDSTEDT 1969 u. a.)

			Norddeutsches Vereisungsgebiet	Eisfreies
	Stufen		Norddeutsches Flachland	Deutschland
	Holozän (s. Tab. 19)		Wälder, Moore, Auelehm, menschliche Einflüsse Marschen, Öffnung der Ostsee; Terrassen, Dünen	
Jungpleistozän	Weichsel-Glazial	Spät-	Kalt-Warmzeit-Wechsel: Pommersches Stadium	Alleröd; Bölling; Eifel-Vulkanismus;
		Hoch-Glazial	Frankfurter Stadium Brandenburger Stadium	Niederterrassen-Schotter; Löß u. Flugsand;
		Früh-	Mehrere Stadiale	Tundra-Böden
	Eem-Interglazial		Meeresablagerungen Seen, Wälder, Moore, Bodenbildung, Bodenerosion, fluviatile Sedimentation	Flußerosion
Mittelpleistozän	Saale-Glazial	Warthe-Stadial	Mäßiger Eisvorstoß Moränen, z. T. Tundra Terrass. Sand, Schotter	Periglaziäre Vorgänge Löß- u. Flugsand; Tundra-Böden
		Interstadial	Erosion, Verwitterung; Böden	
		Drenthe-Stadial	zwei größere Eisvorstöße Moränen, Sander (Mittel-)Terrassensand, Schotter, Löß u. Flugsand	Tundra-Böden Periglaziäre Vorgänge,
	Holstein-Interglazial		Meeresablagerungen Seen, Wälder, Moore, Bodenbildung; Bodenerosion, fluviatile Sedimentation	Flußerosion
	Elster-Glazial		Zwei größere Eisvorstöße Moränen, Sander (Ober-) Terrassensand, Schotter, Löß u. Flugsand	Periglaziäre Vorgänge Tundra-Böden
	Cromer-Warmzeit-Komplex			Warmfauna-Ton + Torf
Altpleistozän	Menap-Kaltzeit Waal-Warmzeit Eburon-Kaltzeit Tegelen Warmzeit Brüggen-Kaltzeit			u. a. Kaltzeitliche Terrassenschotter, Periglaziäre Vorgänge, Talverschüttungen; warmzeitliche Riesenböden, Warmfauna-Tone, Erosion
	Tertiär (Pliozän)			

Stufen	Alpines Vereisungsgebiet / Nördliches Alpenvorland		Zeit-skala	Menschliche Kulturen	
Holozän	wie Norddeutschland (s. Tab. 19)		± 0 — 8000	Mesolithikum s. Tab. 19	
Würm-glazial	Würm III, Würm II, Würm I	Moränen Sander Eisvorstöße Nieder-Terrassenschotter	etwa – 9200 Laacher-See-Ausbruch	Magdalénien Solutréen Aurignacien (Cro-Magnon-Mensch)	Jung-Pal.
R/W Interglazial	Wälder, Moore, Bodenbildung Erosion, fluviatile Sedimente		rd. – 120000 rd. – 130000	Moustérien (Neandertaler) Micoquien Ren-Jäger Jung-Acheuléen	Mittel-Pal. Lith.
Riß-Glazial	Riß III, Riß II, Riß I	Moränen Sander Eisvorstöße Hoch-Terrassenschotter		Mittel-Acheul Feinbearbeitete Faustkeile	
M/R Interglazial	Wälder, Moore Bodenbildung Erosion, fluviatile Sedimente		rd. – 250000	Alt-Acheuleen (Steinheimer) Clactonien	Al-paläolithikum
Mindel-Glazial	Moränen, Sander mehrere (?) Eisvorstöße jüng. Deckenschotter			(Heidelberger Mensch)	
Günz-Mindel-Interglazial			rd. – 700000		
Günz-Glazial (ält. Deckenschotter) Donau-Günz-Interglazial Donau-Glazial Biber-Donau-Interglazial Biber-Glazial				Homo erectus Australopithecus africanus	
rund 1,6 Mio.					

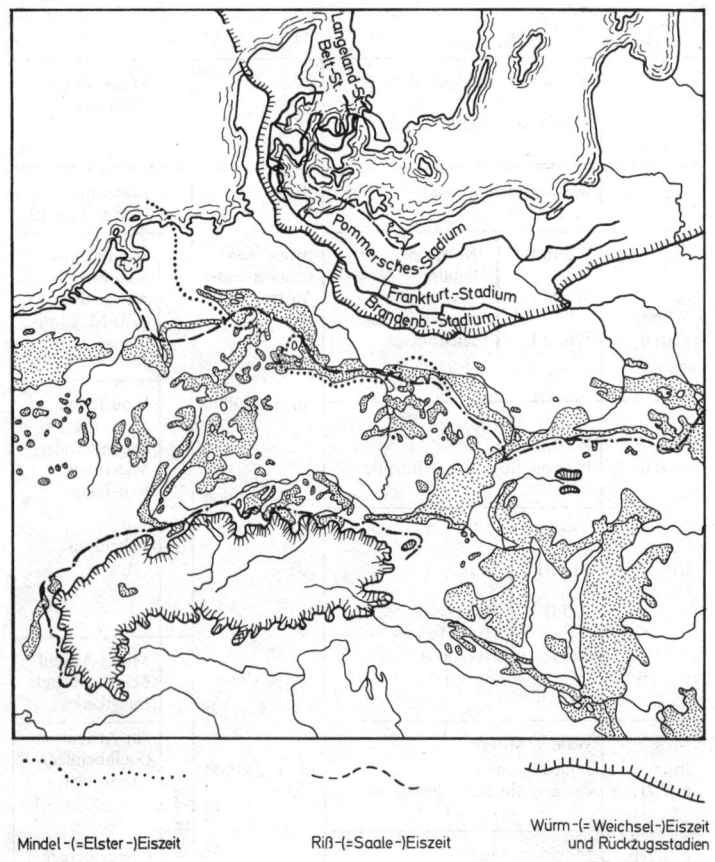

Mindel-(=Elster-)Eiszeit   Riß-(=Saale-)Eiszeit   Würm-(=Weichsel-)Eiszeit und Rückzugsstadien

Abb. 45. Vereisungsgrenzen und Lößverbreitung (punktiert) in Mitteleuropa (nach GRAHMANN und WOLDSTEDT in BRINKMANN 1959).

die damaligen Bodenbildungen zum großen Teil den heutigen Böden. Auch sind ihre Relikte in vielen Oberflächensedimenten und heutigen Böden nachweisbar. Die Verwitterungsunterschiede zwischen den Jung- und Altmoränen und besonders die tiefe Entkalkung der Grundmorä- nen des Drenthe-Stadiums (Tab. 18) in Norddeutschland sind minde- stens z.T. auf interglaziale Bodenbildungsprozesse zurückzuführen.

1.5.3.2 Holozän

Bereits im Spätglazial des ausgehenden Pleistozäns gab es einige kurze Wärmeschwankungen (Bölling, Alleröd) mit Vegetationsverdichtung und verstärkter Bodenbildung (Tab. 19). Aber erst mit dem Präboreal begann unter zunehmender Bewaldung die Bodenbildungsperiode, in der die heutigen Oberflächen-Böden entstanden. Mehrfache schwache Hebungen und Senkungen im Küstenraum führten – zusammen mit dem von Stillstandsphasen unterbrochenen eustatischen Meeresspiegelanstieg nach dem Abschmelzen der Gletscher zu Regressionen und Transgressionen des Meeres mit wechselnder Aussüßung und Verbrakkung der Ostsee. Im Altantikum öffnete sich der Ärmelkanal. – Im Binnenland hatte der Meeresanstieg z.B. großflächige Vermoorungen zur Folge. Pollenanalytische Untersuchungen mächtiger, holozäner Torfprofile ergaben ein recht genaues Bild der Klima- und Vegetationsentwicklung im Holozän (Tab. 19), deren zeitliche Abfolge aus radiometrischen Halbwertszeit-Untersuchungen abgeleitet wurde.

Prähistorische Funde in vielen Schichten des gesamten Quartärs geben schließlich auch Hinweise auf die Vor- und Urgeschichte des Menschen (Tab. 18 u. 19). Im Pleistozän folgten auf altpaläolithische Faustkeilkulturen zunächst mittelpaläolithische Abschlagkulturen, die ihrerseits von Klingenkulturen des Jungpaläolithikums abgelöst wurden. Zu Beginn des Holozäns setzte mit dem Mesolithikum (Erfindung des Beiles) eine beschleunigte technische Entwicklung ein. Das bisherige Nomadenleben wurde von der seßhaften Lebensweise mit Feldbau und Viehzucht abgelöst. Die damit verbundene zunehmende Entwaldung und Beackerung großer Flächen bewirkte eine starke Zunahme der Bodenerosion durch Wind und Wasser. Abspülung der Hangböden, Zusammenschwemmung von Bodenmassen (Kolluvien) in Senken, verstärkte Auelehmsedimentation in Fluß- und Bachtälern sowie Bodendeflation und Anwehung ganzer Dünengebiete waren – und sind z.T. heute noch – Folgen menschlicher Eingriffe in den Naturhaushalt. Ihre schädlichen Auswirkungen zu vermindern und schließlich zu verhindern, ist Aufgabe der Menschen in Gegenwart und Zukunft.

Tab. 19. Gliederung des Spätglazials und des Holozäns im nördlichen Mitteleuropa (u. a. nach BLYTT 1881, SCHMITZ 1955, MENKE 1968, DUPHORN und WOLDSTEDT 1974, SINDOWSKI und STREIF 1974)

	Zeit-Skala	Klimastufe	Klima	Vegetation
Holozän (Nacheiszeit, Alluvium)	+ 1000 ± 0	*Sub-Atlantikum* (Nachwärmezeit)	Gegenwartsklima kühl, feucht, atlantisch-ozeanisch	Nutzforste, Landbau Buche mit Eiche und Fichte
	− 1000 − 2000	*Sub-Boreal* (Späte Wärmezeit)	Kühler, trockener, kontinentaler	beginnende Buchenausbreitung Eiche, Hasel, Ulmen-Abfall
	− 3000 − 4000 − 5000	*Atlantikum* (Mittlere Wärmezeit)	warm, feucht, atlantisch-ozeanisch *Klima-Optimum* (Sommer ca. 2,5 °C wärmer als heute)	Eichenmischwald mit Eiche, Ulme, Linde, Esche Erlen-Steilanstieg
	− 6000 − 7000	*Boreal* (Frühe Wärmezeit)	kühl, trocken, kontinental	Hasel, Kiefer
	− 8000	*Präboreal*	Sehr kühl, kontinental	Birke, Kiefer
Weichsel-Spätglazial	− 9000	*Jüngere Dryas*	subarktisch, kalt	baumarme Parktundra
		Alleröd	subarktisch, kühl	Birke, (Kiefer)
	− 10000	*Ältere Dryas*	subarktisch, kalt	Parktundra
		Bölling	subarktisch, kühl	Birke, (Kiefer)
	− 11000 − 12000 − 13000 − 14000	(Kleinere Interstadiale) *Älteste Dryas* Hochglazial	(subarktisch) arktisch, kalt	baumlose Tundra

| Geologische Ereignisse | | Menschliche |
Nordseebecken	Ostseebecken	Kulturen
Mittelalterliche Meereseinbrüche verstärkte Waldrodung	*Mya-Meer* Meeresanstieg	Historische Zeit
Meeresspiegel-absenkung	*Lymnaea*-Meer Aussüßung	Eisenzeit
Flacher Meeresanstieg mit Oscillationen	Landhebung (Belt)	Bronzezeit
(Bildung schwimmender Torfe)	*Litorina*-Meer	Neolithikum
steiler Meeresanstieg Flandrische Transgression	schneller Meeresanstieg	
Öffnung d. Ärmelkanals	*Ancylus-See* Aussüßung	Mesolithikum
	Yoldia-Meer Überflutung	(Maglemose, Tardenois)
Beginn mariner Überflutung / Süßwassersee und Niedermoorbildung	Salpausselkä-Eisrandlagen	Ahrensburger Stufe
	Laacher-See-Bims	Federmesser Stufe
fluviatile bis limnische und terrestrische Sedimentation	Baltischer Eisstausee	Hamburger Stufe
		Magdalenien

(rechte Randspalte: Gotiglazial / Daniglazial — Jungpaläolithikum)

2 Bodeneigenschaften

2.1 Feste Bodenbestandteile – mechanische Eigenschaften

2.1.1 Bodenart – mineralische Bodensubstanz

Verwitterung, Verlagerung und Bodenbildung gestalten ein Gemisch verschieden großer, meist unregelmäßig geformter Teilchen. Charakteristische Korngrößenverteilung von Gesteinsresten, Mineralen und Mineralneubildungen nennt man Boden*art* (Synonym: Boden*textur*, Korngrößenzusammensetzung, Körnung). Sie ist ein relativ *konstantes* Kriterium der Bodenbewertung.

Man unterscheidet *Fein*boden (Teilchen < 2 mm) und *Grob*boden, das *Bodenskelett* (Teilchen > 2 mm). Der Feinboden wird in die Korngrößen*fraktionen Sand* (S), *Schluff* (U) und *Ton* (T) untergliedert. In Abbildung 46 sind übliche Korngrößenfraktionierungen dargestellt. Die Kornfraktionen sind logarithmisch in Zweierklassen aufgeteilt. Die Mitte der jeweiligen Klasse ist geometrisch die Ziffer 63. Da die Kornformen je nach Herkunft, Verwitterung und Verlagerung vielgestaltig sind, werden Äquivalentdurchmesser angegeben (s. Tab. 11, S. 95).

Die genaue Bestimmung der Korngrößenfraktionen erfolgt im Labor durch Sieb- und Schlämmanalyse nach DIN 19683, Teil 1 u. 2. Grobe Teilchen (> 0,06 mm) lassen sich durch Sieben, feinere durch Sedimentation, ggfs. im Schwerefeld einer Zentrifuge voneinander trennen. In der Bodenmechanik genügt die mechanische Trennung in Wasser, z.B. für die Beurteilung als Baugrund. Für bodenkundliche Beurteilungen müssen zuvor Bindesubstanzen (Humus, Kalk, Eisen) durch H_2O_2 bzw. HCl zerstört und Aggregierungen durch Dispergierungsmittel (meist $Na_4P_2O_7$) getrennt werden. Die Vorbehandlungsart wirkt sich auf das Analysenergebnis und seine Verwendbarkeit entscheidend aus. Deshalb muß die Methode der Korngrößenbestimmung jeweils genau angegeben werden. Die Ergebnisse einer Korngrößenanalyse werden in Gew.% tabellarisch, als Kornverteilungs-Summen-Kurven (s. Abb. 47) oder über Diagramme (s. Abb. 48 u. 49) ausgewertet.

Selten bestehen natürliche Böden aus *Einkorn*gemengen. Meist handelt es sich dann um durch Wasser oder Wind sortierte Böden (z.B. Talsand, Löß). Körnungen mit > 65% < 2 µm werden als Tonböden (T), > 80% < 63 µm als Schluffböden (U), > 85% > 63 µm als Sandböden (S) bezeichnet.

Zwei- oder *Dreikorn*gemenge von S, U, T herrschen vor. Bei Zwei-Korngemenge dominiert eine *Haupt*fraktion, die *Neben*fraktion tritt da-

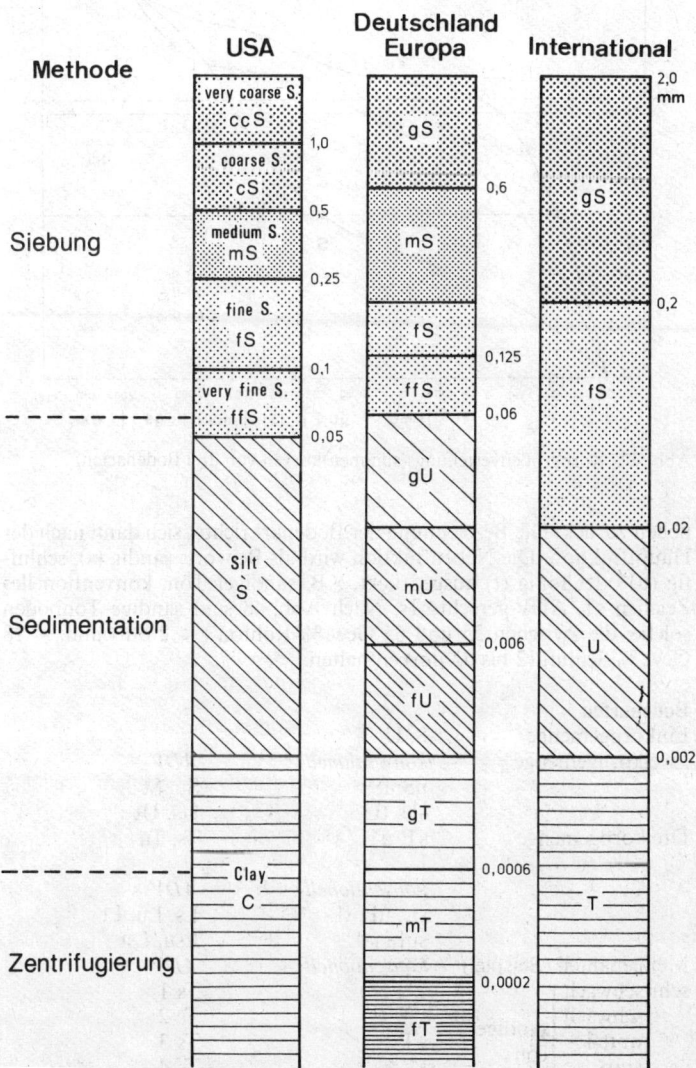

Abb. 46. Korngrößenfraktionen (logarithmische Skala).

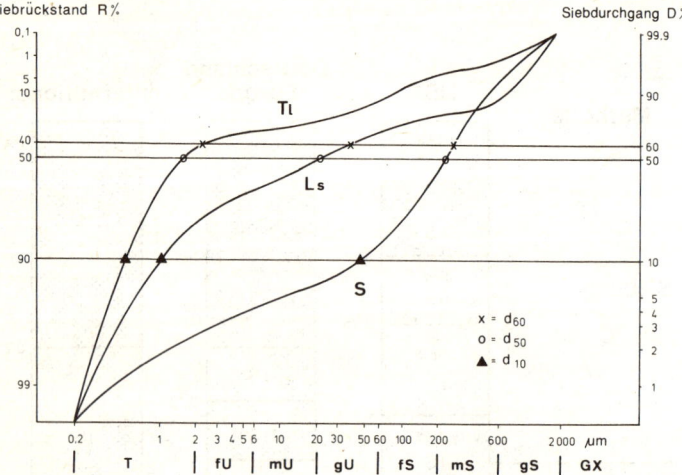

Abb. 47. Korngrößenverteilungs(summen)kurven von drei Bodenarten.

neben zurück. Die Bezeichnung der Bodenart richtet sich dann nach der Hauptfraktion. Die Nebenfraktion wird als Beiwort: sandig (s), schluffig (u) oder tonig (t) ausgedrückt, z.B. sandiger Ton, konventionelles Zeichen sT, ADV-gerecht: Ts. Nach Abb. 48 sind sandige Tonböden solche, die zwischen 25 und 65 Gew.% Rohton ($< 2\ \mu m$) und < 18 Gew.% Schluff (2 bis 62 μm) enthalten.

Bodenarten

Einkorngemenge	S, U. T	
Zweikorngemenge	*konventionell*	*ADV*
	uS, tS	Su, St
	sU, tU	Us, Ut
Dreikorngemenge	sT, uT	Ts, Tu
	L	
	konventionell	*ADV*
	sL, uL, tL	Ls, Lu, Lt
	suL, stL	Lsu, Lst

Mengenanteil (Beispiel)		*konventionell*	*ADV*
sehr schwach		s″T	Ts 1
schwach	sandiger Ton	s′T	Ts 2
mittel		s·T	Ts 3
stark		s̲T	Ts 4
sehr stark		s̄T	Ts 5

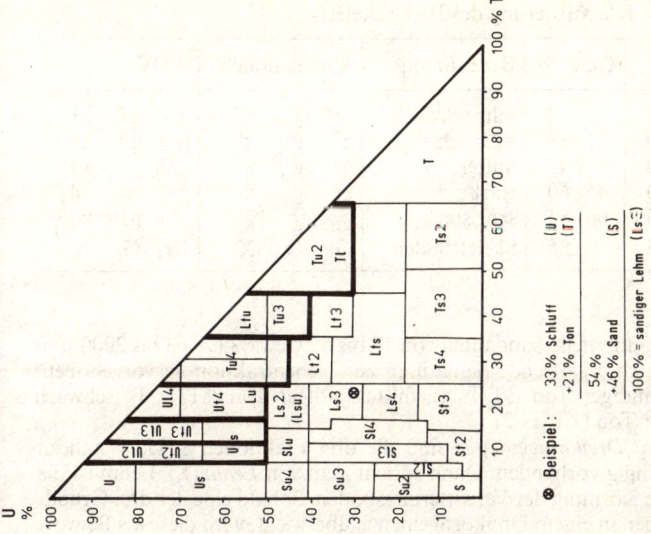
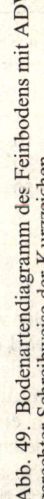

Abb. 49. Bodenartendiagramm des Feinbodens mit ADV-gerechter Schreibweise der Kurzzeichen.

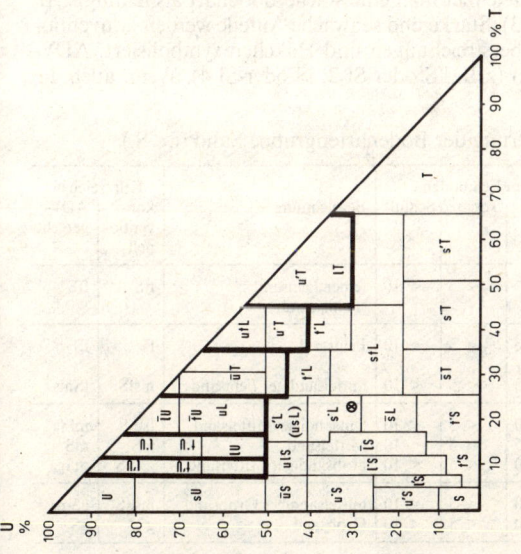

Abb. 48. Bodenartendiagramm des Feinbodens mit konventioneller Schreibweise der Kurzzeichen.

Tab. 20. Klassifizierung des Bodenskeletts

% vol	Gew. %	Bezeichnung	konventionell	ADV
< 1	< 2	sehr schwach	gr″, g″, x″	gr1, g1, x1
1–10	2–15	schwach	g″ g′ x′	gr2 g2 x2
10–30	15–45	mittel	gr g x	gr3 g3 x3
30–50	45–60	stark	g̱r g̱ x̱	gr4 g4 x4
50–75	60–85	sehr stark	g̳r g̳ x̳	gr5 g5 x5
> 75	> 85	Skelettboden	Gr, G, X	Gr, G, X

Der veränderliche Sandanteil von 17 bis 57 Gew.% (> 63 bis 2000 µm) wird durch ergänzende Signaturen zur Nebenfraktion hervorgehoben: stark sandiger Ton (s̄T/Ts 4), mittelsandiger Ton (sT/Ts 3), schwach sandiger Ton (s′T/Ts 2).

In einem *Dreikorn*gemenge sind die drei Fraktionen S, U, T nahezu gleichrangig vorhanden. Dann spricht man von *Lehm* (L). Lehm ist die typische Körnung der Verwitterungsböden. Sobald eine der drei Grundfraktionen in einem Dreikorngemenge überwiegt, wird diese als Beiwort hervorgehoben, z.B. sandiger Lehm (sL/Ls 3). Dominiert jedoch eine der drei Hauptfraktionen (S, U, T) und treten die beiden anderen gleichrangig zurück, so bezeichnet man eine solche Bodenart als lehmig, z.B. lehmiger Ton (lT/Tl 3). Starke und schwache Anteile werden konventionell wieder durch Überstreichungen und Häkchen symbolisiert, ADV-gerecht durch Ziffern (z.B. l′S oder Sl 2; l̄S oder Sl 4). Wenn auch die

Tab. 21. Untergliederung der Bodenartengruppe Sand (i.e.S.)

Anteile in Gew. % am Feinboden					Bezeichnung	Kurzzeichen	
Fein-sand	Mittel-sand	Grob-sand	Ton	Schluff		kon-ventio-nell	ADV-gerecht
> 85, davon > 75 Feinstsand			< 5	< 10	feiner Feinsand (Feinstsand)	ffS	ffS
> 75	< 15	einzelne Körner	< 5	< 10	Feinsand	fS	fS
50–75	15–40	< 5	< 5	< 10	mittelsandiger Feinsand	msfS	fSms
20–50	40–70	< 10	< 5	< 10	feinsandiger Mittelsand	fsmS	mSfs
< 20	> 70	< 15	< 5	< 10	Mittelsand	mS	mS
< 20	55–70	15–30	< 5	< 10	grobsandiger Mittelsand	gsmS	mSgs
< 20	30–55	30–40	< 5	< 10	mittelsandiger Grobsand	msgS	gSms
< 20	< 30	> 40	< 5	< 10	Grobsand	gS	gS

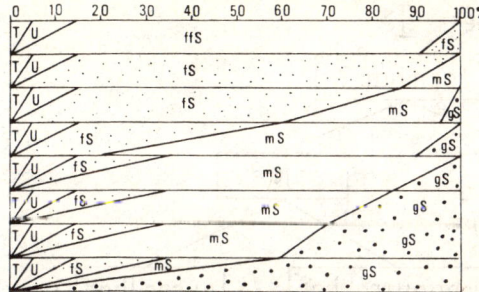

Abb. 50. Untergliederung der Bodenartengruppe Sand (i.e.S.) (KA 1982).

Untersuchung und Bestimmung der Bodenart aus dem Feinboden erfolgt, so muß doch ggfs. der vorher abgetrennte Skelettanteil berücksichtigt werden. *Runde* Skelettanteile werden als *Kies, Geröll* (G), *eckigkantige* als *Steine* (X) oder Grus (Gr) bezeichnet. Der Skelettanteil der Bodenart wird nach Tabelle 20 zugefügt, z.B. schwach steiniger, lehmiger Sand = x'lS bzw. Sl3x2. Bei Sanden ist eine weitere Differenzierung nach Abb. 50 oder nach Tab. 21 zweckmäßig. Feinstsand (ffS) ist in seinen Eigenschaften dem Schluff sehr ähnlich.

2.1.1.1 Feldansprache der Bodenart
Korngrößenanalysen sind zeit- und kostenaufwendig. Bei einiger Übung können mit der Finger- und Hörprobe sowie mit visuell erfaßbaren Merkmalen bestimmte Bodenarten angesprochen werden. Ein einfaches Arbeitsschema ist in Abb. 51 angegeben.

Visuelle Methode:
Dies ist vornehmlich bei grobkörnigen Lockergesteinen (G, X, S) anzuwenden. Alle Kornteilchen sind einzeln mit Lupe erkennbar. Nur wenn diese Teilchen feucht sind, werden sie durch eine scheinbare Kohäsion über Wasserfilme untereinander festgehalten. Eine Trockenfestigkeit besteht dagegen nicht. Folgende Orientierungshilfen (Vergleichsgrößen) sind für die verschiedenen Korngrößen gegeben

Grobkörnige Lockergesteine und ihre Ansprache:

> Streichholzkopf	= G, (Gr, X)	< Streichholzkopf	= S
Hühnerei-Haselnuß	= gG (Gr, X)	Streichholzkopf-Zuckerkristall	= gS
Haselnuß-Erbse	= mG (Gr, X)	Zuckerkristall-Gries	= mS
Erbse-Streichholzkopf	= fG (Gr, X)	< Gries	= fS

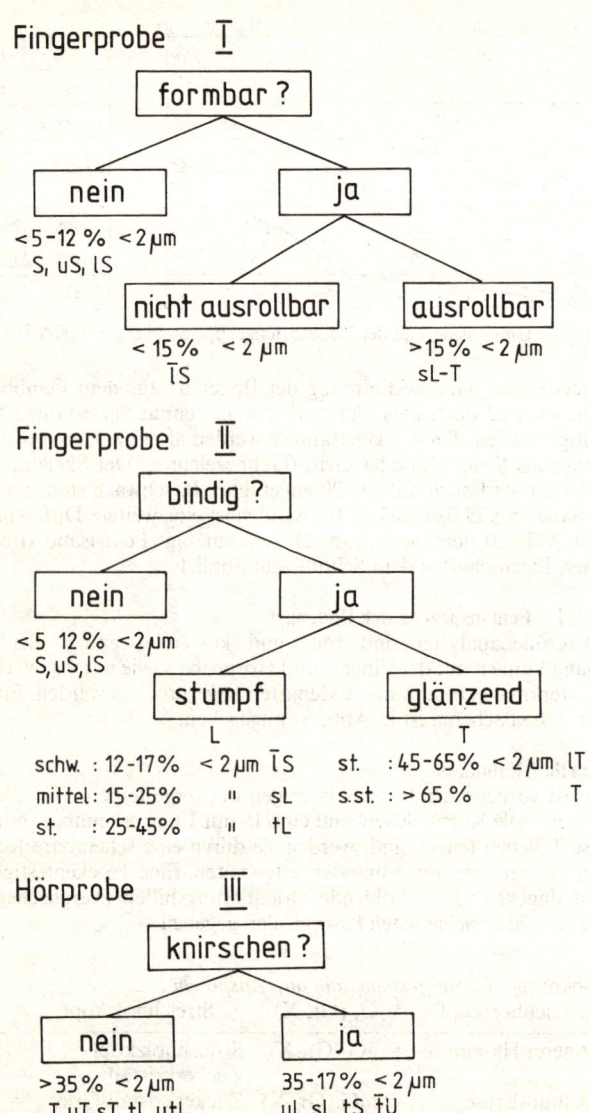

Abb. 51. Einfaches Arbeitsschema zum schnellen Bestimmen der Bodenart mit der Fingerprobe.

Fingerprobe:
Eine genügend und gleichmäßig durchfeuchtete Bodenprobe wird zwischen den Fingern solange geknetet, bis mit Entfernen überschüssigen Wassers jeglicher Glanz verschwindet. Es wird zunächst von den fühl- und sichtbaren Merkmalen und Eigenschaften der Hauptfraktionen (S, U, T) ausgegangen.

Feinkörnige Lockergesteine und ihre Ansprache:

Fraktion	Ansprachemerkmale im feuchten Zustand
T	bindig, klebrig, ab mittleren Anteilen (> 17% Gew.%) plastisch, gut formbar, > 35 Gew.% glänzende Schmierflächen, > 45% seifig
U	haftet in Fingerrillen, mehlig, schlecht formbar
S	körnig, haftet nicht in Fingerrillen.

Sofern aus Formbarkeit und Bindigkeit keine sichere Ansprache möglich ist, kann zusätzlich die Hörprobe angewendet werden.
Anfänger schätzen trockene Proben oft zu grobkörnig, nasse dagegen zu feinkörnig. Hohe Humusgehalte lassen den Tongehalt überschätzen. Durch $CaCO_3$ verkittete Böden täuschen geringere Bindigkeit vor. T wird dann als U angesprochen. Eisen kann bei diffuser Verteilung den T-Gehalt, als Konkretionen den S-Gehalt verfälschen. In Zweifelsfällen und zur Eichung des Ansprachegefühls sind vergleichende Laboruntersuchungen notwendig. Je nach Übung und Erfahrung kann man bis zu 30 verschiedene Bodenarten hinreichend genau bereits im Gelände erfassen.

2.1.1.2 Aus der Bodenart abgeleitete Eigenschaften

Will man die Körnung durch einen einzigen Kennwert darstellen, so wird häufig der dem Äquivalentdurchmesser der Summenkurve entsprechende d_{50}-Wert verwendet. Nach Abbildung 47 beträgt der d_{50}-Wert der dargestellten Summenkurven

für den S Boden	230	µm
für den sL-Boden	22	µm
für den lT-Boden	1,7	µm

Aus der Kornverteilungskurve kann ferner der *Ungleichförmigkeitsgrad* (UG) nichtbindiger Böden abgelesen werden. Dieser wird bestimmt aus dem Verhältnis der Korngrößen bei 60% und 10% Siebdurchgang.

$$UG = \frac{d_{60}}{d_{10}}$$

Ein UG = 1 beschreibt einen Einkornboden (Tal-Fließsand). Je näher UG = 1, um so geringer ist die Möglichkeit einzuschätzen, daß sich kleinere Bodenteilchen zwischen gröbere einschieben. Solchen Böden fehlt die Eignung zum Bodenfilteraufbau und zur Gefügestabilisierung. Für Bauzwecke wird Kies und Sand mit UG < 5 noch als gleichförmig, > 12 als sehr ungleichförmig bezeichnet.

Aus der Kornverteilungskurve kann unter Berücksichtigung der Lagerungsdichte ebenfalls für nicht bindige Böden die Durchlässigkeit abgeleitet werden. Nach HAZEN korreliert diese mit der Körnung in folgender Gleichung:

$$k_f = 100 \times d^2_{10} \text{ (m/d)} \cdot (d_{10} = \text{Siebdurchgang } 10\%)$$

Aus Bodenart, effektiver Lagerungsdichte und Humusgehalt werden Wasserspeicherung (nFK, FK), Durchlüftung (LK) und Durchlässigkeit, gesättigt (k_f) und ungesättigt (k_u, kapillare Aufstiegsrate) abgeleitet (s. Tab. 72, 77, 81, Seite 238 ff.). Fast alle physikalischen und chemischen Eigenschaften des Mineralbodens werden also vom Anteil und Verteilung unterschiedlicher Korngrößen bestimmt, wie z.B. Wasser und Nährstoffanlagerung sowie Verfügbarkeit, Quellung und Schrumpfung, Gefügebildung und Bearbeitungsfähigkeit. Früher war allein die Bodenart Maßstab für die Bodenbewertung. An Feinstbestandteilen reiche Lehm- und Tonböden wurden als »schwere Böden« höher eingeschätzt als daran ärmere »leichte Böden« (siehe auch Reichsbodenschätzung S. 459). Heute werden zusätzlich in ihrer Ausprägung jedoch veränderliche, gefügekundliche und genetische Merkmale zur Ansprache und Bewertung des Bodens herangezogen. Dennoch bleibt die richtige Ansprache der Bodenart als Material*konstante* wichtige Voraussetzung für die vollständige Beurteilung eines Bodens als Pflanzenstandort mit seinen Nutzungs- und Verbesserungsmöglichkeiten (s. DIN 4220, 19680/ 86, Kartieranleitung). Zusammengefaßt lassen sich aus der Bodenart bei mittlerer Lagerungsdichte bereits die in Tab. 22 dargestellten Eigenschaften ableiten:

Tab. 22. Bodenart und Bodeneigenschaften

	S	U	T	L
Bodenbearbeitung	+ +	0	− −	+
Nährstoffspeicherung	− −	−	+ +	+
Nährstoffnachlieferung	0	+	−	+ +
Wasserspeicherung	− −	+ /0	+ /0	+ +
Wassernachlieferung	−	+ +	−	+
Dränung	+ +	− −	−	0
Erosion	0	+	− −	−

+ + sehr gut (s. hoch); + gut (hoch); 0 befriedigend (mittel); − schlecht (wenig); − − sehr schlecht (sehr wenig)

2.1.2   Organische Bodensubstanz

Erst eine mit lebender und toter organischer Substanz durchsetzte Verwitterungsschicht ist aus sich selbst heraus Träger und Vermittler natürlichen Pflanzenwachstums. Sie prägt die Entwicklung vom Verwitterungsprodukt über den Rohboden zum *Boden* i.e.S. Im Mittel besteht die organische Substanz in Mineralböden aus 85% toter organischer Substanz (= Humus), 10% Pflanzenwurzeln und 5% Edaphon (Bodenflora und fauna). Die mittlere chemische Zusammensetzung der organischen Substanz lautet: 44 bis 58% C, 0,5 bis 4% N, 42 bis 46% O, 6 bis 8% H. Die organische Substanz wird von Pflanzen- und Bodenorganismen produziert und nach ihrem Absterben biochemisch ab-, um- und neu aufgebaut. Im Boden angereicherte, humifizierte, pflanzliche und tierische Rückstände werden als *Humus* (lat. = feuchter, fruchtbarer Boden) bezeichnet. Er verleiht dem Boden eine charakteristische dunkle Farbe. Alle physikalischen und chemischen sowie biologischen Eigenschaften des Bodens werden weitaus stärker beeinflußt als durch gleiche Mengen Tonminerale (Faktor 3 bis 5).

2.1.2.1   Humusgehalte der Böden

Die Produktion organischer Ausgangsstoffe, ihr Entzug durch Ernte, Umwandlung durch Verwesung, Mineralisierung und Humifizierung bestimmen in Abhängigkeit von Umweltfaktoren (Klima, Gestein, Relief, menschliche Einflüsse) den Humus*spiegel* eines Bodens. In *Natur*böden wird ein Gleichgewicht zwischen Stoffauf- und -abbau eher erreicht als in *Kultur*böden. Wurzelmassen, Bestandsabfall, Vegetations- und Ernterückstände sowie in den Kreislauf von außen eingeführte organische Dünger bilden die organischen Ausgangssubstanzen zusammen mit der Körpersubstanz aller Bodenorganismen. Produktivität des Standorts, Kultur- und Fruchtarten ergeben unterschiedliche Mengen organischer Substanz im Boden. Bei Dauerkulturen (Wald, Grünland) ist als Wurzelmasse die Gesamtmenge, weniger die jährliche Produktion erfaßt. Im Mittel liefern Laubwälder > Nadelwälder > Dauergrünland > Acker organische Substanz für die Humusbildung (s. Tab. 23).
Wegen geringerer Belüftung des Bodens ist unter mehrjährigen Kulturen mehr Humus angereichert als unter einjährigen (Bedeutung der Feldgraswirtschaft). Grünlandböden haben im Ah-Horizont unter gleichen Standortbedingungen einen im Mittel doppelt so hohen Humusgehalt als Ackerböden. Die humuszehrende Wirkung des Hackfruchtbaus gegenüber der humusmehrenden des Feldfutterbaus ist bekannt. Der Getreideanbau nimmt eine Mittelstellung ein. Mit dem Humusabbau durch ackerbauliche Nutzung steigt in nichtbindigen Böden die Wind- und Wassererosionsgefahr. Da vornehmlich aerobe Mikroorganismen den Abbau der organischen Substanz besorgen, sind Standorte mit guter Belüftung des Bodens (leichte, grundwasserferne Böden) bei glei-

Tab. 23. Mittlere jährliche Produktion an organischer Trockmasse (dt/ha) (nach SCHROEDER 1983, ergänzt)

	Wald	Grünland	Ackerland
Wurzelmasse	30– > 100	30–80	5–30
Streu, Bestandsabfall, Vegetations- u. Ernterückstände	20– 45	10–30	3–50*
organ. Dünger	–	–	10–25

* Strohdüngung

cher Bodennutzung humusärmer als Böden mit häufigem Luftmangel (Gleye, Pseudogleye, Pelosole, Anmoore und Moore). Unter völligem Luftabschluß durch Wasserüberschuß wird die Verwesung schließlich gänzlich unterbrochen. Dann kommt es zur Vertorfung (Konservierung) pflanzlicher Ausgangssubstanzen (s. Tab. 24).

Biochemische Oxidationen der organischen Substanz haben ihr Optimum im neutralen bis alkalischen Bereich. Deshalb findet in sauren Waldböden, Podsolen, Hochmooren eine gehemmte Humifizierung statt, selbst bei ausreichender Luftzufuhr.

Auch die Bodentemperatur steuert die Umsetzung der organischen Substanz. Sie wird von der Topographie, geographischen Breite und Höhe sowie Exposition bestimmt. Trotz relativ geringer Biomasseproduktion ist die Humusanreicherung in nordischen Tundren bis hin zur Moorbildung beachtlich. Ähnlich steigt im Gebirge mit zunehmender Höhe der Anteil an organischer Substanz im Boden. Besonders viel organische

Tab. 24. Bodennutzung und Humusanreicherung (nach SCHROEDER 1983, ergänzt)

Vegetation, Nutzung	Humusform	Rohdichte g/l	% org. Subst. d. Krume	= dt/ha in 1 m Tiefe
Acker	Mull	⎫	2	1600
Laubwald	Moder	⎬ 1500–	4	2000
Nadelwald	Rohhumus	1000	6	2400
Grünland	Mull/Moder	⎭	7	3500
Moor	schw. zers. Torf	50	98	4900
Moor	st. zers. Torf	120	95	11400

Masse (Tangel) ist in Hochgebirgsböden bei Nordexposition (kühl und feucht) angereichert. Das Klima (Humidität, Temperatur) bestimmt die Vegetation und damit den Humus- und Bodenstickstoffgehalt (s. Abb. 52).

Feuchteüberschuß (= Luftmangel) führt zur Anreicherung von organischer Substanz im Boden. Auch bei Feuchtemangel (= Luftüberschuß) wird die mikrobielle Aktivität der Böden gehemmt, vor allem im Steppenklima. Die relativ hohen Humusgehalte der Schwarzerden (bis 10%) sind durch Sommertrocknis und Winterkälte bestimmt. Muschelkalkrendzinen an Südhängen haben ähnlich hohe Humusgehalte.

Häufig sind an der Humusanreicherung auch standorttypische Pflanzen mit unterschiedlich zersetzbaren Rückständen beteiligt. Weiche, eiweißreiche Gräser und Kräuter werden schneller zersetzt als harte, eiweißarme. Bestandsabfall von Laubbäumen auf kalkhaltigen Lockerbraunerden mit guter Belüftung führt zu geringerem Humusspiegel als der

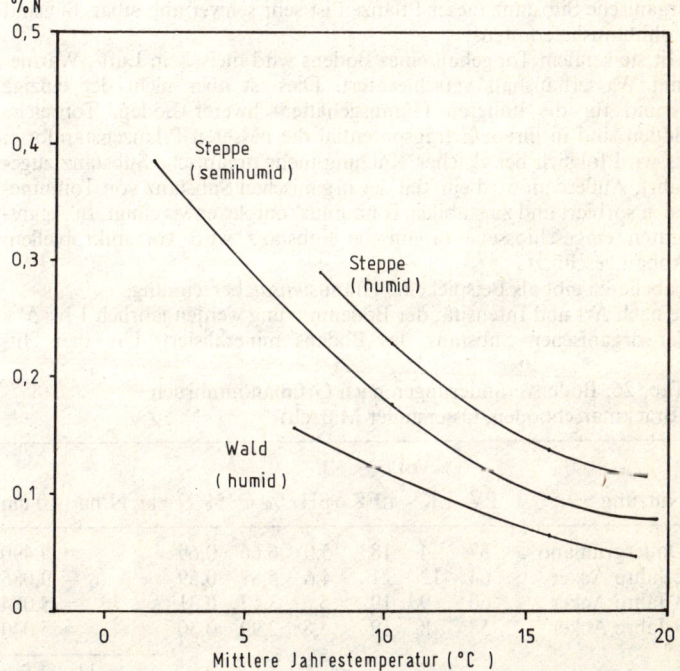

Abb. 52. Klima und Vegetation beeinflussen Boden-N-Gehalt (nach JENNY).

Tab. 25. Humusumsatz

Humusspiegel	4 % organ. Substanz
≙ in 3 dm Krume/ha	180 t organ. Substanz
1 % Umsatz/Jahr	− 1,8 t organ. Substanz
5 % Umsatz/Jahr	− 9,0 t organ. Substanz
Ersatz: Strohdüngung	+ 5,0 t/ha
Gründüngung	+ 2,0–8,7 t/ha
50 m³ Gülle	+ 5,0 t/ha
Ernterückstände (Getreide)	+ 1,5 t/ha

saure Bestandsabfall von Nadelhölzern auf Gleypodsolen. Zwergsträucher wie *Erica tetralix* (Moor-Glockenheide), *Calluna vulgaris* (Besenheide), *Vaccinium myrtillus* (Heidelbeere), Vaccinium *vitis-idaea* (Preiselbeere) wachsen auf luftarmen, sauren Mineral- und Moorböden. Die organische Substanz dieser Pflanzen ist sehr schwer abbaubar. Sie sind Rohhumuslieferanten.

Mit steigendem Tongehalt eines Bodens wird meist sein Luft-, Wärme- und Wasserhaushalt verschlechtert. Dies ist aber nicht der einzige Grund für die höheren Humusgehalte schwerer Böden. Tonreiche Böden sind in ihrem Ertragspotential die besseren Pflanzenstandorte. Es wird folglich bei gleicher Nutzung mehr organische Substanz zugeführt. Außerdem wird ein Teil der organischen Substanz von Tonmineralen sorbiert und zu stabilen Tonhumuskomplexen vereinigt. In Aggregraten eingeschlossene organische Substanz wird vor mikrobiellem Abbau geschützt.

Tabelle 25 gibt als Beispiel eine Humus*umsatz*berechnung.

Je nach Art und Intensität der Bodennutzung werden jährlich 1 bis 5% der organischen Substanz des Bodens mineralisiert. Um den Hu-

Tab. 26. Bodenveränderungen nach Grünlandumbruch (Brackmarschboden, Osterstader Marsch)

	% vol						
Nutzung	PV	LK	nFK	pH	% C	% N	kg N/ha · 10 cm
Dauergrünland	57	4	18	5,0	6,66	0,69	= 9.490
2 Jahre Acker	64	12	21	4,6	5,87	0,59	= 9.086
3 Jahre Acker	60	9	19	5,5[+]	3,17	0,31	= 5.084
6 Jahre Acker	58	8	19	5,8[+]	2,99	0,30	= 5.040
[+] nach Kalkung							= − 4,45 t

Tab. 27. Gehalt an organischer Substanz im Boden

% org. Substanz* bei		Bezeichnung	Kurzzeichen	
landw. Nutzung	forstl. Nutzung		konventionell	ADV-gerecht
		nur stellenweise humos	(h)	(h)
< 1	< 1	sehr schwach humos	h″	h1
1– 2	1– 2	schwach humos	h′	h2
2– 4	2– 5	(mittel) humos	h˙	h3
4– 8	5–10	stark humos	h̲	h4
8–15	10–15	sehr stark humos	h̄	h5
15–30	15–30	extrem humos	hh	h6
		(anmoorig bei Feuchtböden)	(a)	
> 30	> 30	Torf	H	H

* org. Substanz = % C · 1,72; bei Torfen und Auflagehumus (in der Regel Oh-Lagen) wird der Faktor 2 verwendet

musspiegel zu halten, müssen mindestens gleichhohe Mengen an organischer Substanz jährlich zugeführt werden. Dazu reichen im Abbau die Wurzelrückstände nicht aus. Es muß entweder organisch gedüngt (Stroh, Gülle, Stallmist) oder durch Zwischenfrüchte vermehrt organische Substanz bereitgestellt werden. Der Humus*abbau* erfolgt schneller (meist innerhalb von 2 bis 4 Jahren) als der Humus*aufbau*. Mit dem Humusschwund wird viel organisch gebundener Stickstoff bis zum Nitrat mineralisiert und größtenteils ausgewaschsen, denn dieses große, plötzliche Stickstoffüberangebot können die Folgefrüchte meist nicht verwerten. Bis zu 5 t/ha werden freigesetzt (s. Tab. 26).
Nach diesem »Nitratstoß« folgt eine Stabilisierungsphase auf den neuen nutzungsspezifischen Humusspiegel. Dies war früher als »Hungerjahre« bekannt und wird heute durch entsprechend hohe N-Mineraldünger kompensiert. Der mit dem Humusschwund in leichten Böden verbundende Gefügeverlust jedoch (erhöhte Winderosionsgefahr) ist damit nicht aufzufangen.
Der Humusgehalt des Feinbodens kann im Labor nur bei ton- und karbonatfreien Böden durch Veraschung (550 °C, DIN 19684, Teil 32) genau bestimmt werden. In allen übrigen Fällen wird er aus dem analytisch ermitteltem Kohlenstoff-(C-)Gehalt (DIN 19684, Teil 33) errechnet. Der C-Gehalt der verschiedenen organischen Bodenbestandteile schwankt zwischen 40 und 60 Gew.%; je stärker die organische Sub-

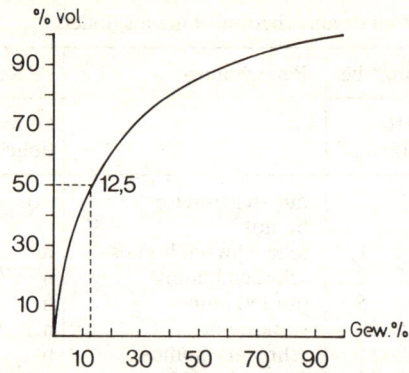

Abb. 53. Beziehung zwischen Gewichts- und Volumenprozenten des Verbrennlichen (Torf, Humus) im Boden (nach HILPOLTSTEINER 1958).

stanz humifiziert ist, um so höher ist der C-Gehalt. Werden lebende Feinwurzeln und Edaphon miterfaßt, beträgt der Fehler bis zu 15 %. Als Mittelwert kann ein C-Gehalt von 50 % unterstellt werden. Folglich ergibt sich **Humusgehalt = % C · Faktor 2.** Es ist zu empfehlen, gegebenenfalls nur den C-Gehalt anzugeben.

Im Gelände ist der Humusgehalt aus der Färbung des Bodens nur bei gleichem Ausgangsmaterial und Feuchte annähernd zu schätzen. Wegen seiner gegenüber Mineralbodensubstanz geringeren Dichte (1.3, bis 1,5 g/m³ zu 2,6 bis 2,7 g/m³) kann der Humusgehalt in stärker humosen Bodenhorizonten auch aus der Rohdichte abgeleitet werden. Je dunkler der Boden, um so höher ist der Humusgehalt; jedoch wird Sandboden bei gleichem Humusgehalt stärker verfärbt als Tonboden. Da die organische Bodensubstanz eine geringere Rohdichte aufweist als die mineralische, entsprechen bereits 12,5 Gew. % organische Substanz = 50 %vol (s. Abb. 53).

2.1.2.2 Humusformen

Charakteristische Morphologie und Tiefenverteilung (Humusprofil des Bodenhumus) werden als Humus*form* bezeichnet. Man unterscheidet bei Mineralböden zwei Humushorizonte: O = *Auflage*horizont und Ah = humus*angereicherter* Mineralbodenhorizont. Der Auflage- oder *Ekto*humus (O) ist nur wenig mit dem Mineralischen vermischt. Sein mineralischer Anteil (bis zu 70 Gew. %) besteht hauptsächlich aus biogenen Aschebestandteilen. Der in den Mineralböden durch Wurzeln, Biomixion und Infiltration aus dem Auflagehumus inkorporierte Humus wird bis zu 15 Gew. % als *Endo*humus (Ah) bezeichnet.

Mit einfachen diagnostischen Hilfsmitteln kann im Gelände aus der Humusform (Horizontbildung, Gefüge, pflanzliche Reste) die stoffliche Zusammensetzung des Humus und damit die Dynamik des Standortes beurteilt werden, ackerbaulich genutzte Böden ausgenommen. Nach vorherrschenden hydrologischen Bedingungen unterscheidet man drei Gruppen von Humusformen: *subhydrische, semiterrestrische* und *terrestrische.*

Subhydrische Humusformen
zerteiltpflanzlich
»Mudden« (F)
Dy-Braunschlamm-dystroph
Gyttja-Grauschlamm-eutroph-*aerob*
    Algen-Leber-Mudde
    Torfmudde
    Ton-Kalkmudde
Sapropel-Faulschlamm-*anaerob*

ganzpflanzlich
Niedermoor*torfe* (Hn)
Verlandungsmoor
Versumpfungsmoor

Semiterrestrische Humusformen
ganzpflanzlich
Hochmoor*torfe* (Hh)
schwach zers. *Weiss*torf (H < 5)
stark zers. *Schwarz*torf (H > 5)

± zerteiltpflanzlich/humif.
Feucht-Rohhumus
*Feucht*moder
*Feucht*mull

Terrestrische Humusformen
Rohhumus
Moder
Mull

Subhydrische Humusformen
Subhydrische Humusformen entstehen unter Wasser, das bedeutet Luftabschluß bei meist reduzierenden Bedingungen. Der Mineralstoffgehalt (Trophie) des Wassers läßt sie weiter differenzieren. Durch Wassertiere und teilweise auch anaerobe Zersetzung sind Pflanzen und Organismenreste meist fast vollständig zerteilt. Man unterscheidet deshalb *zerteilt*pflanzliche Mudden und *ganzpflanzliche* Niedermoortorfe. Beide haben eine sehr geringe Rohdichte.
Dy (*Braun*schlamm): Dunkelbraune, saure Huminstoffgele, fast frei von Organismenresten, am Grunde dystropher (nährstoffarmer), humussaurer Braunwässer, auch an der Basis bzw. am Rand von Hochmooren im Übergang zum Liegenden, nährstoffarm, schlecht durchlüftet.
Gyttja (*Grau*schlamm): Grauschwarze, oberflächlich organismenreiche Ablagerungen zerteilter Pflanzenreste, Huminstoffe und Ton und Schluff am Grund eutropher (nährstoffreicher), sauerstoffreicher Gewässer, daher kaum Fäulnisgeruch (s. auch Mudden, Seite 100).

Sapropel (*Faul*schlamm): Schwarze Huminstoffanreicherung durch gehemmte, anaerobe Zersetzung von Pflanzenresten am Grunde eutropher, sauerstoffarmer Gewässer, Fäulnisgeruch (H_2S). Bei hohem Gehalt pflanzenschädlicher Stoffe (nach Oxidation) im Gegensatz zur Gyttja von geringem Nutzwert.

Niedermoortorfe entstehen *topogen* in *Versumpfungs-* oder *Verlandungsmooren* (s. Kapitel 1.3.2.6). Abgestorbene, meist unzerteilte Pflanzenreste werden unter Luftabschluß im eutrophen Wasser bei gehemmter Zersetzung (Vertorfung) angehäuft. Typische Niedermoortorfbildner zeigt Tabelle 28. Niedermoortorfe sind je nach ihrer mineralischen Umgebung meist Ca- und N-reich (zur Trophie der Torfe s. Tabelle 28). Ihre Ansprache erfolgt nach Tabelle 29.

Semiterrestrische Humusformen

Anstelle des *Grund*wassers tritt zunehmend *Stauwasser*einfluß durch überschüssiges, nährstoffarmes Niederschlagswasser. Auch dieses bewirkt – zeitweise – Luftabschluß, Reduktion mit Anhäufung abgestorbener, teilzersetzter Pflanzen. Die Übergänge vom subhydrischen zum semiterrestrischen Milieu sind fließend.

Übergangsmoortorf: Niedermoortorf- und hochmoortorfbildende Pflanzen wachsen nebeneinander (*Durchdringungs*komplex), daher sind ihre Eigenschaften und Merkmale zwischen denen des subhydrischen, eutrophen Niedermoortorfes und des semiterrestrischen, oligotrophen Hochmoortorfes einzuordnen. Nach den jeweiligen Ansprüchen der torfbildenden Pflanzen unterscheidet man minerotraphente (mineralstoffliefernde) und ombrotraphente (mit nährstoffarmem Regenwasser auskommende) Arten.

Hochmoortorfe: Über Verdichtungen (Ortstein, Geschiebelehm) im Liegenden gestaute basen- und nährstoffarmes Wasser fördert ombrotraphente anspruchslose Arten wie Bleichmoose, Wollgräser, Sonnentau, Moosbeere und andere Zwergsträucher. Im feucht-kühlen Klima (positive klimatische Wasserbilanz) können sich diese auch über abgeschlossenen Niedermoorbildungen ombrogen entwickeln. Hohe Wasserspeicherung hemmt den Abbau der Vegetationsrückstände. Sie wachsen auf diesen schildartig auf. Je nach ihrem Alter und den während ihrer Entstehung herrschenden Klimabedingungen (feucht-kühl – feuchtwarm) sind Hochmoortorfe in ihrem primären Zersetzungsgrad als *Weiß-* oder *Schwarz*torf zu unterscheiden.

Tab. 28. Bezeichnung der Torfarten nach vorherrschenden, mit bloßem Auge erkennbaren Pflanzenresten (nach Kartieranleitung 1982)

Torfbildende Pflanzenreste				Torfart	
	Vorkommen in				
Name	Hoch-moortorfen	Über-gangs-moor	Nie-der-moor	Bezeichnung	Kurz-zeichen
Haupttorfart Hochmoortorf					**Hh**
verschiedene *Sphagnum*-Arten	▬	— —		Bleichmoostorf undifferenziert	Hhs
Sphagnum acutifolium	▬	— —		Acutifoliatorf	Hhsa
Sphagnum cuspidatum	▬	— —		Cuspidatatorf	Hhsu
Sphagnum cymbifolium	▬	— —		Cymbifoliatorf	Hhsy
Eriophorum vaginatum	▬	— —		Wollgrastorf	Hhe
Oxycoccus palustris					
Calluna vulgaris	▬			Reisertorf	Hhi
Andromeda polifolia	▬				
Haupttorfart Übergangsmoortorf					**Hu**
Scheuchzeria palustris	— —	▬		Beisentorf	Hua
Carex limosa	— —	▬		Schlammseggen-torf	Huc
verschiedene Baumarten		▬▬▬▬▬		Bruch(wald)torf nicht diffenz.	Hhl, Hul, Hnl
Pinus sylvestris	▬▬▬			Kiefernbruch-(wald)torf	Hulk
Betula pubescens		▬▬▬	— —	Birkenbruch-(wald)torf	Hulb
Haupttorfart Niedermoortorf					**Hn**
Menyanthes trifoliata		—	▬	Fieberkleetorf	Hnmy
versch. *Carex*-Arten		—	▬	Seggentorf	Hnc
Drepanocladus, Calliergon u.a.			▬	Laubmoostorf	Hnb
verschiedene *Salix*-Arten		—	▬	Weidenbruch-(wald)torf	Hnlw
Equisetum fluviatile		—	▬	Schachtelhalm-torf	Hnq
Phragmites		— —	▬	Schilftorf	Hnp
Alnus glutinosa			▬	Erlenbruch-(wald)torf	Hnle
Cladium mariscus			▬	Sumpfschneiden-torf	Hncl

Tab. 29. Gliederung und Bezeichnung der Torfe

Gruppe	Untergruppe	Art		Zuordnung zum Moortyp
Moostorf	Bleichmoostorfe	spitzblättrig, Acutifoliatorf	(Hhsa)	Hochmoor
		kahnblättrig, Cymbifoliatorf	(Hhsy)	Hochmoor
		spießblättrig, Cuspidatatorf	(Hhsu)	Hochmoor
	Laub(Braun)moostorf	Sichelmoostorf, Drepanocladustorf	(Hnb)	Niedermoor
Riedtorf	Kleinseggenriedtorf	Wollgrastorf, Eriophorumtorf	(Hhe)	Hochmoor
		Sumpfbeisen-, Scheuchzeriatorf	(Hua)	Hochmoor bis Niedermoor
	Großseggenriedtorf	Seggentorf, Carextorf	(Hnc)	Niedermoor bis Hochmoor
		Schilftorf, Phragmitestorf	(Hnp)	Niedermoor
Bruchwaldtorf	Nadelholztorf	Kiefernbruchtorf, Pinustorf	(Hulk)	Hochmoor bis Niedermoor
		Fichtenbruchtorf, Piceatorf	(Hulf)	Hochmoor bis Niedermoor
	Laubholztorf	Birkenbruchtorf, Betulatorf	(Hulb)	Hochmoor bis Niedermoor
		Erlenbruchtorf, Alnustorf	(Hnle)	Niedermoor
		Weidenbruchtorf, Salixtorf	(Hnlw)	Niedermoor

Die Torfe sind in der Tabelle nach zunehmendem Nährstoffgehalt und bei gleichem Zersetzungsgrad zunehmendem k_f- und abnehmendem nFK-Werten von oben nach unten gegliedert. Die im Torf vorherrschenden Reste einer Pflanzenart bestimmen die Bezeichnung. Mischung von Torfarten ist in der quantitativen Reihenfolge vorherrschender Pflanzenreste zu bezeichnen, z. B. Hhsa/Hhe = spitzblättriger Bleichmoostorf mit deutlichen Anteilen von Wollgrasresten. Je nach Fragestellung kann die Torfansprache nach Gruppe, Untergruppe oder schließlich weitgehend spezifisch nach der Torfart erfolgen, vor allem dann, wenn eine genaue Zuordnung zum Moortyp (Hoch- oder Niedermoor) erwünscht ist. Die Bezeichnung Übergangsmoor als Bodentyp sollte zugunsten einer eindeutigen Zuordnung zum Hoch- oder Niedermoor entfallen. Abfolge und Mächtigkeit der Torfarten im Profil bestimmen den Moortyp (s. DIN 4047 Teil 4).

Hh = Hochmoor, Hhsa Acutifoliatorf (typ. Hochmoor-, Bleichmoostorf)
Hu = Übergangsmoor, Hulk Kiefernbruchtorf (typ. Übergangsmoor)
Hn = Niedermoor, Hnp Schilftorf (typ. Niedermoortorf)

Der *Zersetzungsgrad* ist gemeinsam mit der Torfart wichtig bei allen Untersuchungen von Moor und Torf. Er korreliert mit den physikalischen und chemischen Eigenschaften der Moorböden und beschreibt den Anteil nichtstrukturierter Pflanzenreste im Torf. Je geringer der Zersetzungsgrad eines Torfes ist, um so günstiger ist er kulturtechnisch, pflanzenbaulich und ökologisch zu bewerten. Schwach zersetzte Torfe haben eine gute Wasserdurchlässigkeit und Wasserspeicherfähigkeit; stark zersetzte Torfe haben eine schlechte Wasserleitfähigkeit, eine zunehmend feste Wasserbindung, aber gleichzeitig eine erhöhte Sorptionskapazität.

Als Feldmethode hat sich die Quetschmethode nach v. POST bewährt. Ein feuchtes Torfstück wird in der Hand gequetscht. Farbe und Anteil strukturierter Torfsubstanz des zwischen den Fingern austretenden

Tab. 30. Ansprache des Zersetzungsgrades (bei nassen Torfen) nach der Quetschmethode von v. POST u. DIN 19682, Blatt 12

Abgepreßtes	Quetsch-rück-stand	Pflanzen-struktur im Torf	Zerset-zungsgrad	Kurzzeichen nach	
				v. Post	DIN 19682
klar-gelbbraun trübes Wasser	nicht breiartig	deutlich	sehr schwach schwach	H1–H2 H3–H4	Z 1 Z 2
stark trübes Wasser < 1/3 Torfsubstanz	breiartig	weniger deutlich	mittel	H5–H6	Z 3
sehr stark trübes Wasser mit 1/2 bis 2/3 Torfsubstanz	nur noch wider-stand-feste Pflanzen-reste	undeut-lich	stark	H7–H8	Z 4
wässriger Brei bis 100 % Torfsubstanz	fast kein Rück-stand	nicht mehr er-kennbar	sehr stark	H9–H10	Z 5

Weißtorf < H5–6, Schwarztorf > H5–6 bzw. Z 3

Wassers bzw. Breis sowie die Beschaffenheit des Quetschrückstandes ergeben den Zersetzungsgrad in einer zehnstufigen Skala.

Bei guter Übung schwankt der Schätzbereich nur um ± 0,5 H. Für stark ausgetrocknete Torfe ist diese Methode nicht anwendbar. Dann wird der Zersetzungsgrad nur nach dem Erhaltungszustand pflanzlicher Strukturen im Torf geschätzt.

Im Labor wird nach DIN 19542 in kochender, 72%iger H_2SO_4 der nicht hydrolisierbare Rückstand (r-Wert) als torftechnologisch wichtige Grenze Weißtorf/Schwarztorf bestimmt (r = 48%).

Das *Anmoor* ist je nach Grundwasser- und Stauwassereinfluß niedermoorartig (subhydrisch) oder hochmoorartig (semiterrestrisch) ein dunkelgefärbtes Gemisch aus 15 bis 30 Gew.% organischer Substanz und 85 bis 70% mineralischer Anteile. Bei unterschiedlicher Dichte beider Komponenten ist der deutlich höhere Volumenanteil der organischen Substanz zu beachten. Eine Bewertung der Anmoore nach der vorherrschenden mineralischen Substanz (S, U, T) steht noch aus.

Feuchtrohhumus ist ein schmieriger, meist schwarzer Auflagehumus im Einflußbereich basenärmeren, langfristig oder häufig hohen Stau- oder Grundwassers. Die Zersetzung der organischen Substanz ist stark gehemmt. Man kann eine deutliche Trennung in Streu-, Zersetzungs- und Humifizierungshorizonte, letztere von schmieriger Konsistenz, vornehmen (s. unten).

Feuchtmoder ist eine rötlich-braune Humussubstanz mit wenig Mineralanteilen, die bei langfristig stagnierendem, basenärmeren Grund- oder Stauwasser auftritt mit schmieriger Oh-Lage.

Feuchtmull ist die günstigste Humusform hydromorpher Böden, da er nur periodisch unter Einfluß basen- und sauerstoffreichen Grundwasers steht.

Terrestrische Humusformen:

Diese sind nur unter Waldvegetation, seltener auch noch unter Dauergrünland zu erkennen.

Die Auflagehumushorizonte lassen sich wie folgt beschreiben:

1. *L-Lage* (engl. litter; Förna – früher A_{00}- Horizont) morphologisch wenig veränderte, gebräunte Pflanzenreste (Blätter; Nadeln, Holz, Streu) < 10% amorphe organische Feinsubstanz, locker verklebt = Streuhorizont, Streuauflage.

2. *Of-Lage* (engl. fermentation, *Vermoderungs*horizont, früher A_0-Horizont), morphologisch nicht mehr deutlich erkennbare, gebleichte Pflanzenreste (minierte Nadeln), vermischt mit Milben, Enchyträenkot und Pilzhyphen. 10 bis 70% organische Feinsubstanz, locker verklebt, stapelartig gelagert.

3. *Oh-Lage* (engl. humification, *Humusstoffhorizont*, früher A_1-Horizont), ohne erkennbare Pflanzenstrukturen, ohne Vermischung mit Mineralböden, fast ausschließlich Enchyträenkot, mit Huminstoffen

Tab. 31. Eigenschaften der terrestrischen Humusformen

Kriterium	Mull	Moder	Rohhumus
Gliederung: L-Lage	(+)	+	+ +
F-Lage	(−)	(+)	+ +
H-Lage	−	(+)	+ +
Streuzersetzung	+ +	+	(−)
Bodenwühler	+ +	+	−
Humifizierung	hochpolymer	wanderungs-fähig	niedermolekular
Reaktion	neutral bis schwach sauer	sauer	stark sauer
Nährstoff-versorgung	gut (N, Ca, Mg)	mittel	schlecht
C/N-Verhältnis	10−17	18−29	> 27
C/P-Verhältnis	< 200	200−600	> 600

+ + = sehr deutlich, + = deutlich, (+) = undeutlich, (−) = kaum erkennbar, − = fehlt

inkrustierte Humuskörperchen ($\varnothing$ < 200 μm), scharfkantiger Bruch, > 50 bis 80% organische Feinsubstanz, lose bröckelig oder kompakt.

Rohhumus ist die Humusform untätiger Böden, z.B. Feuchtpodsole unter Heide, Nadelholz, Gräsertorf saurer Wiesen. Die Humifizierung findet vorwiegend abiologisch statt, er ist daher mit Mineralboden nicht vermischt. »Saurer Regen« begünstigt die Rohhumusbildung. Die L-, Of- und Oh-Lagen sind *scharf* gegeneinander abgesetzt. Rohhumus fördert die Podsolierung. Durch Infiltration saurer Huminstoffe ist der Ah-Horizont dunkel gefärbt. Rohhumusmelioration (Kalkung, Stickstoffdüngung, Pflügen und Fräsen) führt zu Moder- und Mullhumus (aber auch NO_3-Freisetzung!).

Moder entsteht bei gehemmter Streuzersetzung und unvollständiger biogener Vermischung unter ungünstigen Standortbedingungen. Die L-, Of- und Oh-Lagen bilden *unscharfe* Übergänge. Geringe Anteile Kleintierlosungen, nicht durch Pilzhyphen verklebt, locker-krümeliges Gefüge, Geruch nach Kartoffelkeller. Moder ist die typische Humusform der Sandböden, besserer Grünlandstandorte und Moorkulturtypen.

Mull bildet sich bei völliger Streuzersetzung unter günstigen mikrobiologischen Bedingungen. Deshalb intensive, biogene Vermischung von Mineralischem und Organischem mit stabilen koprogenen (Wurmmull), grauschwarzen Tonhumuskomplexen. L- und Of-Lagen fehlen häufig. Voraussetzung für die Mullbildung ist ausreichender Tongehalt bei Anwesenheit von Kalk und freien Oxiden, die eine feste chemische Bindung der Humusstoffe an den Ton fördern. Mull ist die Humusform der besseren Böden. Ein frischer Erdgeruch ist typisch. Stark entwässerte, intensiv acker- und gartenbaulich genutzte Niedermoorböden enthalten zunehmend diese terrestrische Humusform. Die Gefahr der Vermullung (Benetzungswiderstand und Winderosionsgefahr erhöht) ist von Torfart, Kationenbelag, Anreicherung schwer zersetzbaren Bitumens und hydrologischen Bedingungen abhängig. Kultivierte Hochmoore erreichen nur die Humusformen bis zum Moder, Niedermoorböden entwickeln sich bis zum Mull. Tabelle 31 faßt die Eigenschaften terrestrischer Humusformen zusammen.

2.1.2.3 Humusbestandteile

Eine stoffliche Identifizierung des Humus ist schwierig:

1. Er enthält zahlreiche organische Verbindungen, die in Pflanzen und Tieren vorkommen.
2. Durch Humifizierung entstehen neue organische Verbindungen und intermediäre Stoffwechselprodukte (Metabolite).
3. Bodenspezifisch werden dunkelgefärbte, stabile Huminstoffe und organomineralische Komplexe angereichert.

Die Umwandlung primärer organischer Ausgangssubstanzen erfolgt in neben- und nacheinander ablaufenden Prozessen:

a) Überwiegend bodenbiologische Mineralisierung. Endprodukte: Gase (aerob CO_2, anaerob NH_3, N_2, H_2S, CH_4), Wasser, Anionen und Kationen und Asche (SiO_2, Fe_2O_3), gleichzeitig *Freisetzung* von Energie (s. z. B. Erwärmung eines Komposthaufens). Leicht mineralisierbare organische Substanz wird als *Nährhumus* bezeichnet.

b) *Neu*bildung sekundärer, stabiler Huminstoffe (Humifizierung) unter *Energiebindung*. Akkumulation vorwiegend mit Tonmineralen. Bildung organomineralischer Komplexe. Diese Neubildungen sind nur noch sehr schwer mineralisierbarer *Dauerhumus*.

Tab. 32. Stoffumwandlungen im Boden

Material/Prozeß	mineralisch	organisch
Ausgangsmaterial	Gesteine, Minerale	Pflanzen, Tiere
Abbauprozeß	Verwitterung	Verwesung, Zersetzung
Aufbauprozeß	Mineralneubildung	Humifizierung
Neubildungen	sek. Tonminerale	Huminstoffe
	Metalloxide	

Das jeweilige Gleichgewicht zwischen Mineralisierung $\rightleftarrows$ Humifizierung wird mit dem *Zersetzungsgrad* beschrieben. Gehemmte Zersetzung bezeichnet man als *Vertorfung*, vollständige als Verwesung. Es bestehen zahlreiche Analogien der Stoffumwandlung biogener und lithogener Bodenkomponenten.

Humusneubildungen sind kolloidale Bodensubstanzen mit großer spezifischer Oberfläche, Adsorptions- (Wassermoleküle) und Austauschereigenschaften (reversible Ionensorption). Sie beeinflussen damit Gefügebildung, Wasser-, Luft-, Wärme- und Nährstoffhaushalt der Böden.

Zur stofflichen Beurteilung des Humus wird zwischen Nichthuminstoffen und Huminstoffen unterschieden.

Nichthuminstoffe umfassen alle abgestorbenen tierischen und pflanzlichen Stoffe im Stadium des biologischen und abiologischen Ab- und Umbaus. *Huminstoffe* sind durch chemische und biochemische Reaktionen entstandene stabile hochmolekulare organische Verbindungen (oft zyklische Polymerisate) meist dunkler Farbe.

Die **Zersetzung** (Mineralisierung, Verwesung und Humifizierung) organischer Substanzen verläuft in drei ineinander verknüpften Phasen.

1. *Biochemische Initialphase*

   Durch Hydrolyse und Oxidation werden hochpolymere Verbindungen der Tier- und Pflanzenorgane z. T. enzymatisch in ihre Einzelbausteine ohne sichtbare äußere Zerstörung des Zellverbandes zerlegt, so z. B. Stärke in Zucker, Eiweiß in Aminosäuren, Chlorophyll in aromatische Verbindungen. Die Braunverfärbung von Laub und Streu ist äußeres Merkmal dieser Anfangsphase.

2. *Mechanische Zerteilungs- und Vermischungsphase*

   Makro- und Mikrobodenfauna (Regenwürmer, Borstenwürmer und verschiedene Arthropoden) zerkleinern und vermischen die biochemisch bereits aufgelockerten Substanzen mit dem Boden.

3. *Mikrobielle Umbauphase*

   Heterotrophe und saprophytische Bodenorganismen spalten enzymatisch organische Verbindungen in ihre Grundbausteine, die sie für ihren Bau- und Betriebsstoffwechsel benötigen. Die mikrobielle Veratmung (Oxidation) organischer Verbindungen unter Freisetzung von CO_2, H_2O, Mineralstoffen und Energie wird *Mineralisierung* genannt. Die Abbauintensität ist von Standortfaktoren (Feuchte, Sauerstoff, Temperatur, Reaktion) und der unterschiedlichen Abbauresistenz der Ausgangssubstanzen abhängig. Die wichtigsten Pflanzeninhaltsstoffe haben folgende zunehmende Stabilität: Zucker, Stärke, Proteine < Proteide < Pektine < Zellulose < Lignine < Wachse, < Harze < Gerbstoffe. Daraus erklärt sich der unterschiedlich schnelle Abbau von Pflanzenarten: Leguminosen > andere Kräuter > Gräser > Laubhölzer > Nadelhölzer > Zwergsträucher > Bleichmoose. Die relative Anhäufung von Pflanzenresten in einem Torf läßt daher nur bedingt Rückschlüsse auf die Zusammen-

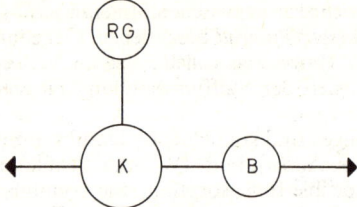

Abb. 54. Schema für die Anordnung von Kern (K), reaktiven Gruppen (RG) und Brücken (B) in der Huminsäurestruktur (monomer) (nach THIELE und KETTNER 1953).

setzung der ursprünglichen Vegetation zu. Die Aktivität des mikrobiellen Abbaus kann aus dem pH-Wert und dem C/N- und C/P-Verhältnis der organischen Substanz abgeleitet werden. Die Mikrobentätigkeit ist gehemmt, wenn nicht genügend N zum Aufbau körpereigenen Eiweißes vorhanden ist. Dieser N-Bedarf wird bei C/N < 20 gedeckt. Mit erweitertem C/N-Verhältnis wird entweder die weitere Entwicklung der Mikroorganismen gehemmt oder im Boden vorhandener, anorganischer N den dort wachsenden Pflanzen entzogen. Das C/N-Verhältnis guter Böden liegt bei 10. Der Gefahr der vorübergehenden N-Immobilisierung (Festlegung) ist z.B. bei Strohdüngung (C/N-Getreidestroh = 70 bis 100) durch zusätzliche N-düngung zu begegnen. Im Prinzip gilt gleiches für ein optimales C/P-Verhältnis. Phosphate nehmen eine wichtige Rolle im Stoffwechsel der Mikroben ein. Allerdings liegt ihr P-Bedarf um eine Zehnerpo-

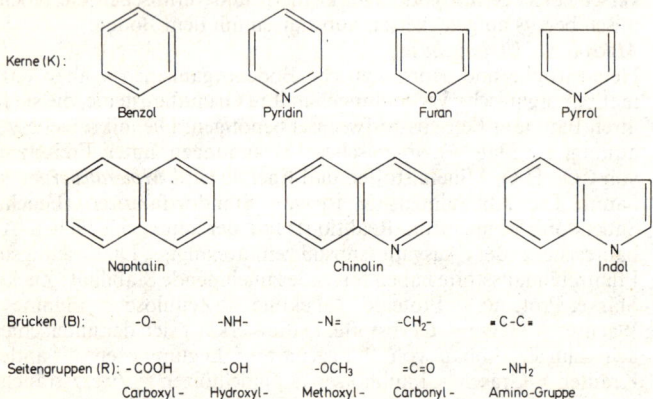

Abb. 55. Die wichtigsten Bauelemente der Huminstoffe (nach SCHRÖDER 1983).

tenz niedriger als der N-Bedarf. Das C/P-Verhältnis guter Ackerböden ist mit 100 bis 200 dafür ausreichend. Podsolauflagehumus hat
dagegen C:P ~ 1000. Optimal ist mithin C : N : P = 100 : 10 : 1.
Humifizierung: Stabile Huminstoffe können erst im Boden synthetisiert
werden, wenn der mikrobielle Abbau soweit fortgeschritten ist, daß
reaktionsfähige Spaltprodukte vorliegen. Reaktionsfähige Abbauprodukte sind u.a. aus Kohlenhydraten → Monosaccharide, aus Eiweißstoffen → Peptide, Aminosäuren, aus aromatischen Zellwandbestand-
teilen → phenolische Bausteine.
Monosaccharide, zyklische Aminosäuren und die meisten Phenole können direkt oder über Zwischenprodukte zu Huminstoffen polymerisieren. Huminstoffe sind also Makromoleküle. Wenn auch der Mechanis-
mus der Huminstoffpolymerisation und der chemische Aufbau dieser
Makromoleküle noch weitgehend unbekannt sind, so wissen wir doch
aus den zahlreichen Modellversuchen das Prinzip der Huminstoffbil-
dung zu deuten. Das Bauprinzip der Monomere zeigen in vereinfachter
Darstellung Abb. 54 und 55: Kern (K) (iso- und heterocyklische Sechs-
oder Fünfringkonfiguration wie z.B. Benzol u. Pyrrol), reaktive Seiten-
gruppen (RG) (Carboxyl-, Hydroxyl-, Methoxyl-, Carbonyl- und Ami-
nogruppen) sowie Brücken (B): Die verschiedenen Ausgangsstoffe und
-komponenten im Boden werden zu *Misch*polymerisaten verknüpft. Bereits in den Pflanzen vorhandene zyklische Grundsubstanzen (Lignine,
Farb- u. Gerbstoffe) oder durch Zyklisierung linearer Spaltprodukte
von Kohlenhydraten und Proteinen entstandene Ringverbindungen
werden anschließend polymerisiert zu Neubildungen (= Huminstoffe).
Die hohe Reaktivität der funktionellen Gruppen solcher aromatischer
Ringverbindungen macht eine chemische Entstehung der Huminstoffe
möglich. Vor allem in sauren, nährstoffarmen Mineral- und Hochmoor-

Tab. 33. Huminstoffgruppen (nach SCHEFFER u. ULRICH 1957)

	Fulvo-säure	Hymato-melan-säure	Braun-humin-säure	Grau-humin-säure	Humine
			Huminsäuren		
Farbe	schw.-gelbbraun	braun	tief-braun	grau-schwarz	schwarz
Löslichkeit in:					
Wasser	+	−	−	−	−
Alkohol (C_2H_5OH)	+	+	−	−	−
Natronlauge (O,5n)	+	+	+	+	−
säurefällbar (HCl)	−	(+)	+	+	−

Tab. 34. Eigenschaften der Huminstoffe in Anlehnung an MÜCKEN-HAUSEN 1985

	Fulvosäuren (Fulvate)	Huminsäuren (Humate)	Humine
Farbtiefe Q 4–6	←		→
Polymerisationsgrad	niedrig	Sphärokolloide	hoch
Teilchengewicht	2000–9000	5000–100000	n. b.
C-Gehalt (%)	48	55	58
N-Gehalt (%)	0,5–2,5	4–5	5–8
Säurecharakter	stark ←		schwach
KAK (mmol/z/100 g)	300–320	380–480	370
Bindung an Ton	gering ———————→		hoch
Stabilität	gering ———————→		hoch
Mobilität im Boden	stark ←		sehr schwach
Entstehung	←	chemisch biologisch ———→	
Vorkommen	Podsol Hochmoor Rohhumus	Braunerde Niedermoor Moder	Schwarzerde Rendzina Müll

böden dürfte die chemische Reaktion vorherrschen. Biochemische Entstehung von Huminstoffen erfolgt vor allem im Verdauungstrakt der Bodentiere über Stoffwechsel- und Autolyseprodukte, besonders in Böden hoher mikrobieller Aktivität. Phenolische Hydroxyl- und Carboxylgruppen verleihen den Huminstoffen als Mischpolymerisate sauren Charakter und variable Austauschereigenschaften. Solche Huminstoffe sind mikrobiell weitgehend resistent.

Durch verschiedene Lösungsmittel und Fällung mit Säuren lassen sich Huminstoffe in Stoffgruppen unterschiedlichen Polymerisationsgrades, Molekulargewichtes, Farbe, C- u. N-Gehaltes trennen. Allerdings sind die Übergänge fließend. In Tab. 33 sind die wichtigsten Unterscheidungsmerkmale zusammengestellt.

Durch nacheinander geschaltete Lösungsversuche und Fällung des Natronlaugeextraktes mit Säuren ist eine Trennung der unterschiedlich löslichen Fulvo- und Huminsäuren von den nicht löslichen und fällbaren Huminen möglich. Die Salze der Fulvosäure heißen Fulvate, die der Huminsäuren Humate. Humine sind stabile Alterungsprodukte der Fulvate und Humate. Weitere Eigenschaften der so gewonnenen Stoffgruppen sind in Tab. 34 aufgeführt.

Huminstoffe sind organische Verbindungen, die nicht durch Lebensvorgänge in einer Zelle synthetisiert werden. Ihre Bildung zwischen Biosphäre und Lithosphäre läßt sie in einer Inkohlungsreihe zwischen noch erkennbaren pflanzlichen Strukturen (Torf) und eigentlichem Gestein (Kohle) einordnen.

2.1.2.4   Ton-Humus-Komplexe

Nichthuminstoffe und Huminstoffe können mit Mineralbodenteilchen, vornehmlich mit den elektrisch geladenen, aufweitbaren Tonmineralen relativ starke Bindungen eingehen.

Niedermolekulare organische Substanzen können in Zwischenschichten quellfälliger Tonminerale eingelagert werden. Durch Seitenketten werden auf den Tonmineraloberflächen abgeschiedene größere organische Moleküle im Tonmineralkristallgitter verankert. So enthalten die dunklen montmorillonitreichen Vertisole besonders viel derart stabilisierte organische Substanz (Endohumus).

Daneben ist ähnlich wie bei mineralischen Kationen und Anionen auch eine sorptive Bindung anionischer (Carboxylgruppen, COO^-) und kationischer (Amino-Gruppen, NH_2) organischer Substanzen, z. B. Aminosäuren möglich. Als polyfunktionelle Substanzen können sie Brücken zwischen Mineralbodenteilchen bilden. Sofern die organischen Verbindungen polar sind, unterliegen sie ähnlich den Dipolmolekülen des Wassers unter dem Einfluß elektrischer Ladungen der Tonminerale einer Adsorption. Die Bindungsstärke ist vom Dipolcharakter der organischen Substanz abhängig und steigt mit abnehmender Teilchengröße.

Linearkolloide (Uronsäuren, Aminozucker) verestern über OH-Brücken in Eckpositionen der Tonminerale. Diese Bindung ist relativ stabil, jedoch lockerer als die sorptive bzw. die Einlagerung in Zwischenschichten (s. a. Bodenverbesserungsmittel aus synthetischen, kationischen und anionischen Linearkolloiden, z. B. Polyacryl bzw. Polyvinyl).

Die Bindung von Nichthuminstoffen an freie Metalloxide ist eine Ionenbindung zwischen organischer Säure und mehrwertigem Metallkation (Fällung). Das mehrwertige Metallkation bleibt mit einem Teil seiner Valenz im Kristallverband des Minerals verankert. Freie Eisenoxide bilden z. B. Krusten auf Tonmineralen. So stellt man sich auch die Bindung (sorptive Fällung) von Huminsäuren als Eisenhumat auf den mit Eisenoxiden belegten Sandkornoberflächen im B_S-Horizont der Podsole vor. Mit zunehmendem Alter von Sandmischkulturen kommt es selbst in fast tonfreien Böden zu einer innigeren Vernetzung der zunehmend zersetzten organischen mit der mineralischen Substanz (= geringere Erosionsgefahr, siehe Bodenschutz Seite 518). Durch Schweretrennung mit apolaren Lösungsmitteln unterschiedlicher Dichte, die derjenigen der organischen Substanz ähnlich ist (z. B. $CCl_4 = 1,59$ g/cm^3), kann man leichter und schwer abtrennbare organische Anteile ermitteln.

Lösliche organische Verbindungen, die ein Metallkation umhüllen und in Lösung bleiben, nennt man *Chelate* (scherenförmige Verbindungen).

Beispiel eines Chelats

$$
\begin{array}{ccccc}
& O & & H & \\
& \| & & | & \\
R - & C - O & & O - & R \\
& & \diagdown \ / & & \\
& & Me & & \\
& & \diagup \ \diagdown & & \\
R - & O & & O - C - & R \\
& | & & \| & \\
& H & & O &
\end{array}
$$

Me = Metallion
R = Rest

Im Boden ist die Chelatisierung von Metallkationen geringer Löslichkeit und ihre Verlagerung besonders wichtig. Fulvosäuren sind dazu besonders befähigt. Wenn diese oxidativ zu Huminsäuren polymerisieren, kann das Metallkation wieder ausfällen (s. Podsolierung). Heidevegetation produziert stark chelataktive organische Säuren. Verschiedene Mangelkrankheiten dieser Standorte (Heide-, Moor- oder Urbarmachungskrankheit) treten auf, wenn nach Entwässerung und Aufkalkung ursprünglich mobile Schwermetalle (Cu, Mn, Mo) durch Chelatisierung maskiert werden. Dränverockerung läßt sich durch Chelate (Tannine) abgebende Dränfilter (Antocfilter®, Eichenspäne) vermindern.

2.2   Physiko-chemische Bodeneigenschaften

2.2.1   Der Boden – ein Kolloidsystem

Tonminerale und Huminstoffe sind Bodenkolloide. Zum Verständnis ihrer Sorptionseigenschaften und der komplexen Vorgänge der Gefügebildung sollen einige Bemerkungen über kolloiddisperse Systeme – zu denen auch der Boden zählt – vorangestellt werden.
Kolloide (gr. kolla = Leim) bilden keine in sich geschlossene, chemisch definierte Stoffgruppe. Wir vestehen darunter einen Zerteilungszustand (lat. dispersio), den *jeder* Stoff erhalten kann. Man unterscheidet:
1. *grobdisperse*   Systeme
2. *kolloiddisperse*   Systeme
3. *molekulardisperse*   Systeme.
Unterschiedlich große Teilchen eines Stoffes können in einem anderen fein verteilt (dispergiert) vorliegen. Kolloide nehmen eine Zwischenstellung ein.
Die Kolloide können weiter unterschieden werden in:
1. *Dispersionskolloide*, 2. *Assoziationskolloide*, 3. *Molekülkolloide*.
Bodenkundlich sind **Dispersionskolloide** besonders wichtig. Jeder feste Körper läßt sich mechanisch unendlich fein aufteilen. Mit dem Grad der Zerkleinerung nimmt die spezifische Oberfläche (cm²/cm³), das Verhältnis der Gesamtoberfläche aller Teilchen zum umschlossenen Volumen,

zu (s. Tab. 2). Mit wachsender spezifischer Oberfläche nehmen die Grenzflächenkräfte zu, die für zahlreiche physikalische und chemische Bodeneigenschaften verantwortlich sind.

Assoziationskolloide entstehen spontan aus zunächst molekulardispersen Substanzen infolge zwischenmolekularer Kräfte oberhalb ihrer Grenzkonzentration. Überwiegend assoziieren Moleküle mit bestimmten stereometrischen Eigenschaften und großem Dipolmoment. Der Assoziationsgrad ist abhängig von Konzentration und Temperatur. Entsprechend dem Bauprinzip solcher meist organischer Moleküle mit einem hydrophilen (z.B. Kohlenwasserstoffgruppe) und einem hydrophoben Teil (z.B. Karboxylgruppe) sind Assoziationskolloide ebenfalls grenzflächenaktiv. Beispiele: Seife, organische Bodenkolloide.

Im Unterschied zu Dispersions- und Assoziationskolloiden besitzen **Molekülkolloide** bereits größere Dimensionen. Sie werden deshalb **Makromoleküle** genannt. (Mol.-Gew. > 10000, > 1500 Atome). Beispiele: Eiweiß, Cellulose, Kautschuk, Kunststoffe. Sie entstehen durch *Kondensation* (H_2O-Abgabe) oder *Polymersiation* (Auflösung von Mehrfachbindungen) aus Grundbausteinen (Monomere), die sich fadenförmig *(Linearkolloide)* oder kugelförmig *(Sphärokolloide)* anordnen und durch Hauptvalenzen verbunden sind. Es ist bisher noch nicht schlüssig bewiesen, ob Huminstoffe das Bauprinzip der Makrosphäromoleküle besitzen. Je nach Aggregatzustand (fest, flüssig, gasförmig) des Dispersionsmittels und der dispergierten Substanz gibt es eine Vielzahl kolloiddisperser Systeme (Tab. 36).

Echte Lösungen (molekular-dispers) streuen durchtretendes Licht nicht, wohl aber kolloidale Lösungen (TYNDALL-Effekt).

Im kolloiddispersen Zustand sind BROWNsche Wärmebewegung und Gravitationsbewegung im Gleichgewicht. Diesen Zustand schwebender Teilchen bezeichnet man als *Sol*. Die Einzelteilchen sind dann relativ weit voneinander entfernt und können sich in jeder Richtung frei bewegen. Solange die Kolloide gleichsinnige elektrische Ladungen tragen, sind die Abstoßungskräfte größer als die von ihrem Zentrum ausgehenden molekularen oder VAN DER WAALschen Anziehungskräfte. Diese

Tab. 35. Charakteristische Eigenschaften disperser Systeme

Dispersion	grob	kolloidal	molekular
Teilchengröße (cm)	$> 5 \cdot 10^{-5}$	$5 \cdot 10^{-5}$ bis 10^{-7}	$< 10^{-7}$
Abbildung	Lichtmikroskop	Elektronenmikroskop	nicht sichtbar
Filtration	Papierfilter	Ultrafilter	nicht filtrierbar
Sedimentation	schnell (Gravitation)	sehr langsam (Ultrazentrifuge)	keine Brown' sche Molekularbewegung
Beispiel	Bodensuspension	Tonsuspension	Salzlösung

Tab. 36. Kolloiddisperse Systeme

Dispersions-mittel	dispergierte Substanz	Bezeichnung	Beispiel	
gasförmig	gasförmig	Gas	Luft	
	flüssig	Aerosol	Nebel	Smog
	fest	Staub	Rauch	
flüssig	gasförmig	Schaum	Seifenschaum	
	flüssig	Emulsion	Milch	
	fest	Suspension	Schlick	
fest	gasförmig	Schwamm	Bimstein	
	flüssig	Paste	Butter	
	fest	Konglomerat	Gestein	

gleichsinnige elektrische Aufladung der Kolloide kann auch durch bevorzugte Adsorption gleichwertiger Ionen erfolgen. Diesen Vorgang nennt man *Peptisation*. Zur Bestimmung der Korngrößenverteilung eines Bodens (vergl. 2.1.1) wendet man bei der Schlämmanalyse dieses Prinzip der vollständigen Dispergierung einer Bodensuspension durch Zugabe von Natriumpyrophosphat im Dispergierungsmittel Wasser an.
Über einen Grenzbereich der Na^+-Konzentration hinaus hält diese Peptisation jedoch nicht an. Sie kann auch durch Zugabe höherwertiger, weniger hydratisierter Ionen wie z.B. Ca^{2+} beendet werden. Solche Elektrolytzugaben entladen das Kolloid bis es elektrisch neutral reagiert und ausflockt *(Koagulation)*. Jetzt bilden mehrere Kolloid-Ton-Teilchen feine Aggregate, die man als *Gel* bezeichnet. In ihm sind die kolloidalen Teilchen geordnet in Flüssigkeitsschichten eingelagert. Gele sedimentieren im Gravitationsfeld der Erde. Dabei entsteht ein wasserreicher Festkörper (Flokulat) mit verschiedener Struktur und Packungsdichte (Aggregate). Aus dem Solzustand kann man zwar auch durch vergrößerte Schwerefelder (Ultrazentrifuge) Kolloide zur Sedimentation zwingen, deren Teilchen sich jedoch umstrukturiert absetzen (Polyplat).
In Böden als kolloiddisperse Systeme sind vielfältige Übergänge vom Sol zum Gel (Flockung, Koagulation) und umgekehrt (Peptisation) möglich. Wassergesättigte Tonböden können zunächst als feste, kohärente Masse (Gel) erscheinen. Bei mechanischer Beanspruchung, z.B. Vibration eines Schleppers, beginnen sie ohne Änderung des Wassergehaltes zu einem Brei (Sol) auseinanderzufließen (Thixotropie).

Tonreiche Salzböden sind bei Überangebot von z. B. NaCl zunächst gut geflockt (Gel) und leicht zu entwässern. Mit Auswaschung der Salze wächst ihre Verschlämmungsneigung (Sol). Ohne Austausch der dispergierenden Na^+ gegen flockende Ca^{2+} (Gipsmelioration) degenerieren sie über den Solonetz zum Solod, einem Boden mit außerordentlich ungünstigem Einzelkorngefüge.

Der Kalkbedarf schwerer Böden steigt mit dem Tongehalt, da nur ein ausreichendes Angebot zweiwertiger Calciumionen Tonkolloide brückenförmig zu großen Teilchen aggregieren läßt.

Hydrophobe Kolloide (Ton) sind wegen ihrer hohen Elektrolytempfindlichkeit leicht zu flocken. Hydrophile Kolloide (Huminstoffe) dagegen besitzen infolge gerichteter Anlagerung der Wasserdipolmoleküle des Dispersionsmittels eine so starke Solvatschicht (Schwarmwasserhülle), daß die freie Energie der Teilchen nur sehr schwer wirksam werden kann. Hydrophile Kolloide (Gelantine, Huminstoffe, Kieselsäure aus Tonmineralzerfall) sind deshalb sehr stabil und nur schwer zu flocken. Ein hydrophobes Kolloid (Eisenoxidhydrat) kann nun in Gegenwart eines hydrophilen Kolloids (Huminstoffe) vor Entladung und Flockung geschützt werden (Schutzkolloidwirkung). In Emulsionen übernehmen Emulgatoren, in Schäumen Stabilisatoren diese den Solzustand stabilisierende Funktion. In der Bodenbildung sind Prozesse der Verlagerung (Lessivierung, Podsolierung) durch Peptisation und Schutzkolloidwirkung, Profildifferenzierungen (Bt, Bhs) dagegen durch erneute Koagulation (IEP) kolloidchemisch zu erklären.

2.2.2 Elektrokinetisches Potential

Bodenkolloide besitzen vorwiegend negative Oberflächenladung. In der Bodenlösung (Wasser), die Ionen (Kationen, Anionen) enthält, kommt es zu ihrer Orientierung mit verschiedenen Ladungsträgern und teilweisem Ladungsaustausch. Unmittelbar an der Kolloidoberfläche befinden sich durch Ladungsausgleich angezogene Kationen in hoher Konzentration. Ihre Schichtdicke wird vom Durchmesser der Kationen und ihrer Konzentration der Lösung bestimmt. Ihr schließt sich ein äußerer Teil mit diffuser Verteilung der Ionen an (Abb. 56). Einem Kondensator vergleichbar, besteht diese sogenannte *Innen*lösung also aus einer elektrischen Doppelschicht (festhaftende sog. Stern-Schicht u. diffuse Schicht). An diese Innenlösung schließt die *Außen*lösung an. Hier sind die Ionen nicht mehr unmittelbar der elektrischen Ladung der Kolloidoberfläche ausgesetzt. Innen- und Außenlösung stehen jedoch in einem dynamischen Gleichgewicht.

Durch diese Konzentrationsunterschiede ist eine Diffusion der sorbierten Kationen von der diffusen Doppelschicht zur Außenlösung gegeben. Umgekehrt verhalten sich die Anionen. Als zum Kolloid gleichsinnig negativ geladene Teilchen werden sie bei negativem Ladungsüberschuß

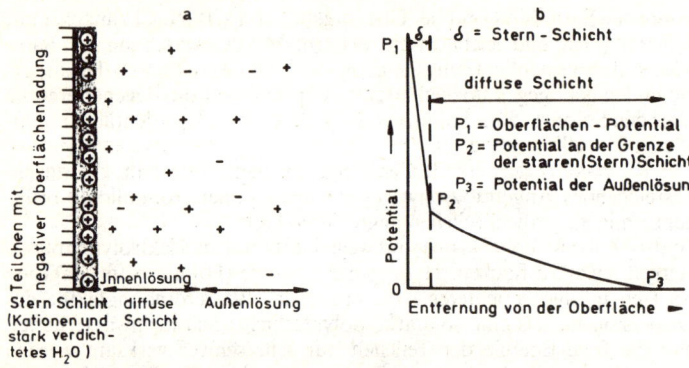

Abb. 56. Ionenverteilung (a) und elektrische Potentiale (b) in der Doppelschicht.

mit zunehmender Nähe zur Kolloidoberfläche abgestoßen. Ihre Konzentration nimmt deshalb in der Innenlösung zur Kolloidoberfläche hin ab. In der Innenlösung herrschen also Kationen, in der Außenlösung Anionen vor (negative Sorption, Salzadsorption). Um ein sorbiertes Kation von der Kolloidoberfläche in die Außenlösung zu transportieren, wird Arbeit erforderlich. Das zwischen Stern-Schicht, diffuser Schicht der Innenlösung und Außenlösung zu überwindende Potential ist ein Maß für diese Arbeit. Zunahme der Konzentration von Kationen in der Doppelschicht hat eine Kompression = Potentialerniedrigung zur Folge. Aufnahme von Wasser (Konzentrationsausgleich durch Verdünnung) dehnt die Doppelschicht aus und erhöht das Potential (Abb. 56b). Da der osmotische Druck einer Lösung zweiwertiger Kationen bei gleicher Konzentration rund 50% desjenigen einwertiger beträgt, ist die Dicke der Doppelschicht auch von der Wertigkeit des Ionenbelages abhängig. Ladung der Kolloide und Stärke der elektrischen Doppelschicht bestimmen deshalb das elektrokinetische Potential (EKP).

$$EKP = \frac{e \cdot d}{D \cdot r^2}$$

e = elektr. Ladung des Kolloids
d = Stärke des festhaftenden, inneren Teils der Doppelschicht
D = Dielektrizitätskonstante des Wassers
r = Teilchenradius des Kolloids

Mit steigendem EKP nehmen die abstoßenden Kräfte zwischen gleichsinnig geladenen Kolloiden zu. Dabei stabilisiert sich der Solzustand. Mit abnehmendem Potential wird die Koagulationsbereitschaft gefördert. Es kommt also darauf an, das EKP zu erniedrigen, um in kolloidreichen Böden den unerwünschten Solzustand zu vermeiden. Nach obiger Gleichung bieten sich dazu verschiedene Wege an. D und r sind konstant. Die Ladung der Kolloide ist nur in begrenztem Umfange zu beeinflussen (s. isoelektrischer Punkt). Dagegen ist es möglich, die Dicke (d) des festhaftenden Teiles der Doppelschicht zu verändern und zwar durch unterschiedlich stark hydratisierte Kationen (s. Düngung, Seite 177).

Je stärker hydratisiert die sorbierten Kationen sind, um so größer ist d und damit auch das EKP. Zweiwertige Kationen sind im sorbierten Zustand weniger hydratisiert als einwertige. Sie besitzen außerdem eine stärkere Haftfestigkeit. Selbst bei hohem Wassergehalt in der Außenlösung bleibt das Gefüge schwerer Böden mit hoher Ca-Sättigung (Schwarzerden, Rendzinen) stabil. Dagegen peptisieren Na-Böden schon bei geringem Wassergehalt.

Nach SCHULZE-HARDY besteht folgende Flockungsreihe

$$Me^+ : Me^{2+} : Me^{3+} = 1 : 100 : 10000$$

z.B. K : Ca : Al = 1 : 50 : 2500

Maß für die Flockungsschwellenwerte ist die Salzkonzentration, bei welcher die Flockung eines Sols einsetzt.

Die Dicke der elektrischen Doppelschicht ist auch durch die Salzkonzentration der Außenlösung zu beeinflussen. Hohe Salzkonzentration dort führt zur Abnahme der Hydratation der Kationen in der Innenlösung ($\sim$ osmotischer Ausgleich). Damit wird wieder das EKP erniedrigt. Beispiel: gute Flockung von Salzböden trotz vorherrschender Na-Sorption der Bodenkolloide.

Tab. 37. Dicke der Doppelschicht (cm $\cdot$ 10^{-8}) in Abhängigkeit von Konzentration und Wertigkeit der Metallkationen

Konzentration (val/l)	Me^+	Me^{2+}	Me^{3+}
10^{-5}	1000	500	150
10^{-3}	100	50	15
10^{-1}	10	5	2

Entwässerung, Verdunstung, Frost fördern die Konzentrierung der Ionen in der Innenlösung. Diese Aggregierungen (z.B. Frostgare) sind jedoch mit erneuter Wasseraufnahme reversibel. Leicht verschlämmende Lößböden bereiten den Saaten Auflaufschwierigkeiten. 5 bis 10 dt/ha CaO auf die bestellte Oberfläche ausgebracht, ergibt dort eine hohe Ca^{2+}-Konzentration mit Flockung der Bodenkolloide in der Oberfläche. Somit kann diese nicht mehr so leicht mechanisch verschlämmen und verkrusten.

Im Bereich niedriger Konzentrationen ist der Einfluß der Wertigkeit sorbierter Kationen auf die Dicke der Doppelschicht und damit das EKP höher als bei hoher Konzentration. In Böden humider Klimate herrschen geringe Salzkonzentrationen in der Bodenlösung vor. Des-

halb ist die Kolloidflockung vor allem durch die Wertigkeit der Kationen zu beeinflussen. Das unterstreicht die Bedeutung der Kalkung
schwerer Böden.

2.2.3 Der Boden – ein Austauschersystem

2.2.3.1 Kationenumtausch

Durch Stoffumwandlungen enstehen im Boden (vergl. Tab. 32) in Ab-
und Aufbauprozessen kolloidale Substanzen (Ton, Humus, Metalloxide), die wegen ihrer großen spezifischen Oberfläche Sorptionseigenschaften besitzen. Darunter versteht man die Fähigkeit, Moleküle (H_2O,
Luft) und Ionen an Grenzflächen austauschbar anzulagern.

Die *physikalische* Adsorption von H_2O-Molekülen ist für den Wasserhaushalt der Böden von Bedeutung und beeinflußt Konsistenz und Gefügeeigenschaften. In humusreichen Mineralböden und stark zersetzten
Moorböden kann unterhalb eines kritischen Wassergehaltes die Luftadsorption nachteilig sein (Benetzungswiderstand, puffig).

Die *chemische* Adsorption von Ionen (Kationen und Antionen) unterscheidet sich von der flächenorientierten physikalischen Haftung (Ne-
benvalenz- oder VAN DER WAALschen Kräfte) durch die Punktorientie-
rung. Die sorptive Bindung erfolgt durch Hauptvalenzen (COULOMB-
sche Kräfte) und steht damit zwischen der physikalischen Haftung und
der chemischen Bindung i.e.S. Wesentlich ist, daß die Ionensorption
reversibel ist. Bereits sorbierte Ionen sind gegen andere austauschbar.
Dieser Ionenumtausch erfolgt in äquivalenten Mengen, also unter Berücksichtigung der Wertigkeit beteiligter Ionen. Dazu ist als Transport-
medium Wasser notwendig. Insofern unterscheiden sich Bodenaustauscher nicht von industriell hergestellten Kunstharzaustauschern, die für
vielfältige Reinigungsprozesse, vornehmlich zur Wasseraufbereitung benutzt werden. Die Ionenumtauscher des Bodens beeinflussen seine
Reaktion und Pufferung, damit Prozesse der Bodenentwicklung, Gefügebildung und -stabilität, den Nährstoffhaushalt der Pflanzenstandorte.
Ökologisch wichtig sind besonders die von Ionenaustausch bestimmten
Filtereigenschaften (Nährstoffauswaschung, Gewässerschutz, Schad-
stoffakkumulation, s. Bodenschutz Seite 527).

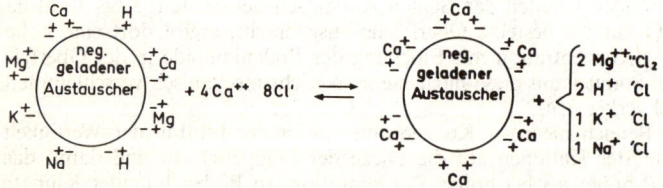

Abb. 57. Schema des Kationenumtausches.

Wenn man durch einen Boden mit beliebigem Ionenbelag z.B. eine $CaCl_2$-Lösung perkolieren läßt, werden Ca^{2+} von den Austauschern im Boden (Ton, Humus, Metalloxide) bevorzugt eingetauscht, sorbiert und gegen andere Kationen ausgetauscht, die dann im Filtrat erscheinen (Abb. 57). Im Boden herrscht wegen vorzugsweiser negativer Ladung seiner Austauscher der Kationenumtausch vor. Diese Versuchsanordnung ist das Prinzip zur Bestimmung der *Kationen-Austausch-Kapazität* (KAK), synonym: T-Wert. Mit ihr erfaßt man die Summe der austauschbaren Kationen. Sie wird in mmol/z/100 g) Feinboden angegeben (alte Bezeichnung mval/100 g).

$$1 \text{ mmol} = \frac{\text{Atom- oder Molekulargewicht}}{\text{Wertigkeit (z)}} \cdot 10^{-3} \text{ g}$$

z.B. für $Na^+ : \frac{23}{1} \cdot 10^{-3}$ g = 23 mg

für $Ca^{2+} : \frac{40,08}{2} \cdot 10^{-3}$ g = 20,04 mg = 1 mmol/z

für $Al^{3+} : \frac{26,98}{3} \cdot 10^{-3}$ g = 8,99 mg

Die bodenkundlich wichtigsten austauschbaren Kationen sind: Ca, Mg, K, Na, H, Al, NH_4, Fe sowie in Spuren Schwermetalle sowie kationische organische (Schad-)Stoffe.

Die Summe der basisch wirkenden Metallkationen (Ca, Mg, K, Na) wird in mval% als *Basensättigung oder V-Wert* ausgedrückt. Je höher der Anteil der Basensättigung der Bodenaustauscher ist, um so geringer ist der mit den Säurebildnern H^+, Al^{3+} belegte und die potentielle Bodenazidität bestimmende Anteil. In Tab. 38 sind die wichtigsten Eigenschaften der Austauscher im Boden zusammengestellt.

Tab. 38. Eigenschaften der Austauscher im Boden

Austauscher	spez. Ober-fläche m^2/g	innere Ober-fläche %	mittlere KAK mmol/z/100 g	mittlere La-dungsdichte mmol/z/cm^2
Kaolinite, Halloysite	20	0	3–15	$5 \cdot 10^{-7}$
Illite, Glimmer	100	>0	20–50	$4 \cdot 10^{-7}$
Smectite	1200	90	70–130	$1 \cdot 10^{-7}$
Vermiculite	600		150–200	$1,3 \cdot 10^{-7}$
Huminstoffe	800		<150–>250	$2,5 \cdot 10^{-5}$
Metalloxide			3–25	
Allophane			10–50	

2.2.3.2 Spezifische Eigenschaften der Austauscher

Tonminerale unterscheiden sich je nach ihrem kristallinen Aufbau (Zwei- oder Dreischichttonminerale) in ihrer Kationenaustauschkapazität (KAK). Während Sandteilchen (> 60 μm) kaum Ionen sorbieren können, besitzen Mittelschluffpartikel (6 bis 20 μm) noch eine mittlere KAK von 5 mmol/z/100 g, Feinschluff (2 bis 6 μm) sogar bis zu 15 mmol/z/100 g.

An der Höhe der KAK einer Bodenprobe kann man vorherrschende Tonminerale im Boden erkennen. Dazu wird die auf 100 g Feinboden bezogene KAK um den Sorptionsanteil der Schluffkomponenten des vorliegenden Bodens mit 0,05 mmol/z/% U und für den Humusanteil um 2 mmol/z/% organische Substanz vermindert. Die so reduzierte KAK wird nun auf % < 2 μm bezogen. Böden mit < 40 mmol/z/100 g Ton lassen auf vorwiegend Zweischichttonminerale und damit ungünstige Nährstoff- und Gefügedynamik schließen. Bessere Mineralböden haben KAK > 40 mmol/z/100 g Ton (Dreischichttonminerale). Werte > 70 mmol/z/100 g Ton sind für mitteleuropäische Böden unwahrscheinlich (= Überprüfen der Analysenergebnisse!).

Die KAK der Huminstoffe ist je nach ihrem Polymerisationsgrad bei Humaten > Huminen > Fulvaten. Sie korreliert nach Tabelle 39 mit dem C/N-Verhältnis (s.a. Humusform, Zersetzungsgrad) und dem pH-Wert (s.a. variable Ladung).

Tab. 39. Qualität und Austauschereigenschaften der organischen Bodensubstanz

C/N	pH	mmol/z/100 g	Beispiele
> 25	< 4	< 150	Podsole, Pseudogleye, *Rohhumus*
25–20	4–5	150–180	silikatarme Braunerden
20–15	5–6	180–210	silikatreiche Braunerden, *Moder*
15–10	6–7	210–250	Parabraunerden
< 10	> 7	> 250	Schwarzerde, *Mull*

Die KAK von Moorböden richtet sich nach dem Zersetzungsgrad der Torfe (schwach zersetzt (Z2) 100 mmol/z/100 g Trockensubstanz – stark zersetzt (Z9) 150 mmol/z/100 g) und ebenfalls nach dem pH-Wert der Bodenlösung (s. Tab. 39). Will man die Sorptionseigenschaften von Mineral- und Moorböden miteinander vergleichen, so muß außerdem deren unterschiedliche Rohdichte (r_t) berücksichtigt werden.

Auf das Volumen (1000 cm³) bezogen hat ein wenig zersetzter Moorboden eine ähnlich niedrige KAK wie ein Sandboden. Mit steigendem Zersetzungsgrad (H2 → H9) und Rohdichte werden in Moorböden zunehmend höhere KAK gemessen als in schweren Mineralböden. Dieser Volumenbezug verbessert also die nährstoff- wie gefügedynamische Wertung eines Bodens über die analytisch ermittelte KAK.

In Tonmineralen entsteht durch isomorphen Einsatz der mehrwertigen Zentralionen (Si^{4+}, Al^{3+}) in den Si-Tetraeden und Al-Oktaedern durch niederwertige Kationen (Fe^{3+}, Mg^{2+}, K^+) ein negativer Ladungsüberschuß. Dieser wird als *permanente* Ladung bezeichnet. Zusätzlich können an seitlichen Bruch- und Spaltflächen der Tonschichtminerale aus Si-O-Si- und Si-O-Al-Bindungen im Kristallgitter funktionelle SiOH- und AlOH-Gruppen unter Beteiligung von H^+ und OH^- des Wassers entstehen. Je größer die spezifische Oberfläche, um so höher ist die Chance, daß solche Bruchstellen entstehen. Für ihre Beteiligung am Kationenumtausch ist ihre Säurestärke, d.h. die Dissozierung von H^+ entscheidend. Geringe Säurestärke bedeutet hohe Haftfestigkeit der H^+ aus der funktionellen Gruppe bzw. geringe Austauschstärke. Erst ab pH 5 bis 6, d.h. mit steigender Oh^--Konzentration, erfolgt eine zunehmende H^+-Dissoziation, die dann durch andere Kationen austauschbar sind. Mit abnehmendem pH dagegen erfolgt eine zunehmende OH^--Dissoziation, die dann durch andere Anionen austauschbar werden.

Tab. 40. Vergleich der KAK von Moor- und Mineralböden

	Moorboden			Mineralboden		
	H2	H6	H9	S	sL	T
KAK (mmol/z/100 g)	100	120	150	3	12	30
r_t(g/1000 cm³)	50	150	300	1500	1500	1500
KAK (mmol/z/1000 ccm³)	50	180	450	45	180	450

Diese pH-abhängige ladung eines Austauschers wird als *variable* Ladung bezeichnet. *Oberhalb* ihres *isoelektrischen Punktes* (IEP) wirken derartige funktionelle Gruppen als *Kationen*austauscher steigender Kapazität, *unterhalb* des IEP als *Anionen*austauscher (amphoteres Verhalten). *Permanente* Ladungen eines Austauschers sind pH *unabhängig*, *variable* dagegen pH-*abhängig*. Besonders ausgeprägte amphotere Eigenschaften besitzen die ebenfalls als Austauscher im Boden wirksamen Metalloxide.

Da der IEP für Tonminerale erst < pH 3 wirksam wird, kommt der pH-abhängigen variablen Ladung unter natürlichen Bedingungen nur für metalloxidreiche Mineralböden Bedeutung zu. Dabei ist zu beachten, daß mit Alterung (Kristallisation) der Metalloxide ihr IEP abnimmt. Das käme nun allerdings einer Zunahme ihrer Austauschkapazität gleich. Mit der Alterung nehmen aber die spezifische Oberfläche und

Tab. 41. Dissoziable OH-Gruppen und ihr isoelektrischer Punkt

Dissoziable OH-Gruppe	IEP (pH)
Tonminerale – SiOH, Al-OH	3,0
Huminstoffe, phenolische-OH, -COOH, -NH$_2$	4,5
Fe-Hydroxid	5,5
Al-Hydroxid	6,5
amorphe Kieselsäure	8,0

damit Anzahl und Stellùng funktioneller OH-Gruppen der Metalloxide ab. Amorphes Eisenhydroxid kann eine KAK von 10 bis 25 mmol/z/ 100 g besitzen, Goethit (kristallisiertes Eisenoxid) dagegen nur 3 bis 4 mmol/z/100 g.

Während Tonminerale vorwiegend permanente Ladungen tragen, sind diese bei den organischen Austauschern weitgehend pH-abhängig und damit variabel. Die negative Überschußladung von Huminstoffen ist von der Art und Verteilung funktioneller COOH-, NH$_2$- und phenolischer OH-Gruppen abhängig. Mit Anstieg des pH wird die H$^+$-Dissoziation dieser funktionellen Gruppen verstärkt, die KAK nimmt entsprechend zu. Das muß bei Bestimmung der KAK von Moorboden und Mineralboden mit viel organischer Substanz beachtet werden.

Die relativen Zu- und Abnahmen der KAK mit pH-Änderung der Austauscherlösung sind für organische Bodenaustauscher stärker als für anorganische. Mit Kalkung (pH-Erhöhung) wird die Austauschkapazität organischer Böden dreifach verändert:

1. Zunehmende Zersetzung = mehr spezifische Oberfläche (s. Tab. 39).
2. Erhöhte variable Ladung (s. Tab. 41).
3. Höhere Rohdichte (Volumenbezug – s. Tab. 40).

Um die nährstoffdynamisch und ökologisch wichtigen Bodeneigenschaften der Kationen- und Anionensorptionen richtig bewerten zu können, muß deren analytische Bestimmung nach DIN 19684, Teil 8, mit dem standorttypischen pH-Wert ihrer Bodenlösung erfolgen. Für Moorböden sollte daher die KAK mit saurer Austauscherlösung bei pH 5 ermittelt werden, für Mineralboden bei pH 8,2.

Tab. 42. pH der Austauschlösung und relative Änderung der KAK

	8,4	7,0	6,0	5,0	4,0	3,0 pH
anorganische Bodensubstanz	104	100	90	80	77	
org. Mineralbodensubstanz	108	100	79	54	35	
Moorboden	118	100		77		38

2.2.3.3 Einflüsse des Kationenbelags

Bisher wurde der bodenkundlich wichtige Vorgang des Ionenumtauschs vornehmlich von den verschiedenen Austauschern her behandelt. Nun sollen die von den Kationen ausgehenden Wirkungen betrachtet werden. Die *Haftfestigkeit* eines Kations wird von folgenden ionenspezifischen Faktoren bestimmt:
– Wertigkeit (Ladung des Kations),
– Hydratation des Kations,
– Konzentration der Kationen,
– Konzentration begleitender Ionen.

Da die Haftfestigkeit mit zunehmender Ladung (Me^+ < Me^{2+} < Me^{3+}) steigt, überwiegt in land- und gartenbaulich genutzten Böden die Ca^{2+}-Sorption (Kalkung), in Waldboden hingegen bei erhöhter saurer Disposition wird bei fehlender Kalkung die H^+- bzw. Al^{3+}-Sorption zunehmen. Trotz intensiver Kaliumdüngung beträgt die K^+-Sättigung selten mehr als 2% (Ausnahme Salzböden). Die Summe der sorbierten Me-Kationen wird als Basenssättigung oder V-Wert in % der KAK angegeben. Optimal ist in Mineralböden eine Basensättigung > 80% (s. Kalkbedarfsbestimmung, Seite 178).

Bei gleichwertigen Kationen ist für die Eintauschstärke und Haftfestigkeit weiter der Durchmesser der hydratisierten Ionen entscheidend. Ionen sind von elektrischen Kraftfeldern umgeben. In diesen werden Moleküle polarer Lösungsmittel ausgerichtet. Wasser ist ein polares Lösungsmittel. Ein heteropolares Wassermolekül kann man sich durch die räumliche Anordnung der O- und H-Ionen als Dipol mit negativen und positiven Ladungspolen ($2 \times H^+$) vorstellen, das auf die verschieden stark geladenen Ionen unterschiedlich dicht ausgerichtet ist (s. auch Hydratation, Seite 166).

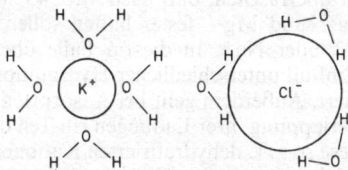

Abb. 58. Das Wassermolekül als Dipol.

Diese gerichtete Anziehung von Wassermolekülen je nach ihrem positiven oder negativen Ladungspol an negativen bzw. positiven Ladungen der Austauschoberflächen bezeichnet man als *Hydratation*. Mit zunehmender Entfernung vom Ladungsschwerpunkt des Ions nimmt die Anziehung der Wassermoleküle ab. Die unmittelbar am Ion befindlichen H_2O-Dipole sind deshalb stärker angezogen, verdichtet und ausgerichtet als die weiter entfernten (s. Abb. 58). Mit zunehmendem Ionendurch-

Tab. 43. Ionendurchmesser und Hydratationszahl

	H	Na	K	NH$_4$	Mg	Ca
Ionendurchmesser (10^{-8} cm)	0,70	1,96	2,66	2,86	1,56	2,12
Hydratationszahl (mol H$_2$O/ Ion)	3,9	1,6	1,0	0,7	7,0	5,2

messer muß die Hydratation abnehmen. Der Ladungsschwerpunkt des Ions ist dann nämlich zu weit von seiner Oberfläche entfernt. Daneben ist die Hydratation aber auch von der Ladungsstärke des Ions abhängig, d.h. bei mehrwertigen größer als bei einwertigen. Aus dem Wechselspiel von Ladungsstärke und Ionendurchmesser ergibt sich eine unterschiedliche Hydratation (Tab. 43).

Schwächer hydratisierte Ionen haben bei gleicher Wertigkeit eine höhere Eintauschstärke als stärker hydratisierte (Na$^+$ < K$^+$; Mg^{2+} < Ca^{2+}). Die gegenseitige Anziehung unterschiedlich geladener Teilchen (Austauscher $\rightleftarrows$ Kation) ist umgekehrt proportional dem Quadrat der Entfernung und folglich um so stärker, je geringer die Entfernung der Ladungsträger voneinander ist. Die Entfernung der eintauschenden Kationen zum Austauscher wird also von ihrer unterschiedlichen Hydratation bestimmt. Nach HOFMEISTER lautet die lyotrope Reihe abnehmender Hydratation und damit steigender Haftfestigkeit der bodenkundlich wichtigsten Kationen:

$$\text{Hydratation} \; \frac{\text{Li} > \text{Na} > \text{H}_3\text{O} > \text{K} > \text{NH}_4 > \text{Rb} > \text{Cs}}{\text{Mg} > \text{Ca} > \text{Sr} > \text{Ba}} \; \text{Haftfestigkeit}$$

Es mag zunächst überraschen, daß nach Tab. 43 stärker hydratisierte Kationen wie Ca^{2+} und Mg^{2+} fester haften sollen als die schwächer hydratisierten K$^+$ oder Na$^+$. In diesem Falle überlagert die höhere Wertigkeit den Einfluß unterschiedlicher Hydratation. Für 2 Na$^+$ wird nur 1 Ca^{2+} sorbiert. Außerdem geht bei Adsorption mehrwertiger Kationen durch Überlappung ihrer Ladungen ein Teil des Hydrationswassers verloren. Diese so z.T. dehydratisierten Kationen haften dann sehr fest. Auch spielt dabei eine gewisse Deformation zweiwertiger Ionen (= Polarisation) eine Rolle.

Der Kationenumtausch ist auch von der Konzentration eintauschender Kationen abhängig. Mit steigender Konzentration nimmt die Auftreffhäufigkeit der einzelnen Ionen zu, der Diffusionsweg ab. Zunächst werden alle schwächer, schließlich auch die fester haftenden Kationen durch das im Überschuß in der Austauschlösung vorhandene Kation verdrängt. Dieses Verhalten macht man sich bei der KAK-Bestimmung zunutze. Durch die perkolierende konzentrierte Ba^{2+}-Lösung gelingt ein nahezu vollständiger Austausch aller vorher am Boden haftenden Kationen. Wenn man eine schnelle Änderung des Kationenbelages anstrebt, muß man also sehr große Mengen an Bodendünger geben (s. Meliorationskalkung).

Je nach Grad der Verwitterung, Bodenentwicklung sowie anthropogener Einflüsse (Düngung > Entzug, Immission > Austrag) liegen unter natürlichen Bedingungen stets Mischbodenlösungen vor. Experimentell konnte man fesstellen, daß mit steigender Verdünnung der Austauschlösung höherwertige Kationen gegenüber einwertigen bevorzugt adsorbiert werden. Dies erklärt die hohe Ca^{2+}-Sorption der meisten Böden und die Kationen-Selektivität der Austauscher. Diese wird nach GAPON durch den Selektivitätskoeffizienten (Ks) ausgedrückt.

$$Ks = \frac{Me^{2+} \text{ sorb.} \cdot (Me^+ \text{ lösl.})^2}{(Me^+ \text{ sorb.})^2 \cdot Me^{2+} \text{ lösl.}}$$

Bei Ks > 1 sind Me^{2+}, bei Ks < 1 Me^+ stärker sorbiert. Auch spezifische Austauschereigenschaften können die bevorzugte Sorption eines Kations bedingen. Bekannt ist die bevorzugte Me^{2+}-Sorption organischer Austauscher, die zu zurückhaltender Kalkung von Moorböden zwingt, wenn deren Kaliumbevorratung nicht vernachlässigt werden soll. Bei glimmerreichen Böden neigt ein Teil der Sorptionsplätze zur bevorzugten K-Sorption. Diese ist vermutlich auf den K^+-Durchmesser zurückzuführen, der genau den napfartigen Vertiefungen entspricht, die durch Anordnung der O-Atome im Sechserring des tetraedrischen Teils im Kristallgitter der Tonminerale entsteht. Da NH_4^+ einen ähnlichen Ionendurchmesser wie K^+ besitzt, ist es nicht verwunderlich, wenn auch dieses Kation bevorzugt in Glimmerminerale eintauscht und unter dem Einfluß hoher elektrostatischer Feldstärke dann fester haftet als nach der lyotropen Reihe zu erwarten wäre. Zwischen den Elementarschichten ist durch Überlagerung der Feldstärken zweier benachbarter Ladungsflächen nämliche eine stärkere Sorption möglich als an den äußeren Oberflächen der Tonminerale, Vermiculit zeigt eine bevorzugte Mg^{2+}-Sorption. Die hohe Ladungsdichte in den Zwischenschichten bewirkt eine Dehydratisierung und erhöhte Haftfestigkeit.

Aufweitbare Dreischichttonminerale mit hoher tetraedrischer Überschußladung, Smectite, Vermiculite und Illite, können schließlich durch Einlagerung von Kationen angepaßter Größe in diese Zwischenschichten wieder kontrahieren. Damit werden die in Zwischenschichtposition sorbierten K^+ (NH_4^+) vom austauschbaren in den nicht mehr austauschbaren Zustand überführt. Diese einigen Löß- und Alluvialböden eigene Fähigkeit nennt man *Fixierung*. Sie hat praktische Bedeutung bei der Bemessung der Kaliumdüngungshöhe schwerer Böden und ihrem N-Nachlieferungsvermögen. Zur Überwindung der K^+-Fixierung von Auentonen sind nach langer Wiesennutzung große K-Düngermengen (bis 2 t/ha) erforderlich.

2.2.3.4   Anionenaustausch

Gegenüber dem Kationenumtausch tritt der Anionenumtausch quantitativ zurück, da die Austauscher im Boden pH-abhängig vorwiegend negativ geladen sind. Positive Ladungsüberschüsse sind vor allem bei Metalloxiden < pH 4,5 bis 5,5 möglich. Vom IEP abhängig, können an der Oberfläche nicht gealterter Metalloxide FeOH- und AlOH-Gruppen OH^- dissozieren. Die Anionensorption steigt mit sinkendem pH und ist in sauren, metalloxidreichen Böden (Gleye, Marschen) von Bedeutung, Metalloxide können in ihren FeOH- und AlOH-Gruppen durch Aufnahme von Protonen auch H^+ addieren. Es entsteht dann in der $FeOH_2^+$-Gruppe eine positive Ladung.

Ähnlich ist auch die Anionensorption der Huminstoffe zu erklären. Hier können NH- und NH_2-Gruppen H^+ anlagern und dann als NH_2^+- und NH_3^+-Gruppen positive Ladungen zur Anionensorption tragen.

An Tonmineralen treten AlOH-Gruppen an seitlichen Bruchflächen auf. Vom pH abhängig, dissozieren unterhalb des IEP bei niedrigem pH OH^-, die dann austauschbar sind. Ebenfalls ist die Addition von H^+ an AlOH zu $AlOH_2^+$ möglich.

Die Anionensorption ist also eine vom pH abhängige, variable Ladungseigenschaft der Bodenaustauscher, die mit sinkendem pH zunimmt (KAK-variabel nimmt dann ab). Grundsätzlich gelten für den Anionenumtausch die gleichen Regeln wie für den Kationenumtausch: er erfolgt in äquivalenten Mengen, ist abhängig von Wertigkeit, Hydratation und vorhandenen Komplementärionen. Eintauschstärke und Haltfestigkeit nehmen in folgender Reihe ab:

$$PO_4^{3-} > MoO_4^{3-} > SO_4^{2-} > NO_3^- \sim Cl^-$$

Von gewisser bodenkundlich positiver Bedeutung ist nur die PO_4-Sorption. Je nach Metalloxid-, Humus- und Tongehalt beträgt diese in mitteleuropäischen Böden 0,5 bis 2 mmol/z/100 g. Ein großer Teil der PO_4^{3-} wird jedoch eher als Ca-, Al- oder Fe-Phosphat fest gebunden und durch Alterung fixiert. Der direkte Einfluß sorbierter PO_4^{3-} auf das Gefüge der Mineralböden ist noch nicht abschließend geklärt. Die praktisch bedeutungslos geringe NO_3^{2-}-Sorption erklärt die ökologische Problematik Bodenfruchtbarkeit-Düngung-Gewässergüte infolge leichter NO_3-Auswaschung (s. Seite 291) u. Kap. Bodenschutz, Nährstoffkreisläufe, Seite 534).

2.2.3.5   Bodenreaktion

Freie H^+ in der Bodenlösung und sorbierte H^+ an den Austauschern bestimmen die Bodenreaktion (pH). Die H^+ in der Bodenlösung bedingen die *aktuelle* Acidität, die an Austauschern sorbierten H^+ die *potentielle* Acidität. Zusätzlich zu den adsorbierten H^+ bestimmen auch austauschbare Al^{3+} die potentielle Acidität. Nach ihrem Austausch bilden sie nämlich in Lösung freie H-Ionen gemäß folgender Gleichung:

$$Al^{3+} + 3H_2O \rightarrow Al(OH)_3 + 3H^+$$

Zwischen sorbierten H^+ und $Al^{3+} + H^+$ in der Bodenlösung besteht ein Gleichgewicht, das sich in pH-Wert und Basensättigung ausdrückt. Meßbarer Ausdruck der Bodenreaktion ist der pH-Wert (**potentia hydrogenii**): Als pH-Wert wird der negative Logarithmus der H^+-Konzentration bzw. die H^+-Aktivität bezeichnet. Da in wäßriger Lösung das Produkt aus H^+ und OH^--Aktivität konstant ist (pH + pOH = 14) braucht man nur die Aktivität der H^+ zu messen. Diese Messung erfolgt exakt elektrometrisch, ungenauer über Farbindikatorstäbchen.

pH 1 bedeutet $1 \cdot 10^{-1}$ oder $\frac{1}{10}$ g $H^+/1000$ cm^3

pH 2 bedeutet $1 \cdot 10^{-2}$ oder $\frac{1}{100}$ g $H^+/1000$ cm^3 usw. bis pH 14.

Mit steigendem pH nimmt die H^+-Konzentration einer Lösung also um 10^{-1} ab. Man beachte, daß die *absolute* H^+-Abnahme von pH 2 auf pH 3 z.B. um zwei Zehnerpotenzen größer ist als die von pH 4 auf pH 5!

Die aktuelle Bodenreaktion gilt streng genommen nur für den jeweiligen Bodenwassergehalt und Bewuchs. Sie ändert sich z.B. mit diesen durch H^+-Konzentrationszunahme in der Bodenlösung bei abnehmendem Wassergehalt und zunehmender biologischer Aktivität. Da es meßtechnisch schwierig ist, die jeweiligen Bodenlösungen für diese pH-Wert-Bestimmungen zu gewinnen, wird konventionell in einer Bodensuspension mit genormtem Boden-Lösungs-Verhältnis (1 : 2,5) gemessen. Dabei bleibt es nicht aus, daß auch ein Teil der an Austauschern sorbierten H^+ die Elektrode berühren. Eine aufgeschüttelte, wäßrige Bodensuspension hat deshalb ein tieferes pH als die mehr oder weniger klare Lösung nach Absetzen der Bodenteilchen. Dieser Suspensionseffekt wird ausgeschaltet, wenn man statt H_2O eine Elektrolytsuspension (0,01 m $CaCl_2$, DIN 19684 Teil 1) verwendet. Durch den Ca^{2+}-Überschuß werden auch festhaftende H^+ an den Austauschern umgetauscht. Diese zusätzlich in die Bodenlösung überführten H^+ bedingen die *Gesamt*acidität (aktuelle + potentielle). Der pH-Wert ist also eine meßtechnisch bedingte, konventionelle Größe, denn mit der Konzentration eintauschender K^+ bzw. Ca^{2+} werden steigende Mengen fester sorbierter H^+ ausgetauscht. Nach 24 Stunden herrscht Austauschgleichgewicht. Erst dann sollte gemessen werden. Sowohl pedogenetisch wie auch ökologisch werden alle chemischen, biologischen und viele physikalischen Bodeneigenschaften vom pH bestimmt. Die Böden werden nach ihrer Reaktion eingestuft.

Aus der natürlichen Vegetation können gewisse Rückschlüsse auf die Bodenreaktion gezogen werden, solange weitgehend von Düngung und Nutzung unbeeinflußte Pflanzengemeinschaften noch vorhanden sind (Ödland, Wald, Extensivgrünland). Einzelnen *Zeigerpflanzen* wird deshalb heute weniger Aussagewert beigemessen. ELLENBERG (1979) hat typische Wildkräuter des Grün- und Ackerlandes in einer jeweils zehnteiligen Skala als Säure- bis Basenzeiger (R 1–9) und Trocknis- bis Nässezeiger (F 1–10) eingeteilt. Häufig sind niedrige R-Zahlen (z.B.

Tab. 44. Bodenreaktionen

pH	Bezeichnung	Beispiele
< 3,0	äußerst sauer	saure Sulfatböden
3,0–4,0	sehr stark sauer	Hochmoorböden
4,0–5,0	stark sauer	Podsole, Moormarsch
5,0–6,0	mittel sauer	Parabraunerden, Knick-marsch
6,0–6,5	schwach sauer	Braunerden, Kleimarsch
6,5–7,0	sehr schwach sauer	Schwarzerden
7,0	neutral	Kalkmarsch
7,0–7,5	sehr schwach alkalisch	kalkreiche Niedermoore
7,5–8,0	schwach alkalisch	Neutralsalzböden
8,0–9,0	mittel alkalisch	Alkaliböden
9,0–10,0	stark alkalisch	Kalkmergel
10,0–11,0	sehr stark alkalisch	Kalksteinpulver

R 2 beim Hasenklee, *Trifolium arvense*) mit kleiner F-Zahl (2 = Trockniszeiger) verknüpft bzw. hohe Feuchtezahlen (F 7) mit großer Reaktionszahl (R 8) wie bei der Kohldistel *(Cirsium oleraceum)* verknüpft, während man eher Kombinationen von hoher Feuchtezahl, wie z. B. beim Brennenden Hahnenfuß, *Ranunculus flammula* (F 9) mit niedriger Reaktionszahl (R 3) erwartet. Auf das ausführliche Tabellenwerk in der Bodenkundlichen Kartieranleitung sei hier verwiesen.

Warum versauern Böden?

Vom Gehalt des Ausgangsgesteins an basisch wirkenden Kationen hängt es ab, wie schnell und wieviel davon bei Verwitterung freiwerden und die primär unterschiedliche, natürliche Basensättigung bestimmen. Bei Böden aus Magmatiten nimmt der natürliche Basenvorrat in folgender Reihe ab: Basalt > Diorit > Granit, bei Böden aus Sedimenten: Kalkstein > Geschiebelehm > Buntsandstein > Geschiebesand. Im Lauf der Bodenentwicklung reichern sich Protonen an. Quellen der Versauerung (s. Tab. 45) sind verschieden gewichtige systeminterne und externe H^+-Ionen:

1. **Niederschläge,** die CO_2, SO_2, NO_x enthalten. Durch steigenden Verbrauch von Primärenergie aus fossilen Brennstoffen werden durch Industrie, Haushalte und Kfz-Abgase Säuren emittiert. Im Durchschnitt des Bundesgebietes beträgt die jährliche S-Immissionsbelastung der Böden heute 40 bis 60 kg S/ha, in Industrienähe bis zu 150 kg S/ha. Eine etwa gleichhohe Säureimmission erfolgt durch NO_x vor allem aus Kfz-Abgasen. Der mittlere pH-Wert des Niederschlagswassers beträgt in ländlichen Regionen z.T. 4,1 bis 4,5 und sinkt in Ballungsgebieten (z.B. Ruhrgebiet) auf 3,9. Im Winterhalb-

Tab. 45. Beiträge einzelner H⁺-Quellen der Böden in Land- und Forstwirtschaft der Bundesrepublik Deutschland (in kg H⁺/ha · Jahr bzw. %) unter besonderer Berücksichtigung »belastender« ökosystemfremder atmosphärischer H⁺-Einträge und »normaler« ökosystemeigener bodeninterner H⁺-Produktion (nach ISERMANN 1982)

| H⁺-Quellen | H⁺-Anlieferung in den Ökosystemen | | | |
| | Landwirtschaft | | Forstwirtschaft | |
	(kg H⁺/ha · a)	(%)	(kg H⁺/ha · a)	(%)
1. »Belastende« ökosystemfremde atmosphärische H⁺-Einträge				
1.1 Aktuelle H⁺-Deposition (durch SO_x, NO_x, Cl, CO_2)	2,6–3,6	10–11	3,2–5,0	17–16
1.2 Potentielle H⁺-Deposition (nitrifizierter NH_3- bzw. NH_4^+-N)	1,0–2,0	4–6	1,6–3,4	9–11
	~ 1,6	~ 5	1,6(-6,8)	~ 6
2. »Normale« ökosystemeigene bodeninterne H⁺-Produktion				
2.1 Bodenatmung (Wurzel- und Edaphonatmung)	23,4–30,1	90–89	14,8–26,6	83–84
	~ 10	~ 33	(4)-10	~ 40
2.2 Bevorzugte Kationenaufnahme	0,1–5,0	<1–15	0,1–10,1	<1–32
	(0,4–52)		(3,5–36)	
2.3 Biologische (NH_4^+)Bindung	$\varnothing \approx 0,7$	~ 2	$\varnothing \approx 3,6$	~ 15
2.4 Aktive H⁺-Exkretion der Pflanzenwurzel (Protonenpumpe)	1,1–2,9	4–9	1,1–2,9	6–9
2.5 NH_4-N-Düngung (80 kg NH_4^+-N) → (Nitrifikation)	11,5	38	–	–
3. Gesamte H⁺-Anlieferung im Boden*	26,0–33,7	100	18,0–31,6	100

* Humifizierung als weitere H⁺-Quelle nicht berücksichtigt

jahr (Heizperiode) werden z. B. in Bremen im Niederschlagswasser pH-Werte bis $< 3,5$, im Sommerhalbjahr von $> 4,5$ gemessen. Im humiden Klima mit positiver klimatischer Wasserbilanz werden die durch H^+ in die Bodenlösung ausgetauschten Basen ausgewaschen. In ariden Klimaten kommt es umgekehrt zu einer Salzanreicherung im Oberboden.

2. Die **Vegetation** produziert jedoch wesentlich mehr Säuren (s. Tab. 45). Bei der Atmung von Bodenorganismen und Pflanzenwurzeln entstehen H^+ und CO_2. Schlecht gepufferte Böden können mit steigender CO_2-Konzentration in der Bodenluft vor allem dann versauern, wenn durch Verschlämmungen und Verkrustungen der Bodenoberfläche der Gasaustausch zur CO_2-ärmeren Atmosphäre unterbunden ist. Im zeitigen Frühjahr zeigen Saaten auf solchen Standorten durch Vergilbung Säureschäden, die nach Bodenlockerung und -lüftung, z. B. durch Eggen, Hacken oder leichtes Walzen wieder verschwinden. Immerhin kann eine intensiv landwirtschaftlich genutzte Fläche bis zu 12000 kg kalklösende $CO_2/ha \cdot$ Jahr produzieren. Durch bakterielle Nitrifizierung entsteht im Boden Salpetersäure. Pflanzenwurzeln scheiden organische Säuren aus. Die Rhizophäre, der unmittelbare Bodenwurzelkontaktbereich ist deshalb um bis zu 1 bis 2 pH-Einheiten saurer als der wurzelfreie Boden.

Durch **Humifizierung** entstehen vor allem in der Streudecke der Wald- und Grünlandböden als Ab- und Aufbauprodukte organische Säuren. Humin- und Fulvosäuren können das Boden-pH stärker erniedrigen als biogene Kohlensäure. Oligotrophe, organogene Böden (Hochmoore) sind mit pH < 4 besonders sauer. Mit dem Traufwasser der Pflanzen werden ebenfalls organische Säuren aus der pflanzlichen Oberfläche extrahiert bzw. aus trockenen Depositionen abgewaschen. Von den Pflanzenoberflächen aus der Atmosphäre »ausgekämmte« Mineralsäuren (s. Interzeption) gelangen vorzugsweise in die Nähe der Baumstämme in den Boden. Die besonders ausgeprägte Podsolierung in Stammnähe von immergrünen Koniferen führt zu tiefreichenden Wurzeltöpfen im Ah- und Bhs-Horizont. Saurer Regen schadet daher vorzugsweise den in der Regel nicht gedüngten und ungekalkten Waldböden.

3. Grundwasserböden mit Sulfiden (z. B. Pyrit, FeS_2) und anderen **S-haltigen Mineralen** (z. B. Maibolt, Jarosit oder Gelbeisenerz ($K_2Fe_6(OH)_{12}SO_4$ in Moormarschen) sind im Reduktionsbereich charakteristisch schwarzgrau bzw. gelb gefärbt. Solange diese Stoffe reduziert bleiben, sind sie völlig unschädlich. Bei Entwässerung und Belüftung oder als Grabenaushub jedoch oxidiert, entstehen zunächst Eisensulfate (Fe_2SO_4 und $Fe_3(SO_4)_2$), die in FeOOH und H_2SO_4 hydrolisieren: $4\ FeS_2 + 10\ H_2O + 15\ O_2 \rightarrow 4\ FeOOH + 8\ H_2SO_4$. Durch diese Oxidationsverwitterung kann die Bodenreaktion bis $<$ pH 2 absinken, jegliches Leben in Böden und Gewässern

unterbinden sowie Betonbauten (Brücken, Schöpfwerke) zerstören. Das nesterweise Auftreten solcher pflanzenschädlichen Stoffe erschwert die Bestimmung des zusätzlichen Kalkbedarfs. So bleiben oft über Jahrzehnte örtlich vegetationsfreie Grabenufer.

4. Schließlich sind Einflüsse der **Bodennutzung** durch den Menschen zu nennen. Von der Kulturart und ihrer Durchwurzelungstiefe hängt es ab, ob im humiden Klima leicht auswaschbare Basen aus dem damit angereicherten Unterboden wieder an die Bodenoberfläche gepumpt werden. Unter tiefwurzelndem Buchenwald ist der Versauerungsprozeß auf kalkhaltigem Unterboden gebremst und die Entwicklung zur Braunerde vorgezeichnet. Wird nach der Buche die flachwurzelnde Fichte gepflanzt, beginnt unter deren saurem Bestandsabfall die Podsolierung.

5. Landwirtschaftliche Produkte entziehen dem Boden nur wenig Basen (s. Tab. 100). So werden durch eine gute Getreideernte nur bis zu 200 kg/ha K₂O, 60 kg/ha CaO und 30 kg/ha MgO entzogen, durch die Rübenernte dagegen mit 200 kg/ha K₂O, 90 kg/ha CaO und 80 kg/Ha MgO wesentlich mehr, vor allem dann, wenn das Rübenblatt nicht auf dem Feld verbleibt. Ein Teil der Nährstoffe kann über den Stallmist wieder in den Boden zurückgelangen. Verbleiben Stroh bzw. Blatt auf dem Ackerland ist der Basenexport auf etwa die Hälfte reduziert. Jahrhundertelange Streu- und Holzentnahme hat die Waldböden in ihrem Basenumlauf geschwächt und zur Versauerung beigetragen. Besonders durch Gemüse erfolgt ein starker Basenexport. Die Mineraldüngung wird bei den Hauptnährstoffen N, P, K den Bodengehalten und dem Entzug angepaßt, die Kalkversorgung aber häufig vernachlässigt (s. Seite 177).

Das gilt vor allem bei Verwendung ballastarmer, hochprozentiger, meist physiologisch saurer Mehrnährstoffdünger. Man kann die alkalische oder saure Wirkung eines Mineraldüngers vorausberechnen. Dazu werden den Kationen und Anionen äquivalente CaO-Mengen gegenübergestellt.

Tab. 46. Kalkäquivalente (nach SLUIJSMANNS 1970)

1 kg K₂O	äquivalent	0,6 kg CaO
1 kg CaO	äquivalent	1,0 kg CaO
1 kg MgO	äquivalent	1,4 kg CaO
1 kg Na₂O	äquivalent	0,9 kg CaO
1 kg SO₃	äquivalent	− 0,7 kg CaO
1 kg Cl	äquivalent	− 0,8 kg CaO
1 kg F	äquivalent	− 1,5 kg CaO
1 kg P₂O₅	äquivalent	− 0,4 kg CaO
1 kg N	äquivalent	− 1,0 kg CaO

Tab. 47. Nährstoffgehalte (%) und Kalkwerte (kg/100 kg) einiger häufig verwendeter Düngemittel

Mineraldünger	N	P$_2$O$_5$	K$_2$O	MgO	CaO	Kalkwert
Branntkalk					70–90	+ 70 bis + 90
Mg-Branntkalk				16	68	+ 90
Kohlens. Kalk					45–51	+ 45 bis + 51
Konverterkalk		3			43	+ 42
Kalkstickstoff, geperlt	21				35	+ 35
N-Lösung (AHL)	28					− 28
Kalkammonsalpeter	26				14	− 12
Schwefels. Ammoniak	21					− 63
Stickstoffmagnesia	20			7		− 25
Kalksalpeter	15,5				28,5	+ 13
Harnstoff	46					− 46
Thomasphosphat		15			51	+ 45
Superphosphat		18			17	± 1
Novaphosphat		26			32	+ 22
Hyperphosphat		27			44	+ 33
Triplephosphat		46			15	− 3
Kalidünger			40–50			0
NPK-Dünger	6–24	8–15	8–20			− 9 bis − 23

Wenn aus einem Mineraldüngersalz das Kation (= Base) stärker von der Pflanze aufgenommen wird als das begleitende Anion (= Säurerest), handelt es sich um einen *physiologisch sauren* Mineraldünger (z. B. schwefelsaures Ammoniak ($NH_4)_2SO_4$). Bevorzugte Aufnahme des Säurerestes z. B. bei Ca-Phosphaten wirkt *physiologisch alkalisch*. Volldünger wirken ausnahmslos physiologisch sauer. Ohne Berücksichtigung von Basenauswaschung, NH_4-K-Fixierung, Nitrifikation, Denitrifikation können Kalkäquivalente für gebräuchliche Handelsdüngemittel angegeben werden (siehe Tab. 47).

2.2.3.6 Entkalkung und Kalkbedarf

Überschüssige H^+ und positive klimatische Wasserbilanz (N > V) führen zur Entkalkung. Unterschiedliche Entkalkungsgeschwindigkeiten und -tiefen sind abhängig vom Kalkgehalt des Ausgangsgesteins, Entwicklung des Bodens. Trotz ihres hohen Alters sind Steppenschwarzerden weniger tief entkalkt als die unter humidem Klima weiter entwickelten Lößparabraunerden. Die Entkalkung der relativ jungen Marschen hängt ab von ihrem sedimentationsbedingt primären, unterschiedlichen Kalkgehalt und der für marine Sedimente spezifischen Schwefeldynamik. In ariden Klimaten kommt es dagegen zu Kalk- und Gipskrustenbildung an der Bodenoberfläche durch Anreicherung aus verdunstetem Bodenwasser.

Der Gehalt an Karbonaten kann im Felde relativ einfach durch die Salzsäureprobe ermittelt werden. 1 : 3 mit Wasser verdünnte, konzen-

Tab. 48. Beurteilung des Karbonatgehaltes in Böden (Salzsäureprobe) (nach Kartieranleitung 1982, gekürzt)

CO_2-Entwicklung bei bindigen Bodenarten*	Bezeichnung	Kurzzeichen konvent.	ADV	Ungef. Carbonatgehalt Gew. %
keine Reaktion	karbonatfrei		c0	0
sehr schwache Reaktion, nicht sichtbar, hörbar	sehr karbonatarm	c″	c1	< 0,5
schwache Reaktion, kaum sichtbar	karbonatarm	c′	c2	0,5–2
schwache nicht anhaltende, sichtbare Bläschenbildung	schwach		c3.2	2–4
deutliche, nicht anhaltende Bläschenbildung	mittel karbonathaltig	ċ	c3.3	4–7
starkes nicht anhaltendes Aufschäumen	stark		c3.4	7–10
	karbonatreich	c̄	c4	20–25
starkes anhaltendes Schäumen	sehr karbonatreich	c̿	c5	25–50
	extrem karbonatreich	c	c6	> 50

* Bei nicht bindigen Bodenarten stärkere Reaktion bei gleichem Karbonatgehalt

trierte (37%) HCl wird auf vorbefeuchteten Boden getropft und der Carbonatgehalt aus sicht- und hörbaren Reaktionen des Bodens geschätzt. Da neben $CaCO_3$ auch andere Karbonate ($MgCO_3$, $FeCO_3$) im Boden vorhanden sein können, ist es besser, die mit der Salzsäuremethode ermittelten Gehalte nur auf Karbonate zu beziehen, wenn damit auch vorwiegend $CaCO_3$ erfaßt wird. Wenn H_2S-Geruch auftritt, sind Sulfide (s. pflanzenschädliche Stoffe, Seite 172) im Boden vorhanden. Bei schneller CO_2-Entwicklung liegt vorwiegend Calcit vor. Verzögerte Reaktion weist auf Dolomit oder Siderit hin. Gleichmäßiges Schäumen ist ein Zeichen von Feinverteilung.

Die Intensität der Reaktion ist außer von der Menge und Art der Karbonate auch von der Geschwindigkeit des Eindringens der HCl-Lösung im Boden abhängig. Faktoren, die das Durchtränken des Bodens mit der Salzsäure beeinflussen oder die Konzentration der HCl-Lösung nennenswert herabsetzen, können sich auf die Intensität des Reaktionsablaufes auswirken (z. B. Ton-, Wassergehalt, Oberfläche). Düngekalk, kalkhaltige Fossilien, Bauschutt und Kalksteinsplitter im Boden können die Ansprache verfälschen.

Böden aus Gesteinen mit Karbonatgehalten > 10 Gew.% werden als Mergelböden bezeichnet, über 50 Gew.% als Mergel- oder Kalksteinböden. Die Löslichkeit der Karbonate hängt vom CO_2-Gehalt des Wassers ab. Dieser ist abhängig vom CO_2-Partialdruck und fällt mit der Höhe der Temperatur.

Schwerlösliches $CaCO_3$ wird durch überschüssige Kohlensäure in leichtlösliches $Ca(HCO_3)_2$ überführt: $CaCO_3 + CO_2 + H_2O \rightleftarrows Ca(HCO_3)_2$. Abgabe von CO_2, z.B. durch Erhitzen, kann umgekehrt wieder zur Ausfällung von schwerlöslichem $CaCO_3$ führen. Der in der Atmosphäre vorherrschende niedrige CO_2-Partialdruck wird in der Bodenluft durch biologische Aktivität deutlich überschritten. Unterstellt man einen relativ niedrigen CO_2-Partialdruck in der Bodenluft von 0,0033 bar = 0,3%vol, so sind in kalkhaltigen Böden je Liter H_2O 117 mg $CaCO_3$ löslich. Bei einer für das Bundesgebiet mittleren klimatischen Wasserbilanz von 800 mm Niederschlag und bis zu 500 mm Verdunstung = 300 mm Abfluß wären bei totaler Versickerung je m² jährlich 300 × 117 = 35100 mg löslich (= 350 kg/ha $CaCO_3$-Auswaschung). Rechnet man die durch örtlich unterschiedliche Immissionsbelastung (bis zu 200 kg/

Tab. 49. CO_2-abhängige $CaCO_3$-Löslichkeit (mg/l) bei 25 °C

	Atmo-sphäre	Boden				
CO_2-Partialdruck (bar)	0,00031	0,0033	0,016	0,043	0,1	1,0
$CaCO_3$ (mg/l H_2O)	52	117	201	287	390	900

ha SO_2) erforderlichen Kalkäquivalente = 250 kg/ha $CaCO_3$ und den pflanzlichen Kalkentzug (bis zu 180 kg/ha $CaCO_3$) hinzu, so wird der hohe maximale Kalkbedarf unserer Böden deutlich. Dabei ist die von der Mineraldüngung und -wirkung abhängige Kalkbilanz noch nicht berücksichtigt (s. Tab. 47).

Diese Kalkbilanz gilt strenggenommen nur für kalkreiche Böden (freies $CaCO_3$). Bei kalkarmen, versauerten Böden ist das restliche, sorbierte Ca^{2+} relativ fest gebunden, schwerer austausch- und auswaschbar. Die Kalkverluste sind dann entsprechend kleiner (s. Erhaltungs- und Gesundungskalkung, Seite 179). Im Hinblick auf einen wirksamen Bodenschutz (s. Seite 525) sind zur Immobilisierung von Schadstoffen und zur Gefügestabilisierung schwerer Böden relativ hohe, in humusreichen, organogenen Böden dagegen tiefe pH-Werte anzustreben.

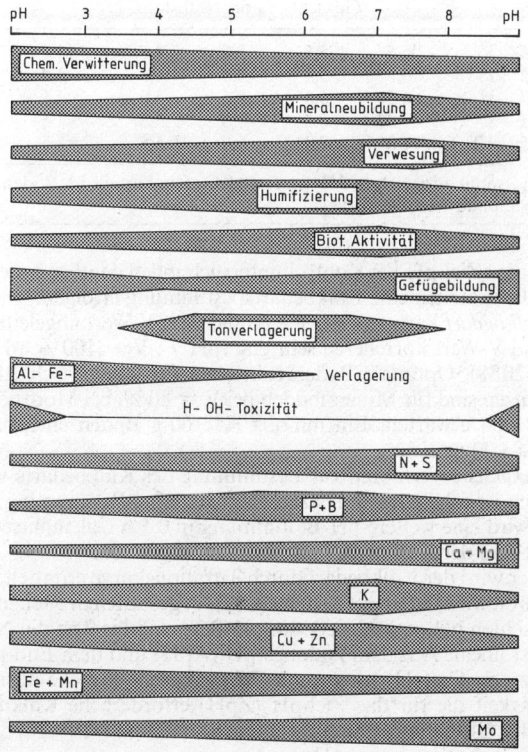

Abb. 59. pH-Wirkungen im Boden (nach SCHROEDER 1983).

Da zu hohe wie auch zu niedrige Kalkgehalte für Boden und Pflanze nachteilig sind (Spurenelementfestlegung bzw. -mobilität, Abbau bzw. Anreicherung organischer Substanz, Al-Toxidität, Gefügestabilität) muß die Bodenreaktion durch pH-Messungen überwacht werden (Abb. 59). In Tab. 50 sind die pH-Ziele für die verschiedenen landwirtschaftlich genutzten Bodenarten aufgeführt. Mit steigendem Gehalt organischer Substanz fallen, mit dem Tonanteil steigen die Ansprüche der Böden an die Kalkversorgung.

Tab. 50. pH-Ziele der Ackerböden nach Verband Deutscher Landwirtschaftlicher Untersuchungs- und Forschungsanstalten (VDLUFA)

% 2μm	Boden-art	< 4(h)	4–8($\overline{h}$)	8–15($\overline{\overline{h}}$)	15–30(a)	30–60(H)	> 60(H)
			Gewichts % org. Substanz				
< 5	S	5,5	5,5	5,0	4,5	4,0	4,0
5–12	lS	6,0	5,5	5,0	4,5	4,0	4,0
12–17	sL	6,5	6,0	5,5	5,0	4,5	4,0
17–25	L	7,0*	6,5	6,0	5,5	4,5	4,0
> 25	LT, T	7,0*	7,0*	6,0	5,5	4,5	4,0

* günstig, wenn zusäzlich > 1% freies $CaCO_3$ fein verteilt im Boden als gefüge-stabilisierende Reserve vorliegt.

Sobald das Ziel-pH bei Kontrolluntersuchungen deutlich unterschritten ist, muß zusätzlich eine Kalkbedarfsbestimmung erfolgen.
Der *Kalkbedarf* kann aus der KAK und dem V-Wert abgeleitet werden. pH- und V-Wert korrelieren sehr eng (pH 7 : V = 100%, pH 3 : V = 10 bis 20%). Optimale Bodenreaktionen für landwirtschaftliche Kulturpflanzen sind für Mineralböden bei V = 80%, bei Moorböden bei V = 50% zu erwarten. Ein mmol/z H^+/100 g Boden entspricht 8,4 dt CaO/ha · 20 cm.
Das einfachste Verfahren zur Bestimmung des Kalkbedarfs von Mineralböden ist folgendes: Zuätzlich zur pH-Wert-Bestimmung in 0,01 m $CaCl_2$ wird eine weitere pH-Bestimmung in 0,5 n Calciumacetat durch- · geführt und der Kalkbedarf aus Tabellen abgelesen.
Genauer wird der Kalkbedarf durch Titrationskurve ermittelt. Die »Bodensäure« wird dabei mit n/30 $Ca(OH)_2$ in gestaffelten Mengen bis zum gewünschten pH neutralisiert. Im pH-Bereich 3 bis 7 ist die Neutralisation fast linear. Aus dem Anfangs-pH (ApH) und dem End-pH (EpH) (Zusatz von $Ca(OH)_2$) kann mit für praktische Zwecke ausreichender Genauigkeit die für das Ziel-pH (ZpH) erforderliche Kalkmenge mit folgender Gleichung ermittelt werden.

$$\frac{ZpH - ApH}{EpH - ApH} \cdot 37 = dt\ CaO/ha \cdot 20\ cm$$

Dieses Verfahren wird zur Bestimmung des Kalkbedarfs von Moorböden angewendet.

Eine dem Kalkverlust entsprechende, prophylaktische, relativ kleine
jährliche Gabe < 5 dt/ha CaO wird als *Erhaltungskalkung* bezeichnet.
Werden nach einer Kalkbedarfsermittlung höhere Gaben erforderlich,
so handelt es sich um eine einmalige *Gesundungs-* oder *Meliorationskalkung*.

Kontrolluntersuchungen nach der Kalkung zeigen häufig, daß die er-
rechneten Kalkmengen nicht ausgereicht haben, das Ziel-pH im Boden
zu erreichen. Verschiedene Gründe werden genannt:

1. Ungleichmäßige Kalkverteilung im Boden
2. Zu langsamer Reaktionsausgleich im Feld gegenüber dem Laborexperiment
3. Nach der Kalkung durch Mineralisierung organischer Substanz freigesetzte Säuren
4. Aktivierung variabler Austauscherladungen mit steigender Kalkzu-
   fuhr.

Diesen Nachteilen wird bei der Azetatmethode durch tabellarische Faktoren weitgehend Rechnung getragen. Für die Kalkung von Moorböden
wird empfohlen, die aus der Kalkbedarfsermittlung im Labor errechne-
ten Kalkmengen zu verdoppeln. Enthält ein Boden pflanzenschädliche
Schwefelverbindungen, die erst nach Oxidation freigesetzt werden, muß
nach DIN 19684, Teil 9, deren zusätzlicher Kalkbedarf berücksichtigt
werden.

Böden mit zu hoher Na^+-Sorption erhalten Gips statt Kalk. Damit
umgeht man den sonst nachteiligen Sodaeffekt mit Dispergierungsge-
fahr:

$$2 \text{ Na-Boden} + CaCO_3 = \text{Ca-Boden} + Na_2CO_3$$
$$\text{besser } 2 \text{ Na-Boden} + CaSO_4 = \text{Ca-Boden} + Na_2SO_4$$

Das bei der Gipsmelioration gebildete Neutralsalz Na_2SO_4 ist unschädlich für die Gefügestabilität. Gipsdüngung ist ab 1 bis 2 mmol/z Na^+/
100 g Boden erforderlich, je mmol/z Na^+ sind 26 dt Gips/ha · 20 cm
erforderlich. So werden Alkaliböden, aber auch länger von Meerwasser
überflutete Marschen verbessert.

2.2.4 Der Boden als Puffersystem

In Anlehnung an die stoßdämpfenden Puffer der Eisenbahn, versteht
man unter Pufferung die Eigenschaft eines chemischen Systems, bei
Zugabe von H^+ oder OH^- sein pH kaum zu verändern. Bodenkundlich
ist die Pufferung insofern wichtig, als Pflanzen und Bodenorganismen
empfindlich auf plötzliche und starke pH-Änderungen, z.B. durch Düngung und Kalkung, reagieren. Langfristig ist ein gut gepufferter Boden
auch gegen den ständigen Prozeß der Versauerung und gegen Schadstoffe besser geschützt als ein schlecht gepufferter.

Tab. 51. Pufferbereiche und Pufferkapazitäten von Böden in Abhängigkeit von deren pH-Wert (nach Ulrich 1984)

pH-Wert	Pufferbereich	Pufferkapazität*	
> 6,2	Carbonat	300	kmol H^+/% $CaCO_3$
6,2–5,0	Silikat	25	kmol H^+/% Silikat
5,0–4,2	Austausch	7,5	kmol H^+/% Ton
< 4,2	Aluminium	150	kmol H^+/% Ton

* Angaben bezogen auf 10 cm Krumentiefe

Im Boden sind verschiedene Puffersysteme wirksam (Tab. 51). Gemische schwacher Säuren mit ihren Salzen können Reaktionsschübe gut auffangen. Die Wirkung beruht auf der Neutralisierung von H^+ und OH^- und deren Überführung in schwächer dissoziierte Säuren bzw. Basen.
(Dissoziation = Fähigkeit eines gelösten Moleküls, in elektrisch verschieden geladene Bestandteile (Ionen) zu zerfallen. Dissoziationsgrad = Anteil dissoziierter Kationen bzw. Anionen). So wirkt im pH-Bereich > 6,2 das Puffersystem $CaCO_3$/$Ca(HCO_3)_2$/H_2CO_3 nach folgender Gleichung:
$$CaCO_3 + CO_2 + H_2O \rightleftarrows Ca(HCO_3)_2 + 2\,HCl \rightarrow CaCl_2 + 2\,H_2O + 2\,CO_2.$$
Anstelle der stark dissoziierten HCl sind die schwächere H_2CO_3 und das Neutralsalz $CaCl_2$ gebildet worden. H_2CO_3 kann wieder mit $CaCO_3$ reagieren oder in CO_2 und H_2O hydrolysiert werden. Im Gleichgewicht mit Luft unterschiedlichen CO_2-Gehaltes nimmt das pH des Wassers ab (s. Tab. 52). Ist jedoch $Ca(HCO_3)_2$ im Wasser gelöst, so ist die pH-Abnahme deutlich verzögert.
Fehlen freie Karbonate, so puffern die Silikate und Austauscher im Boden im pH-Bereich 6,2 bis 4,2. Durch Austausch der Alkali- und Erdalkalikationen gegen H^+ entsteht aus der freien Säure in der Bodenlösung die undissoziierte »Feststoffsäure« am Austauscher. Die aktuelle (aktive) Acidität nimmt dabei ab, die Austauschacidität zu. Umgekehrt können überschüssige Basen neutralisiert werden. Je höher die KAK, um so besser ist diese Pufferwirkung eines Bodens. Humusarme Sand-

Tab. 52. CO_2-Lösungsgleichgewichte gepufferten und ungepufferten Wassers

CO_2 in der Luft	0,03	0,30	1,50
pH-Wasser	5,72	5,22	4,95
pH-Wasser + Ca $(HCO_3)_2$	7,89	7,81	7,47

böden sind weniger gut gepuffert als Lehm-, Ton- oder Moorböden. Gärtnerische Erden (Torf-Lehm-Sandmischungen) sind besonders gut gepuffert.

Mit Phosphat hoch versorgte Böden sind im Nebeneinander von primären, sekundären und tertiären Phosphaten im pH-Bereich 5 bis 8 gut gepuffert:

$$2\ CaHPO_4 + 2\ HCl \rightleftarrows Ca(H_2PO_4)_2 + CaCl_2$$

Das sekundäre oder Dicalciumphosphat hat die stark dissoziierte HCl unter Bildung des schwach sauren primären oder Monocalciumphosphat und des Neutralsalzes $CaCl_2$ gepuffert.

Bei pH-Werten $< 4,2$ beginnt die Wirkung des Al-Puffersystems. Drei H^+ lösen ein Al^{3+} aus den Oktoederschichten der Tonminerale, die von 6 H_2O Dipolmolekülen umgeben werden. Bei steigendem pH wird ein Wassermolekül durch eine Hydroxylgruppe ersetzt. Solche Moleküle können polymerisieren und negative Ladungen des Tonminerals neutralisieren (Polymerer – Aluminium – Hydroxo – Aqua – Komplex). Sie haften sehr fest an der Tonmineraloberfläche. So stellt man sich die Bildung von 4-Schichtmineralen oder sekundären Al-Chloriten vor.

Erst $< pH\ 3,5$ ist das Wachstum der Kulturpflanzen durch Al^{3+}- und H^+-Überangebot beeinträchtigt (Säureschäden i.e.S.). Sofern der Boden gut gepuffert ist, kann der relativ geringe Ca-Bedarf der Kulturpflanzen meist gedeckt werden. So ist auf gut gepuffertem Al^{3+}-freiem Moorboden das gute Wachstum der Kulturpflanzen um pH 4 zu erklären. Mineralböden müssen dagegen wegen der Al-Toxidität möglichst pH $> 4,5$ aufweisen. L- und T-Böden sollten an der Obergrenze der Austauscher-Pufferung bzw. im $Ca(HCO_3)/CaCO_3$ Pufferbereich genutzt werden. Für Schluff- und Sandböden ist die Phosphat-Pufferung vorteilhaft.

2.2.5 Der Boden als Redoxsystem

Chemisch-biologische Prozesse als Oxidation oder Reduktion laufen im Boden ab. In hydromorphen Böden überwiegen reduktive, in terrestri-

Tab. 53 Boden-Redoxsysteme ($\rightarrow$ = Oxidation $\leftarrow$ = Reduktion)

			Normalpotential	zunehmend reduktiv	zunehmend oxidativ
H_2S	$\rightleftarrows S$	$\rightleftarrows SO_4$	+ 2590 mV		
Mn^{++}	$\rightleftarrows Mn^{3+}$	$\rightleftarrows Mn^{4+}$	+ 1230		
	H_2	$\rightleftarrows H_2O$	+ 1200		
	Fe^{2+}	$\rightleftarrows Fe^{3+}$	+ 770		
NH_4	$\rightleftarrows N$	$\rightleftarrows NO_3$	− 412		
CH_4	$\rightleftarrows C$	$\rightleftarrows CO_2$	− 636		
red. org. Subst.	$\rightleftarrows$ oxid. org. Subst.		+ 100 bis − 200		

schen oxidative Einflüsse. Während auf Aggregaten und in luftführenden Porenraum – Porenkontinuität vorausgesetzt – Oxidation vorherrscht, kann im (verdichteten) Aggregat und in Engpässen dicht daneben Reduktion vorliegen. Dieses Nebeneinander beider Prozesse
erschwert die exakte Messung des aktuellen Redoxpotentials im gesamten Boden. Viele Schäden an Böden und Pflanzen lassen sich durch
Störungen im Redoxpotential (ROP) (vereinfacht = Verhältnis Oxidation/Reduktion) erklären. Oxidation und Reduktion sind jeweils als
Elektronen verschiebende Reaktionen miteinander verknüpft.

Elektronenabgabe

↑

Oxidation

Reduktionsmittel – Elektronen $\rightleftarrows$ Oxidationsmittel + Elektronen

Reduktion

↓

Elektronenaufnahme

Die oxidierende bzw. reduzierende Arbeit (Elektronenauf- und abnahme), die in einem Redoxsystem geleistet wird, bezeichnet man als
Redoxpotential (ROP). Es wird bei 25 °C auf das Normalpotential
$H_2 \rightleftarrows 2 H^+$ (Wasserstoffelektrode) bei pH 0 (konventionell = + OmV)
bezogen und bei 1-molarer Konzentration der Reaktionspartner mit
einer Platin-Elektrode als Potentialdifferenz in mV gemessen. Je höher
das ROP, um so stärker ist die Oxidationskraft. Im Boden laufen zahlreiche Oxidations-/Reduktionsprozesse neben- und nacheinander ab
(Tab. 53). Man mißt also ein Gesamtpotential, das stark pH-abhängig
ist. Im Boden sind ROP zwischen -200 mV (stark reduzierend) und
$+700$ mV (stark oxidierend) möglich. Gut belüftete Böden haben hohe,
vernäßte, an organischer Substanz, Fe^{2+}-, Mn^{2+}-reiche Böden niedrige
ROP. In hydromorphen Böden nimmt das ROP mit der Tiefe ab. Im
Go-Horizont werden positive mV, im Gr negative mV-Werte gemessen.
Im Sw-Horizont schwankt das ROP auf engstem Raum. In terrestrischen Böden kann bei vernäßter, humushaltiger Krume umgekehrt das
ROP dort niedriger sein als im Unterboden. Nur ROP-Messungen am
gewachsenen Profil sagen genügend aus (Einfluß von Belüftung, sorbierter Elektronendonatoren und -akzeptoren). Je mehr Redoxpartner im
Boden vorhanden sind, um so weniger stark ist die ROP-Schwankung.
Analog zur Pufferung nennt man das Abfangen von ROP-Veränderungen Beschwerung. Für Nährstoffhaushalt, biologische Aktivität, Verwitterung, Zersetzung und Bodenentwicklung ist die Höhe des ROP
entscheidend.
Das ROP ist vom pH abhängig. Nur bei gleichem pH gemessene ROP
sind vergleichbar. Die Potentialdifferenz einer pH-Stufe kann zwischen
50 und 100 mV betragen. Die pH-abhängige Reduktionskraft eines Systems (rH) kann nach folgender Beziehung ermittelt werden:

$$rH = \frac{ROP}{28,9} + 2 \cdot pH \ (28,9 = \text{Nernstsche Konstante})$$

Die rH-Skala reicht von 0 bis $41 \cdot rH \ 0 = $ Reduktionswirkung des gasförmigen, durch Berührung mit Pt aktivierten H bei 1 bar und $18\ °C \cdot rH \ 5 = $ Reduktionswirkung von aktivierten H bei 10^{-5} bar, $rH \ 41 = $ reines O_2, bei 1 bar und $18\ °C \cdot rH \ < 15$: es überwiegen Reduktionsvorgänge, $rH > 30$: es überwiegen Oxidationen. In verschiedenen Systemen ermittelte rH-Werte sind unabhängig vom pH vergleichbar.

2.3 Biologische Bodeneigenschaften – Bodenbiologie

Die organische Substanz des Bodens umfaßt alle in und auf dem Boden befindlichen, abgestorbenen pflanzlichen und tierischen Stoffe und deren organische Umwandlungsprodukte. Der alt eingeführte Begriff Humus ist mit dieser Definition gleichbedeutend. Die Gesamtheit der im Boden lebenden pflanzlichen und tierischen Organismen wird als das Edophon bezeichnet.

Bei der Bodenanalyse im Laboratorium wird das Edaphon bei der chemischen Bestimmung der organischen Substanz bis auf die größeren Bodentiere miterfaßt. Hierbei unterliegt das Ergebnis infolge der Vermehrungsrate der Kleinlebewesen und der Wurzelbildung der höheren Pflanzen starken jahreszeitlichen Schwankungen. Im Ap-Horizont eines intensiv genutzten Ackers kann daher der Gewichtsanteil des Edaphons an der gesamten organischen Substanz zwischen ein und zehn Gewichtsprozenten schwanken. In der stark durchwurzelten Narbe eines Grünlandbodens können bis zu 15 % des Trockengewichts der organischen Masse zum Edaphon gehören.

Eine Unterteilung der Bodenlebewelt in Bodenflora und Bodenfauna berücksichtigt ihren komplexen Einfluß auf die Umsetzungsprozesse nicht hinreichend. Die Zusammensetzung der Gesamtheit der Bodenorganismen wird kleinräumig durch oft stark wechselnde Bodeneigenschaften bestimmt. Daher wird die Gliederung des Edaphons nach der Anpassungsfähigkeit der Bodenorganismen vorgenommen.

2.3.1 Lebewesen des Bodens – das Edaphon

Die Bodenorganismen sind teils Mikroben: Bakterien, Actinomyceten, Protozoen, Pilze und Algen; teils sind es Bodentiere: niedere Würmer, Ringelwürmer, Schnecken, Gliederfüßler und Wirbeltiere. Die Besonderheiten der Umweltbedingungen im Boden haben zu einer Anpassung besonders der Bodenfauna geführt. Innerhalb der Organismengemeinschaft des Bodens lassen sich vier ökologische Anpassungstypen unterscheiden:

1. *Bodenhafter* (sessiles Edaphon). Ihre schleimartigen Kolonien kleiden die Wände selbst kleinster Bodenhohlräume oft rasenartig aus. Sie sitzen dort so fest, daß sich nur ein kleiner Teil von ihnen beweglich in der Bodenlösung befindet. Ihre Verbreitung erfolgt passiv durch Transport im Bodenwasser und durch Verschleppung.

2. *Bodenschwimmer* (natantes Edaphon). Es sind aktiv bewegliche, kleinste Lebewesen, die sich überwiegend von Organismen des sessilen Edaphons ernähren. Hierzu bewegen sie sich verhältnismäßig rasch in den die Hohlräume auskleidenden Wasserfilmen bzw. im Kapillarwasser. (Flagellaten, Ciliaten, Rädertierchen und einige Würmer).

3. *Bodenkriecher* (serpentes Edaphon). Sie zwängen sich zwischen den Bodenteilchen durch engste Hohlräume hindurch. Zu dieser Lebensform gehören sich amöboid fortbewegende Rhizopoden, Nematoden, Turbellarien und viele Arthropoden.

4. *Bodenwühler* (fodentes Edaphon). Die im Verhältnis zu den anderen Gruppen relativ großen Kleintiere schaffen sich wühlend oder grabend ihren Lebensraum selbst. Die echten Regenwürmer (Lumbriciden) mit ihrem walzenförmigen Körper und die kleineren Borstenwürmer (Enchyträen) ernähren sich überwiegend von verrottenden pflanzlichen Substanzen. Zusammen mit bodenbewohnenden Insekten (Ameisen und Termiten) und Wirbeltieren (Nager und Maulwürfe) lockern und durchmischen sie den Boden.

2.3.1.1   Lebensweise und Bedeutung der Mikroflora im Boden

Den pflanzlichen Bodenmikroorganismen fällt überwiegend die Aufgabe zu, die abgestorbene organische Substanz pflanzlicher oder tierischer Herkunft zu anorganischen Substanzen abzubauen. Dabei werden neben CO_2 (Bodenatmung) für die Pflanzenernährung wichtige Mineralstoffe freigesetzt. Mit fortschreitender Zersetzung und CO_2-Abgabe verengt sich das C/N-Verhältnis der Ausgangssubstanz. Dabei wird der Stickstoff zunächst in Form von Mikrobeneiweiß festgelegt. Erst bei vollständigem Abbau der organischen Substanz wird Stickstoff in Form von NH_4 und NO_x freigesetzt. Ebenso wird organisch gebundener Phosphor durch die Umsetzungen der Bodenmikroflora pflanzenverfügbar.

Eine durch Trocken- oder Kaltzeiten bedingte, periodische Unterbrechung der mikrobiellen Tätigkeit führt zu unvollständigem Abbau und damit Anreicherung der organischen Substanz im Oberboden. Dadurch kommt es unter Steppenvegetation des kühl gemäßigten Kontinentalklimas zur Humusanreicherung und Nährstoffspeicherung.

Zur *Mikroflora* gehören die großen systematischen Einheiten der *Bakterien, Actinomyceten, Pilze* und *Algen*. Die Schwierigkeiten der Gliederung der Bodenmikroorganismen liegen in ihrer außerordentlich großen Variabilität und in Eigenschaftsänderungen, die sowohl spontan als

Tab. 54. Physiologische Ansprüche von Bakterien

Sauerstoff	erforderlich – Aerobier
	nicht erforderlich – Anaerobier
Temperaturbereiche	Maximum – Optimum – Minimum
	50 °C 15–25 °C 5 °C
Bodenreaktion	alkalisch – neutral – schwach und stark sauer
	pH 72,–8,5 7 5,5–6,8 3–5
Verwertung von Kohlen-	obligatorisch heterotroph:
hydraten	Abbau von Einfachzuckern
	Stärkeabbau
	Abbau von Zellulose u. a. Polysacchariden auto-
	troph (fakultativ oder obligatorisch)
Salztoleranz	groß – mittel – gering
N-haltige Verbindungen	Eiweißabbau
	Nitratreduktion
	Aufnahme von anorganischen N-Verbindungen
	Bindung von elementarem Stickstoff
	Bedarf an Aminosäuren

auch durch unterschiedliche äußere Einflüsse in der Natur auftreten können. Oft sind Änderungen, die sich im Verlust oder Erwerb neuer Eigenschaften zu erkennen geben, nur phänotypische Modifikationen. Neben richtungslosen Änderungen können durch Auslese auch gerichtete Anpassungen an ein Substrat oder die Milieuverhältnisse in einem Biotop beobachtet werden.

Bei der Ansprache von **Bakterien** unter dem Mikroskop reichen die zu beobachtenden morphologischen Merkmale oft nicht aus; daher ist ihre Ergänzung durch kulturelle Untersuchungsverfahren unerläßlich. Das bedeutendste ist das von ROBERT KOCH entwickelte Plattengußverfahren. Von größerer Bedeutung für die Umsetzungen im Boden ist jedoch das physiologische Verhalten der einzelnen Bakterien.

Für alle streng luftliebenden, aeroben Mikroorganismen kann der Sauerstoffbedarf nur gedeckt werden, wenn zwischen Boden und Atmosphäre ein uneingeschränkter Gasaustausch möglich ist. Clostridien sind die am häufigsten vorkommenden anaeroben Mikroorganismen des Bodens; sie sind für den Abbau der Kohlenhydrate von Bedeutung.

Eine derartige intensive Stoffwechseltätigkeit der Bodenmikroflora setzt jedoch die Verfügbarkeit einer größeren Menge anorganisch und organisch gebundener N-Verbindungen voraus. Daher ist das *C/N-Verhältnis* für die Mikroorganismenzahlen im Boden von großer Bedeutung. Der offensichtliche Mangel an verwertbaren N-Verbindungen auf naturnahen Standorten zwingt die niederen und höheren Pflanzen, spar-

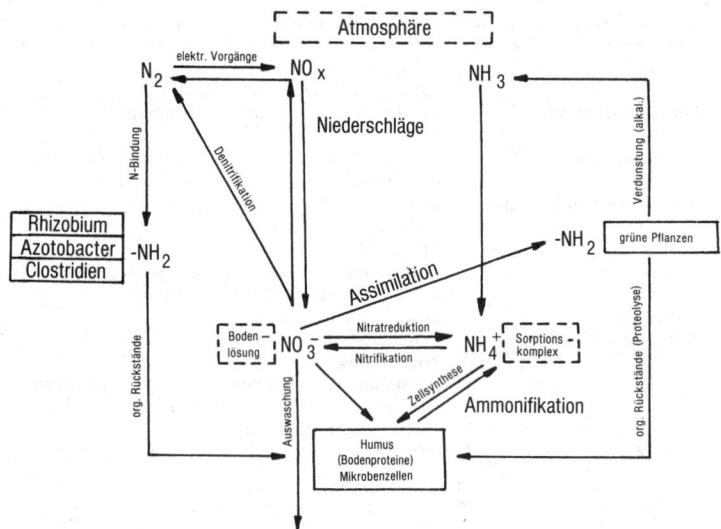

Abb. 60. Kreislauf des Stickstoffs im Boden (nach BECK 1968).

sam mit den vorhandenen N-Reserven zu verfahren. Während bei Tieren N in Form des Harnstoffs ausgeschieden wird und damit dem Körper verlorengeht, werden Eiweißabbaustoffe in lebenden Zellen gespeichert, oder der Stickstoff durchläuft im Boden einen Kreislauf unter Beteiligung von Mikrorganismen (Abb. 60). Dabei heben sich vier Teilphasen besonders heraus:

1. die N-Mineralisation aus organischen Rückständen,
2. der Eintrag aus dem N-Vorrat der Atmosphäre durch biologische und chemisch-physikalische Vorgänge,
3. mikrobielle N-Umformungen (Nitrifikation, Denitrifikation)
4. die N-Assimilation durch höhere und niedere Pflanzen.

Die N-Verluste durch Denitrifikation und Auswaschung werden durch die zumeist zuwenig beachteten N-Verbindungen der Atmosphäre, die mit den Niederschlägen in den Boden gelangen, und durch die biologische N-Bindung ausgeglichen. Daher bleiben die N-Gehalte in ungestörten und unbebauten Böden lange Zeit bemerkenswert konstant. Die *biologische Bindung des Luftstickstoffs* erfolgt durch symbiontische Bakterien der Gattung *Rhizobium* (früher *Bacterium radicicola*) und durch freilebende aerobe *Azotobacter*- und anaerobe *Clostridium*-Arten. Die N-Bindung der Leguminosen unter Feldbedingungen weist große Schwankungen von 70 bis 300 kg N/ha auf. Dies ist eine Auswirkung von zahlreichen chemisch-physikalischen und biologischen Umwelteinflüssen. Als allgemeingültige Regel gilt, daß eine kräftige N-Bindung nur in einem gut entwickelten, gesunden Leguminosenbestand erfolgt. Bei ausreichend Sonnenlicht und Bodentemperaturen um 20 °C führt eine gute Photosyntheseleistung auch zu stärkerer N-Bindung in den Knöllchen. Eine gute Versorgung mit Mineralstoffen, wie besonders Ca, Mg, K, PO_4, sowie mit den *Spurenelementen* Molybdän und Bor, ist nicht nur für ein optimales Wachsen der Leguminosen, sondern auch für die kräftige Ausbildung ihrer funktionstüchtigen Knöllchen Voraussetzung. Die besondere Bedeutung des Molybdäns für die N-Bindung wird dadurch deutlich, daß die Leguminosenknöllchen fünf- bis fünfzehnmal mehr Molybdän enthalten als das benachbarte Wurzelgewebe.

Die sogenannten »alternativen Landbaumethoden« stellen die Förderung der von den organischen Bodenbestandteilen abhängigen Leistungen der Kleinlebewelt besonders heraus. Die von RUDOLF STEINER entwickelte *biologisch-dynamische Wirtschaftsweise* ist von den unterschiedlichen Richtungen am weitesten verbreitet. KOEPF, PETTERSSON und SCHAUMANN haben 1974 eine umfassende Einführung in diese Wirtschaftsweise veröffentlicht. Da bei fehlender Mineraldüngung die Erträge in wenigen Jahren bis zur Hälfte absinken, ist diese Form der Landbewirtschaftung nur auf sehr fruchtbaren Böden möglich; dazu müssen für die Erzeugnisse deutlich höhere Preise erzielt werden.

Die biologisch-dynamische Arbeit hat seit ihrem Beginn im Jahre 1924 den Erkenntnissen der Bodenforschung auf den Gebieten der Humuswirtschaft, des Bodenlebens und der dadurch möglichen Strukturverbesserung große Beachtung geschenkt. Viel Mühe wird bei der Bereitung aller Arten von Kompost aufgewandt. Im modernen Landbau ist es möglich, Umsetzungen weitgehend auf den Nutzflächen selbst durchzuführen (Flächenkompostierung). Richtige Einarbeitung der Ernterückstände und Vertiefung des Wurzelraumes sind die wichtigsten solcher Maßnahmen. Durch die Verstärkung der Traktoren steht für diese Krumenvertiefung ausreichend Zugkraft zur Verfügung.

Das Element *Schwefel* gehört zu den für alle Lebewesen unentbehrlichen Elementen. Die bedeutendsten Quellen der Schwefelverbindungen im Boden sind die Mineralisation schwefelhaltiger, organischer Rückstände pflanzlicher oder tierischer Herkunft, die langsame, kontinuierliche Verwitterung der Ausgangsgesteine und die aus der Atmosphäre ausgewaschenen Schwefelverbindungen. Diese entstammen überwiegend den Industrie-, Verkehrs- und häuslichen Heizabgasen. Sie können bis zu 60 kg/ha betragen und haben in der Nachbarschaft der industriellen Ballungsräume vor allem in der Hauptwindrichtung zunehmende Tendenz. Dies führt in den betroffenen Gebieten zur deutlichen Absenkung der pH-Werte (saurer Regen). Dagegen wird seit langem auf Ackerflächen regelmäßig gekalkt (s. Entkalkung und Kalkbedarf, Seite 178). Höhere Erntemengen haben auch bei Schwefel zu steigenden Erträgen geführt. Durch »sauren Regen« und Schwefel als Begleitstoff in anderen

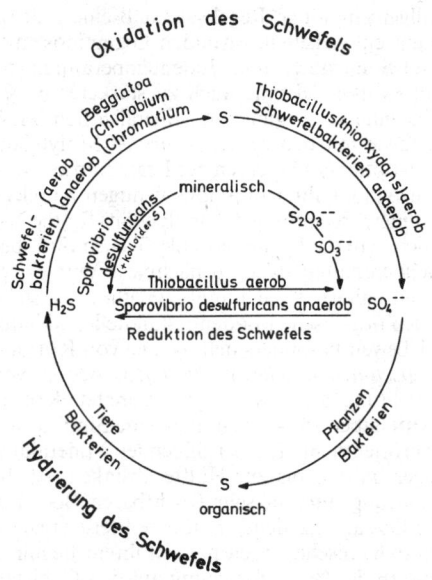

Abb. 61. Kreislauf des Schwefels (nach BUTLIN 1953).

Mineraldüngern ist dieser Entzug soweit ausgeglichen worden, daß bisher keine besondere Schwefeldüngung erforderlich ist.

Die höheren Pflanzen nehmen Schwefel bevorzugt in Form von Sulfaten auf. Im allgemeinen ist der Schwefelgehalt in den Kulturböden so hoch, daß weder bei den Kulturpflanzen noch innerhalb der Mikroflora des Bodens Mangelerscheinungen auftreten. Das C/S-Verhältnis der meisten Böden liegt bei etwa 100 : 1. Dieser hohe C-Anteil ist für mehrere am Schwefelkreislauf beteiligte Bakterien unerläßlich. *Schwefelbakterien* beteiligen sich neben zahlreichen Pilzen als »Fäulnisbakterien« am Abbau der schwefelhaltigen Eiweißverbindungen. Diese Mineralisierung des organisch gebundenen Schwefels wird durch das Redox-Potential des Bodens gelenkt. Je nach Art der Reaktionen entstehen unter anaeroben Bedingungen Schwefelwasserstoff, unter aeroben dagegen als Zwischenprodukt zunächst Mercaptan (CH_3SH) und als Endprodukt mehr oder weniger oxidierte Schwefelverbindungen. Durch die Oxidation von elementarem Schwefel, Schwefelwasserstoff oder anderen Schwefelverbindungen gewinnen autotrophe Schwefelbakterien die zur CO_2-Assimilation erforderliche Energie (Chemosynthese). Die im Genus *Thiobacillus* zusammengefaßten chemoautotrophen Schwefelbakterien können sehr tiefe pH-Werte zwischen 0,5 und 1 ertragen. Ihre

Zellen vermögen sich noch in Medien zu vermehren, die fünf bis sieben Prozent Schwefelsäure enthalten. Sie sind damit die am stärksten acidotoleranten Lebewesen. Das Optimum für ihr Wachstum liegt zwischen pH 2 und 3. Folgende Gleichung verdeutlicht eine typische Reaktion:

$$2\ S + 3\ O_2 + 2\ H_2O = 2\ H_2SO_4$$

Als Kohlenstoffquellen werden nur gelöste Bikarbonate, nicht jedoch das Kohlendioxid der Luft verwendet.

Freier *Schwefelwasserstoff* entsteht sowohl durch Desulfurikation als auch aus Desulfhydration. Diese H_2S-Freilegung aus Eiweißsubstanzen kann nur von Aminosäuren ausgehen. Daher ist die vorangehende weitgehende Zerlegung des Proteinmaterials im Bodenhumus die notwendige Voraussetzung für die Desulfhydration. An anaeroben Standorten, wie Schlammablagerungen, vernäßten Böden und Mooren, wird die Schwefelwasserstoffbildung als Folge des Eiweißabbaus meist von dem aus der bakteriellen Desulfurikation stammenden H_2S der Reduktion des Sulfatschwefels übertroffen. Der Nachweis ist leicht durch den typischen Schwefelwasserstoffgeruch und durch die Schwärzung eines Silberstabes, der kurzfristig in dem zu untersuchenden Horizont vergraben wird, zu führen.

Die Schwefelwasserstoffbildung verdient aus drei Gründen besondere Beachtung:

1. In stärkerer Konzentration kann eine toxische Wirkung auf die Mikro- und Makroflora eintreten. Hemmwirkungen sind bisher beim Wachstum von Bodenpilzen und bei der Samenkeimung nachgewiesen worden.
2. Durch den schlechten Geruch wird die Trinkwassergewinnung auf diesen Standorten unmöglich. Allerdings sind manche Heilquellen hierdurch besonders ausgezeichnet.
3. Die Bildung von Schwefelwasserstoff ist oft die Ursache der Korrosion bei Metallgegenständen. Gefürchtet ist diese Erscheinung bei Schöpfwerken und in Wasserleitungsrohren aus Metall.

Neben dieser Metallsulfidbildung ist H_2S als Nährsubstanz schwefeloxidierender Bakterien auch für eine Korrosion an Mauern und anderen Zementbauwerken verantwortlich, die in diesen Fällen auf eine Schwefelsäurebildung zurückzuführen ist.

Die jährliche Mineralisationsrate von organisch gebundenem Schwefel kann in Böden mit einem durchschnittlichen Schwefelgehalt von 0,02 Gewichtsprozenten zwischen 4 und 12 kg/ha betragen. Ähnlich den Verhältnissen bei der C- und N-Mineralisation beeinflussen der Ausgangsgehalt des gebundenen Schwefels und die auf den Stoffabbau im Boden allgemein einwirkenden Faktoren den Umfang und das Zeitmaß der Umsetzung des Schwefels von der organischen in die mineralische Form.

Wenn dieser verhältnismäßig geringe Umsatz im Boden für den gesamten Schwefelkreislauf auch unbedeutend erscheinen mag, so können sich diese Vorgänge in längeren Zeiträumen doch stark in ihrer Wirkung summieren. Die geologische Bedeutung der Schwefelbakterien ist in ihrer Beteiligung an Lösungs- und Fällungsreaktionen zu sehen. Letztere führen zur chemischen Sedimentation. Dadurch werden diese Minerale im Kreislauf der Gesteine schadlos deponiert. Die bakterielle Oxidation von Schwefelwasserstoff und Sulfiden zu Schwefelsäure führt in Torfen und Moorgewässern, aber auch im Ablauf mancher Bergwerke zu Schwefelsäurebildung. Bei der Zementverarbeitung sind diese als Anmachwasser unbrauchbar. Diese freie Schwefelsäure ist aber auch einer der wichtigsten Faktoren für das Aufschließen der in den unverwitterten Ausgangsgesteinen enthaltenen Pflanzennährstoffe, besonders der sonst schwer löslichen Apatite (Rohphosphate).

Eisenbakterien entnehmen den zur CO_2-Assimilation erforderlichen Kohlenstoff dem Eisenbikarbonat in Gewässern und im oberflächennahen Bodenwasser. Die dabei erfolgende Ausfällung des Gels Ferrihydroxid führt zur Verockerung.

$$Fe(HCO_3)_2 \rightarrow FeCO_3 + H_2O + CO_2$$
$$4\ FeCO_3 + 6\ H_2O + O_2 \rightarrow 4\ Fe(OH)_3 + 4\ CO_2 + 271,5\ J$$

Bei längerem Einfluß eines oberflächennahen, wenig schwankenden Grundwassers und zusätzlicher Eisenzufuhr aus benachbarten Landböden können durch mineralische und organische Beimengungen stark verkittete, sehr harte, eisenreiche (bis 40 % Fe) Go-Horizonte entstehen, die als Raseneisenerz vor jeder maschinellen Bodenbearbeitung beseitigt werden müssen. Aus wasserlöslichen Ferroverbindungen entstehen in stark reduzierenden Horizonten schmutzigweißer Siderit ($FeCO_3$), an der Luft sich blau färbendes Vivianit ($Fe_3(PO_4)_2 \cdot 8\ H_2O$) sowie grünliches Eisenhydroxid und schwarze Eisensulfide (FeS und FeS_2). Hierdurch werden in den Gr-Horizonten der Gleyböden die kennzeichnenden Farben hervorgerufen.

Die **Actinomyceten** umfassen eine Ordnung von einzelligen Mikroorganismen, die in morphologischer Sicht zwischen den echten Bakterien und den Pilzen stehen. Kennzeichnend ist die Ausbildung eines sehr feinen, verzweigten Myzels, das wieder in Bruchstücke zerfallen kann oder durch Unterteilung einzelner Hyphen zur Sporenbildung führt. Substrat- und Luftmyzel bilden kennzeichnende Formen, nach denen diese Mikroorganismengruppe als »Strahlenpilze« bezeichnet wird. In Verbindung mit allen Bodenmineralen können die Actinomyceten viele einfache und komplex aufgebaute organische Verbindungen optimal verwerten. Neben pflanzlichen Stoffen wie Zellulose, Hemizellulose, Chitin, Tannin, aromatischen und aliphatischen Kohlenwasserstoffen werden auch hochmolekulare Humusbestandteile abgebaut und umgewandelt. Sie verbinden dabei zyklische Verbindungen wie Chinonringe mit den Stickstoffresten aus Eiweißstoffen und Peptonen und bauen daraus die verschiedenen Huminstoffe auf. Dabei tritt der für frische, gare Böden kennzeichnende Erdgeruch auf, der dem von frischem Brot vergleichbar ist. Von großer Bedeutung für die Erzeugung von Arznei- und Futterzusatzmitteln ist die Fähigkeit der Strahlenpilze, Antibiotika, wie Streptomycin, Terramycin, Aureomycin u. ä., zu bilden.

Einige Pilzarten können ebenfalls Antibiotika (z. B. Penicillin) erzeugen. Die Mehrzahl der über 30000 bisher beschriebenen Pilzarten sind Bodenbewohner. Ihre weitverzweigten Hyphen können in fruchtbaren Böden ein feines Netz von bis zu hundert Metern im Gramm Bodensubstanz bilden. Für die Streuzersetzung sind Lignin abbauende Basidiomyceten besonders wichtig. Nach ihrer Lebensweise lassen sich die Pilze in Saprophyten, Parasiten und Symbionten einteilen. Letztere verbinden als Mykorrhiza die Wurzeln von höheren Pflanzen mit einem größeren Bodenraum. Dadurch wird für beide die Nährstoffaufnahme verbessert.

Algen sind im Boden von unterschiedlicher Bedeutung. Die Zahl der in einem Gramm Boden befindlichen Algen schwankt sehr stark. Die in kulturellen Methoden ermittelten Zahlenwerte bewegen sich zwischen 500 und 100000 pro Gramm Boden. Als typische Bodenbewohner kommen in erster Linie Grün-, Blau- und Kieselalgen vor, seltener auch Flagellaten. Auf extremen Standorten wie Meeresufern, Hochgebirgen und arktischen Regionen können sie weit wichtiger als die anderen Gruppen der Bodenflora sein. So sind sie z. B. als Erstbesiedler von Gesteinen, zum Teil in Symbiose mit Pilzen als Flechten, für den Beginn der Verwitterung und die damit eingeleitete Bodenbildung von sehr großer Bedeutung.

2.3.1.2 Lebensweise und Bedeutung der Bodenfauna

Für die Umsetzung im Boden kommt neben der Mikroflora der Bodenfauna eine große Bedeutung zu. Da verschiedene Arten derselben Tiergruppe ganz verschiedene Ansprüche an den Biotop stellen, können ihre unterschiedlichen Leistungen erst nach exakter Bestimmung mit der Bodenentwicklung in Verbindung gebracht werden.

Der 1. Stamm des Tierreiches umfaßt die einzelligen *Protozoen*. Alle bisher beschriebenen annähernd 25000 Arten können ihre Lebensfunktionen nur im Wasser entfalten. Dadurch ist erklärbar, daß die Zellen der Boden-Protozoen wesentlich kleiner sind als die vergleichbaren Süßwasser- oder Meerwasserformen. Ungünstige Lebensbedingungen überstehen die meisten Protozoen in der Ruhephase als Zysten. Zur Zystenbildung umgibt sich die Einzelzelle mit Sekretstoffen, meist Chitinsubstanzen, die zur Entwicklung eines Panzers führen, der das jahrelange Überdauern ungünstiger Lebensbedingungen ermöglicht. Da sie sich meist von Bakterien und Pilzen ernähren, sind sie für die Erhaltung des biologischen Gleichgewichts im Boden von großer Bedeutung. In 1 g Wiesenboden wurden nach FIEDLER und REISSIG (1964) 50000 Protozoen und 90000 Protozoenzysten gefunden. Nach neueren Untersu-

Tab. 55. Menge und Gewicht (g) der Kleinlebewesen je m² bis 3 dm Tiefe (in Anlehnung an Lieberoth 1981)

| | Anzahl | | Gewicht | |
	Mittel	Optimum	Mittel	Optimum
Mikroflora			200	2000
Bakterien	10^{12}	10^{14}	50	500
Aktinomyceten	10^{10}	10^{13}	50	500
Pilze	10^8	10^{12}	100	1000
Algen	10^6	10^{10}	1	15
Mikrofauna			10	100
Flagellaten	5×10^{11}	10^{12}		
Rhizopoden	10^{11}	5×10^{11}		
Ciliaten	10^6	10^8		
Mesofauna			2,5	50
Nematoden	10^6	2×10^7	1	20
Milben	10^5	4×10^5	1	20
Springschwänze	10^4	4×10^5	0,5	10
Makrofauna			50	500
Enchytraeiden	10^4	2×10^5	2	25
Mollusken	5×10	10^3	1	30
Asseln u. Spinnen	10^2	5×10^2	1	2
Insekten m. Larven	10^3	2×10^4	4	35
Regenwürmer	10^2	10^3	40	400
Wirbeltiere	10^{-3}	10^{-1}	2	8
Edaphon ohne lebende Wurzeln			260	2650

chungen ist die Protozoenfauna nicht nur ein Regulativ der Mikroflora in qualitativer und quantitativer Richtung, sondern auch für die Stickstoffbindung und die Intensität des Kohlenhydratstoffwechsels von Bedeutung.

Da viele Protozoenarten nur bei scharf begrenzten Umweltbedingungen auftreten, werden z.B. Foraminiferen als Leitfossile und Ciliaten als Indiaktoren für Gewässerverschmutzung herangezogen.

Die noch zur **Mikrofauna** zählenden *Nematoden* sind teils Pflanzenparasiten, teils Detritusfresser. Letztere sind sowohl im Boden als auch im Bakterienrasen von Tropfkörper-Kläranlagen für den Abbau der organischen Substanzen von großer Bedeutung.

Die dem Stamm der *Ringelwürmer (Annelida)* angehörenden *Borstenwürmer (Enchytraeiden)* und *Regenwürmer (Lumbriciden)* sind nicht nur durch ihre wühlende Tätigkeit bodenkundlich besonders bedeutsam. In ihrem Verdauungskanal bauen sie aus frischer Pflanzensubstanz echte Humusbestandteile auf. Ihren Lebensbedürfnissen sagen gleichmäßig durchfeuchtete und gut belüftete, kalkhaltige Böden besonders zu. Austrocknung, Besonnung, aber auch schon geringer Frost wirken rasch tödlich; doch können sie sich im allgemeinen unter ungünstigen Bedingungen in tiefere, relativ feuchte bzw. frostfreie Zonen zurückziehen und in einem »Ruhezustand« lange Zeit aushalten. Dabei graben sie bis zu 10 mm große und oft bis über ein Meter tief reichende Röhren. Diese durch Schleim- und Kalkabsonderungen verbauten und stabilisierten Röhren stellen besonders auf feinerdereichen Böden den Hauptteil des spannungsfreien Porenvolumens dar, so daß hierdurch eine günstige Durchwurzelung und Durchlüftung und eine gute Wasserführung sichergestellt sind. Die Regenwürmer sind in Deutschland mit etwa 30 Arten vertreten.

Von den **Gliederfüßlern** wirken vor allem Spinnen (Arachnoidea), Tausendfüßler (Myriapoda) und Insekten (Hexapoda) stark an der Zersetzung der organischen Substanz und an der Humusbildung mit. Unter letzteren haben bodenbiologisch die Springschwänze (Collembola), Larven geflügelter Insekten sowie Ameisen und in den Tropen Termiten die größte Bedeutung. Mit ihren beißenden Mundwerkzeugen können sie auch schwer zersetzbare organische Substanzen wie Lignin, Gerbstoffe und ähnliche Feststoffe zernagen.

Zu den im Boden lebenden **Wirbeltieren** (Vertebrata) gehören Vertreter der Lurche (Amphibia), Kriechtiere (Reptilia) und Säugetiere (Mammalia). Von letzteren durchmischen und lockern vor allem die Kleinsäugetiere aus den Ordnungen der Insektenfresser (u.a. Spitzmäuse und Maulwurf) und der Nagetiere den Boden. Neben den mausartigen spielen auch Kaninchen und Hamster zuweilen – z.B. in Schwarzerden – eine Rolle.

2.3.2 Einfluß der Bodenlebewesen auf den Boden

Bei der Untersuchung von Ökosystemen sind die naturnahen gegenüber den von Menschen stärker veränderten Biotopen besser für die Untersuchung physiologischer Vorgänge geeignet. Großflächig kommen in Mitteleuropa verschiedene Waldgesellschaften vor.

Für die gesamte Stoffproduktion sind in Rotbuchenwäldern 15 bis 25 t/ha/a anzusetzen. Da nur ein Viertel davon als Derbholz geerntet wird, muß der ganz überwiegende Teil abgebaut werden. Für die Intensität dieses Abbaus ist die Zahl der in einem Boden lebenden Organismen entscheidend. Ihre Aufteilung ist aus Tab. 55 zu entnehmen. Biologisch inaktive Böden weisen demgegenüber eine viel geringere Organismenmasse auf. Die Mehrzahl der Bodenorganismen ist sauerstoffbedürftig und daher in den obersten Horizonten angereichert. Da in diesen auch die organische Masse am reichlichsten vorhanden ist, besteht in den meisten Böden ein Gefälle in der Besatzdichte mit Lebewesen von der Bodenoberfläche in Richtung der tieferen Horizonte. Aus dem in Tabelle 55 ermittelten Gesamtgewicht der Lebendmasse des Edaphons von 2,6 t/ha im Mittel und 26,5 t/ha im Optimum leitet LIE-BEROTH einen Anteil von 0,5 (Mittel) bis 5% (Optimum) des Edaphons am Humusgehalt einer Ackerkrume ab. Er hat hierzu in dieser mit einem Humusgehalt von 2% und mit 80% Wassergehalt im Edaphon gerechnet.

Vorstehende Angaben sind nur Näherungswerte; auf jeder genauer untersuchten Einzelfläche werden stets große Abweichungen auftreten. Wechselnde Temperatur- und Feuchtigkeitsverhältnisse und ein geändertes Nahrungsangebot für die Bodenlebewesen bewirken jeweils unterschiedliche Störungen des Gleichgewichts in der Biozönose, die aber meist nur vorübergehend auftreten. Bei zeitlich begrenzten Untersuchungszeiträumen ist zu beachten, daß viele Organismen über längere Zeiträume stark in Abundanz und Biomasse schwanken. Die Änderung von einzelnen Bewirtschaftungsmaßnahmen (z.B. Düngung oder Bodenbearbeitung) kann die Dominanzverhältnisse davon betroffener Organismen drastisch ändern. Zu- oder Abwanderung wird dadurch wesentlich geringer beeinflußt (SCHAUERMANN, 1985).

In Ackerböden ist die bearbeitete Krume ziemlich gleichmäßig von Bodenorganismen besiedelt. Daher kann durch Krumenvertiefung der bewirtschaftete Raum nachhaltig vergrößert werden. An der Bearbeitungsgrenze nimmt die Besatzdichte sprunghaft ab.

In Grünlandböden ist die Grasnarbe am dichtesten mit Kleinlebewesen besiedelt, da dort bis zu 95% der Wurzelmasse konzentriert sind. Waldböden haben das Maximum ihrer Besiedelung für gewöhnlich im Mull oder Moder des Auflagehorizontes. Im Rohhumus ist dagegen der Organismenbesatz erheblich geringer und einseitiger; hier herrschen oft bestimmte Pilzarten vor.

Sowohl die Artenzusammensetzung als auch der Massenwechsel in den einzelnen Biozönosen wird überwiegend durch Klimafaktoren bestimmt. Die Artenzusammensetzung in den Landböden ist weitgehend vom zonal- und bestandsbedingten Klima, der Massenwechsel innerhalb der Biozönosen dagegen von den jahreszeitlichen Schwankungen des Witterungsverlaufs abhängig. Dieser weist im atlantischen Bereich mit seinem kühlgemäßigten Klima ein Optimum in den Sommermonaten auf. In den Hochgebirgen dieser Klimazone unterliegt der jahreszeitbedingte Massenwechsel einem ausgeprägten Sommermaximum und Winterminimum. Kontinental beeinflußte Klimaräume haben dagegen deutlich zweigipflige Kurven für den jahreszeitlich bedingten Verlauf des Massenwechsels. Es besteht ein ausgeprägtes Maximum der Besatzdichte im feuchten Spätfrühjahr und Vorsommer und ein zweites, geringeres nach der Wiederanfeuchtung des Bodens im Spätherbst. Dazwischen liegt ein durch die Sommertrockenheit bedingtes Minimum, dem ein zweites, winterliches Minimum gegenübersteht. Nicht nur die Winterruhe sondern auch die für alle sommertrockenen Gebiete kennzeichnende sommerliche Trockenruhe des Bodenlebens führen zu einer gehemmten Zersetzung der organischen Substanz. Daher ist in diesen Gebieten der Aufbau wertvoller Grauhuminsäuren besonders begünstigt; so entstehen z. B. die mächtigen Ah-Horizonte in Schwarzerden.

Bei der Beschreibung der Bodenflora ist bereits auf deren Bedeutung für die chemische Umwandlung des Bestandesabfalls hingewiesen worden (s. Seite 184). Wenn diese zur vollständigen Mineralisierung führt, liefert sie nicht nur Nährstoffe für die höheren Pflanzen, sondern auch *bodenbürtige Kohlensäure*. Diese CO_2-Produktion trägt in dichten Pflanzenbeständen, wie z. B. einem geschlossenen Rübenfeld (etwa 12 000 kg/ha CO_2), zur Erhöhung der Assimilationsrate bei (s. Bodenatmung).

Gegenüber der freilebenden Bodenflora ist deren Wirkung in Verbindung mit der Bodenfauna oft wesentlich verstärkt. Vor allem im Verdauungskanal vieler Bodentiere kommt es nicht nur zu Abbau- sondern auch zu Aufbauprozessen stabiler organischer Substanzen. Dies setzt eine mechanische Zerkleinerung des Bestandsabfalls voraus. Eine Grobzerkleinerung der an der Bodenoberfläche und im durchwurzelten Teil des Bodenprofils anfallenden pflanzlichen Reste erfolgt vor allem durch Regenwürmer, Landschnecken und größere Arthropoden. Kleinere Arten dieser Gruppe, Milben und Collembolen, arbeiten die pflanzlichen Rückstände in humose Exkremente auf. Sie bilden dabei *Feinmoder*. Diese Stoffwechselvorgänge werden durch Wirkstoffe erheblich beeinflußt. Durch ein Wechselspiel von Wuchsstoffen und Hemmstoffen vermögen nur ganz bestimmte Arten dauernd zusammenzuleben. Unter bestimmten Bedingungen eingeleitete biochemische Reaktionsfolgen bleiben auch bei späterem Wechsel der Umweltbedingungen für den Ablauf des biologischen Geschehens im Boden bestimmend. Für Eingriffe in bodenbiologische Vorgänge durch Maßnahmen der Kulturtechnik oder Bodenbearbeitung ist es durchaus nicht gleichgültig, in welchem Stadium des Ablaufs biologischer Vorgänge sie erfolgen. Nur bei Ermittlung des günstigsten Zeitpunkts können Erfolge erwartet und Schäden vermieden werden. Für alle üblichen Verfahren haben sich die Erfahrungen langer Zeiträume in festen Traditionen niedergeschlagen; bei der wesentlichen Änderung eines Verfahrens können erst sehr gründliche Beobachtungen und Versuche richtige Entscheidungen über Intensität und Zeitpunkt dieser Maßnahme ermöglichen.

Die *biologische Bodendurchmischung* (Bioturbation, s. Seite 323) erfolgt unter mitteleuropäischen Klimabedingungen in erster Linie durch Regenwürmer. Neben diesen haben vor allem im semiariden Klima grabende Kleinsäuger wie Hamster, Kaninchen und Ziesel sowie über diesen Klimaraum hinaus Maulwurf und Wühlmäuse eine erhebliche Bedeutung für die Bodendurchmischung. Auf gut mit Humus versorgten Böden sind bis zu 150 Wurmröhren/m² festgestellt worden. Aus diesen wird der überwiegende Teil der Exkremente zur Bodenoberfläche transportiert (oft > 1000 dt/ha·a). In gut durchlüfteten, zeitweilig trockenen Landböden der Tropen schleppen Termiten zum Aufbau ihrer Galerien humoses Material mehrere Meter tief in die Böden und scheinen es ähnlich wie die Regenwürmer in kleinste Humuspartikel umzuwandeln und mit anorganischen Teilchen kolloidaler Größenordnung zu vermengen.

Da Regenwürmer erhebliche Mengen feinster Mineralstoffe in ihren Verdauungskanal zur Zerkleinerung der organischen Substanzen aufnehmen, sind dort besonders günstige Bedingungen für die Bildung von Ton-Humus-Komplexen gegeben. Die Huminstoffe werden vorwiegend an den äußeren Oberflächen der Tonminerale gebunden. Diese Brückenbildung zwischen einzelnen Mineralpartikeln erzeugt ein stabiles Aggregatgefüge. Das so gebildete Gefüge ist relativ resistent gegen mikrobiellen Abbau. Zur mikrobiellen Resistenz trägt vermutlich auch bei, daß in gleicher Weise mikrobiell erzeute Enzyme gebunden und dadurch inaktiviert werden. Die *Lebendverbauung* des Bodengefüges ist eine bedeutende Leistung der Bodenorganismen. Durch regelmäßige Humuszufuhr, besonders in Form von feinstverteilten Haarwurzeln, wird ein aktives Bodenleben und damit die Lebendverbauung gefördert. Im Gegensatz zu den durch chemisch-physikalische Prozesse entstandenen, scharfkantigen Bodenaggregaten stellen die biogenen Aggregate hohlraumreiche, oberflächlich mehr oder weniger gerundete Krümel dar. Schleimförmige Bakterienkolonien, Pilz- und Algenfäden und feine Wurzelhaare verkleben und umspinnen die Bodenteilchen. Dadurch werden nicht nur die in ihnen enthaltenen feinsten Hohlräume stabilisiert, sondern der Zerfall durch Einwirkung von fließendem Wasser verhindert. Intensiv lebendverbaute Böden besitzen demnach eine höhere Krümelbeständigkeit als wenig verbaute, hinsichtlich der chemischen und physikalischen Eigenschaften gleichwertige Böden.

2.4 Physikalische Bodeneigenschaften
– der Boden ein poröses System

2.4.1 Gefügebildung

Unter *Bodengefüge* (synonym *Bodenstruktur*) versteht man die *räumliche* Anordnung der festen Bodenteilchen. Man unterscheidet als *Grundgefüge* das *primäre*, allein von der Lagerung der einzelnen Teilchen zueinander abhängige *Einzelkorngefüge* (bei lockerer Lagerung), das durch Bindesubstanzen (Metalloxide) ausgefüllte *Kittgefüge*, und *Kohärentgefüge* (zusammenhängend, verklebt, ungegliedert) von *sekundären* durch physikalische, chemische und biologische Wechselwirkungen gebildeten *Aufbau-, Ballungs- und Aggregat-, Absonderungsgefügen*.

Die drei Grundgefügeformen können zu Sekundärgefüge um – , wie auch umgekehrt diese zu Grundgefüge zurückverwandelt werden (s. Abb. 64, Seite 213). Die unterschiedliche Lagerung der Bodenbestandteile zueinander gliedert das Hohlraumvolumen in ein vielgestaltiges Porensystem. Dieses wird deshalb teilweise mit Wasser, Luft, Wurzeln und Bodenorganismen gefüllt. Damit beeinflußt es den Wasser-, Luft-, Wärme- und Nährstoffhaushalt eines Pflanzenstandortes und seine biologische Aktivität. Das Bodengefüge ist in diesen vielfältigen Funktionen keine Konstante, sondern eine äußerst *dynamische* Summierung von Bodeneigenschaften. Es rückt damit immer mehr in den Mittelpunkt der Beurteilung von Böden – weniger als Träger, denn als Vermittler von Wachstumsfaktoren und als Umweltfaktor. Eine umfassende Gefügebeurteilung steht am Anfang aller Überlegungen zur standortgerechten Nutzung und Verbesserung des Bodens.

Während die Kräfte der Verwitterung – mechanisch durch Sprengung des Gesteins- oder Mineralverbandes, chemisch durch Lösung und Transport – zu einer weitgehenden Aufgliederung der Festsubstanz mit zunehmender spezifischer Oberfläche führen, sind die Kräfte der Gefügebildung darauf gerichtet, das Bodengerüst wieder zu vergröbern zu einem möglichst stabilen, porösen Filterkörper. Alle Vorgänge im Boden spielen sich an *Phasengrenzflächen* ab. Wenn man die je nach Anteil feinster Bestandteile potentiell sehr großen inneren Oberflächen (einige Mio. m²/ha) eines Bodens in Beziehung setzt zu den von Pflanzen entwickelten Wurzeloberflächen (einige 10000 m²/ha), so wird selbst bei geringer Funktionsdauer eines Wurzelhärchens und ständigen Wurzelneubildungen ein für diese ungünstiges Oberflächenverhältnis deutlich. Gefügeaufbau ist vor allem für schwere Mineralböden oder stark zersetzte Moorböden gleichzusetzen mit einer Verminderung innerer Oberflächen durch Zusammenfassung von vielen kleinsten Bodenteilchen zu gröberen Gefügeelementen. Die Wasser- und Nährstoffsorption wird dann erniedrigt. Umgekehrt ist es in leichten Mineralböden mit grobem Einzelkorngefüge erforderlich, günstigere Bodeneigenschaften durch Ein- und Zwischenlagerung sorptionsfähiger Substanzen zu erhalten.

Wir unterscheiden in der Gefügebildung: Quellung, Schrumpfung, Flockung, Verkittung, Verklebung und Zertrümmerung. Diese Prozesse werden von chemischen, biologischen und physikalischen Bodeneigenschaften bestimmt.

2.4.1.1 Quellung und Schrumpfung – Bildung von Absonderungsgefüge

Wenn man feuchte Bodenpasten z. B. in Petrischalen langsam trocknet, entstehen mit zunehmendem Tonanteil unregelmäßig geformte Schwundrisse, die mit Wiederbefeuchtung nur z. T. verschwinden. Ab 10 bis 15 Gew. % < 2 µm sind mit Änderung des Wassergehaltes durch Quellen und Schrumpfen Volumenvergrößerungen wie -verminderungen des Bodens möglich. Je geringer die Lagerungsdichte (Rohdichte) eines Bodens ist, um so stärker wirkt sich diese initiale Gefügebildung aus. Man kann sie gut auf Spülfeldern und trocken gefallenen Watt- und stark zersetzten Moorböden beobachten.

Quellung: Die Volumenzunahme bei Befeuchtung hängt vom Kolloidgehalt des Bodens und der Tonmineralart ab. Sie kann als *Quellungsdruck* gemessen werden. Ein Quellungsdruck baut sich auf, wenn bei Wasseradsorption an Oberflächen von Bodenteilchen ihre Volumenzunahme behindert ist. Zwei-Schichttonminerale entwickeln einen geringeren Quellungsdruck als Drei-Schichttonminerale mit relativ schwacher Ionenbindung zwischen den einzelnen Blättchen. Wasseraufnahme erhöht den Schichtabstand.

Tab. 56. Quellungsdruck von Tonmineralen (KUNTZE 1965)

Tonmineral	bar/100 g	m²/g	mmol/z/g
Kaolinite	0,24–0,43	20	10
Illite	0,55–0,88	100	40
Montmorillonite	4,07–4,23	1200	120

Der Quellungsdruck ist gut mit zunehmender KAK und spezifischer Oberfläche korreliert. Bei gleichem Tonmineralanteil, jedoch unterschiedlicher Kationenbelegung ist der Quellungsdruck durch Na^+-Belegung (starke Hydratation) doppelt so hoch wie durch Ca^{2+}-Belegung (geringe Hydratation) (s. Tab. 56).

In natürlich gelagerten Böden treten derartig hohe Quellungsdrücke wie in Tab. 57 dargestellt nicht auf. Bei Quellung findet im Boden zunächst eine Umorientierung der Teilchen statt. Wenn ein zu feuchter Boden vorher mechanisch schon stark beansprucht gewesen ist, tritt die Quellung besonders deutlich auf, z.B. zertretene Weiden, Fahrspuren im Acker.

Die Volumenzunahme findet vornehmlich in horizontaler Richtung statt. Schwundrisse werden teilweise dabei wieder geschlossen. Nur in zu dicht lagernden Böden wird diese horizontale Ausdehnung behindert. Dann wird der Boden mehr vertikal angehoben. Das kuppenförmig aufgewölbte Säulengefüge im Solonetz und im Knick sowie die Oberflächenausformung der bestimmten Vertisole (Gilgai-Böden) sind Ergebnisse hohen Quellungsdruckes. Mit zunehmender Quellung sinkt die Durchlässigkeit des Bodens. Je weniger ein Gefüge durch Quellung verändert wird, um so günstiger ist es für den Wasser- und Lufthaushalt der Böden. Quellungshindernisse sind stabilisierende Hüllen und Krusten von Eisenoxiden, grobe Bodenteilchen, die die Bodenverschiebung durch Reibung begrenzen sowie eine verminderte Wasseradsorption.

In der Innenlösung der elektrischen Doppelschicht sind austauschbare Kationen konzentriert. Sie ist bestrebt, sich unter Wasseraufnahme zu

Tab. 57. Kationenbelegung und Quellungsdruck – aus Marschboden gewonnene Tonfraktion (KUNTZE 1965)

Vorherrschende Belegung	bar/100 g
Mg	1,75
H	1,45
Na	1,42
K	0,84
Ca	0,71

verdünnen. Das osmotische Druckgefälle zwischen Innen- und Außenlösung bestimmt daher Stärke und Geschwindigkeit der Quellung. Salze in der Bodenlösung beeinflussen den Quellungsvorgang. Durch gezielten Kationenumtausch (Düngung) kann der osmotische Druck der elektrischen Doppelschicht beeinflußt werden. Zweiwertige, wenig hydratisierte Kationen vermindern durch ihre größere Nähe zur Austauscheroberfläche die elektrostatische Abstoßung der Bodenkolloide. Wie bei einem schweren Marschboden durch unterschiedliche Düngung der Quellungsdruck mit steigendem pH gesenkt werden konnte, zeigt Tab. 58.

Während Quellung durch physiko-chemische Vorgänge bedingt ist, kann die **Schrumpfung** nur teilweise auf molekulare Kräfte zurückgeführt werden. Die Schrumpfung ist nicht in allen Stadien ein der Quellung entgegengesetzt verlaufender Prozeß. Kapillarkräfte und Temperatur haben besondere Bedeutung.

Die im Vergleich zu anderen Flüssigkeiten (s. Tab. 69, Seite 228) mit 73 µN/cm hohe Oberflächenspannung des Wassers führt mit Austrocknung zur Kontraktion benetzter Bodenteilchen. Die Tendenz zur Verkleinerung der Grenzfläche Wasser–Luft ist um so größer, je geringer

Tab. 58. Quellungsdruck nach Meliorationsdüngung eines Marschbodens (SCHEFFER, KUNTZE, NEUHAUS 1963)

dt/ha	Düngung	Quellungsdruck bar/100 g	Rohdichte g/cm³	< 2µm Gew. %	pH (KCl)
	ohne	0,565 ± 0,014	1,39	27,1	4,6
50	Thomasphosph.	0,430 ± 0,045	1,34	20,8	5,1
100	Thomasphosph.	0,403 ± 0,017	1,30	24,7	5,5
400	Kalkmergel	0,408 ± 0,015	1,35	23,2	6,4
400	Blausand	0,368 ± 0,029	1,33	24,0	6,5

der Abstand benetzter Oberflächen mit abnehmendem Wassergehalt im Boden wird. Feinkörnige Böden schrumpfen stärker als grobkörnige. Dabei kommt es zu einer Orientierung der Bodenteilchen. Zwischenmolekulare (van der Waalsche) Kräfte wie auch Hauptvalenzbindungen durch mehrwertige Brückenionen fördern die Kohäsion der Bodenteilchen.

Bei eisenhaltigen Böden bilden sich durch bevorzugte Oxidation an den Wandungen von Rissen, Fugen oder Spalten feste Krusten. Häufiger Wechsel von Quellung und Schrumpfung läßt die Schwundrisse immer wieder an derselben Stelle aufreißen. Wurzeln folgen gern den Schwundrissen, weil in ihnen die Wasser-, Luft- und Nährstoffversorgung besser ist als in der kohärenten Masse zwischen ihnen. Alle diese Vorgänge bewirken gemeinsam eine nur teilweise reversible Quellung. In humusreichen Mineralböden und stark zersetzten sauren Moorböden ist nach Austrocknung unter einen kritischen Feuchtegehalt, der nahe Feldkapazität liegen kann, eine Wiederbenetzung erschwert. Hier können Anreicherungen von schwer zersetzbaren Pflanzenbestandteilen (Wachse, Bitumen), Eisenhumaten, hohe Aggregatdichte sowie Luftadsorption den Benetzungswiderstand verursachen. Die Schrumpfung verläuft nacheinander in 4 Stadien:

1. *Strukturschrumpfung:* Entleerung grober Poren. Wasserverlust > Volumenabnahme. Übergang von der gesättigten zur ungesättigten (= langsamen) Wasserbewegung.
2. *Normalschrumpfung:* Entleerung mittlerer Poren, Wasserverlust = Volumenabnahme. Weitere allmähliche Abnahme der ungesättigten Durchlässigkeit, Dichtlagerung der Teilchen.
3. *Restschrumpfung:* Entleerung feiner Poren: Weitere Annäherung der Bodenteilchen nicht möglich. Wasserverlust > Volumenabnahme, wieder stärkere Abnahme der ungesättigten Wasserdurchlässigkeit durch Luftzutritt.
4. *Nichtschrumpfung:* Keine weitere Volumenveränderung, nur noch geringe Wasserabgabe.

Ausgeprägte Normalschrumpfung und große Volumenänderung treten bei nicht aggregierten Böden auf, z.B. bei solchen, die wassergesättigt einer starken mechanischen Beanspruchung, etwa durch Kneten, unterlagen, (z.B. bevorzugte Schwundrißbildung in Fahrspuren auf schweren Böden).

An der Schrumpfgrenze (w_s) entstehen Trockenrisse. Sie liegt bei bindigen Böden zwischen 15 und 40 Gew.% H_2O und ist durch folgende Beziehung definiert: $w_s = w_f - 1,25 (w_f - w_a)$ s. 2.4.1.6. Die maximale lineare Schrumpfung von Tonen liegt bei 10 bis 15 Gew.% H_2O. Stark zersetzte Moorböden haben eine Volumenschrumpfung von > 60%.

Je höher der Tongehalt (> 15 Gew.%), um so stärker ist die Schrumpfung. Böden mit geringer Rohdichte (z.B. Watten, Spülgut) können stärker schrumpfen als bereits dicht gelagerte Böden. Kalkung vermin-

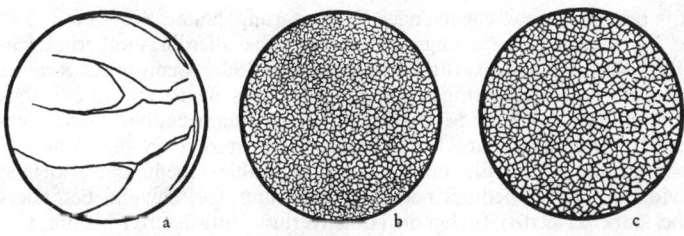

Abb. 62. Schrumpfrißtypen nach DIN 19683.

dert in bindigen Böden die Schrumpfung. Je stärker und intensiver ein Boden schrumpft, um so besser ist seine Neigung zur Gefügeentwicklung zu beurteilen. Ständiger Wechsel von Quellen und Schrumpfen ist ein »self-mulching-effect«. Er fördert die Bodenbelüftung, -reifung und Selbstdränung. Ohne diesen Vorgang wären tonreiche Pelosole kulturunwürdig.

Schwundrisse entstehen im Boden dort, wo dem Bestreben der mit Wasserentzug verbundenen Annäherung der Bodenteilchen ein Widerstand entgegengesetzt ist. Sie entstehen vorzugsweise an Schwächestellen im System in Abhängigkeit lokaler Inhomogenitäten der Bodenteilchen. Nach den ersten Rissen ändert sich die Spannungsverteilung. Die zweite Generation von Rissen verläuft meist rechtwinklig zur ersten. Erneute Änderung der Spannungsverteilung führt zu neuen Rißrichtungen. Je nach der Isotropie der Spannungsrichtung entstehen gleichförmige oder ungleichförmige Aggregate. Scherben- und Splittergefüge sind Folge anisotroper Zugrichtungen.

Zur Beurteilung der Meliorationswürdigkeit schwerer Böden kann ihre Veranlagung zur Gefügebildung bei Entwässerung nach der Rißbildmethode dienen. Auf einer glatten, sauberen Glasscheibe werden aufbereitete Bodensuspensionen allmählich getrocknet. Anzahl, Art und Breite der Schwundrisse sowie der Zeitraum ihrer Ausprägung lassen 3 verschiedene *Rißtypen* unterscheiden (s. Abb. 62) (s. DIN 19683, Teil 18):

a) Wenige glattrandige, durchgehende Risse, die erst relativ spät, d.h. bei hoher Wasserspannung (pF 4,4) entstehen. Böden mit hoher Na^+-Belegung (s. Abb. 62a).

b) Viele fein verästelte, gezackte Risse, nicht zusammenhängend, schon bei relativ geringer Wasserspannung (pF 3,2) sich spontan ausbildend. Böden mit hoher H^+-Belegung (s. Abb. 62b).

c) Viele durchgehend glatte und verzweigte Risse, schon bei relativ geringer Wasserspannung (pF 3,0) einsetzend und mit weiterer Austrocknung zunehmend. Stark mit Ca^{2+} belegte Böden (s. Abb. 62c).

Die kulturtechnisch-bodenkundliche Wertung der Gefügeentwicklung

(= bessere Durchlässigkeit nach Entwässerung) lautet: Rißtyp a < b < c. Die natürliche Lagerungsdichte bleibt dabei allerdings unberücksichtigt. Diese Methode ist für dichte, staunasse Böden weniger gut geeignet als für Naßböden geringer Lagerungsdichte (s. Watt- und Spülfeldbodenreifung). Auch für Moorböden ist sie nicht anwendbar. Feine Torffasern behindern klare Rißbildungen. Hier mißt man die Volumenschrumpfung und die nur teilweise reversible Quellung an kleinen Monolithen. Sie bedingt neben Sackung und Torfschwund besonders bei stark zersetzten Torfen die Höhenverluste entwässerter Moore.

2.4.1.2 Flockung – Bildung von Aufbau-Ballungsgefüge

In 2.2.1 sind bereits kolloidale Eigenschaften verschiedener Bodenbestandteile (Ton, Humus, Metalloxide) vorgestellt worden. Hervorzuheben ist hier die hohe Elektrolytempfindlichkeit hydrophober Tonkolloide, die aus EKP (s. Seite 157) und der KAK (s. Seite 160) zu erklären ist. Dabei sind auch die spezifischen Eigenschaften der Austauscher zu beachten.

Düngung kann als wichtige chemische, gefügebildende und -stabilisierende Maßnahme angesehen werden. Mehrwertige, schwächer hydratisierte Kationen, wie z. B. Ca^{2+}, bewirken eine brückenartige Vernetzung mehrerer Tonteilchen. Der Ladungsausgleich findet nicht nur mit einem Tonkolloid statt. Diesen Vorgang nennt man Flockung (Koagulation). Er führt zur Kornvergröberung durch Mikroaggregatbildung. Der Ca^{2+}-Eintausch ist ein reversibler Vorgang. Nur bei entsprechend hohen Ionenkonzentrationen in der Außenlösung ist sichergestellt, daß ein Rücktausch unterbleibt. Deshalb wird in der Bemessung des Kalkbedarfs schwerer Böden (s. Tab. 50, Seite 178) zusätzlich zum hohen pH eine gefügefördernde Reserve an Ca^{2+} durch freies $CaCO_3$ verlangt. Auch überwiegend mit H^+ gesättigte, saure L-, T-Böden sind gut geflockt. Mit zunehmender H-Sättigung nehmen Ladung und EKP der Austauscher ab. Unterhalb pH 4,5 setzt ein Tonmineralzerfall ein. Dabei werden vermehrt Al^{3+} freigesetzt. Der Wertigkeitseffekt des Al^{3+} bedingt dann nur eine geringe Dicke der elektrischen Doppelschicht und damit die besonders hohe Flockungsempfindlichkeit saurer Tonböden. Ihr sehr hoher Kalkbedarf bewirkt nun häufig, daß trotz ausreichend bemessener Gaben zunächst nur pH 5,5 bis 6,5 ereicht wird. Das ist der Bereich des IEP der Metalloxide. Dann kann es sogar zu einer Gefügeverschlechterung durch Kalkung kommen, weil die Al^{3+}-Flockung besser war als die durch Kalk erzielte oberhalb des IEP der als Aggregierer nun ausgeschalteten Metalloxide. Nur außerordentlich hohe Kalkgaben können solche Polymeren-Aluminium-Hydroxo-Aqua-Komplexe beseitigen, die auf Tonmineralen dicke Krusten bilden, in ihre Zwischenschichten eindringen und deren Ladung blockieren.

Neben diesen direkten Wirkungen der Düngung auf die Gefügestabilität müssen auch indirekte beachtet werden. Vermehrte Durchwurzelung im besser erschließbaren geflockten Gefüge fördern die weitere biogene Gefügebildung. Regenwürmer als Gefügeverbesserer benötigen für ihre schleimbildenden Drüsen Kalk. Sie fehlen daher in kalkarmen, sauren Böden.

Positive Nebenwirkungen Ca-haltiger N- und P-Dünger auf das Gefüge wurden bereits in Abschnitt 2.2.3.5 erwähnt. In schwach sauren Mineralböden mit vielen Metalloxiden ist eine PO_4^{3-}-Flockung denkbar. Anionensorption ist bei Tonmineralen mit dem Ziele einer Gesamtpotentialerniedrigung erst bei sehr hoher PO_4^{3-}-Konzentration in der Bodenlösung denkbar. Dazu sind sehr hohe P-Gaben erforderlich. Sie können ihre volle Wirkung auf das Bodengefüge erst dann erreichen, wenn Sekundärreaktionen durch Fällung schwerlöslicher Al-, Fe- und Ca-Phosphate ausgeschaltet sind. Das ist in Ca-, Al- und Fe-reichen Böden erst bei sehr hohem pH möglich. Insofern ist die direkte gefügefördernde Wirkung von P-Düngemitteln vorrangig auf eine verbesserte Ca^{2+}-Sorption zurückzuführen. Gerade in schluffreichen, schwer zu flockenden Böden kann eine PO_4^{3-}-Nebenwirkung, die Förderung des Wurzelwachstums, jedoch nicht hoch genug eingeschätzt werden. Dort wurden durch einmalig sehr hohe P-Gaben (50 bis 100 dt/ha Thomasphosphat) nachhaltige Gefügeverbesserungen erzielt. Insofern sind Phosphate auch Bodendünger (s. Tab. 58). Auch eine verkittende Wirkung dieser kieselsäurehaltigen Düngemittel ist denkbar.

2.4.1.3 Verkittung – Bildung von Kitt- und Hüllengefüge

Chemische Prozesse können im Boden mineralische Fällungsprodukte entstehen lassen, die entweder eigene Mineralkörper darstellen (Eisen-Mangankonkretionen = Pseudosand) und damit die Korngrößenverteilung vergröbern oder als Kittsubstanzen andere feste Bodenfeinteilchen zu gröberen Aggregaten aufbauen. Wenn schließlich die Zwischenhohlräume total ausgefüllt sind, entsteht ein Kittgefüge (Ortstein). Mikroskopisch liegt dann oft ein Hüllengefüge vor.

Mit Änderung des Bodenwassergehaltes ergeben sich Zu- oder Abnahmen der Ionenkonzentration. Bei starker Austrocknung beschränkt sich die Verteilung des Wassers im Boden schließlich auf Häutchen und Porenwinkel. In diesen Wassermanschetten an Kornberührungsstellen herrscht eine hohe Oberflächenspannung und Ionenkonzentration, die zu einer CO_2-Abgabe aus der Bodenlösung führt. Damit fällt das vorher lösliche Calciumbikarbonat als Karbonat aus ($Ca(HCO_3)_2 \rightarrow CaCO_3 + CO_2 \uparrow + H_2O$). Die Kornberührungsstelle wird durch solche Austrocknungen vermörtelt. Bedeutung hat diese Karbonatfällung vor allem für schluffreiche Böden, die mangels Ladung durch Ca^{2+} kaum geflockt werden können. Für solche Böden (Löß, Marsch) ist daher ebenso wie für tonreiche Böden freies $CaCO_3$ für die Bildung und Stabilisierung des Gefüges wichtig. Wenn jedoch durch zu starke Ca-Ausfällung schließlich – wie in manchen semiariden Böden – dichte Kalkkrusten durch kapillar aufsteigendes und verdunstendes Wasser entstehen, werden sowohl Gefüge- wie Nährstoffdynamik solcher »vermörtelter« Böden ungünstig für das Pflanzenwachstum. Wir kennen diese Karbonatfällungen auch als Wiesenkalk, Alm oder Rheinweiß. Sie entstehen überall dort, wo bikarbonatreiches Grundwasser an der Kapillarsaumoberfläche entspannt wird und verdunstet. Diese Kalkanreicherungshorizonte liegen häufig im Grenzbereich rezenter und fossiler Go/Gr-Horizonte (Kittgefüge).

In humiden Klimaten kommt es mit Versauerung der Böden häufiger zu organo-mineralischen Verlagerungen. In Braunerden werden die einzelnen Mineralteilchen gleichmäßig durch Eisenoxidhäutchen umhüllt. Bei guter Bodenbelüftung entstehen und altern solche Eisenoxidbeläge schnell. Gefüge und Filtergerüst dieser Braunerden sind daher recht stabil (Hüllengefüge).

In Gegenwart organischer Umsetzungsprodukte oder Huminstoffneubildungen, die im sauren Milieu beweglich sind und als Chelatoren wirken, kommt es zur Bildung organo-mineralischer Komplexe. Sie werden mit dem Sickerwasser im Boden verlagert und bei Überschreiten ihres IEP im Unterboden mit höherem pH ausgefällt (s. Podsolierung, Eisen-Humusortstein). Weitere Humusverkittungen erfolgen durch Fällung höher polymerer organischer Stoffe. Orterde ist ein unverfestigtes, Ortstein ein verfestigtes Kittgefüge mit nahezu fehlender Porosität.

In hydromorphen Böden bleiben Metalloxide lange beweglich. Durch häufigen Wechsel von Naß- und Trockenphasen ist in staunassen Böden eher eine fleckige Verteilung oxidierten und reduzierten Eisens festzustellen (Marmorierung). Nur allmählich bilden sich z. B. entlang alter Wurzelbahnen und Schwundrisse feste Konkretionen aus, die nur partiell das Gefüge dieser Böden stabilisieren. Tonböden mit vielen Eisenkonkretionen sind gut durchlässig. Wenn es jedoch – vor allem in Gleyen mit geringen Grundwasserschwankungen – zu bänderartiger Eisen-Manganfällung kommt, entstehen bodenhydrologische Schwierigkeiten durch das dort verhärtete Kittgefüge (Raseneisenstein).

In tropischen Böden geht die Tonmineralzerstörung häufig soweit, daß kolloidale Kieselsäure ausgewaschen wird und nur noch Fe- und Al-Oxidausfällungen in Form von Konkretionen (in Roterden) oder als harte Krusten (Laterit) übrigbleiben.

2.4.1.4   Verklebung – Bildung von Aufbaugefüge

Eine Substanz klebt an einer anderen, wenn die Adhäsionskräfte an Phasengrenzflächen die Kohäsionskräfte übertreffen (siehe Benetzung). Bodenkolloide mit hoher spezifischer Oberfläche sind dazu besonders befähigt. Die Übergänge zwischen dieser flächenorientierten Haftung zweier Stoffe zur punktorientierten Kationensorption sind fließend. Organischen Substanzen wird häufig der größte Einfluß auf die Verklebung von Bodenteilchen zu Aggregaten zugesprochen.

Polysaccharide und Polyuronide, die beim Abbau organischer Substanzen oder als Stoffwechselprodukte der Mikroben entstehen, umspannen als kettenförmige Makromoleküle die Bodenteilchen. Neben Bakterienkolonien können auch Pilzhyphen und feine Haarwurzeln Bodenteilchen verkleben und verflechten (Lebendverbau). Solche biogen verklebten Aggregate sind jedoch nur beständig, solange die Mikrorganismen leben. Daraus erklärt sich ihr jahreszeitlicher Wandel in der Ausprägung und Beständigkeit. Ein gutes Krümelgefüge wird häufig auch als Ausdruck einer Schattengare bezeichnet. Unter schützendem Schirm der Pflanzen ist eine hohe biologische Aktivität im Boden möglich. Grünlandböden sind besser aggregiert als zeitweise offen liegende Ackerböden (aktives – passives Gefüge). Organische Düngemittel können neben der mechanischen Auflockerung nur solange gefügefördernde biogene Einflüsse auf den Boden ausüben, wie sie mikrobiell umgesetzt werden. Gründüngung und Ernterückstände wirken bei hohem Anteil leicht umsetzbarer organischer Substanzen (Nährhumus) unmittelbar, jedoch nur kurzfristig gefügelockernd. Rottemist (Dauerhumus) nimmt eine mittlere Stellung ein, am meisten geschätzt wird der Kompost. Wenig zersetzte Hochmoortorfe sind langsame, anhaltend wirkende Bodenverbesserer.

Synthetische Gefügebildner (Bodenverbesserungsmittel, soil conditioner), z. B. Krilium, Compofix, sind ebenfalls meist fadenförmige Makromoleküle mit funktionellen Gruppen ($-COOH$, $-OH$, $-NH_2$). Durch ihre netzartige Verklebung können sie ein bereits vorhandenes Bodengefüge stabilisieren oder so fixierte Bodenoberflächen vor Wind- und Wassererosion schützen. Andere Bodenverbesserungsmittel haben z. B. kolloidale Kieselsäure als Wirkungsbasis (Agrosil) oder Eisen-III-Ammoniumsulfat (Flotal). Sie werden aus Preisgründen mehr im Landschaftsbau (Böschungsbegrünung) eingesetzt.

Styromull und Hygromull sind synthetische Produkte, die keine Verbindung mit dem Boden eingehen, wohl aber als Flocken in den Boden eingemischt sein Filtergerüst verbessern. Während Styromull, geschlossenporig, weitgehend abbauresistent zur Bodenauflockerung eingesetzt wird, ist Hygromull als aufgeschäumtes Harnstoff-Aldehyd-Kondensat offenporig und mikrobiell langsam abbaubar. In gärtnerischen Kultursubstraten, im Landschafts- und Kulturbau, zur Bodenauflockerung und als Filterstoffe werden diese Produkte eingesetzt.

2.4.1.5 Durchwurzelung

Wurzeln wachsen im Boden nur dort, wo Wasser und Nährstoffe verfügbar und Gasaustausch möglich sind. Dazu ist ausreichend lockeres Gefüge notwendig. Die wachsende Wurzel folgt entweder primär vorhandenen intergranularen oder biogenen Poren und Röhren sowie Aggregatzwischenräumen oder versucht, durch Eigendruck wachsender Wurzelspitzen (bis 15 bar/cm²) Bodenteilchen verdrängend, sich selbst

Hohlräume zu schaffen. Ab 400 µm Porendurchmesser wird das Haupt-wurzelwachstum gehemmt, bei etwa 100 µm ist eine absolute Grenze gesetzt. Wurzelhärchen dringen noch in feinere Zwischenräume bis 10 µm. Der Eindringwiderstand ist abhängig von Festigkeit, Lagerungs-dichte und Wasserspannung im Boden. Die tatsächliche Durchwurze-lung eines Bodens wird an der Profilwand durch das Wurzelbild (mög-lichst vor Einzelpflanzen) und über die Durchwurzelungsintensität fest-gestellt. Beides erlaubt bodengenetische und gefügekundliche Schlüsse. Wurzeltiefgang und -verbreitung ergeben das Wurzelbild. Wurzelbilder eignen sich zur Standortbeurteilung. Sie geben Hinweise auf Verdichtun-gen im Profil, auf die Lagerungsdichte und Verfestigung der Aggregate. Vor allem einzeln wachsende Pflanzen geben mit ihren Wurzelbildern guten Einblick in die Dynamik eines Bodens. Nicht immer sind Profil-merkmale rezent. Das Wurzelbild korreliert im allgemeinen gut mit bo-dentypologischen und gefügekundlichen Merkmalen. Die gute Zugäng-lichkeit der Wasser- und Nährstoffvorräte bis in größere Bodentiefe und damit die Produktivität einer Schwarzerde werden ebenso deutlich wie die Ertragsunsicherheiten von Podsol oder Pseudogley als flachgründige Pflanzenstandorte. Artspezifische Wurzelbilder werden durch Standort-einflüsse umgeformt. In trockenen Jahren ist bei einjährigen Pflanzen in einem hydromorphen, tonigen Boden durch Schwundrißgefüge eine tie-fere Durchwurzelung möglich als in nassen Jahren. Die mit dem Wech-sel der Durchfeuchtung unterschiedliche Durchwurzelung des Bodens bewirkt ebenfalls eine Auflockerung zur Verdichtung neigender Böden. Abgestorbene Pflanzenwurzeln bilden Gänge und Lockerungszonen für Bodentiere oder nach ihrer mikrobiellen Zersetzung biogene Poren. Durch Auszählen der Feinwurzeln (< 2 mm $\varnothing$) je dm² an der Profil-wand erfolgt die Einstufung der Durchwurzelungsintensität. Ungleichmäßige Durchwurzelung, z. B. an Schwundrissen oder anderen groben Hohlräumen, sowie vorzugsweise horizontal wachsende Wur-zeln über Verdichtungen oder Wurzelverdickungen müssen gesondert vermerkt werden. Die *Durchwurzelbarkeit* ist dagegen von der physiolo-

Tab. 59. Einstufung der Durchwurzelungsintensität (nach Kartieranlei-tung 1982)

Feinwurzeln/dm²	Bezeichnung	Kurzzeichen
1– 2	sehr schwach	W 2
3– 5	schwach	W 2
6–10	mittel	W 3
11–20	stark	W 4
21–50	sehr stark	W 5
> 50	extrem stark bis Wurzelfilz	W 6

Tab. 60. Einstufung der physiologischen Gründigkeit, Durchwurzelbarkeit (nach Kartieranleitung 1982)

Tiefe in dm	Bezeichnung	Kurzzeichen
> 2	sehr flach	Wp 1
2– 4	flach	Wp 2
4– 8	mittel	Wp 3
8–13	tief	Wp 4
> 13	sehr tief	Wp 5

gischen Gründigkeit abhängig. Darunter wird die Tiefe verstanden, bis zu welcher Pflanzenwurzeln unter gegebenen Verhältnissen im Boden maximal eindringen könnten. Sie wird begrenzt durch das Solum, das feste Gestein ohne Klüfte, verfestigte, verdichtete Horizonte/Schichten, Reduktionserscheinungen, schroffen Wechsel chemischer oder physikalischer Eigenschaften. Die Durchwurzelbarkeit und physiologische Gründigkeit wird nach Tabelle 60 eingestuft.

Flachgründige Böden sind land- wie forstwirtschaftlich unsichere Standorte, ökologisch oft Standorte seltener Pflanzen- und Tierarten (Magerrasen, Feuchtbiotope). Die im Ackerbau hydrologisch bedeutsame *effektive* Durchwurzelungstiefe wird im Kapitel Wasserhaushalt und Bodentechnologie ausführlich behandelt.

2.4.1.6 Bodenbearbeitung – Gefügeaufbau oder -zerstörung

Unter der schützenden Decke einer Dauervegetation steht das natürliche Bodengefüge im Gleichgewicht endogener (*im* Boden wirkender) und exogener (*auf* den Boden wirkender) Faktoren. Aus den jeweiligen Bodeneigenschaften und Umwelteinflüssen wird ein aktives Gefüge gebildet. Mit der Bodenbearbeitung und -nutzung greift der Mensch in diese Gefügedynamik ein. Vielfältige Kräfte der Zerstörung können jetzt auf den zeitweise offenliegenden Boden einwirken: Mechanische (Maschinen, Erosion) und chemische (Immissionen). Durch periodisch wiederkehrende Bodenbearbeitung oder schließlich in größeren Abständen notwendige tiefergreifende Meliorationen wird versucht, diesem Gefügeverlust zu begegnen. Durch Lockern, Mischen und Wenden werden die durch Setzung, Verlagerung und Entmischung entstandenen Bodenverdichtungen zu beseitigen versucht.

Dieses künstlich geschaffene Lockergefüge steht nicht immer im Gleichgewicht mit den anderen gefügebildneden Faktoren. Es wird daher als *passives* Gefüge bezeichnet. Es ist instabil.

Ziel jeder ordnungsgemäßen land- und gartenbaulichen Bodenbearbeitung kann nur sein, mechanisch bessere, neue *Voraussetzungen* für einen anschließenden Gefügeaufbau durch Flockung, Verkittung, Verklebung und Durchwurzelung zu schaffen. Dieses Ziel kann jedoch nur erreicht werden, wenn die Bodenbearbeitung zum günstigsten Zeitpunkt erfolgt. Dieser wird durch die Bodenfeuchte und Temperatur bestimmt. Zu feucht bearbeitete, tonige Böden werden plastisch verformt und verschmieren. Ein bekannter Bodengefügeschaden ist die durch Druck und Schlupf schwerer Geräte gebildete Pflugsohle, die Niederschlagswasser in der Krume staut und die tiefere Durchwurzelung des Bodens behin-

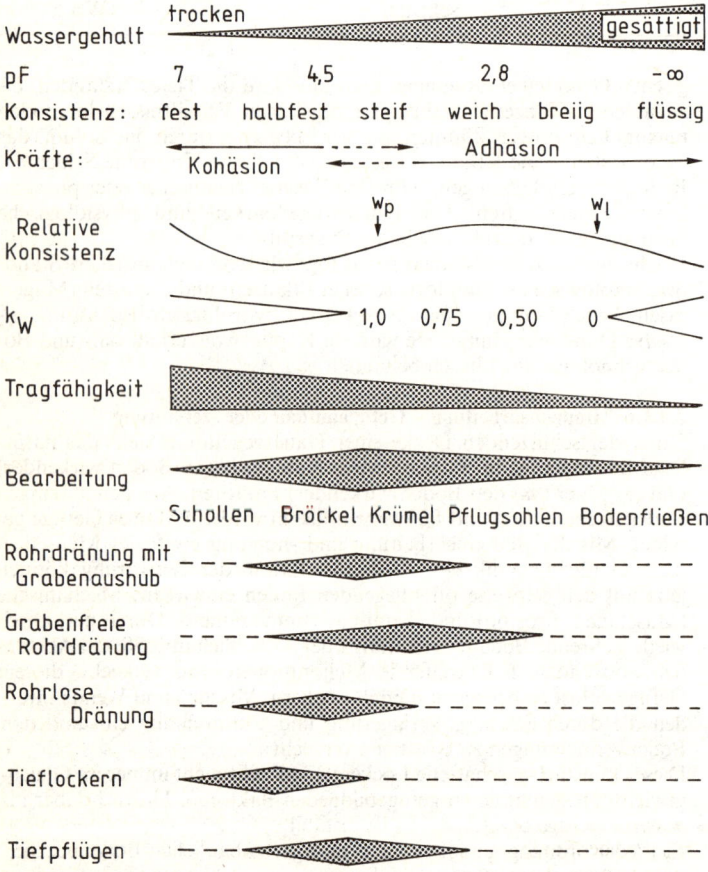

Abb. 63. Verhalten bindiger Böden mit unterschiedlicher Feuchte.

dert. Zu trocken bearbeitet, entstehen als Bodenfragmente grobe Schollen und Klumpen. Die darin enthaltenen Wasser- und Nährstoffvorräte sind unzugänglich für die Wurzeln.

Der Widerstand eines bindigen Bodens gegen Verformung wird als *Konsistenz* oder *Zustandsform* bezeichnet. Man unterscheidet bodenkundlich sieben Zustandsformen: fest, halbfest, steif, weich, breiig, zähflüssig, flüssig. Diese werden durch den Wassergehalt des Bodens und die zwischen Boden und Wasser wirksamen Kräfte der Adhäsion und Kohäsion bestimmt. Unter *Adhäsion* versteht man das Haften zweier verschiedener Stoffe aneinander durch molekulare Anziehungskräfte an ihren Phasengrenzflächen (Leimen, Kleben, Kitten) (s. Abb. 67, Seite 224). Nur polare Flüssigkeiten wie z. B. Wasser können mit ihren Dipolmolekülen an festen Oberflächen haften. Dieser Benetzungsvorgang wird bodenkundlich auch als *Hygroskopizität* bezeichnet. Über die bei der Benetzung freiwerdende Wärme kann man auf die Adhäsionsenergie rückschließen (auch als Haftspannung mit der Adhäsionswaage meßbar).

Unter *Kohäsion* versteht man den Zusammenhalt eines Stoffes durch zwischenmolekulare Kräfte. Sie wird vom Aggregatzustand bestimmt. Die Kohäsion ist bei Gasen < Flüssigkeiten < festen Substanzen.

In einem völlig ausgetrockneten Boden ist nur die diesem Material eigene Kohäsionsenergie wirksam. Diese ist um so höher, je bindiger der Boden ist. Hohe Kohäsion bewirkt harte Schollen und Klumpen. Mit Benetzung der Bodenteilchen umgeben sich diese mit dünnen Wasserfilmen. Ein Teil der Kohäsionsenergie wird oberflächlich abgegeben an die Adhäsion des Wassers. Folglich ist der Zusammenhalt des Bodens weniger fest (Zustandsform halbfest). Er wird bröckelig. Mit weiterer Wasseraufnahme bilden sich an den Berührungspunkten der Wasserfilme Porenwinkel- und schließlich Kapillarwasser. Die an den Grenzflächen Wasser/Luft sich in den Menisken auswirkende hohe Oberflächenspannung des Wassers täuscht dann selbst in nichtbindigen Böden (Sand) eine scheinbare Kohäsion vor. Das so weit befeuchtete Bodenmaterial erhält die Zustandsform »steif«. Weitere Wasseraufnahme läßt schließlich die Kohäsionskräfte des Bodens derart hinter die Adhäsionskräfte zum Wasser zurücktreten, daß über den weichen und breiigen Zustand allmählich ein Zerfließen des Bodens einsetzt.

Im Feuchtebereich unterhalb halbfester Konsistenz ist eine Bodenbearbeitung nicht sinnvoll. Neben hohen Bearbeitungswiderständen wäre das Ergebnis nur ein Zertrümmern in grobe Schollen. Bodenkrümelung als günstiger Ausgangszustand für den weiteren Gefügeaufbau ist erst im Übergang halbfest/steif zu erwarten. Bindiges Material läßt sich dann gerade noch zu bleistiftstarken Würsten ausrollen. Der diese Konsistenz beschreibende Wassergehalt (Gew.%) ist die *untere Plastizitätsgrenze* oder *Ausrollgrenze* (wp). Sie entspricht pF ~ 3. Schmiersohlen treten auf, wenn die Konsistenz von weich nach breiig wechselt. Das ist die *Klebegrenze. Die Fließgrenze* (wl) – sie entspricht pF < 1 – oder *obere Plastizitätsgrenze* wird ebenfalls in Gew.% H_2O des Bodens im Labor bestimmt. Die Differenz wl − wp ergibt die *Plastizitätszahl* (s. DIN 18122, Teil 1, Plastitzitätsindex) als Maß der Empfindlichkeit auf Wassergehaltsänderungen und Stabilität des Bodens. Abb. 63 zeigt weitere Beziehungen der Konsistenz zu Wasserspannung, Bearbeitungs- und Tragfähigkeit.

Die jeweilige Konsistenzzahl (K_w) bei vorgegebenem Wassergehalt wx wird durch folgende Beziehung ausgedrückt:

$$K_w = \frac{wl - wx}{wl - wp}$$

K_w	= 0	Fließgrenze (30–100 Gew.% H_2O) (wl)
	< 0,5	breiig
	0,5 –0,75	weich Klebgrenze
	0,75–1,00	steif
	1,00	Ausrollgrenze (0–40 Gew.% H_2O) (wp)
	> 1,00	halbfest–fest

Je höher die Wassermenge ist, die ein Boden aufnimmt vom festen, trockenen Zustand über die Ausrollgrenze bis zum Zerfließen, um so größer ist der Zusammenhalt der Teilchen.

Die plastischen Eigenschaften von Böden und damit ihre mechanische Belastbarkeit wie z.B. Gefügebeanspruchung sind abhängig von Ton- und Humusgehalt, Kationensorptionsverhältnissen, Gefügestabilität u.a. So steigt wp mit Zufuhr von Ca^{2+}. Das bedeutet: so verbesserte Böden sind auch bei höherer Bodenfeuchte ohne Gefügeschaden noch zu bearbeiten. Umgekehrt sinkt der Wassergehalt bei wp und wl durch überwiegende Na^+- oder H^+-Sorption. Mit dem Humusgehalt verschieben sich beide Plastizitätsgrenzen in den Bereich höherer Wassergehalte. Je höher der Humusgehalt eines Tonbodens ist, um so besser bearbeitungsfähig ist er und um so weniger wird er im Gefüge gefährdet.

Aus der Konsistenz eines Bodens sind weitere bodenmechanische Eigenschaften abzuleiten. Böden mit Plastizitätszahlen < 6 neigen zur Ver- schlämmung (Erosion, Dränfilterung). Erst bei Plastizitätszahl > 9 ist die Erddränung haltbar. Plastizität ist eine Eigenschaft fester Körper, sich bei Einwirkung äußerer Kräfte zu verformen. Im Mineralboden ist diese Verformung weitgehend unelastisch, d.h. nur teilweise reversibel. Je höher die Plastizitätszahlen liegen, um so gefügeempfindlicher sind diese Böden. Neben dem absoluten Tongehalt ist auch die jeweils vor- herrschende Tonmineralart von Einfluß auf die Plastizität (Smectit > Illit > Kaolinit). Je besser ein Boden aggregiert ist, um so höher ist sein Widerstand gegen Verformung. Mechanisch überbeanspruchte Böden z.B. an Baustellen sind daher sehr schwer wieder in ein ökologisch befriedigendes Gefüge zurückzuführen.

Mit zunehmender Motorisierung und Mechanisierung der landwirt- schaftlichen Bodennutzung nehmen Gefügeschäden vor allem bei bindigen, plastischen Böden zu, wenn arbeitswirtschaftliche Engpässe zuwenig Rücksicht auf Bodeneigenschaften nehmen lassen. Da die Bodenbearbeitung in nichtbindigen Böden von der jeweiligen Bodenfeuchte viel weniger abhängig ist, werden diese heute als Ackerstandorte bevorzugt. Allerdings ist hier bei zu hoher Bodenfeuchte die Gefahr der Rüttelverdichtung bis in größere Tiefen zu beachten.

2.4.2 Gefügeformen

Laboranalysen des Gefüges erfassen jeweils nur einzelne Eigenschaften, z. B. Aggregatstabilität, -dichte. Aus der im Gelände angesprochenen Gefügeform können dagegen recht umfassende Aussagen über den Wasser- und Lufthaushalt sowie die Durchwurzelbarkeit eines Standortes gemacht werden. Man muß jedoch beachten, daß lang- und kurzfristige Klima- und Witterungswirkungen das Bodengefüge als eine *veränderliche* Eigenschaft erscheinen lassen. *Langfristig* läuft die Gefügegenese parallel zur Bodenentwicklung. Bodentypen haben horizonteigene Gefügeformen, z. B. Prismen im Bt-Horizont. *Kurzfristig* unterliegt das Bodengefüge zyklischen Veränderungen in Abhängigkeit von Jahreszeit, Durchfeuchtung, Pflanzenbestand, Bodenbearbeitung (s. Schatten- und Frostgare). Nahe zur Bodenoberfläche (s. Seite 298) sind diese kurzfristigen Gefügeänderungen besonders deutlich.

Zur Gefügebeurteilung muß man ein Bodenprofil aufgraben. An der Schürfgrubenwand werden Bruchflächen vorsichtig mit einem Spatel oder Messer herauspräpariert. Für ackerbauliche Fragestellungen genügt häufig die Spatendiagnose.

Durch Fallenlassen eines vorher mechanisch nicht beanspruchten, mit dem Spaten ausgebrochenen Bodenziegels aus 1 m Höhe auf eine feste, ebene Unterlage kann man den zur Trennung von Gefügeelementen erforderlichen Kraftaufwand als *Verfestigungsgrad* abschätzen. Unter Verfestigung versteht man den vom Wassergehalt unabhängigen Zusammenhalt ganzer Horizonte. Daraus wird der Bodenwiderstand gegen Bearbeitung und Durchwurzelung abgeleitet. Am Verfestigungsgrad wird das *Grundgefüge* erkannt und damit die Übergänge vom Einzelkorn- zum Kitt- sowie vom Kohärent- zum Aggregatgefüge. Er wird nach Tabelle 61 ermittelt.

Wenn eine Probe völlig in ihre Primärteilchen zerfällt, liegt *Einzelkorngefüge* vor. Deshalb ist der Boden nun nicht etwa strukturlos. Je nach Größe und Form der Primärteilchen können derartige Böden bessere Gefügeeigenschaften besitzen als sekundär erst aggregierte Böden. Wenn makroskopisch keine Aggregate oder Einzelteilchen zu erkennen sind, ist der Boden ungegliedert. Je nach Verkittung oder Verfestigung durch Einlagerung unterscheidet man das *Kohärent-* bzw. *Kittgefüge* (z. B. Ortstein).

Tab. 61. Verfestigungsgrad des Bodens (nach Kartieranleitung 1982)

Verhalten des Bodenmonolithen bei der Fallprobe	Bezeichnung	Kurzzeichen
zerfällt schon bei Entnahme	lose (sehr schwach verfestigt)	Vf1
zerfällt beim Aufprall in zahlreiche Bruchstücke	lose (schwach verfestigt)	Vf2
zerfällt beim Aufprall in wenige Bruchstücke, von Hand weiter aufteilbar	mittel (mäßig verfestigt)	Vf3
zerfällt beim Aufprall in wenige Bruchstücke, von Hand nicht oder nur schwer aufteilbar	fest (stark verfestigt)	Vf4
zerfällt beim Aufprall kaum	sehr fest (sehr stark verfestigt)	Vf5

Von besonderem Interesse ist das *Aggregatgefüge*. Man unterscheidet im Gelände das Makrogrobgefüge (Querachsen > 50 mm) – *Riß*gefüge, *Säulen*gefüge und *Schicht*gefüge – vom Makro*fein*gefüge (Querachse < 50 mm) *(Krümel, Subpolyeder, Polyeder, Prismen und Platten)*. Das Mikrogefüge kann nur im Labor an Bodendünnschliffen bzw. Mikrotomschnitten (Torfe) beurteilt werden. Aggregate, d.h. aus vielen Bodeneinzelteilchen zusammengesetzte größere Einheiten, entstehen durch die in 2.4.1 beschriebenen Prozesse der Gefügebildung (Flockung, Schrumpfung, Verklebung, Verkittung, Durchwurzelung, Zertrümmerung) in Abb. 64 zusammengefaßt als Zusammenballung, Absonderung und Zertrümmerung. Besonders das Absonderungsgefüge ist weiter zu untergliedern. Die verschiedenen Grundgefügeformen lassen sich wie folgt beschreiben und bodenkundlich deuten:

a) Grundgefüge
Einzelkorngefüge, nicht verklebte Primärteilchen, trocken rieselnd, naß zerfließend, Gefügeform humusarmer S- oder U-Böden.
Kohärentgefüge, Primärteilchen kohäsiv dicht haftend, dadurch ungegliedert. Gefügeform kalkarmer T-tU-Böden und wassergesättigter Alkaliböden.
Kittgefüge, Primärteilchen gleichmäßig mit Häutchen von Metalloxiden, Humus, $CaCO_3$ oder amorpher Kieselsäure überzogen. Kittsubstanzen größtenteils auch intergranulare Hohlräume ausfüllend und

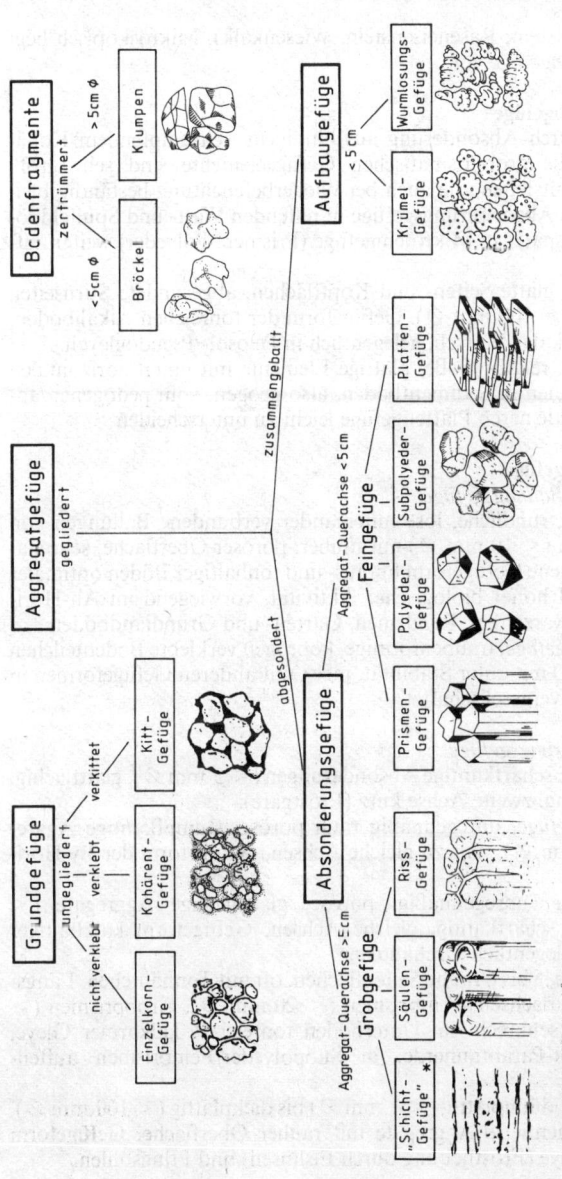

Abb. 64. Gliederung und Ansprache des Makrogefüges im Boden.

verfestigt (Ortstein, Raseneisenstein, Wiesenkalk). Mikroskopisch liegt oft eine *Hüllengefüge* vor.

b) Makrogrobgefüge
Rißgefüge, durch Absonderung aus bindigem, schrumpfendem Kohärentgefüge; die grobprismatischen Gefügeelemente sind sehr groß. Breite Risse entstehen, die auch bei Wiederbefeuchtung beständig bleiben. Primäres Absonderungsgefüge in reifenden Watt- und Spülfeldböden, das sich später in Mikrofeingefüge (Prismen, Polyeder) weiter aufteilen läßt.
Säulengefüge, glatte Seiten- und Kopfflächen, abgerundete Stirnseiten und Kanten ($>$ 100 mm $\varnothing$). Gefügeform der tonreichen Alkaliböden, auch im Knick der Marsch, gelegentlich in Pelosol-/Pseudogleyen.
Schichtgefüge, relativ große, plattige Elemente mit guten horizontalen Wasserleitbahnen in Sedimentböden, also geogen, vom pedogenen/anthropogenen kleineren Plattengefüge leicht zu unterscheiden.

c) Makrofeingefüge
c 1) Aufbau/Ballungsgefüge
Krümelgefüge, rundliche, lose miteinander verbundene Ballungen von Bodenteilchen ($<$ 10 mm $\varnothing$) mit rauher, poröser Oberfläche, sehr stabil. Beste biogene Gefügeform humus- und tonhaltiger Böden optimaler Reaktion und hoher biologischer Aktivität, vorwiegend im Ah-Horizont von Schwarzerden, Rendzinen, Garten- und Gründlandböden.
Wurmlosungsgefüge, traubenförmige, koprogen verklebte Bodenteilchen ($<$ 10 mm $\varnothing$) mit guter Stabilität, meist mit anderen Gefügeformen in Teilbereichen vergesellschaftet.

c 2) Absonderungsgefüge
Splittergefüge, scharfkantige Absonderungen ($<$ 5 mm $\varnothing$), glattflächig, eine Achse lang, zweite Achse kurz (Frostgare).
Subpolyedergefüge, unregelmäßig rauh poröse, stumpfkantige Aggregate ($<$ 30 mm $\varnothing$), nahezu gleiche Achsen, Gefügeform der Bv-Horizonte.
Polyedergefüge, unregelmäßig, poröse, glattflächige Aggregate ($<$ 100 mm $\varnothing$), scharfkantig, gleiche Achsen, Gefügeform kalkhaltiger Tonböden, gelegentlich Tonhäutchen.
Prismengefüge, 5 bis 6 rauhe Seitenflächen, oft mit Tonhäutchen, Längsachsen $>$ Querachsen, Feinprismen ($<$ 20 mm $\varnothing$), Grobprismen ($>$ 100 mm $\varnothing$), senkrecht im Unterboden tonreicher, kalkarmer Gleye, Marschen, Bt-Parabraunerde, in Subpolyeder/Feinprismen aufteilbar.
Plattengefüge, dünnplattig ($<$ 1 mm $\varnothing$) bis dickplattig ($<$ 100 mm $\varnothing$), horizontal orientierte Aggregate mit rauher Oberfläche, Gefügeform der Pseudogleye (Frosthebung durch Eislinsen) und Pflugsohlen.

d) Bodenfragmente

Bröckel, vielgestaltig, rauhe Oberflächen, stumpfkantig (< 5 m $\varnothing$), aus anderen Aggregaten oder Kohärent/Kittgefüge entstanden.

Klumpen, vielgestaltig, rauhe Oberflächen, stumpfkantig (> 5 m $\varnothing$), aus Kohärentgefüge entstanden.

Zur Gefügebeurteilung der Moorböden werden Zersetzungsgrad und subfossile Pflanzenreste herangezogen. Kalkreiche Niedermoore neigen bei hohem Zersetzungsgrad im Ah-Horizont zu mullartiger Humusform und damit Feinkrümelgefüge, kalkarme Niedermoore im Ah-Horizont zu scharfkantigem Subpolyeder- bis Polyedergefüge (»Mursch« nach OKRUZSKO) analog H-Lage des Rohhumus. Stark zersetzte Hochmoortorfe tendieren zum Kohärentgefüge.

Zur vollständigen Kennzeichnung und Beurteilung des Makrogefüges und seiner Funktion sind neben Verfestigungsgrad und Gefügeform Angaben über Aggregatgröße, Lagerungsart, Risse und sonstige Hohlräume erforderlich.

Die Aggregatgröße läßt Rückschlüsse auf wichtige physikalische Eigenschaften wie effektive Lagerungsdichte (s. Seite 220), Porengrößenverteilung und Wasserdurchlässigkeit zu. Je häufiger der Bodenfeuchtewechsel erfolgt, um so kleiner ist das jeweilige Absonderungsgefüge. Grobe Gefügeelemente bedingen weniger Hohlräume und eine hohe Lagerungsdichte.

Die *Lagerungsart* der Aggregate beschreibt die Beschaffenheit der Aggregatzwischenräume bzw. die Grenzflächen der Gefügeelemente. Je mehr sich die Gefügegrenzflächen benachbarter Aggregate entsprechen, also vollkommene Abdrücke (Fugen) voneinander, wie z. B. bei Prismen, bilden, um so höher ist der Quellungsdruck. Auch bei guter Gefügeausbildung ist dann die Wasserdurchlässigkeit äußerst gering. Eine solche Lagerungsart nennt man *geschlossen.* Unregelmäßige, sich gegenseitig also nicht entsprechende Gefügegrenzflächen auch bei Quellung noch genügend große Hohlräume für die Wasser- und Luftführung bestehen. Diese Lagerungsart nennt man *offen* bis *sperrig* (z. B. Subpolyeder). Eine mittlere Entsprechung der Grenzflächen bedingt im Quellungszustand eine halboffene Lagerung mit Spalten.

Für das Makrogrobgefüge ist die Rißbreite (offene Klüfte und halboffene Spalten) wichtiges Kriterium für den Luft- und Wasserhaushalt, bzw. die Durchwurzelbarkeit. Wichtig ist, ob Risse vor Verdichtungshorizonten enden oder diese durchziehen.

Zu berücksichtigen sind ferner Intergranular-, Interaggregat- und biogene Hohlräume in den Gefügeelementen. Bis 0,1 mm $\varnothing$ sind Poren noch ohne Lupe zu erkennen. Röhren durchwurzeln den Boden meist senkrecht, schwammartige Poren netzartig. Regenwurmgänge enden blind und sind durch Schleimabsonderung abgedichtet. Ihr Wert für die Wasserbewegung durch verdichtete Horizonte oder Schichten wird nicht bezweifelt. In Böden mit dichtem Unterboden wird ihre dränende Wir-

Tab. 62. Gefügebeurteilung im Feld – Beurteilungsschema nach DIEZ, 1987 (gekürzt)

Bewertung	1 günstig	2	3	4	5 ungünstig
Bodenoberfläche Merkmale	je nach Anforderung rauh bis fein; Makroporen und Einzelaggregate erkennbar, Wurmkot		Grobporen fehlen; Aggregate verwaschen, verschlämmt; Entmischung; Krusten		
Krume Gefügeform	**nicht aggregiert** (Einzelkorngefüge bei sandigen Böden) locker zusammenhängend, porös, bei Druck leicht zerfallend		fest zusammenhängend, dicht gelagert, kaum (keine) Makroporen		kohärent
	aggregiert Krümelgefüge porös, locker, feinaggregiert	Bröckelgefüge unscharf begrenzte, poröse Aggregate bei leichtem Druck fein zerfallend		Polyedergefüge (Prismengefüge, Plattengefüge) scharfkantige, glattflächige, ± dichte Aggregate s. fein < 0,2; fein 0,2–0,5; mittel 0,5–3; grob > 3 cm	

Merkmal		
Durchwurzelung	gleichmäßig, hohe Wurzeldichte, kein Wurzelstau	ungleichmäßig (fehlend), Wurzelfilz auf Klüften, geknickte Wurzeln
Durchlüftung	gleichmäßig (braune) Farbe, keine Rost- und Grauflecken, erdiger Geruch	gleichmäßig (braune) Farbe, keine Rost- und Grauflecken (Reduktionszonen), Geruch faulig, stinkend
Ernterückstände	in Rotte oder weitgehend abgebaut (Jahreszeit berücksichtigen)	rel. frisch, »einzementiert«, ungleichmäßig verteilt (»Matratzen«), verpilzt
Röhren	zahlreiche Röhren (Wurm- oder Wurzelröhren)	weniger oder keine Röhren
Unterboden	Übergang Krume/allmählich	abrupter Wechsel von locker-porösem zu kohärent-dichtem Gefüge
Oberer Unterboden (Pflugsohle) — Gefügeform	poröses Aggregat-, Einzelkorn- oder Kohärentgefüge	dichtes Kohärentgefüge, plattiges Gefüge (Pflugsohlen)
Makroporen	zahlreiche Wurm- und Wurzelröhren, Klüfte	keine erkennbaren Makroporen
Durchwurzelung	gleichmäßig durchgehende Wurzeln, kein Wurzelstau	Wurzelstau an der Obergrenze, Wurzeln nur auf wenigen Klüften, »Beinigkeit«
tieferer Unterboden (genetisch bedingt) — Gefügeform	poröses Aggregat-, Einzelkorn- oder Kohärentgefüge	dichtes Kohärentgefüge, Grobpolyeder-, Prismen- oder Plattengefüge
Durchwurzelung	gleichmäßige, tiefreichende Durchwurzelung	Wurzeln auf grobe Klüfte beschränkt, nach unten rasch abnehmend, wurzelleere Zonen
Durchlüftung	gleichmäßig braun	rost- und graufleckig (Nässe, Luftmangel)

kung meist jedoch überschätzt. Häufig werden Porenausmündungen erst nach Abkratzen von T-, U-, Fe-, H-Überzügen sichtbar. Stärke und Geschlossenheit der Überzüge geben Hinweise auf pedogenetisch wie kulturtechnisch wichtige Vorgänge (Verlagerung, innere Erosion, Gefügestabilität). Folgende ökologische wichtige Bodeneigenschaften lassen sich gefügekundlich ableiten:

Luft/Wasserdurchlässigkeit – Durchwurzelbarkeit
Lagerungsart: offen > sperrig > halboffen > geschlossen
Verfestigungsgrad: sehr lose > lose > mittel > fest > sehr fest
Aggregatgröße: klein > mittel > groß
Porenausmündungen: viele > wenige
Lagerungsdichte
Lagerungsart: geschlossen > halboffen > offen > sperrig
Verfestigungsgrad: sehr fest > fest > mittel > lose > sehr lose
Aggregatgröße: groß > mittel > klein
Poren: grob > fein
Gefügeform: Kohärent > Kitt > Hüllen > Platten > Prismen > Polyeder > Subpolyeder > Krümel
Ein Schema zur Gefügebeurteilung im Gelände gibt Tab. 62.

Gefügestabilität
Ausprägung und Stabilität des Bodengefüges unterliegen phänotypischen, d.h. jahreszeitlichen Schwankungen. Die beste Gefügeausprägung und -stabilität findet man ausgangs des Winters unter wachsenden Pflanzenbeständen (Frost-/Schattengare). Mit zunehmender Belastung des Bodens kommt es zum Gefügezerfall. Diesem kann durch die der Bodenart entsprechende Versorgung mit humusbildenden Substanzen, Kalk und Phosphaten vorgebeugt werden. Zwar wird man die zyklischen Veränderungen der Gefügestabilität nicht grundsätzlich verhindern, wohl aber die Unterschiede zwischen Gefügeoptimum und -minimum verringern können.
Böden mit großer Gefügestabilität ändern ihre physikalischen Eigenschaften besonders an der für Wasser-, Luft- und Wärmehaushalt wichtigen Bodenoberfläche nur wenig. Die Verschlämmungsgefahr an der Bodenoberfläche (s. Bodenlufthaushalt Seite 274), im Drän (s. Bodentechnologie Seite 499), und die Wasser- und Winderosion (s. Bodenschutz Seite 518) ist bei fS-, U-Böden mit geringer Gefügestabilität besonders groß. Die Gefügestabilität kann im Labor durch Messung der Aggregatstabilität mittels Siebtauchverfahren oder Beregnungsmethoden ermittelt werden (s. DIN 19683, Teil 16 u. 17). Man mißt den Grad des Aggregatzerfalls. Böden, die bei wiederholten Permeabilitätsmessungen große Abnahmen der k_f-Werte ergeben, haben ein besonders instabiles Gefüge. Als Feldmethode gibt das Verschlämmerungsbild (Tab. 63) qualitative Unterschiede. 10 bis 20 Aggregate (1 bis 3 mm) werden auf einem Uhrglas vorsichtig befeuchtet und mit Wasser über-

Tab. 63. Verschlämmungsbild und Gefügestabilität (SEKERA 1940)

Zerfallart/Verschlämmungsbild	Gefügestabilität	Klasse
Kein Zerfall	sehr groß	1
vorwiegend grobe Bruchstücke	groß	2
gleichviel grobe u. kleine Bruchstücke	mittel	3
vorwiegend kleine Bruchstücke	mäßig	4
kleine Bruchstücke u. Trübung	gering	5
völlige Auflösung, Trübung	sehr gering	6

staut. Nach der Zerfallsart unterscheidet man 6 Klassen der Gefügestabilität.

2.4.3 Gefügeeigenschaften

2.4.3.1 Probenahme

Für bodentechnologische Maßnahmen (s. Seite 476) reichen graduelle morphologische Angaben nicht aus. Ergänzend zur Feldansprache müssen dann dem jeweiligen Untersuchungszweck entsprechende Labor- oder Felduntersuchungen angesetzt werden. Für bodenphysikalische Messungen müssen dazu in der Regel Proben in ungestörter Lagerung mittels Stechzylinder entnommen werden (s. DIN 19681). Der beste Zeitpunkt zur Entnahme ungestörter Proben ist bei FK, also Ausgang des Winters. Zu trocken entnommene bindige Proben verdichten durch Quellung im Stechring.

Da physikalische Bodeneigenschaften je nach Gefügeform, Körnung, Lagerungsart auf engstem Raum stark schwanken, müssen die Einzelmeßwerte zum geometrischen (logarithmischen) Mittel- oder Zentralwert vereinigt werden. Bei arithmetischer Mittelwertbildung erhalten Extreme (»Ausreißer«) zu hohes Gewicht. Die Streuung der Einzelwerte und damit die Sicherung des Mittelwertes sinkt mit der Stechringgröße. Für k_f-Messungen haben sich 250 cm^3 Stechringe besser bewährt als die für pF-Messungen ausreichenden, 100 cm^3 fassenden.

Für eine repräsentative Probennahme aus einer Schicht müssen z. B. bei den üblichen 100 cm^3 Stechringen aus Edelstahl zwischen 7 bis 12 parallele Proben entnommen werden. Statt des häufig angewendeten Einschlagens der Stechringe mit einem Aufsatzgerät wird ein langsames hydraulisches Einpressen mittels an der Profilwand abgestützten Wagenhebers empfohlen. Wichtig ist das vorsichtige, volumengetreue Herauspräparieren durch scharfe Messer mit Wellenschliff oder eine kleine Handsäge. Zur Messung der Wasserdurchlässigkeit zwecks Berechnung der Dränung ist eine horizontale, für die Infiltration zur Beurteilung der Bewässerungsfähigkeit die vertikale Entnahmerichtung der Stechringe

zwingend erforderlich. Für andere Messungen, z. B. pF, Porenraumgliederung, ist die Entnahmerichtung bei der Probenahme von untergeord-
neter Bedeutung.

2.4.3.2 Dichte und Lagerungsdichte

Die Dichte (s) ist die Masse (g)/Volumen (cm³). Das häufig synonym
gebrauchte spezifische Gewicht hat die Dimension (Kraft N/Volumen
cm³). Die Dichte wird nach DIN 19683, Teil 11 in Flüssigkeitspykno-
meter bestimmt.

Tab. 64. Dichte von Bodenbestandteilen   g/cm³

org. Subst. – Torf (je n. Zersetzung u. Aschegeh.)	1,3–1,5
Ton (je nach Mineralart)	2,2–2,9
Mineralboden (je nach Ton- u. Humusgehalt)	2,5–2,7

Die natürliche Lagerungsdichte eines Bodens wird nach DIN 19683,
Teil 12 als Rohdichte trocken (ϱt) ebenfalls als Quotient von Masse und
Bodenvolumen, aber unter Einschluß der Hohlräume in g/cm³ ermittelt.
Sie wird um den Tongehalt korrigiert zur effektiven Lagerungsdichte

$$Ld = \varrho t + 0,009 \cdot \text{Tongehalt} \; (< 2 \; \mu m) \; (g/cm³)$$

Synonyme Bezeichnungen sind: (Volumen-/Raumgewicht, trocken (r_t),
scheinbares spez. Gewicht). Zur Messung der Lagerungsdichte müssen
Stechringproben in natürlicher Lagerung bei 105 °C getrocknet werden.

Tab. 65. Rohdichte, trocken (ϱt), der Böden   g/cm³

S-, U-Boden	(je nach Humusgehalt)	1,2 –1,8
T-, L-Boden	(je nach Humusgehalt)	1,1 –2,0
H-Boden	(je nach Zersetzungsgrad u. Entwässerung)	0,05–0,5

Eine (künstliche) Bodenverdichtung > 2 g/cm³ ist nicht möglich. Je
größer der Ungleichförmigkeitsgrad einer Bodenart ist, um so stärker
läßt sich diese verdichten.
Je größer die Lagerungsdichte, um so schlechter durchwurzelbar ist ein
Boden. Grenzwerte über diese ökologisch wichtige Abhängigkeit können jedoch noch nicht gegeben werden, da die Wurzelentwicklung neben
genotypischen Unterschieden u. a. auch davon abhängt, ob ein Wechsel
von hoher zu niedriger Lagerungsdichte oder umgekehrt im Profil vorliegt. Die erstgenannte Situation ist ungünstiger für die Tiefenausbrei-
tung der Wurzel. Während bei gS-Böden eine Erhöhung der Lagerungsdichte für das Pflanzenwachstum eher Vorteile bringt, sind auf kompri-
mierten U-Böden schnell Wachstumsschäden festzustellen. Jüngere
Alluvialböden haben trotz hohen Tongehaltes eine geringere Lage-

Tab. 66. Bestimmung der effektiven Lagerungsdichte (Ld) anhand des Makrogefüges (nach Kartieranleitung 1982)

Makrogefüge	Ld	g/cm³
Lockeres Einzelkorn- oder Kohärentgefüge, feines Aggregatgefüge mit sperriger Lagerungsart und losem bis sehr losem Zusammenhalt, geringer Eindringwiderstand	gering	< 1,40
Mäßig dichtes Einzelkorn- oder Kohärentgefüge, mittelgroße Aggregatgefügeelemente mit halboffener bis offener Lagerungsart und mittlerem Zusammenhalt, mittlerer Eindringwiderstand	mittel	− 1,75
Dichtes Einzelkorn- oder Kohärentgefüge, grobes Aggregatgefüge mit geschlossener Lagerungsart und festem bis sehr festem Zusammenhalt, hoher Eindringwiderstand	hoch	> 1,75

rungsdichte als z.B. mesozoische Tonböden. Bei Moorböden wird die Tragfähigkeit von der Lagerungsdichte bestimmt. Je höher diese ist, um so weniger können sie noch sacken und um so länger halten Maulwurfdräne. Die Lagerungsdichte (Ld) kann aus Gefügeform und Lagerungsart abgeleitet werden (Tab. 66).

2.4.3.3 Porenvolumen

Je nach ihrer Lage zwischen Einzelkörnern oder Aggregaten unterscheidet man *Primär-* oder *Intergranularporen* von *Sekundär-* oder *Interaggregat-* und *biogenen Poren*.

Wenn man sich Bodenteilchen als Kugeln vorstellt, so können diese unterschiedlich dicht gepackt sein (s. Abb. 65). Theoretisch kann man aus dem Teilchendurchmesser die größten und kleinsten Kapillardurchmesser je nach Packungsdichte errechnen. Bei dichter hexagonaler Packung von Kugeln erhält man ein minimales Porenvolumen (PV) von nur 26% vol, bei lockerer kugelförmiger Packung von maximal 48%vol. Bodenteilchen sind jedoch vielgestaltig. Selbst in extrem verdichteten Böden werden selten PV < 30%vol festgestellt. Meist haben Mineralböden zwischen 40 und 50% PV, S-Böden locker gelagert 45% PV, verdichtet ∼ 30%vol, U-Böden locker 45% PV, verdichtet 35%vol. Moorböden haben sogar 85 bis 97% PV. Humus- und Tongehalt beeinflussen wegen der besonders von diesen Bestandteilen abhängigen Gefügebildung das Porenvolumen am stärksten. Es wird aus der Rohdichte, trocken (ϱt) und der Dichte (s) nach folgender Beziehung ermittelt

$$PV = (1 - \frac{\varrho t}{s}) \cdot 100(\% vol);$$

Die Differenz zu 100 ist das Substanzvolumen (SV): $100 - PV = SV$.
Aus der Rohdichte, frisch (ϱf) − Rohdichte, trocken (ϱt) wird das Wasservolumen (WV) ermittelt. Damit ergibt sich folgende Beziehung für das Luftvolumen (LV) zur Zeit der Probenahme

$$LV = PV - WV$$

Sind keine Stechringe zur volumengetreuen Probennahme vorhanden, ermittelt man PV aus paraffinierten Klumpenproben, die mit einer hydrostatischen Waage in Luft und Wasser gewogen werden. Die Differenz beider Wägungen ergibt das verdrängte Wasservolumen, von dem noch das Paraffinvolumen abgezogen werden muß. Das Paraffinieren erübrigt sich, wenn man statt Wasser Quecksilber verwendet. So wird die Aggregatdichte ermittelt.

In Moorböden wird bei Entnahmeschwierigkeiten für volumengetreue Proben das SV aus dem Glührückstand (g) und ϱt nach DIN 19683, Teil 14, wie folgt berechnet

$$SV = \frac{(2,65 \cdot 100 - g) \cdot \varrho t}{2,65 \cdot 1,60}; \quad 100 - SV = PV$$

Aus dem Substanzanteil (SV) eines Moorbodens (= relative Lagerungsdichte) (s. Tab. 67) kann die mit diesem abnehmende Sackung bei Entwässerung berechnet werden (s. DIN 19683, Teil 9). Mineralböden < 40% PV sind absolut verdichtet. Eine *relative* Verdichtung liegt bereits vor, wenn der umgebende Profilbereich PV-Abweichungen von 3%vol

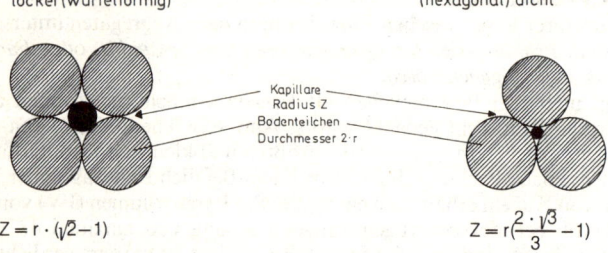

locker (würfelförmig)   (hexagonal) dicht

Kapillare Radius Z
Bodenteilchen Durchmesser 2·r

$$Z = r \cdot (\sqrt{2} - 1)$$ $$Z = r(\frac{2 \cdot \sqrt{3}}{3} - 1)$$

Teilchendurchmesser (mm)	Kapillarendurchmesser (mm)	
	locker Lagerung	dicht
2	0,83	0,23
0,2	0,083	0,023
0,02	0,0083	0,0023
0,002	0,00083	0,00023

Abb. 65. Lagerung kugelförmiger Teilchen.

Tab. 67. Substanzvolumen der Moorböden

| Vorentwässerung | | Torfeigenschaft | SV-% |
Hh	Hn		
nicht	nicht	fast schwimmend	< 3
schwach	sehr schwach	locker	3 – 5
mäßig	schwach	ziemlich locker	5 – 7,5
stark	mäßig	ziemlich dicht	7,5–12
sehr stark	stark	dicht	> 12

aufweist. Tonböden können bis zu 70 % PV besitzen, trotzdem aber mangels grober Poren schlechte Wasser- und Luftführung zeigen. PV reicht daher nicht aus, bodenphysikalische Eigenschaften hinreichend zu deuten.

2.4.3.4 Wasserbindung

Der Boden ist von polaren Flüssigkeiten wie z. B. Wasser leicht benetzbar. An Grenzflächen wirkende molekulare (v. d. Waalsche) sowie *Coulomb*sche Kräfte an vorwiegend negativ geladenen Sorptionsträgern (Ton, Humus, Metalloxide) übertreffen zusammen als Adhäsionskräfte die Kohäsionskräfte des Wassers (s. Abb. 66). Bei der Wasserbindung wird Energie frei, die man als Benetzungswärme in Kalorimetern messen kann. 1 J/g = 9,7 m²/g.

Je höher der Anteil feinster Bodenbestandteile mit großer spezifischer Oberfläche ist, um so stärker ist die Benetzung. Um die im Boden durch Adsorption von Wasser gebundene Energie wieder freizusetzen, muß Energie zugeführt werden, z. B. durch Erhitzen. Mit abnehmendem Wassergehalt muß immer höhere Wärmeenergie aufgewendet werden. Zur Bestimmung der Bodentrockensubstanz muß daher eine Trocknungstemperatur von 105 °C aufgewendet werden. Die freie Energie

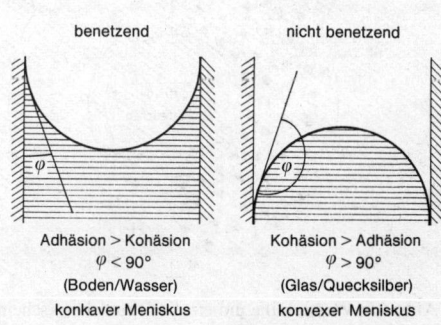

benetzend   nicht benetzend

Adhäsion > Kohäsion   Kohäsion > Adhäsion
$\varphi < 90°$ $\varphi > 90°$
(Boden/Wasser)   (Glas/Quecksilber)

Abb. 66. Benetzung.   konkaver Meniskus   konvexer Meniskus

Tab. 68. Benetzungswärme (J/g) von Böden (nach MITSCHERLICH)

Boden	J/g
Tonboden	20,80–45,76
Lehmboden	8,32–20,80
Sandboden	1,25– 8,32

wächst mit Zunahme der Bodenfeuchte und Temperatur. Aus Abb. 67 wird deutlich, wie mit zunehmendem Abstand von der Oberfläche eines negativ geladenen Bodenteilchens Orientierung und Dichte der Wasserdipolmoleküle abnehmen (= abnehmende Bindungsenergie).

Die in unmittelbarer Nähe der Bodenoberfläche zusammen mit den adsorbierten Kationen angezogenen Wasserdipolmoleküle unterliegen als Schwarmwasser einer Bindungsenergie von > − 400 bar, das hygrokopisch gebundene Wasser von − 50 bar. Nur die äußeren Wasserhüllen mit gegen Null abnehmender negativer Bindungsenergie sind durch Saugspannungen der Pflanzenwurzeln diesem Energiefeld leicht zu entziehen.

Nun bestehen Böden nicht wie in diesem vereinfachten Modell aus in sich selbständigen Einzelteilchen. Wenn zwei mit Film- oder Adsorptionswasser umgebene Bodenteilchen einander berühren, überlagern sich im unmittelbaren Kontaktbereich die Wasserfilme zu Porenwinkel- oder Manschettenwasser (s. Abb. 68). Man kann sich nun leicht vorstellen, wie mehrdimensional aus Porenwinkelwasser schließlich total mit Wasser gefüllte Kapillaren entstehen. Diese Bindungsform des Boden-

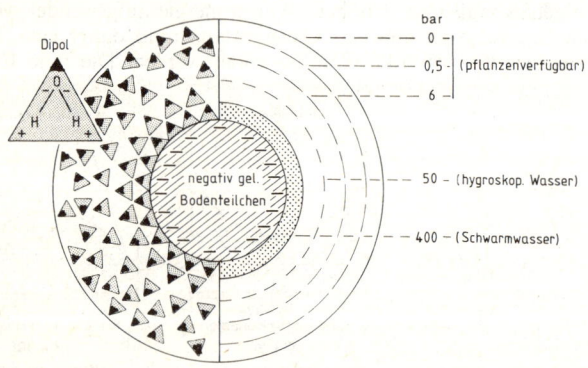

Abb. 67. Wasserhülle um ein Bodenteilchen (schematisch nach LERCH 1965).

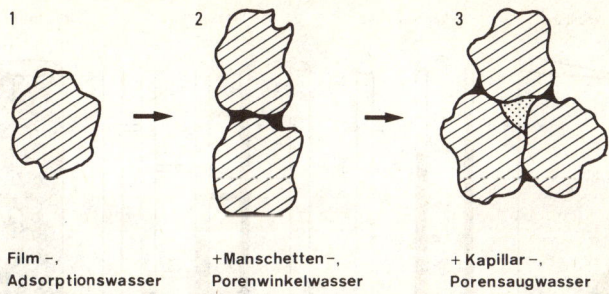

Film –,
Adsorptionswasser

+Manschetten–,
Porenwinkelwasser

+ Kapillar –,
Porensaugwasser

Abb. 68. Bindungsformen des Bodenwassers (Haftwasser).

wassers wird als Kapillar- oder Porensaugwasser bezeichnet. Das *Haftwasser* im Boden besteht also aus *Adsorptions*- und *Kapillarwasser*.
Wenn man zwei mit Wasser benetzbare Glasplatten gewinkelt einander nähert und in eine mit Wasser gefüllte Glaswanne stellt, so ist zu beobachten, wie das Wasser dort am höchsten steigt, wo die Platten sich berühren (Abb. 69). Bewegt man nun auch die äußeren Plattenenden wie ein zusammenklappendes Buch aufeinander zu, so stellen sich vom freien Wasserspiegel am äußeren Ende mit dem weitesten Plattenabstand bis zu der unmittelbaren Berührung der Platten steigende Wasserhöhen ein (Flächenkapillare).
Taucht man Glasröhren unterschiedlichen Durchmessers, z.B. 1, 0,1 und 0,01 cm ∅ in eine Wasserfläche, so steigt das Wasser in ihnen unterschiedlich schnell hoch (Rohr*kapillare*). In den 1 cm-Röhren ist praktisch kein Wasseranstieg meßbar, dagegen steigt in der 0,1 cm-Röhre das Wasser um 3 cm, in der 0,01 cm-Kapillare (= Haarröhrchen) sogar um 30 cm über den freien Wasserspiegel. Je enger die Kapillare, um so höher steigt das Wasser in ihnen. Ohne die hohe Kohäsion zwischen den Wassermolekülen (bis zu 1000 bar) wäre diese Wasserhaltung nicht möglich. Die obere Begrenzung der Wassersäule bildet jeweils ein mehr oder weniger stark konkav gekrümmter Meniskus. Selbst wenn man nun Kapillaren unterschiedlicher Durchmesser quer miteinander verbindet (Netzkapillare), wird die unterschiedliche Steighöhe nicht verändert. Mit der letzten Vorstellung ist man dem schwammförmig vernetzten Hohlraumsystem im Boden schon recht nahe. Durch unterschiedlich große Bodenteilchen, die verschieden aggregiert sein können, entstehen im Boden Schwammkapillaren.
Im Kontakt mit dem Grundwasserspiegel sind oberhalb desselben im Boden feinste Hohlräume noch in größerer Entfernung mit Wasser gefüllt, während gröbere Hohlräume nur in Nähe des Grundwassers Wasser führen (unten geschlossener, oben offener Kapillarraum (s. Abb. 69). Die Poren des Bodens muß man sich mit Engpässen und

Flächenkapillare   Rohrkapillare   Netzkapillare   Schwammkapillare

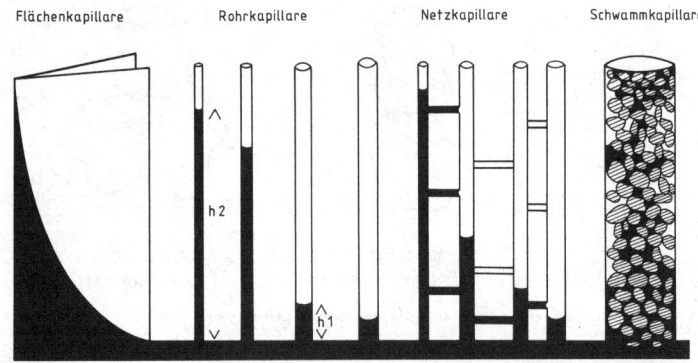

Abb. 69. Kapillarsysteme im Boden (nach MEYER et al. 1970).

Ausbuchtungen vorstellen. Bei abwärts gerichteter Wasserbewegung (z. B. Grundwasserabsenkung, -sinken) entwickelt sich bei Passage des Wassers an der ersten, obersten, engsten Stelle ein besonders stark gekrümmter Meniskus. Zur Überwindung seiner Spannung ist ein entsprechend großer Wasserunterdruck (= lange Wassersäule) erforderlich (h 2) (Abb. 70). Der kapillare Raum über dem absinkenden Grundwasser ist deshalb (im Sommer) größer als bei wieder ansteigendem Grundwasser ab Herbst. Dann nämlich ist die jeweils unterste Engstelle (h 1, Abb. 70) im Porensystem mit ihrer hohen Kapillarspannung durch Wasserüberdruck zunächst zu überwinden. Solange bleibt der Kapillarraum relativ geringmächtig (h 1 < h 2, s. Abb. 70). Die unterschiedliche Kapillarfüllung je nach Bewegungsrichtung des Wassers im Boden wird als kapillare Hysterese bezeichnet (hysteresis, gr. = Hinterherhinken hinter einem Ereignis).

Zum Verständnis der Kapillarität müssen wir uns zunächst mit der *Oberflächenspannung* auseinandersetzen, die für die Ausbildung wassertragender und stützender bzw. hängender Menisken in den Kapillaren verantwortlich gemacht wird.

Oberflächenspannung ist eine physikalische Erscheinung an Grenzflächen zwischen flüssigen und gasförmigen Stoffen. Flüssigkeiten haben das Bestreben, eine möglichst kleine Oberfläche auszubilden. Die Flüssigkeitsoberfläche (Grenzfläche zur Luft) wirkt dabei wie eine gespannte Haut. Wenn man eine angefettete Nähnadel aus Stahl (s = 7,8 g/cm^3) vorsichtig auf eine Wasseroberfläche legt, so schwimmt sie auf dem Wasser trotz großen Dichteunterschiedes (s H_2O = 1,0 g/cm^3). Innerhalb einer Flüssigkeit stehen die Moleküle durch allseitig gleiche Molekularkräfte miteinander im Gleichgewicht, d.h. ihre Kohäsionskräfte heben sich auf. Oberflächennahe Moleküle haben diese Kompensation jedoch nur zum Teil. In einer Schichtdicke, die kleiner ist als die Wirkungssphäre der Molekularkräfte ($< 10^{-6}$ cm), sind nur einseitig nach unten gerichtete molekulare Anziehungskräfte wirksam. Auf jedes an der Oberfläche befindliche Molekül ist hier eine ins Flüssigkeitsinnere gerichtete Kraft wirksam. Will man ein Molekül aus dem Flüssigkeitsinnern an die Oberfläche bringen, so muß man Arbeit verrichten. Die Moleküle an der Flüssigkeitsoberfläche haben daher eine größere potentielle Energie (= Oberflächenspannung) gegenüber den Molekülen im Flüssigkeitsinnern (s. Abb. 71).

Die Oberflächenspannung einer Flüssigkeit kann als die Arbeit/Fläche

$$\frac{(\text{Kraft} \times \text{Weg})}{(\text{Flächeneinheit})} = \frac{N \times m}{m^2} = N/m$$

gemessen werden, die aufgewendet weden muß, um die Oberfläche z. B. eines Wassertropfens zu vergrößern.

Wirken nun gleichzeitig molekulare Anziehungskräfte eines festen Stoffes ein, so wird die Oberflächenspannung der Flüssigkeit um so mehr verkleinert, je stärker die Adhäsionskräfte des festen Stoffes sind. Deshalb kann ein Wassertropfen mit geringerer Oberflächenspannung eine Glasfläche besser benetzen als z. B. ein Quecksilberkügelchen (s. Abb. 71). Bringt man an den Rand eines solchen gewölbten Wassertrop-

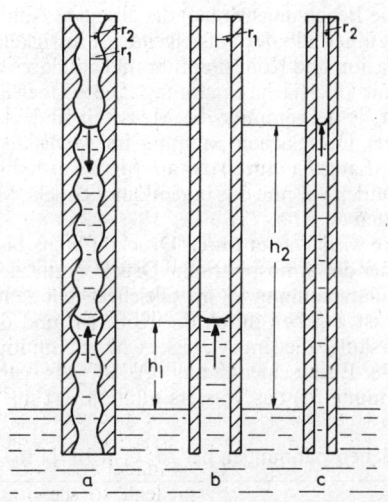

Abb. 70. Steighöhen in verschiedenen Kapillaren. Unterschiedliche Porendurchmesser ($2 \times r_1$ bzw. r_2) bestimmen die Porenraumfüllung. Bei absinkendem Wasserspiegel ($\rightarrow$) ist deshalb eine höhere Füllung (h_2) als bei steigendem Wasserspiegel (h_1) feststellbar.

228 Bodeneigenschaften

gering   groß

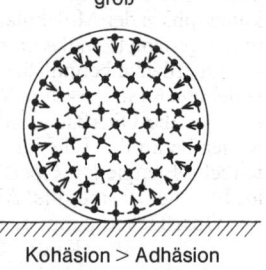

Adhäsion > Kohäsion   Kohäsion > Adhäsion
(Boden/Wasser)   (Glas/Quecksilber)

   ✶ allseitig gleiche Molekularkräfte
   ⚓ oberflächennahe, nach innen gerichtete Molekularkräfte

Abb. 71. Oberflächenspannung.

fens ein kleines Korkstückchen, so wird dieses unter dem Einfluß der
Oberflächenspannung auf den Tropfen hinaufgezogen, da die Oberflächenspannung tangential wirkt.
Kapillarität kann in einem Porensystem nur entstehen, wenn bei guter
Benetzung (kleine Benetzungswinkel) die allseitige Adhäsion größer ist
als die Kohäsion innerhalb der aufsteigenden Flüssigkeit. Dieses Wechselspiel von Adhäsion und Kohäsion führt in Kapillaren zur Ausbildung
von Menisken mit Oberflächenspannung. Diese Oberflächenspannung
ist um so größer, je gekrümmter die Mensiken sind, d.h. je enger die
Kapillare ist. Der Oberflächenspannung im Meniskus entspricht ein
negativer Druck (Saugspannung) der am Meniskus hängenden Wassersäule. Daraus können wir nun das bodenkundlich sehr wichtige Kapillaritätsgesetz ableiten (s. Abb. 72).
In einer Kapillare wird Wasser durch Druckdifferenz bis zu einer Höhe
gesaugt, in welcher der atmosphärische Druck P_A mit der am Meniskus
wirksamen Kapillarspannung P_C im Gleichgewicht steht. Die abwärts
gerichtete Kraft ist gegeben durch die Höhe (h) und den Querschnitt
(πr^2) der Wassersäule, die am Meniskus hängt, multipliziert mit der
Dichte (ϱ) und der Erdbeschleunigung (g). Aufwärts gerichtet wirkt die
Oberflächenspannung (σ) des Wassers multipliziert mit dem benetzten

Tab. 69. Oberflächenspannungen bei 20 °C in 10^{-6} N/m

Ethylalkohol	1,7
Olivenöl	2,0
Wasser	7,3
Quecksilber	43,0

Umfang ($2\pi r$) und dem Benetzungswinkel (φ). Wenn man die Gleichung nach h auflöst und für den Boden einen unendlich kleinen Benetzungswinkel ($\varphi = 0° \to \cos \varphi = 1$) unterstellt, so ergibt sich unter Einsatz der übrigen Konstanten folgende einfache Beziehung des Kapillaritätsgesetzes

$$h = \frac{0,297}{d}\,cm \cong \frac{3000}{d}\,\mu m$$

Die Höhe (h), um die eine Wassersäule in einer Kapillaren gehoben wird, ist danach umgekehrt proportional zu deren Durchmesser (d). Je kleiner die Kapillare, um so höher ist deren Kapillarität. Mit dieser Steighöhengleichung können wir nun verschiedene bodenphysikalisch wichtige Aussagen und Messungen machen:

1. Jedem Porendurchmesser ist eine Kapillarspannung zuzuordnen.
2. Bei vorgegebener Wasserspannung können die jeweils mit Wasser gefüllten Poren und ihre Durchmesser ermittelt werden.

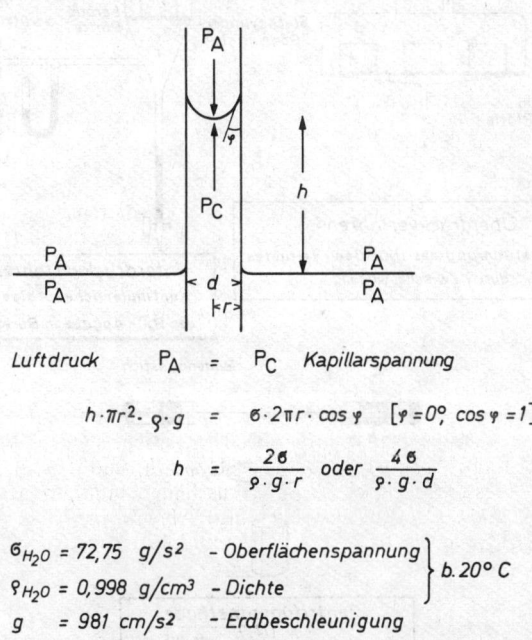

Abb. 72. Ableitung des Kapillaritätsgesetzes.

Wenn man eine Stechringprobe total mit Wasser sättigt und anschließend steigendem Über- oder Unterdruck stufenweise immer solange aussetzt, bis die Probe kein Wasser mehr abgibt, kann man aus dem Wasserverlust ($s = 1$ g/cm³) die mit jeweiligem Drücken korrespondierenden Porenanteile in %vol ermitteln. Damit ist die Bindungsintensität des Wassers im Boden als die Saugspannung definiert, die bei seiner Entwässerung überwunden werden muß. Die erforderlichen Drucke liegen zwischen 0 und 15000 mbar. Wegen dieses großen Spannungsbereiches werden zur Kennzeichnung der Wasserspannung pF-Werte als dekadische Logarithmen des jeweiligen Druckes (log bar) eingeführt (p = Potential, F = freie Energie des Wassers).

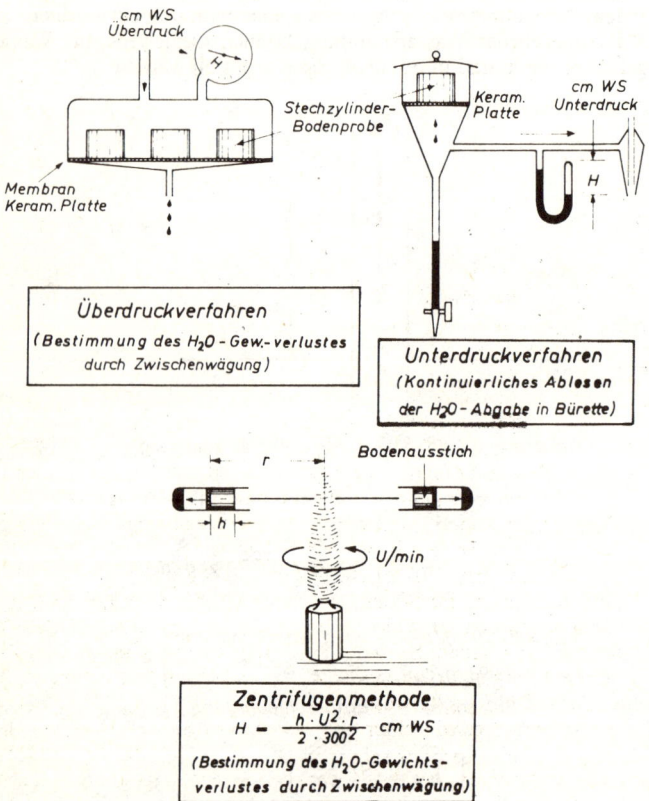

Abb. 73. pF-Verfahren im Laboratorium.

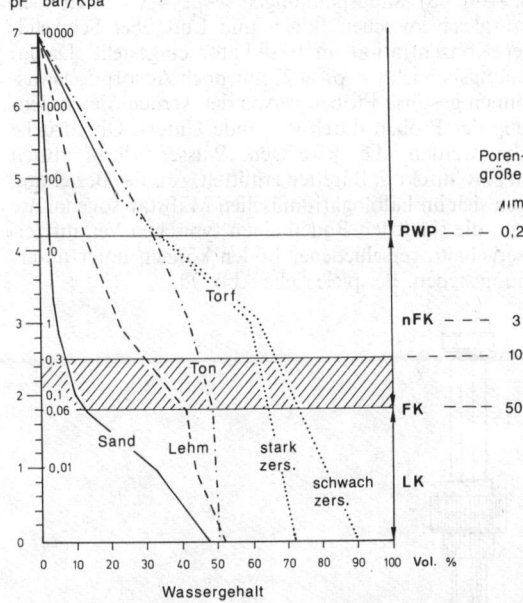

Abb. 74. Saugspannungs-pF-Kurven wichtiger Böden.

pF 1 entspricht	10 cm WS	= 0,01 bar	= 1 kpa
pF 2 entspricht	100 cm WS	= 0,1 bar	= 10 kpa
pF 3 entspricht	1000 cm WS	= 1,0 bar	= 100 kpa
pF 4 entspricht	10000 cm WS	= 10,0 bar	= 1000 kpa

Da unter Normalbedingungen von Druck und Temperatur die Dichte des Wassers sich ändert, sind die hier angegebenen pF-Werte als gebräuchliche Mittelwerte zu verstehen. 1 bar entspricht bei 20 °C 1033,3 g H_2O/cm^2 bzw. 1022,7 cm WS bzw. 100 Kpa.

Die Saugspannungen im Boden reichen von 0 (pF $-\infty$) bis 10^7 mbar (pF 7,0). Die mit dem pF-Wert korrespondierenden Wassergehalte werden in %vol angegeben. Sie gestatten keine Rückschlüsse auf die Bindungsform. Energetisch betrachtet, bestehen gleitende Übergänge von Adsorptions- und Kapillarwasser.

Die Einstellung gewünschter pF-Werte erfolgt im Labor nach DIN 19683, Teil 5. In Stechzylindern ungestört bei Feldkapazität entnommene Volumenproben des Bodens werden unter Vakuum total mit Wasser gesättigt. Bis pF 2,2 bedient man sich der sog. Unterdruckmethode, von pF 2,2 bis 4,2 wird das Überdruck- oder Zentrifugenverfahren angewendet (s. Abb. 73). Saugspannungen > pF 4,2 werden nach Dampfspannungsausgleich zwischen Boden und Luft über Schwefel- säure verschiedener Konzentration im Exsikkator eingestellt. Da im höherne Saugspannungsbereich (> pF 4,2) nur noch Adsorptionswas- ser erfaßt wird, können gestörte Proben verwendet werden. Bei stufen- weiser Entwässerung der Proben durch steigende Unter-, Überdrücke bzw. Dampfdrücke werden die jeweiligen Wasserverluste durch Zwischenwägungen bzw. direkt in Büretten ermittelt. Aus der Beziehung pF/%vol H_2O lassen sich im halblogarithmischen Maßstab sogenannte pF-Kurven zeichnen, die für jeden Boden einen typischen Verlauf zei- gen. Gleiche Wassergehalte verschiedener Böden können unter unter- schiedlicher Spannung stehen. Beispiele siehe Abb. 74.

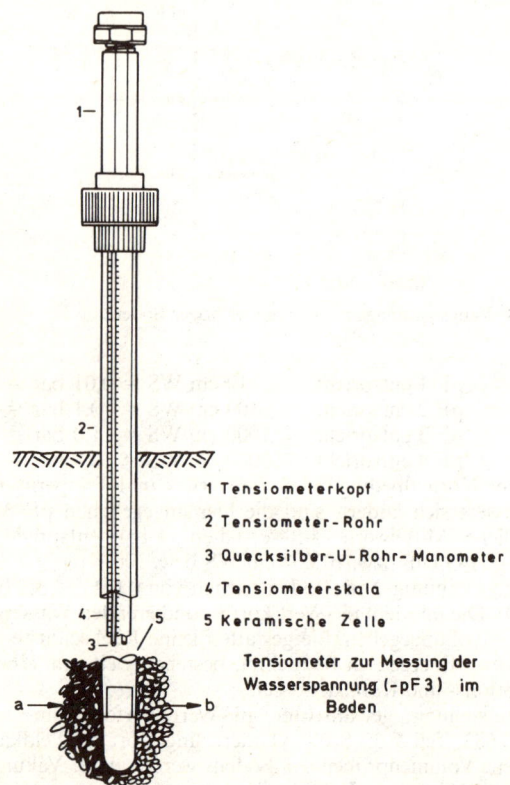

1 Tensiometerkopf

2 Tensiometer-Rohr

3 Quecksilber-U-Rohr-Manometer

4 Tensiometerskala

5 Keramische Zelle

Tensiometer zur Messung der Wasserspannung (-pF 3) im Boden

Abb. 75. Tensiometer zur Messung der Wasserspannung (bis pF 3) im Boden.

Tab. 70. Porenraumgliederung und -funktionen

Poren Ø µm	Saugspannungsbereich pF	mbar		Poren-bereich	Poren-funktion	
> 50	< 1,8	< 60		Grobporen	schnell dränend	LK
50–10	1,8–2,5	60–300		Grobporen	langsam dränend ⎫	
10–0,2	2,5–4,2	300–15000	FK	Mittelporen	pflanzenverfügbar ⎭	nFK
< 0,2	> 4,2	> 15000		Feinporen	Totwasser	PWP

Gleiche Pflanzen welken deshalb unter sonst gleichen Umgebungsbedingungen auf *verschiedenen* Böden unterschiedlicher Restfeuchte unterschiedlich schnell. *Verschiedene* Pflanzenarten welken auf *demselben* Boden gleich schnell, wenn dieser einen bestimmten Wassergehalt erreicht. Der Wasser*gehalt* des Bodens ist also im System Wasser-Boden-Pflanzen-Atmosphäre keine geeignete Bezugsbasis. Erst mit der Bestimmung des Wasser*zustandes* (pF-Wert) wird der notwendige *energetische* Bezug hergestellt.

Im gewachsenen Boden kann die vorherrschende Saugspannung nach DIN 19682, Teil 4 auch bis ~ pF 3 mit *Tensiometer* registriert werden. Ein Tensiometer ist eine mit Wasser gefüllte poröse Zelle, die luftdicht an ein Unterdruckmanometer angeschlossen ist. Im Kontakt mit den ebenfalls porösen Böden wird nun bei Feuchteunterschieden Wasser aus der Tensiometerzelle in den trockenen Boden (mit höherer Saugspannung) austreten und nach Spannungsausgleich diesen Unterdruck anzeigen. Wird daraufhin der Boden bewässert, kommt es umgekehrt zu einer Fließbewegung des Wassers aus dem feuchten Boden geringeren Potentials in die Tensiometerzelle. In dieser Funktion sind Tensiometer besonders zur Steuerung einer Bewässerung geeignet (s. Abb. 75).

2.4.3.5 Porenraumgliederung

Das vielgestaltige Porensystem der Böden ist mathematisch nicht zu berechnen. Energetisch betrachtet erfolgt die Bindung des Wassers im Boden nach den Gesetzmäßigkeiten der Kapillarität und Adsorption an festen Grenzflächen. Die Wasserbindungsintensität im Boden ist vor allem eine Funktion der Porengröße. Die Wasserbindung im Boden ist ein Teil des energetischen Systems Boden – Pflanze – Atmosphäre. Allen pF-Verfahren liegt die Annahme zugrunde, daß sich der Filterkörper Boden durch Über- oder Unterdruck in seinem Gefüge nicht ändert. Bei Böden geringer Gefügestabilität und hoher Elastizität infolge viel organischer Substanz gilt das nur bedingt. Nach dem Kapillaritätsgesetz (s. Seite 229) kann man mit dieser Einschränkung aus der Saugspannung (h = mbar) den Äquivalentporendurchmesser (d = µm) errechnen und umgekehrt bei gegebenem d die Poren verschiedenen Saugspannungen und Funktionsbereichen zuordnen.

Tab. 71. Porengrößen und ihre Funktionen

∅ mm	pF	Funktionen physikalisch	Funktionen biotisch
< 0,0002	> 4,2		Totwasser
0,001	3,47	Hygroskopizität Nutzbare Feldkapazität	Bakterien, Wurzelhaare, Protozoen, Algen
0,009	2,54		
0,02	2,18		
0,06	1,70	Kapillare Nachlieferung	Wurzeln
0,1	1,47		
0,3	1,00	Belüftung + Dränung	Würmer
> 0,3	< 1,00		

Weitere Porengrößenfunktionen im biotischen Bereich siehe Tabelle 70. Das in Grobporen versickernde Wasser ist nur teil- und zeitweise pflanzenverfügbar. Das zwischen pF 1,8 bis 2,2 und pF 4,2 im Boden gespeicherte Wasser wird auch als *nutzbare Feldkapazität* (nFK) bezeichnet. Die obere (höchste) Ausschöpfung der Saugspannung wird als *permanenter Welkepunkt* (PWP), die untere Saugspannungsgrenze (geringste Ausschöpfung) als *Feldkapazität* (FK) bezeichnet. Das ist nach DIN 19682, Teil 6, auch der Wassergehalt eines natürlich gelagerten Bodens, der sich an seinem Standort zwei bis drei Tage nach voller Wassersättigung gegen die Schwerkraft einstellt. Spätestens ausgangs des Winters haben die Böden im humiden Klima FK erreicht. FK umfaßt Adsorptions- und Kapillarwasser. Die Spanne pF 1,8 bis 2,2 drückt aus, daß FK je nach Grundwassernähe einem unterschiedlichen Potential unterliegt. Bei einem Grundwasserspiegel von 60 cm unter Flur herrscht bei kapillarer Kontinuität an der Bodenoberfläche eine Saugspannung von 60 mbar, bei 100 cm Flurabstand des Grundwassers 100 mbar (pF 2). Bei grundwasser*freien* Böden stellt sich FK infolge kapillaren Abrisses bei pF 2,0 bis 2,5 ein. FK ist abhängig von Körnung (je feinkörniger um so mehr spezifische Oberfläche und Adsorptionswasser), Bodengefüge (je fein- und mittelporiger um so mehr Kapillarwasser), Art der Kolloide (Huminstoffe adsorbieren bis zu 5mal mehr Wasser als Tonkolloide) und Kationenbelag (Na^+-Kolloide halten mehr Hydratationswasser als Ca^{2+}-Kolloide).

nFK ist als ein *maximaler* Wert der pflanzlichen Wasserversorgung je Volumeneinheit Boden anzusehen. Seine Höhe und Ausschöpfung hängt von der effektiven Durchwurzelungstiefe und -intensität ab (s. Abb. 76). Diese bestimmen die *verfügbare Feldkapazität* (vFK), die stets kleiner als nFK ist. In Abbildung 76 ist die effektive Durchwurzelungstiefe We von Zuckerrüben auf einer Braunerde aus Sand in einem niederschlagsarmen Jahr dargestellt. Nur in der intensiv durchwurzelten Krume wird nFK voll bis zum PWP ausgeschöpft. Mit der Tiefe nimmt ihre Ausschöpfung ab. In 12 dm Tiefe ist noch die volle nFK vorhanden. Dort liegt die horizontale Wasserscheide mit dem hydraulischen Gradienten O. Oberhalb dieser Wasserscheide ist eine aufwärts-, unterhalb derselben eine abwärtsgerichtete kapillare Wasserbewegung festzustellen. Die effektive Durchwurzelungstiefe wird nun so berechnet, daß der unterhalb der gestrichelten Linie bis zur vollen FK fehlende (gepunktete) Bereich dem oberhalb derselben noch bis zum PWP vorhandenen (gestrichelten) entspricht. We liegt je nach Korngröße bei Sanden

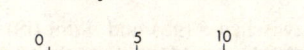

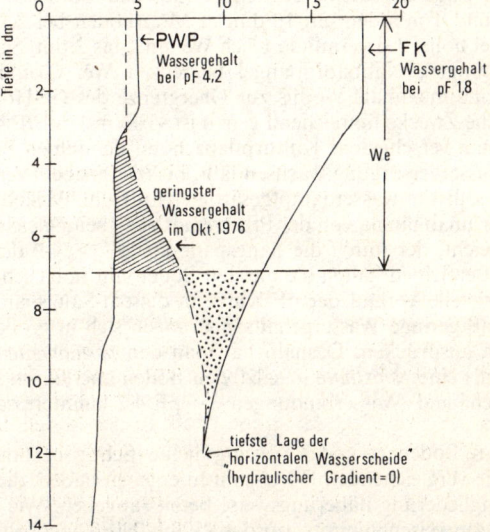

Abb. 76. Beispiel für die Bestimmung der effektiven Durchwurzelungstiefe (We) aus Feldkapazität (FK), Permanentem Welkepunkt (PWP) und Wassergehaltsminimum unter Zuckerrüben bei einer Braunerde aus Sand (msfS) in einem niederschlagsarmen Jahr (Oktober 1976, nach Kartieranleitung 1982).

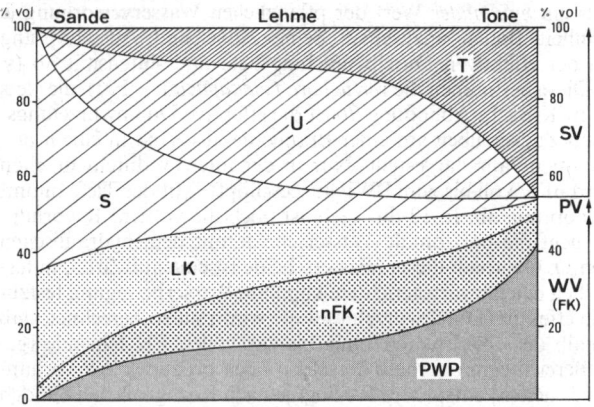

Abb. 77. Wasser, Luft und Substanzvolumen in Abhängigkeit von der Bodenart.

mittlerer Lagerungsdichte zwischen 5 (gS) und 9 dm (lS), bei Schluff-, Lehm- und Tonböden um 10 dm, in Moorböden bei 2(Hh) bis 4 dm (Hn). Bei hoher Ld vermindert sich We um 1 bis 2 dm. Schichtwechsel, Verdichtungen, Nährstoffmangel begrenzen We. Grundwasserböden haben eine maximale We bis zur Obergrenze des Gr-Horizontes. Für praktische Zwecke hinreichend genau ist vFK = ½ nFK ≙ pF 3.

Wenn man verschiedene Kulturpflanzen auf demselben Boden solange ohne Wasserversorgung wachsen läßt, bis irreversibel (Verlust der Turgeszenz selbst in wasserdampfgesättigter Luft) ihr Welketod eintritt, so ist dieser unabhängig von der Pflanzenart stets beim gleichen Wassergehalt erreicht, der durch die Saugspannung pF > 4,2 definiert ist. In diesem Bereich enthalten die meisten Böden nur noch sehr wenig Wasser. Der steile Verlauf der pF-Kurve in diesem Saugspannungsbereich zeigt, daß geringe Wassergehaltsänderungen sich in großen pF-Unterschieden ausdrücken. Deshalb hat man den *permanenten Welkepunkt* (PWP) als eine *Konstante* in salzfreien Böden anerkannt. Pflanzenphysiologisch sind Wasserbindungen > pF 4,2 uninteressant *(Totwasser)*.

Hat man Bodenart und Lagerungsdichte richtig bestimmt, so kann man, wie vergleichende pF-Messungen ergeben haben, die mittlere Porenraumgliederung näherungsweise bereits angeben. Wie Abb. 77 und Tab. 72 ausweisen, nimmt zwar das PV mit dem Tongehalt der Mineralbodenarten zu, die Porenraumgliederung dagegen wird dabei zunehmend ungünstiger. Vergleicht man alle Porenbereiche nach ihrer Funktion, so haben Lehmböden und Moorböden bei mittlerer Lagerungsdichte bzw. Zersetzungsgrad ein optimales Verhältnis von Grob- :

Mittel- : Feinporen (gute Luft- und Wasserführung *und* -speicherung als Voraussetzung für ungehindertes Wurzelwachstum und biologische Aktivität, geringe Witterungsempfindlichkeit).

In Moorböden nimmt PV mit steigendem Zersetzungsgrad ab. Dabei ist eine Porenraumneugliederung zugunsten von Mittel- und Feinporen festzustellen. Richtige Mischungen von S, L (T) mit Torf zu *gärtnerischen* Erden lassen die jeweils gewünschte Porenraumverteilung einstellen.

Bei den Mineralbodenarten wird die Porenraumgliederung vor allem durch die Lagerungsdichte und den gefügewirksamen unterschiedlichen Humusgehalt beeinflußt. Mit steigendem Humusgehalt ist vor allem bei leichten Böden eine deutliche Verbesserung der nFK zu erzielen. Organische Bodensubstanz kann bis zum fünffachen des Eigengewichtes Was-

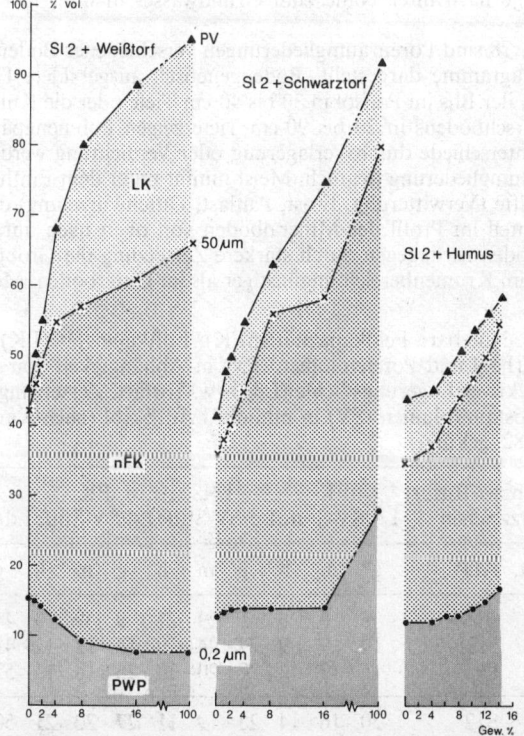

Abb. 78. Porenraumgliederung und organische Substanz (nach KUNTZE und DJACOVIC 1970 und RENGER 1973).

ser adsorbieren, das überwiegend pflanzenverfügbar, d.h. relativ schwach gebunden ist. Schwere Böden (> 35% < 2 μm) werden dagegen durch steigende Humuszufuhr mehr im dränenden Grobporenraum LK verbessert (s. Tab. 73).

Allerdings sind auch Humusform und Zersetzungsgrad zu berücksichtigen. Nach Abb. 78 zeigen Mischungen von S-Böden mit Weiß- und Schwarztorf sowie Humus, daß mit der Humifizierung der organischen Substanz PV und dränende Poren deutlich abnehmen. Optimale Porenraumverteilung erkennt man nur bei stark humosen Böden. Zuwenig wie zuviel organische Substanz (anmoorig!) ist von Nachteil. Je nach Zersetzungsgrad und Lagerungsdichte können Torfe bis zum Zwanzigfachen Wasser binden. Mit zunehmender Lagerungsdichte nimmt nFK der Mineralbodenarten ebenfalls ab, bei S < U < L < T. Die Böden werden je nach ihrer Nähe zum Grundwasser in ihrer nFK klassifiziert.

In Abb. 78 sind Porenraumgliederungen verschiedener Bodentypen als Blockdiagramme dargestellt. Bodengenetisch ausgebildete Horizonte, wie z. B. der Bhs im Podsol in 30 bis 40 cm Tiefe oder die Knickschicht des Marschbodens in 20 bis 90 cm Tiefe zeigen Porenengpässe. Körnungsunterschiede durch Verlagerung oder Verdichtung werden in der Porenraumgliederung deutlich. Meist nimmt unter dem Einfluß exogener Kräfte (Verwitterung, Frost, Auflast, Durchwurzelung) der Grobporenanteil im Profil der Mineralböden von oben nach unten ab. In Moorböden ist dagegen durch stärkere Zersetzung die Grobporenverteilung im Krumenbereich ungünstiger als im Unterboden. Moorstrati-

Tab. 72. Nutzbare Feldkapazität (nFK), Luftkapazität (LK), Feldkapazität (FK) und Porenvolumen (PV) in Abhängigkeit von Bodenart und effektiver Lagerungsdichte (Ld) bzw. Torfart, Zersetzungsstufe (z) und Substanzvolumen (SV) in mm/dm bzw. %vol (nach Kartieranleitung 1982, gekürzt)

Boden-bzw. Torfart Kurzzeichen		nFK Ld/SV-Stufe			LK Ld/SV-Stufe			FK Ld/SV-Stufe			PV Ld/SV-Stufe		
konvent.	ADV	g*	m	h	g	m	h	g	m	h	g	m	h
gS	gS	6	6	6	35	29	21	9	9	9	44	38	30
mS	mS	10	9	9	27	24	19	14	12	12	41	36	31
fS	fS	16	12	12	27	20	13	25	18	16	52	38	29
l'S	S12	20	16	14	23	19	11	27	22	21	50	41	32
l S	S13	23	17	15	19	15	9	32	27	26	51	42	35
l̄ S	S14	23	16	14	18	14	8	34	28	27	52	42	35

| Boden- bzw. Torfart | nFK | | | LK | | | FK | | | PV | | |
| Kurzzeichen | Ld/SV-Stufe | | | Ld/SV-Stufe | | | Ld/SV-Stufe | | | Ld/SV-Stufe | | |
konvent. ADV	g*	m	h	g	m	h	g	m	h	g	m	h
sU Us	26	22	19	15	11	7	35	33	29	50	44	36
l'U, t'U U12, Ut2	27	25	21	15	8	5	38	36	32	43	44	37
l U, t U U13, Ut3	27	24	20	13	7	5	40	37	34	53	44	39
l̅U, t̅ U U14, Ut4	26	21	19	13	8	5	40	37	35	53	45	40
s'L Ls2	23	17	14	14	10	5	38	33	31	52	43	36
s L Ls3	22	17	14	14	10	6	38	33	31	52	43	37
s̅ L Ls4	22	17	14	15	11	7	37	32	30	52	43	37
uL Lu	24	19	16	12	9	5	40	36	33	52	45	38
t L t'L Lt3 Lt2	19	15	12	10	7	4	46	41	36	56	48	40
utL Ltu	21	17	12	10	7	4	47	42	38	57	49	42
stL Lts	22	16	12	11	7	4	47	41	37	58	48	41
u̅ T Tu4	21	17	12	10	7	4	47	42	38	57	49	42
u T Tu3	19	15	12	10	7	4	46	41	36	56	48	40
lT, u'T T1, Tu2	20	14	11	8	4	2	55	49	45	63	53	47
T T	20	15	11	7	4	1	59	54	49	66	58	50
Hh z'', z' Hh z1, z2	55	60	40	30	25	25	65	70	60	95	95	85
Hh z̲ Hh z3	55	60	45	30	20	15	65	75	70	95	95	85
Hh z̲, z̅ Hh z4, z5	75	75	45	10	10	10	85	85	70	95	95	80
Hn z'', z' Hn z1, z2	60	60	50	25	15	10	70	75	75	95	90	85
Hh z̲ Hh z3	65	60	40	20	10	10	75	80	70	95	90	80
Hh z̲, z̅ Hh z4, z5	–	55	35	–	15	15	–	75	65	–	90	80

* g = geringe
m = mittlere Lagerungsdichte (Ld/SV)
h = hohe

Tongehalt	organische Substanz	Zuschläge und Abschläge (–) mm/dm bzw. %vol			
%	%	nFK	LK	FK	PV
< 5	2	2	0	1	1
	4	4	−1	3	2
	6	7	−2	7	5
	8	10	−3	12	9
	10	12	−4	15	11
	12	14	−5	19	14
	14	16	−6	23	17
5–12	2	1	0	1	1
	4	3	−1	3	2
	6	5	−2	6	4
	8	8	−2	10	8
	10	10	−3	13	10
	12	13	−4	17	13
	14	15	−5	21	16
12–17	4	2	−1	2	1
	6	5	÷2	6	4
	8	8	−2	9	7
	10	10	−3	12	9
	12	12	−4	15	11
	14	15	−5	20	15
17–35	4	1	−1	1	0
	6	4	−1	4	3
	8	6	−1	7	6
	10	8	−1	9	8
	12	10	−1	12	11
	14	12	−1	15	14
35–65	6	2	0	2	2
	8	3	1	4	5
	10	4	3	5	8
	12	6	4	7	11
	14	8	4	9	13
> 65	6	2	0	2	2
	8	3	2	3	5
	10	4	4	4	8
	12	5	6	5	11
	14	6	7	6	13

Tab. 73 linke Seite. Zu- und Abschläge für nutzbare Feldkapazität (nFK), Luftkapazität (LK), Feldkapazität (FK) und Porenvolumen (PV) mit zunehmendem Gehalt organischer Substanz und in Abhängigkeit vom Tongehalt (nach Kartieranleitung 1982)

graphisch sind im Hochmoorprofil die bodenphysikalisch ungünstigen älteren Hochmoortorfe unter den besser geporten jüngeren Hochmoortorfen deutlich zu erkennen. An der Porenraumverteilung im Profil erkennt der Kulturtechniker, wo er bodenverbessernde Maßnahmen ansetzen muß.

Nach Tab. 74 lassen sich die wichtigsten Bodentypen in ihrer nFK wie folgt ordnen:

Tab. 74. Einstufung der nutzbaren Feldkapazität des effektiven Wurzelraumes (nFK-We) (nach Kartieranleitung 1982, gekürzt)

nFKWe in mm	Bezeichnung	Beispiele
< 50	sehr gering	Regosol, G u. gS
50– 90	gering	Podsol u. Braunerde, fsmS
90–140	mittel	Braunerde S12, Hochmoor z2
140–200	hoch	Braunerde, Parabraunerde und Auenboden lS, Kolluvien ltU, Niedermoor z4
> 200	sehr hoch	Schwarzerde und Parabraunerde l/tU

2.4.3.6 Wasserpotentiale im Boden

Bringt man einen wasserungesättigten Boden (= hohes negatives Potential) mit einer freien Wasserfläche mit dem Potential = 0 in Berührung, so steigt im Boden solange Wasser auf, bis Gleichgewicht zwischen Adsorptions- und Kapillarkräften einerseits und Kohäsions- und Gravitationskräften andererseits herrscht. In beliebigen Punkten zwischen freier Wasseroberfläche (Grundwasser) und je nach Entfernung zu derselben unterschiedlich mit Wasser gesättigtem Boden ist die potentielle Energie des Bodenwassers das zum Bezugsniveau (Grundwasser) je Gewichts-, Volumen- oder Masseneinheit Wasser vorherrschende negative Potential. Zwischen zwei Punkten unterschiedlicher potentieller Energie herrscht mithin ein Energiegefälle. Dabei bewegt sich in unserem Beispiel das Bodenwasser von Punkten höheren Potentials zu solchen niedrigen Potentials, d. h. die Wasserbewegung erfolgt von der freien Wasser-

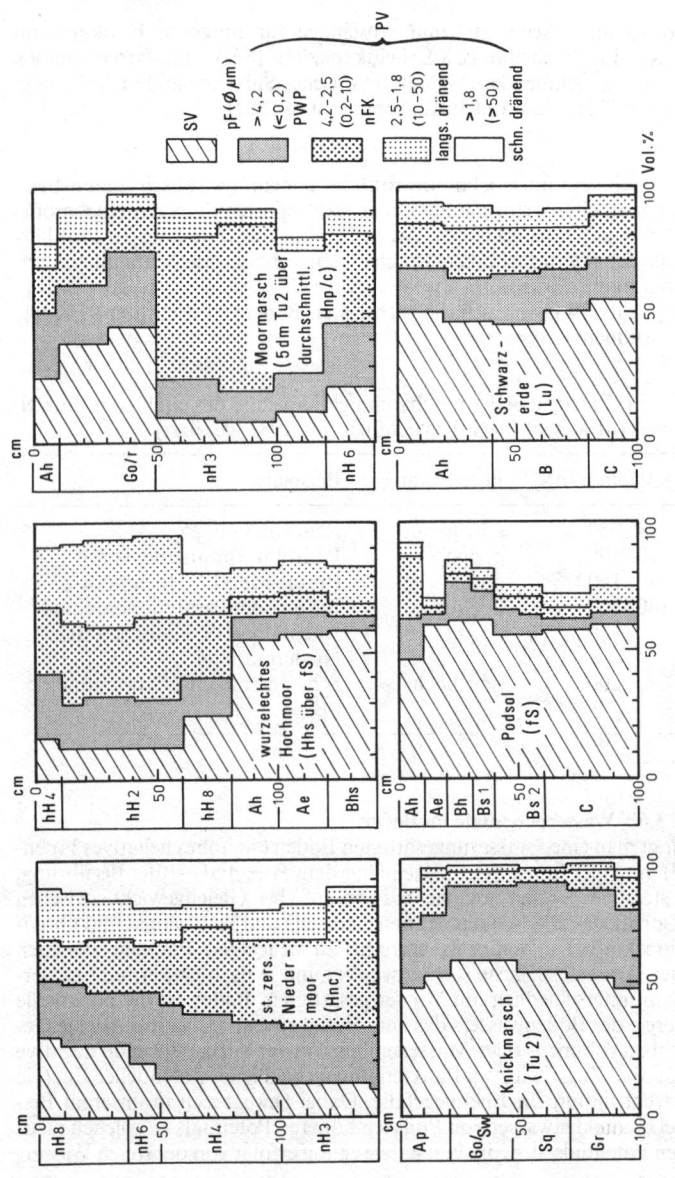

Abb. 79. Porenraumgliederung verschiedener Bodentypen.

oberfläche aufwärts in Richtung eines negativen hydraulischen Gradienten. Wird der Boden dagegen von oben bewässert, so wird dort der hydrostatische Druck größer als der atmosphärische Druck. Damit wird das auf die Grundwasseroberfläche bezogene Potential positiv. Nun fließt Wasser vom höheren positiven zum niedrigeren Potential Null der freien Wasserfläche und versickert.

Mit dem Potential des Wassers im Boden (= hydraulisches Potential) ψ werden also recht unterschiedliche Energiezustände beschrieben. Man unterscheidet das von Adhäsions- und Kapillarkräften der Bodensubstanz abhängige *Matrixpotential* ψm, das in bezug auf ein bestimmtes Niveau sich einstellende *Gravitationspotential* ψz sowie das nur in salzhaltigen Böden wichtige *osmotische Potential* ψo.

Das *Gesamtpotential* ψt ist definiert als

$$\psi t = \psi m + \psi z + \psi o.$$

Potentiale als Energiezustände sind gespeicherte Arbeitsfähigkeit. Das hydraulische Potential des Bodenwassers ist der auf eine bestimmte Stoffmenge Wasser (Masse oder Volumen) bezogene Arbeitsinhalt. Dem 1. Hauptsatz der Thermodynamik folgend sind alle Energieformen einander gleichwertig und damit vollständig austauschbar. Um einen Energiezustand zu ändern, ist dem System von außen Arbeit zuzuführen. So wird je nach Lage des Pendels seine *potentielle* Energie in *kinetische*, die kinetische wieder in potentielle umgewandelt.

Durch zugeführte Wärmeenergie wird Wasserbindungsenergie freigesetzt, bei Wasserbindung wird umgekehrt Wärme frei. Die für das Verhalten des Wassers im Boden wichtige Matrixenergie ist als gebundene Energie deshalb stets eine negative. Ihr ist positive Energie z. B. durch Erhitzen zuzuführen, um sie in *freie* Energie umzuwandeln. Dieser Zustand der freien Energie wird = 0 gesetzt. In Abb. 80 ist das Zusammenwirken der verschiedenen Potentiale des Wassers im Boden dargestellt. Ihre Summe ist im Gleichgewichtszustand stets gleich groß.

Wählt man den Grundwasserspiegel, im Boden die Grundwasseroberfläche, als Bezugsniveau, so nimmt das Gravitationspotential ψz als Arbeitsinhalt einer bestimmten Wassermenge mit zunehmendem Abstand im positiven Sinne zu. ψz ist auf das Volumen (V) bezogen dann definiert als

$$\psi z = m \cdot g \cdot (h-z)/V = \varrho \cdot g \cdot (h-z).$$

m = Wassermasse
g = Erdbeschleunigung
h = Abstand GOF–GW
z = Tiefenkoordinate
ϱ = Dichte des Wassers.

Die Dichte des Wassers = 1 gesetzt, wird

$$\psi z = h - z \text{ (cm WS)}.$$

Höhe (cm)

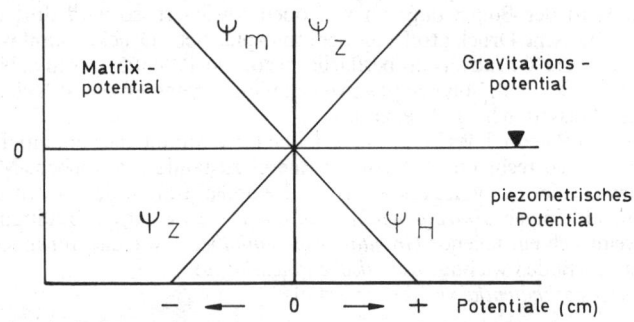

Abb. 80. Potentiale des Wassers im Boden (nach MEYER et al. 1974).

Dadurch nimmt ψz die Dimension eines Druckes (Energie/Volumen = $N \cdot m^{-2}$) an. Unterhalb GW nimmt nach Abb. 80 ψz mit zunehmender Tiefe im negativen Sinne zu.

Das Matrixpotential ψm ist ein energetischer Ausdruck für die Stärke der Bindung der Bezugsmenge Wasser im Boden. Da man Energie zuführen muß, um dieses Wasser vom Boden freizubekommen, ist dieser Arbeitsinhalt negativ. ψm ist also der erforderliche Betrag nutzbare Arbeit/Volumenanteil (J/cm^3), um eine bestimmte Wassermenge reversibel und isotherm von einer freien Wasserfläche in gebundenes Wasser zu überführen. Nach Abb. 80 nimmt das Matrixpotential im negativen Sinne mit zunehmendem Abstand zum GW zu.

Auch das Matrixpotential hat die Dimension eines (negativen) Druckes. In der Bodenkunde wird dieser ersetzt durch den Begriff der Wasserspannung. Matrix- und Tensiometerpotentiale sind nicht völlig identisch, da mit letzterem auch Außendrucke (Luftdruck und Bodenauflast) miterfaßt werden. Unterhalb einer freien Waserfläche tritt anstelle des Matrixpotentials das piezometrische Potential ψh. Dieses nimmt im positiven Sinne mit seinem Meßabstand von der Bezugsebene Grundwasserspiegel, d.h. mit der Tiefe, zu.

An jeder Stelle des in Abb. 80 vereinfacht dargestellten Zusammenwirkens der Teilpotentiale kompensieren diese sich zum Gesamtpotential »Null«. In Salzböden muß das osmotische Potential ψo zusätzlich beachtet werden. In salzhaltigen Böden ist befriedigendes Pflanzenwachstum, d.h. ausreichende Wasseraufnahme für den Betriebs- und Baustoffwechsel nur möglich, wenn bei vom Salzgehalt der Bodenlösung abhängigen hohen osmotischen Potential das Matrixpotential ψm niedrig, d.h. der Boden ständig sehr feucht gehalten wird. Erst wenn ψo und ψm zusammen hoch werden, treten größere Wachstumsschäden auf.

Dem Prinzip von der Erhaltung der Energie folgend, können sich die im Boden wirksamen hydraulischen Teilpotentiale ergänzen. In Böden bleibt das Wasser solange in Bewegung, wie insgesamt Potentialunterschiede vorherrschen. Dabei fließt das Wasser vom hohen zum niedrigen Potential. So wird der Gradient des Gravitationspotentials eine auf das Wasservolumen bezogene Kraft für die gesättigte Wasserbewegung (Perkolation, Versickerung i. w. S.).

$$\frac{d\psi z}{dz} = -\frac{m \cdot g}{V}$$

Unterschiede im Matrixpotential, $\frac{d\psi m}{dz}$, sind die bleibende Kraft für die ungesättigte Wasserbewegung (kapillare Nachlieferung). Unterschiede im osmotischen Potential bestimmen die Richtung und Intensität der Diffusion. Damit sind viele Richtungen der Wasserbewegung im Boden möglich.

2.4.3.7 Bewegung des Wassers im Boden

Gleiche Mengen Wasser infiltrieren je nach ihrer Feuchte verschiedene Böden unterschiedlich schnell und tief. Im Profil ist bei sommerlicher Austrocknung nach Niederschlägen/Beregnung eine scharfe Begrenzung der dunkel gefärbten Durchfeuchtungsfront zum darunter noch trockenen Boden zu erkennen. Die Wasseraufnahme unterliegt im Boden 2 Kräften: Kapillar- (ψ) und Schwerkraft (Z). Wie in 2.4.3.6 dargestellt, ist eine Bewegung des Wassers im Boden nur einem Potential-Gefälle folgend möglich. Zunächst bestimmt das unterschiedlich hohe negative Matrixpotential die Wasserbewegung. Mit zunehmender Befeuchtung und Porenfüllung nimmt die Wasserspannung ab. Die Wasserbewegung ist anfangs auf Wasserfilme, Porenwinkel und kleinere Kapillaren begrenzt. Eine solche auf Teilbereiche des Porensystems in ihrem Massentransport beschränkte Wasserbewegung im 3-Phasensystem (Boden-Wasser-Luft) bezeichnet man als *ungesättigt*. Wenn schließlich alle Poren mit Wasser aufgefüllt sind, entsteht ein 2-Phasensystem (Boden-Wasser). Es ensteht nun eine *gesättigte* Wasserbewegung durch Differenzen im hydrostatischen Druck (Gravitationspotential Z).

Tab. 75. Bewegung des Wassers im Boden

	fest	flüssig		gasförmig
		gesättigt	ungesättigt	
pF	> 4,2	> $-\infty$	< $-\infty$-4,2	> 4,2
Potential Bedeutung	Dampfdruck Frosthebung	Gravitation Dränung	Matrix Bewässerung	Dampfdruck innere Kondensation

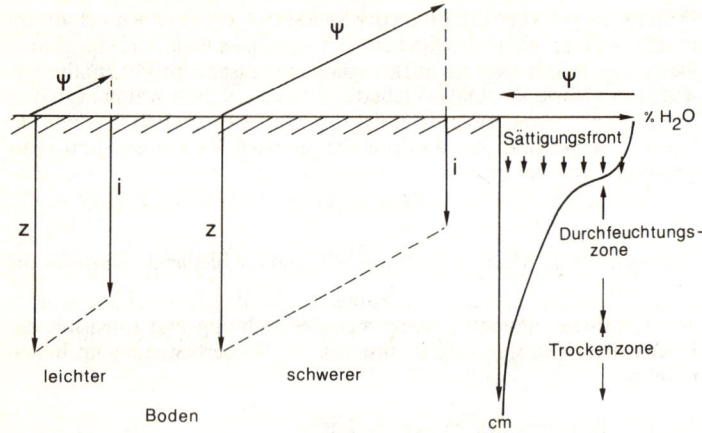

Abb. 81. Eindringtiefe (i) des infiltrierenden Wassers in Böden unterschiedlichen Matrixpotentials (ψ).

Diese beiden unterschiedlichen Gradienten der Wasserbewegung erklären das ruckartige, schrittweise Vorrücken der Durchfeuchtungsfront. In Abbildung 81 sind beide die Infiltration bestimmenden Potentiale als Vektoren eines Kräfteparallelogramms vereinfacht dargestellt. Die Schwerkraft (Z) ist in beiden Fällen gleich (gleichlange senkrechte Pfeile), das Matrixpotential (ψ) ist jedoch beim leichten Boden links schwächer (kurzer seitlicher Pfeil) als beim schweren Boden rechts (langer seitlicher Pfeil). Die Resultierende beider Vektoren ergibt die unterschiedliche Eindringtiefe gleicher Mengen Wassers.

Neben der Bewegung des Wassers im flüssigen Zustand ist auch eine dampfförmige Verlagerung von Wasser möglich. In ihrer ökologischen Bedeutung tritt diese jedoch im humiden Klima hinter der gesättigten und ungesättigten Wasserbewegung zurück. In arktischen und ariden Klimaten kann jedoch die Bewegung des Wassers als Eis bzw. Dampf große Bedeutung erlangen.

2.4.3.7.1 Gesättigte Wasserbewegung

Wir betrachten den porösen Boden als total mit Wasser gefüllten Filterkörper. Bei gegebenem Wasserspiegelgefälle (i), das durch die hydrostatische Druckhöhe (h) bezogen auf die Filterlänge (l) definiert ist, wird die Filtergeschwindigkeit (v) zusätzlich von einem bodenspezifischen Faktor, dem Durchlässigkeitsbeiwert k_f bestimmt.

$$v = i \cdot k_f (cm/sec) \ (1)$$

Die Filtergeschwindigkeit (v) ist keine reale Fließgeschwindigkeit des Wassers. Diese ist bei gleichem hydraulischen Gradienten in einem offenen Gerinne höher als im porösen Medium Boden. Hier muß nämlich das Wasser viele Bodenteilchen umfließen. Die Wasserbewegung findet zudem nur in den gröberen, nahezu spannungsfreien Grobporen statt. Das Wasser strömt also nicht auf dem kürzesten Wege und durch das gesamte Porenvolumen. Als »scheinbare«, nur auf die *aktive* Porosität beschränkte Durchgangsgeschwindigkeit wird sie nach DARCY (1856) aus der Durchflußrate Q (cm³/sec) bezogen auf den Durchflußquerschnitt F (cm²) ermittelt. Laminares Fließen wird dabei unterstellt.

$$v = \frac{Q}{F} = \frac{cm^3}{cm^2 \cdot sec} = cm/sec \ (2)$$

Aus Gleichungen 1 und 2 ist der bodenspezifische k_f-Wert abzuleiten:

$$i \cdot k_f = \frac{Q}{F}$$

$$k_f = \frac{Q}{F \cdot i} \left(\frac{cm^3 \cdot cm}{cm^2 \cdot sec \cdot cm}\right) cm/sec \ (3)$$

Synonyme für k_f-Wert sind: Durchlässigkeitsbeiwert, Durchlässigkeit, hydraulische Leitfähigkeit, Permeabilität.

Mit der Bezeichnung hydraulische Leitfähigkeit ist ein Analogieschluß zu den Verhältnissen in einem elektrischen Leiter möglich. Die Wasserbewegung im Boden ist mit der Bewegung von Elektronen im elektrischen Leiter vergleichbar. Für diese gilt das Ohmsche Gesetz J = R · U. Die pro Zeiteinheit durch den Leiter fließende Menge an Elektronen ergibt die Stromstärke J ($\hat{=} \frac{Q}{F}$). Sie ist abhängig von der Spannung U

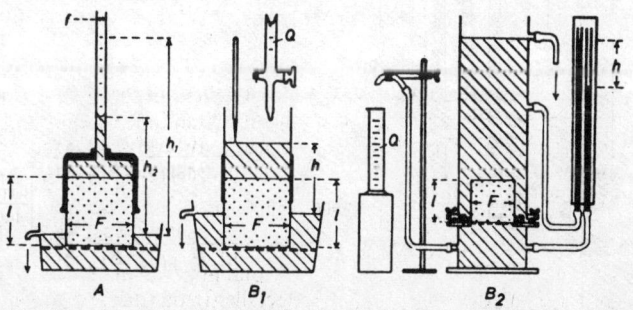

Abb. 82. Geräte zur k_f-Messung (nach KUNTZE und NEUHAUS 1964). A = Meßanordnung mit fallenden Gradienten, speziell bei geringer Durchlässigkeit; B_1 = Meßanordnung mit konstanten Gradienten; B_2 = Meßanordnung mit konstanten Gradienten, speziell bei großer Durchlässigkeit.

($\triangleq$ i), die man als Druckdifferenz an den Enden des Leiters auffassen kann, und vom leiterspezifischen Widerstand R ($\triangleq$ kf).
Im Labor wird die Durchlässigkeit des Bodens an wassergesättigten Proben in ungestörter Lagerung (Stechzylinder) gemessen. Je nach Heterogenität des Bodens (s. Gefügeform, Körnung, Durchwurzelung) und Volumen der Probe müssen nach DIN 19683, Teil 9 mindestens 6 bis 12 Parallelproben untersucht werden, um einen repräsentativen geometrischen Mittelwert des Horizontes zu erhalten. Geeignete Meßanordnungen zeigt Abbildung 82. Vor allem feingeschichtete/horizontierte Böden lassen sich nur durch solche Stechringuntersuchungen in ihrer Durchlässigkeit beurteilen. Dazu ist eine horizontale Probennahme mit Stechringen erforderlich. Wegen des hohen Aufwandes und oft unbefriedigender Resultate (große Streuung) haben sich Messungen der Durchlässigkeit mehr auf solche Feldmethoden verlagert, die *in situ* größeres Bodenvolumen erfassen lassen. Für grundwassernahe Böden hat sich die Bohrlochmethode (DIN 19682, Teil 8) bewährt, sofern das Grundwasser ungespannt ist. Mit dem Flügelbohrer wird ein Loch ($\varnothing$ 8 cm) in den Grund- oder Stauwasserleiter gebohrt (s. Abb. 83). Nachdem sich der Ruhegrundwasserspiegel eingestellt hat, wird Wasser aus dem Bohrloch geschöpft oder gepumpt (T = 0,4 bis 2,0 m). Dadurch stellt sich ein Absenkungstrichter um das Bohrloch ein. Mit Beendigung des Aus-

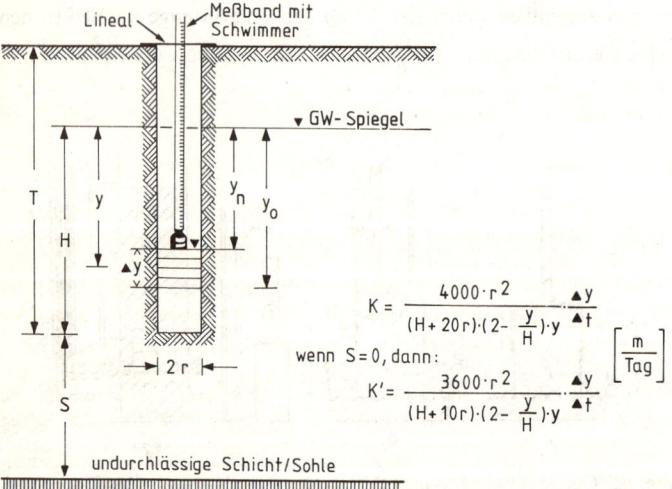

$$K = \frac{4000 \cdot r^2}{(H + 20\,r) \cdot (2 - \frac{y}{H}) \cdot y} \cdot \frac{\blacktriangle y}{\blacktriangle t} \quad \left[\frac{m}{Tag}\right]$$

wenn S = 0, dann:

$$K' = \frac{3600 \cdot r^2}{(H + 10\,r) \cdot (2 - \frac{y}{H}) \cdot y} \cdot \frac{\blacktriangle y}{\blacktriangle t}$$

Abb. 83. Schema der Bohrlochmethode zur Bestimmung der Bodendurchlässigkeit für Wasser (nach HOOGHOUDT-ERNST).

Tab. 76. Klassifizierung der Durchlässigkeit von Böden (nach Kartieranleitung 1982, gekürzt u. ergänzt)

kf-Wert cm/d	Bezeichnung	kf-Stufe	Beispiele
< 1	sehr gering	1	Sd-Horizonte, Knick
1– 10	gering	2	Sg-Horizonte, stark zers. Torfe
10– 40	mittel	3	Löß-Parabraunerde, Seemarsch, mäßig zersetzte Torfe
40–100	hoch	4	Horizonte mit guter Gefügeentwicklung m. bis schw. zers. Torfe, fmS
100–300	sehr hoch	5	Horizonte mit sehr guter Gefügeentwicklung
> 300	extrem hoch	6	s. schw. zers. Torfe, schilfdurchwurzelte Tone, gS, G

schöpfens ist das Grund-/Stauwasser bestrebt, durch allseitige Anströmung den Ruhegrundwasserspiegel wieder herzustellen. Aus der Absenkungstiefe y_0 und der Steiggeschwindigkeit $\frac{\Delta y}{\Delta t}$ wird unter Berücksichtigung von Bohrlochdurchmesser, Ruhegrundwasserspiegel und Abstand zu einer undurchlässigen Sole (S) die Wasserdurchlässigkeit in m/d errechnet (s. Abb. 83). Gemessen wird also die gesättigte Wasserbewegung unterhalb des Grundwasserspiegels.

Die Durchlässigkeit (k_f = cm/d) der Böden wird wie folgt klassifiziert: In grundwasser*freien* Böden kann die Wasserdurchlässigkeit nach der Doppenringinfiltrometermethode (DIN 19682, Teil 7) oder in tieferen Schichten mit der Sickerrohrmethode nach KHAFAGI im Gelände ermittelt werden. Voraussetzung bei beiden Methoden ist ein ausreichend (= > FK) wassergesättigter Boden. Je nach Aufsättigung des umgebenden Bodenraums stellen sich zusätzlich zum hydraulischen Gradienten nämlich Matrixpotentialunterschiede ein, die dann das Meßergebnis verfälschen (s. Abb. 81). Derartige Messungen geben daher eher die in der Zeiteinheit pro Flächeneinheit infiltrierende Wassermenge als Infiltrationswert k_i (cm/sec) an. Für Bewässerungszwecke mögen solche Angaben genügen. Besser sind abgeleitete Werte.

Je geringer die Lagerungsdichte, um so höher ist die Durchlässigkeit. Mit Zunahme der Lagerungsdichte um eine Stufe nimmt auch die Durchlässigkeit um etwa mindestens eine kf-Stufe ab. Bei Torfen haben Zersetzungsgrad und Torfart größeren Einfluß als die relative Lagerungsdichte (SV).

Da in die Durchlässigkeit nicht nur der Anteil dränender Poren, sondern auch deren Verteilung, Gestalt und Kontinuität eingehen, kann mit dieser wichtigen physikalischen Bodeneigenschaft eine umfassende Gefügebeurteilung in *einer* Zahl erfolgen. Bodengenetisch sind typischen

Tab. 77. Mittlere Wasserdurchlässigkeit (kf-Stufen nach Tab. 76), wassergesättigter Boden- und Torfarten in Abhängigkeit von effektiver Lagerungsdichte (Ld) bzw. Substanzvolumen (SV) und Zersetzungsstufe (z); in Anlehnung an Kartieranleitung 1982, gekürzt

Boden- bzw. Torfart	Ld/SV		
	gering	mittel	hoch
gS–fS	6–5	6–4	5–3
uS–lS	4–5	3–4	2–3
sU–tU	4–5	3	2–1
sL–tL	5–4	4–3	2–1
uT–T	5–4	3	2–1
Hh z2–z4	5–2	3–1	2–1
Hn z2–z4	6–4	4–2	3–1
Hl z3–z5	6–5	5–4	4–3

Horizonten auch spezifische Durchlässigkeiten zuzuordnen. Je weiter die Entwicklung eines Bodens vorangeschritten ist, um so stärker kann die aus dem Substrat abzuleitende Durchlässigkeit verändert sein. Meist haben gut durchwurzelte, belebte, aggregierte Ah- und Ap-Horizonte eine hohe Durchlässigkeit, die jedoch jahreszeitlich und nutzungsbedingt schwanken kann. Mit der Profiltiefe verändert sich der k_f-Wert. Er nimmt z.B. ab durch Einlagerungsverdichtungen (Bhs, Bt). Bei Moorböden sind infolge Sackungen und Zersetzung die oberen Torflagen häufig schlechter durchlässig als tiefere. Durch Sedimentationsunterschiede sind z.B. in Auenböden (Hochflutlehmdecke) und Marschen die oberen Profilabschnitte weniger gut durchlässig als der liegende Sand, Schotter bzw. Torf. Geschichtete Profile sind schlechter durchlässig als ungeschichtete oder gar homogenisierte. Porensprünge bewirken an Schichtgrenzen (z.B. Lehm über Sand) tragende/hängende Menisken und bis zu deren Überwindung Wasserstau.

Das *Stauvermögen* eines Bodenhorizontes ist der Fließwiderstand im wassergesättigten Zustand. Er kann als Kehrwert des Durchlässigkeitsbeiwertes $\frac{1}{k_f} = \frac{Tag}{cm}$ aufgefaßt werden. Je nach ihrer Durchlässigkeit unterscheidet man Stauwassersohle (S_d-Horizont), Stauwasserleiter (S_w-Horizont) und Haftnässehorizonte (Sg) (s. Tab. 79).

Tab. 78. Durchlässigkeit geschichteter Böden (nach LEBEDEW 1930)

Sand	683	cm/d
Torf	12	cm/d
Sand ⎫ Torf ⎬ Sand ⎭	0,4	cm/d

Tab. 79. Kriterien der Staunässe

	Staunässe	
Stauwasser	Haftnässe	
Ah	Ah	
Sw	Sg	
Sd	Bv/C	

Kriterien

Horizont	k_f (cm/d)	LK (vol %)	Ld (g/cm³)
Stauwasserleiter (Sw)	100–40	12–7	> 1,40
Stauwassersohle (Sd)	< 1	< 3	> 1,75
Haftnässehorizont (Sg)	< 40	< 3	> 1,75

Die Regenverdaulichkeit eines Bodens (mm/h) hängt ab von der Saugspannung und Durchlässigkeit sowie dem Anteil luftführender Poren. Beispiele: uL (Löß) k_f = 10 cm/d, 5%vol LK = 5 mm/10 cm. Infiltrationsrate = 5 mm/24 h bzw. 0,2 mm/h Regenverdaulichkeit. Dagegen mS, k_f = 100 cm/d, 30%vol LK = 30 mm/10 cm, Infiltrationsrate = 300 mm/24 h bzw. 12,5 mm/h Regenverdaulichkeit (praktische Bedeutung für Bewässerungsverfahren, s. 4.4.2.1.1).
In Mitteleuropa sind Regenintensitäten von < 1 mm/h (Landregen) bis > 50 mm/h (Gewitter) möglich. In der Beregnungstechnik sind für Böden mit schlechter Regenverdaulichkeit Schwach- bzw. Langsamregner (< 7 mm/h) der Starkberegnung > 17 mm/h (Regenmaschinen!) vorzuziehen. Wassererosion setzt ein, wenn Regenintensität > Regenverdaulichkeit.

2.4.3.7.2 Ungesättigte Wasserbewegung

Unter *Infiltrationsrate* (1/m² · t = mm/t) wird die Wassermenge (l) verstanden, die unter gegebenen Bedingungen je Flächen- (m²) und Zeiteinheit (t) im Boden versickern kann. Sie ist nicht identisch mit der gesättigten Wasserbewegung (k_f). Nur im Grund- und Stauwasser ist *gesättigtes* Fließen anzutreffen. Im Wurzelraum herrscht jedoch meistens die *ungesättigte* Wasserbewegung vor. Die Gesetzmäßigkeiten der Darcy-Gleichung gelten auch für das ungesättigte Fließen des Wassers im Boden. Richtung und Stärke der ungesättigten Wasserbewegung (V_u) wird jetzt vom Matrixpotentialunterschied $\frac{d\psi}{dz}$ und einer substratspezifi-

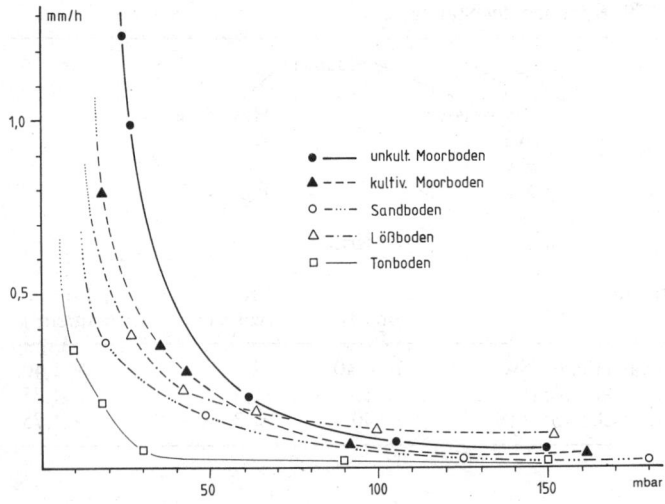

Abb. 84. Von der Saugspannung des Bodens (mbar) abhängige Wasserdurchlässigkeit (mm/h).

schen Konstanten (k_u) der ungesättigten hydraulischen Leitfähigkeit bestimmt.

$$V_u = -k_u \cdot \frac{d\psi}{dz} \text{ oder } k_u = \frac{Vu \cdot dz}{d\psi} \text{ (mm/d)}$$

Das negative Vorzeichen weist auf den für Wasser im Boden herrschenden Unterdruck hin.

Während bei der gesättigten Wasserbewegung alle groben Poren mit Wasser gefüllt sind und Wasser leiten, nimmt bei der ungesättigten Wasserbewegung der leitende Querschnitt mit abnehmendem Wassergehalt ab. In Abb. 84 ist k_u verschiedener Böden dargestellt. Von einem maximalen (gesättigten) k_f-Wert ausgehend, fällt k_u mit steigender Saugspannung ab, und zwar anfangs stärker, d.h. nichtlinear. Grobkörnige Böden leiten schließlich nur noch das Film- oder Porenwinkelwasser, während feinkörnige Böden auch im k_u-Bereich noch zahlreiche wassergefüllte Mittel- und Feinporen aufweisen. Man kann folglich zwischen k_f- und k_u-Werten gegenläufige Beziehungen für die verschiedenen Bodenarten feststellen:

k_f: S > H 1–5 > L > U > H 6–10 > T
k_u: S < H 1–5 < L < U < H 6–10 < T

Der Vorzug schluffiger Lehmböden ist bodenphysikalisch darin zu sehen, daß sie neben einer hohen nFK in *allen* Spannungsbereichen optimales Fließen des Wassers erlauben, d.h. in trockenen wie nassen Jahren Wassermangel bzw. -überschuß für die Pflanzen ausschließen. Ähnlich sind Moorböden mittleren Zersetzungsgrades (H 4 bis 7) einzustufen. Mit der Kultivierung der Moore nimmt in Abb. 84 infolge zunehmender Lagerungsdichte und Zersetzung die ungesättigte Leitfähigkeit bis 150 mbar ab. Profile mit Bodenartenwechsel sind wie in der gesättigten auch in der ungesättigten vertikalen Wasserleitfähigkeit ungünstiger einzustufen als gleichförmige. Wasser kann sich aus einer Schicht mit vorwiegend feinen Poren (T) nur dann eine gröber gekrönte S-Schicht bewegen, wenn im Sand eine höhere Saugspannung herrscht. Aufgrund substratspezifischer Porung ist bei gleichem Wassergehalt die Matrixspannung in T-Böden höher als in S-Böden. Eine Wasserabgabe wird daher aus dem T- in den S-Boden mit zunehmender Austrocknung unmöglich. Umgekehrt kann mit hoher Saugspannung im Tonboden nicht genügend Wasser aus dem S-Boden kapillar nachfließen, da sein Fließquerschnitt zu gering ist.

In Alluvialböden mit häufig wechselnden Sedimentschichten wird so die vertikale Feuchtebewegung behindert. Trotz Grundwassernähe sind diese Böden in Trockenperioden dürreempfindlich, in Nässeperioden dagegen durch Wasserstau gekennzeichnet (Porensprung).

Die ungesättigte Wasserbewegung hat große Bedeutung für die ökologisch wichtige Wassernachlieferung aus dem Grundwasser über den Kapillarsaum in den Wurzelsaum. Unter *Kapillarhub* (kapillare Steighöhe, Kapillarität h_k = cm) versteht man die Höhe, um welche Wasser durch Grenzflächenkräfte im Boden über die Grundwasseroberfläche mit senkrecht nach oben gerichtetem Saugspannungsgradienten gehoben wird. Oberhalb des Grundwasserleiters entwickelt sich so ein ebenfalls mit Wasser gesättigter *Kapillarraum*. Dieses Wasser ist im Gegensatz zum freien Grundwasser jedoch gebunden. Zusammenhängende Menisken bilden die Kapillarraumobergrenze. Die Mächtigkeit des Kapillarraumes ist von Boden/Torfart, Gefüge und Zersetzungsgrad abhängig.

Man unterscheidet einen unteren Bereich des *geschlossenen* vom oberen *offenen* Kapillarraum. Durch kapillare Hysterese ist die Mächtigkeit des Kapillarraumes bei *sinkendem* Grundwasser (*passive* Kapillarität) größer als bei Grundwasser*anstieg* (*aktive* Kapillarität). Das Schwamm- oder Netzporensystem (Abb. 69). ungleichporiger, d.h. ungleichförmiger Böden bedingt eine auf engstem Raum stark wechselnde Kapillarraumobergrenze. Mit Verschieben der Kapillarwassersäulen nehmen Lufteinschlüsse zu und das mit Kapillarwasser gefüllte Porenvolumen ab. Der jeweils im Profilabschnitt vorherrschende größte Porenquerschnitt bestimmt den geschlossenen Kapillarraum (= scheinbare Grundwasseroberfläche).

Darüber hinaus in engen Poren vorrückendes Wasser führt zu keiner Wassersättigung. Dieser folglich teilweise belüftete und durchwurzelte

Tab. 80. Mittlerer aktiver geschlossener Kapillarraum in dm über GW-Spiegel

dm über GW-Spiegel	Bodenart
< 1	G, gS
1	mS, H1–2
2	fS, l'S, H7–9, u'T, T
3	uS, lS, sL, uT, H4–5,
4	l̄S, sL, ūT, t̄U, lU
5	tU, lU, H2–3

Bodenraum wird *offener* Kapillarraum genannt. DIN 19 683, Teil 10 beschreibt eine Meßanordnung für die Bestimmung des offenen und geschlossenen Kapillarraumes. Man kann diesen auch im Felde einfach mit dem Rillenbohrer feststellen. Durch leichtes Klopfen gegen den Bohrer wird das Wasser im Kapillarraum aus seiner Spannung gelöst, aus dem geschlossenen leichter und mehr als aus dem offenen, und tritt frei an die Oberfläche des Bohrgutes. Bei mittlerer Lagerungsdichte kann der *geschlossene* Kapillarraum auch von der Bodenart abgeleitet werden (s. Tab. 80).

Da jedoch auch Gefügeeigenschaften und vor allem biogene Poren diese wichtige Bodeneigenschaft mitbeeinflussen, sind große Abweichungen möglich. So sind gerade bei Tonböden je nach Aggregierung und bei Moorböden je nach Anteil gröberer fossiler Pflanzenreste sehr weite Spannen der Kapillarraummächtigkeit möglich.

Wichtiger als die absolute Steighöhe ist die über den Kapillarraum in der Zeiteinheit nachlieferbare Wassermenge *(kapillare Aufstiegsrate mm/h)*. In dieser bodenphysikalischen Eigenschaft werden die Böden je nach Lagerungsdichte noch weiter differenziert. Das zeigt ein Beispiel in Abb. 85.

Ab Schluffkorngröße ist die kapillare Aufstiegsrate deutlich verlangsamt. Der kapillare Aufstieg aus dem Grundwasser über den geschlossenen/offenen Kapillarsaum ist abhängig vom Gradienten der im Wurzelraum herrschenden Saugspannung, die bei fehlendem Niederschlag von der Evapotranspiration bestimmt wird. Unterstellt man dann an der Untergrenze des effektiven Wurzelraumes (We) in den verschiedenen Böden unterschiedliche Ausschöpfung des Bodenwassers (Wasserspannung), so ergeben sich für verschiedene kapillare Aufstiegsraten (mm/d) bei gleichem Abstand zum Grund- oder Stauwasser (s. Tab. 81) folgende Aufstiegshöhen:

Mit zunehmendem Anteil feinster Bestandteile bzw. Zersetzungsgrad nimmt die kapillare Aufstiegshöhe zu. Mit fossilen Pflanzenresten (z. B. Holz) stärker strukturierte Torfe haben bei gleichem Zersetzungsgrad und gleicher Lagerungsdichte eine ungünstige Kapillarität. Die kapillare

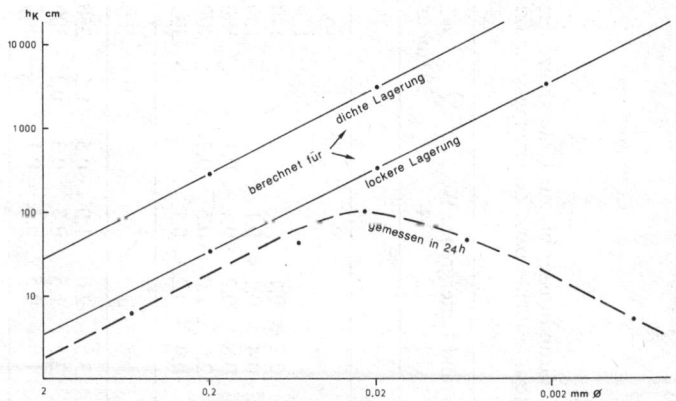

Abb. 85. Kapillare Steighöhe (cm) in Abhängigkeit vom Teilchendurchmesser (mm).

Nachlieferung aus dem Grundwasser ist im Bereich schluffig-lehmiger Mineralböden und Torfen mittlerem Zersetzungsgrades am höchsten. Allgemein ist die Aufstiegshöhe ohne Bewuchs um so größer, je geringer die Aufstiegsraten sind. Nimmt die Lagerungsdichte zu, werden immer kleinere Aufstiegsraten über eine geringere Distanz kapillar gefördert. Bei Böden mit Bewuchs bestimmen die Wasseransprüche der Pflanzen zusammen mit der kapillaren Nachlieferungsrate des Bodens die Höhe des geschlossenen Kapillarraumes.

Zur Abschätzung von Auswirkungen einer Grundwasserabsenkung. z. B. im Bereich von Wasserwerken, bei Ent- und Bewässerungsmaßnahmen (Versalzung) auf die Vegetation ist die jeweils zulässige mittlere Tiefe der Grundwasseroberfläche *vorher* zu bestimmen. Diese wird als *Grenzflurabstand* des Grundwassers bezeichnet. Er berechnet sich aus der effektiven Durchwurzelungstiefe und der kapillaren Aufstiegsrate, die beim jeweils betroffenen Boden für die vorherrschende Kulturart, Nutzungsintensität in niederschlagsfreien Perioden zur pflanzlichen Wasserversorgung aus dem Grundwasser sichergestellt bleiben müssen (s. Tab. 81).

In Tabelle 82 sind zwei Beispiele zur Verdeutlichung dieser von Boden, Pflanze und Witterung bestimmten Zusammenhänge aufgeführt.

Trotz höherer nFK bzw. vFK des Niedermoorbodens ist zur Sicherung des in seinem Wasserbedarf anspruchsvolleren Grünlandes (höhere Evapotranspiration, dichter Dauerpflanzenbestand) infolge einer nutzungs-(Wurzelkonkurrenz) und bodenspezifischen (rH, pH) geringeren effektiven Durchwurzelungstiefe (We) im gewählten Beispiel eine deutlich geringere Grundwasserabsenkung tolerierbar als beim Getreide auf leich-

Tab. 81. Mittlere kapillare Aufstiegsrate in Boden- und Torfarten aus dem Grundwasser bis zur Untergrenze des effektiven Wurzelraumes (KRWe) in Abhängigkeit mittlerer effektiver Lagerungsdichte bzw. Zersetzungsstufe (z) (nach Kartieranleitung, 1982, gekürzt)

Boden- u. Torfart	KRWe (mm/d) bei dm Abstand zwischen GW und Untergrenze We												20 mbar	φ* mbar
	2	3	4	5	6	7	8	9	10	12	14	17	20	φ*
Sande														
gS	> 5,0	5,0	1,5	0,5	0,2	< 0,1	–	–	–	–	–	–	–	100
mS	> 5,0	5,0	5,0	3,0	1,2	0,5	0,2	< 0,1	–	–	–	–	–	120
fS	> 5,0	> 5,0	> 5,0	5,0	3,0	1,5	0,7	0,3	0,2	< 0,1	–	–	–	140
l'S, t'S	> 5,0	> 5,0	> 5,0	5,0	4,5	2,5	1,5	0,7	0,4	0,1	< 0,1	–	–	150
i'S	> 5,0	> 5,0	> 5,0	5,0	5,0	3,5	2,0	1,5	0,8	0,3	0,1	< 0,1	–	180
uS, uIS	> 5,0	> 5,0	> 5,0	> 5,0	> 5,0	5,0	5,0	3,0	2,0	1,0	0,5	0,2	–	200
t'S	> 5,0	> 5,0	> 5,0	5,0	3,0	2,0	1,0	0,7	0,4	0,2	< 0,1	–	–	300
Schluffe														
U, sU	> 5,0	> 5,0	> 5,0	> 5,0	> 5,0	> 5,0	> 5,0	5,0	3,5	2,0	1,0	0,5	0,2	250
l'U, lU, t'U, tU	> 5,0	> 5,0	> 5,0	> 5,0	> 5,0	5,0	4,5	3,0	2,5	1,5	0,7	0,3	0,1	300
sIU	> 5,0	> 5,0	> 5,0	> 5,0	4,5	3,0	2,0	1,5	1,0	0,5	0,2	< 0,1	–	300

| Boden- u. Torfart | KRWe (mm/d) bei dm Abstand zwischen GW und Untergrenze We | | | | | | | | | | | | | φ* |
	2	3	4	5	6	7	8	9	10	12	14	17	20 mbar	20 mbar
Lehme und Tone														
s'L, s¹L	> 5,0	> 5,0	5,0	3,5	2,0	1,3	0,8	0,5	0,3	0,2	< 0,1	–		350
uL	> 5,0	> 5,0	> 5,0	5,0	4,5	3,5	2,5	2,0	1,5	0,8	0,4	0,2	< 0,1	400
utL, üT	> 5,0	5,0	4,0	2,0	1,0	0,7	0,5	0,3	0,2	0,1	< 0,1	–		600
stL, t'L, t¹L, u'T	> 5,0	5,0	2,5	1,2	0,7	0,5	0,3	0,2	0,2	< 0,1	–	–		550
T, lT, u'T	4,0	2,0	1,1	0,7	0,5	0,4	0,4	0,3	0,2	0,2	0,1	0,1	< 0,1	700
Torfe und Zersetzungsstufe														
Hh z″, z′	> 5,0	> 5,0	5,0	5,0	2,0	0,7	0,3	0,1	–	–	–	–		100
Hh z̲, z̲	> 5,0	3,0	1,0	0,2	0,1 < 0,1	–	–	–	–	–	–		100
Hn z″, z′	> 5,0	> 5,0	> 5,0	5,0	5,0	1,0	0,1	–	–	–	–	–		100
Hn z̲	> 5,0	> 5,0	> 5,0	5,0	5,0	2,0	0,5 < 0,2	–	–	–	–		100
Hn z̲ z̲	> 5,0	> 5,0	5,0	5,0	2,0	0,5	0,2 < 0,1	–	–	–	–		100

* angenommene Saugspannung φ an der Untergrenze We; bei Mineralböden entspricht dies etwa 70 % der nFK an dieser Grenze, bezogen auf den Gesamtwurzelraum etwa 50 % der nFK, bei in der Regel feuchten Moorböden ist FK unterstellt.

Tab. 82. Berechnung des Grenzflurabstandes

Nr.	Bodenkennwert	Grünland Hn, z4	Getreide, Sl, Ld3
1.	We (dm)	4	8 (s. Seite 205)
2.	nFK (mm)	220	136 (s. Tab. 72)
3.	vFK (mm)	110	68 (s. Abb. 76)
4.	ET max (mm/d)	5	2
5.	Vorratszeit (d)	22 (3 : 4)	34 (3 : 4)
6.	KRWe (mm/d)	5	2 (s. Tab. 81)
7.	GW-Abstand bis We (dm)	5	8
8.	Grenzflurabstand (dm)	9 (1. + 6.)	16 (1. + 6.)

tem Mineralboden. Zur Sicherung von Feuchtbiotopen in der Kulturlandschaft (s. Kapitel Bodenschutz, Seite 510).

2.4.3.7.3 Dampfförmige Wasserbewegung

Im humiden Klima sind die Böden meist ausreichend mit Wasser gesättigt. Bei relativ niedriger Wasserspannung kann soviel Wasser verdunsten, daß die Bodenluft mit Wasserdampf gesättigt ist (100 % relative Luftfeuchte). Mit steigender Saugspannung nimmt die relative Wassersättigung der Bodenluft ab. Durch Unterschiede im Dampfdruck wird der Wasserdampf erst > pF 4,2 bewegt. Ursachen des Dampfdruckgefälles sind:
1. Unterschiedliche Saugspannungen
2. Unterschiedliche Temperaturen
3. Unterschiedliche osmotische Drücke in der Bodenlösung.

Erst > pF 4,2 ist der relative Dampfdruck ($\frac{P}{Po}$) so erniedrigt, daß wirksame Gradienten entstehen. So starke Austrocknungen sind nur im ariden Klima möglich, im humiden Klima trocknen allenfalls Krumenböden gelegentlich bis pF 4,2 aus. Der dorthin fließende Wasserdampf kondensiert vorzugsweise in feinsten Kapillaren, weil der relative Dampfdruck nur in diesen besonders stark erniedrigt werden kann. Diese *Kapillarkondensation* hat für die pflanzliche Wasserversorgung in Dürreperioden nur geringe Bedeutung, da sie sich im Totwasserbereich abspielt.

Ein Dampfdruckgefälle kann im Boden auch durch Temperaturunterschiede entstehen. Durch Einstrahlung ist besonders bei unbedeckten Böden am Tage im Sommer die Bodenoberfläche stärker erwärmt als der Unterboden. Der Dampfdruck ist entsprechend im Profil oben größer als unten. Es wird der Wasserdampf nicht nur aus dem Boden in die Atmosphäre abgegeben (Evaporation), sondern bewegt sich auch in Richtung des kühlfeuchten Untergrundes. Nachts kommt es umgekehrt zu einer Abkühlung an der Bodenoberfläche durch Rückstrahlung. Dann bewegt sich dem Dampfdruckgefälle folgend Wasserdampf aus dem relativ wärmeren Unterboden an die kühlere Oberfläche, wo er kondensiert. Diese von der Temperatur abhängige Kondensation wird *Thermokondensation* genannt.

Von besonderem Einfluß im Bodenwasser- und -wärmehaushalt ist der Bodenfrost (Frostgare). Das Gefrieren des Wassers im Boden beginnt in den groben Hohlräumen. Dort sind Wasserspannung und Ionenkonzentrationen am geringsten. Mit zunehmender Wasserspannung bei abnehmendem Porendurchmesser wird der Gefrierpunkt erniedrigt. Er liegt bei pF 4,2 (= 0,2 µm ∅) bei −1,2 °C). Druck erniedrigt den Gefrierpunkt (s. Wasserfilm unter Schlittschuhen). In groben Hohlräumen wachsen die primären Eiskristalle unter zwei Voraussetzungen:
1. Die beim Gefrieren freiwerdende Wärme, 335 J/g (s. Frostschutzberegnung), muß abgeleitet werden. Wärmeverlust durch Abstahlung ist nur bei schneefreier Bodenoberfläche möglich.
2. Das am wachsenden Eiskristall angereicherte Wasser muß aus dem umgebenden Boden leicht nachgeliefert werden können (s. ku). Durch Austrocknung und Schrumpfung des noch nicht gefrorenen Bodens entstehen Aggregate bei ausreichendem Tongehalt.

In schluffreichen, verdichteten Böden bilden sich dagegen schichtförmig Eislinsen. Sie bewirken durch Volumenausdehnung des gefrierenden Wassers, Kristallwachstum und Luftverdrängung eine Hebung des Bodens. Wenn der umgebende Boden kein leichtbewegliches Wasser mehr abgibt, bilden sich unter Fortschreiten der Frostgrenze in größerer Tiefe neue Eislinsen mit zwischengelagertem plattigen Gefüge.

So kommt es zu einer Wasseranreicherung in den Eislinsen neben partieller Austrocknung mit Frostgare. Diese ackerbaulich auf schweren Böden erwünschte Feinaggregierung bleibt aber nur erhalten, wenn
1. entweder die Eiskristalle/-linsen sublimieren (aus dem festen in den gasförmigen Zustand verdampfen). Das ist nur oberflächennah in relativ trockenen, schneearmen Wintern möglich oder

Tab. 83. Dampfdrücke und Porendurchmesser bzw. Saugspannungen

∅ µm Poren	0,002	0,010	0,024	0,125	0,22	0,56	5,6	12,5	freies Wasser
pF	6,1	5,5	5,1	4,4	4,2	3,8	2,8	2,5	− ∞
$\frac{P}{Po}$	0,4	0,8	0,9	0,98	0,987	0,995	0,997	0,998	1,00

2. beim Erwärmen das Schmelzwasser schnell zwischen den Aggregaten in groben Schwundrissen versickern kann, d.h. Bodenverdichtungen auch in größerer Tiefe durch den Gefriervorgang erfaßt worden sind. Frosttiefen bis 1,2 m sind in Deutschland gemessen worden.

Bei häufigem Wechsel von Frieren und Tauen können Frostaggregate schnell wieder zerstört werden. In hängigem Gelände weichen oberflächlich tauende, wasserreiche Schichten auf und geraten ins Fließen. Das nennt man Solifluktion. Deshalb ist in und nach manchen Wintern die positive Wirkung des Frostes bald durch negative Begleiterscheinungen aufgehoben.

Die Bildung größerer Eislinsen unterbleibt, wenn die Abkühlung des Bodens schnell erfolgt. Das Wasser gefriert dann, ehe es kapillar verlagert wird. Der Kristallisationsdruck wachsender Eiskristalle ist relativ niedrig. Er kann sich nur auswirken, wenn durch die Porengestaltung der regelmäßige Kristallaufbau des Eises behindert ist. Immerhin ist bei $-5\,°C$ ein Kristallisationsdruck $> 1,3$ bar möglich, ausreichend, um eine Bodenschicht von mehreren Metern Mächtigkeit zu heben. Frostaufbrüche sind im Straßenbau gefürchtet (Einbau einer kapillarbrechenden Schicht). Aus steinreichen Unterböden können Steine auffrieren und schließlich Wurzeln abreißen, die noch im gefrorenen Unterboden verankert sind. Bei wechselndem Tauen und Gefrieren wird die Bodenoberfläche um etwa 1 bis 2 cm auf und ab bewegt.

Die Bildung von Eislinsen unterbleibt auch dann, wenn der Boden keine groben Poren enthält, also z.B. durch Zerkneten verdichtet ist. In feinkörnigen, dichten Böden bilden sich dann nur feine nadelförmige Eiskristalle. Eine Volumenzunahme des so gefrierenden Wassers bedingt ein generelles Aufblähen des Bodens. Das Eis und Wasser kann nicht in grobe, luftgefüllte Poren ausweichen. In solchen wassergesättigten, gefrierenden Böden entstehen schon bei $-1\,°C$ Drücke bis 130 bar. Derartig hohe Drücke helfen selbst zementartig verdichtete Böden aufzulockern und dabei neue Makro- und Mesoporen aufzubauen, d.h. den Boden für die Luft- und Wasserführung wie Wasserspeicherung sowie Durchwurzelung zu verbessern. Auf schweren Böden sind in der Regel Jahre nach einer Trockenperiode die besseren Erntejahre als solche nach Nässeperioden. Ein zwischengeschalteter Gefrierprozeß im Boden kann diese Gesetzmäßigkeit aufheben. Den größten Nutzen des Phänomens Frost- und Trockengare haben die schweren Böden.

Kapillar- und Thermokondensation werden als *innere* Kondensation zusammengefaßt. Je nach Jahreszeit und Witterung können in Abhängigkeit von der Saugspannung und der relativen Luftfeuchte im semihumiden Klima bis zu 0,2 mm/Nacht als Wasserdampf im Wurzelraum kondensiert werden. Unter ariden Klimabedingungen sind Wasserdampfbewegungen von 2 bis 7 mm/Tag möglich (s.a. Taubrunnen zur Wassergewinnung in Wüsten).

2.5 Ökosystem Boden

Die Ökologie (gr. oikos = Haushalt) ist die Wissenschaft von der Struktur und Funktion der Natur. In ihrer ursprünglichen Definition nach HAECKEL (1866) wurde sie als »die gesamte Wissenschaft von den Beziehungen der Organismen zur Außenwelt« aufgefaßt. Ökologie kann daher nur in der Synthese zahlreicher naturwissenschaftlicher Disziplinen verstanden werden. Als eine *angewandte* Naturwissenschaft ist auch die Bodenkunde eine ökologische Disziplin. Wenn man den Boden als Pflanzenstandort ein belebtes physikalisch-chemisches System nennt, so ist er *synökologisch* betrachtet ein *Ökosystem*. Die untrennbare Einheit von Lebensraum (Biotop-Klima-Boden) und Lebensgemeinschaft (Biozönose: Bodenorganismen-Pflanzen-Mensch-Tier) integriert das jeweilige Ökosystem Boden in höhere ökologische Einheiten unserer Umwelt. Dabei übernimmt der Boden – die Pedosphäre – eine zentrale Funktion in der gesamten Ökosphäre (s. Abb. 86). Er ist der Durchdringungskomplex von Atmosphäre, Hydrosphäre, Lithosphäre und Biosphäre. Jeweils spezifische Eigenschaften wie auch Veränderungen der einzelnen Sphären beeinflussen den Boden in seinen Funktionen. Unter spezifischen Klimaten entwickeln sich aus verschiedenen Gesteinen spezifische Böden (s. Seite 309). Für die Hydrosphäre ist der Boden wichtiger Filter

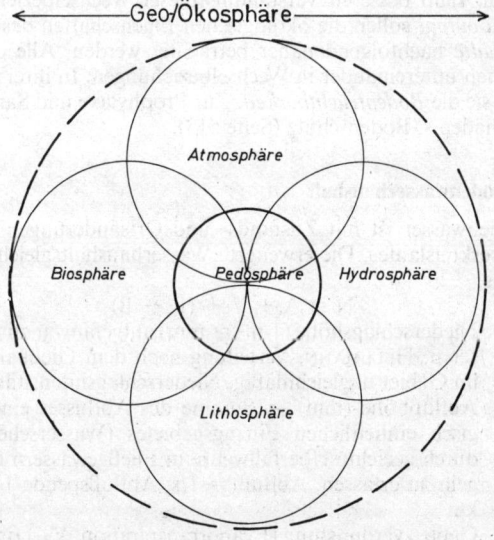

Abb. 86. Umweltfaktor Boden.

(Grundwasserneubildung). Lithogene, klimatische und hydrologische Wirkungen erreichen über den Boden transformiert die Vegetation, die ihrerseits Nahrungsketten einleitet, die in ihrem Kreislauf, durch den Menschen stark beeinflußt, Bodenentwicklung und Bodenfruchtbarkeit bestimmen. Diese im Vergleich zur Gesamtmasse des Planeten Erde extrem dünne äußere Bodenhülle entscheidet damit über unser aller Leben. Der Boden ist deshalb wichtiges Schutzobjekt.

In einem Ökosystem bestehen dynamische Gleichgewichte zwisehen *abiotischen* (Gestein – Boden – Klima) und *biotischen* Bereichen (Produzenten – autotrophe Mikroorganismen, assimilierende Pflanzen und Konsumenten – heterotrophe Mikroorganismen, Tiere, Mensch). Wesentliches Merkmal eines Ökosystems ist die Fähigkeit zur *Selbstregulation* und die Abhängigkeit von der Sonnenenergie. Daher sind ökologische Systeme stets offen, d.h. durch Einflüsse von außen störbar und ohne scharfe Grenzen (ELLENBERG, 1973).

So ist der Boden mit seinen vielfältigen Eigenschaften sowohl der Energiespeicherung und -transformation als auch der Filterung und Pufferung ein wichtiger Umweltfaktor. Solange bodenspezifische Belastungsgrenzen nicht überschritten werden, z.B. durch nicht standortgemäße Nutzung, Überdüngung, Immissionen, Ent- und Bewässerung, können im und über dem Boden wirksame Funktionen zur Selbstregulation vielfältige und zunehmende zivilisatorische Einflüsse schadensfrei auffangen. Zum besseren Verständnis dieser Wechselbeziehungen von *input* und *output* sollen die ökologischen Eigenschaften des Bodens als *Teilhaushalte* nachfolgend näher betrachtet werden. Alle diese Haushalte stehen untereinander in Wechselbeziehungen. In ihrer Summe bestimmen sie die *Bodenfruchtbarkeit*. Zur Prophylaxe und Sanierung von Bodenschäden s. Bodenschutz (Seite 513).

2.5.1 Bodenwasserhaushalt

Das Bodenwasser ist mit Zustands- und Ortsänderungen Bestandteil des Wasserkreislaufes. Die erweiterte Wasserhaushaltsgleichung drückt dieses aus:

$$N = A + V + (R - B)$$

N = Niederschlagshöhe ($1/m^2$ = mm) aufgefangen mit Regenmesser n. HELLMANN. Verteilung nach dem Gießkannenprinzip im Gebiet ungleichmäßig. Niederschlagsintensität (mm/h).

A = Abflußhöhe (mm) = Summe des Abflusses eines hydrologisch einheitlichen Einzugsgebietes (Wasserscheiden), z.B. durch geeichte Überfallwehre in Fließgewässern mit Meßpegeln zu erfassen. Abfluß = 1/s; Abflußspende 1/s · ha bzw. km^2.

V = Gebietsverdunstung (Evapotranspiration, V_{ET}) (mm) Summe der unproduktiven = Evaporation V_E, Interzeption V_I und

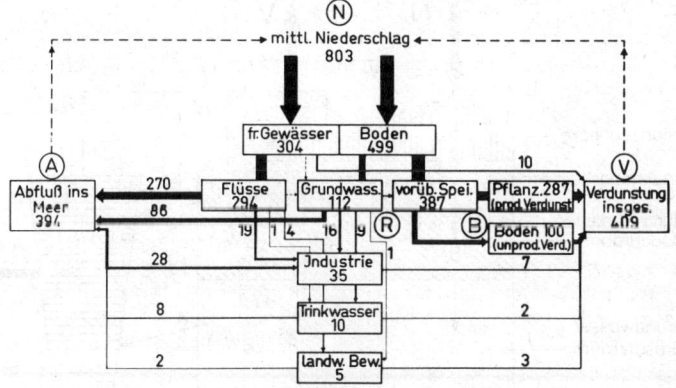

Abb. 87. Mittlere Wasserbilanz der Bundesrepublik Deutschland (in Anlehnung an KELLER und CLODIUS). Zahlen = mm/Jahr.

produktiven Verdunstung = Transpiration V_T im Einzugsgebiet.

R = Rücklage bzw. Vergrößerung des gesamten ober- und unterirdischen Wasservorrates (mm) des Einzugsgebietes für eine bestimmte Zeitspanne unter Annahme gleichmäßiger Verteilung.

B = Verbrauch, Verkleinerung des gesamten ober- und unterirdischen Wasservorrates (mm) des Einzugsgebietes für eine bestimmte Zeitspanne unter Annahme gleichmäßiger Verteilung.

R−B = Vorratsänderung im Boden-, Grund- und Oberflächenwasser.

In Abb. 87 ist die *mittlere* Wasserbilanz für die Bundesrepublik Deutschland dargestellt. Danach nehmen ca. zwei Drittel von N ihren Weg durch den Boden. Die vorübergehende Speicherung (R) im Boden ist recht unterschiedlich (S < L < T < H). Etwa ein Viertel des im Boden zunächst gespeicherten Wassers dient nach Sickerung der Grundwasserneubildung. Diese beträgt je nach klimatischer Wasserbilanz FK und kf der Böden, Kulturart etwa 100 mm (Löß, Ackerbau, Raum Göttingen) bis 300 mm (Sand, Kiefernwald, Raum Bremen). Aus dem Grundwasser werden Quellen, Bäche und Flüsse gespeist oder Anteile zur Wasserversorgung von Industrie und Siedlung entnommen. Geringe Anteile des Grundwassers dienen der Bewässerung oder werden kapillar in den Wurzelraum zurückgehoben. Unproduktive (V_E) und produktive Verdunstung (V_T) verhalten sich wie 1 : 3. Aus den Zahlen in Abb. 87 wird deutlich, daß die bodennutzende Land-, Garten- und Forstwirtschaft zusammen der größte Wasserverbraucher ist. Der Abfluß (A) ist unter-

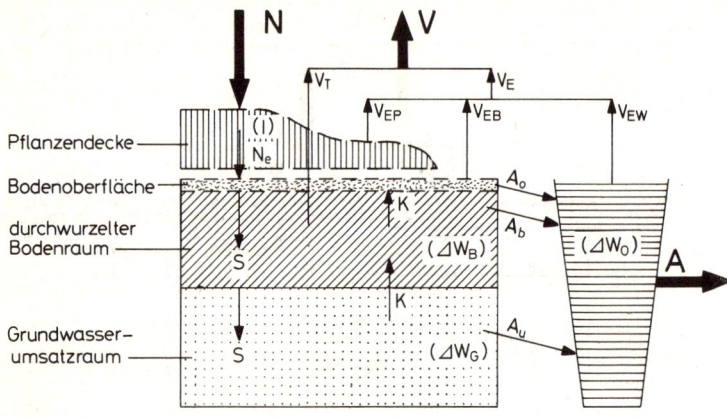

Abb. 88. Der Wasserkreislauf im Wirkungsfeld Wasser – Boden – Vegetation (nach WOHLRAB und BAHR 1974).

gliedert in Oberflächenabfluß (A_o), oberflächennaher Abfluß (A_b) (Dränwasser) und unterirdischer Abfluß A_u).

Der Wasserkreislauf wird nach Abb. 88 von der Pflanzendecke beeinflußt. Der effektive Niederschlag N_e ist bei bewachsenen Böden kleiner als der Gesamtniederschlag N. Ein Teil des Niederschlages bleibt im Vegetationsschild hängen und verdunstet bereits dort. Diesen Teil nennt man Interzeption (I). Sie beträgt bei jungen Fichten- und Buchenbeständen 10 bis 12% v.N, ältere Baumbestände haben 20 bis 40% I. In landwirtschaftlichen Kulturen wird I bisher vernachlässigt und als V miterfaßt.

Die Gesamtverdunstung V erfaßt neben der Transpiration V_T die Verdunstung von der Boden- (V_{EB}), Pflanzen- (V_{EP}) und Wasseroberfläche (V_{EW}). Man unterscheidet die *aktuelle* (ET_a) und *potentielle* Verdunstung (ET_p). ET_a ist der tatsächliche Wasserverlust eines bewachsenen Bodens durch Verdampfung (meßbar durch grasbewachsene Lysimeter). Zur Verdunstung kommt es, wenn das Sättigungsdefizit der Luft (= relativer Dampfdruck) größer wird als die Saugspannung des Wassers in Böden und Pflanzen. Wie Abb. 89 zeigt, entspricht mit abnehmendem Wassergehalt (= zunehmender Saugspannung) eines Bodens ET_a um so mehr ET_p, je besser k_u ist (lT > S). ET_p ist die unter gegebenen Umweltbedingungen (Temperatur, Dampfdruck, Wind) von einer freien Wasserfläche abgegebene dampfförmige Wassermenge. Geeignete Meßgeräte sind: Keramikscheibe nach CZERATZKI, Piché-Evaporimeter, Wildsche Waage, Class-A-Tank.

Da ET_p und Sättigungsdefizit der Luft eng korrelieren, kann diese wichtige Wasserhaushaltsgröße auch errechnet werden. Nach DIN 19685 wird für in Deutschland vorherrschende Klimaverhältnisse die Verdunstungsformel nach HAUDE (1955) bei Brechnungen der klimatischen Wasserbilanz und des davon ableitbaren Bewässerungsbedarfs bevorzugt. Danach ist

$$ET_p = b \cdot (E - e)14^h$$

b	= variabler Monatsfaktor	(0,27–0,54)
E	= Sättigungsdampfdruck	bei gegebener Temperatur aus
e	= Partialdruck	Tabellen in DIN 19685 ablesbar
E−e=	Sättigungsdefizit	bzw. hygrometrisch um
		14.00 Uhr gemessen.

ET_p ist mit 32 und 40 % im Frühjahr bzw. Sommer größer als im Herbst (20 %) oder gar im Winter (8 %). Mit der Grundwassernähe steigt ET_p. Hydromorphe Böden verdunsten zwei bis viermal mehr als terrestrische. Entwässerung senkt, Bewässerung erhöht ET_p. Mulchen vermindert ET_p um ein Drittel. Dunkle Böden speichern mehr Wärme und verdunsten 30 % mehr als helle. Die jährliche Gesamtverdunstung schwankt in Abhängigkeit von der Bodenbedeckung von 20 bis 100 % N (Abb. 90).

Da über längere Zeiträume in der erweiterten Wasserhaushaltsgleichung die Wasservorratsänderung R − B sich aufhebt, wird N = A + V. Sobald zwei Größen – leicht meßbar A u. N – bekannt sind, kann die jeweils dritte abgeleitet werden. Im ariden Klima ist V > N, im humiden V < N. Sofern A vernachlässigt werden kann, wird die *klimatische*

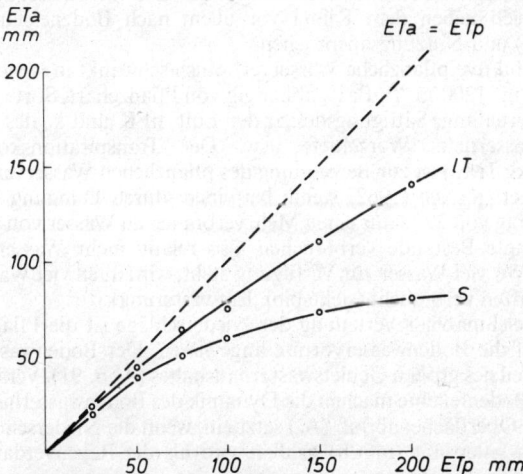

Abb. 89. Aktuelle (ETa) und potentielle (ETp) Evapotranspiration in Abhängigkeit von der Bodenart.

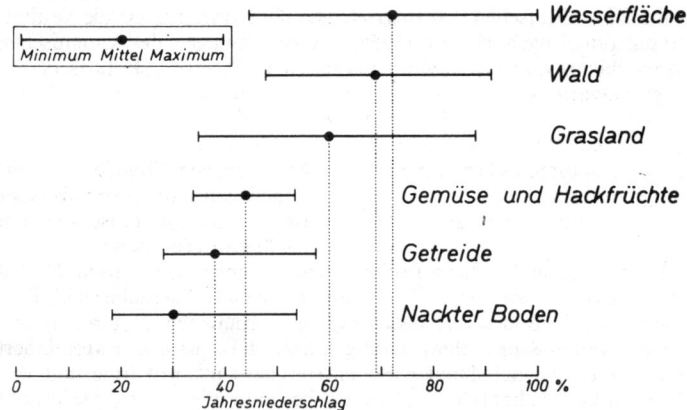

Abb. 90. Jahresverdunstung bei verschiedener Bodennutzung (nach BAUMGART-NER 1967).

Wasserbilanz nur aus N und V ermittelt. Bei *negativer* klimatischer Wasserbilanz (N < V) und < 50 % nFK ist eine *Bewässerung* notwendig, um die Ertragsverluste durch Mangel an pflanzenverfügbarem Wasser auszuschalten. Klimatische Wasserbilanz*überschüsse* N > V machen *Ent*wässerungsmaßnahmen erforderlich. Be- und Entwässerungsbedarf richten sich neben dem Klima vor allem nach Bodeneigenschaften (nFK, k_f) und Nutzungsansprüchen.

Der produktive pflanzliche Wasserverbrauch schwankt in weiten Grenzen (250 bis 1200 m³/t). Er ist abhängig von Pflanzenart, Sorte, Niederschlagsverteilung, Sättigungsdefizit der Luft, nFK und k_u des Bodens, Grundwassertiefe, Wurzeltiefe usw. Der Transpirationskoeffizient (1 H_2O/kg Tr.S.) ist zur Berechnung des pflanzlichen Wasserverbrauchs ungeeignet. KLAPP (1962) stellte bei einem durch Düngung erzielten Mehrertrag von 29 % nur einen Mehrverbrauch an Wasser von 4 % fest. Ungedüngte Bestände verbrauchen also relativ mehr Wasser als gedüngte. Wo viel Wasser zur Verfügung steht, wird auch viel Wasser von den Pflanzen verbraucht (siehe biol. Entwässerung).

Bei ungleichmäßiger Verteilung der Niederschläge ist die Pflanze zeitweise auf die Bodenwasservorräte angewiesen. Der Bodenwasserhaushalt ist Teil des großen Gebietswasserhaushaltes (Abb. 91). Veränderungen der Bodenfeuchte machen die Dynamik des Bodenwasserhaushaltes deutlich. Oberflächenabfluß (A_o) setzt ein, wenn die Niederschlags-(Beregnungs-)intensität (mm/h) größer wird als die Regenverdaulichkeit (mm/h).

Die Wasseraufnahme erfolgt im Boden als Infiltration in Abhängigkeit von der aktuellen Bodenfeuchte und damit Höhe der Wasserbindungsintensität. Versickerung setzt ein, sofern nicht in Rissen, erst nach Wassersättigung > FK. Man unterscheidet *Sickerwasser* (dränende Poren, pF < 2,0) und *Sinkwasser* = (spannungsfreie Porenvolumen, pF ∞). Vom Haftwasser sind nur die zwischen pF 1,8 und 2,2 (= untere Grenze der FK) bis pF 4,2 (obere Grenze der FK, PWP) adsorptiv oder kapillar gespeicherten Anteile pflanzenverfügbar (= nFK). Zusätzlich müssen die effektive Durchwurzelungstiefe (We) und -intensität sowie die kapillare Nachlieferung berücksichtigt werden. Sie bestimmen die verfügbare Feldkapazität (vFK). Während des Sickervorganges ist das Wasser noch pflanzenverfügbar, dabei kann kapillargetragenes Wasser entstehen (s. Abb. 70). Gelangt Sicker- oder Sinkwasser auf eine schwer oder undurchlässige Bodenschicht, werden über dieser allmählich sämtliche Hohlräume zusammenhängend mit Wasser gefüllt, welches dann allein der Schwerkraft unterworfen sich nur einem Gefälle bzw. unterschiedlichem Druckpotential folgend bewegen kann. Man unterscheidet *Stau*- und *Grund*wasser.

Sofern die undurchlässige Sohle im Bodenprofil höher als 1,3 m u. Fl. ansteht, unterliegt das dadurch gestaute Wasser der von Witterung und Vegetation abhängigen Verdunstung. Deshalb ist *Stauwasser* als eine besondere Form des Grundwassers *zeitweilig* (N > V) im Boden oberhalb einer Stauwassersohle (Sd) im Stauwasserleiter (Sw) vorhanden und verursacht dort Luftmangel. In Perioden mit negativer klimatischer Wasserbilanz (N < V) herrscht dagegen in Staunässeprofilen Wasser*mangel*, da die Wasservorräte unter dem Sd-Horizont für die Wurzeln

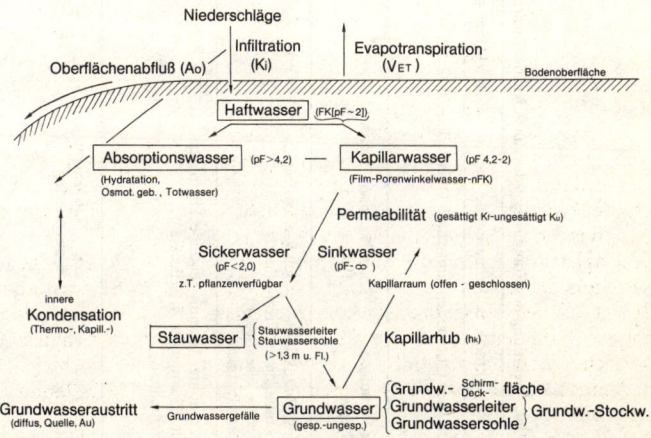

Abb. 91. Halbschematische Übersicht über das Verhalten des Wassers im Boden.

Tab. 84. Ermittlung des Staunässegrades (nach Kartieranleitung 1982, gekürzt und ergänzt)

aktuelle Bodenmerkmale		Dauer der Naßphase			Verzögerungen d. Vegetationsbeginns	Störungen des Vegetationsverlaufs	landwirtschaftl. Nutzungseignung u. Meliorationen	Staunässestufe
in humosen Oberboden	unterhalb Oberboden	0–2 dm	2–4 dm	4–8 dm				
keine Staunässemerkmale	s. schw. eisen-/bleichfleckig	−	(−)	(+)	−	−	landbaul. Nutzung ohne nässebedingte Probleme	nicht staunaß
s. schw. Reduktionserscheinungen im Frühjahr, schw. eisenfleckig in Wurzelbahnen	schw. eisen-/bleichfleckig	(−)	(+)	+	(−)	−	Tragfähigkeit u. Bearbeitkeit selten eingeschränkt	sehr schwach staunaß
schw. erhöhter Humusgehalt, Eisenflecken in Wurzelbahnen	eisenfleckig, bleichfleckig	(+)	++	++	(+)	−	Tragfestigkeit u. Belastbarkeit gelegentl. eingeschränkt, Oberflächenentwässerung	schwach staunaß
erhöhter Humusgehalt, eisenfleckig	deutl. Naßbleichung, ± eisenfleckig	+	++	+++	+	(−)	Grünland, Ackerland bedingt; Trittfestigkeit u. Bearbeitung häufig eingeschränkt; Bedarfsdränung	mittel staunaß

aktuelle Bodenmerkmale		Dauer der Naßphase			Verzögerungen d. Vegetations-beginns	Störungen des Vegetations-verlaufs	landwirtschaftl. Nutzungseignung u. Meliorationen	Staunässestufe
in humosen Oberboden	unterhalb Oberboden	0–2 dm	2–4 dm	4–8 dm				
st. erhöhter Humusgehalt; eisen-/bleichfleckig	st. Naßbleichung; ±eisenfleckig	+ +	+ + +	+ + + +	+	(+)	Wiese; Weide bedingt; Trittfestigkeit stets eingeschränkt; Tieflockerung u. Dränung	stark staunaß
s. st. erhöhter Humusgehalt; Reduktionserscheinungen	s. st. Naßbleichung; häufig reduziert; ±eisenfleckig	+ + +	+ + +	+ + + +	+ + +	+ +	Wiese, Befahrbarkeit stets stark eingeschränkt; Tieflockerung u. Dränung	sehr stark staunaß
anmoorig; weitgehend reduziert	meist reduziert	+ + + +	+ + + +	+ + + +	+ + + +	keine Wuchsmöglichkeiten für landwirtschaftliche Nutzpflanzen	Streuwiesen Tieflockerung u. Dränung	äußerst staunaß

Erläuterungen:

−	nie, keine
(+)	selten
+	gelegentlich
+ +	kurzfristig, häufig
+ + +	mittelfristig
+ + + +	langfristig, stark
+ + + + +	s. langfristig, ständig

Tab. 85. Einstufung der Grundwasserstände (nach Kartieranleitung 1982, gekürzt und ergänzt)

Vorherrschende Höhe des Grundwasserstandes in dm u. GOF			Grundwasserstufe	Entwässerungsbedarf
MHGW	MGW	MNGW		
> GOF	< 2	< 4	sehr flach	+ + +
2– GOF	2– 4	4– 8	flach	+ +
4–(> GOF)	4– 8	8–13	mittel	+
4– 8	8–13	13–16	tief	(+)
8–13	13–16	16–20	sehr tief	–
13–16	16–20	> 20	sehr tief	–
16–20	> 20	> 20	äußerst tief	–

kaum verfügbar sind. Je höher eine Stausohle ansteht, um so extremer wird dieses Bodenwechselklima (naß–trocken). Der Staunässegrad wird von der Tiefenlage des Sd-Horizonts bestimmt (s. Tab. 84).

Neben Stauwasser ist Staunässe auch durch zuviel Haftwasser möglich. In schluffreichen Böden mit vorherrschenden Mittel-Feinporen und geringer LK herrscht bereits bei FK Luftmangel. Haftnässe kann sich z.B. in Hochflutlehmdecken über Talsand auch durch tragende Menisken bilden. Gealterte Moorschwarzkulturen werden ebenfalls haftnaß.

Grundwasser (GW) ist unterirdisches Wasser, das sich – im bodenkundlichen Sinne – über einer tiefer als 1,3 m u. Fl. liegenden GW-Sohle (wasserundurchlässiger GW-Nichtleiter) im GW-Leiter (Aquifer) ansammelt und dessen Hohlräume zusammenhängend ausfüllt. Allein der Schwerkraft unterworfen, kann es sich durch Gefälle bzw. unterschiedliche Druckpotentiale bewegen. Im Gegensatz zum Stauwasser ist es ständig vorhanden. Je näher das GW sich zur Bodenoberfläche befindet, um so stärker unterliegt die GW-Oberfläche jahreszeitlichen Schwankungen. Diese GW-Amplitude wird durch Grundwasserhöchststand (HHGW) meist ausgangs des Winters und Grundwassertiefststand (NNGW) meist im Spätsommer bestimmt. GW wird in Brunnen, Röhren, Pegeln oder Bohrlöchern nach Druckausgleich als GW-Spiegel eingemessen. Dieser ist nicht identisch mit der durch höheren Druck im Boden eingestellten GW-Oberfläche. Zwischen wasserungesättigtem Bodenraum und GW-Leiter entwickelt sich der Kapillarraum infolge Kapillarhub (h_k). Die Obergrenze des geschlossenen Kapillarraumes wird als scheinbare Grundwasseroberfläche bezeichnet.

In Böden mit geringer nFK kann für wasserliebende Kulturen bei häufig negativer klimatischer Wasserbilanz Grundwasseranschluß für eine hohe pflanzliche Produktivität erwünscht sein, sofern keine Versalzungsgefahr besteht. Der für eine Versorgung der Pflanzen aus dem Grundwasser gerade noch ausreichende GW-Grenzflurabstand wird ermittelt aus der mittleren effektiven Durchwurzelungstiefe der Kultur-/Fruchtart und der erwünschten kapillaren Nachlieferungsrate (k_u) über dem Kapillarraum (s. Tab. 81). Besonders bindige schluffige Mineralböden, vor allem Moorböden, mit zu hohem Grundwasser ($< 0,8$ m u. Fl.) sind nicht trag- und trittfest.

In Tabelle 85 sind die für eine landbauliche Nutzung und den Entwässerungsbedarf wichtigen Grundwasserstände eingestuft.

Mittlere Grundwasserstände (MGW) sind in ihrer Witterungsabhängigkeit höchst unsichere ökologische Kriterien. Bessere Aussagen liefert der GW-Schwankungsbereich (MHGW – MNGW). Sofern dieser nicht durch langfristige Messungen, z. B. der Gewässerkundlichen Dienststellen, belegbar ist, kann die Mächtigkeit des Go-Horizontes zu diesen Daten hinführen. Allerdings ist dabei zu beachten, daß der geschlossene Kapillarraum die Grenzen des Go-Horizontes mitbestimmt und die Werte in Tabelle 80 entsprechend abzuziehen sind, um den MNGW (= untere Grenze Go) bzw. MGHW (= obere Grenze Go) richtig zu bemessen. Leider zeichnen nur eisenhaltige und organogene Böden den Oxidations-Reduktionseinfluß sicher. Außerdem müssen solche hydromorphen Merkmale nicht mehr rezent sein. Die Grundwasseramplitude bestimmt die aktuelle Vernässung. Besonders kritisch ist sie zu Vegetationsbeginn. Nach Tabelle 86 kann man aus hydromorphen Merkmalen die Grundnässe in ihrer ökologischen und Nutzungswirkung sowie den Entwässerungsbedarf ableiten.

Nur das obere GW ist für die Vegetation von Bedeutung. GW-Leiter einer oberen (Schirm, Deckfläche) und unteren (GW-Sohle) Begrenzung umfassen ein GW-Stockwerk. GW-Stockwerke werden von oben nach unten numeriert. Das 1. GW-Stockwerk ist für Trinkwassergewinnung in intensiv landwirtschaftlich genutzten Gebieten u.a. durch NO_3-Belastung gefährdet. Deshalb werden GW-Schutzgebiete mit Zonen unterschiedlicher Nutzungsintensität eingerichtet.

GW-*Schirm- oder Deckflächen* können ein GW-Stockwerk nach oben begrenzen. Sofern zwischen GW-Leiter und einer oberen undurchlässigen Grenzfläche ein nicht mit GW erfüllter Raum verbleibt, handelt es sich um eine GW-Schirmfläche. Das darunter befindliche GW ist *ungespannt*. *Gespanntes* (artesisches) GW tritt auf, wenn die GW-Oberfläche nicht in eine schwer- bis undurchlässige Grenzfläche eindringen kann. Diese heißt dann GW-Deckfläche. Gespanntes GW hat deshalb einen höheren hydrostatischen Druck als dem atmosphärischen Luftdruck in dieser Tiefe entspricht. Es wird als GW-Druckspiegel gemessen. Dem Gefälle folgend, tritt GW in Abhängigkeit geologischer Schichtungen diffus oder in Quellen aus.

Tab. 86. Ermittlung der Grundnässestufe (nach Kartieranleitung 1982, gekürzt u. ergänzt)

Tiefe scheinb. Grundwasserstandes Ende Mai i. dm u. GOF	Grundwasserstufe	Aktuelle Bodenmerkmale		Aktuelle Vernässung dm unt. GOF			Ökologische Wirkungen		Nutzungseignung	Grundnässestufe	Entwässerungsbedarf
		im humosen Oberboden	unterhalb Oberboden	0–2	2–4	4–8	Verzögerungen Vegetationsbeginn	Störungen Vegetationsverlauf			
> 16	äußerst tief	keine Nässemerkmale	s. schw. eisenfleckig	–	(–)	(+)	–	–	ohne nässebedingte Probleme	nicht grundnaß	–
13–18	sehr tief	s. schw. Reduktionserscheinungen im Frühjahr, schw. eisenfleckig in Wurzelbahnen	schw. eisenfleckig	(–)	(+)	+	(–)	–	Tragfestigkeit, Bearbeitbarkeit selten eingeschränkt	schw. grundnaß	–
10–16	tief	schw. erhöhter Humusgehalt, Eisenflecken an Wurzelbahnen	eisenfleckig	(+)	+	++	(+)	–	Tragfestigkeit u. Bearbeitkeit gelegentl. eingeschränkt	schw. grundnaß	verbesserte Vorflut
3–12	tief-mittel	erhöhter Humusgehalt, schw. eisenfleckig	eisenfleckig	+	++	++	+	(–)	Ackerland bedingt; Tragfestigkeit, Bearbeitbarkeit häufig eingeschränkt	grundnaß	Dränung

Tiefe scheinb. Grundwasserstandes Ende Mai i. dm u. GOF	Grundwasserstufe	Aktuelle Bodenmerkmale		Aktuelle Vernässung dm nach GOF			Ökologische Wirkungen		Nutzungseignung	Grundnässestufe	Entwässerungsbedarf
		im humosen Oberboden	unterhalb Oberboden	0–2	2–4	4–8	Verzögerungen Vegetationsbeginn	Störungen Vegetationsverlauf			
1–9	flachtief	erhöhter Humusgehalt; eisenfleckig	eisenfleckig; oft Reduktion an Wurzelbahnen	++	+++	++++	++	(+)	Weide bedngt; Tagfähigkeit u. Befahrbarkeit stets enge-schränkt	st. grundnaß	verbesserte vorflut und Dränung
< 2	s. flach bis mittel	s. st. erhöhter Humusgehalt; häufig Reduktionserscheinungen	eisenfleckig; überwiegend reduziert	+++	++++	++++	+++	+	Wiese, befahrbarkeit stets st. eingeschränkt	grundnaß	Hochwasserschutz, verbesserte Vorflut
0	s. flach bis flach	torfig, anmoorig, weitgehend reduziert	voll reduziert; Oxidation nur in Wurzelbahnen	++++	+++	++++	keine Wuchsmöglichkeiten für landwirtschaftliche Nutzpflanzen		(Streuwiesen?)	äußerst grundnaß	Hochwasserschutz

Erläuterungen:
− nie, keine
(−) selten
(+) gelegentlich
+ kurzfristig, häufig
+ + mittelfristig
+ + + langfristig, stark
+ + + + s. langfristig, ständig

Durch innere Kondensation kann ein geringer Teil des GW auch dampfförmig durch Druck- und Temperaturunterschiede in porösen Böden bewegt werden.

2.5.2 Bodenlufthaushalt

Wasser und Lufthaushalt der Böden sind in folgender Gleichung verbunden: PV − WV = LV. WV-Zunahmen bedingen LV-Abnahmen. Entsprechend ist die Luftkapazität LK (%vol) der bei FK mit Luft erfüllte Anteil grober Poren > 50 μm. LK = PV − FK. Im Sommer ist oft LV > LK. LK ist abhängig von Körnung, Lagerungsdichte (s. Tab. 72), Gefüge, Profiltiefe, Entwässerung. Die Böden sind in ihrer LK klassifiziert (s. Tab. 87). Mit steigendem Tongehalt nimmt LK ab, gut aggregierte T-Böden jedoch können hohe LK haben. Mit steigendem Humusgehalt nimmt LK nach Tabelle 73 bei leichten Böden deutlich ab. Dafür nimmt nFK zu. Mittlere Böden behalten nahezu konstante LK, unabhängig vom steigenden Humusgehalt. Schwere Böden werden erst > 8 Gew.% organische Substanz deutlich in der LK verbessert, ihre nFK nimmt parallel zu.

Zu hohe Humusgehalte (Anmoore) haben wieder geringere LK zur Folge (s. Abb. 78). Je geringer der Zersetzungsgrad der Torfe, um so höher ist die LK der Moorböden. Die unterschiedlichen LK der Böden bestimmen ihre Eignung für den Anbau von Kulturpflanzen.

Wurzelaktive Pflanzen (Hackfrüchte) haben einen höheren Luftanspruch im Boden als Flachwurzler (Gräser). Die Mikroflora ist bei ausreichendem LV durch Aerobier (z.B. Nitrifikanten), bei Luftmangel von Anaerobiern (Denitrifikanten) beherrscht. Nach Abb. 92 ist die Nitrifizierung im pF-Bereich um 2 (FK, LK) optimal. Unterhalb LK führt Wasserüberschuß/Luftmangel zur Denitrifikation, oberhalb LK begrenzt Wassermangel die Nitrifikanten. Das ROP eines Bodens wird ebenfalls vom Wasser-/Lufthaushalt bestimmt. Graue oder rostige Färbungen des Bodens lassen erkennen, ob Reduktions- oder Oxidations-

Tab. 87. Einstufung der Luftkapazität bzw. der Speicherkapazität für Grund- und Stauwasser (entwässerbares Porenvolumen) (nach Kartieranleitung 1982)

Grobporen (∅ > 50μm) in %vol	Bezeichnung	Kurzzeichen	Beispiele
< 3	sehr gering	LK 1	Sd-, Knick-, Sg-Horizont
3– 7	gering	LK 2	Bt-Horizont, aus lU
7–12	mittel	LK 3	Bt-Horizont aus uL, H > z3
12–18	hoch	LK 4	Bv-Horizont aus lS
>18	sehr hoch	LK 5	Bv-Horizont aus gmS, H < z3

Tab. 88. LK-Ansprüche der Kulturpflanzen in %vol (nach KOPECKY 1912)

Gräser	Weizen, Hafer	Gerste, Zuckerrüben	Kartoffeln
6–10	15–15	15–20	20–25

einflüsse überwiegen. Wie beim Wasser- sind auch für den Lufthaushalt der Böden weniger das wechselnde LV, sondern seine Zusammensetzung und Verfügbarkeit entscheidende Kriterien eines Pflanzenstandorts. Solange sich Bodenwasser ausreichend schnell bewegt und viel absorbierte Luft (O_2) enthält, können Pflanzen selbst bei geringem LV gut gedeihen. Hydrokulturen gelingen nur in belüfteten Nährlösungen. Stagnierendes Grund- oder Stauwasser ist schädlicher als fließendes GW. Ein Hangwassergley ist ein besserer Pflanzenstandort als ein Stagnogley. Durch Dränung wird in schweren Mineralböden und in stark zersetzten Moorböden weniger das LV vermehrt als vielmehr durch das im dränenden Porenraum bewegte Wasser der Gasaustausch verbessert.

Für die Atmung der unterirdischen Pflanzenorgane und der Bodenorganismen muß der Gasaustausch sichergestellt sein. Neben ständig offener Bodenfläche muß dazu ein kontinuierliches Porensystem vorhanden sein.

Atmosphärische Luft und Bodenluft unterscheiden sich deutlich in ihrer Zusammensetzung.

In einem biologisch aktiven Boden können jährlich bis zu 12000 kg/ha CO_2, davon zwei Drittel mikrobiell und ein Drittel über die Wurzelatmung produziert werden. Dabei wird O_2 verbraucht. So werden die

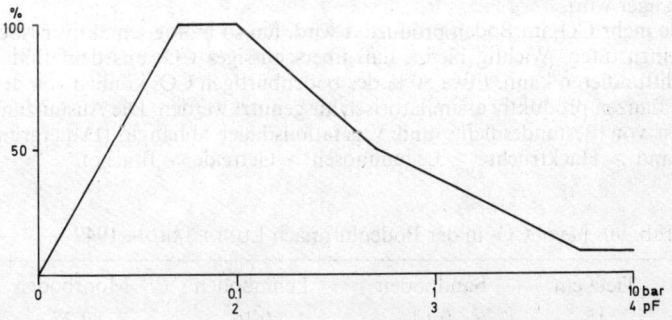

Abb. 92. Bodenwasserspannung und Nitrifizierung in einem Lößlehm (100 = 8,3 ppm NO_3-N/d) (nach SABEY und JOHNSON 1971).

Tab. 89. Mittlere Zusammensetzung der Luft und der Bodenluft in %vol

	O_2	CO_2	N_2
Luft	21,0	0,03	78,9
Bodenluft	20,6	0,30	79,1

unterschiedlichen O_2- und CO_2-Gehalte in der Luft und in der Bodenluft verständlich. Diese Partialdruckunterschiede bewirken den Gasaustausch. Höhere CO_2-Gehalte in der Bodenluft veranlassen eine CO_2-Diffusion in Richtung Atmosphäre. Umgekehrt diffundiert O_2-reichere Außenluft in den Boden. So bleibt nach dem Gesetz von Dalton der *Gesamt*druck als Summe der *Partial*drücke stets gleich.

Etwa 90% der Bodenlufterneuerung folgen den Gesetzmäßigkeiten der Diffusion, 10% erfolgen durch Massenfluß. Gasmoleküle haben mittlere Durchmesser von 0,1 bis 5 µm. So können auch noch feine Poren am Gasaustausch beteiligt sein. Wichtig ist die Poren*kontinuität*.

Die Diffusion (D) ist von einer bodenspezifischen Konstanten (K) und dem effektiv wirksamen (luftführenden) Porenraum (S) in folgender Beziehung abhängig:

$$D = K \cdot S^2$$

Wenn der luftführende Porenraum S um die Hälfte abnimmt, wird die Diffusion um den Faktor 4 erniedrigt. Das erklärt die wechselnde Zusammensetzung der Bodenluft. So ist der CO_2-Gehalt (reziprok dem O_2-Gehalt) der Bodenluft im Sommer > Winter, in der Krume < Unterboden, bei S < L < T < H-Böden, bei Brache < Kulturböden. Unterschiede der biologischen Aktivität und Diffusionsgeschwindigkeit kommen in diesen Reihungen zum Ausdruck. Mit der Tiefe findet man zunehmende CO_2-Gehalte im Boden, weil der Diffusionsweg immer länger wird.

Je mehr CO_2 im Boden produziert wird, um so biologisch aktiver ist er einzustufen. Wichtig bleibt, daß überschüssiges CO_2 aus dem Boden diffundieren kann. Etwa 80% des bodenbürtigen CO_2 können von den Pflanzen produktiv assimilatorisch ausgenutzt werden. Die Ausnutzung ist von Bestandesdichte und Vegetationsdauer abhängig (Dauergrünland > Hackfrüchte > Leguminosen > Getreide > Brache).

Tab. 90. %vol CO_2 in der Bodenluft nach LUNDEGARDH, 1949

Tiefe cm	Sandboden	Lehmboden	Moorboden
15	0,14	0,16	0,27
60	0,34	0,67	2,39

Wenn durch Verschlämmung und Verkrustung der Gasaustausch unterbunden ist, kommt es zur toxischen Anreicherung von CO_2 in der Bodenluft ($>$ 1 %vol CO_2). Vergilbende Wintersaaten im Frühjahr nach Schneeschmelze sind Zeichen solchen CO_2-Staus (physiologische Säureschäden). Dann muß durch leichtes Walzen und Eggen möglichst bald die verkrustete Bodenoberfläche gebrochen und gelockert werden, damit sie – einer Haut vergleichbar – ihre Atmungsfunktionen im Gasaustausch des Bodens erfüllen kann (s. Kopfkalkung, Seite 176).

Mit steigendem CO_2-Gehalt in der Bodenluft nimmt auch die $CaCO_3$-Löslichkeit im Boden zu (s. Gefügebildung, Tab. 49). Der Massenfluß wird durch meteorologische Einflüsse gesteuert. Nach dem BOYLE-MARIOTTschen Gesetz ist bei Gasen Druck × Volumen = konstant. Tägliche Luftdruckschwankungen von 34 mbar bzw. ¹⁄₃₀ des Gesamtdruckes sind möglich. Damit sind auch nur ¹⁄₃₀ des Gasvolumens veränderlich. Bei einer Bodenluftsäule von 1 m könnte so allenfalls bis 3,3 cm Tiefe Gasaustausch bei Luftdruckschwankungen möglich werden.

Durch Erwärmung dehnen sich Gase aus, durch Abkühlung werden sie komprimiert. Größere Temperaturschwankungen sind im Boden nur im Krumenbereich möglich. Bezogen auf die absolute Temperatur von 300 °K sind 5 ° Temperaturänderungen ¹⁄₆₀ der absoluten Temperatur, die sich auf ¹⁄₆₀ der Bodenlufttiefe ≙ 1,7 cm bei 1 m auswirken.

Über den Boden streichender Wind verursacht einen Sog auf die luftführenden Porenschlote. Mit der Bewuchshöhe sinkt dieser Einfluß des Windes auf die Bodenlufterneuerung auf fast Null ab.

Dagegen sind die im Boden perkolierenden Regenwassertropfen von viel größerem Einfluß. Sie saugen frische Luft hinter sich her und pres-

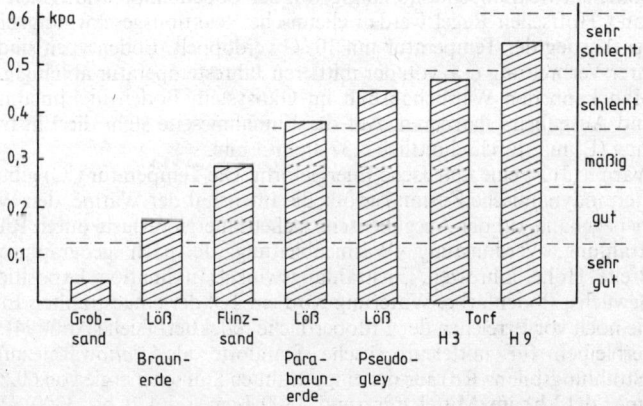

Abb. 93. Luftdurchlässigkeit von Mineral- und Moorböden nach RID (EGGELSMANN und KUNTZE 1972).

sen verbrauchte Bodenluft heraus. 10 mm Regenwasser = 100 m³/ha enthalten bei 4 ppm O_2 400 g gelösten O_2. Da 1 Mol O_2 = 32 mg ein Volumen von 22,4 l einnimmt, entspricht diese Menge einem O_2-Volumen von 284 m³. Die Bedeutung der Dränung und Beregnung liegt also nicht nur in der Zu- bzw. Abfuhr von Wasser, sondern gleichzeitig in der Bodenlufterneuerung. Aus der Wasserdurchlässigkeit kann daher auch auf die Lufterneuerung geschlossen werden.

Eine Methode zur Messung der Luftdurchlässigkeit (Massenfluß) im Feld und Labor bietet DIN 19682, Teil 9. Über einen Gasometer wird mit vorgegebenem Druck eine definierte Menge Luft durch eine Stechringprobe bekannten Querschnitts und Länge gepreßt. Man mißt die dazu erforderliche Zeit. In einem anderen Verfahren nach RID wird der Staudruck (Eintrittswiderstand) gemessen, den ein Boden bei Überdruck von 0,6 bar dem Luftaustausch entgegensetzt. Beispiele dieses Verfahrens sind in Abb. 93 angegeben. Da Luftmoleküle im Gegensatz zu Wassermolekülen mit Bodenbestandteilen nicht reagieren, bringt die Messung der Luftdurchlässigkeit von solchen Einflüssen freie Resultate. Sie bleibt jedoch vom Wassergehalt abhängig. Je höher der Wassergehalt, um so geringer ist der Fließquerschnitt für den Gasaustausch.

2.5.3 Bodenwärmehaushalt

Wärme ist ein wichtiger ökologischer Faktor. Keimung und Pflanzenwachstum beginnen erst > 5 °C Bodentemperatur. Mikrobiologische Umsetzungen haben im Boden ihr Optimum um 25 °C. Verwesung, Verwitterung, kurz alle biochemischen Prozesse und damit auch die Bodenentwicklung sind abhängig von der Bodentemperatur. Nach der van't Hoffschen Regel werden chemische Reaktionsgeschwindigkeiten bei Anstieg der Temperatur um 10 °C verdoppelt. Bodentypen sind in ihrer Verbreitung u.a. von der mittleren Jahrestemperatur abhängig.

Man kann den Wärmehaushalt im Ökosystem Boden in Einnahmen und Ausgaben bilanzieren. Auf der Einnahmeseite steht die Einstrahlung (E) mit durchschnittlich 8,37 J/cm² · min.

Wärme (J) ist eine kinetische Energieform. Die Temperatur (°C) gibt als thermodynamische Zustandsgröße die Intensität der Wärme, den Wärmepegel an. Auf der Ausgabenseite stehen Energieverluste durch Rückstrahlung, Verdunstung, Wärmeableitung. Je nach geographischer Breite, Höhe, Jahreszeit, Einstrahlungswinkel (Inklination, Exposition), Bewuchs, Bodenfarbe, Witterung wird ein Teil der eingestrahlten Energie noch vor Erreichen der Erdoberfläche reflektiert (siehe Abb. 94). So verbleiben für mitteleuropäische Standorte als *Netto*wärmezufuhr (Strahlungsbilanz Rn) aus der eingestrahlten Sonnenenergie von 6026 J/cm² · d(12 h) im Mittel nur rund 1800 J/cm² · d(420 bis 3300). Das Verhältnis reflektierter/eingestrahlter Energie wird als Albedo (A) bezeichnet. Nach Tab. 92 wird vor allem die energiereichere kurzwellige

Tab. 91. Verbreitung der Bodentypen in Abhängigkeit mittlerer Jahrestemperatur

Bodentyp	mittlere Jahrestemperatur °C
Podsole	< 8
Schwarzerden	6–10
Braunerden	4–15
kastanienfarbige Böden	12–17
Latosole	> 17

Strahlung reflektiert, jedoch um so weniger, je dichter der Bewuchs und je feuchter der Boden ist.

Erwärmung fördert die Verdunstung (endothermer Prozeß). Je g verdunsteten Wassers werden 2449 J benötigt. Bei Verdunstung von 1 mm ($= 0,1$ g/cm^2) werden 245 J/cm^2 als Verdampfungsenergie (Verdunstungskälte) verbraucht. An einem Sommertag verdunstet ein geschlossener Pflanzenbestand jedoch bis zu 6 mm/d. Dabei kann fast die gesamte Nettoenergiezufuhr aus der Sonneneinstrahlung verbraucht werden. Nur im begrenzten Umfange kann die bei exothermen Umsetzungsprozessen freigesetzte chemisch gebundene Wärmeenergie (C) oder die Wärmeströmung (G) aus dem Erdinnern (mittlere geothermische Tiefenstufe 1 °C/33 m) auf der Einnahmeseite gebucht werden. Ein gewisser Ausgleich erfolgt durch die erneute Freisetzung von Wärme bei Kondensation von Wasserdampf (s. Wärmefront vor Tiefdruckgebiet). In Anlehnung an die Wasserhaushaltsgleichung lautet die *Wärmehaushaltsbilanz*:

$$Rn + G + H + E + P + C + A = O, \text{ vereinfacht ausgedrückt}$$
$$-E = Rn + G + H$$

$$Rn = \text{Strahlungsbilanz}$$
$$G = \text{Bodenwärmestrom}$$
$$H = \text{Strom fühlbarer Wärme}$$
$$E = \text{Verdunstungsentalpie}$$
$$P - \text{biologische Wärme}$$
$$C = \text{chemische Wärme}$$
$$A = \text{Advektion}$$

In dieser einfachen Wärmehaushaltsgleichung ist bodenkundlich der Energiebeitrag (G) von besonderem Interesse, den der Boden zu speichern und ggf. wieder abzugeben vermag. Am Tag wird vorwiegend kurzwelliges energiereiches Licht eingestrahlt, nachts herrscht Ausstrahlung energieärmerer langwelliger Strahlen vor. Da Wasserdampf und CO_2 in der Atmosphäre langwellige Strahlungsenergie absorbieren bzw. reflektieren, entsteht je nach Bewölkungsdichte eine langwellige Rück-

Tab. 92. Albedo (%) verschiedener Oberflächen

	kurzwellig	langwellig
Schnee	50–83	0,5
Gras	20–32	2
Wüstensand	25	11
Sand, feucht	9	
Wald	7	
Wasser	6	

strahlung zur Erdoberfläche (Glashauseffekt). Klare Nächte sind nach intensiver Einstrahlung wegen Strahlungsfrostgefahr gefürchtet, vor allem bei Böden mit geringer Wärmekapazität und -leitfähigkeit.

Die *spezifische Wärme* des Wassers beträgt 4,1868 J/g · °C, diejenige der mineralischen Bodensubstanz im Mittel 0,8374 J/g · °C und der organischen Substanz 1,6748 J/g · °C. Man versteht darunter die Wärmemenge, die notwendig ist, um ein g Substanz von 14 ° auf 15 °C zu erwärmen. Mit der jeweiligen Dichte ϱ (g/cm³) multipliziert, erhält man auf der Basis des Volumens die *Wärmekapazität* (C) J/cm³ · °C.

Je feuchter ein Boden ist, um so mehr Wärme muß zugeführt werden, um eine bestimmte, ökologisch wichtige Temperatur zu erreichen.

Hydromorphe Böden haben daher bei höherer Wärmekapazität als kalte Pflanzenstandorte einen verzögerten Vegetationsbeginn. Im Herbst dagegen speichern sie viel mehr Wärme als ein trockener Boden, sofern nicht eine andere wichtige thermische Bodeneigenschaft, die *Wärmeleitfähigkeit* (λ), diesen Vorteil wieder aufhebt.

Die Wärmeleitfähigkeit gibt die Wärmemenge (J) an, die je sec. bei einem Temperaturgradienten °C/cm durch einen Querschnitt von 1 cm² fließt. Nach Tab. 93 haben mineralische Bodenbestandteile im Vergleich zu Wasser eine größere Wärmeleitfähigkeit. Diese ist jedoch auf die unmittelbaren Kontaktstellen begrenzt, also auch von der Körnung,

Tab. 93. Thermische Eigenschaften von Bodenbestandteilen (G. H. Bolt)

Komponente	Wärmekapazität (C) J/cm³ · °C	Wärmeleitfähigkeit (λ) J/cm · s · °C
Quarz	2,11	0,088
Ton	2,49	0,029
Humus	2,76	0,0025
Wasser	4,19	0,0059
Luft	0,0012	0,00025

Gefügeform und Lagerungsdichte abhängig. Deshalb kommen den Wasserfilmen und -manschetten wichtige Funktionen der Wärmeübertragung zu. Feuchte Böden haben eine bessere Wärmeleitfähigkeit als trockene. Je dichter ein Boden lagert und je feuchter er ist, um so tiefer dringt die Wärme in den Boden ein und kann dort gespeichert werden. An ihrer Oberfläche zu locker gelagerte (aufgefrorene) Moorböden sind durch Strahlungsfröste besonders gefährdet. Bei Einstrahlung absorbieren diese dunkel gefärbten Böden an ihrer Oberfläche viel Wärme, leiten diese aber über die gelockerte trockene Krume nicht schnell und tief genug weiter. Es kommt zu einem Wärmestau am Tage und relativ schneller Rückstahlung nachts. Ähnlich wie bei Wüstenböden wurden bei Moorböden Wärmeamplituden (Tag – Nacht) bis zu 60 °C gemessen. *Moorschwarzkulturen* sind daher fast das ganze Jahr über durch Nachtfröste gefährdet. Man begegnet ihnen durch schweres Walzen. Durch *Sanddeck- oder -mischkulturen* wird ebenfalls das gesamte Moorbodenprofil infolge Dauerbelastung genügend feucht und damit wärmeleitend gehalten. Eine *Bodenmelioration* ist deshalb häufig auch eine *Klimamelioration*. Jeder Eingriff in den Wasserhaushalt verändert auch den Wärmehaushalt. Ein gut gedränter Boden erwärmt sich schneller als

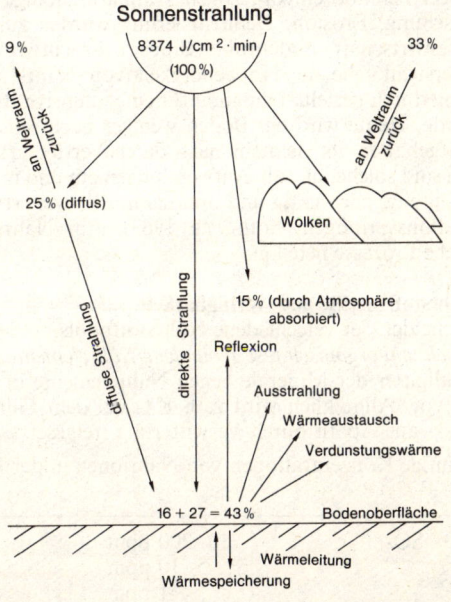

Abb. 94. Der mittlere Wärmeumsatz an der Erdoberfläche um die Mittagszeit (nach WALTER 1951).

ein vernäßter Standort. Andererseits wirken sich jahreszeitlich bedingte Temperaturschwankungen dann auch in größeren Bodentiefen aus.

2.5.4 Bodennährstoffhaushalt

Der Boden ist Träger und Vermittler von Nährstoffen für Pflanzen und Mikroorganismen. Neben H_2O und CO_2 sind Ionen für die Pflanzenernährung erforderlich. Hier werden nur die Nährelemente behandelt, die als Kationen oder Anionen über die Wurzeln aus dem Boden aufgenommen werden.

Man unterscheidet *Hauptnährelemente* (N, P, K, Ca, Mg, S) und *Spurennährelemente* (Fe, Mn, Zn, Cu, B, Mo u.a.). Zwar sind alle Nährelemente im Boden vorhanden, jedoch nicht immer in einem für die Ernährung der jeweiligen Pflanzen richtigen Verhältnis. Früher wurden Böden vornehmlich nach ihrem natürlichen Vorrat an Pflanzennährstoffen beurteilt. Ihr Wert stieg mit dem Gehalt verwitterungsfähiger Mineralien, sekundärer Tonminerale, mineralisierbarer organische Substanz und Humus. Nährstoffreiche Böden wie Lößschwarzerden, Marschen und Niedermoore wurden bei der Landnahme nährstoffarmen Heidepodsolen und Hochmooren vorgezogen. Nährstoffentzüge durch Erntegut, Auswaschung, Erosion, Denitrifizierung wurden zunächst durch Bodenwechselwirtschaft, Bodenruhe (Brache), Fruchtwechsel zu kompensieren versucht, ehe die Notwendigkeit von Nährstoffersatz und -anreicherung durch gezielte Düngung für eine intensive Bodennutzung erkannt wurde. Heute wird ein Boden weniger nach seinen absoluten Nährelementgehalten als vielmehr nach deren Verfügbarkeit beurteilt. Beste Böden sind solche, die alle Aufwendungen am und im Boden, also auch die Düngung, nachhaltig und optimal in Pflanzenertrag umsetzen (Transformationsvermögen, SCHEFFER 1963). Am Nährstoffhaushalt sind zahlreiche Prozesse beteiligt.

2.5.4.1 Nährstoffvorräte und -verfügbarkeit

Man unterscheidet vier verschiedene Nährstoffpools.
1. *Mineralisch und organisch fest gebundene Nährelemente:*
   Im Kristallgitter der Minerale liegen Nährelemente in relativ fester Bindung vor. Allmählich wird z.B. K^+ aus dem Glimmermineral oder PO_4^{3-} aus Apatit durch Verwitterung freigesetzt. Gleiches gilt

Tab. 94. Häufige Konzentrationen von Nährionen in der Bodenlösung (Ap)

Ca, Mg, NO_3, SO_4	10–200 ppm
K	5–10 ppm
P	< 1 ppm
Spurennährelemente	< 0,1 ppm

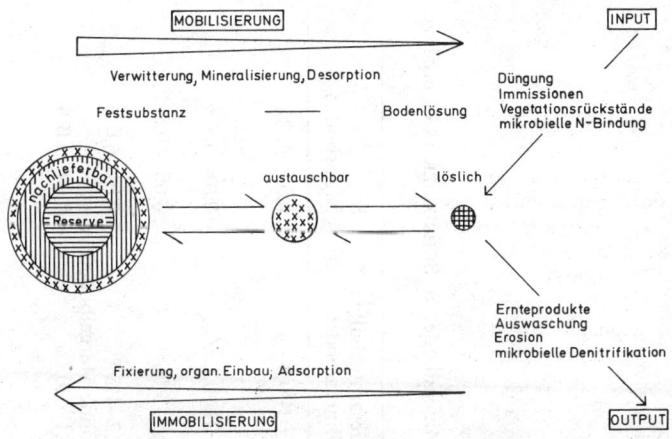

Abb. 95. Das Verhalten von Nähr- und Schadstoffen im Boden.

für heterozyklisch gebundenen N in höhermolekularen Huminstoffen, die sehr schwer mineralisierbar sind. Bei gleicher Teilchengröße gelten für diese Bodennährelementreserve folgende Stabilitätsreihen:

Olivin < Anorthit < Apatit < Augite < Hornblenden < Albit
Biotit < Orthoklas < Muskovit
Gips < Kalkspat < Dolomit
Zucker, Stärke, Protein < Proteide < Pektin < Hemizellulose
< Zellulose < Lignine < Wachse < Harze < Gerbstoffe

2. *Nachlieferbare Nährelemente:*
   Je nach strukturellem Aufbau der Minerale oder der Huminstoffe sind Nährelemente in Randpositionen häufig schwächer gebunden, so z.B. K in Illitgitterzwischenräumen, N in Aminosäuren, P im Phytin. Hier setzen Verwitterung und Mineralisierung besonders leicht an. Pflanzenwurzeln scheiden organische Säuren aus, die zur Chelatbildung mit Metallionen befähigt sind. So werden während der Vegetationszeit Nährelemente allmählich mobilisiert und pflanzenverfügbar. Diesen äußeren Bereich der Bodenreserven bezeichnet man als den nachlieferbaren Anteil.

3. *Austauschbare sorbierte Nährelemente:*
   Relativ leicht und kurzfristig verfügbar sind die austauschbar sorbierten Kationen und Anionen. Im Austausch mit den von den Pflanzenwurzeln produzierten H^+- und OH^-- bzw. HCO_3^- oder anderweitig der Bodenlösung zugeführten Ionen werden äquivalente Nährionenanteile von den Austauschern (Ton, Humus, Metalloxide) verfügbar. Diese sorptive Bindung schützt gleichzeitig vor Verlusten

Tab. 95. Die wichtigsten Haupt- und Spurenelemente des Bodens (f. Mineralboden n. SCHROEDER 1983, ergänzt; für Moorböden nach DAVIS u. LUCAS 1959)

Element	Herkunft	Bindungsform im Boden	Gesamtgehalte i. d. Tr. S.	
			Mineralböden	Moorböden
N	Pflanzen, Edaphon, Luft	organisch (98 %), anorg. fixiert (2 %)	0,03–0,3 %	0,3–4,0 %
P	Phosphate, Pflanzen	mineralisch (75–40 %), organisch (25–60 %)	0,01–0,1 %	0,01–0,5 %
K	K-Feldspäte, Glimmer, Illit	kristallin (70–80 %), sorptiv (20–30 %)	0,2–3 %	0,007–0,8 %
Ca	Ca-Feldspäte, $CaCO_3$, $CaSO_4$	kristallin, sorptiv	0,2–1,5 % (ohne Mergelböden)	0,01–6,0 %
Mg	Augite, Hornblenden, Dolomit, Olivin	sorptiv, kristallin	0,1–1,0 %	0,04–3,0 %

sorgung solcher Böden mit Nährstoffen läßt Gefahren der *Polytrophierung* (s. Seite 534) aufkommen.

2.5.4.2 Nähr- und Schadstoffzufuhr

Man unterscheidet *Emissionen* (Emittenten: Industrie, Verkehr, Haushalte) in Form von Staub, Aerosolen, Gasen; *Transmissionen* (Umwandlung und Verbreitung der emittierten Stoffe in der Atmosphäre, z. B. $SO_2 + O_2 + H_2 = \rightarrow H_2SO_4$) und *Immissionen* (Ablagerung auf Vegetation, Böden, Gebäude und in Gewässer). Immissionen können als *nasse* (Niederschläge) oder *trockene* (Staub) *Deposition* in Ökosysteme gelangen. Steigender Öl- und Kohleverbrauch mobilisiert vor allem CO_2, SO_x und NO_x aus fossilen Ablagerungen und führt diese zusätzlich in rezente Kreisläufe.

Tab. 96. Nährstoffe in Niederschlägen (nach EGNER U. RIEHM 1964)

N	4–30 kg/ha · a
P	0,2– 2 kg/ha · a
K	2– 6 kg/ha · a
Na	1–10 kg/ha · a
Ca	5–40 kg/ha · a
Mg	2– 6 kg/ha · a
S	12–37 kg/ha · a
Cl	6–20 kg/ha · a

Die jeweilige Nähr- und Schadstoffkonzentration in der Luft ist abhängig von der Art und Nähe des Emittenten und der Niederschlagsdichte. Nebel sind u. U. besonders nähr- und schadstoffreich (smoke = engl. Rauch + fog = engl. Nebel → smog). Die Witterungslage (Luftfeuchte, Wind, Inversion) und Vegetationsform bestimmen in hohem Maße die Immissionen. Immergrüne Nadelwälder filtern die Luft im stärkeren Maße als Laubwälder oder gar kurzlebige, niedrige landwirtschaftliche Kulturen (siehe z. B. aber auch Mais). Während unmittelbare Rauchschäden durch hohe Schornsteine und Staubfilter heute selten geworden sind, sind vor allem auf SO_2- und NO_x-Immissionen zurückgeführte Walderkrankungen durch Bodenversauerung, Schwermetallmobilisierung, Nährstoffverarmungen (Mg, K), Photooxidantien zu einem großflächigen Umweltproblem geworden. Landwirtschaftliche Kulturen sind infolge ihrer geringeren Interzeption, aber auch durch gezielte kontinuierliche Kalkung und Düngung bisher davon nicht betroffen. Insgesamt hat der Nährstoffeintrag zugenommen (s. Tab. 96). Durch unterschiedliche Seenähe werden je nach Windstärke über Aerosole beachtliche Salzmengen landeinwärts verfrachtet. Die staubfreie Luft in Küstennähe verringert die Chance einer teilweisen Neutralisation saurer

Tab. 97. Emissionen (%) in der BRD nach UBA 1982

Verursacher	SO$_2$	NO$_x$	CO	CH	Staub	SA
Verkehr	3,4	**54,6**	**65,0**	**39,0**	9,4	**47,0**
Haushalte	9,3	3,7	21,0	**32,4**	9,2	16,3
Kraftwerke	**62,1**	27,7	0,4	0,6	21,7	17,5
Industrie	25,2	14,0	13,6	**28,0**	**59,7**	19,3
insges. in Mio t.	3,0	3,1	8,2	1,6	0,7	16,6
Vergleichswerte	3,7	1,0			7,0	
(Jahr)	(1973)	(1952)			(1952)	

Immissionen. Alkali- und Erdalkali-Ionen sind meist im Staubnieder-schlag enthalten (s. Winderosion). So bestimmen auch die jeweiligen Bodenlandschaften die Qualität des sauren Regens.

Der P-Gehalt des Niederschlagswassers stammt vorwiegend aus Pollen und Blütenstaub (0,5 kg/ha · a). N liegt je zur Hälfte als NO$_3$-N (auch durch elektrische Entladung z.B. bei Gewittern oxidiert der Luftstick-stoff) und NH$_4$-N gelöst vor. Mehr Stickstoff wird aus der Atmosphäre durch freilebende autotrophe oder symbiontische, heterotrophe Bakte-rien biogen gebunden, die nicht symbiontische N$_2$-Bindung (Azobakter, Azotomonas, Clostridien) kann unter mitteleuropäischen Ackerböden bis zu 60 kg/ha · a betragen. In tropischen Böden beträgt dieser Gewinn aus atmosphärischem N$_2$ bis zu 100 kg/ha · a. Knöllchenbakterien (Rhizobien) leben in Symbiose mit Leguminosen und können bis zu 400 kg/ha · a N binden. Erle, Gagel und einige Ölweiden haben als Symbionten Strahlenpilze. Ihre N-Anreicherung wurde mit bis zu 60 kg/ha · a ermittelt. Vermutlich nutzen diesen symbiontischen N-Ge-winn noch mehr Pflanzenarten, als bisher bekannt ist.

Sofern Grundwasser als Fremd- oder Druckwasser zufließt, können dem Boden je nach geologischer Situation beachtliche Nährstoffmengen zugeführt werden. Bekannt ist z.B. die allochthone, permanente Verok-

Tab. 98. Salzzufuhr (kg/ha · Jahr) über Niederschläge im Küstengebiet (nach BÄTJER u. KUNTZE 1963)

km zum Meer	Ort	Cl	SO$_3$
0,1	Norderney	339	138
7,0	Infeld/Nordenham	67	88
9,0	Großheide/Norden	71	n.b.
18,0	Abelitzmoor/Aurich	53	n.b.
28,0	Friedeburg	49	86

Tab. 99. Auswirkungen verschiedener Düngungssysteme auf den Humusgehalt im Boden (Durchschnitt aus mehreren europäischen Dauerversuchen) (nach BECK 1984)

	ohne Düngung	nur mineralisch NPK	nur organisch Stallmist	mineralisch NPK + Stallmist
% Humus-veränderung in 10 Jahren	− 6	− 1,5	+ 18	+ 26

kerung selbst eisenfreier Niederungsböden in Talrandlagen, oft mit P-Anreicherungen [(Vivianit), $Fe_3 (PO_4)_2$] verbunden. Im ariden Klima werden sehr viele Salze kapillar gehoben und im Oberboden akkumuliert; bei unzureichender Entwässerung und durch zu hohe Bewässerungsgaben kommt es zur Grundwasserhebung. Versalzung der Böden

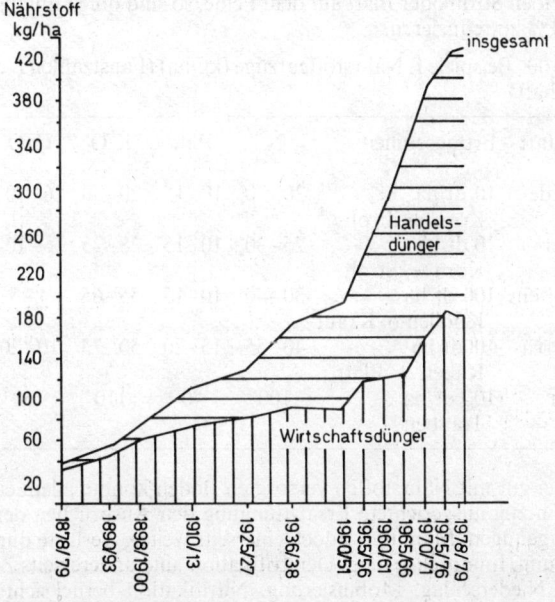

Abb. 96. Nährstoffzufuhr (N_2, P_2O_5, K_2O) je ha LF von 1878/79 bis 1978/79 nach Statistischen Jahrbüchern (nach KUNTZE und VOSS).

ist zu befürchten, wenn kritische Grundwasserflurabstände bei salzhaltigem Grundwasser überschritten werden (zur Qualität des Bewässerungswassers s. Bodentechnologie, Seite 487).

Abb. 96 zeigt die sprunghafte Entwicklung der Nährstoffzufuhren aus Mineral- und Wirtschaftsdünger seit 1950. Mit der Höhe der Mineraldüngung steigen auch die Wirtschaftsdüngermengen. Durch hohe Kraftfuttermittelimporte wird gleichsam Bodenfruchtbarkeit mit eingeführt. Viehstarke Betriebe produzieren dann bald mehr Wirtschaftsdünger als – gemessen am Ertragspotential ihrer Böden – recycliert werden kann. Das machte Gülleerlasse und -verordnungen erforderlich. Bezogen auf nordwestdeutsche Standortverhältnisse wird z.Zt. die Höhe der Wirtschaftsdüngungen durch drei Dungeinheiten (1 DE = 80 kg N bzw. 60 kg P_2O_5, z.B. 1,5 GVE Rind = 1 Dungeinheit) neben ihrer zeitlichen Ausbringung begrenzt, um Gewässereutrophierungen zu vermeiden.

2.5.4.3 Nährstoffentzüge

Mit der Ertragshöhe und Häufigkeit der Bodennutzung nehmen die Nährstoffentzüge zu.

Verbleiben Stroh oder Blatt auf dem Felde, so sind obige Entzugszahlen um 20% zu reduzieren.

Tab. 100. Beispiele f. Nährstoffentzüge (kg/ha) (Faustzahlen f. d. Landwirtschaft)

Fruchtart	Ertragseinheit	N	P_2O_5	K_2O	CaO	MgO
Getreide	10 dt/ha Korn + Stroh	20–30	10–15	20–30	6–10	3–5
Körnermais	10 dt/ha Korn + Stroh	25–30	10–15	28–25	6–10	6–10
Kartoffeln	100 dt/ha Knollen o. Kraut	30–40	10–15	55–65	1–5	3–10
Zuckerrüben	100dt/ha Rüben + Blatt	40–55	15–20	50–75	10–20	10–20
Reben	100 dt/ha Trauben	100	40	110	160	30

Nur bei gut mit Nährstoffen versorgten Böden könnte allein eine nach dem Entzug ausgerichtete Ersatzdüngung den Ansprüchen der Folgefrucht genügen. Man muß jedoch einerseits weitere Verluste durch Auswaschung, Immobilisierung, Denitrifikation, und andererseits Zufuhren durch Niederschlag, Mobilisierung, Nitrifikation berücksichtigen. Es empfiehlt sich außerdem, solche Nährstoffbilanzen auf die Fruchtfolge, also mehrjährige Entzüge und Zufuhren zu beziehen. Besonders hoch ist

Tab. 101. Beispiel für die Nährstoffbilanz einer Fruchtfolge in kg/ha · Jahr (Faustzahlen für die Landwirtschaft)

	N	P_2O_3	K_2O
Ernteentzug	− 140	− 55	− 160
Auswaschung, Immobilisierung, Denitrifikation	− 60	− 55	− 40
Niederschlag, Mobilisierung, Nitrifikation	+ 50	+ 10	+ 20
organische Düngung (0,8 GVE/ha)	+ 40	+ 20	+ 70
Bilanz	− 110	− 80	− 110
= Zufuhr als Mineraldüngung	+ 110	+ 80	+ 110

die pH-abhängige Immobilisierung der Düngerphosphate (siehe Düngung).

2.5.4.4 Nährstoffverluste

Nährstoffe können mit dem Sickerwasser oder gasförmig aus dem Boden verlorengehen. Man unterscheidet Nährstoff*abtrag* durch A_o (Oberflächenabfluß, Erosion), Nährstoff*verlagerung* im Bodenprofil durch Versickerung und Kapillarhub, Nährstoff*austrag* in Oberflächengewässer durch A_b (Dränung) sowie Nährstoff*auswaschung* ins Grundwasser durch A_u (Abfluß).

Wenn die Regenverdaulichkeit (mm/h) eines Bodens geringer ist als die Niederschlagsintensität (mm/h), kommt es vor allem in Hanglage, bei gefügelabilen U-Böden zur Wassererosion. Bodenteilchen werden durch Plantschwirkung aufprallender Regentropfen aus ihrem Verband gelöst. Durch Bodenbedeckung wird die Erosionsneigung deutlich vermindert. Sie ist bei Dauergrünland deutlich geringer als bei Monokulturen (s. Tab. 102). Ein Gewitterregen auf unbedeckten Boden (Zuckerrüben und

Tab. 102. Nährstoffabtrag (kg/ha · Jahr) durch Oberflächenabfluß (L- Boden, 3,6 % Gefälle) (Duley u. Miller 1923)

Bodennutzung	N_t	P_t
brach	99	48
gepflügt	74	33
Maismonokultur	40	8
Weizenmonokultur	30	11
Fruchtfolge Mais – Weizen – Klee	6	2
Grünland	0,6	0,1

Mais bis Juni) kann > 90 % des P-Gesamtabtrages in *einer* Welle in die Gewässer verfrachten und dort Eutrophierungsschübe bewirken. Mit der Flächengröße steigt die Wassererosionsgefahr. Hangparallele Bearbeitung, Schutzstreifen können den Boden- und Nährstoffabtrag erheblich reduzieren.

Phosphate gelangen vornehmlich an erodiertes Bodenmaterial sorbiert oder okkludiert in die Gewässer. Dort können je nach P-Gehalt des Wassers suspendierte Bodenteilchen weitere gelöste P-Anteile adsorbieren oder in Lösung abgeben. Es besteht immer die große Gefahr, daß die im Gewässersediment an Eisenoxide sorbierten/gebundenen P-Anteile im reduktiven Milieu wieder gelöst werden und so sekundär zur Gewässereutrophierung beitragen.

Die Gefahr der Verlagerung der Nährstoffe im Bodenprofil, sofern sie frei in der Bodenlösung vorliegen und nicht bei Passage im Filterkörper Boden sorptiv gebunden oder isoelektrisch gefällt werden, deutet ihre unterschiedliche Konzentration in der Bodenlösung an (s. Tab. 94). P ist in Mineralböden praktisch unbeweglich, im sauren, Fe-, Al- und Ca-Ionen-freien Milieu organogener Böden ist dagegen eine hohe P-Mobilität festzustellen, bis zum 30-fachen dessen, was bei Mineralböden bekannt ist. Besonders leicht auswaschbar, da kaum sorptiv im Boden zu binden, ist NO_3. Die Tiefe der Nitratverlagerung und somit die Zeit bis zum Erreichen des Grundwassers ist abhängig von der KWB (= Sickerwassermenge) und der FK der Böden (= maximale Wasserspeicherung). Je höher FK und je geringer KWB, um so höher ist das NO_3-Rückhaltevermögen im Boden und um so geringer die Gefährdung des Grundwassers (s. Tab. 103).

Die Kulturart und Nutzungsintensität haben großen Einfluß auf den Nitrataustrag. Weitere gasförmige Stickstoffverluste sind dann möglich, wenn NH_4-haltige oder -bildende Dünger (Ammoniak/Harnstoff) auf

Tab. 103. Einstufung des Nitratrückhaltevermögens in 1 m Bodentiefe aus nFKWe und jährliche klimatische Wasserbilanz KWBa – ebene Lage, ohne GW – oder Stauwassereinfluß

nFKWe (mm)	< 100	100–200	200–300	300–400	400–600	> 600 mm KWBa
< 50	2	1	1	1	1	1
50– 90	2	2	1	1	1	1
90–140	3	2	2	1	1	1
140–200	4	3	3	2	1	1
> 200	5	4	3	3	2	1

Stufen: 1 = sehr gering, 2 = gering, 3 = mittel, 4 = groß, 5 = sehr groß

Tab. 104. N-Eintrag ins Grundwasser (nach Lübbe 1983)

Nutzung	kg/ha · a	150 mm/a	280 mm/a
Dauerbrache	<2	6 (2)	3 (1)
Grünland	5– 15	44 (4)	8 (2)
Wald	5– 10	30 (6)	11 (3)
Acker	20– 70	103 (31)	55 (17)
Getreide	20– 30	65 (19)	35 (10)
Hackfrüchte	20– 45	100 (30)	54 (16)
Schwarzbrache	100–175	354 (106)	190 (57)
Sonderkulturen	100–200	295 (89)	158 (47)

Werte in ( ) = bei 70 % Nitratreduktion bezogen auf mittlere Auswaschungsrate

alkalische oder sorptionsschwache Böden gegeben werden: NH_4^+ + OH^- → $NH_3\uparrow$ + H_2O. Auf sorptionsstarken, Illit-reichen Böden sind durch NH_4-Eintausch (Fixierung) diese Verluste geringer (Auenböden, Marschen nach langjähriger Wiesennutzung) (s. Tab. 104).
Die Literatur über Nährstoffauswaschungen ist zahlreich. Folgende Spannen des Nährstoffaustrages werden zumeist aus Lysimeteruntersuchungen abgeleitet. Mit der Sickerwassermenge fällt die Nährstoffkonzentration (s. Tab. 105).
Mit der Basensättigung nimmt der Austrag an Alkali- und Erdalkaliionen zu. In sorptionsschwachen S- und H-Böden ist die Kaliumauswaschung höher als in sorptionsstarken T- und L-Böden. Aus dicht lagernden Böden kann infolge erhöhter Denitrifikation weniger Nitrat ausgewaschen werden als aus gut belüfteten. Humusreiche Böden haben höhere N-Verluste als humusarme. Auch die Jahreszeit beeinflußt das Ergebnis von Messungen des Nährstoffaustrags. Solange Nährstoffe aufnehmende Pflanzen einen Boden bedecken, ist der Nährstoffaustrag relativ gering. Durch Anbau von Zwischenfrüchten können von der Vor-Hauptfrucht nicht verbrauchte Nährstoffe verwertet werden. Vegetationsfreie Böden haben einen entsprechend erhöhten Nährstoffaustrag. Das Maximum der Nährstoffabgabe aus dem Boden ist im Herbst/Winter. Solange eine dem jeweiligen Pflanzenbedarf angemessene Mineraldüngung erfolgt, ist nicht mit erhöhtem Nährstoffaustrag zu rechnen.
Vor allem die immergrünen Kulturarten beeinflussen die potentielle Nährstoffbelastung der Gewässer am geringsten: Wald < Grünland < Ackerland (s. Abb. 97). In dieser Reihenfolge kommt auch die unterschiedliche Höhe der Düngung zum Ausdruck.
Gewässer sind empfindliche (limnische) Ökosysteme. In ihrer Entwicklung tendieren vor allem stehende Gewässer zur natürlichen Eutrophierung und schließlich Verlandung (s. topogene Moorbildung, Seite 100). Solange zwischen Produzenten (Plankton, Algen, Wasserpflanzen) und Konsumenten (Fische) ein Gleichgewicht herrscht, ist ein Gewässer

Tab. 105. Nitrat- und Phosphatausträge in kg/ha · Jahr N bzw. P

Boden	N			P	
	A	G	F	A	G
S	30–70	5–15	0,5– 8	0,5	
Sl	–	–15	3 –20	0,6	
Ul		1–24		0,3	
Ls	13–95		10 –60	0,3	
Tu	14–30	5–14		1,2	– 3,7
Hh				15–25	– 6
Hn				6	– 4
Yf				13	– 7
Uh				4	– 0,1

A = Ackerland   G = Grünland   F = Forst

nicht gefährdet. Wird jedoch durch Zufuhr eines das Wachstum der Produzenten bisher limitierenden Nährstoffes (meist P) seine Massenentwicklung eingeleitet, die von den Konsumenten nicht mehr kontrolliert werden kann, führt die *Über*produktion organischer Substanz schließlich mit deren Absterben zu erhöhtem biologischem (BSB_5) und chemischem (COD) Sauerstoffbedarf. Nährstoffe haben vermehrt Zehrstoffe produziert, die schließlich zur O_2-Verarmung eines Gewässers bis zum biologischen Tod durch Fäulnis (»Umkippen eines Sees«) führen.

Nach der EG-Trinkwasserversorgung wird ein Nitratgehalt von maximal 50 mg/l (= 11 mg N/l) toleriert. Höhere Nitratgehalte können reduziert zu NO_2 (Nitrit) bei Kleinkindern Methämoglobinämie verursachen. Vor allem bei Entnahme aus dem oberflächennahen ersten GW-Stockwerk kann unter Intensivkulturen (Gemüse, Weinbau) dieser unerwünschte NO_3-Gehalt im Grundwasser erreicht werden.

Quellen der Gewässerverunreinigungen sind nicht allein in der landwirtschaftlichen Bewirtschaftung zu suchen.

In Mineral- und Wirtschaftsdünger sind zusammen 82 % (P_2O_5) bzw. 64 % (N) der Gesamtnährstoffzufuhr enthalten. Nach ihrer Verwertung über die Pflanze und Passage durch den Bodenfilter ist die Nährstoffbelastung der Gewässer jedoch zu nur noch 17 % (P_2O_5) bzw. 20 % (N) auf die mineralische und wirtschaftseigene Düngung zurückzuführen. Dessenungeachtet können jedoch in rein ländlichen Einzugsgebieten kritische Schwellenwerte für die Eutrophierung der Gewässer (0,01 bis 0,02 ppm P) erreicht werden.

Man unterscheidet *diffusen* und *punktuellen* Nährstoffeintrag in die Gewässer.

Hinsichtlich des Phosphateintrags in die Gewässer kommt es vornehmlich darauf an, den kommunalen Abwasseranteil zu verringern (P-Fällung durch chemische Reinigung, Abwasserlandbehandlung). Die starke natürliche Nitratbildung in den Böden ist über ihren Wasser-Lufthaushalt zu begrenzen.

Die Sickerwasserfronten bewegen sich in Porengrundwasserleitern (Lockersedimenten) unter mitteleuropäischen Klima- und Bodenverhältnissen jährlich um 0,5 bis 2 m in Richtung Grundwasser. Deshalb kann es u. U. Jahrzehnte dauern, bis Stickstoffüberdüngungen sich durch zunehmende NO_3-Gehalte im Grundwasser widerspiegeln, sofern nicht bei der Bodenpassage oder gar erst im Aquifer selbst *De*nitrifikationen stattgefunden haben. Dieser biochemische Prozeß ist abhängig von der Temperatur (> 15 bis 30 °C) und von der Anwesenheit reduktionsfähiger Substanzen (lösliche organische Substanzen, Sulfide) (s. Abb. 150 (FREDE u. MEYER)). In Kluftgesteinen und Schwundrissen wird dagegen das Niederschlagswasser schnell »verschluckt«.

Besonders bei N-reichen Niedermoorböden, die jährlich bis zu 2000 kg N/ha mit Torfschwund mineralisieren, müssen beachtliche Stickstoffmengen nach Nitrifikation wieder denitrifiziert werden. Die witterungsbedingten Schwankungen im NO_3-N-Gehalt sind in Moorböden sehr groß, der Nitrataustrag über Dräne z. B. deshalb sehr gering und selbst die N-Aufnahme der Dauerkultur Grünland kaum über 500 kg/ha. In humusärmeren Mineralböden betragen dagegen die Denitrifikationsverluste nur wenige kg/ha · a. Mit N_{15}-Markierungen war es möglich, bis zu 50 % Denitrifikationsverluste aus der Düngung nachzuweisen. In oberflächennahen Grundwässern sind unter Ackernutzung bis zu 200 mg NO_3/l gemessen worden. Bereits 1 bis 2 m tiefer waren es < 50 mg NO_3/l. Verdünnung allein reicht nicht als Erklärung für diese Konzentrationsabnahme aus.

Besonders hohe Stickstoffmengen werden bei Grünlandumbruch aus der organischen Bodensubstanz mineralisiert. Der Humusspiegel des Dauergrünlandes ist bei sonst gleichen Standortbedingungen nur etwa

Tab. 106. Mittlere Nährstoffbelastung der Gewässer in % in der Bundesrepublik Deutschland

Eintrag über:		Quelle	P_2O_5 (Ges. Dt. Chemiker, 1978)	N (BUCHNER et al. 1975)
Niederschläge	}	diffus	3	3
Boden			} 10	55
Düngung				10
Viehhaltung	} Abwässer	} punktuell	7	10
Kommunale			67	} 22
Industrielle			13	

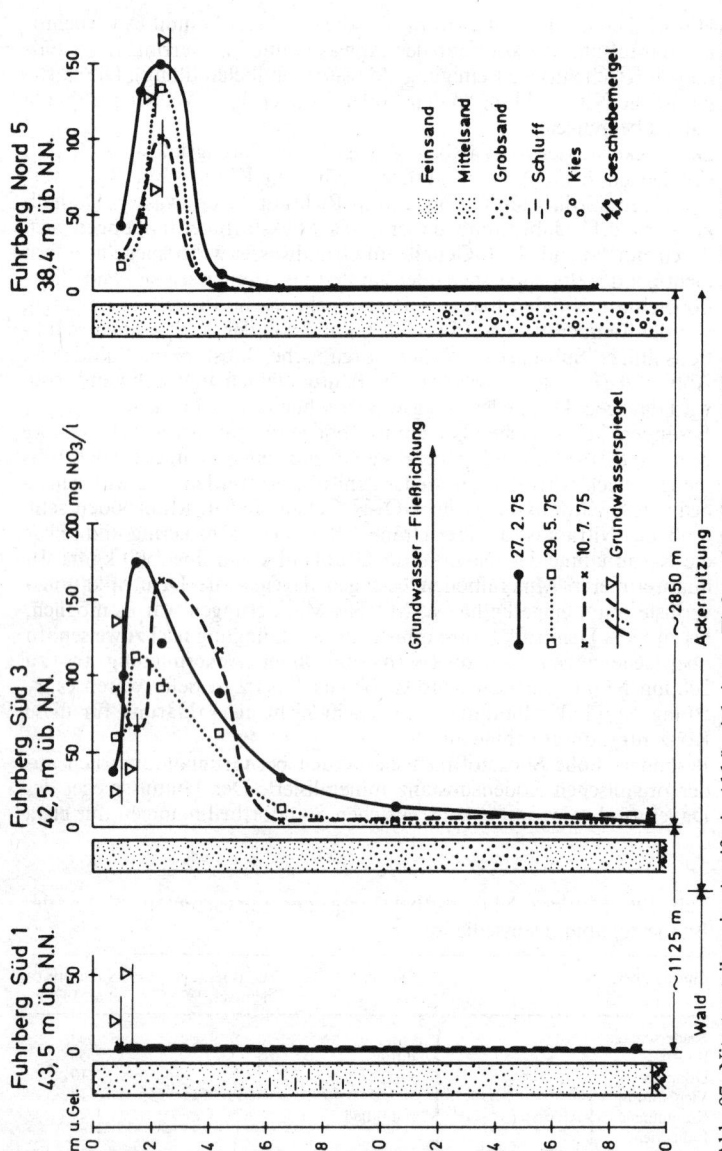

Abb. 97. Nitratverteilung im Aquifer in Abhängigkeit von Tiefe und Entfernung vom Eintragungsort (nach STREBEL et al. 1975).

halb so hoch wie der des Ackerlandes. So können innerhalb weniger Jahre bis zu 5 t N/ha freigesetzt werden. Z. Zt. zu beobachtende Zunahmen der Nitratgehalte dürften vor allem auf den Verlust von immerhin rd. 1 Mio. ha Dauergrünland seit 1950 in der Bundesrepublik zurückzuführen sein (s. Tab. 26).

Regionale Nitratprobleme (Massentierhaltung!) werden durch Gülleerlasse zu regeln versucht. Aus Wirtschaftsdüngern kann erst durch Nitrifikation des NH_4 bzw. Harnstoffs, bzw. allmähliche Mineralisierung der organisch gebundenen N-Anteile freies Nitrat entstehen. Dazu sind Bodentemperaturen > 10 °C erforderlich. Diese sind bei Böden mit hoher Wärmekapazität oft noch bis in den Spätherbst möglich. Die Erlaubnis der Gülledüngung bis Ende Oktober berücksichtigt diese Zusammenhänge leider nicht. Die Gefahr der Nitrateinwaschung ist trotz winterlich positiver klimatischer Wasserbilanz geringer, wenn Gülle auf kälteren Böden, d. h. später, ausgebracht wird. In Hanglagen und Gewässernähe ist allerdings die oberflächliche Abschwemmung von Nährstoffen und sauerstoffzehrenden organischen Substanzen bei gefrorenem Boden und Schneeschmelze zu bedenken.

Während die Ausbringungszeiten der Gülle leicht kontrolliert werden können, sind die zulässigen Güllemengen nach Dungeinheiten nicht auf die gesamte Betriebsfläche, sondern auf die tatsächlich begüllten Flächenanteile zu beziehen. Analog der Klärschlamm-Verordnung sollte die Eutrophierung der Böden (bei Gülle z. B. durch P_2O_5- oder N_{min}-Gehalte) durch gezielte Bodenuntersuchungen begrenzt werden. Deshalb sollten auch bei der landbaulichen Verwertung von stickstoffreichen Klärschlämmen Mengen und Ausbringungszeiten bedacht werden.

In Wasserschutz- und -schongebieten wird man zur Sicherung der Grundwasserqualität ohne Nutzungseinschränkungen (z. B. Verbot des Gründlandumbruchs und Intensivgemüsebaues, restriktive Düngung und Pflanzenschutzmittel-Anwendung) den Nutzungskonflikt Landwirtschaft – Wasserwirtschaft nicht lösen können. Allerdings reicht zur Ausweisung der Schutzzone II die allein nach hygienischen Gesichtspunkten über die *horizontale* Fließgeschwindigkeit im Aquifer ausgewiesene 50-Tage-Kennlinie nicht aus. Hier müssen vielmehr die *vertikalen* Filtereigenschaften der Böden zukünftig stärker berücksichtigt werden.

2.5.4.5 Nährstoffverfügbarkeit

Zur Bewertung eines Bodens als Nutzpflanzenstandort dienen chemische *Bodenuntersuchungen*. Selbst wenn wir unterstellen, daß die aus ihrem natürlichen Verband herausgelöste Boden*probe* je nach Art und Umfang der Laboruntersuchung nur Teilauskünfte (Momentaufnahme) zu liefern vermag, so unterliegen dennoch manche der Versuchung einer zu umfassenden Standortbeurteilung aus solchen Untersuchungsbefunden. Diese stehen dann auch oft im Widerspruch zur praktischen Erfahrung der Bodennutzung. Solches Mißverständnis führt leider sehr schnell zu Zweifeln an der Richtigkeit der Bodenuntersuchung. Das Untersuchungsergebnis ist nicht falsch (wenn man Fehlerquellen vor allem bei der Probenahme ausschließt), sondern es wird häufig überinterpretiert.

Der pflanzliche Ertrag ist eine Leistung durch das Zusammenwirken aller Wachstumsfaktoren. Die Fähigkeit eines Systems (Boden–Pflanze), Arbeit zu leisten, wird analog einem hydraulischen Modell gedeutet:

In Abb. 98 ist der Boden als Vorratsgefäß dargestellt. Dessen Größe wird von der Gründigkeit und der im Bodenraum aktiven Oberflächen bestimmt. Flachgründige, sorptionsschwache Böden sind einem kleinen, schwere, tiefgründige Böden einem größeren Vorratsgefäß gleichzusetzen.

Man muß bei der Deutung der Laboruntersuchung also das Bodenprofil kennen. Die Reichsbodenschätzung läßt sich z.T. von dieser Vorstellung einer unterschiedlichen Bevorratung der Böden leiten. Der Boden wird dabei *statisch* als Träger von Wachstumsfaktoren beurteilt, ohne deren unterschiedliche Vermittlung (Dynamik) an die Pflanzen genügend zu berücksichtigen. Jeder Vorrat (Kapital) ist solange eine statische Größe, wie er nicht arbeitet und in Leistung (Zinsen) umgesetzt wird.

Für die Ausnutzung des Vorrats eines Wachstumsfaktors sind zunächst eine untere und obere Grenze maßgebend, im Modell als Aus- bzw. Überlauf dargestellt. Sie bestimmen die *nutzbare* Kapazität des Gesamt-

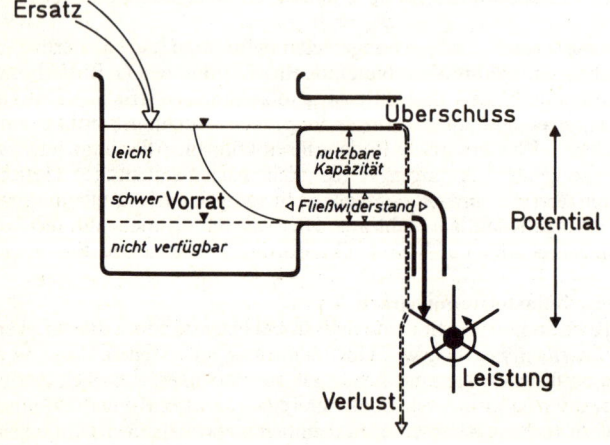

Abb. 98. Verfügbarkeit von Wachstumsfaktoren (Modell, nach SCHEFFER, ULRICH und LISSANTI 1962).

vorrats. Abfluß kann erst dann stattfinden, wenn das Vorratsgefäß mindestens bis zur Höhe des unteren Auslaufs aufgefüllt ist. Bis dahin ist, energetisch betrachtet, noch nichts verfügbar, wenn wir z. B. das aus dem Gefäß ausfließende Wasser (Nährstoffe) zum Antrieb einer Mühle (Pflanze) ausnutzen wollen. Das ist dem Totwasser vergleichbar (Welkefeuchte) der im Boden festgelegte Nährstoffpool.

Je höher wir das Vorratsgefäß mit Wasser (Nährstoffen) auffüllen, um so mehr wird über den unteren Auslauf ausfließen. Der Grad der Verfügbarkeit eines Vorrats hängt nun ab von seiner Höhe (Potential) über dem anzutreibenden Mühlenrad (Pflanze). Unter einem Potential versteht man physikalisch die Arbeit, die geleistet werden muß, um eine bestimmte Masse (Vorrat) vom gegebenen Bezugspunkt zu einem anderen zu bringen. Je höher dieses Potential, um so leichter verfügbar ist der jeweilige Wachstumsfaktor. Je geringer die Saugspannung des Wassers im Boden, um so leichter steht es den Pflanzen zur Verfügung. Das kann durch die Vorratskurve in der Abbildung ausgedrückt werden (s. pF-Kurven, Abb. 74, Seite 231).

Auch Pflanzennährstoffe sind in ihrer Verfügbarkeit von Potentialen abhängig, die von ihrer Nähe zur Austauscheroberfläche und durch Gegenionen bestimmt wird. So ist das Ca-Potential von der Aktivität der H^+-Ionen (pH) abhängig. Das P-Potential und das K-Potential sind von der Ca-Aktivität abhängig. Der Grad der Verfügbarkeit (leicht–schwer) der Phosphate im Boden ist daher ohne Berücksichtigung des pH nicht zu beurteilen. Mit der üblichen chemischen Bodenuntersuchung erfaßt man meist nur den leichter verfügbaren Vorrat.

Große oder kleine »Vorräte« sagen also zunächst noch nichts über die Verfügbarkeit aus. Das ist wie beim Wassergehalt des Bodens. Gleiche Wassermengen in einem S- und T-Boden sind nicht gleich verfügbar. Man muß dazu das unterschiedliche Potential der Wasserbindung (pF) berücksichtigen. So kann ein leichter Boden mit entsprechend kleinem Vorratsgefäß, dieses aber voll aufgefüllt und damit bei hohem Potential, einen Nährstoff (bzw. das Bodenwasser) schneller in pflanzliche Leistung (an der Mühle) umformen als ein schwerer Boden mit vergleichsweise größerem Vorrat aber durch noch ungenügende Auffüllung eines großen Vorratsgefäßes bei geringerem Potential. Allerdings ist die unterschiedliche Nachhaltigkeit des Nährstoffflusses zu bedenken.

Der leichte Boden mit kleinem Vorratsgefäß ist schneller erschöpft als ein schwerer Boden mit großem Vorrat.

Die nachgelieferte Nährstoffmenge soll möglichst dem Bedarf entsprechen. Sie ist von der Fließgeschwindigkeit (Fließwiderstand) im Boden abhängig. Diese wird annähernd in der unterschiedlichen Höhe sogen. Grenzwerte für Nährstoffe in verschiedenen Böden berücksichtigt. Sie liegen deshalb bei schweren Böden höher als bei leichten. Für eine Aussage über die Nachlieferungs-Geschwindigkeit sind diese Zahlen jedoch nicht geeignet.

Entscheidend für den Beginn der Verfügbarkeit der Wachstumsfaktoren ist nun nicht nur die Höhe des unteren Auslaufs. Bedingt durch seine Dimension (Länge, Durchmesser) und Beschaffenheit der Rohrwandung (Rauhigkeitsbeiwert) ergeben sich Fließwiderstände. Durch ein enges krummes Rohr mit rauher Wandung fließt bei gegebenem Potential weniger in der Zeiteinheit ab, als durch ein weites, gerades und glattes Rohr. In der Bodenphysik messen wir diesen Fließwiderstand als die bei gegebenem Potential in der Zeiteinheit durch einen bestimmten Bodenquerschnitt fließende Wassermenge (ungesättigte kapillare Leitfähigkeit). So hat ein völlig wassergesättigter S-Boden eine bessere Durchlässigkeit als L- oder T-Böden. Mit abnehmendem Wassergehalt (= zunehmende Saugspannung) jedoch nimmt die kapillare Nachlieferung in umgekehrter Reihenfolge zu. Je höher die nutzbare Kapazität und das Potential sind, um so mehr fließt am unteren Rohr aus.

Den Fließwiderstand der Böden gegen die Nährstoffbewegung kann man über die Nährstoffdiffusion in Abhängigkeit von der Wasserspannung ermitteln. Moorböden mit vergleichbar hohem Wassergehalt setzen der Diffusion der Nährstoffe zur Pflanze hin geringere Widerstände entgegen als ein T-Boden. Deshalb sind in nährstoffarmen Moorböden vergleichsweise kleinere Vorräte bei gegebenem Potential in ihrer Wirkung auf die pflanzliche Leistung ausreichend (s. Grenzwerte, Seite 302).

Bei absolut nährstofffreichen T-Böden setzt dagegen nicht nur das Fließen der Nährstoffe relativ spät ein, sondern ist bei gegebenem Potential und hohem Fließwiderstand nur bei entsprechend großem Vorrat zufriedenstellend. Deshalb müssen wir diese Böden besonders hoch mit Nährstoffen versorgen. Bei Sandböden sind zwar geringe Fließwiderstände für Pflanzennährstoffe zu erwarten, wegen der begrenzten Bevorratung ist jedoch mit starken Potentialschwankungen zu rechnen. Ihre Bevorratung mit Nährstoffen und Wasser ist deshalb begrenzt.

Wenn man nun einen Boden über seine maximale Aufnahmefähigkeit mit einem Wachstumsfaktor aufzufüllen versucht, fließt das im Vorratsgefäß nicht Speicherbare als Überschuß ab. Angestrebt wird, den für eine optimale pflanzliche Leistung über das untere Auslaufrohr ablaufenden Anteil immer gerade wieder so zu ersetzen, daß das System im Bereich des günstigsten Potentials bleibt (s. Ersatzdüngung analog Beregnungssteuerung durch Auffüllen maximal bis FK).

Vor allem bei schnell umsetzbaren Düngemitteln kann diese nicht in einer Frühjahrsgabe, sondern muß in mehreren Teilgaben erfolgen. Meist wird jedoch, gemessen am augenblicklichen Bedarf junger Pflanzen, zuviel gedüngt. Dieser Überschuß kann ökologisch und wirtschaftlich manche Nachteile bringen. Er kann ungenutzt versickern und schließlich Gewässer belasten. Sickerwasser steht beim Passieren des Wurzelraumes der Pflanze zusätzlich zur Verfügung. Vorübergehend treibt es das Mühlenrad mit an und stört dessen gleichmäßigen Lauf. In pflanzliche Leistung umgedeutet, stellen wir ungleichmäßiges Wachstum (z. B. Lagerung bei N-Überschuß) fest.

Vorrat, Potential und Bewegung der Wachstumsfaktoren bestimmen die Leistung eines Bodens als Pflanzenstandort. Experimentell läßt sich der Vorrat leicht bestimmen. Potentiale selbst sind witterungsabhängig durch Einwirkungen der Pflanze veränderlich. Nährstoff- und Wasseraufnahmen schaffen je nach Durchwurzelungsintensität Potentialunterschiede im Boden auf kleinem Raum. Eine Potentialbestimmung sagt also etwas aus über die Grenzen, in denen ein bestimmter Vorrat verfügbar ist. Damit ist der Versorgungs*zustand* besser charakterisiert als durch die Vorratsgröße allein. Praxisnahe bodenkundliche Methoden zur Bestimmung der Nährstoff*bewegung* gibt es noch nicht. Die Nährstoffbewegung wird daher durch Analyse der Pflanze in kritischen Wachstumsstadien (z. B. kurz vor dem Ährenschieben, Nadel- und Blattanalyse) zu erfassen versucht. Nach diesen Modellvorstellungen müssen wir auch die konstruktiven Merkmale *der Mühle* selbst (Pflanzenart, Sorte) berücksichtigen.

Es bleibt ferner zu beachten, daß für jeden einzelnen Wachstumsfaktor spezifische energetische Beziehungen auf die pflanzliche Leistung bestehen und erst das harmonische Zusammenwirken all dieser Prozesse (Einzelvorrat – Einzelpotential – Einzelfließwiderstand) die volle pflanzliche Leistung erbringt.

Viele unterschiedlich große Vorratsgefäße für zahlreiche Wachstumsfaktoren kann man sich in unterschiedlicher Höhe (Potential) über dem Mühlrad (Pflanze) vorstellen. Nur wenn alle antreibenden Ausflüsse das Mühlenrad an gleicher Stelle treffen, ist mit voller Leistung zu rechnen.

2.5.4.6 Bodenuntersuchung

Die chemische Bodenuntersuchung durch Landwirtschaftliche Untersuchungs- und Forschungsanstalten (LUFA) bildet die Grundlage der Düngeberatung. Sie ist z. Zt. als Serienanalytik auf *Krumenproben* (Acker 0 bis 30, Grünland 0 bis 10 cm) beschränkt. Wichtige Kennwerte sind: pH-Wert, Kalkbedarf sowie die »pflanzenverfügbaren« Gehalte an P_2O_5, K_2O, MgO, gelegentlich auch weitere Spurennährstoffe. Feinbodenproben werden mit gepufferten Lösungen von Salzen organischer Säuren geschüttelt. Phosphat und Kalium werden mit Doppellaktatlösung (DL) extrahiert, bei kalkreichen Böden werden Ammoniumlaktat (AL) oder Calciumacetatlaktat (CAL) als Extraktionsmittel bevorzugt (größere Pufferung, Lösung von Apatiten). Auch die Wasserlöslichkeit (H_2O) kann nach niederländischen Erfahrungen besonders für die Beurteilung der P-Verfügbarkeit von Grünlandböden mit herangezogen werden. Allen Untersuchungsverfahren ist gemeinsam, daß bei Beachtung bestimmter Randbedingungen (Zeit, Temperatur, Konzentration, Einwaageverhältnis) ein *statisches* Lösungsgleichgewicht eines Nährstoffes aus einer aus dem natürlichen Verband herausgelösten und vorbehan-

Tab. 107. Gehaltsklassen und Düngungsempfehlungen

Gehaltsklasse	Bewertung	Düngungsempfehlung	Düngerbedarf E x
M	= absoluter Mangel	Meliorationsdüngung	x 2,5
A	= starker Mangel	stark erhöhte Düngung	x 2,0
B	= schwacher Mangel	mäßig erhöhte Düngung	x 1,5
C	= optimale Versorgung	Erhaltungsdüngung (E)*	x 1,0
D	= Luxusversorgung	verringerte Düngung	x 0,5
E	= schwacher Überschuß	z. Zt. keine Düngung	x 0,0
S	= Überversorgung	Gegenmaßnahmen	x –

* Ernteentzug + bodenspezifische Festlegung

delten *Bodenprobe* (Trocknung, Mahlen, Sieben) ermittelt wird. Dazu muß feststehen, daß die Mischprobe (30 Einstiche) für ein Feld repräsentativ ist (maximal 2 ha/Probe). Als beste Probenahmezeit gilt der Herbst/Winter (*nach* der Ernte, *vor* der Düngung). Die Untersuchungsergebnisse werden für Mineralboden in mg/100 g, für Moorboden (sehr niedrige Rohdichten) in mg/100 cm^3 angegeben. Der Volumenbezug ist besser, da die Pflanzenwurzeln ja den Boden in seiner natürlichen Lagerung erfassen: Multipliziert mit 10 je 10 cm Berechnungstiefe ergibt kg/ha.

Die LUFAs unterscheiden meist 5 bzw. 7 Gehaltsklassen mit Düngungsempfehlungen (s. Tab. 107).

Den jeweiligen Gehaltsklassen werden Grenzwerte für die einzelnen Nährstoffe und Bodenarten zugeordnet. Je nach Standortverhältnissen bestehen regionale Abweichungen. Für die einzelnen Kulturpflanzen werden ihrem unterschiedlichen Aneignungsvermögen und Ertrag/Entzug entsprechend Düngermengen (mineralisch + organisch) empfohlen. Der Nährstoffanspruch steigt von Getreide < Raps, Leguminosen < Hackfrüchte bzw. Wiese < Weide.

In den Tabellen 108 und 109 wurden für Mineralböden Humusgehalte von < 4% (h) unterstellt. Mineralböden mit höheren Humusgehalten

Tab. 108. Bewertung der P-Versorgung der Böden nach Gehaltsklassen; DL-Methode (nach LUFA Oldenburg, 1987)

Gehaltsklasse	P_2O_5 Mineralböden mg/100 g	P_2O_5 Moorböden mg/100 cm^3
A niedrig	4– 6	< 3
B mittel	7–15	4– 7
C hoch	16–30	8–15
D sehr hoch	31–50	16–20
E besonders hoch	> 50	> 21

haben bei gleicher Gehaltsklasse etwas höhere Richtwerte, da deren Rohdichte abnimmt. Mit steigendem Tongehalt nehmen für K innerhalb einer Gehaltsklasse ebenfalls die Richtwerte zu (hohe K-Bindungsintensität – K-Fixierung). Andererseits ist auf die hohe K-Reserve und damit langsame, aber nachhaltige K-Nachlieferung schwerer Mineralböden hinzuweisen.

Wenn man die relativ niedrigen Richtwerte für Moorböden mit denen für Mineralböden vergleicht, müssen die unterschiedlichen Rohdichten berücksichtigt werden. Mineralböden 30 mg P_2O_5/100 g (C), Rohdichte tr. 1500 g/l = 450 mg P_2O_5/l – Moorböden 15 mg P_2O_5/100 cm³ (C). Rohdichte tr. 200 g/l = 150 mg P_2O_5/l bzw. 75 mg/100 g. Die bessere P-Verfügbarkeit in Moorböden ist also berücksichtigt. Sie gilt analog für K. Gerade bei einmal leicht überkalkten Moorböden ist bei hoher Ca^{2+}-Selektivität organischer Austauscher eine erhöhte K-Sorption nur schwer erreichbar.

Für die *Düngebedarfsermittlung* (und -beratung) sind in den Gehaltsklassen bereits unterschiedliche Ton- und Humusgehalte berücksichtigt. Hinzuzuziehen sind ferner pH-Wert, Durchwurzelungstiefe, Wasser-Lufthaushalt, Bodentyp (Ausgangsgestein, Klima) und die spezifischen Pflanzenansprüche (evtl. zusätzlich Pflanzenanalyse). Erst unter Berücksichtigung von Fruchtfolge, Wirtschaftsdüngung, Nutzungsintensität und Ertragspotential kann man Empfehlungen zur Mineraldüngermenge geben.

Obwohl N die Ertragshöhe und -qualität besonders beeinflußt, gab es bisher keine reproduzierbare Untersuchungsmethode für diesen wichtigen Nährstoff. Die Dynamik des Stickstoffhaushaltes (Nitrifizierung – Denitrifizierung – Auswaschung) läßt jede Düngebedarfsermittlung aus einer momentanen Untersuchung des NO_3-Gehaltes im Boden problematisch erscheinen. Feststellungen des N_t-Gehaltes (3000 bis 30000 kg/ha) und Annahmen wahrscheinlicher Umsetzungsraten (0,5 bis 3 %)

Tab. 109. Bewertung der P- und K-Versorgung der Böden nach Gehaltsklassen und DL-CAL-Methode (nach VDLUFA-Mitt., Heft 2/1987)

| | P_2O_5 | | K_2O | | | |
| | | | mg/100 g Bodenart (% Ton < 2μm) | | | mg/100 cm³ |
Gehaltsklasse	mg/100 g Mineralböden	mg/100 cm³ Moorböden	leicht (bis 12)	mittel (13–25)	schwer (ab 26)	Moorböden
A niedrig	< 6	< 3	< 4	< 6	< 8	< 4
B mittel	7–14	4– 7	5–11	7–14	9–19	5– 9
C hoch	15–25	8–15	12–20	15–25	20–33	10–15
D sehr hoch	26–39	16–20	21–29	26–39	34–49	16–30
E besonders hoch	> 40	> 21	> 30	> 40	> 50	> 31

helfen wenig. Für die Bemessung der ersten N-Frühjahrsgabe wird ein seit einigen Jahren an südniedersächsischen Lößböden für Winterweizen und Wintergerste entwickeltes Verfahren empfohlen. Ende Februar/Anfang März wird der NO_3-Gehalt des Bodens bis 90 cm Tiefe (Hauptwurzelraum) ermittelt (N_{min}). Sofern weniger als 120 kg N_{min} in diesem Bodenvolumen vorhanden sind, soll die Start-N-Gabe diesem Fehlbetrag entsprechen (WEHRMANN 1976). Je nach klimatischer Wasserbilanz und Vorfrucht sind nach relativ trockenen Wintern höhere N_{min}-Werte als nach nassen Perioden zu erwarten. Die weitere N-Gabe richtet sich nach der Bestandesentwicklung. Witterungsperioden mit hoher Denitrifikation (feucht, warm) und Auswaschung können die Voraussage der Dünger-N-Bedarfsermittlung nach der N_{min}-Methode negativ beeinträchtigen. Eine Übertragung dieser Erkenntnisse auf andere, weniger homogene Böden mit geringerer Durchwurzelung, tieferem ROP, höheren Ton -und Humusgehalten ist noch unsicher.

Der weitere N-Düngebedarf wird entweder halbquantitativ aus einer Preßsaftanalyse der Pflanzen oder nach dem EUF-Verfahren (Elektro-Ultra-Filtration) bemessen. Dazu wird unter steigenden elektrischen Spannungen extrahiert, die erst bei höherer Spannung freigesetzten Nährstoffe sind die fester gebundenen, sie entsprechen den nachlieferbaren Anteilen des jeweiligen Nährelements.

Tab. 110. Verbreitung und Erscheinungsformen der Spurenelementmängel

Spuren-element	geol. Vor-kommen	Mangelstandorte	∅ Landw. Entzug g/ha · Jahr	∅ Auswaschung g/ha · Jahr
Mn	Basalt	wechselfeuchte, kalkreiche, überkalkte Mineralböden, sehr kalkreiche Niedermoorböden	300–1000	250
B	marine Tone	überkalkte, trockene, tonarme Böden	50–150	250
Cu	Schiefer	besonders kalkreiche Niedermoorböden, überkalkte Hochmoorböden mit stark zersetzten Torfen, Podsole	50–100	30
Mo	Olivin	saure, Fe- und Mn-reiche Böden	3–20	?
Co	Paragneis	Granit-Verwitterungsböden	− 1	?

Im Obst- und Waldbau sind Ergebnisse der Bodenuntersuchungen weitaus schwieriger zu interpretieren. Hier stützt sich die Beurteilung des Versorgungszustandes der Bestände mit Nährstoffen wegen ihrer anderen Durchwurzelungsverhältnisse und Ansprüche allein auf die *Blatt- bzw. Nadelanalyse.*

Im Rahmen dieser Bodenkunde werden die *Spurennährelemente* nicht näher behandelt. Tab. 110 gibt einen Überblick zu den Mangelstandorten und -symptomen. Absolute Spurennährstoffmängel sind heute auf älterem Kulturland kaum noch anzutreffen. Gelegentlich treten sie als physiologische Mängel infolge Ionenantagonismen, vor allem zu Ca (pH) auf. Gefahren einer zu hohen Anreicherung von Schwermetallen sind in Sonderkulturen (z. B. Wein, Hopfen) durch langjährige Pflanzenschutzmaßnahmen (z. B. Cu-Spritzmittel) oder durch Anwendung von Siedlungsabfällen sowie Immissionen in Nähe spezieller Industrien, am Rande stark befahrener Verkehrswege (Pb), gegeben (s. Bodenschutz, Seite 539).

Mangelsymptome	Mangelkrankheit	Gegenmaßnahmen
Jüngere Blätter graubraun gefleckt, Blattadern grün gesäumt	Dörrfleckenkrankheit (Getreide) Gelbfleckigkeit (Rüben) Intercostalchlorose (Gemüse) Lecksucht (Wiederkäuer)	50–300 kg/ha $MnSO_4$ auf Boden, 25 kg/ha 1 %ig über Blatt, Thomasphosphat (4 % Mn) Physiol. saure Düngung
Sproß- und Vegetationspunkte absterbend	Herz- und Trockenfäule (Rüben), Braunfleckigkeit (Blumenkohl)	10–30 kg/ha Borax, Borsuperphosphat, physiol. saure Düngung
Blätter schmutzig grün, Spitzen weiß gezwirnt, taube Ähren, Zwiewuchs	Heidemoorkrankheit (Getreide) Wipfeldürre (Obst) Lecksucht (Wiederkäuer) Urbarmachungskrankheit	10–100 kg/ha $CuSO_4$ 2–3 dt/ha Cu-Schlacke
graue Blätter, eingedreht, welkend	Klemmherzigkeit (Blumenkohl), Mo-*Überschuß:* Moorruhr (Wiederkäuer)	2–4 kg/ha $NaMoO_4$
Durchfall bei Wiederkäuern, struppiges Fell, Wachstumshemmung	Hinschkrankheit (Wiederkäuer)	Thomasphosphat, Rohphosphat, Superphosphat, Hüttenkalk

3 Genese, Systematik und Verbreitung der Böden

3.1 Faktoren der Bodenbildung

Im Abschnitt 1.3.3 wurde bei der Besprechung des geologischen Stoffkreislaufes (s. Seite 109) das wechselseitige Zusammenwirken von Gesteinseigenschaften und Prozessen dargestellt. Dieses Zusammenspiel der endogenen und exogenen Faktoren hält aber seit der Entstehung fester Gesteine nicht nur den großen geologischen Stoffkreislauf in Gang, sondern führt auch mit zahlreichen zusätzlichen Aufbau- und Neubildungsvorgängen zur Bodenbildung.

Der Begriff »Bodenentwicklung« umfaßt vom Inhalt her mehr als der der »Bodenbildung«. Während unter Bodenbildung die Entstehungsart der Bodenmerkmale verstanden wird, kennzeichnet die Bodenentwicklung den Ablauf der Bodenentstehung von Stadium zu Stadium.

Jeder einzelne Prozeß der Bodenbildung wird stets von mehreren Faktoren der Bodenbildung beeinflußt. Meist sind alle an einem Standort wirksamen Faktoren daran beteiligt. Durch ihr Zusammenwirken entstehen Bodenmerkmale, aus denen direkt oder indirekt bestimmte ökologische oder technische Eigenschaften der Böden abgeleitet werden können. Die Bodenmerkmale und -eigenschaften lassen auch Rückschlüsse auf die bisherige und oft auch auf die zukünftige Entwicklung der Böden zu. Charakteristische Stadien dieser Bodenentwicklung stellen die Bodentypen dar. Sie sind als Resultat der Bodenbildung die Grundeinheiten der nachstehenden Bodensystematik, deren Kategorien daher überwiegend pedogenetisch bestimmt sind.

3.1.1 Ausgangsgestein

Während man am Beginn der wissenschaftlichen Bodenkunde die Böden nur nach der vorherrschenden Bodenart einteilte (z. B. bei ALBRECHT THAER 1805), hat die genetische Bodenforschung der letzten 100 Jahre in der Abwägung der Bodenbildungsfaktoren das Gestein zurücktreten lassen. Der Schwerpunkt dieser Untersuchungen lag auf Standorten mit tiefgründigen Lößböden und mit starkem Einfluß der Außenfaktoren wie in tropischen Gebieten mit ausgeprägter chemischer und biologischer Verwitterung. Dagegen ist der Faktor Ausgangsgestein in Mitteleuropa mit geringerer Verwitterungsintensität für die Bodenbildung viel wirksamer. Je jünger die Böden sind, desto mehr werden sie durch das geologische Ausgangsmaterial oder Muttergestein geprägt.

Mit dem Fortschritt der Verwitterung wird der Einfluß des Gesteins auf die Bodenbildung geringer.

Böden können aus Fest- und Lockergesteinen entstehen. Für die Ansprache und Abgrenzung dieser Substrate nennt die Bodenkundliche Kartieranleitung (3. Auflage, 1982) eine Auswahl aus dem »Symbolschlüssel Geologie«, von der Tabelle 111 eine zahlenmäßige Übersicht gibt.

Die Symbole für die stratigraphische, petrographische und geogenetische Ansprache werden im Symbolschlüssel Geologie durch Schrägstriche voneinander getrennt. Diese Schrägstriche sind in der bodenkundlichen Kartieranleitung in der Regel fortgelassen worden, da die Lockergesteine fast ausschließlich durch geogenetische, die Festgesteine durch petrographische Symbole gekennzeichnet werden. Hierzu wurden im Teil 1 ausführliche Angaben gemacht (Magmatite: 1.3.1.2; Metamorphite: 1.3.1.3 und Sedimente: 1.3.2.5). Lockergesteine können auch nach ihrer Korngrößenzusammensetzung durch Angabe der Bodenart (siehe 2.1.1) und durch ihren Carbonatgehalt gekennzeichnet werden.

Tab. 111. Anzahl der an der Erdoberfläche verbreiteten Substrate als Ausgangsmaterial der Bodenbildung

Festgesteine (petrographisch)			Lockergesteine (geogenetisch)
Magmatite	Metamorphite	Sedimentite	
9	7	9	57

Diese Möglichkeiten der Ansprache von Lockergesteinen und ihre große, petrographische Vielfalt (siehe Tabelle 111) verdeutlicht ihre Bedeutung als Faktor der Bodenbildung. Bei der Besprechung der Sequenzen (Abbildungen 100 bis 109) wird diese Auswirkung auf die Pedogenese beispielhaft für wichtige Bodentypen beschrieben.

3.1.2 Relief

Der Begriff Relief ist die zusammenfassende Bezeichnung für die Höhenverhältnisse an der Erdoberfläche. Sie sind dreidimensional mit Länge, Breite und Neigung eines Hanges darzustellen. Letztere wird als Inklination bezeichnet. In hängigen Lagen kann das *Makrorelief* durch hangabwärts fließendes Wasser zur Verlagerung des Oberbodens am Ober- und Mittelhang führen. In diesem Bereich entstehen gekappte Bodenprofile. In ähnlicher Weise gilt dies z. B. auch für Sandlößgebiete in Norddeutschland (s. Seite 352). Das erodierte Bodenmaterial wird sowohl als Kolluvium an den Unterhängen wie auch als Auenlehm in den Tallagen abgelagert (s. Abb. 109).

Mit der Ausdehnung des Ackerbaus ist die Wassererosion seit der Jungsteinzeit infolge zunehmender Waldrodung verstärkt aufgetreten. Sie hat in ehemals flachwelligen Lößlandschaften zu einer weitgehenden Verebnung geführt. Ein weiteres Beispiel für die Einebnung eines ehemals flachwelligen Gebietes durch Bodenerosion ist auf dem Trachyttuff (Bims) im Neuwieder Becken ausgebildet. Die Folge ist, daß dort flach- und tiefgründige Braunerden sowie Braunerde-Kolluvien auf kleinem Raum nebeneinander auftreten.

Im Zusammenwirken mit der Inklination hat auch die Exposition (Lage eines Hanges zur Himmelsrichtung) große Bedeutung. An Nordhängen sind z. B. die Temperaturen des Bodens und der bodennahen Luftschicht verhältnismäßig niedrig, die Verdunstung daher gering, die Bodendurchfeuchtung hoch. Dort findet man deshalb eine fortgeschrittene Bodenbildung mit tiefgründigen Profilen, während auf den nach Süden geneigten, wärmeren Hängen auf ähnlichen Ausgangsgesteinen flachgründigere Böden anstehen. So sind z. B. auf Sandstein im zentraleuropäischen Mittelgebirge an den Nordhängen oft Braunerden, an den Südflanken Ranker anzutreffen.

Das Relief bei härterem Gestein (z. B. Dolomitgestein) ist gegenüber weicheren Ausgangsgesteinen (z. B. poröser Gipsstein) deutlich unterschieden. In einer Hartsteinlandschaft sind oft mächtige Felsrücken anzutreffen, unter denen am Oberhang auf Verwitterungsschutt flachgründige, relativ wasserdurchlässige und daher trockene Böden anstehen. In Südniedersachsen ist der Korallenoolith des Iths für das härtere Ausgangsgestein, der Kalkmergel des Göttinger Waldes für das weichere ein besonders augenfälliges Beispiel, deren Hanglagen auch in den Mittel- und Unterhängen sehr typische Böden aufweisen.

Eine derartige, relief- und substratbedingte Folge von Böden wird als Toposequenz oder Boden-Catena bezeichnet. Die Entstehung einer Catena ist jedoch nicht nur auf die Ausprägung des Reliefs mit Höhenstufe und Hangneigung, sondern auch auf die reliefbedingte Änderung des Bodenwasserhaushaltes, des Mikroklimas, der Vegetation und des Zusammenwirkens dieser und weiterer Faktoren der Bodenbildung zurückzuführen.

Daher ist es schwierig, die Bedeutung des Reliefs mit zu verallgemeinernden Beispielen zu bewerten. Die Auswirkungen des Reliefs sind in wechselnder Umgebung sehr unterschiedlich. Seine Bedeutung für die Bodenbildung kann daher nur regional oder lokal erfaßt werden.

Das Relief wird von zusammenhängenden Erhebungen und Unebenheiten der Erdoberfläche gebildet. Seine bodenbildende Wirkung beruht darauf, daß Wasser stets bergab fließt. Bei der Kennzeichnung des Makroreliefs werden Flächen, die keinen Höhenunterschied aufweisen, als eben bezeichnet. Ein nur schwach ausgeprägtes Relief nennt man wellig, ein stärker hervortretendes hügelig und ein Relief bei größeren Höhenunterschieden bergig.

Kleinflächige Ausprägungen im Relief bilden das **Mikrorelief**. Im ebenen Gelände kann schon eine schwache Reliefausformung in flachen Dellen zu Unterschieden in der Bodenbildung führen. Dies ist z. B. auf Ackerflächen zu beobachten, die nach dem Pflügen in rauher Furche liegengeblieben sind. Das von den Schollenkämmen vorwiegend in der Korngröße des Schluffs abgetragene Bodenmaterial wird in den Schollentälern in Form einer Verschlämmungskruste abgelagert. Dadurch hat das Mikrorelief auf derartigen feinbodenreichen Ackerflächen, die während des Winterhalbjahres vegetationsfrei sind, eine große Bedeutung für den Verbleib der Niederschläge. Wenn diese zum oberirdischen Abfließen kommen, tritt bei den heute üblichen Schlaglängen (besonders bei schluffreichen Böden) sehr bald ein erheblicher Bodenabtrag ein (siehe 4.4.4.2, Wassererosion, Seite 518). Wird durch eine günstige Ausprägung des Mikroreliefs dieses örtliche Fließen gleich zu Beginn verhindert, so sind die Voraussetzungen für die Versickerung der grundwasserneubildenden Niederschläge günstiger.

Unter Waldbeständen ist an Hängen auch bei einem glatten und ganz eingeebneten Mikrorelief stets eine vollständige Versickerung zu beobachten, weil die Wirkung einer bewachsenen und damit erosionshemmenden Geländeoberfläche im Wald durch Interzeption, Stammablauf und Streuauflage ersetzt wird.

Zur Kennzeichnung des Mikroreliefs muß die Rauheit der Reliefoberfläche beschrieben werden. Wenn sie für die Beurteilung der Bodeneigenschaften oder das Verständnis der Bodengenese von Bedeutung ist, soll sie unter Verwendung z. B. der folgenden Begriffe angesprochen werden:
    rillig, dellig, höckerig, kesselig, stufig, zerschnitten, glatt und eben.
Zum Mikrorelief gehören auch natürliche und künstliche Wälle und Aushöhlungen wie Schmelzlöcher und Vertiefungen durch entwurzelte Bäume.

3.1.3 Klima

Bodenwirksame Kräfte des Klimas (siehe 1.3.2.1, Seite 58) sind Niederschlag (N), Temperatur (T), die sich aus beiden ergebende relative Luftfeuchtigkeit und der Wind. Diese atmosphärischen Einwirkungen können die Bodenbildung großräumig (Makroklima) und kleinräumig (Mikroklima) beeinflussen. Abb. 99 veranschaulicht die Bodenentwicklung bei aridem und humidem Klima

3.1.3.1 Makroklima

Die geographische Breite eines Standortes beeinflußt die dort herrschende Temperatur. Aus den u. a. dadurch bedingten Klimazonen (s. Seite 61) lassen sich die Vegetations- und Bodenzonen (s. Seite 456) der Erde ableiten. Durch die großen, weltweiten Meeresströmungen und die Hauptwindrichtungen sind Abweichungen der Klimazonen von der

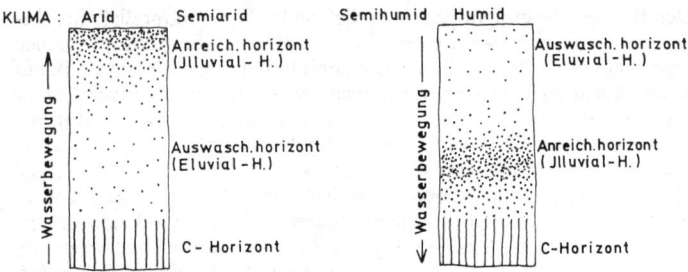

Abb. 99. Einfluß des Klimas auf den Profilaufbau des Bodens.

geographischen Breitenlage bedingt. Dadurch wird die Menge und jahreszeitliche Verteilung der Niederschläge beeinflußt. Auch die Höhe, Verteilung und Intensität der Niederschläge hat zunehmende Bedeutung, da aus der Atmosphäre gelöste Salze, z. B. NO_x, mit den Niederschlägen in die Böden gelangen können.

Durch die Niederschläge wird das im Boden gespeicherte Wasser ergänzt. Hierfür ist nicht deren absolute Menge entscheidend, sondern der zur Versickerung kommende Anteil. Zur Bestimmung dieser Durchfeuchtung müssen von den Jahresniederschlägen der Oberflächenabfluß und die aktuelle Verdunstung in mm abgezogen werden. Die so ermittelten Werte betragen in trockeneren Gebieten (Mainz, Halle) etwa 100 bis 200 mm, in Landschaften mit mäßiger Durchfeuchtung (Hannover, Aachen) 300 bis 500 mm und in Gebirgslagen (Harz, Alpenvorland) über 500 mm. Im humiden Klima ist der Einfluß der Bodendurchfeuchtung oft so stark, daß die anderen Faktoren der Bodenbildung dagegen zurücktreten. Mit zunehmender Durchfeuchtung ist in Lößböden bei gleichem Relief der Tongehalt und die Austauschkapazität höher, während der pH-Wert sinkt. Dieses ist darauf zurückzuführen, daß die chemische Verwitterung primärer Silikate und deren Umwandlung in sekundäre Tonminerale verstärkt wird, während gleichzeitig die Auswaschung von Ca-, Mg-, K- und Na-Ionen erhöht wird. In den Bereichen eines kühlhumiden Klimas hemmt die Nährstoffverarmung das Bodenleben und damit den Abbau des Bestandsabfalles und die Gefügebildung, so daß oft Rohhumusauflagen entstehen. Bei der Granitverwitterung herrscht in kühlen und gemäßigt humiden Klimazonen der kryoklastische Zerfall der Glimmer und die Bildung von Illiten vor, während in den feuchten Tropen überwiegend die Feldspäte chemisch verwittern und als sekundäres Tonmineral Kaolinit entsteht.

Unter ariden Bedingungen, bei denen die Verdunstung größer als der Niederschlag ist, werden bei geringer chemischer Verwitterung die gelösten Stoffe nicht ausgewaschen, sondern werden mit der aufsteigenden

Wasserbewegung in den Oberboden transportiert. Dort kommt es zur Anreicherung von Carbonaten, Gips, Chloriden und anderen Salzen. Bei geringen Niederschlägen kann die Salz- und Sodakonzentration des Bodenwassers durch die Zufuhr ungeeigneten Bewässerungswassers erhöht werden (s. Seite 289).

3.1.3.2 Mikroklima

Ein ausgeprägtes Mikroklima ist z. B. im Innern eines tropischen Regenwaldes anzutreffen. Am Boden, der im ständigen Baumschatten liegt und den weniger als ein Prozent des Tageslichtes erreicht, hören die Temperaturschwankungen fast auf, und die Luft ist dauernd dampfgesättigt. Durch die unregelmäßige Kontur des Kronendaches kommt es selbst bei der geringen nächtlichen Abkühlung zu einem Tauniederschlag auf den Baumwipfeln. Von dort tropft er ab und benetzt die Blätter der unteren Schichten. Daher wirken sich auch mehrwöchige Trockenzeiten im Innern eines tropischen Regenwaldes kaum aus.

Doch auch in anderen Klimazonen und bei niedriger Vegetation hat die bodennahe Luftschicht bis in zwei Meter Höhe häufig ein vom Makroklima abweichendes Mikroklima. Durch die Rauhigkeit der Bodenoberfläche kommt es zu einer Verwirbelung der Luftströmungen. Hierdurch ist ein verstärktes Abheben von Bodenteilchen bei Winderosion zu beobachten. Diese Erscheinung kann verstärkt werden, wenn an Südhängen nach stärkerer Erwärmung der bodennahen Luftschicht und der oberen Zentimeter des Bodens durch höhere Verdunstung (bis zu einem Drittel) die Durchfeuchtung im Oberboden deutlich abgenommen hat. Oft sind auch die nach Westen geneigten Hänge wärmer als die nach Osten geneigten.

Kaltluft fließt wegen ihrer größeren Dichte vor allem nachts hangabwärts und sammelt sich in Bodensenken. Diese bodennahe Kaltluft staut sich vor Dämmen von Verkehrsbauten oder anderen Hindernissen für die Luftströmung. In derartigen Kaltluftseen muß mit dem verstärkten Auftreten von Spät- und Frühfrösten gerechnet werden.

Sandige Böden, die nur 10 bis 15 %vol Wasser festhalten können, erwärmen sich rascher und kühlen auch rascher ab als tonreiche Böden mit bis zu 30 %vol Wassergehalt. Helle Böden reflektieren die einfallende Sonnenstrahlung stärker als dunkle. Schneeflächen reflektieren diese Strahlung besonders stark. Dunkle, humusreiche Böden erwärmen sich daher langsamer, haben aber für das Bodenleben und das Wachstum der Pflanzen einen ausgeglicheneren Wasserhaushalt. Kleinräumig führt dieser z. B. an Wald- und Heckenrändern zur voll ausgebildeten Vegetation eines standortgerechten Waldmantels.

Die Auswirkung von wechselnden Standortverhältnissen auf das Mikroklima kann in Sequenzen erfaßt werden, um Gesetzmäßigkeiten abzuleiten. Hierbei dürfen anthropogene Einflüsse, die z. B. von Siedlungsräumen ausgehen, nicht mit den Faktoren naturnaher Biotope vermischt werden. Während mit ansteigender Höhenlage eine Zunahme der Niederschläge eintritt, kommt es in Mitteleuropa mit vorherrschenden, regenbringenden Westwinden an der Ostseite größerer Siedlungen zu deutlichen Regenschattengebieten.

Das Bodenklima ist im Teil 2 in den Abschnitten 2.5.1 bis 2.5.3 eingehend dargestellt worden. Während zum Bodenluft- und Bodenwärmehaushalt (s. Seite 274) keine weiteren Ausführungen erforderlich sind, ist in Ergänzung zum Bodenwasserhaushalt des Wassers als bodenbildender Faktor darzustellen.

3.1.4 Wasser

Die Bodenentwicklung wird vom Bodenwasser so stark beeinflußt, daß es in der deutschen Bodensystematik als besonders wichtiger Faktor der Bodenbildung für die hierarchische Gliederung des Systems an dessen oberster Stelle verwandt wird.

Der in diesem Abschnitt dargestellte Bodenbildungsfaktor Wasser bezieht sich auf das Niederschlagswasser, das durch Infiltration und anschließende Perkolation in den Boden gelangt, aber nur dann, wenn es als Sickerwasser von Pflanzen genutzt werden kann; dadurch ist es auch an der Bodenbildung beteiligt. Das übrige Niederschlagswasser wurde bereits beim Bodenbildungsfaktor Klima besprochen. Daher sind aus der klimatischen Wasserbilanz auch keine Werte direkt zu Aussagen über die Bodenbildung zu nutzen.

Für die Bodenbildung sind die folgenden im Boden vorkommenden Formen von besonderer Bedeutung:

Grundwasser,

Stauwasser,

Sink- und Sickerwasser und

Haftwasser (Absorptions- und Kapillarwasser) (s. Seite 225).

Diese Wasserarten werden von MÜCKENHAUSEN als Zuschußwasser bezeichnet.

Wirkt Grundwasser als bodenbildender Faktor, so reicht es mit seiner Oberfläche und dem zugehörigen Kapillarraum stets an den von Pflanzenwurzeln erreichten Horizont heran. Hierzu muß die Grundwasseroberfläche im Mittel höher als 1,5 m unter der Bodenoberfläche liegen. Weitere Auswirkungen des Bodenbildungsfaktors Wassers werden in den Abschnitten 3.1.6 Zeit (Bodenbildungsdauer), und 3.4.1 Systematik der Böden der Bundesrepublik Deutschland beschrieben.

3.1.5 Organismen

Die in den vorausgegangenen Abschnitten beschriebenen abiotischen Faktoren stehen mit den biotischen des Pflanzen-, Tier- und Menschenreiches in Wechselwirkung. Alle wirken gemeinsam in mannigfachen

Ökosystemen. Diese Wirkungsgefüge von Lebewesen und deren anorganischer Umwelt sind als offene Systeme bis zu einem gewissen Grade zur Selbstregulation befähigt.

3.1.5.1 Pflanzen

Die großräumig vom Klima abhängigen, unterschiedlichen Pflanzenbestände sind für die Bodenentwicklung von großer Bedeutung. So ist z. B. nur auf bewachsenen Böden eine gleichmäßige Versickerung der Niederschläge möglich. Pflanzen entziehen den Böden je nach Wachstumsintensität durch Transpiration jahreszeitlich sehr unterschiedliche Wassermengen. Durch diesen Wasserentzug werden Versickerungsvorgänge verzögert, die Stoffverlagerungen zur Wurzel aber gefördert. Gleichzeitig werden gelöste Nährsalze über Wurzelaufnahme und spätere Streurückgabe aus dem Unterboden in den Oberboden umgelagert.

Die Durchwurzelung erreicht bei den meisten Kulturpflanzen des Akkers und des Grünlandes im allgemeinen etwa 1,5 m und hinterläßt überwiegend kleine Poren. Nur einige Mehrjährige wie die Luzerne und die Weinrebe wurzeln tiefer. Die flachwurzelnden Bäume wie die Fichte schaffen überwiegend horizontale Kanäle im Boden. Baumarten mit tieferstrebenden Wurzeln (z. B. Stieleiche, Hainbuche und Douglasie) bilden in ihrer viele Jahrzehnte langen Wachstumszeit viele Meter tief reichende Wurzeln aus, die nach ihrer Vermoderung als Leitbahnen für das Sickerwasser und die Luft dienen.

Entscheidend für jede Bodenbildung ist der Bestandesabfall; in ihm liefern die Pflanzen die Ausgangssubstanz für den Humus. Seine Bildung ist im Abschnitt 2.1.2 (s. Seite 135) ausführlich beschrieben worden. Von den Faktoren der Bodenbildung haben das Klima und das Ausgangsgestein mit seinem unterschiedlichen Basen- und Nährstoffgehalt besondere Bedeutung für die Entstehung der standortbedingten Humusform. Mull stabilisiert durch seinen hochpolymeren, basen- und N-reichen Humus das Bodengefüge und hemmt alle Degradierungsprozesse. Im Gegensatz dazu wirkt fulvosäurereicher Rohhumus, der vorzugsweise von Heide, Wacholder, Nadelgehölzen, Heidelbeere und Drahtschmiele gebildet wird, in Richtung einer Degradation. Diese Profildifferenzierung wie z. B. beim Podsol wird durch den chemischen Angriff auf eine Reihe von Bodenstoffen ausgelöst. Nach der Mobilisierung werden diese Stoffe im humiden Klima durch Sickerwasser verlagert.

Eine zunehmende Versauerung, die sowohl durch säureliefernde Pflanzen wie Säureeintrag durch SO_2- und NO_x-Verbindungen aus der damit belasteten Atmosphäre als auch durch bodeneigene Prozesse (s. Seite 204) bedingt sein kann, ist zunächst an Schadbildern bei den bisher an diesen Standorten wachsenden Pflanzen zu erkennen. Die vermehrten Waldschäden der letzten Jahre sind ein besonders schwerwiegendes Beispiel hierfür.

Bei lang anhaltendem Einfluß dieser Versauerung stellt sich die Vegetation um. Es wachsen dann im humiden Klima Bleichmoose und die mit ihnen vergesellschafteten hochmoorbildenden Pflanzen. In Nordwesteuropa sind die im Holozän aufgewachsenen, oft flächendeckenden Hochmoore der großen Ebenen und die Gipfelmoore in den Gebirgen um 1000 m Höhe eindrucksvolle Beispiele für diese an vielen Stellen der Erde sich typisch wiederholenden Sukzessionen.

Durch die zunehmende Versauerung haben Hochmoortorfe pH-Werte unter 3. Dadurch können in diesen Substraten keine Bodenmikroben leben. Diese gehören zu den pflanzlichen Organismen des Bodens, die in Symbiose mit einigen Tierarten (z.B. den Regenwürmern) den Abbau und die Umformung der organischen Substanz, die auf und in den Boden gelangt, bei günstigen Lebensbedingungen (s. Bodenbiologie, Seite 192) bewirken.

Eine voll ausgebildete Pflanzendecke schützt den Boden vor Abtrag durch Wasser und Wind, wirkt ausgleichend auf Temperatur und Feuchtigkeit – vor allem durch erhöhte Transpiration – und beeinflußt das Klima der bodennahen Luftschicht.

Diese mikroklimatischen Unterschiede sind in Wäldern besonders stark ausgeprägt (s. 3.1.3.2, Seite 311). Daneben kann Wald bei Staunässe ausgleichend wirken. Ein wüchsiger Fichtenbestand kann im Beginn der Wachstumsperiode das gestaute Wasser schnell verbrauchen. Dadurch werden gleichzeitig die reduzierenden Prozesse gemildert und die oxidativen gefördert. Nach dem Kahlschlag derartiger Fichtenbestände tritt im darauffolgenden Frühjahr starke Staunässe auf, die durch flächendeckendes Auftreten der Flatterbinse besonders deutlich wird.

3.1.5.2 Tiere

Viele im Boden lebende Tierarten können sich bei günstigen Lebensbedingungen sehr rasch vermehren. Dadurch ist ihre gesamte Biomasse oft größer als die der auf der gleichen Bodenoberfläche lebenden Tiere. Dabei leben Konsumenten und Destruenten (s. Seite 191) fast stets in vielgliedrigen Freßketten zusammen. Dadurch werden pflanzliche Substanzen nicht nur zerkleinert, sondern auch ab-, um- und wieder zu Makromolekülen aufgebaut. Das Optimum dieser Prozesse entwickelt sich bei ausreichender Temperatur, Durchfeuchtung und Belüftung im Boden. Die Bodentiere nehmen an der Humusbildung und -stabilisierung teil. Vor allem im Darm von Regen- und kleineren Borstenwürmern werden die gebildeten Humusstoffe mit Mineralfeinsubstanzen innig durchmischt. Dabei entstehen sehr stabile Ton-Humus-Komplexe (s. Seite 153).

Die wühlende Tätigkeit vieler größerer Bodentiere führt zu einer intensiven Durcharbeitung des Bodens (Bioturbation, s. Seite 195, 335). Als Beispiele hierfür sind die Regenwürmer und Ameisen besonders hervorzuheben.

Die Regenwürmer gehören zu den Wenigborstern (Oligochaeta), die mit über 3000 Arten die Voraussetzung zur Besiedlung sehr unterschiedlicher Landstandorte haben. Während viele Gruppen vor allem die Tropen und Subtropen bewohnen, sind die 160 Arten der Lumbricidae (davon mehr als 30 Arten in Mitteleuropa) weltweit verbreitet. Diese Regenwürmer ergreifen nachts Blätter von der Oberfläche und ziehen sie in ihre Gänge hinein. Dabei zerteilen sie die Blätter nicht, sondern überlassen dies den Bakterien. Erst nach dieser Vorverdauung wird im Muskeldarm die aufgenommene Nahrung durch gleichzeitig gefressene mineralische Feinsubstanz soweit zerkleinert, daß eine chemische Verdauung erfolgen kann. Dabei bleiben die Bodenbakterien nicht nur intakt, sondern vermehren sich noch. So können auch nach dem Absetzen der Kothäufchen an der Bodenoberfläche die biologischen Prozesse der Humusbildung weiterlaufen.

Wesentlich artenreicher sind mit etwa 6000 bekannten, hauptsächlich in den Tropen verbreiteten Arten die Ameisen. Von den etwa 80 in Deutschland vorkommenden Arten gehört die Rote Waldameise zu den verbreitesten. Ihre bis zu ein Meter hohen, aus Bestandsabfall zusammengetragenen Haufen setzen sich etwa ebenso tief im Boden fort. Doch auch viele kleinere Arten können an den bevorzugten, trockenen Standorten mit nah beieinanderliegenden Ameisennestern eine intensive Auflockerung und Durchmischung des Oberbodens erreichen.

Ausschließlich in den Tropen und Subtropen leben dagegen die Termiten. Ihre 6000 Arten legen ihre Nester meist unterirdisch oder in Holz an. Erst mit zunehmendem Alter ragen bei manchen Arten die Bauten bis zu sechs Meter über die Erdoberfläche hinaus. Verlassene Termitenbauten bieten mit ihrem aufgelockertem Bodengefüge günstige Bedingungen für den Baumwuchs. In der Termitensavanne der wechselfeuchten Tropen finden sich daher die inselartig eingestreuten Baumgruppen oft an derartigen Stellen. Viele höherentwickelte Termiten züchten in ihren Nestern durch besondere Pilzgärten auf zerkautem Pflanzenmaterial Pilze, die vor allem Zellulose und Lignine abbauen. Deren Hyphen werden von den Arbeitstermiten gefressen und an andere Koloniemitglieder verfüttert.

An diesen wenigen Beispielen wird bereits deutlich, welch große Bedeutung Tiere im Stoffkreislauf haben. Auf den für tierische Lebewesen aller Größen ungünstigen Standorten kommt es infolge des Fehlens der zersetzenden Fauna zur Anreicherung von organischer Substanz, so z.B. an den Bodenoberflächen im Hochgebirge oder in Hochmooren in Form von Tangelhumus oder Torf.

3.1.5.3 Menschen

Die bisher besprochenen Faktoren der Bodenbildung sind während der ganzen Erdgeschichte über Milliarden von Jahren wirksam gewesen. Dagegen ist der menschliche Einfluß erst seit einigen Jahrtausenden in der Nutzung durch Landwirtschaft und Gartenbau aufgetreten. Durch die Vollmotorisierung und die Einbeziehung weiterer technologischer Hilfsmittel sind die Einwirkungsmöglichkeiten in den letzten Jahrzehnten drastisch verstärkt worden. In Mitteleuropa und auch in anderen intensiv genutzten Räumen unserer Erde ist der Mensch auf den bewirtschafteten Flächen der am meisten wirksame Faktor der Bodenbildung. Die gewollten Veränderungen dienen im allgemeinen einer Steigerung der Bodenfruchtbarkeit und haben dadurch die Ertragsfähigkeit vieler Böden in den letzten hundert Jahren oft um das Drei- bis Vierfache gesteigert. Dabei kam es aber zu ungewollten Veränderungen im Zusammenspiel der Faktoren der Bodenbildung.

In allen Acker- und Gartenböden wird der obere Profilbereich durch die Bearbeitung gemischt; dadurch wird der Stoffverlagerung in den Unterboden entgegengewirkt. Es entstehen Ap-Horizonte mit zunehmender Mächtigkeit. Weitere Einwirkungen der Bewirtschaftung sind im Abschnitt 4.4 Bodentechnologie eingehend beschrieben.

Ein besonders drastisches Beispiel für negative Folgen ist die in den letzten Jahrzehnten verstärkte Nutzung fossiler Brennstoffe. Die dabei in die Atmosphäre gelangenden Mengen von NO_x und SO_2 kommen mit den Niederschlägen in die Böden und steigern deren Versauerung. Dieser Schaden ist auf Ackerböden durch regelmäßige Kalkdüngung weitgehend kompensiert worden.

Durch Kalkung der Waldbestände wird versucht (ULRICH u.a. 1985), diesen seit Beginn der 80er Jahre verstärkt aufgetretenen Waldschäden entgegenzuwirken. Da bei diesen Absterbeerscheinungen der Bäume aber viele Faktoren zusammenwirken, kann nur ein umfassender Bodenschutz Abhilfe bringen. Die im Frühjahr 1985 von der Bundesregierung vorgelegte Bodenschutzkonzeption bedarf der örtlichen Umsetzung. Auf der untersten Ebene der politischen Gemeinden kann dies ein Bodenschutzplan als verbindlicher Bestandteil des Flächennutzungsplanes sein.

Im Rahmen eines langfristigen Bodenschutzes ist nicht nur den Hauptnährstoffen, sondern auch den Mikronährstoffen vermehrte Beachtung zu schenken. Diese kommen in vielen Ausgangsgesteinen der Bodenbildung in den Schwermineralen natürlich vor. Dort sind sie meist ebenso immobil wie in den Komplexen der organischen Bodenmasse. Pflanzenaufnehmbar sind dagegen fast alle über die Atmosphäre aus Abgasen der Industrie und des Verkehrs oder aus gewerblichem und häuslichem Abwasser meist in Form von Klärschlamm zugeführten Schwermetalle. Bei Überschreiten bestimmter Konzentrationen werden sie zu anorganischen Schadstoffen. Sie können aber im Boden niemals direkt auf den Menschen einwirken. Nur über die Luft, das Trinkwasser oder die Nahrung können die für Menschen schädlichen Höchstmengen aufgenommen werden. Durch eine feste Bindung immitierter Schadstoffe wird eine Aufnahme durch Kulturpflanzen verhindert.

In Trinkwassergewinnungsgebieten muß eine Abwanderung in das ge-
förderte Grundwasser verhindert werden. Dies ist bei den kaum beweglichen Schwermetallen bisher nicht aufgetreten. Für das leicht lösliche
Nitrat hat die 1985 erfolgte Herabsetzung des Grenzwertes für die zulässige Höchstkonzentration von 90 auf 50 mg NO_3 je Liter Wasser in
einigen Wasserwerken zu Schwierigkeiten geführt. Diese können langfristig nur verringert werden, wenn landwirtschaftlich genutzte Flächen in
Schutzgebieten nur mit den für die Pflanzenernährung erforderlichen N-
Mengen gedüngt werden. Eine derartige Forderung muß vor allem bei
der Gülleausbringung zeit- und mengenmäßig berücksichtigt werden.
Aber auch die vom Menschen geschaffenen Gartenböden (Hortisole)
und Plaggenesche sind oft sehr N-reich. In den meist mehrere Dezimeter
mächtigen Böden sind häufig einige tausend kg N/ha gespeichert; hiervon werden aber nur etwa 1 % im Jahr pflanzenverfügbar. Da sich deren
Freisetzung über die ganze Vegetationsperiode erstreckt, kann nur bei
mehrmaliger N_{min}-Untersuchung (s. Seite 304) eine für die qualitative
Grundwasserbewirtschaftung hinreichend genaue Bemessung der N-
Düngung erfolgen.
Die technischen Möglichkeiten zur Schaffung von Böden mit völlig
neuem Profilaufbau haben im gegenwärtigen Zeitpunkt einen Umfang
erreicht, der der Systematik dieser anthropogenen Böden oder Kultosole mehr Aufmerksamkeit als in der Vergangenheit abverlangt.

3.1.6   Zeit (Bodenbildungsdauer)

Alle Vorgänge der Bodenbildung sind zeitabhängig. Sie entwickeln sich
mit sehr unterschiedlicher Geschwindigkeit, so daß es für diese Prozesse
kein einheitliches Zeitmaß gibt. In Mitteleuropa sind erst seit dem Beginn des Holozäns in gleicher Ausprägung und Kombination die vorstehend beschriebenen Faktoren der Bodenbildung wirksam.
Deren gleichmäßige Einwirkung reicht in den nicht von einer quartären
Vereisung betroffenen Gebieten der Tropen und Subtropen bis weit ins
Erdmittelalter zurück. Den »alten« Böden dieser Räume stehen die
jüngeren Böden der großen Ebenen Europas und Amerikas gegenüber.
In den Zustandstufen der Reichsbodenschätzung (s. Seite 515) finden
sich die »jüngeren« Böden auf dem linken ansteigenden Ast und die
»älteren« auf dem rechten absteigenden Bereich.

3.2   Prozesse der Bodenbildung

Das Zusammenwirken der Faktoren der Bodenbildung löst in den Substraten, den Ausgangsgesteinen, pedogenetische Prozesse aus, die diese –
je nach Art, Intensität und Reihenfolge der Faktoreneinwirkung in verschiedener Form und Richtung – zu unterschiedlichen Bodentypen aus-

formen. Im folgenden werden die pedogenetischen Grundprozesse und die Bodentypen prägenden Prozeßkomplexe getrennt behandelt.

3.2.1 Pedogenetische Grundprozesse

Die pedogenetischen Grundprozesse werden hier in Abbau-, Aufbau- und Verlagerungsprozesse gegliedert. Ein Teil der Abbauprozesse kann auch unabhängig von der Bodenbildung, z.B. als geologische Verwitterung, in den Gesteinen ablaufen.

3.2.1.1 Physikalische Abbauprozesse

Hierzu gehören zunächst die Vorgänge der *Kataklase*, der Zerlegung des Gesteins in durch Klüfte, Spalten oder Schieferungsrisse getrennte, in sich oft kompakte Bruchstücke (s. Seite 49, 57, 118). Die dabei gebildeten Gesteinshohlräume können bereits vor Beginn der Bodenbildung vorhanden sein, können aber z.T. auch während der Pedogenese neu entstehen. Sie haben in der Regel erheblichen Einfluß auf zahlreiche Bodenbildungsprozesse und Bodeneigenschaften, wie z.B. den Wasser-, Luft- und Nährstoffhaushalt.

Die physikalische *Temperaturverwitterung* (Thermoklastik, s. Seite 62) und deren Sonderfall der *Frostsprengung* (Kryoklastik, s. Seite 63) spielt bei der Zerlegung der Gesteine in kleinere bis kleinste Bruchstücke eine erhebliche Rolle. In tonigen Gesteinen mit quellbaren Tonmineralen wird auch die Hydroklastik als *Quellungs-Schrumpfungsdynamik* (s. Seite 67 u. 197 bis 202), z.B. im Zusammenwirken mit wechselfeuchten Witterungsbedingungen, zur Gesteinszerkleinerung beitragen können. Das gleiche gilt zum Beispiel in semiariden Gebieten für die *Salzsprengung* (Haloklastik s. Seite 63). Zur biologisch-physikalischen Gesteinszerkleinerung (Bioklastik) gehören Prozesse der *Wurzelsprengung* (Rhizoklastik), bei der die Druckwirkung wachsender Wurzeln z.B. Gesteinshohlräume erweitert (s. Seite 71 u. 206), und das Zerbeißen von organischen Vegetationsresten (s. Seite 71), vorwiegend durch die Mesofauna des Bodens (Zooklastik s. Seite 193). Schließlich wird die physikalische Zerkleinerung von Fest- und Lockergesteinen auch durch gegenseitiges *Zerreiben der Gesteinsbruchstücke* bei Umlagerungsvorgängen des gesamten Substrats bzw. Bodens an Hängen gefördert.

3.2.1.2 Chemische Abbauprozesse

Die Prozesse der *Hydratation*, der *Lösung* (Solvatation) und der *Hydrolyse* (s. Seite 68) bewirken als zunächst frühe Teilprozesse der Bodenbildung eine Veränderung und schließlich Auflösung des ursprünglichen Mineralbestandes der Gesteine unter Entstehung zahlreicher anorganischer Zwischen- und Endprodukte. Sie tragen aber auch beim Fortgang der Pedogenese zur Ausbildung von Bodenhorizonten mit neuen, dem Gestein nicht innewohnenden Eigenschaften bei.

In organischen Substraten, den Torfen, in Ah-Horizonten, aber auch in den jährlich neu anfallenden Rückständen der Vegetation, gehen einerseits ähnliche, chemische Abbauprozesse vor sich, wie in den mineralischen Substraten. Andererseits spielen hier zusätzlich zahlreiche energieliefernde, oxidierende, biochemische (z. B. mikrobiell-enzymatische) Reaktionen eine Rolle (s. Seite 71). Ein solcher Abbau organischer Stoffe wird als *Zersetzung* (Decomposition) oder *Verwesung* bezeichnet. Dabei entstehen zunächst vielfältige organische Zwischenprodukte wie Monosaccharide, Peptide, Aminosäuren und Polyphenole. Die Prozesse können aber auch zur völligen mikrobiellen Veratmung (Oxidation) führen. Sie wird als *Mineralisierung* bezeichnet und liefert schließlich unter weiterer Freisetzung von Energie CO_2, H_2O und Mineralstoffe.

Der Abbau von Gesteins- und Bodenbestandteilen wird durch die bei der Bodenbildung entstehenden anorganischen und organischen *Säuren* z. T. wesentlich beschleunigt. Während die großenteils aus organischen Zersetzungsprozessen stammende, relativ schwache, aber im Boden stets vorhandene Kohlensäure über längere Zeiträume langsam wirksam ist, treten die z. B. bei der Sulfid- und Eiweißzersetzung im Boden entstehenden, intensiv wirkenden starken Säuren (H_2SO_4, HNO_3) in der Regel mehr örtlich und weniger langfristig auf. Mittlere Verwitterungsintensitäten bewirken die von Pflanzenwurzeln und Mikroorganismen ausgeschiedenen organischen Säuren (z. B. Zitronensäure, Oxalsäure) sowie die bei der Humifizierung entstehenden, relativ niedermolekularen Huminsäurevorstufen wie z. B. Fulvosäuren.

Reduktions- und Oxidationsprozesse (s. Seite 70, 181) sind am chemischen Abbau der Gesteins- und Bodenkomponenten z. T. wesentlich beteiligt. Dies gilt nicht nur für die bereits erwähnte oxidative Zersetzung organischer Substanzen, sondern auch für die Verwitterung zahlreicher Mineralien und Gesteine, in denen ionare Gitterbausteine in reduzierter Form vorliegen (z. B. Fe^{2+} in Augiten, Hornblenden sowie im Pyrit und Siderit), die bei der Verwitterung unter Abgabe von Elektronen und Veränderung der Ionengröße oxidiert und aus dem Gitterverband herausgelöst werden. Dabei entstehen in der Regel H^+-Ionen, die ihrerseits in wenig gepufferten Böden die weitere Verwitterung beschleunigen. Umgekehrt kann aber z. B. auch das unter oxidierenden Bedingungen entstandene, dreiwertige Eisen des Goethits in einem stark reduzierenden Milieu unter Zerfall des Kristallgitters wieder in die zweiwertige Form überführt werden.

Eine weitere Art von Abbauprozessen in Böden stellt die chemische *Komplexierung* dar (s. Seite 71, 153). Hierbei bilden besonders niedermolekulare organische Säuren mit bestimmten Randionen von Kristallen (besonders Al, Fe, Mn) relativ stabile, metall-organische Komplexverbindungen (oft Chelate), die das langsame Herauslösen der Metall-Ionen aus dem Gitterverband beschleunigen.

Die bei der Hydroklastik erwähnte Quellung von Tonmineralen kann als Vorstufe zu einem weiteren Abbauprozeß angesehen werden, der zur Zerteilung tonhaltiger Gesteine beiträgt, die *Dispergierung* (s. Seite 155). Ihr entspricht in kolloidalen Lösungen die als *Peptisation* bezeichnete Überführung in den Solzustand. Sie wird vor allem in feuchten, tonigen Lockergesteinen und vorverwitterten tonigen Festgesteinen mit vorherrschenden Dreischicht-Tonmineralen aber ohne kieseliges Bindemittel durch Anlagerung von stark hydratisierten Ionen (wie z. B. Na^+, K^+, NH_4^+, Mg^{2+}, NO_3^- und Cl^-) gefördert. Die dabei zwischen den gleichsinnig aufgeladenen Tonkolloiden des Gesteins auftretenden Abstoßungskräfte (s. Seite 155) bewirken eine über die Quellungs-Hydroklastik hinausgehende Zerlegung der Tongesteinsaggregate in ihre Primärteilchen.

3.2.1.3 Abbauresistenz der Substrate

Die verschiedenen Mineralien setzen den beschriebenen pedogenetischen Abbauprozessen unterschiedliche Widerstände entgegen. Die wichtigsten *Mineralien* lassen sich in die folgende *Verwitterungsstabilitätsreihe* ordnen, die jedoch nur für vergleichbare Korngrößen gilt:
Chloride < Gips < Kalkspat < Dolomit ≪ Olivin < Anorthit < Apatit < Augite < Hornblenden < Albit < Biotit < Muskovit < Orthoklas ≪ Quarz.
Die Verwitterbarkeit der *Gesteine* ist nicht nur von der Abbauresistenz ihrer Einzelmineralien abhängig, sondern u. a. auch von deren Größe und gegenseitiger Verwachsung, vom Auftreten glimmerreicher Lagen und bei sedimentären Festgesteinen von der Art des Bindemittels. Durch Kieselsäure verfestigte Sediment-Gesteine verwittern z. B. erheblich langsamer als solche mit limonitischem, karbonatischem, tonigem oder bituminösem Bindemittel. Natürlich spielen auch die Art, der Umfang und die Kontinuität des Hohlraumsystems der Gesteine (z. B. Kataklase s. Seite 49) für deren Verwitterbarkeit eine erhebliche Rolle.
Über die Abbauresistenz der *organischen Verbindungen* in Böden gibt die folgende Stabilitätsreihe Auskunft:
Zucker < Stärke und Proteine < Proteide < Pektine, Hemizellulose < Zellulose < Lignin, Wachse, Harze, Gerbstoffe.
Die ersten vier Verbindungen werden als Zellinhaltsstoffe erheblich schneller zersetzt als die dann folgenden Zellwandbestandteile. Ihre Anteile sind in den abgestorbenen pflanzlichen und tierischen Resten der Böden sehr wechselnd und ergeben deren unterschiedliche Zersetzbarkeit.

3.2.1.4 Aufbauprozesse

Die Abbauprozesse sind in der Natur in der Regel von gleichzeitig oder nacheinander ablaufenden Aufbauprozessen begleitet, die zur Neubildung von vorher nicht vorhandenen bodentypischen Stoffen führen. Häufige Vorgänge sind die der pH-abhängigen *Ausfällung* und *Koagula-*

tion (Flockung, s. Seite 156, 202) der beim Abbau von Bodenmineralien entstandenen Zwischen- und Endprodukte. Dies geschieht u.a. durch Reaktion dieser Stoffe mit den Ionen des Wassers (z. B. Bildung von Al- und Fe-Hydroxiden oder von Opal) oder mit anderen, im Wasser gelösten Stoffen, wie z. B. Kohlensäure (Bildung von Karbonaten) oder Kieselsäure (Bildung von Silikaten). Hierbei entstehen durch Fällung und Koagulation häufig zunächst feinkristalline bzw. gelförmige, stark wasserhaltige Verbindungen, die jedoch im Laufe der Zeit unter Wasserverlust »altern« und – besonders während der Austrocknungsphasen von Böden – auskristallisieren. Diese *Kristallisation* kann auch ohne die kolloidale Zwischenphase vor sich gehen und z. B. zur Neubildung von Quarz, Calcit, Goethit, Gibbsit oder Apatit führen (s. Seite 37). Besonders wichtig für die Bodeneigenschaften ist die Neubildung von Tonmineralen (s. Seite 44), z. B. aus den Abbauprodukten der Silikate (s. Seite 38), z. T. auch unter Erhaltung der ursprünglichen Gitterstruktur, z. B. durch Umwandlung von Muskovit in Illit unter Verlust von Kalium-Ionen (s. Seite 45).

Neubildungen von organischen Stoffen haben für die Eigenschaften von Böden besonders große Bedeutung. Die Abbauprozesse organischer Ausgangssubstanzen führen nur z. T. bis zu den Endprodukten der Mineralisierung. In der Regel reagieren bereits vielfältige, z. T. sehr reaktionsfähige Zwischenprodukte (siehe Abbauprozesse) miteinander sowie mit anderen Lösungsgenossen und polymerisieren zu relativ stabilen, organischen Makromolekülen. Diese als *Humifizierung* (s. Seite 151) bezeichneten Vorgänge führen zu einer Fülle von Neubildungen: zu den reaktionsfähigen, relativ abbauresistenten Huminsäuren, ihren Vorstufen, ihren Salzen (Humaten) sowie zu den durch Alterung der Humate entstehenden, reaktionsträgen Huminen. Zusammen mit den nicht oder wenig zersetzten, abgestorbenen Pflanzen- und Tierresten sowie den Zwischenprodukten der Zersetzung bilden diese neugebildeten Huminstoffe (s. Seite 149) den Bodenhumus (s. Seite 135).

Chemische Reaktionen zwischen organischen und anorganischen Bodenstoffen haben gemischte *Komplexverbindungen* zur Folge, die u.a. durch sorptive Bindung, durch Veresterung, Chelatbindung und Brückenbildung, aber auch z. B. durch Verankerung von Huminsäure-Seitenketten in Zwischenschichten quellfähiger Tonminerale entstehen können. So gebildete Ton-Humus-Komplexe (s. Seite 153) sind häufig sehr stabil, reaktionsfähig und besitzen oft eine hohe Nährstoff-Austausch-Kapazität. Andere Komplexverbindungen, wie z. B. Chelate von Fulvosäuren (s. Seite 154), sind demgegenüber wasserlöslich und können im Boden leicht verlagert werden (siehe auch chemische Abbauprozesse, s. Seite 318).

Eine besonders wichtige Gruppe von pedogenetischen Aufbauprozessen stellen die verschiedenen Arten der *Gefügebildungen* (s. Seite 196ff.) dar mit ihren z. T. erheblichen Einflüssen auf den Wasser-, Luft-, Wärme-

und Nährstoffhaushalt der Böden (s. Seite 282), auf ihre biologische Aktivität sowie auf viele meliorative Bodeneigenschaften (s. Seite 467ff.):
*Lockerungs*prozesse (z. B. Frostgare, s. Seite 259) oder *Verdichtungsprozesse* (s. Seite 208) bewirken bereits in gleichem Bodenmaterial eine unterschiedliche Größenverteilung und Kontinuität der Primärporen (Intergranularräume, s. Seite 221).
Durch *Quellungs- und Schrumpfungsvorgänge* entstehen – in Abhängigkeit von der Bodenart, vom Tongehalt und der Tonmineralzusammensetzung sowie u. a. von der Art und dem Feinheitsgrad der Huminstoffe – die Formen des Absonderungsgefüges mit ihren unterschiedlichen, sekundären Interaggregat-Hohlräumen.
Kolloidchemische *Koagulation* (s. Seite 156) hat ebenfalls Einfluß auf die Gefügebildung und kann bei anschließender Alterung und Kristallisation der Fällungsprodukte zur *Verkittung* und *Verhärtung* ganzer Bodenhorizonte führen (s. Seite 203). – Besonders günstig wirken sich im Boden die Vorgänge der meist biologisch bedingten *Verklebung* von Bodenteilchen zu hohlraumreichen, lockeren, aber unterschiedlich stabilen Bodenkrümeln aus (Aufbaugefüge, s. Seite 204ff.), deren gegenseitige Vernetzung unter günstigen Bedingungen zu einem ökologisch optimalen, stabilen Schwammgefüge führen kann.

3.2.1.5 Verlagerungsprozesse

Außer den pedogenetischen *Transformationsprozessen* des Abbaues und Aufbaues lassen sich in vielen Böden – in wechselndem Umfang – auch *Translokationsprozesse* nachweisen, die zur Neubildung von Bodenhorizonten beitragen. Sie finden großenteils innerhalb der Böden statt, können aber auch ganze Gesteinskomplexe, Bodenhorizonte oder gar Bodenprofile erfassen und verändern.
Zu den häufigsten Verlagerungsprozessen gehört z. B. der Ionenumtausch (s. Seite 160ff.) einschließlich des Transportes der ausgetauschten Kationen bzw. Anionen mit dem auf- oder absteigenden Bodenwasser. Dies gilt auch für die gelösten, aus Verwitterungsvorgängen stammenden, anorganischen und organischen Abbauprodukte. Eine solche *Lösungswanderung* – die auch bereits während der Gesteins-Diagenese (s. Seite 92) eine große Rolle spielt – kann zur lateralen oder vertikalen *Umlagerung* und Adsorption oder Ausfällung der Lösungsgenossen an anderen Stellen des Bodens führen. In vorwiegend humiden Klimagebieten werden die gelösten Stoffe in untere Bodenhorizonte verlagert oder auch völlig ausgewaschen (siehe auch Versauerung Seite 170, Nährstoffverluste Seite 291). Unter mehr ariden Klimabedingungen sorgt umgekehrt ein aufwärts gerichteter, im Oberboden verdunstender Bodenwasserstrom für eine Anreicherung der gelösten Stoffe in oberen Bodenhorizonten oder an der Bodenoberfläche (s. Seite 310).
In vielen Böden vor allem humider Gebiete findet eine *mechanische*

Durchschlämmung toniger und teilweise auch humoser Substanzen mit dem Sickerwasser aus dem Ober- in den Unterboden statt. Dieser Prozeß spielt sich vor allem in gröberen Hohlräumen des Bodens ab, z. B. in Rissen, Wurm- und Wurzelröhren sowie in Grob- und Mittelporen hoher Kontinuität. Er wird auch als Tonwanderung, Tonverlagerung, Illimerisation und *Lessivierung* bezeichnet. Die Tondurchschlämmung beginnt in der Regel im Oberboden nach einer Auswaschung der die Koagulation (s. Seite 156) begünstigenden Ca-Ionen bei pH-Werten zwischen 7,0 und 6,5 infolge zunehmender Dispergierung (s. Seite 155) der besonders in der Feintonfraktion vorhandenen kolloidalen Substanzen. Dabei werden vor allem quellfähige Tonminerale, aber auch z. T. Hydroxide und Oxidhydrate des Fe, Al und Si verlagert. Die Tondurchschlämmung erreicht ihr Maximum in unseren Böden in der Regel zwischen pH 6,5 und 5,0. Im stärker sauren Bereich findet sie aufgrund der dann in der Bodenlösung verstärkt auftretenden, die Koagulation fördernden, freien Al-Ionen nicht mehr statt. Im Unterboden werden die verlagerten Bodenteilchen entweder wieder ausgeflockt – z. B. aufgrund erhöhter Ca-Ionen-Konzentration –, in blind endenden Bodenhohlräumen festgehalten oder bei Austrocknungsvorgängen an den Hohlraumwänden abgelagert. Dabei ordnen sich die Tonmineralblättchen mit ihren Basisflächen häufig parallel zur Wandfläche und erzeugen einen unter dem Mikroskop parallelschichtigen Wandbelag, der auch makroskopisch – z. B. auf Kluftflächen – als »Tontapete« oder clay coating erkennbar ist. In Böden mit einem hohen Anteil an Ton-Humus-Komplexen in der Tonfraktion können auch diese bei ähnlichen pH-Werten dispergiert, verlagert und im Unterboden angereichert werden. In Na-reichen Böden findet die Ton-Humus-Durchschlämmung bei pH-Werten über 8,0 statt.

Ein großer Teil der pedogenetischen Verlagerung wird durch verschiedene Arten der Durchmischung (Turbation) bewirkt. In den humosen, biologisch aktiven Ah-Horizonten der Böden ist die *Bioturbation* (s. Seite 195, 335) wirksam. Wühlende Bodentiere wie Wühlmäuse, Maulwürfe und Hamster, aber auch besonders Regenwürmer mischen bereits das humose Bodenmaterial selbst, erstere verlagern aber auch z. T. humusfreies oder -armes Unterbodenmaterial nach oben und mischen es dort ein. Sie fördern dadurch z. B. die Entstehung eines hohlraumreichen, stabilen Krümelgefüges im Ah-Horizont, »verwischen« die Grenzen der Bodenhorizonte und sorgen dafür, daß in den Unterboden ausgewaschene Stoffe (wie z. B. Kalk oder Pflanzennährstoffe) mindestens teilweise wieder in die Hauptwurzelzone zurückgebracht werden. Auch Pflanzenwurzeln haben einen gewissen Anteil an der Bioturbation, z. B. durch kleinräumige Mischung von Bodenanteilen in direkter Umgebung von Wurzeln beim »Stampfen« der Bäume im Wind sowie örtlich durch das Herausreißen von Wurzelballen beim Windwurf ganzer Bäume.

In Böden mit größeren Anteilen quellbarer Tonmineralien findet eine Mischung von Bodenmaterial bei häufigem Wechsel von Quellung und Schrumpfung statt, die als Pelo- oder *Hydroturbation* bezeichnet wird. Sie ist besonders in Montmorillonit-reichen Böden warmer, wechselfeuchter Gebiete verbreitet. Der Boden wird dort in Trockenzeiten von Trockenrissen durchzogen, in die loses Bodenmaterial hineinfällt. In der darauffolgenden Feuchtperiode führt dann der Quellungsdruck zu einer starken Pressung und z.T. tiefgreifenden Vermischung des tonigen Bodenmaterials unter Ausbildung glatter, glänzender Scherflächen (slicken sides, s. Seite 201, 434). In gemäßigten Klimaten ist dieser sog. Selbstmulcheffekt erheblich geringer.

Eine anthropogene Mischung von Bodenmaterial, z.B. beim Pflügen, Grubbern oder beim Tiefumbruch, wird als *Kultoturbation* bezeichnet.

Kryoturbationen – Mischungen von Bodenmaterial durch Frosteinfluß – entstehen schließlich vor allem in feuchten Böden, die einem häufigen Wechsel von Gefrieren und Auftauen unterworfen sind (s. Seite 75). Durch die Bildung von Eislinsen wird Bodenmaterial angehoben, sinkt beim Auftauen zurück und vermischt sich dabei in geringem Maße. Häufige Wiederholungen dieses Vorganges führen zu stärkerer Vermischung, die – besonders in arktischen und subarktischen Gebieten mit Permafrost im Unterboden – ganze Bodenprofile erfassen kann und z.B. zur Entstehung der vielgestaltigen arktischen Strukturböden beiträgt (s. Seite 75).

In Hangböden dieser Permafrostgebiete ist zusätzlich eine Gruppe von Verlagerungsprozessen verbreitet, die als freie oder gebundene *Solifluktion* bezeichnet wird (s. Seite 74). Hierbei wird nicht nur – wie bisher beschrieben – ein Teil des Bodenmaterials innerhalb des Bodenprofils verlagert, sondern es »fließen« während der sommerlichen Auftauphasen im aufgeweichten Zustand ganze Bodenprofile über dem gefrorenen Untergrund langsam hangabwärts. Dabei kommt es einerseits zu Mischungen innerhalb des Bodenmaterials, bei größerer Auftautiefe aber auch zur Vermischung des Bodens mit dem aufgeweichten Untergrund über dem Permafrosthorizont sowie zur Zerkleinerung der wandernden Gesteinsbruchstücke durch gegenseitigen Abrieb. Während der Eiszeiten entstanden auf diese Weise auch in den nicht vom Eis bedeckten Teilen Mitteleuropas z.B. über den Gesteinen des Berglandes weit verbreitet Solifluktionsdecken bzw. Fließerden (s. Seite 74), die als Relikte eiszeitlicher Strukturböden das Ausgangsmaterial für die heutige, warmzeitliche Bodenentwicklung bilden. Solifluktion tritt heute z.B. auch in subnivalen und nivalen Hochgebirgsregionen auf.

Rezente Bodenbewegungen können in steilen Hanglagen der Mittelgebirge in Form des *Bodenkriechens* oder Hangkriechens beobachtet werden. Sie sind unter Wald am sog. Hakenschlagen der Bäume zu erkennen (s. Abb. 21). – In ungeschützten Bergregionen kann es außerdem –

besonders nach Starkregen – zu Bodenverlagerungen durch Bergrut-
sche, Erdschlipfe oder Muren kommen (s. Seite 73).
Als weitere, weit verbreitete und oft flächenhaft auftretende Art der
Bodenverlagerung ist schließlich die *Bodenerosion* durch Wasser oder
durch Wind zu nennen (s. Seiten 79 u. 87).

3.2.2   Beispiele für Bodentypen prägende, pedogenetische Prozeß-Komplexe und ihre zeitliche Abfolge

Die pedogenetischen Grundprozesse treten während der Bodenbildung
niemals einzeln, sondern stets gemeinsam mit anderen als Prozeßkomplexe auf. Die Art, Richtung, Intensität, Geschwindigkeit und Dauer
der Einzelprozesse kann – in Abhängigkeit von den jeweils wirksamen
Faktoren der Bodenbildung (s. Seite 306) – innerhalb der Prozeßkomplexe sehr unterschiedlich sein. Ihr Zusammenwirken führt dadurch zur
Entstehung verschiedenartiger Böden. Typische Ausprägungsformen
von Böden mit bestimmten, wiederkehrenden Horizontfolgen bilden als
Bodentypen die grundlegende Kategorie der pedogenetischen Bodensystematik (s. Seite 365).
Bodenbildende Prozesse sind mindestens seit dem Erscheinen der ersten
Landpflanzen am Beginn des Paläophytikums – etwa an der Wende
Silur-Devon vor etwa 400 Mio. Jahren (s. Seite 116) – zu allen Zeiten
der Erdgeschichte innerhalb der jeweils oberflächlich anstehenden Gesteine wirksam gewesen. Über ihre Ergebnisse, die Böden früherer Zeiten, ist jedoch bis zum Tertiär relativ wenig bekannt (s. Seite 111). Nach
dieser Zeit wurden die Faktoren der Bodenbildung den heutigen Bedingungen immer ähnlicher. Außerdem sind uns vor allem seit dem Beginn
des Holozäns in fossilen Böden, in Relikten älterer Böden und in den
heutigen Oberflächenböden erheblich zahlreichere Indizien über die
Arten und Abfolgen pedogenetischer Prozesse erhalten geblieben und
bekannt als aus den älteren Formationen der Erdgeschichte. Aus diesen
Gründen werden in den folgenden Abschnitten Beispiele für pedogene
Prozeßabfolgen und die daraus entstandenen Bodentypen für verschiedene verbreitete Ausgangsgesteine (Substrate) Mitteleuropas, ausgehend von den Umweltbedingungen einer zu Ende gehenden Eiszeit,
anhand von typischen Bodenbildungssequenzen besprochen. Die Beispiele beziehen sich auf reale Substrate in ebener Lage. Die Prozeßabfolgen stellen jedoch aus Forschungsergebnissen abgeleitete, kontinuierliche Bodenentwicklungsreihen im Rahmen natürlicher, holozäner
Klima- und Vegetationsbedingungen Mitteleuropas dar. Sie sind in der
Natur selten so ideal und vollständig verwirklicht. Auf Abweichungen
von den dargestellten Sequenzen sowie auf die Pedogenese in wichtigen
anderen Substraten Mitteleuropas mit ähnlicher Prozeßabfolge wird
hingewiesen.

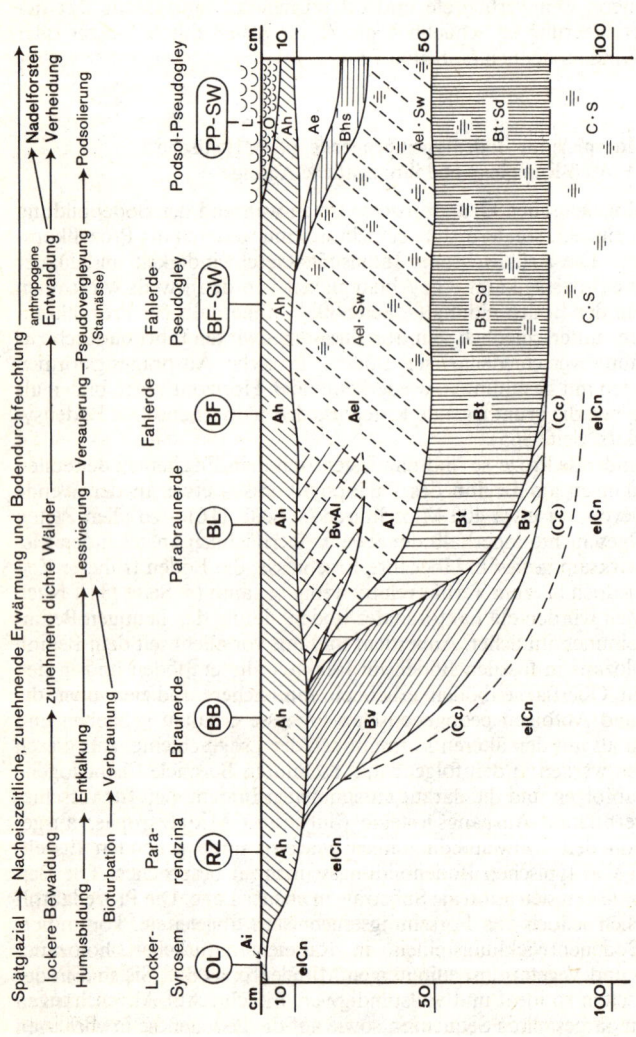

Abb. 100. Bodenentwicklung auf weichseleiszeitlichem Getriebemergel seit dem Spätglazial der Wechseleiszeit im atlantisch-gemäßigten Klimagebiet Mitteleuropas. Stark schematisch. (ROESCHMANN 1984).

3.2.2.1 Bodenentwicklung auf weichseleiszeitlichem Geschiebemergel im atlantisch beeinflußten gemäßigten Klima

Beim Abschmelzen der Gletscher des nordischen Vereisungsgebietes ist
während des Weichsel-Glazials – dem im Alpenraum die Würm-Eiszeit
entspricht (s. Seite 121) – im Gebiet des östlichen Schleswig-Holsteins
großflächig Geschiebemergel zum Absatz gekommen. Dabei handelt es
sich in der Regel um das beim Vorrücken der Gletscher aus dem Untergrund ins Eis aufgenommene, zerriebene, überwiegend kristalline Gesteinsmaterial Skandinaviens sowie der im Ostseebecken anstehenden,
meistens karbonatischen Gesteine der Kreidezeit. Petrographisch liegt
in der Regel ein ungeschichteter, meistens schluffreicher sandiger Lehm
vor, der wechselnde Mengen von Kies und Steinen unterschiedlichen
Durchmessers enthält. Größere Steine werden als Geschiebe bezeichnet.
Der Karbonatanteil des Geschiebemergels schwankt meistens zwischen
15 und 25 Gew.% und besteht großenteils aus Kreidekalken und Dolo-
miten sowie deren Zerreibsel. Das Sediment selbst ist häufig dicht gelagert und enthält heute bei einem Gesamtporenvolumen von 30 bis 40%
überwiegend feine Poren.

Während und nach dem Rückzug der weichseleiszeitlichen Gletscher aus
Schleswig-Holstein lag der Geschiebemergel im ausgehenden Weichsel-
Glazial bei arktischen bis subarktischen Klimabedingungen im Perma-
frostgebiet. In den zunächst kurzen, später bei langsamer Klimaerwär-
mung längeren Sommern mit Temperaturen > 0 °C taute lediglich der
Oberboden kurzfristig auf. In ebener Lage entstanden dort, z. B. infolge
von kryoklastischem Gesteinszerfall, Frosthebung, Kryoturbation und
Eiskeilbildung (s. Seite 75), unterschiedliche arktische und subarktische
Frostmusterböden (Råmark), deren Pedogenese – besonders bei ausreichender Ableitung überschüssigen Bodenwassers – wohl zunächst mit
der Bildung eines **Lockersyrosems (OL)** mit Ai/elC-Profil begann
(Abb. 100). In feuchteren Lagen waren wahrscheinlich Tundrengleye
verbreitet, in nassen Senken auch Moore.

Bei weiterer Erwärmung und ständiger Tieferlegung der Dauerfrostbo-
den-Obergrenze setzte dann wohl unter sich verdichtender Tundrenvegetation eine stärkere Huminstoffanreicherung ein, deren Einmischung
in den Oberboden durch Bioturbation (s. Seite 314) im einfachsten Fall
zur Entstehung eines deutlichen Mullhumus-Horizontes und damit zum
Bodenprofil einer **Pararendzina (RZ)** mit Ah/elC-Profil führte.

Darüber hinaus hatte auch im Oberboden die Karbonatauswaschung
begonnen, die bereits in den ersten, noch kühlen Phasen der Nacheiszeit
des Holozäns (s. Seite 124), auch den nicht humosen Unterboden erreicht haben dürfte. Eine mit der Erwärmung einhergehende Verdichtung der Vegetation und das Auftreten von zunächst lockeren, später
dichteren Wäldern (die sich bereits vorübergehend während des Bölling-
und Alleröd-Interstadials (s. Seite 124) der ausgehenden Eiszeit gebildet
hatten) bewirkten im frühen Holozän auch unterhalb des Ah-Horizon-

tes der Böden eine intensivere Entkalkung mit gleichzeitiger Freisetzung von Residual-Ton und -Schluff aus den Kalk- und Mergelsteinkomponenten des Geschiebemergels. Eine verstärkte chemische Verwitterung der Silikat-Minerale führte u.a. zur Neubildung von Sesquioxid-Mineralen (z.B. Goethit) sowie von graubraunen metallorganischen Komplexverbindungen, die die Mineralkörner umhüllen (Verbraunung). Gleichzeitig entstanden aus den Gitterbausteinen der verwitterten Silikate oder durch Umbildung aus Glimmermineralen, häufig unter Freisetzung von Kalium-Ionen, vorwiegend illitische Tonminerale, die die »Verlehmung« des verbraunten Bodenmaterials und die Genese eines Bv-Horizontes bewirkten. Während sich in der so entstandenen **Braunerde (BB)** infolge des jahreszeitlich bzw. witterungsmäßig bedingten Wechsels von Quellung und Schrumpfung der Tonminerale im Bv-Horizont ein subpolyedrisches Absonderungsgefüge bildete, hatten die gleichen Vorgänge im humosen Ah-Horizont im Zusmamenwirken mit bodenbiologischen Einflüssen außerdem die Entstehung eines Krümelgefüges zur Folge.

Das wärmer und feuchter werdende Klima und die demzufolge dichtere Laubwald-Vegetation führten im Oberboden der Braunerde u.a. zu einer langsam zunehmenden Entbasung des Ton- und Humus-Sorptionskomplexes (s. Seite 170ff.), zur Erniedrigung der pH-Werte sowie zur Dispergierung (s. Seite 155) der Bodenkolloide, die dann besonders bei pH-Werten zwischen 6,5 und 5,0 mit dem Sickerwasser aus dem Ober- in den Unterboden verlagert wurden (Tondurchschlämmung, Lessivierung, s. Seite 323). Dies geschah vor allem in den Grob- und Mittelporen sowie in Schrumpfungsrissen des Bodens und betraf vorwiegend die Feinton-Fraktion ($\varnothing$ < 1 µm). Außer Tonmineralen, Humusstoffen und Silikatmineralen in dieser Korngröße waren z.B. auch fein verteilte, braune Sesquioxide an der Durchschlämmung beteiligt. Die Feinsubstanzverluste hatten im Laufe der Zeit eine farbliche Aufhellung des Oberbodens und damit die Ausbildung eines Al-Horizontes zur Folge. In seinem oberen Teil bewirkte die dort stärkere Versauerung jedoch auch eine verstärkte Mineralverwitterung, die besonders in silikatreichen Substraten zu gleichzeitiger, erneuter Verbraunung (Al-Bv-Horizont) führen kann. Bei Ackernutzung solcher Böden ist eine Braunfärbung unterhalb des Ap-Horizontes auch z.T. durch Bioturbation entstanden.

Die aus dem Oberboden im peptisierten Zustand (s. Seite 156) mit dem Sickerwasser abwärts verlagerten Bodenkolloide gelangten im Unterboden in Bereiche mit höheren pH-Werten und höherer Basensättigung. Sie wurden dort z.B. bei verlangsamter Wasserbewegung ausgeflockt und angereichert. Außerdem wurde die Tonverlagerung häufig in blind endenden Poren und Rissen sowie durch Austrocknung gestoppt, z.B. beim Verbrauch des Sickerwassers durch Pflanzenwurzeln. Im Laufe der Pedogenese entstand so im Unterboden ein Tonanreicherungshorizont

(Bt-Horizont) und die ehemalige Braunerde wandelte sich zur **Parabraunerde (BL)** mit einem Ah/(Bv-Al)/Al/Bt/Bv/(Cc)/elC-Profil (in Klammern stehende Horizonte sind nicht in jedem Fall ausgebildet). Bt-Horizonte dieses Bodentyps zeichnen sich durch folgende Merkmale aus:

1. Ein um 5 bis 20 Gew.% höherer Tongehalt gegenüber dem Al-Horizont,
2. rötlichbraune Farben infolge der Anreicherung von oft mit rostfarbenen Eisenoxiden umkleideten Mineralen der Tonfraktion,
3. prismatisches Makrogrobgefüge aufgrund der Bildung von Schrumpfungsrissen bei zeitweiliger Bodenaustrocknung, das oft im Laufe der Zeit, z. B. durch weitere Schrumpfrißbildung bei längeren Austrocknungsphasen, von einem polyedrischen Makrofeingefüge überprägt worden ist,
4. Tonbeläge – die auch Cutane, clay coatings oder argillans genannt werden – auf den Wandungen der Bodenhohlräume, in denen die Tonmineral-Blättchen in der Regel bereits während ihrer Sedimentation feinschichtig parallel zur Hohlraumwandung eingeregelt wurden (dies kann aber auch z. B. durch Pressung oder Gleitung bei Quellungsvorgängen geschehen).

Unterhalb des Bt-Horizontes sind z. T. noch ein Bv-Horizont-Rest sowie ein karbonatreicher elCc-Horizont ausgebildet.

Im gemäßigt-humiden Klima versauerte der Parabraunerde-Al-Horizont unter Wald besonders in Gebieten mit sandreicherem, wasserdurchlässigerem Geschiebemergel bei fast völliger Entbasung bis zu pH-Werten von < 4,0. Dadurch wurde die Verwitterung von weiteren primären Silikaten und auch von Tonmineralen beschleunigt und führte u. a. zu einer Zunahme von freien Al-Ionen in der Bodenlösung sowie von sorbierten, austauschbaren Al-Ionen am Sorptionskomplex. Die koagulierende Wirkung der Al-Ionen verhinderte u. a. eine weitere Tondurchschlämmung und führte schließlich unter Wald zum Endstadium des lessivierten Bodens, zur stark sauren **Fahlerde (BF)** mit einem Ah/Ael/Bt/elC-Profil. Sie kommt besonders in kontinentaleren Gebieten mit älteren Moränen der Weichseleiszeit und des Warthestadiums (s. Seite 120). vor.

Die Tonanreicherung im Unterboden hatte – besonders in bereits primär dichtgelagertem Geschiebemergel – im humiden, gemäßigten Klima eine immer stärkere Verstopfung der »dränenden« Bodenporen (»Einlagerungsverdichtung«) und damit eine zunehmende Vernässung zur Folge, die sich u. a. in einer Verlängerung der winterlichen Naßphasen des Bodens, aber auch in einer Intensivierung der Vernässung mit zeitweiligem Luftmangel bemerkbar machte. Während dieser Naßphasen wurden z. B. die Eisen- und Manganoxide durch Mikroorganismen reduziert und in gelöstem Zustand mit dem Stauwasser im Boden verlagert. So entstanden besonders im Oberboden örtlich an Sesquioxiden verarmte, gebleichte Bodenbereiche. In Zeiten abnehmender Bodenfeuchte wurden die Fe- und Mn-Verbindungen dann bei ansteigendem O_2-Partialdruck in der Bodenlösung und allmählicher Luftfüllung größerer Bodenporen wieder oxidiert, als Oxidhydrat ausgefällt und in unregelmäßiger, fleckenhafter Verteilung (»Rostflecken«) im Oberboden angereichert. Dies kann bis zur Entstehung von Eisen-Mangan-Konkretionen führen.

Im nach unten dichter werdenden, prismatisch-polyedrischen Bt-Horizont erfolgte die Wasserbewegung während der Naßphasen zunächst vornehmlich in den größeren Hohlräumen (Rissen, Klüften, Wurzelbahnen) des Bodens. Die Reduktion, Lösung und Fortfuhr der Sesquioxide war daher an den Hohlraumwänden am stärksten, so daß dort hellgraue, verarmte Randzonen entstanden. Ein Teil der reduzierten Sesquioxide wurde mit der Stauwasserbewegung verlagert, ein anderer Teil wanderte während der Vernässungsphase ins Innere der Bodenaggregate, wo er – z. B. durch dort eingeschlossenen Sauerstoff der Bodenluft – oxidiert, ausgefällt und angereichert wurde. Außerdem drang während der Austrocknungsphase aus den gröberen Hohlräumen Luft von außen in die Aggregate ein und oxidierte auch die vorher reduzierten Sesquioxide, die sich im Innern der Aggregate anreicherten, z. T. bis zur Bildung von Konkretionen. Der Bt-Horizont erhielt so im Laufe der Zeit ein »marmoriertes«, rostfleckiges Aussehen.

Böden mit solchen, durch Staunässe entstandenen, hydromorphen Merkmalen werden als **Pseudogleye (SW)** bezeichnet. Laufen die Prozesse der Hydromorphierung z. B. in den Horizonten einer Fahlerde ab, so entsteht aus ihr allmählich ein **Fahlerde-Pseudogley (BF-SW)**, in dem ein relativ wasserdurchlässiger, »wasserleitender« rostfleckiger Ael-Sw-Horizont über einem verdichteten, wasserstauenden, marmorierten Bt-Sd-Horizont liegt. Die Vernässung ist in ebenen Lagen bei sonst vergleichbaren Umweltbedingungen dort besonders stark, wo bereits der Geschiebemergel (elCn-Horizont) – verstärkt z. B. durch Einlagerung von aus dem Solum ausgewaschenen Karbonaten – wasserstauend wirkt. Die auf den Braunerden, Parabraunerden, Fahlerden und Pseudogleyen aus Geschiebemergel stockenden dichten Laub- und Mischwälder wurden im Laufe der menschlichen Besiedelung des Gebietes zunächst z. B. durch ständige Waldweide und Streunutzung zunehmend aufgelichtet, z. T. dadurch allmählich zerstört und schließlich – bei steigendem Bedarf an Bau- und Brennholz sowie an landwirtschaftlichen Nutzflächen – vollständig abgeholzt. Die Folgen dieser menschlichen Eingriffe waren vielfältig. Aufgrund der fehlenden Pumpwirkung der Waldvegetation vernäßten nach der Entwaldung z. B. auch bisher frische bis schwach feuchte Standorte durch überschüssiges Stauwasser. In stärker aufgelichteten Laub- und Mischwäldern breitete sich in feuchterer Lage die Moor-Glockenheide *(Erica tetralix)*, in trockener Lage die Besenheide *(Calluna vulgaris)* aus.

Andererseits wurden in zunehmendem Maße ehemalige Waldflächen in landwirtschaftliche Nutzung genommen. Mit der Einführung der sogenannten Plaggendüngung (s. Seite 425) zur Verbesserung der alten, meistens dorfnahen Ackerflächen entstanden in der weiteren Umgebung der Ortschaften große Plaggenstichflächen, die verheideten und als Schafweiden dienten. Das Aufkommen natürlicher Baumbestände wurde dort durch den Viehverbiß der Junghölzer be- oder verhindert. Wiederaufforstungen erfolgten erst relativ spät und dann oft mit schnellwüchsigen Fichten- bzw. Kiefernmonokulturen, die die Rohhumusbildung verstärkten.

Viele dieser Eingriffe des Menschen in die primäre natürliche Waldvegetation hatten das Entstehen von sekundären anthropogenen Vegetationsformen zur Folge (z.B. Nadelholz- und Heidevegetation). Die mikrobielle Zersetzung der schwer zersetzbaren, relativ nährstoffarmen Streu dieser Sekundärvegetation wurde im kühlfeuchten Klima durch starke Versauerung und Nährstoffmangel behindert, so daß sich daraus im Laufe der Zeit auf der Mineralbodenoberfläche stark saure, torfähnliche Auflagehumusschichten anreicherten, die im Extremfall als Rohhumus (s. Seite 147) aus relativ mächtigen, oft verfilzten L-, Of- und Oh-Lagen bestehen. Mit den versickernden Niederschlägen wurden daraus stark saure (pH-Werte z.T. < 3,0), niedermolekulare organische Verbindungen (z.B. Polyphenole und Fulvosäuren) ausgewaschen, die zunächst in den oberen Teilen des darunter folgenden, an Ton verarmten Ah- und Al-Horizontes eine intensive Verwitterung der restlichen Silikate hervorriefen. Die dabei u.a. entstehenden Sesquioxide (s. Seite 36) des Fe, Mn und Al wanderten – teils in ionarer Form, teils reduziert in Form von wasserlöslichen, solförmigen organo-mineralischen Komplexverbindungen (z.B. Chelaten) – mit dem Sickerwasser abwärts und hinterließen im Laufe der Zeit einen an Mächtigkeit langsam zunehmenden, silikatarmen, in Extremfällen sogar silikatfreien, durch »Sauerhumus« gebleichten Ae-Horizont mit blanken Quarzkörnern. Die vertikal verlagerten Stoffe selbst gelangten dann, etwa im unteren Teil des Ael-Horizontes einer Fahlerde, in silikatreichere Bereiche mit etwas höheren pH-Werten sowie Resten an basischen Kationen. Solförmige Stoffe wurden dort z.B. beim Erreichen ihres isoelektrischen Punktes (s. Seite 163), durch Aufnahme weiterer Al- oder Fe-Ionen, durch Oxidation, aber auch durch Austrocknung ausgefällt. Die organischen und mineralischen Fällungsprodukte reicherten sich im Laufe der Zeit an und umkleiden heute die Mineralkörner als dunkle Rinden. So entstand oft ein mikroskopisch sichtbares »Hüllengefüge«, das typisch ist für Bsh- und Bhs-Anreicherungshorizonte.

Der beschriebene Prozeß-Komplex wird als **Podsolierung** bezeichnet und führt zur Ausbildung des Bodentyps **Podsol (PP)** (russisch = Aschenboden aufgrund der violettstichig-aschgrauen Farbe des Ae-Horizontes). Er weist im natürlichen Zustand unter Heidevegetation oder unter

Nadelwald häufig die Horizontfolge L/Of/Oh/Ah/Ae/Bhs/C auf. Al-Verbindungen werden – z.B. aufgrund von Löslichkeitsunterschieden – in etwas größerer Tiefe ausgefällt als Fe- und Mn-Verbindungen. Außerdem entstehen in nicht durch Unterboden-Staunässe beeinflußten Podsolen unterhalb des Bhs-Horizontes z.T. schwarzbraune, unregelmäßig horizontal verlaufende Anreicherungsbänder aus etwas tiefer verlagerten organisch-mineralischen Komponenten des Podsolierungsprozesses (s. Seite 351).

Unter Laubwald ist die Podsolierung, z.B. von Fahlerden, Parabraunerden und Braunerden, häufig nur gering. Sie beschränkt sich in der Regel auf die oberen 10 bis 15 cm des Mineralbodens und ist meistens bereits makroskopisch an zahlreichen gebleichten Sandkörnern zu erkennen, die den dunklen Ah-Horizont aufhellen, ohne daß darunter ein Bhs-Horizont farblich erkennbar ist. Er läßt sich jedoch analytisch z.B. durch erhöhte Fe- und Al-Gehalte nachweisen. Solche Oberböden werden als »podsolig« bezeichnet und besitzen, wenn sie z.B. im Bodenprofil einer Braunerde auftreten, die Horizontfolge L/O/Aeh/Bhsv/Bv/C (podsolige Braunerde). Auf weitere Abweichungen vom Normalprofil eines Podsols wird später (s. Seite 351) eingegangen. Das gleiche gilt für die vielfältigen anthropogenen Einwirkungen, z.B. im Verlauf von Meliorationen podsolierter Böden (s. Seite 500ff.). Die beschriebene, »idealisierte« Bodenbildungssequenz auf Geschiebemergel wird in der Natur durch mannigfaltige geologische, geomorphologische, klimatologische, biologische und hydrologische Faktoren verändert. Einige Beispiele sollen dies erläutern.

In heute beackerten Kuppenlagen werden die pedogenetischen Prozesse z.B. häufig durch die Bodenerosion unterbrochen. Sie beginnen nach der Abtragung entweder auf dem nicht erodierten Unterboden oder – bei vollständiger Erosion des Solums – auf dem frischen Geschiebemergel von neuem. Die z.B. in Schleswig-Holstein weit verbreiteten Pararendzinen auf Hügelkuppen und an Oberhängen zeugen davon.

An Unterhängen ist häufig die hangabwärts gerichtete, laterale Sickerwasserzufuhr so stark, daß sich dort – häufig bei abgeschwächter Tondurchschlämmung – Hangpseudogleye entwickelt haben. Sie gehen in Senken oft in Pseudogleye mit langer Naßphase über und sind sogar z.T. oberflächlich vermoort. Dies führt zur Entstehung von Kleinstmooren. Hier tritt auch nicht selten ständiges Bodenwasser (= Grundwasser) auf, so daß Übergänge zwischen Stauwasser- und Grundwasserböden vorliegen (s. Seite 391). Aber nicht nur ein andersartiger Wasserhaushalt führt zu Abweichungen von der beschriebenen Pedogenese. In karbonatreicheren Geschiebemergeln ist z.B. das Stadium der Fahlerde oft noch nicht erreicht. Bewaldete, nicht erodierte Kuppen- und Oberhanglagen weisen örtlich noch heute das Stadium der Braunerde – z.T. mit geringer Tonverlagerung – auf, da die dort geringere Durchfeuchtung der Böden eine stärkere Tondurchschlämmung ausschließt. Auf

weitere Abwandlungen der hier beschriebenen Prozeßabfolgen wird im Kapitel Bodengeographie (s. Seite 447) eingegangen. –
Ähnliche Bodenbildungssequenzen haben aber z.B. auch auf äolischen, schluffreichen, meist kalkhaltigen, *eiszeitlichen Lößsedimenten* stattgefunden. Die Art, Richtung und Geschwindigkeit der Einzelprozesse wurde hier jedoch – ebene Lage und vergleichbare Klima- und Vegetationsentwicklung vorausgesetzt – z.B. durch folgende Faktoren zusätzlich beeinflußt: Unterschiedliche Kalkgehalte führten bei gleicher Wasserführung des Substrates zu unterschiedlichen Entkalkungs- und Verwitterungsgeschwindigkeiten. Mächtiger, locker gelagerter äolischer Löß besitzt in ebener Lage und bei gleichen Kalkgehalten eine größere Wasserdurchlässigkeit als primär dichtgelagerter Schwemmlöß, in dem dann aufgrund von früher einsetzenden und langfristigeren Stau- bzw. Haftnässephasen einerseits die Entkalkung, Verbraunung und Tondurchschlämmung eingeschränkt, die Pseudovergleyung jedoch andererseits beschleunigt wird. Im äolischen Weichsel-Löß geschieht dies beispielsweise auch beim Auftreten verdichteter, fossiler Naßbodenhorizonte aus wärmeren Interstadialen des Weichsel-(Würm-)Glazials im Unterboden.
Auf geomorphologisch bedingte Abwandlungen wird auf den Seiten 446 und 447 hingewiesen. Wie sich eine klimatisch andersartige Entwicklung seit dem Ausgang der letzten Eiszeit auf dem gleichen Substrat (kalkhaltiger Weichsel-Löß) auswirkt, zeigt das folgende Kapitel.

3.2.2.2 Bodenentwicklung auf weichseleiszeitlichem Löß im kontinental beeinflußten gemäßigten Klima

Das äolische, in der Regel karbonathaltige Schluffsediment Löß (s. Seite 88) bedeckt im ehemaligen eiszeitlichen Periglazialgebiet Mitteleuropas große Flächen (s. Seite 122). Während die Bodenentwicklung in den feuchteren, westlichen Lößgebieten große Ähnlichkeit mit der auf Geschiebemergel aufweist, verlief sie in den kontinentaleren, östlichen Lößgebieten zunächst z.T. in anderer Richtung (s. Abb. 101).
Zunächst wurde auch hier eine Pararendzina mit Ah/elCn-Profil gebildet. In den ersten, insgesamt noch kühlen und nach Osten zunehmend winterkalten und sommertrockenen Phasen des Holozäns reichte jedoch nach den bisherigen Kenntnissen die Bodenfeuchte während der Vegetationszeit für eine dichtere Bewaldung nicht aus, so daß hier zunächst steppenartige Vegetationsformen (u.a. Waldsteppe) vorherrschten, wie sie heute z.B. in sommertrockenen, winterkalten Gebieten auf dem Balkan und in Südrußland vorkommen. Während der frühholozänen Zeitabschnitte des Präboreals und Boreals (etwa 8000 bis 6000 v.Chr.) war die Bodenbildung in den mitteldeutschen Lößgebieten und ihren westlichen Ausläufern – etwa bis in den Raum Hildesheim und Göttingen – aber auch z.B. in trockneren Lößarealen Hessens und im Oberrheintal – unter grasreicher Vegetation durch die pedogenetischen Prozesse der

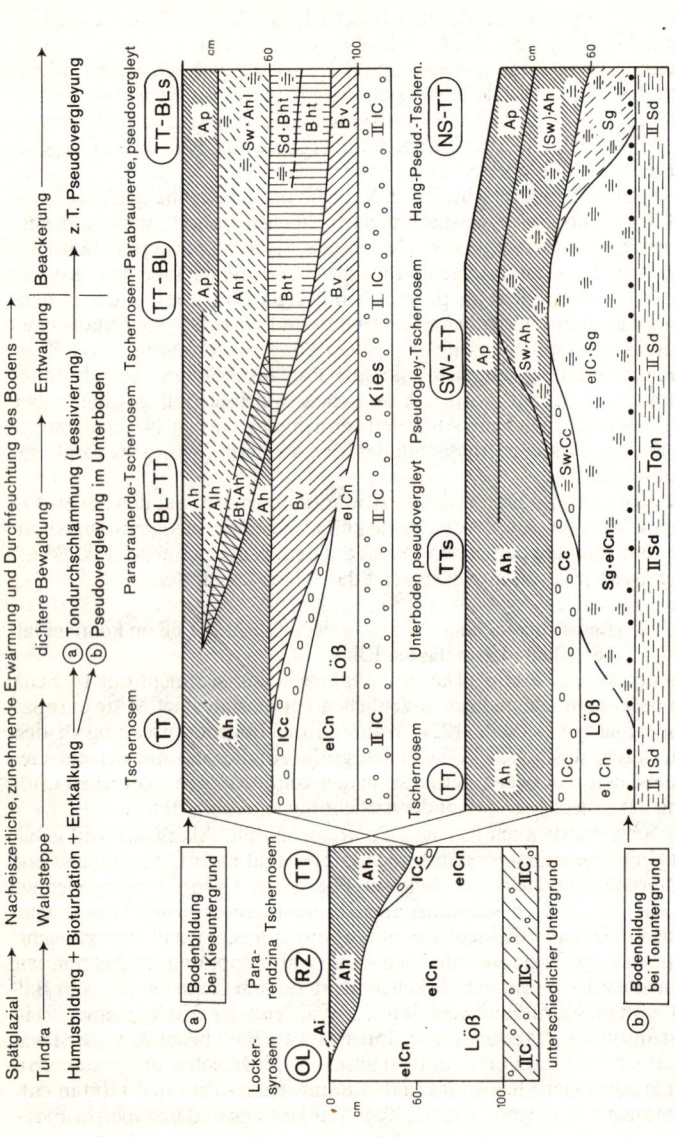

Abb. 101. Bodenentwicklung auf weichseleiszeitlichem Löß über Kies-(a) und Ton-Untergrund (b) seit dem Spätglazial der Weichseleiszeit im kontinental-gemäßigten Klimagebiet Mitteleuropas. Stark schematisch. (ROESCHMANN 1984).

Humusbildung und Bioturbation gekennzeichnet, bei gleichzeitiger langsamer Entkalkung des Humushorizontes. Die im Frühjahr und z.T. auch im Herbst entstandenen und im Laufe der Zeit vorwiegend zu Grauhuminsäuren umgebildeten Vegetationsrückstände konnten sich im Oberboden anreichern, da die Zersetzungsprozesse im Winter durch strenge Kälte, im Sommer durch Trockenheit unterbrochen wurden. Die wühlende Steppenbodenfauna (z.B. Regenwürmer, Hamster, Ziesel) vermischte die Huminstoffe mit immer tieferen Mineralbodenschichten, so daß im Laufe der Zeit ein 50 bis 70 cm mächtiger, infolge der Kalk-auswaschung karbonatfreier, durch Huminstoffe schwarz gefärbter Ah-Horizont mit optimalem Krümelgefüge entstand. Die aus dem humosen Oberboden ausgewaschenen Karbonate kristallisierten in den Boden-hohlräumen unterhalb des Ah-Horizontes teils diffus, teils nesterförmig aus und bildeten in diesem Kalkanreicherungshorizont (lCc) z.T. harte nierenförmige Karbonatkonkretionen, die sogenannten »Lößkindel«.

In den ersten beiden Jahrtausenden nach der letzten Eiszeit entstand so unter den Bedingungen des Steppenklimas allmählich das tiefgründige Bodenprofil des Bodentyps **Tschernosem (TT)** bzw. der Schwarzerde mit der Horizontfolge Ah/lCc/elCn, während sich gleichzeitig in der klima-tisch feuchteren Umgebung, besonders in westlicheren Lößgebieten, unter Wald Parabraunerden entwickelten. Aber auch in den kontinenta-leren Tschernosem-Gebieten Mitteleuropas wurde das Klima während der folgenden Perioden des Holozäns, vor allem seit dem Beginn des Atlantikums vor etwa 7000 Jahren, feuchter, so daß hier die ursprüng-liche Steppen- und Waldsteppenvegetation durch dichtere Laubwälder abgelöst wurde. Dies hatte für die Schwarzerden unterschiedliche Fol-gen, je nachdem, ob das Substrat eine gute oder eine schlechte Wasser-führung besaß.

In Gebieten mit mehrere Meter mächtigen, porösen, äolischen Löß-schichten sowie dort, wo unter geringer mächtigem Löß wasserdurch-lässige Schichten folgten, war eine relativ ungehinderte Wasserbewegung im Substrat möglich (s. Abb. 101a). Hier begann unter Wald innerhalb des Tschernosem-Ah-Horizontes der pedogenetische Prozeß der Ton-durchschlämmung (Lessivierung). Sie erfaßte jedoch hier – anders als in primären Löß-Parabraunerden – außer dem mineralischen Feinton auch die humosen Bestandteile und Ton-Humus-Komplexe der Tonfraktion bei gleichzeitig fortschreitender Entkalkung und späterer Verbraunung und Verlehmung des humusfreien Unterbodens und damit Entstehung eines Bv-Horizontes. Die im Oberboden bei der Lessivierung verlager-ten organisch-mineralischen Tonanteile bildeten zunächst innerhalb des mächtigen Ah-Horizontes einen oft tiefschwarzen Tonanreicherungsho-rizont (Bt-Ah), während der Oberboden infolge der Verarmung an Ton und Humus aufhellte, langsam versauerte und eine graue, häufig in sich feinfleckige (»grisige«) Färbung annahm. Es entwickelte sich ein Para-braunerde-Tschernozem (BL-TT) (s. Abb. 101). Im Laufe der weiteren

Bodenbildung »wanderte« der Bt-Ah-Horizont unter Vertiefung des Ahl-Horizontes in den entkalkten, verbraunten Unterboden hinein und bildete schließlich im oberen Teil des Bv-Horizontes einen relativ tonreichen, durch Einschlämmung von Ton und schwarzen Humusstoffen rötlichbraun und schwarz gefleckten Bht-Horizont. Dieser Boden mit der Horizontfolge (Ah bzw. Ap/Ahl/Bht/Bv/IIIC) wird als (Relikt-) **Tschernosem-Parabraunerde**, wegen des grisig-grauen Ahl-Horizontes auch als »Griserde« bezeichnet.

Die Ton-Humuseinschlämmung hat schließlich örtlich zu einer Verdichtung des Unterbodens und damit im heute humiden Klimabereich zu zeitweiliger Staunässe im Oberboden geführt. Sie kann allerdings auch z.B. nach einer anthropogenen Entwaldung und anschließender landwirtschaftlicher Nutzung im Boden auftreten, wenn die erhebliche sommerliche Pumpwirkung der Baumwurzeln fortfällt. In Abhängigkeit von der Reliefposition dieser Böden ist Staunässe außerdem auch in Senken – und Unterhanglagen – verbreitet.

In einigen, vorwiegend westlichen Randgebieten der mitteleuropäischen Tschernosem-Verbreitung verlief die Bodenentwicklung nach dem heutigen Kenntnisstand in anderer Richtung. Hier ist der Tschernosem nicht selten aus relativ geringmächtigem Löß (1 bis 2 m) entstanden, der über dichten, tonigen Substraten liegt (s. Abb. 101b). Nach der Tschernosem-Bildung hatte das feuchter werdende Klima wohl bereits relativ früh in regenreichen Jahreszeiten zeitweilige Staunässe hervorgerufen, da das versickernde Niederschlagswasser oberhalb des dichten, tonigen Untergrundes im Löß – aufgrund seines hohen Mittelporenanteils vorwiegend als Haftwasser – gestaut wurde. Im zunächst gelben elCn-Horizont entstanden dann durch Eisenumverteilung in zunehmendem Maße Merkmale der Pseudovergleyung in Form von Rostflecken und kleinen Fe-Mn-Konkretionen (elCn · Sg-Horizont). Eisen-Mangan-Konkretionen im unteren Teil des Ah-Horizontes weisen außerdem darauf hin, daß die zeitweilige Staunässe bis in den humosen Oberboden aufstieg, so daß das frühholozäne Tschernosem-Stadium dieser Böden durch Staunässe konserviert wurde.

Der heute in westlichen Tschernosem-Gebieten aus Löß über Tonuntergrund auch in Kuppenlagen verbreitete Subtyp des **Pseudogley-Tschernosems** mit seinem Ah- bzw. Ap/(Ah)/SwAh/CelCn · Sg/IISd-Profil ist also ein durch Pseudogley-Merkmale sekundär überprägter, frühholozäner Relikt-Tschernosem, der wegen seiner häufigen Vernässung nach der Inkulturnahme zunächst großflächig als Grünland genutzt wurde und erst nach der Einführung der Rohrdränung die bekannten optimalen Ackerboden-Eigenschaften erhielt. Lediglich unter Wald weist der obere Teil des Ah-Horizontes örtlich deutliche Merkmale der Ton-Humusverarmung auf (Alh-Horizont), während der untere Teil als tonreicher pseudovergleyter Sw-Bt-Ah-Horizont ausgebildet ist.

In Hanglagen hat häufig infolge langsamer lateraler Hangwasserbewe-

gung eine Entkalkung des Löß-Untergrundes stattgefunden, die auf
ebenen Flächen fehlt. Das Bodenwasser liegt jedoch auch hier vorwiegend als Haftwasser vor, so daß diese Hangböden die Horizontfolge
Ap/(Sw-)Ah/Sg/IISd aufweisen. –
Der Pseudogley-Tschernosem hat sich örtlich auch aus kalkhaltiger
Grundmoräne (Geschiebemergel) entwickelt. In Tschernosem-Gebieten,
in denen die Lößdecke örtlich auskeilt und der tonig-mergelige Untergrund an der Erdoberfläche ansteht, haben sich flachgründige schwarze
Tonböden gebildet, da hier die Bioturbation infolge der hohen Lagerungsdichte des Substrates und der häufigen Staunässe nur im Oberbo-
den wirksam war. Sie dürften jedoch dem Pseudogley-Tschernosem aus
Löß entsprechen.

3.2.2.3 Bodenentwicklung auf Kalkstein und Mergelstein

In den vorangegangenen Kapiteln wurden Sequenzen der Pedogenese
auf unterschiedlichen karbonathaltigen, silikatischen Lockergesteinen
vorgestellt. Im folgenden wird die Prozeßabfolge unter humid-gemäßig-
ten Klimabedingungen auf harten Kalksteinen und etwas weicheren
Mergelgesteinen in ebener Lage behandelt. Die Bodenbildung ist hierbei
wesentlich abhängig von der Härte (Kristallisationsgrad des $CaCO_3$),
der Dichte (Porenraum) und Klüftigkeit des Festgesteins, von der Größe
oberflächlich anstehender Gesteinsschutt-Bruchstücke sowie von der
mineralogischen Zusammensetzung und Menge des nichtkarbonatischen Anteils im Kalkstein.
Als typisches, einfaches Beispiel soll hier zunächst die Pedogenese auf
dem beispielsweise im Göttinger Wald anstehenden, wellig-plattigen bis
dünnbankigen Kalkstein des Unteren Muschelkalkes (»Wellenkalk«)
dienen (s. Abb. 102). Die fast horizontal liegenden, harten, sehr feinporigen Kalke enthalten im Mittel nur rund 6 % nichtkarbonatische Anteile in Form von fast 60 % vorwiegend illitischem Ton, etwa 40 %
silikatischem Schluff und sehr wenig Sand. Zwischen den etwa 1 bis
3 cm dicken Kalkbänkchen treten jedoch nicht selten millimeterdünne
Mergeltonlagen und Tonhäutchen auf, die oft nur zu einem Drittel aus
$CaCO_3$ und zum großen Teil aus Tonmineralen bestehen. Die Kalk-
bänke sind bereits im Gesteinsverband in sich durch feine Risse und
einzelne, wohl tektonisch bedingte, offene Klüfte in handteller- bis nuß-
große Bruchstücke aufgeteilt. In den oberen Dezimetern war der Gesteinsverband jedoch wahrscheinlich schon während des Weichsel-Glazials durch Kryoklastik und z. T. Kryoturbation zerbrochen, so daß das
unbeeinflußte Festgestein – in ebener Lage und ohne fremde Deckschicht – sehr wahrscheinlich bereits im Spätglazial von einer geringmächtigen Frostschuttschicht aus Kalkgesteinsgrus überdeckt war, die
außer harten Kalksteinbröckchen und -zerreibsel mit Sicherheit auch die
Tonanteile der dünnen Mergeltonlagen enthielt (klCn-Horizont).
In diesem Substrat begann spätestens während der wärmeren Phasen

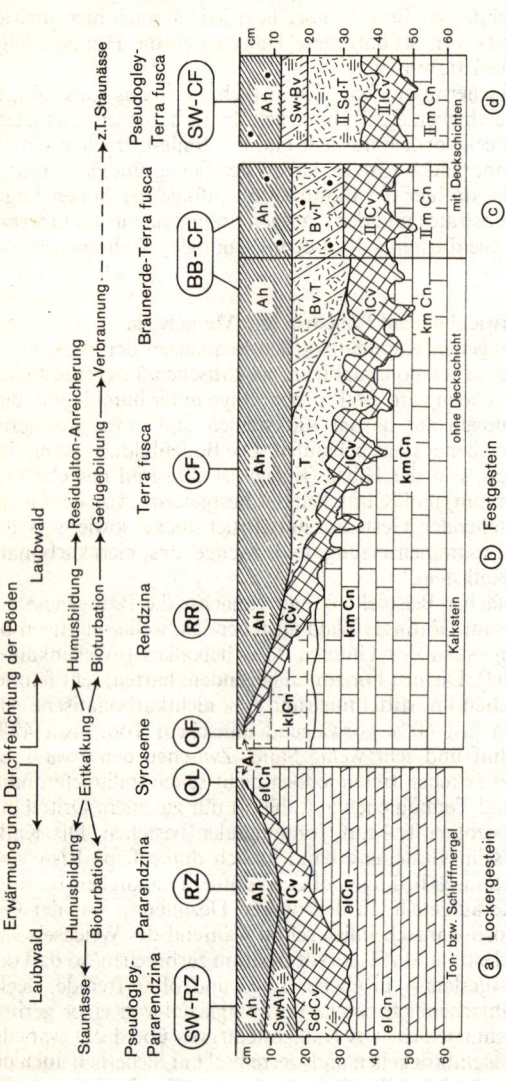

Abb. 102. Bodenentwicklung auf mesozoischem Mergel (a) und Kalkstein (b), ohne und mit Deckschichten (c) und (d), seit dem Spätglazial der Weichseleiszeit im gemäßigten Klimagebiet Mitteleuropas. Stark schematisch. (ROESCHMANN 1984).

des Spätglazials (s. Seite 124) unter Birkenwald und in den kalten Phasen unter Tundrenvegetation die Bodenbildung mit den Initialprozessen der Humusbildung sowie der Lösung feinkörniger Karbonate und ihrer Auswaschung während der zunehmend längeren sommerlichen Auftauperioden des Oberbodens. **Syroseme (OF)** mit Ai/klCn/kmCn-Profilen und Protorendzinen mit geringmächtigen Ah-Horizonten dürften damals verbreitet gewesen sein.

Im Holozän setzten sich diese pedogenetischen Prozesse unter Laubwald verstärkt fort, wobei der zunächst noch kalkhaltige, schwach alkalische bis neutrale Ah-Horizont einerseits durch Bioturbation vertieft wurde, andererseits aber auch nach vollständiger Entkalkung schwach versauerte und infolge der relativen Anreicherung des Kalkstein-Lösungsrückstandes toniger wurde. Außerdem entstanden im Ah-Horizont in zunehmendem Maße Ton-Humus-Komplexe sowie außer Schrumpfungs-Polyedern auch durch intensive Mikroorganismen- und Regenwurmtätigkeit stabile, meist humus- und hohlraumreiche Krümel- und Wurmlosungsaggregate (Humusform Mull). Gleichzeitig wurde der obere Teil des harten Kalksteins (kmCn-Horizont) infolge der starken Durchwurzelung unter Wald sowie in winterlichen Frostperioden durch Kryoklastik mehr oder weniger tief aufgelockert und zum manchmal schwach humosen lCv-Horizont umgeformt. Hier konnten wiederum die Entkalkungsprozesse verstärkt wirksam werden. Möglicherweise war so bereits im frühen Holozän das Bodenprofil einer typischen **Mull-Rendzina (RR)** mit einem Ah/lCv/kmCn-Profil ausgebildet.

Während der folgenden, feucht-warmen Periode des Atlantikums (s. Seite 124) wurde dann nach heutigen Vorstellungen die Entkarbonatisierung des Oberbodens und die relative Anreicherung des tonigen Lösungsrückstandes infolge zunehmender Entbasung und Versauerung derartig beschleunigt, daß sich – unter Einbeziehung der z.T. erheblichen Tonmengen aus den Mergeltonlagen – zwischen dem Ah- und dem lCv-Horizont ein tonreicher, aufgrund von intensiver Quellungs-Schrumpfungsdynamik (s. Seite 197) fein- bis mittelpolyedrischer, im feuchten Zustand relativ dichter, humusfreier bis humusarmer T-Horizont – der auch z.T. als Bav-Horizont symbolisiert wird – aus illit- und glimmerreichem Residualton entwickelte. Seine anfangs oft intensiv braungelbe Farbe ist auf die Freisetzung und Oxidation von zunächst zweiwertigen, kalksteinbürtigen Eisenverbindungen unter Bildung von Goethit, zurückzuführen (primäre »Entkalkungsverbraunung«). Dies hat KUBIENA (1953) dazu veranlaßt, diesen Bodentyp **Terra fusca (CF)**, Kalksteinbraunlehm zu nennen. Er hat die Horizontfolge Ah/T/lCv/kmCn und gehört zusammen mit der rotgefärbten Terra rossa (s. Seite 386) zur Bodenklasse der Terrae calcis. In Abhängigkeit von der lokalen primären Zusammensetzung des Kalkstein-Lösungsrückstandes – z.B. seiner Glimmer- und Tonmineralarten sowie der Sesquioxid-Formen und -Gehalte – kann die Farbe der T-Horizonte etwa zwischen Gelb und Rötlichbraun wechseln. Da diese Farben aber auch sekundär durch die pedogenetischen Teilprozesse der Verbraunung entstehen können, ist es im Gelände oft schwierig, zwischen der primären Residualton-Farbe und der sekundären Verwitterungs-Verbraunung zu unterscheiden, zumal beide Prozesse heute in der Natur gleichzeitig nebeneinander ablaufen. Aber erst wenn der T-Horizont z. B. durch deutliche Verwitterung von Glimmern mit erhöhter Eisenfreisetzung, durch graduelle Aufweitung der gesteinsbürtigen Illite, durch Tonneubildung sowie durch bioturbate Einmischung von humosen Substanzen aus dem Ah-Horizont dunkler braune bis graubraune Farben und ein mehr subpolyedrisches Gefüge angenommen hat, wird er als Bv-T-Horizont bezeichnet und der Boden als **Braunerde-Terra fusca (BB-CF)** mit Ah/Bv-T/lCv/kmCn-Profil angesprochen. Intensivere Verbraunung kann auch zur Terra fusca-Braunerde (mit T-Bv-Horizont) führen, in der die pH-Werte des Oberbodens unter Waldvegetation oft bereits unter pH 5 abgesunken sind.

Wie Kartierarbeiten gezeigt haben, sind auch in ebener Lage nur sehr wenige T-Horizonte in Terra-fusca-Profilen ausschließlich aus autochthonem Residualton aufgebaut. Häufig enthalten sowohl die Ah- als auch der Bv-T-Horizont z. B. wechselnde Lößmengen, die durch Kryoturbation eingemischt wurden und meistens an einem erhöhten Grobschluffgehalt erkennbar sind. Vielfach liegen auch mehr oder weniger dünne Lößdecken über dem Residualton, der sich dadurch – mindestens teilweise – als reliktische Bildung aus der Zeit vor der eiszeitlichen Lößaufwehung ausweist.

An Hängen ist der Residualton häufig mit Löß durch Solifluktion vermischt worden. Diese eiszeitlichen Fließerden (s. Seite 74) enthalten oftmals auch Bruchstücke der am Oberhang anstehenden Gesteinsschichten und liegen in der Regel mit relativ scharfer Grenze über Resten des T-Horizontes oder direkt über dem lCv-Horizont. Die Häufigkeit solcher Schichtprofile zeigt, daß viele der heutigen Terra-fusca-Profile mindestens teilweise reliktisch sind und sich vielleicht bereits im Eem-Interglazial (s. Seite 120) oder noch früher gebildet haben. Möglicherweise hat die Entkarbonatisierung der Kalksteine des mitteleuropäischen Periglazialraumes zwischen den nördlichen und südlichen Gletschermassen örtlich auch in wärmeren Glazialperioden bei tieferliegender Permafrostgrenze unter Tundrenvegetation stattgefunden, wenn die Niederschläge während der Sommermonate aus dem dann aufgetauten Oberboden durch Spalten und Klüfte der Kalkgesteine nach unten absickern konnten. Die größere Hydrogenkarbonat-Löslichkeit des Calzites bei niedrigen Temperaturen (s. Seite 176) könnte in diesen kühlen Auftauperioden sogar eine relativ rasche Karbonatabfuhr bewirkt haben, sofern die Gesteinsklüfte mindestens teilweise offen blieben oder ein Hangwasserabzug möglich war.

In feuchteren Lagen, wie z. B. an Unterhängen oder in Geländesenken, hat der langanhaltende Quellungszustand der tonreichen, dichten T- oder Bv-T-Horizonte häufig zu einer Vernässung der Oberböden durch Hang- bzw. Stauwasser oder durch Haftnässe geführt. Da in diesen Reliefpositionen in der Regel Schichtprofile aus Löß oder lößhaltiger Fließerde über Residualton vorliegen, bildete sich in der etwas hohlraumreicheren, schluffigen, oft verbraunten Deckschicht ein Sw-Bv-Horizont über dem dichten, wasserstauenden IISd-T-Horizont des Residualtons, so daß, bei geringmächtiger Deckschicht, das Bodenprofil einer **Pseudogley-Terra fusca (SW-CF)** entstand. Stärkere oder länger anhaltende Staunässe kann schließlich zur Ausbildung eines Terra fusca-Pseudogleyes (CF-SW) mit Ah/Sw/IIT-Sd-Profil führen.

In von Natur aus ton- oder schluffreicheren, karbonatischen Lockergesteinen, wie z. B. den mittel- bis feinporigen, zunächst relativ gut wasserdurchlässigen Ton- oder Schluffmergeln, verlaufen die Prozesse der Entkalkung und Residualton- bzw. -Schluffanreicherung in der Regel erheblich rascher. Zunächst entsteht hier durch zusätzliche Humusbildung und Bioturbation ein der Rendzina ähnliches Ah/lCv/elCn-Profil, das in Anbetracht des hohen nichtkarbonatischen Anteils im Substrat (> 25%) den Typennamen **Pararendzina (RZ)** erhält (s. Abb. 102a). Bereits während der Entkalkung sinkt jedoch besonders in Schluffmergeln das z. T. noch karbonathaltige Substrat unter langsamer Verdichtung und Hohlraumverminderung in sich zusammen und bildet unterhalb des Ah-Horizontes einen zunächst schwach, im Laufe der Zeit stärker wasserstauenden Sd-Cv-Horizont. Die zeitweilige Staunässe kann hier auch unter Ausbildung eines Sw-Ah-Horizontes bis in den Ah-Horizont aufsteigen, so daß dann das Bodenprofil einer **Pseudogley-Pararendzina (SW-RZ)** vorliegt.

Über die hier beschriebenen, vorwiegend für ebene Lagen und einheitliche Substrate geltenden pedogenetischen Sequenzen hinaus verändern natürlich auch bereits relativ geringe Unterschiede in der Gesteinszusammensetzung sowie in der Art und Mächtigkeit geologisch entstandener Deckschichten die Art und Geschwindigkeit der Bodenentwicklung. Hierbei spielen auch die Intensität der kryoklastischen Vorverwitterung und die spezifische Lösungsgeschwindigkeit der Gesteinsbruchstücke eine ausschlaggebende Rolle.

In wasserdurchlässigen Kalkmergelsteinen ähnelt die Abfolge der pedogenetischen Prozesse z. T. der auf Geschiebemergel (s. Seite 327). Ähnliches gilt für die oft relativ schnell verwitternden Kalksandsteine, wobei hier außer der Sandkörnung und der Gesteinsporosität auch z. B. die mineralogische Zusammensetzung des Bindemittels große Bedeutung haben kann. – In Tonmergeln und Mergeltonsteinen verläuft die Bodenbildung jedoch in eine andere, wenn auch in manchem ähnliche Richtung, wie die Beispiele im folgenden Kapitel 3.2.2.4 zeigen.

Als weitere, wichtige Faktoren, die die Pedogenese gegenüber der be-

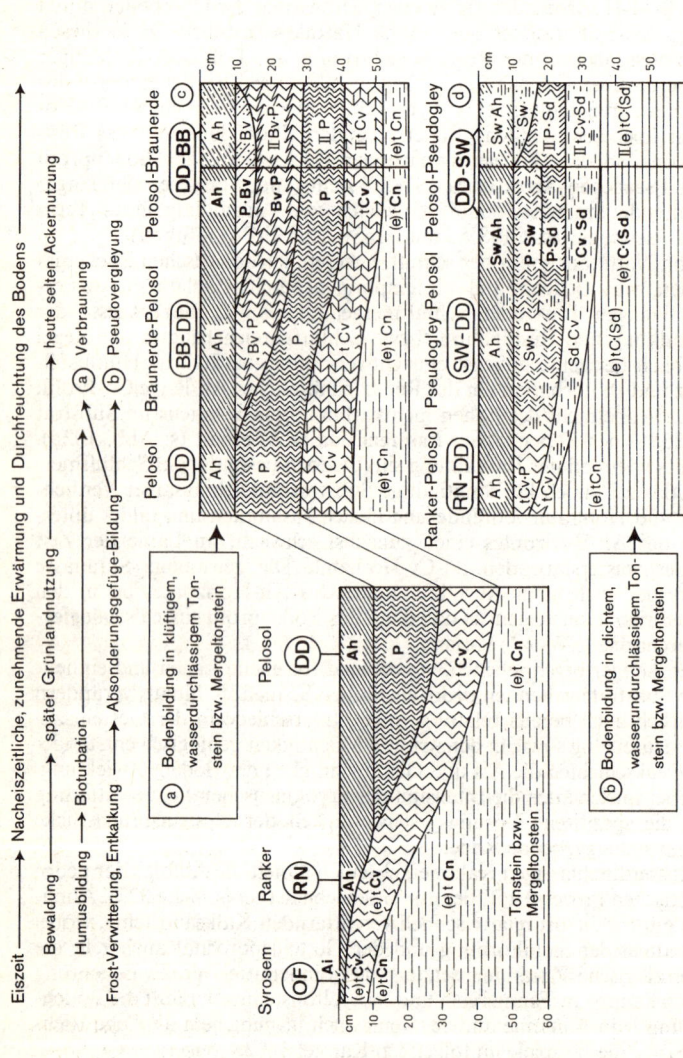

Abb. 103. Bodenentwicklung auf wasserdurchlässigem (a) und wasserundurchlässigem (b) mesozoischen Tonstein bzw. Mergeltonstein, ohne und mit Deckschichten (c) und (d), seit dem Spätglazial der Weichseleiszeit im gemäßigten Klimagebiet Mitteleuropas. Stark schematisch. (ROESCHMANN 1984).

schriebenen Sequenz verändern, sind z. B. unterschiedliche Gesteins-
schichtungen, Hangneigungen und Hangrichtungen zu nennen. Außerdem wirken klimatische Unterschiede – und damit vor allem unterschiedliche Sickerraten des Bodenwassers – verschiedene Nutzungsarten
der Böden (Wald, Acker, Grünland) sowie menschliche Eingriffe in den
Boden, etwa in Form von Entwässerung, Bodenlockerung und/oder
Düngung als pedogenetische Faktoren zusammen.

3.2.2.4 Bodenentwicklung auf tonreichen Sedimentgesteinen

Tonige Sedimentgesteine, wie z. B. marine, limnische oder fluviatile
Tone, Tonsteine oder Tonschiefer (s. Seite 96) sind in der Regel feinge-
schichtet und enthalten häufig wechselnde, z. T. größere Mengen an
Schluff. Wechsellagerungen mit schluffigen und sandigen Lagen sind
ebenso verbreitet wie tonige Gesteine mit unterschiedlichen Karbonatgehalten, die dann als Mergeltone oder Tonmergel bezeichnet werden
(s. Seite 97). Während harte Tonschiefer mit kieseligem Bindemittel
häufig Höhen bilden und zu steinig-grusigen Lehmböden (z. B. Ranker,
Braunerden) verwittern, sind weiche, tonige Lockersedimente vorwiegend in Senken, Tallagen oder in den Marschen verbreitet. Aus ihnen
haben sich in der Regel Grundwasser- oder Staunässeböden entwickelt.
Feste Tonsteine und Mergeltonsteine kommen großflächig in den fränkischen und schwäbischen Stufenlandschaften sowie verstreut im hessi-
schen-südniedersächsischen Bergland in Schichten des Röt, Keuper,
Jura und der Unterkreide vor. Über die Besonderheiten der Bodenentwicklung in solchen Tongesteinen in flachkuppiger bis ebener Lage wird
im folgenden berichtet.
Feingeschichtete, karbonatfreie bis -arme Tonsteine z. B. des Dogger-α
(»Opalinus-Ton«) und des Lias δ (»Amaltheen-Ton«) sollen hier als
Beispiel dienen (s. Abb. 103). Sie besitzen in der Regel Tongehalte zwischen 50 und 60 Gew.% und mehr als 40 Gew.% Schluff. Für die
Pedogenese ist von Bedeutung, daß die Tonfraktion dieser Gesteine
überwiegend aus mäßig quellbaren Illiten besteht, während Kaolinit
und Smectite zurücktreten.
Während der letzten Eiszeit waren diese Gesteine im Periglazialgebiet
Mitteleuropas dem arktischen bis subarktischen Frostwechselklima ausgesetzt, in der Frostschuttzone ohne, in der Tundrenzone mit unterschiedlich dichter, oft nur spärlicher Vegetationsdecke. Vermutlich
wechselten damals lange, harte Winter mit ständiger Bodengefrornis
und fehlender Pedogenese – wahrscheinlich jedoch mit deutlicher
Eisspaltenbildung – mit kurzen, kühlen Sommern, in denen nur wenige
Dezimeter des Substrates auftauen konnten und dann vorwiegend in
aufgeweichtem, wassergesättigtem, gequollenem und kohärentem Zustand über dem gefrorenen Untergrund vorlagen. Stärkerer Frostwechsel dürfte besonders während der Übergangszeiten zwischen den Som-
mer- und Wintermonaten vorgeherrscht haben. Er hatte – wahrschein-

lich u.a. durch Eislinsen- und Kammeisbildung, intensive Kryoklastik
(z.B. mit mechanischer Zerkleinerung von Feldspäten und Glimmern),
durch Kryoturbation und – wohl untergeordnet – Quellung und
Schrumpfung bei kurzfristiger, z.T. frostbedingter Austrocknung – eine
Zerstörung der primären Gesteinschichtung und eine Aufweichung der
festen Gesteinsbruchstücke zur Folge. So entstand – bei gleichzeitiger,
allmählicher Humusanreicherung im Oberboden unter der Tundrenvegetation – über dem Ausgangsgestein ein zunächst vielleicht grusiger,
später relativ strukturloser, toniger tCv-Horizont. Aus dem ursprünglichen Syrosem (OF) entwickelte sich, wahrscheinlich örtlich schon während des Weichselglazials, das Ah/tCv/tCn-Profil eines tonigen **Rankers**
(RN), anfänglich noch mit Permafrost im tCn-Horizont.
Tonböden mit dieser Horizontfolge kommen heute z.B. in kuppigen
Erosionslagen auf oberflächlich anstehenden Tonsteinen vor. Unter den
warmzeitlichen Klimabedingungen des Holozäns ist jedoch die »Aufweichung« des Tonsteins dort in stärkerem Maße durch einen Wechsel
von Quellung und Schrumpfung als durch Frostwechsel erfolgt.
Die weitere Pedogenese der tonigen Ranker wurde im Holozän im wesentlichen durch drei Prozeßkomplexe bestimmt: einerseits sorgten die
intensivere Humusbildung und Bioturbation für eine Vertiefung des
heute meistens als Mull vorliegenden, oft recht humusreichen Ah-Horizontes mit zunehmend subpolyedrischem bis krümeligem Gefüge. Andererseits »pendelt« der Boden über dem tCn-Horizont zyklisch zwischen völliger Wassersättigung (im Winter – mit zeitweiliger Bodengefrornis – während der Schneeschmelze sowie nach längeren Regen-
perioden) und stärkerer Austrocknung (während der oft windreichen,
niederschlagsarmen Frühjahrsmonate und sommerlicher bis frühherbst-
licher Trockenperioden). Die Frequenz und Eindringtiefe der dabei auftretenden Quellungs- und Schrumpfungszustände hängt vor allem von
der Intensität, Häufigkeit und Dauer der jeweiligen Witterungsvorgänge
ab, während ihr Ausmaß, – die sogenannte Gefügeamplitude – neben
dem Humusgehalt besonders durch den Tongehalt des Bodens, den
Anteil und die Art quellbarer Tonminerale, deren Ionenbelegung bzw.
örtlich auftretende freie Salze sowie vom Gewicht der Auflast in unterschiedlicher Bodentiefe beeinflußt wird. Smectitreiche Böden weisen
eine größere Amplitude auf als solche mit vorwiegend illitischen Tonmineralen oder gar Kaolinit.
Während der Austrocknung des tonreichen Bodens entsteht im Ah- und
tCv-Horizont durch Schrumpfungsvorgänge ein Absonderungsgefüge
(s. Seite 197), das im Oberboden in der Regel relativ feinpolyedrisch ist,
nach unten gröber wird und schließlich in ein vorwiegend prismatisches
Gefüge übergeht. Während des Schrumpfungsprozesses entstehen einerseits zahlreiche grobe und sehr grobe Hohlräume, überwiegend in Form
von Schrumpfungsrissen. Andererseits nehmen innerhalb der Gefügeag-
gregate durch Komprimierung die feinen Poren zu, so daß sich die

Porengrößen und ihre Verteilung im Boden während der Austrocknung unter Abnahme der Mittelporen stark verändern. Das Solum über dem Tonstein wird dadurch stärker durchlüftet; Oxidationsprozesse werden besonders in der Nähe der Schrumpfungsrisse gefördert und die Wasserdurchlässigkeit und Durchwurzelbarkeit nehmen innerhalb der Rißsysteme zu, im Innern der Gefügeelemente jedoch ab.

Wird der aggregierte, relativ trockene Boden dann z. B. bei intensiven Regenfällen wieder angefeuchtet, so versickert zunächst der größte Teil des Niederschlagswassers schnell innerhalb der Schrumpfungsrisse, jedoch lediglich unter Anfeuchtung und Quellung einer dünnen Randzone des benachbarten Bodens. Dies liegt daran, daß die sowieso sehr feinen Poren im Innern der tonreichen Bodenaggregate durch fest absorbierte Wassermoleküle so stark verkleinert werden, daß fließfähiges Wasser selbst bei hohem Druckgradienten von außen nur sehr langsam eindringen kann. Außerdem kann auch in den Hohlräumen eingeschlossene, mehr oder weniger komprimierte Luft das Vordringen der Wasserfront behindern. Die Quellung des Bodenmaterials erfolgt dadurch nur langsam und inhomogen, so daß zunächst erhebliche Wassermengen im offenen Rißsystem des Bodens versickern können. Ist das tonige Gestein des tCn-Horizontes klüftig, so gelangt das Sickerwasser auch in den tieferen Untergrund, ohne daß der Oberboden vernäßt. Durch Basenauswaschung kann dabei im Oberboden eine relativ geringe Absenkung der ursprünglich oft um den Neutralpunkt liegenden pH-Werte eintreten. – Über dichtem Tonstein werden jedoch zunächst die unteren Schrumpfungsrisse mit Wasser gefüllt. Durch langsame Quellung verdichtet sich dann der Unterboden zum Staukörper. Dies führt bei weiteren Niederschlägen auch zur Auffüllung der Hohlräume des Oberbodens. Schließlich quillt auch dort das Innere der Bodenaggregate, die Schrumpfungsrisse schließen sich und es bildet sich in der Naßphase vorübergehend ein Bodenhorizont mit hoher Lagerungsdichte, in dem nun, oft unter Ausbildung eines »Kartenhaus«-Mikrogefüges, wieder die Mittelporen größeren Raum einnehmen. Das Bodenwasser liegt dort größtenteils als Haftwasser vor, das die Bodenhohlräume völlig erfüllen kann, dann zu Luftmangel und Reduktionserscheinungen führt und das Wurzelwachstum behindert.

Durch solchen rhythmischen Wechsel von Quellung und Schrumpfung entsteht im gemäßigten Klima Mitteleuropas aus dem zunächst vorwiegend durch »Aufweichung« des Tongesteins geprägten tCv-Horizont des Ton-Rankers ein Bodenhorizont mit eigener Dynamik, der als P-Horizont (z. T. auch als Ba- oder Ca-Horizont; a von aggregiert) bezeichnet wird und in der Horizontfolge Ah/P/tCv/tCn den Bodentyp des **Pelosols (DD)** kennzeichnet (Pelos = griech. Ton) (s. Abb. 103).

Die pedogenetische Weiterentwicklung eines Pelosols ist u.a. wesentlich von der Wasserdurchlässigkeit des Ausgangsgesteins, vor allem seiner Klüftigkeit, abhängig. In Abb. 103 sind zwei Möglichkeiten (a und b) dargestellt. Pelosole aus relativ klüftigem Tongestein, wie sie z. B. örtlich aus dem Röt- oder Keupertonstein Hessens und Südniedersachsens entstanden sind, besitzen besonders in flachen Kuppenlagen eine so günstige Wasserführung, daß ihre P-Horizonte lange Zeit des Jahres hindurch im aggregierten Zustand vorliegen. Regenzeiten führen nur kurzfristig durch partielle Quellung zur Verminderung gröberer Hohlräume, zumal die Quellbarkeit der oft illitischen Tonminerale nicht selten durch ausgefällte Eisenoxide herabgesetzt ist. Der in diesen Böden vorherrschende Wechsel von Feucht- und Trockenphasen ohne ausgeprägte Nässezeiten hat u. a. eine langsame Versauerung des Oberbodens sowie eine intensive Verwitterung der primären Silikate des Substrates zur Folge, die vor allem im oberen Teil des P-Horizontes als Verbraunung erkennbar ist. Die unvollkommene Quellung verhindert dort außerdem im Zusammenwirken mit tiefergreifender Bioturbation und Durchwurzelung die Ausbildung des für P-Horizonte typischen, scharfkantigen Polyedergefüges, so daß unterhalb des Ah-Horizontes im Laufe der Zeit über die Zwischenstufe eines Bv-P-Horizontes ein deutlich verbraunter P-Bv-Horizont mit z. T. krümeldurchsetztem Subpolyedergefüge entsteht und sich der ursprüngliche Pelosol zum Subtyp der **Pelosol-Braunerde (DD-BB)** wandelt. Häufig wird die Verbraunung des Oberbodens auch durch geringmächtige äolische oder solifluidale Deckschichten mit tonärmerer, oft schluffreicherer Bodenart gefördert. Deckschichten-Profile sind in Pelosol-Landschaften besonders weit verbreitet.

Die relativ gute Wasserzügigkeit der beschriebenen Pelosole aus klüftigen Tongesteinen fördert auch den pedogenetischen Prozeß der Tondurchschlämmung (s. Seite 323), die besonders bei langsam sinkenden pH-Werten innerhalb der Schrumpfungsrißsysteme dieser Böden abläuft und stellenweise an dünnen Tonhäutchen (coatings) auf den Aggregatoberflächen erkennbar ist. Da sich jedoch in Austrocknungsperioden auch z. T. neue Schrumpfungsrisse an anderen Stellen bilden, werden die älteren Ton-Cutane nicht selten mit der Zeit wieder zerstört und während der Quellungsphasen in die tonige Matrix eingearbeitet. Im Laufe längerer Zeiten kann der Oberboden auf diese Weise tonärmer werden (Al-P-Horizont-Bildung), während im Unterboden ein Bt-P-Horizont entsteht und sich das Bodenprofil eines **Parabraunerde-Pelosols (LB-DD)** entwickelt. Tonärmere Deckschichten täuschen nicht selten eine solche Horizontfolge vor. Sie bewirken allerdings z. T. gerade wegen ihrer besseren, nicht nur auf Schrumpfungsrisse beschränkten Wasserdurchlässigkeit bei schwach bis mäßig sauren pH-Werten eine verstärkte und beschleunigte Tondurchschlämmung, die dann zur Ausbildung einer **Pelosol-Parabraunerde (DD-LB)** mit einem Ah/Al/IIP-Bt/IItCn-Profil führen kann.

Ein Beispiel der Bodenentwicklung aus dichtem Tonstein bzw. Mergelstein zeigt die Darstellung b in Abb. 103. Die geringe oder fehlende Wasserdurchlässigkeit dieses Substrates bewirkt – wie bereits erwähnt –

z. B. bei intensiven Regenfällen zunächst eine relativ rasche Auffüllung der gröberen Hohlräume des aggregierten P-Horizontes mit Stauwasser. Die dabei einsetzende Quellung des tonigen Bodenmaterials führt aber dann zu einem luftarmen, mit Haftwasser erfüllten Kohärentgefüge mit Reduktionsmerkmalen, wenn weiteres Sickerwasser über längere Zeit nachgeliefert wird. Setzt jedoch ein erneuter Austrocknungsprozeß – z. B. durch trockene Witterung und/oder die Pumpwirkung der Vegetation – bereits nach kürzerer Zeit ein, so bleiben im Oberboden aufgrund der dort noch unvollkommenen Quellung größere Bodenhohlräume erhalten, die teils mit Stauwasser, teils mit Luft erfüllt sind, und in denen sich besonders bei häufigerem Feuchtewechsel die Prozesse der Pseudovergleyung (s. Seite 330) abspielen. Diese erzeugen zunächst durch Ausbildung eines polyedrisch-prismatischen, schwach rostfleckigen Sw-P-Horizontes über dem gequollenen, dichten Sd-Cv-Horizont das Bodenprofil eines **Pseudogley-Pelosols (SW-DD)**, das bei fortschreitender Vernässung und Quellungsverdichtung auch des unteren Teiles des P-Horizontes in einen **Pelosol-Pseudogley (DD-SW)** übergehen kann. Auch diese Subtypen kommen nicht selten in Tonstein- und Mergeltonstein-Landschaften mit geringmächtiger, tonärmerer Deckschicht vor (Abb. 103, Profil d). Ist die Deckschicht mehr als 2 dm mächtig, werden diese Böden als typische Pseudogleye angesprochen.

3.2.2.5 Bodenentwicklung auf sandigen Sedimentgesteinen

Sandige Sedimentgesteine sind als Locker- und Festgesteine in Mitteleuropa weit verbreitet. Zunächst wird auf die pedogenetischen Prozeß-Komplexe und ihre zeitliche Abfolge in sandigen Lockersedimenten eingegangen (s. Abb. 104). Sie kommen besonders im norddeutschen Flachland (s. Seite 93) in folgenden Arten vor:

– als glazigene Sande, die im direkten Einflußbereich der eiszeitlichen Gletscher entstanden,
– als glazifluviatile, eiszeitliche Schmelzwassersande,
– als fluviatile Sande, die vor allem in der Nacheiszeit (Holozän, s. Seite 123) im Bereich der Flüsse und Bäche sedimentiert wurden,
– als marine Sande im Gezeitenbereich der Nordsee und
– als äolische, sowohl im Pleistozän als auch im Holozän deckenförmig oder in Form von Dünen abgelagerte Flugsande.

Als Beispiel dient hier ein äolisches Sandsediment, das im norddeutschen Flachland im Spätglazial der Weichseleiszeit während der jüngeren Tundrenzeit vor etwa 11 000 Jahren in Form einer etwa 2 m mächtigen Flugsanddecke in ebener Lage über glazifluviatilen Sanden abgelagert wurde. Das Herkunftsgebiet des Sandes soll in der warthestadialen Grundmoränenlandschaft südlich von Hamburg liegen, aus deren oberflächlich geschiebeführenden Sandflächen die starken Winde des Periglazialklimas einen silikatführenden, fein- bis mittelsandigen Flugsand ausgeblasen haben, oft unter Hinterlassung eines Steinpflasters mit

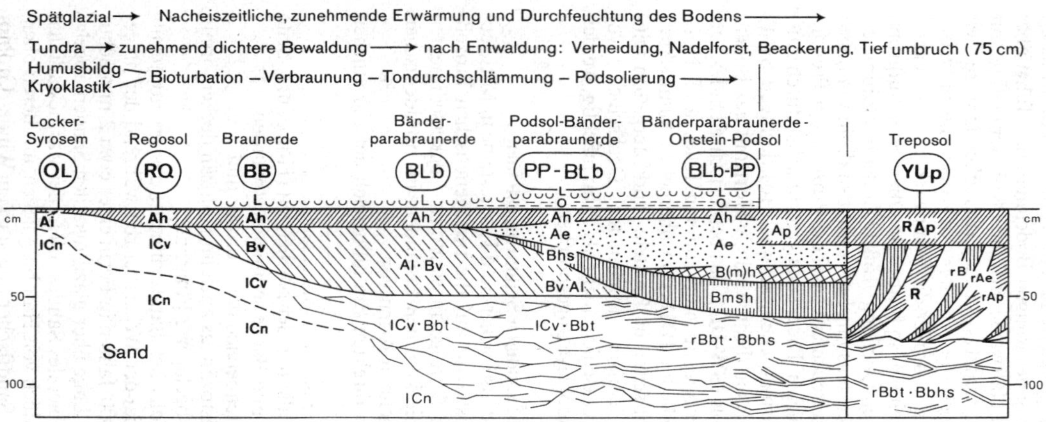

Abb. 104. Bodenentwicklung auf weichseleiszeitlichem Sand seit dem Spätglazial der Weichseleiszeit im gemäßigten Klimagebiet Mitteleuropas. Stark schematisch (ROESCHMANN 1984).

windgeschliffenen Oberflächen und Windkantern (s. Seite 87). Nach dem Windtransport von einigen Kilometern erfolgte die Sedimentation des Flugsandes, der im Beispiel nicht noch weiter umlagert wurde und der etwa 10 bis 20 Gew.% Silikate in Form von vorwiegend Orthoklas und Muskowit, zum kleineren Teil von Plagioklasen sowie wenig Biotit, Pyroxene und Amphibole enthalten soll.

In diesem relativ lockeren, trockenen Sandsediment dürfte sich im Spätglazial als erster pedogenetischer Prozeß die jahreszeitlich wechselnd intensive kryoklastische Zerkleinerung der Sandkörner, und hier vor allem der gut spaltbaren Silikate, abgespielt haben. Nach der Besiedelung dieses Standortes durch die Tundrenvegetation war es in Oberflächennähe sicherlich schon bald zur Humusbildung und -anreicherung sowie zu beginnender Bioturbation gekommen, so daß das zunächst vorhandene Bodenprofil des **Lockersyrosems** (OL) mit Ai/lCn-Profil möglicherweise noch im ausgehenden Spätglazial, sicherlich aber zu Beginn des Holozäns abgelöst wurde durch das des **Regosols** (RQ) mit seinem Ah/lCv/lCn-Profil. Als lCv-Horizont wird hier der vorwiegend durch Kryoklastik stärker beeinflußte, obere Teil des Flugsandsedimentes bezeichnet.

In den sommerlich trocken-warmen, ersten Abschnitten der Nacheiszeit (Präboreal und Boreal, s. Seite 124) bot dieser auch edaphisch trockene Standort zunächst sicherlich nicht genügend Feuchtigkeit für eine dichtere Bewaldung. Es ist jedoch wahrscheinlich, daß in dem durch Kryoklastik überprägten lCv-Horizont schon zu Beginn des Holozäns, u.a. infolge einer zunächst nur langsam fortschreitenden Versauerung, die chemische Verwitterung der kryoklastisch zerkleinerten Silikate einsetzte. Sie dürfte dann im Verlauf des feuchter werdenden Klimas seit Beginn des Atlantikums (s. Seite 124) und unter dem Einfluß der dichteren Besiedelung des Bodens mit der dort standortgerechten, natürlichen Eichen-Birkenwald-Vegetation relativ schnell intensiver geworden und in geringem Ausmaß auch von einer Neubildung z. B. von Tonmineralen begleitet gewesen sein. Im Laufe der Zeit haben diese pedogenetischen Prozesse unter Ausbildung eines sehr schwach tonigen, gelbbraunen Bv-Horizontes auch tiefere Teile des Flugsandes erfaßt und zur Entstehung einer **Braunerde** (BB) mit Ah/Bv/lCv/lCn-Profil geführt.

Vermutlich haben die pH-Werte des Bodens damals den schwach sauren Bereich erreicht. Während dieser Zeit begann dann auch der pedogenetische Prozeß der Tondurchschlämmung, von dem sowohl die primär vorhandenen, u.a. durch Kryoklastik bis zur Tonkorngröße zerkleinerten Silikate (besonders Glimmerschüppchen) als auch neu gebildete Tonminerale betroffen wurden. Aufgrund der relativ groben Hohlräume des sandigen Bodens sind hier – anders als z.B. in schluffigen (s. Seite 333) und tonigen (s. Seite 343) Böden – außer Feinton auch Grobton und z.T. Feinschluff an der Durchschlämmung beteiligt.

Die Ablagerung der durchschlämmten Bodenteilchen erfolgte unterhalb des Bv-Horizontes im mehr oder weniger geschichteten, sandigen lC-Horizont unter Ausbildung von millimeter- bis zentimeterdicken Tonanreicherungsbändern. Diese für Sandböden typische Form der Tonanreicherung wird u.a. durch Änderung der Fließgeschwindigkeit des mit Feinstoffen befrachteten Sickerwassers aufgrund eines vertikalen Wechsels der Porengrößenverteilung – z.b. in Abhängigkeit von der Schichtung und Lagerungsdichte des Lockergesteins – hervorgerufen und findet häufig während der Austrocknungsphasen des Unterbodens nach stärkerer Durchfeuchtung statt. Tonbänder durchziehen das sandige Sediment jedoch auch häufig ohne erkennbare Bindung an Schichtgrenzen. Möglicherweise haben in diesen Fällen zunächst Austrocknungsfronten versickernden Bodenwassers schichtungsunabhängig zum Absatz der verlagerten Feinstoffe und damit zu einer sekundären Veränderung der Porengrößen des Sandes geführt. Sie bewirkte dann ihrerseits im Verlauf der weiteren Tonverlagerungsphasen an dieser Stelle – ohne jede primäre Schichtgrenze – eine zunehmende, bänderförmige Tonanreicherung. So wird auch erklärlich, daß Tonbänder häufig schräg zur Schichtung des Sedimentes oder gar senkrecht durch den Unterboden ziehen. Eine weitere Möglichkeit zur Entstehung von Tonanreicherungsbändern in Sandböden besteht darin, daß Sickerwasserfronten durch im Boden eingeschlossene Luft zum Stillstand kommen. Dort erfolgt dann bei langsamer Verdunstung des Bodenwassers der Absatz der mitgeführten Feinstoffe.

Im angeführten Beispiel dürfte die bei schwach saurer Bodenreaktion ablaufende Phase der Tondurchschlämmung aufgrund der hohen Wasserdurchlässigkeit des karbonatfreien Flugsandes im gemäßigt-humiden Klima nicht lange gedauert haben, so daß – auch infolge des geringen Angebotes an verlagerbaren Feinstoffen – unter dem an Ton verarmten Al-Bv-Horizont verhältnismäßig schnell ein nur mäßig mächtiger lCv-Bbt-Horizont mit relativ dünnen Tonanreicherungsbändern und damit das Bodenprofil einer **Bänderparabraunerde** (BLb) entstand.

Die relativ schnelle Auswaschung basischer Verwitterungsprodukte und ihre demgegenüber langsame Nachlieferung durch die Silikat-Verwitterung hatten schon bald eine stärkere Versauerung des Oberbodens, ein Ausklingen der Tonverlagerung und auf der Bodenoberfläche eine Anreicherung saurer organischer Rotteprodukte aus der Streu der Waldbäume – zunächst in Form mullartigen Moders – zur Folge, die im humiden Klima die Prozesse der Podsolierung in Gang setzten. Gebleichte Sandkörner im Ah-Horizont sind als erste Anzeichen für diese Prozesse bekannt, zunächst ohne daß ein Podsol-B-Horizont makroskopisch erkennbar ist (»Podsolige« Böden). Die für die Podsolierung typische Bildung und Verlagerung von metallorganischen Komplexverbindungen des Al und Fe (z.B. als Chelat, s. Seite 154) verlief unter Laubwald relativ langsam. Sie führte dort zusammen mit stärkerer Versauerung des Al-Bv-Horizontes zur Entstehung von podsoligen

Bänderparabraunerden bzw. bei fehlender Tonbänderbildung zu Sauer-
braunerden, die bei intensiverer Podsolierung, jedoch fehlender deutlicher Profildifferenzierung, als *Rosterden* bezeichnet werden.

Der pedogenetische Prozeß-Komplex der Podsolierung ist im einzelnen
bereits im Kapitel 3.2.2.1 (Seite 331 und 332) beschrieben worden.
Auch in den hier behandelten Sandböden hat die Podsolierung im atlantischen humiden norddeutschen Raum vor allem nach der anthropogenen Entwaldung größerer Gebiete unter der dann häufig folgenden
Sekundärvegetation von Calluna- und Erica-Heide oder Nadelholz-
Forsten die ehemaligen Waldböden sekundär überprägt. Dieses geschah
sowohl infolge der in Sanden besonders großen Wasserdurchlässigkeit
als auch – besonders in tonfreien silikatarmen Substraten – aufgrund
fehlender Pufferkapazitäten in verstärktem Ausmaß und führte zur Ausbildung von Podsolen mit deutlich horizontierten O/Ah/Ae/Bh/Bsh-
Bodenprofilen. Unterhalb von Podsolen geringer Entwicklungstiefe ist
häufig noch ein deutlicher Rest des Al-Bv-Horizontes der Bänderparabraunerde bzw. des Bv-Horizontes einer Braunerde erkennbar. Ist der
Podsol-B-Horizont als unverfestigte Orterde ausgebildet, so liegen die
Bodenprofile einer **Podsol-Bänderparabraunerde** (PP-BLb) bzw. einer
Podsol-Braunerde (PP-BB) vor.

Intensivere Podsolierung hat jedoch häufig zur Bildung von harten
Bmh- und Bmsh-Horizonten (»Ortstein«) geführt und bei größerer Entwicklungstiefe nicht selten die Oberboden-Horizonte der ehemaligen
Waldböden völlig überprägt und unkenntlich gemacht. Ehemalige Bänderparabraunerden sind dann oft nur noch an der rötlichbraunen Ton-
bänderung ihres lCv-Bbt-Horizontes erkennbar. Diese heute reliktischen Bänder wurden jedoch in der Regel in ihrem oberen Teil zusätzlich
durch dunkel gefärbte Ausfällungsprodukte der Podsolierung (z. B. or-
ganisch-mineralische Komplexverbindungen, s. Seite 71) überprägt, so
daß eine Art »Doppelbänderung« entstanden ist: **Bänderparabraunerde-
Podsol** (BLb-PP) mit rBbt-Bbhs-Horizont (s. Abb. 104).

Die Verfestigung des B-Horizontes zu Ortstein kann das Tiefenwachs-
tum von Pflanzenwurzeln erheblich behindern oder gar verhindern,
während die Versickerung des Bodenwassers in der Regel nur wenig
beeinflußt wird. In Ortstein-Podsolen stehen oft nur der Ah- bzw. Ap-
Horizont und der häufig extrem nährstoffarme Ae-Horizont für die
Durchwurzelung zur Verfügung. Dies kann in regenarmen Zeiten zusätzlich relativ schnell zu Wassermangel und Trockenschäden an der
Vegetation führen. Aus diesen Gründen wurden Ortstein-Podsole in den
vergangenen Jahrzehnten häufig tiefgepflügt und durch Unterfahren
und Brechen des Ortsteins zu **Podsol-Treposolen** (trepein = griech. wenden) mit Ap/R/rBbt-Bbhs-Profil (s. Abb. 104) umgeformt worden, die
zur Klasse der Terrestrischen Kultosole gehören. Die ehemaligen Pod-
sol-Horizonte lassen sich in solchen künstlichen Böden unterhalb des
heute gepflügten Ap-Horizontes häufig noch in den beim Umbrechen

schräg abgelagerten Tiefpflugbalken als reliktische zerbrochene und »auf dem Kopf stehende« Horizontfolge erkennen (s. Abb. 104). Sekundäre Verlagerungsprozesse können in R-Horizonten, meistens im Zusammenhang mit Setzungsprozessen, im Laufe der Zeit lokal zu erneuter Verdichtung oder gar Verhärtung führen. –

Die beschriebenen pedogenetischen Prozesse werden u.a. durch petrographische Unterschiede der sandigen Lockersedimente variiert. So ist z.B. die Verbraunung und Tonbildung in silikatarmen oder -freien Quarzsanden naturgemäß sehr gering und eine Tonverlagerung oft nicht nachweisbar, während die Podsolierung verstärkt auftritt. Die B-Horizonte dieser Podsole sind in der Regel arm an Sesquioxiden und reich an organischer Substanz (Bh-Horizonte). Umgekehrt treten in silikatreichen Sanden oft Bbt-Horizonte mit dicken Tonanreicherungsbändern auf, die in schluffreicheren Sanden (z.B. im Sandlöß) mehr als 10 cm mächtig sein können. Hier kommen Podsole seltener vor und sind oft nur gering entwickelt. Starke Podsole auf silikatreichen Sanden besitzen jedoch in der Regel einen sesquioxidreichen Bhs-Horizont.

Auf sandigen Festgesteinen (z.B. Sandstein, Grauwacke, Arkose) ist die pedogenetische Prozeßabfolge im Prinzip ähnlich. Die Intensität und Zeitdauer der Einzelprozesse schwanken jedoch erheblich, u.a. in Abhängigkeit vom Körnungsspektrum der Sandsteine, von ihrem Gehalt an leichter verwitterbaren Mineralien, von ihrem Bindemittel und dessen Verhärtungsgrad. So können z.B. aus silikatreichen, relativ weichen Sandsteinen mit tonigen oder limonitischem Bindemittel sowie aus Kalksandsteinen unter Laubwald relativ rasch tief entwickelte, z.T. nährstoffreiche Braunerden entstehen, oft mit der Tendenz zur Lessivierung (s. Seite 323). Demgegenüber geht die Pedogenese unter Laubwald auf harten, silikatarmen quarzitischen Sandsteinen sehr viel langsamer vor sich. Nach einem lange andauernden Ranker-Stadium haben sich hier im Holozän oft nur geringmächtige, nährstoffarme saure Braunerden gebildet, deren Weiterentwicklung besonders unter Misch- und Nadelwald zur Podsolierung tendiert.

Zwischen diesen petrographisch relativ extremen, pedogenetisch unterschiedlich wirksamen sandigen Festgesteinen gibt es zahlreiche Übergänge, die den beschriebenen Ablauf der Pedogenese variieren. Dies gilt aber z.B. auch für die besonders im Bergland über sandigen Festgesteinen weit verbreiteten sandigen bis steinigen Deckschichten, die in der Regel während der Eiszeiten in Form von Solifluktionsdecken (z.B. als Deckschutt oder als Fließerde, s. Seite 97) entstanden sind. Ihre petrographische Zusammensetzung schwankt in Abhängigkeit vom Ausgangsgestein in weiten Grenzen und beeinflußt auch hier sowohl die Geschwindigkeit als auch die Intensität der Bodenentwicklung vom eiszeitlichen Regosol – oft mit Permafrost im Unterboden – zur spätglazialen bis holozänen Braunerde bzw. Parabraunerde in starkem Maße. Hierbei spielt auch die z.T. erhebliche Lößbeimischung eine große Rolle.

In lößreichen und lehmigen Fließerden aus Sandsteinen sind Parabraunerden weit verbreitet, während sich in sandig-steinigen Deckschichten
häufig saure Braunerden und Podsol-Braunerden sowie auch örtlich
Podsole entwickelt haben. –
Wie in anderen Gebieten spielten natürlich auch auf den verschiedenen
sandigen Substraten die Reliefposition, das Groß- und Klein-Klima, die
Vegetationsgeschichte sowie die frühere und heutige Bearbeitung und
Nutzung der Flächen eine erhebliche Rolle für die im einzelnen unterschiedliche, in der Tendenz jedoch ähnliche pedogenetische Prozeßabfolge.

3.3 Bodenhorizonte

Die nachstehend aufgeführten Symbole und Definitionen der Bodenhorizonte sind für die Beschreibung der bodentypologischen Kategorien
der Bodensystematik für die Bundesrepublik Deutschland maßgebend.
Sie entsprechen weitgehend denen der »Bodenkundlichen Kartieranleitung« (1982) und der DIN 4047, Teil 3 (1984). Sie sind vom Arbeitskreis für Bodensystematik der DBG 1985 veröffentlicht worden. Diese
Symbolik ermöglicht die kurze Beschreibung eines Bodenprofils. Jeder
Horizont wird dabei durch einen oder mehrere, kombinierte Großbuchstaben (Hauptsymbole) gekennzeichnet. Mit zugefügten Kleinbuchstaben (Merkmalssymbole) werden Horizontmerkmale beschrieben. Geogene Merkmale werden dem Hauptsymbol vorangestellt, pedogene
nachgestellt.
Übergangshorizonte werden durch eine Kombination von Hauptsym-
bolen und/oder Merkmalssymbolen gekennzeichnet, wobei das Symbol
eines stärker ausgeprägten Merkmals zuletzt steht. Zur Darstellung von
Horizontfolgen werden die Symbole für die einzelnen Horizonte in einer
für die Datenverarbeitung geeigneten Schreibweise durch Schrägstriche
voneinander getrennt, z.B.: Go Ah/Gro/Gor/Gr. Da alle Symbole getrennt definiert sind, muß der Benutzer bei den Horizonten, wo eine
Kombination der Symbole erforderlich ist, diese selbst vornehmen. Eine
Beschränkung der Zahl der Horizonte in einem Profil ist dadurch möglich, daß auch geringmächtige Horizonte nur in Zentimetern erfaßt werden. Im Unterboden können die Horizonte in Dezimetern eingemessen
werden.
Die Tiefenangaben für die einzelnen Horizonte erfolgt von der mineralischen Bodenoberfläche aus, z.B. Ah 0 bis 6, Ae 6 bis 10, Bsh 10 bis 20.
Die Mächtigkeit der organischen Auflagehorizonte wird in ganzen Zentimetern in einer Zahl angegeben. Bei Moorböden wird stets von der
Oberfläche der anstehenden Torfe aus gemessen. Ein + hinter der letzten Tiefenangabe zeigt an, daß die Untergrenze dieses Horizontes nicht
erreicht worden ist, sondern tiefer liegt.

In der nachfolgenden Übersicht der Symbole und ihrer Definitionen sind am rechten Rand die in den letzten Jahrzehnten in der deutschen bodenkundlichen Literatur verwandten Symbole angeführt worden; die bei diesen älteren Horizontsymbolen übliche Tieferstellung der Merkmalssymbole ist vollständig entfallen, da diese Schreibweise nicht in die Datenverarbeitung übernommen werden kann.

Die geringe Anzahl dieser älteren Symbole verdeutlicht, daß in Folge der Quantifizierung der Merkmalssymbole eine erhebliche Ausweitung erfolgt ist. Durch diese verfeinerte Symbolik können viele Feldbeobachtungen sowie physikalische und chemische Analysenergebnisse durch die zutreffende Horizontangabe ausgedrückt werden. Mit den sich daraus ergebenden Horizontfolgen können Bodentypen und Subtypen in kurzer Form beschrieben und gegeneinander abgegrenzt werden.

Definitionen und Symbole

Subhydrischer Horizont

F   am Gewässergrund mit über 1 Gew.% organischer Substanz, soweit nicht H-Horizont.

Organische Horizonte

H   mit > 30 Gew.% organischer Substanz (Torf) aus Resten torfbildender Pflanzen, an der Oberfläche unter Grundwasser- und/oder Stauwassereinfluß entstanden (H von Humus).   T

nH   vorwiegend aus Resten von Niedermoortorf bildenden Pflanzen (n von Niedermoor).

uH   vorwiegend aus Resten von Übergangsmoortorf bildenden Pflanzen (u von Übergangsmoor).

hH   vorwiegend aus Resten von Hochmoortorf bildenden Pflanzen (h von Hochmoor).

Hp   durch regelmäßige Bodenbearbeitung geprägt (p von Pflug).

Hc   mit Sekundärkarbonat angereichert (c von Carbonat).

Hz   mit Salz angereichert: elektrische Leitfähigkeit des Sättigungsextrakes 4 mS/cm (z von Salz).

L   aus Ansammlung von nicht und wenig zersetzter Pflanzensubstanz (Förna) an der Bodenoberfläche; die organische Substanz besteht zu weniger als 10%vol aus Feinsubstanz (ohne makroskopisch erkennbare pflanzliche Gewebereste) (L von englisch litter = Streu). A_{00}

O   (soweit nicht H-Horizont) aus Humusansammlung über A_0
dem Mineralboden oder aus Resten von Sekundärvegetation über entwässertem Torf; die organische Substanz besteht zu mehr als 10%vol aus Feinsubstanz (O von organisch).

Of   O-Horizont, in dem neben Pflanzenresten bereits die orga- A_{01}
nische Feinsubstanz deutlich hervortritt; ihr Anteil liegt in
der Regel zwischen 10 und 70%vol (f von schwedisch För-
multningskiktet).

Oh   O-Horizont, in dem die organische Feinsubstanz mit über A_{02}
70%vol stark überwiegt; bei sprunghafter Zunahme der
org. Feinsubstanz auf über 50%vol kann im oberen Abschnitt des Oh der Feinsubstanzanteil zwischen 50 und
70%vol betragen (h von Humus).

Mineralische Horizonte
Horizonte mit weniger als 30 Gew.% organischer Substanz.

A   Mineralischer Oberbodenhorizont mit Akkumulation organischer Substanz und/oder Verarmung an mineralischer
Substanz.

Ai   A-Horizont mit geringer Akkumulation organischer Sub-   (A)
stanz und initialer Bodenbildung, charakterisiert durch
lückige Entwicklung *und* < 2 cm mächtig mit Humusgehalten wie bei Ah *oder* > 2 cm mächtig und dann mit
Humusgehalten unter denen des Ah (i von initial = beginnend).

Ah   A-Horizont mit bis zu 15 Gew.% akkumuliertem Humus, A_1
dessen Menge nach unten abnimmt; Mindestgehalt an organischer Substanz bei: < 17% Ton und < 50% Schluff
0,6 Gew.%, bei < 17% Ton und > 50% Schluff bzw. 17
bis 45% Ton 0,9 Gew.% und bei > 45% Ton 1,2 Gew.%
(h von Humus).

Übergangs-Ah-Horizonte:

Aih   1 bis 2 cm mächtig, aber durchgehend vorhanden, organische Substanz vorwiegend Pflanzenreste mit makroskopisch erkennbaren Strukturen.

Ach   makroskopisch erkennbare sekundäre Karbonatausschei-
dung (c von Carbonat).

Aeh   ungleichmäßig humos, violettstichig, in der Regel durch
Huminstoffauswaschung beeinflußt.

Alh   Ton-Humusverarmung.

Weitere Übergangs-Ah-Horizonte: BvAh, BtAh, BtvAh, SwAh, GoAh,
RAh, EAh, yYAh, jYAh.

Aa   A-Horizont mit 15 bis 30 Gew.% organischer Substanz und über 1 dm Mächtigkeit, unter Grundwasser- oder Stauwassereinfluß an der Oberfläche entstanden (a von anmoorig).

Übergangs-Aa-Horizonte: SwAa, GoAa, GcoAa.

Ae   sauergebleicht, Munsell-Farbwert 4/ und mehr (bzw. 5/   A₂ und mehr, wenn trocken) sowie Quotient aus Farbwert: Farbtiefe 2,5 und größer und über einem Bh-, Bsh-, Bs- oder Bsv-Horizont liegend (e von eluvial).

Übergangs-Ae-Horizonte:

Ahe   Humusgehalt unter denen des Ah, violettstichig (Huminstoffeinwaschung), mit diffus-wolkigen Bleichflecken, deren Farbe dem Ae entspricht.

Weitere Übergangs-Ae-Horizonte: MAe, MAhe, SwAe, SwAhe, GoAe, GoAhe.

Al   durch Tonverlagerung entstanden (lessiviert), aufgehellt   A₃ gegenüber Ah- und Bt-Horizont, über einem tonangereicherten Horizont (Bt) liegend (l von lessiviert = ausgewaschen). Tongehaltsdifferenzen zum Bt s. bei Bt-Horizont.

Übergangs-Al-Horizonte:

Ahl   Humusgehalt, der unter dem eines Ah liegt.

Weitere Übergangs-Al-Horizonte: BvAl, SwAl, GoAl, BsAl.

Ahz   Humusgehalt, der unter dem eines Ah liegt und mit Salz   Sa angereichert, so daß die elektrische Leitfähigkeit > 4 mS/ cm beträgt.

Übergangs-Az-Horizonte: GoAhz, GoAiz.

Ap   durch regelmäßige Bodenbearbeitung geprägt, meist als Ackerkrume bezeichnet (p von Pflug).

B   Mineralischer Unterbodenhorizont. Farbe und Stoffbestand des Ausgangsgesteins verändert durch Akkumulation von eingelagerten Stoffen aus dem Oberboden und/ oder durch Verwitterung in situ und mit wengier als 75%vol Festgesteinsresten sowie frei von lithogenem Karbonat in der Feinerde; ausgenommen S, T, P und braungefärbte C-Horizonte.

Bv   durch Verwitterung verbraunt und verlehmt (Tonbildung   (B) und/oder Lösungsrückstände); gegenüber dem nach unten folgenden Horizont (gleiches Ausgangsgestein vorausgesetzt) geringerer V-Wert *und* röterer, bei rotgefärbten Gesteinen gelberer Munsell-Farbton oder intensivere Farbtiefe oder/und höherer Tongehalt, *ferner* totale (potentielle) Kationenaustauschkapazität der Tonfraktion > 16 mmol/z/100 g (= mval/100 g) oder Muskovitgehalt

der Feinerde > 6% oder Gehalt an verwitterbaren Mineralen > 3% (sonst Bu-Horizont)
sowie in der Regel ton- oder/und schluffreicher *und* Skelettgehalt in der Regel geringer (v von verwittert, verbraunt, verlehmt).

Übergangs-Bv-Horizonte:

Bcv   erkennbar sekundär mit Karbonat angereichert

Bhv   mit eingewaschenen Humusstoffen angereichert, Humusgehalt unter den Werten von Ah

Bsv   mit Sesquioxiden angereichert, Munsell-Farbton ist mehr als eine halbe Stufe röter als ein darüber und darunter folgender Horizont soweit nicht Bs.

Btv   mit Ton angereichert, Tongehaltsdifferenz unter den Werten von Bt.

Bbtv   mit < 1 cm mächtigen Tonanreicherungsbändern (b von Band).

Weitere Übergangs-Bv-Horizonte: AhBv, AlBv, SwBv, GoBv, MBv.

Bh   durch Einwaschung humushaltig, Humusgehalt wie bei   B₁
einem Ah (Illuvialhorizont); Quotient aus pyrophosphatlöslichem Kohlenstoff (Cp): pyrophosphatlöslichem Eisen (Fep) größer 10.

Übergangs-Bh-Horizont:

Bsh   mit Sesquioxidanreicherung; Cp: Fep 3 bis 10 (siehe Bh).

Weitere Übergangs-Bh-Horizonte: SwB(s)h, SdB(s)h, GoB(s)h.

Bs   mit Sesquioxiden durch Umlagerung angereichert (Illu-   B₂
vialhorizont). Munsell-Farbton mindestens eine Stufe röter als beim darüber und darunter folgenden Horizont *und* Cp: Fep < 3(siehe Bh) (s von Sesquioxid).

Übergangs-Bs-Horizonte:

Bbs   Sesquioxidanreicherung bänderförmig, meist in mehreren Bändern, Einzelbändchen < 2 cm mächtig.

Bhs   mit Humuseinwaschung, Humusgehalt unter dem von Ah; Cp: Fep 3 bis 10 (siehe Bh).

Bvs   Übergangshorizont zum Bv-Horizont; Munsell-Farbton mindestens eine Stufe röter als Bv.

Weitere Übergangs-Bs-Horizonte: AlBs, SwB(h)s, SdB(h)s, SdBbs, GoB(h)s.

Bt   durch Einwaschung mit Ton angereichert (Illuvialhori-   B₃
zont, absolute Tongehaltsdifferenz gegenüber dem tonverarmten Horizont mindestens 3 Gew.% bei < 17% Ton und < 50% Schluff, 5 Gew.% bei < 17% Ton und > 50% Schluff bzw. 17 bis 45% Ton, 8 Gew.% bei > 45% Ton (jeweils bezogen auf den Bt-Horizont) auf eine Distanz von weniger als 30 cm, wobei die relative Tonanreicherung den gesamten Bt-Horizont durchdrungen hat,

und ausgeprägte Tonhäute (Tapeten) von kräftig brauner, meist rötlichbrauner Farbe auf den Hohlraumwandungen, an Aggregatoberflächen und in feinen Poren mit bloßem Auge oder Lupe erkennbar, *oder* mit einem Flächenanteil von über 1 % im Dünnschliff erkennbar, *oder Tonbrücken zwischen* Sandkörnern mit der Lupe erkennbar.

Übergangs-Bt-Horizonte:

Bbt   Tonanreicherung bänderförmig, meist in mehreren Bändern, Einzelbändchen 1 bis 5 cm mächtig (bei < 1 cm Bbtv).

Bvt   mit Merkmalen des früheren Bv-Horizontes.

Weitere Übergangs-Bt-Horizonte: AhBt, SdBt, GoBt.

Bu   ferrallitisiert, weniger als 5%vol Festgesteinsreste (ausgenommen verwitterungsresistente Feuersteine) *und*
Munsell-Farbton zwei und mehr Stufen röter als beim weiter unten folgenden Horizont sowie Farbwert (feucht) 4/ oder weniger bei einem höchstens um eine Stufe höheren Wert in trockenem Zustand *und*
Gehalt an verwitterbaren Mineralen unter 3 % (Feldspäte der Schluff- und Sandfraktion, FeMg-haltige Silikate, Gläser, 2 : 1 Tonminerale) *und*
Tongehalt über 17 %, wobei einzelne Subhorizonte deutlich weniger dispergierbaren Ton ausweisen können, *und*
totale (potentielle) Kationenaustauschkapazität der Tonfraktion unter 16 mmol/z/100 g (= mval/100 g), sofern Tonfraktion nicht reich an Al-Chloriten, *und*
effektive (reale) Kationenaustauschkapazität (bzw. die Summe von austauschbaren Kationen beim natürlichen pH) der Tonfraktion unter 10 mmol/z/100 g (= mval/ 100 g) (u von rubifiziert).

Bku   mit > 5%vol Anteil an Plinthitfragmenten (Laterit); in Mitteleuropa nur fossil und im allgemeinen als Krustenbruchstücke oder Konkretionen von 0,5 bis 10 cm ∅ (k von Konkretion).

Bmu   Bu-Horizont mit durchgehendem Kittgefüge (Laterit).

Bj   fersiallitisierter Unterboden der Plastosole, kieselsäurereicher als Bu, sehr plastisch infolge von spezifischem Plasma, dicht, mehr oder weniger Gehalt an Kaolinit, teils auch Illit.

C   Mineralischer Untergrundhorizont; Gestein, das unter dem Boden liegt; in der Regel das Ausgangsgestein, aus dem der Boden entstanden ist.

aC mit vermutetem, unregelmäßigem, aber nicht durch Merkmale erkennbarem Grundwassereinfluß (s. aG).

Cv schwach verwittert, Übergang zum frischen Gestein; ge- C_1
ringerer Carbonatgehalt oder V-Wert als im darunter liegenden Horizont (gleiches Substrat vorausgesetzt) oder
bei Festgestein zu Bruchstücken verwittert, z.B. Frostschutt.

Übergangs-Cv-Horizonte: BvCv, BsCv, BbtCv, TCv, SdCv.

BvCv Bv-Merkmale, aber Steingehalt über 75% *oder*
Bv-Merkmale unterhalb der Definitionsgrenze.

Cn unverwittert; bei Festgesteinen nicht angewittert, keine C_2
Verwitterungsklüfte, z.B. massiver Fels, Gesteinsbänke (n
von novus = frisch, unversehrt).

lC C-Horizont aus Gestein, das mit Spaten grabbar ist oder
das zerfällt nach 15-stündiger Dispergierung mit Natriumpyrophosphat (Lockergestein, z.B. Löß, Flugsand, Schotter) (l von locker).

mC C-Horizont besteht aus auch im feuchten Zustand mit
dem Spaten nicht grabbarem Gestein (Festgestein) (m von
massiv).

Unterteilung der C-Horizonte aus Fest- und Lockergestein nach ihrem
Verwitterungsgrad:

lCn aus unverwittertem Lockergestein.

lCv aus mehr oder weniger verwittertem Lockergestein sowie
oft aus im Pleistozän mobilisierten Verwitterungsdecken
wie Fließerden und Schuttdecken, mit regional gegenüber
dem lCn geringerem Kalkgehalt oder V-Wert.

mCn anstehendes, nicht angewittertes Festgestein (z.B. massiver Fels, Gesteinsbänke) oder sehr verfestigte Fließerde.

mCv zerteiltes (gesteinsabhängig), auch chemisch vorverwittertes Festgestein, im wesentlichen noch im Gesteinsverband.

Cc erkennbar mit Karbonat angereichert; Gehalt an Sekun- C_{ca}
därkarbonat mindestens 5%vol bzw. 6 Gew.%.

Ckc mit Konkretionen aus Sekundärkarbonat, z.B. Lößkindel

P Mineralischer Unterbodenhorizont aus Tongestein.
Tongehalt über 45 Gew.% *und* ohne die Merkmale und
Eigenschaften der S-Horizonte *und* ausgeprägte Quel-
lungs- und Schrumpfungsdynamik mit zeitweilig breiten
Trockenrissen (in 50 cm Tiefe, 1 cm breit), *und* besonders
im unteren Bereich grobes, in sich dichtes Prismen- und
Polyedergefüge (oft slicken sides = Scherflächen) (P von
Pelosol).

Übergangs-P-Horizonte: AhP, BvP, CvP, SwP, SdP.

T   Mineralischer Unterbodenhorizont aus dem Lösungs-
     rückstand von Karbonatgesteinen, die über 75 Gew.%
     Karbonat enthalten. Tongehalt > 65 Gew.%, in Über-
     gangs-T-Horizonten 45 bis 65 Gew.% (z.B. infolge von
     Lößbeimischung), Feinerde ohne lithogenen Kalk, im Lö-
     sungsrückstand < 5%vol Karbonatgestein *und* leuchtend
     braungelbe bis braunrote Farben (Chroma > 5) *und* aus-
     geprägtes Polyedergefüge (T von Terra).
Übergangs-T-Horizonte: BvT, SdT.
Tc   erkennbar mit Karbonat sekundär angereichert.

S   Mineralbodenhorizont mit Stauwassereinfluß und be-   g
     stimmten hydromorphen Merkmalen, zeitweilig oder
     ständig luftarm (Luftgehalt unter 3%vol und dann rH-
     Wert ≦ 19) infolge gehemmter Wasserversickerung (S von
     Stauwasser).
Sw   stauwasserleitend,
     > 80-Flächen% Bleich- und/oder Rostflecken und/oder
     Konkretionen *und*   g₁
     höhere Wasserdurchlässigkeit als darunter liegender Sd-
     Horizont (w von wasserleitend)
Skw   > 5%vol Fe/Mn-Konkretionen.
Sew   naßgebleicht, mit deutlicher Eisenverarmung. Munsell-
     Farbwert meist 4/ und mehr (bzw. 5/ und mehr, wenn
     trocken) sowie Quotient aus Farbwert: Farbtiefe 2,5 und
     mehr *und*
     < 5 Flächen% Rostflecken und/oder Konkretionen.
Srw   Munsell-Farbwerte wie Sew, stark naßgebleicht und infol-
     gedessen weniger als l Flächen% Konkretionen und Rost-
     flecken (r von reduziert).
     Übergangs-Sw-Horizonte: AhSw, AhSrw, AaSw, AlSw,
     BvSw, B(s)hSw, B(h)sSw, CSw, MSw, ESw, GoSw, PSw.   g₂
Sd   wasserstauend
     höhere effektive Lagerungsdichte und geringere Wasser-
     durchlässigkeit (kf meist = l cm/d) als darüber liegender
     Sw-Horizont *und*
     marmoriert (Intensität je nach Zeichnereigenschaften des
     Bodenmaterials), das heißt Aggregatoberflächen ge-
     bleicht, Aggregatinneres rostfleckig *oder*
     Marmorierung nicht vorhanden infolge fehlender Eisen-
     verlagerung oder nicht erkennbar, da verdeckt (z.B. durch
     Eigenfarbe des Substrates oder durch Humus (d von
     dicht).
Srd   im Jahresablauf langfristig luftarm (rH-Werte während
     der Naßphase ≦ 19).

Übergangs-Sd-Horizonte: fAhSd, BtSd, B(s)hSd, B(h)sSd, BbsSd, BjSd, BjSrd, PSd, TSd, MSd, GoSd, fGoSd, fGorSd.

Sq   in der Marsch im Grundwasserbereich, bei Austrocknung ausgeprägtes Prismengefüge; wasserstauend, stark ausgeprägt = Knick-Horizont, schwach ausgeprägt = knickiger Horizont.

Sg   haftnaß, mit > 80 Flächen% diffuse Bleich- und Rostflecken.
Luftmangel bereits bei Feldkapazität wegen geringen Anteils an Grobporen (Luftkapazität < 3%vol) *und*
häufig hoher Gehalt an Schluff und feinem Feinsand (Feinstsand); wenig Quellung und Schrumpfung (Abgrenzung noch in der Diskussion).

Übergangs-Sg-Horizonte: AlSg, BtSg, BvSg, GoSg.

G   Mineralbodenhorizont mit Grundwassereinfluß und mit dadurch verursachten hydromorphen Merkmalen (G von Grundwasser).   G

zG   Substrat mit hohem Salzgehalt (geogene Untergliederung).

Go   oxidiert, G_0
> 10 Flächen% Rostflecken oder/und Karbonatflecken, besonders an Aggregatoberflächen, *und*
im Grundwasserschwankungsbereich einschließlich Schwankungsbereich des geschlossenen Kapillarraumes entstanden (o von oxidiert).

Gro   5 bis 10 Flächen% Rostflecken.

Gco   erkennbar mit Karbonat angereichert, Gehalt an Sekundärkarbonat < 6 Gew.% (5%vol).

Goc   > 6 Gew.% sekundärer Karbonatanreicherung.

Gso   unverfestigte Absätze von Eisenoxid (über 5% dithionitlösliches Fe).

Gkso   < 5%vol Fe/Mn-Konkretionen.

Gmso durchgehendes Kittgefüge (Raseneisenstein).

Weitere Übergangs-Go-Horizonte: AiGo, AhGo, AaGo, AeGo, AlGo, BvGo, BtGo, B(s)hGo, B(h)sGo, PGo, MGo, EGo, SwGo, SgGo, SdGo, SdGro.

Gr   reduziert, naß meist an über 300 Tagen im Jahr (und dann rH-Wert ≥ 19), wenn nicht entwässert, *und* G_r
mit einem Munsell-Farbton von N1 (schwarz) bis N8 (weiß) oder von 5Y (grau), 5B (graugrün) bzw. 58 (blaugrau) bei einem Chroma < 1,5 (bei 5G < 2,5), *und*
< 5 Flächen% Rostflecken oder/und Karbonatflecken (an Wurzelbahnen).

Gor   < 5 Flächen% Rostflecken; Rostflecken oder/und Karbonatflecken auch außerhalb von Wurzelbahnen.
Grh   deutliche Humusanreicherung (Humusgehalt entsprechend Ah).
Ghr   zurücktretender Humusgehalt (Humusgehalt < Ah).
Gcr   erkennbare Karbonatanreicherung unter 5 % vol.
Ghor zurücktretender Humusgehalt (Humusgehalten < Ah).
Gcor erkennbare Karbonatanreicherung unter 5 % vol.
Gzor Salzanreicherung (Elektrische Leitfähigkeit des Sättigungsextraktes 4 mS/cm (z von Salz).

Weitere Übergangs-Gr-Horizonte: CGr, MGr, SwGr, SdGr, SwGor.
aG   G-Horizont der Auenböden (Böden in Auenlage), soweit er mit der üblichen Bohrtiefe von 2 m nicht erreicht wird oder wegen schlechter Zeichnereigenschaften des Bodenmaterials in seinen Grenzen nicht exakt feststellbar ist.

M   Mineralbodenhorizont des Kolluviums, Äoliums und des Allochthonen Braunen Auenbodens, entstanden aus sedimentiertem Solummaterial (vor Umlagerung pedogen im Chemismus veränderte, fluviatil oder äolisch transportierte Auftragsmasse); Mindestgehalt an organischer Substanz bei < 17% Ton und < 50% Schluff : 0,6 Gew.%; bei < 17% Ton und > 50% Schluff bzw. 17 bis 45% Ton : 0,9 Gew.%; bei > 45%Ton : 1,2 Gew.% (M von lateinisch migrare = wandern).
Übergangs-M-Horizonte z.B.: AeM, AheM, BvM, B(s)hM, B(h)sM, SwM, GoM, GrM.
Mc   M-Horizonte mit makroskopisch erkennbarer sekundärer Karbonatanreicherung.
wM   M-Horizont des Kolluviums: Durch Wasser von Hängen abgespültes und am Hangfuß, in Senken und kleinen Tälern akkumuliertes Solummaterial, das zusammen mit dem Ah-Horizont mächtiger ist als die unveränderten Ah-Horizonte benachbarter, nicht erodierter Böden (w von Wasser).
aM   M-Horizont des Allochthonen Braunen Auenbodens: Akkumuliertes Solummaterial, das im Gegensatz zu dem des Kolluviums weit transportiert worden ist (a von Auen).
oM   M-Horizont des Äoliums: Akkumuliertes angewehtes Solummaterial (o von äolisch).
yM   M-Horizont des durch verschiedene Techniken der Bodenbearbeitung akkumulierten Bodenmaterials, das zusammen mit dem Ah-Horizont mächtiger ist als die unverän-

derten Ah-Horizonte benachbarter Böden (meist Ap-Material, z.B. auf Wölbäckern, Ackerbergen).

Anthropogene Horizonte

E aus aufgetragenem Plaggenmaterial entstanden, > als Pflugtiefe; Mindestgehalt an organischer Substanz bei < 17% Ton und < 50% Schluff : 0,6 Gew%; bei > 50% Schluff bzw. 17 bis 45% Ton : 0,9 Gew.%; bei > 45% Ton : 1,2 Gew.%; mit Kulturresten und/oder stark erhöhtem (z.T. zur Tiefe abnehmendem) Phosphatgehalt (E von Esch).

R Mischhorizont, durch tiefgreifende bodenmischende Meliorationsmaßnahmen (Rigolen, Tiefumbruch) enstanden (R von Rigolen). Autochthone Veränderungen in situ werden durch Kombination mit Horizontsymbolen gekennzeichnet, z.B. RAp, RAh.

Y aus anthropogenen Aufschüttungen oder anthropogenen Aufspülungen als Ausgangsmaterial der Bodenbildung entstanden.

yY Y-Horizont aus künstlichen Substraten, z.B. Schutt, Müll, Schlacken, Scheideschlamm, Industrieschlämmen.

jY aus natürlichen Substraten, z.B. Löß, Sand, Schlick, Abraum (j von juvenil = jugendlich).

Fossile und reliktische Horizonte

f... begrabener (fossiler) Horizont im wesentlichen unterhalb des bioturbat veränderten Wurzelraumes; das f wird dem Horizontsymbol vorangestellt, z.B. fAh = begrabener Ah-Horizont. Wenn der fossile Horizont gleichzeitig zu einem rezenten Boden gehört, werden die Kurzzeichen durch einen höhergestellten Punkt getrennt, z.B. fAh Sd = Stauhorizont aus begrabenem Ah-Horizont (Humusdwog).

r... *Überprägter (reliktischer) Horizont*: das r wird dem Horizontsymbol vorangestellt, z.B. rGO = ehemaliger Go, nach Grundwasserabsenkung Go-Merkmale (Rostflekken) noch erhalten, aber nicht mehr im Grundwasserschwankungsbereich liegend.

II, III Zusatzzeichen bei geologischem Schichtwechsel für eine D_1, D_2 zweite bzw. dritte Schicht im Profil, aus deren Material der darüber liegende Boden nicht entstanden ist. Diese Zusatzzeichen sind nur im Zusammenhang mit einem Horizontsymbol zu verwenden, z. B. IIBv, und auch nur dann, wenn aus der Horizontfolge nicht schon hervorgeht, daß ein Schichtwechsel vorliegt (also nicht E – IIBv sondern E – Bv).

Alphabetische Auflistung der Merkmalssymbole als Kleinbuchstaben (Suffixe)
1. Aussage der Kleinbuchstaben (Suffixe) *nach* den Großbuchstaben des Horizont-Symbols
Bedeutung: *Pedogene Hinweise*

a	von	**a**nmoorig
b	von	**b**andförmige Anreicherung
c	von	**C**arbonat
d	von	**d**icht (stauwasserstauend)
e	von	**e**luvial = ausgewaschen
f	von	»**F**örmultningskiktet« (schwed.)
g	für	Haftnässe
h	von	**h**umos
i	von	**i**nitial (beginnend)
j	für	fersiallitisch
k	von	**K**onkretion
l	von	**l**essiviert (= an Ton verarmt)
m	von	**m**assiv (pedogene Struktur)
n	von	**n**eu, frisch (lat. novus)
o	von	**o**xidiert
P	von	**P**flug
q	für	»Knickhorizont« in Marschböden
r	von	**r**eduziert
s	von	angereichert mit **S**esquioxiden
t	von	angereichert mit **T**on
u	von	**ru**bifiziert
v	von	**v**erwittert
w	von	stau**w**asserleitend
z	von	**S**alz

2. Aussage der Kleinbuchstaben (Suffixe) *vor* dem Großbuchstaben des Horizont-Symbols
Bedeutung: *Geogene Hinweise* auf das Substrat

a	von	**A**uenlage
f	von	**f**ossil
h	von	**H**ochmoor
j	von	**j**uvenil für anthropogen umgelagerte Natursubstrate
l	von	**L**ockersubstrat

m   von   massives Natursubstrat (Festgestein)
n   von   Niedermoor
o   von   äolisches Substrat
r   von   reliktisch
w   von   wassertransportiertes Substrat
u   von   Übergangsmoor
y   für   Kunstsubstrat, anthropogen akkumuliert
z   von   primär salziges Substrat
II, III für geologischen Schichtwechsel

Die am rechten Rand der vorstehenden Zusammenstellung aufgeführten älteren Symbole verdeutlichen, daß die Anzahl der Symbole mit der quantitativen Unterbauung (Quantifizierung) erheblich größer geworden ist.

3.4   Systematik der Böden

Für eine Beschreibung der Böden muß Ordnung in deren Vielfalt gebracht werden und die Einreihung in ein bestimmtes System erfolgen. Mit Beginn einer landbaulichen Nutzung führten Beobachtungen und Erfahrungen zu sehr einfachen Einteilungen, in denen oft nur ein Faktor zur Bezeichnung diente. Die unterschiedlichen naturnahen Wälder oder die Korngrößenzusammensetzung wurden zur Benennung von Böden herangezogen; hierbei sind häufig mundartliche Namen übernommen worden.

Die heute bei uns übliche Systematik der Böden Deutschlands lehnt sich an das 1953 erschienene Werk von KUBIENA »Bestimmungsbuch und Systematik der Böden Europas« an. Zur Tagung der Internationalen Bodenkundlichen Gesellschaft 1986 in Hamburg hat der Arbeitskreis für Bodensystematik der Deutschen Bodenkundlichen Gesellschaft unter Federführung von MÜCKENHAUSEN eine Kurzfassung dieser »Systematik der Böden der Bundesrepublik Deutschland« vorgelegt, die auch diesem Abschnitt zugrunde liegt. Im folgenden Text sind z.T. Formulierungen dieser Kurzfassung wörtlich übernommen worden.

Diese bodensystematische Grundgliederung beruht auf folgenden bodeneigenen Kriterien:

1. Dem durch das Augangsmaterial bedingten Filtergerüst, da Bodenentwicklung und Wasserhaushalt weitgehend davon abhängen.
2. Richtung und Ausmaß der Wanderung echt- und kolloidgelöster Stoffe sowie anderer wanderungsfähiger Substanzen im Boden.
3. Dem Profilaufbau (einschließlich der Humusdecke), soweit dieser ein Ergebnis der Bodenentwicklung und keine geologische Schichtung ist.
4. Der spezifischen Bodendynamik, die sich aus Stoffverlagerung, Profilaufbau und Filtergerüst ergibt.

Tab. 112. Kennzeichnung der Kategorien und deren Merkmale

Kennzeichnung	Kategorie	Merkmal
A, B–F	Abteilung	A–C gleiche Einwirkung des Wassers, Moore, Eiszeitliche Reliktböden u. Anthropogene
a, b–k	Klasse	Böden gleiche oder ähnliche Horizontfolge
I, II–XI	Typ	
(I)–(XX)	Subtyp	charakteristische Horizontfolge qualitative Modifikation des Typs
1–10	Varietät	graduelle Merkmalsunterschiede
(1)–(10)	Subvarietät	qualitative *und* quantitative Unterschiede
11*–15*	Form	lithogene Ergänzung

Aus diesen Kriterien ergeben sich die wichtigsten physikalischen, chemischen und biologischen Eigenschaften, die bei der systematischen Kategorisierung berücksichtigt sind. Diese somit pedogenetisch bedingten Kategorien der Bodensystematik werden durch die in Tabelle 112 aufgeführten Buchstaben- und Zahlsymbole bezeichnet. Als Grundeinheiten des Systems werden die Bodentypen verwendet.

Als Subtypen werden einerseits die typischen Ausbildungsformen eines Bodentyps bezeichnet, z. B. Typischer Podsol, andererseits aber auch die häufig anzutreffenden Übergänge zwischen zwei Bodentypen. Dabei steht der am Standort wichtigere Typenname an zweiter Stelle, z. B. Gley-Podsol, wenn die Podsoleigenschaften überwiegen.

3.4.1   Systematik der Böden der Bundesrepublik Deutschland

A Terrestrische Böden

a	Terrestrische Rohböden	O
I	Syrosem	OF
II	Lockersyrosem	OL
b	Ah/C-Böden	R
I	Ranker	RN
II	Regosol	RQ
III	Rendzina	RR
IV	Pararendzina	RZ
c	Steppenböden	T
I	Schwarzerde	TT
II	Brauner Steppenboden	TB

d	Pelosole	D
e	Braunerden	B
I	Braunerde	BB
II	Parabraunerde	BL
III	Fahlerde	BF
f	Podsole	P
I	Podsole	PP
II	Staupodsol	PS
g	Terrae calcis	C
I	Terra fusca	CF
II	Terra rossa	CR
h	Plastosole (Fersiallite)	V
I	Grauplastosol	VG
II	Braunplastosol	VB
III	Rotplastosol	VR
i	Latosole (Ferrallite)	W
I	Rotlatosol	WR
II	Gelblatosol	WG
III	Plinthitlatosol (Laterit)	WP
j	Stauwasserböden	S
I	Pseudogley	SW
II	Haftnässepseudogley	SH
III	Stagnogley	SS
k	Kolluvien	K
I	Kolluvium (Fluviales Kolluvium)	KF
II	Äolium (Äolisches Kolluvium)	KA

B Semiterrestrische Böden

a	Auenböden	A
I	Rambla	AO
II	Paternia (Auenregosol)	AQ
III	Auenpararendzina	AZ
IV	Borowina (Auenrendzina)	AR
V	Tschernitza	AT
VI	Auenbraunerde (Autochthone Vega)	AB
VII	Auenparabraunerde	AL
VIII	Auenpseudogley	AS
IX	Auenpelosol	AD
X	Auengley	AG
XI	Allochthone Vega ·	AK
b	Gleye	G
I	Gley	GG
II	Naßgley	GN
III	Anmoorgley	GA

IV	Moorgley	GH
V	Hanggley	NG
VI	Quellengley	QG
c	Marschen	M
I	Seemarsch	MS
II	Brackmarsch	MB
III	Flußmarsch	MF
IV	Organomarsch	MO

C Semisubhydrische und Subhydrische Böden

a	Semisubhydrische Wattböden	
I	Mariner Wattboden, Seewatt	
II	Brackwatt	IB
III	Flußwatt	IP
b	Subhydrische Böden	J
I	Protopedon	JP
II	Gyttja	JG
III	Sapropel	JS
IV	Dy	JD

D Moore

I	Niedermoor	HN
II	Übergangsmoor	HU
III	Hochmoor	HH

E Periglazialböden

a	Aktuelle Alpine Periglazialböden	
b	Fossile Periglazialböden	
I	Kryoturbater Boden	
II	Polygonboden	
III	Steinringboden	
IV	Tropfenboden	
V	Hydromorphe Periglazialböden	

F Anthropogene Böden

a	Terrestrische Anthropogene Böden	Y
I	Plaggenesch	YE
II	Agrosol	YP
III	Hortisol	YD
IV	Rigosol	YR
V	Tiefumbruchboden (Treposol)	U
VI	Auftragsboden	YY
b	Semiterrestrische Anthropogene Böden	YG
c	Kultivierte Moore	YH

I   Deutsche Hochmoorkultur
II   Niedermoorschwarzkultur
III   Sanddeckultur
IV   Holländische Fehnkultur
V   Deutsche Sandmischkultur

A Terrestrische Böden

In dieser Abteilung sind die Böden ohne Grundwassereinfluß zusammengefaßt worden. In ihren spannungsfreien Hohlräumen fließt das der Schwerkraft unterliegende Bodenwasser vorwiegend von oben nach unten bis zum Grund- oder Stauwasser. Auch die Stauwasserböden werden zu den Terrestrischen Böden gestellt, die auch als Landböden bezeichnet werden.

a Terrestrische Rohböden O

In dem oft nur schwach ausgeprägten Ai/C-Profil kann häufig ein Cv- und Cn-Horizont unterschieden werden. Eingeschränkte Verwitterung und biologische Aktivität haben eine nur geringe Humusbildung und Horizont-Differenzierung zur Folge, so daß diese Böden nur wenig vom Ausgangsgestein abweichen. Die früher dieser Klasse zugeordneten alpinen und arktischen Böden sind jetzt zu den Periglazialböden gestellt worden (s. Seite 418).

I Syrosem OF (Abb. 102, 103 und Tab. 113)
Der Name dieses Bodentyps kommt aus dem Russischen und bedeutet Rohboden. Er entsteht aus Kalk-, Gips-, Kiesel- oder Silikatgestein und hat ein Ai/(Cv/)mC-Profil. Das Festgestein steht oberhalb 3 dm unter Geländeoberfläche an und bestimmt die Eigenschaften. In höheren und steilen Lagen der Hochgebirge ist der Syrosem verbreitet anzutreffen, da dort das lose Bodenmaterial durch Erosion immer wieder abgetragen wird. An steilen Stellen der Mittelgebirge mit starkem Bodenabtrag ist er kleinräumig zu finden.
Mit ST (Soil Taxonomy) wird die Bodenbezeichnung aus der Klassifikation in den USA und mit FAO die Bodeneinheit der Europäischen Bodenkarte (s. Seiten 430, 431) genannt
ST: Lithic Udorthents
FAO: Lithosols (auch Leptosols)

II Lockersyrosem OL (Abb. 100, 101, 102, 104 und Tab. 113)
Die für diesen Bodentyp kennzeichnenden sandigen Lockersedimente sind im Abschnitt »Bodenentwicklung auf sandigen Sedimentgesteinen« (s. Seite 347) genannt. Auch auf bei Bodenabtrag freigelegtem Löß oder karbonathaltigem Geschiebemergel kommt es in der Initialphase zur Bildung von Lockersyrosemen mit einem Ai/lCn-Profil. Die unverwitterten, sandigen Lockersedimente waren im norddeutschen Flach-

Tab. 113. Profile der Rohböden, Ah/C-Böden, Steppenböden und Pelosole

Kurz-zeichen	Subtyp	Ausgangsgestein (ohne Angabe der Decklage)	Vorkommen	aufgenommen im Jahr	durch	Horizontfolge	Bodenschätzung bzw. Nutzung
OFn	Typischer Syrosem	Dolomit	Oberbayern	56	1/1	Ai/mC	Unland
BB-RN	Braunerde-Ranker	Grauwacke und devonischer Schiefer	Eifel	56	1/13	L/Ah/AhBv/Cv/Cn	Fichtenwald
DD-RQ	Pelosol-Regosol	Röiten des oberen Buntsandsteins	Spessart und Rhön	83	3/2.31	Ap/PCv/IICn/IIICn	LT6V 36/31
RRn	Mullrendzina	Malm-Kalke	Albvorland	86	2/46/113	Ah/AhCv/Cv	extens. Weide 38
RZn	Typ. Pararendzina	Gerölle der Würmvereisung	Oberbayern	56	1/8	Ap/AhCv/Cn	
TT	Schwarzerde	Würm-Löß	Harz-Vorland	55	1/9	Ap1/Ap2/Ah/AhCc/Cv	94
TTn	Typ. Schwarzerde degrad.	Würm-Löß	Hildesheimer Börde	86	3/2.1	Ap/Ah/AhCv/Cv	LILö95/92
GG-TT	Gley-Schwarzerde	Kolluvium über Geschiebemergel	Ostholstein	86	2/46/280	MAp/GofAh/Gro/Gor	Feldrand
TBn	brauner Steppenboden	Würm-Löß	Mainzer Becken	86	2/46/169	Ap/Ah/AhC/Ccv/fAh/C	Acker
DDn	Typischer Pelosol	Amaltheenton	Albvorland	86	2/46/112	Ap/PCv/Cn	Acker oder Wiese
DDn	Typ. Pelosol	Mergelton	Donau-Isar-Hügel-land	86	3/2.32	Ah/P/PCv/Sd/Cv	TIIb3 46/41

Für die in diesen Tabellen aufgeführten Kurzzeichen ist eine Ergänzung der in der Übersicht der Böden der Bundesrepublik Deutschland auf Seite 366 genannten Kurzzeichen der Bodentypen durch das nachgestellte Kurzzeichen für den Subtyp erfolgt. Diese Kurzzeichen sind in der älteren Literatur nicht enthalten. Bei der Aufnahme steht zunächst die Jahresangabe in einer zweistelligen Zahl (1956 = 56), dann der Literaturangabe. Hierbei ist MÜCKENHAUSEN (1977) mit 1 und nachgestellt die Nummer aus dem Verzeichnis der 60 abgebildeten Böden (1/9 = Schwarzerde) angegeben. Mit 2 und nachgestellter Bandangabe (2/46/280 = degradierte Gley-Schwarzerde) wird auf die Seite in dem betreffenden Band der Mitteilungen der Deutschen Bodenkundlichen Gesellschaft hingewiesen. 3 sind Angaben aus DIEZ/WEIGELT (1987): Böden unter landwirtschaftlicher Nutzung mit deren nachgestellter Profilnumerierung. 4 und weitere Zahlen werden mit einer Fußnote unter der jeweiligen Tabelle erläutert.

land bis ins vorige Jahrhundert weit verbreitet; nach Vegetationsschäden durch Winderosion kam es z.B. zu Windanrissen mit Dünenbildung. Durch Vergrößerung der Schläge bei intensivem Ackerbau kommt es heute in hügeligen Landschaften zu einer erheblichen Wassererosion.

ST: Typic Udipsamments
FAO: Regosols

b Ah/C-Böden R
Die Böden dieser Klasse haben einen voll ausgebildeten Ah-Horizont, der dem C-Horizont unmittelbar aufliegt. Dieser kann in einen Cv- und einen Cn-Horizont unterteilt sein. Das unterschiedliche Ausgangsgestein und die Humusform im Ah-Horizont bestimmen die Eigenschaften der Typen.

I Ranker RN (Abb. 103 und Tab. 113)
Diese flachgründigen Böden sind Festgesteinen mit karbonatfreien oder karbonatarmen Bindemittel zuzuordnen. Im Ah/(Cv/)mC-Profil liegt der skelettreiche mC-Horizont weniger als 30 cm unter der Geländeoberfläche. Das Solum ist stets karbonatfrei.
Der Name Ranker ist von KUBIENA (1953) aus dem österreichischen Wort »Rank« (Berghalde, Steilhang) abgeleitet worden. In den kristallinen Gebirgsmassiven der Zentralalpen ist der Subtyp des Tangel-Ranker mit einem L/Of/Oh/Ah/mC-Profil oft die Endstufe (Klimax) der Bodenentwicklung. Im kühl-humiden Klima der Hochgebirge hemmt Wärmemangel und lange Schneebedeckung die Umsetzung der aus einer Strauch- und Rasenvegetation gebildeten organischen Substanz. Diese Pflanzenbestände sind sehr trittempfindlich; daher sind in solchen Hochlagen für das zunehmende Bergsteigen Schutzbestimmungen erforderlich.
Eutrophe Ranker aus basenreichen Silikatgesteinen bilden im semiariden Klima mit warm-trockenen Sommern und längerem winterlichen Bodenfrost im Ah-Horizont Mull mit engem C/N-Verhältnis. Im humiden Klima der europäischen Atlantikküste von der Bretagne bis Mittelportugal mit ganzjähriger Aktivität der Bodenorganismen kommt es z.B. auf Granit zur Bildung eines Dystrophen Rankers. In diesem besteht im Ah-Horizont eine deutliche Tendenz zur Rohhumusbildung. Daraus können sich über Podsolige Ranker, Podsol-Ranker und Ranker-Podsole flachgründige Podsole entwickeln. Diese Flachgründigkeit läßt nur eine extensive Nutzung der standorttypischen Magerrasen oder Buschwälder zu. Bäume können sich nur über klüftigem Gestein entwickeln.
ST: Lithic Udorthents und Entic and Lithic Haplumbrepts
FAO: Rankers

II Regosol RQ (Abb. 104, 108 und Tab. 113)
Der Name ist von dem griechischen Wort rhegos (= Decke) abgeleitet worden und weist auf die geringe Mächtigkeit der Bodendecke dieses Ah/lC-Profils hin. Es entsteht aus karbonatfreien oder karbonatarmen Kiesel- oder Silikatlockergesteinen, z. B. Dünensand.
Eigenschaften wie Wasserkapazität und Sorptionsvermögen sind weitgehend von der Körnung und den mineralischen Komponenten im Ausgangsgestein abhängig. Bei günstigen Voraussetzungen ist Waldbau oder landwirtschaftliche Nutzung möglich.
ST: Typic Udorthents (shallow), Typic Udipsamments, Entic Haplumbrepts
FAO: Regosols

III Rendzina RR (Abb. 102, Tab. 113)
Der Bodenname »Rendzina« kommt aus der polnischen Sprache; er kennzeichnet das »Rauschen« von Steinen am Streichblech des Pfluges. Das flachgründige Ah/C-Profil entsteht aus Gesteinen mit einem Karbonatgehalt über 75% (Kalkstein, Mergelkalke, Dolomit) oder Gips- und Anhydritgestein. Auch weicher Kalksinter, Alm, weicher Kreidekalk und lockere Fließerde aus karbonatischem Schutt können das Ausgangsgestein bilden.
Die Entwicklung dieses Bodentyps beginnt mit der Syrosem-Rendzina (Protorendzina) und führt über die Mullartige Rendzina zur Typischen Rendzina (Mullrendzina). In den nördlichen Kalkalpen ist oberhalb der Waldgrenze kleinräumig die Tangelrendzina mit einem rohhumusähnlichen Auflagehorizont (L/Of/Oh/Ah/C-Profil) und die Alpine Pechrendzina (Of/Oh/(Ah/)C-Profil) anzutreffen.
In weiten Bereichen Mitteleuropas mit den vorstehend genannten Ausgangsgesteinen stehen Rendzinen am Beginn der Bodenentwicklung; diese führt über Subtypen der Rendzina z. B. zur Braunerde, Terra fusca oder zum Pseudogley.
Die organische Substanz dieser Böden mit einem C/N-Verhältnis zwischen 9 und 14 ist in der Mullrendzina fest, in den anderen Rendzinen locker mit den mineralischen Anteilen verbunden. Der Ah-Horizont enthält oft freien Kalk, seine Reaktion ist im allgemeinen schwach alkalisch bis schwach sauer. Daher finden die Bodenorganismen günstige Bedingungen. Kotkrümel, vor allem die der Regenwürmer (s. Seite 193), stellen stabile Aggregate dar, die das optimale Wurmlosungsgefüge (s. Seite 214) aufbauen.
Neben dem N-reichen Humus weisen die meisten Rendzinen auch ausreichend Ca und Mg auf; sie sind dagegen fast immer arm an P und K. Wegen ihrer häufig günstigen Sorptionskraft für Pflanzennährstoffe sind diese recht düngerdankbaren Böden trotz gelegentlicher Trockenheitsgefährdung höher eingeschätzte Ackerstandorte für den intensiven Getreideanbau einschließlich Mais.

Steillagen und hohe Steingehalte zwingen vielfach zur Waldnutzung. Auf Mullrendzinen herrscht auf diesen Standorten die natürliche Waldgesellschaft des typischen Kalkbuchenwaldes (ELLEBERG 1977) vor. In ihr dominieren nach REHFUESS (1981) Buche, Esche, Berg- und Spitzahorn, Linde, Traubeneiche und Bergulme. Ihre Anteile an der Bestockung und ihre Wuchsleistung hängen vor allem vom Wasserhaushalt ab. Dieser wird bestimmt durch den Ton-, Skelett- und Humusanteil im Solum, die Beschaffenheit des Gesteinsuntergrundes, die Mächtigkeit des Hauptwurzelraumes und die Ausformung der Hänge. Bei ausreichenden Niederschlägen ist auch die Weißtanne am Aufbau des natürlichen Waldes beteiligt; sie hat unter den Waldschäden der letzten Jahre besonders stark gelitten. Die wenigen natürlichen Vorkommen von Kiefer und vor allem Fichte sind auch auf den Rendzinen in den letzten zwei Waldgenerationen waldbaulich stark ausgeweitet worden. Heute wird versucht, ihren Bestandsanteil zugunsten des standorttypischen Laubwaldes zurückzunehmen.

ST: Typic, Entic and Lithic Rendolls
FAO: Rendzinas

IV Pararendzina RZ (Abb. 100, 101, 102 und Tab. 113)
Die Pararendzina (von griechisch Para = neben) steht als selbständiger Bodentyp neben der Rendzina. Von dieser unterscheidet sie sich im Ausgangsgestein durch einen deutlich geringeren Anteil von karbonathaltigem (um 2 bis 75 %), festem oder lockerem Kiesel- oder Silikatgestein. Diese Ausgangsgesteine bilden Übergänge zwischen den Karbonatgesteinen, aus denen die Rendzina entsteht, und den kalkfreien Ursprungsgesteinen des Rankers.
Die Pararendzina ist in Mitteleuropa im allgemeinen dort anzutreffen, wo Erosion das Gestein freigelegt hat und danach die neue Bodenbildung das Ah/C-Profils einer typischen Pararendzina (Mullpararendzina) entstehen ließ. Unter Nadelwald führt der Bestandesabfall zu einem basenverarmten, sauren Ah-Horizont mit geringer biologischer Aktivität; dadurch entsteht der Subtyp der Versauerten Pararendzina (Moderpararendzina) mit einem (L/Of/Oh/)Ah/C-Profil.
Die Abbildung 101 zeigt die Weiterentwicklung einer Pararendzina auf Löß zu einem Tschernosem; hierzu war das kühl, trockene Klima der frühen und späten Wärmezeit (Tab. 19) erforderlich. Auf Geschiebemergel entstand im humiden atlantischen Klima aus der Pararendzina durch Entkalkung und Verbraunung die Braunerde (siehe Abb. 100). Auf staunässebeeinflußten Standorten mit zunehmenden Niederschlägen der Nacheiszeit bildete sich der Subtyp der Pseudogley-Pararendzina mit einem Ah/SwAh/SdCv/C-Profil (siehe Abb. 102).
Pararendzinen auf Lockersedimenten sind für den Ackerbau gut geeignet, da auch ihr C-Horizont gut durchwurzelbar ist; bei langjähriger Nutzung sind aus ihnen im allgemeinen Kultosole (s. Seite 423) entstan-

den. Jüngste Bildungen stellen Pararendzinen unter Ruderalvegetation aus Trümmerschutt des letzten Krieges dar (SCHEFFER/SCHACHTSCHABEL 1982).
Für die Waldnutzung ist eine Pararendzina aus Geschiebemergel gut geeignet. Auf diesem Boden ist ein Seggen-Hangbuchenwald mit kraut- und strauchreicher Unterschicht die standorttypische, naturnahe Waldgesellschaft. Von etwa 1000 m Meereshöhe an aufwärts ist in den nördlichen Kalkalpen in ähnlicher Artenzusammensetzung eine tannenreiche Waldgesellschaft ausgebildet (ELLENBERG 1977)
ST: Entic and Lithic Hapludolls, Typic Udorthents
FAO: Calcaric Regosols

c Steppenböden T
Im Gegensatz zu den vorstehend beschriebenen flachgründigen A/C-Böden sind die Steppenböden durch einen mächtigen Ah-Horizont gekennzeichnet. Sie sind Klimaböden des semiariden Klimas (FRANZ 1960) und entstanden aus karbonathaltigem, feinbodenreichem Lockergestein (oft Löß) im Spätglazial bis Atlantikum unter Steppe und Waldsteppe. Ihre Einordnung in die Systematik der Böden der Bundesrepublik Deutschland ist in Anlehnung an die Steppenböden der osteuropäischen Bodenprovinzen erfolgt.

I Schwarzerde (Tschernosem Mitteldeutschlands) TT (Abb. 101 und Tab. 113)
Tschernosem ist die verdeutschte Schreibweise des volkstümlichen, russischen Namens für die schwarze Erde der Ukraine. Er ist einer der ältesten Bodennamen und wird daher oft international gebraucht (englisch: Chernozem).
Die zur Schwarzerde führende Bodenentwicklung ist ab Seite 335 beschrieben. Im dabei entstandenen Ah/Cc/C-Profil des Subtyps eines Typischen Tschernosems ist der Ah-Horizont > 40 cm mächtig. Er hat im trockenen Zustand eine schwärzlichgraue, im feuchten eine dunkelgrauschwarze Farbe. Als Folge intensiver Bioturbation sind metertief reichende, ehemalige Wurmgänge und Krotowinen wühlender Nagetiere, die bei einem Durchmesser > 10 cm im C-Horizont dunkles Ah-Horizontmaterial, im Oberboden teilweise hellgelbes C-Horizontmaterial enthalten, zu beobachten. Im durchgehend weißlichen Cc-Horizont ist CaCO₃ als Pseudomycel oder in Form von Lößkindeln angereichert.
Bei fortschreitender Bodenentwicklung zu anderen Bodentypen kommt es zunächst zur Ausbildung von folgenden Subtypen des Tschernosems:
– Braunerde-Tschernosems (Degradierter Tschernosem) mit einem Ah/BvAh/Bv/C-Profil. Der BvAh ist teilweise oder ganz aufgehellt. Der Bv-Horizont ist < 20 cm, bei stärkerem Bv-Horizont liegt der Subtyp Tschernosem-Braunerde vor.
– Parabraunerde-Tschernosem (Griserde) mit einem Alh/BtAh/(Bv/)C-

Profil. Der Alh-Horizont kann sich bei zunehmender Ton-Humus-Verarmung zu einem Ahl-Horizont entwickeln; diese Horizonte enthalten dann nur 0,5 bis 2% Humus. Die Entwicklung läuft weiter zur Tschernosem-Parabraunerde.

- Pseudogley-Tschernosem mit einem Ah/(Sw)Ah/SwCc (oder CSw/) IISd-Profil. Der CSw-Horizont ist rostfleckig und weist kleine Fe-Mn-Konkretionen und Kalkkonkretionen auf.
- Gley-Tschernosem mit einem Ah/(Cv/)(GoAh/)G(c)o/G(c)r-Profil. In den Go- und Gr-Horizonten können sekundäre Karbonatanreicherungen auftreten. Der G(c)r-Horizont hat im frischen Bodenanschnitt eine bläulichgraue bis grünlichgraue Farbe. Die Obergrenze des Go-Horizontes liegt 40 bis 80 cm und die des Gr-Horizontes häufig 130 bis 200 cm unter Geländeoberfläche.

Verbreitung: Große Schwarzerdegebiete gibt es in den Steppenlandschaften Europas (Ukraine), Asiens und Amerikas. Die Vorkommen in Deutschland liegen allein in der Magdeburger Börde, im Thüringer Becken, im nördlichen Harzvorland sowie im Mainzer Becken. Stark umgebildete, ehemalige Tschernoseme mit stärkerer Tondurchschlämmung liegen in der Soester und Warburger Börde, in Randgebieten des Leinetals und im Limburger Becken.

Eigenschaften: Die Schwarzerde ist ein sehr fruchtbarer Boden. Der Ah-Horizont ist ausgezeichnet durch ein poröses Krümelgefüge (Schwammgefüge). Bei einem Gesamtporenvolumen von 50% sind etwa 20% zu den groben, 20% zu den mittleren und 10% zu den feinen Poren zu rechnen. Durchwurzelbarkeit, Lufthaushalt und Wasserkapazität sind optimal. Der Tschernosem vermag 20 mm Regen je dm Bodenschicht pflanzenverfügbar zu speichern. Ein 100 cm mächtiger Boden kann daher fast den gesamten Winterniederschlag (200 mm) nutzbar aufnehmen. Degradierte Schwarzerden haben weniger günstige Eigenschaften: Verlust des Schwammgefüges, bei Gley- und Pseudogley-Schwarzerde Bildung von Polyedern, ferner Entkalkung, Verschlämmung und Verdichtung.

Günstig ist auch die Zusammensetzung der Tonfraktion. Der Tongehalt beträgt in unseren Schwarzerden 15 bis 20%, in Rußland 20 bis 40%. Unter den Tonmineralen ist Illit am stärksten vertreten. Die Teilchen > 2 µm setzen sich überwiegend aus Quarz sowie wenigen Feldspäten und Glimmern zusammen. Die organische Substanz – in Mitteldeutschland 2 bis 4%, in Rußland teilweise mehr als 10% – hat ein hohes Wasserhaltevermögen, eine Austauschkapazität von etwa 250 mval je 100 g und ein C/N-Verhältnis von 8 bis 10. Sie ist zum größten Teil (zu etwa 85%) an mineralische Teile gebunden (Ton-Humus-Komplex). Weitere wichtige Eigenschaften sind eine etwa neutrale Reaktion und ein relativ hohes Nachlieferungsvermögen für Kalium bei Illitreichtum. An der Austauschkapazität des Bodens (15 bis 20 mval je 100 g) ist die organische Substanz zu 30 bis 50% beteiligt. Das Verhältnis der austauschbaren Ca- und Mg-Ionen beträgt im Mittel 7 : 1. Der A-Horizont der deutschen Schwarzerden enthält allgemein kein freies $CaCo_3$. Letztlich ist der reiche Besatz des Bodens mit Mikro- und Makroorganismen zu erwähnen (besonders Regenwürmer).

Die Schwarzerde ist unter den klimatischen Bedingungen Mitteldeutschlands – etwa 600 mm Jahresniederschlag und eine mittlere Jahrestemperatur von 8 bis 10 °C – ein sehr leistungsfähiger Boden, dem bei der Bodenschätzung die höchste Bodenzahl 100 gegeben wurde. In den typischen Schwarzerdegebieten, z.B. in der Ukraine, ist der geringe Sommerniederschlag oft der begrenzende Ertragsfaktor.

ST: Pachic and Udorthentic Haplustolls, Typic and Entic Vermustolls
FAO: Phaeozems

II Brauner Steppenboden TB (Tab. 113)

Der Tschernosem des Oberrheintales hat in seinem Ah/AhC/C-Profil einen graubraunen und > 40 cm mächtigen, karbonathaltigen Ah-Horizont. Er ist aus dunkelgraubraunem, feinbodenreichem Lockergestein entstanden. Der Subtyp des Grauen Tschernosems hat im Ah-Horizont einen etwas geringeren Humusgehalt. Er nimmt mit beginnender Degradierung weiter ab und so entstehen Ah/(Bv/)BvrA(rAh/)rAhC/C-Profile.

Der in Rheinhessen lokal vorkommende Auenboden-Tschernosem ist ein toniger Boden mit mächtigem, dunkel gefärbtem Ah-Horizont und einem Ah/M/IIrAh/C/G-Profil. Er wird Smonitza genannt und ist eine Vorstufe der Tschernitza (s. Seite 399); systematisch gehört er jedoch zum Tschernosem des Oberrheintales, wo sein Vorkommen auf kleine Flächen beschränkt ist.

Der Braune Steppenboden ist gut gekrümelt und hat einen günstigen Wasser- und Lufthaushalt. Das C/N-Verhältnis beträgt etwa 8 und die Bodenzahlen liegen zwischen 84 und 95. Daher können dort fast alle landwirtschaftlichen Früchte und viele Spezialkulturen mit hohen Erträgen angebaut werden.

ST: Cumulic und Entic Haplustolls (calcareous)
FAO: –

d Pelosole D

Der Name Pelosol ist vom griechischen pelos = Ton abgeleitet. Diese Bodenklasse erfaßt tonige Böden mit meist über 45% Feinsubstanz < 2 μm. Obzwar auch die Plastosole, Vertisole und Terrae oft ebensoviel Tonsubstanz enthalten, gehören sie nicht zu dieser Klasse, da sie eine andere Genese und dadurch auch andere Eigenschaften haben. Pelosole weisen ein ausgeprägtes Absonderungsgefüge auf, wobei das in sich dichte Prismen- und Polyedergefüge zeitweilig mit > 1 cm breiten Trockenrissen durchzogen ist.

Die Unterteilung dieser Klasse in Typen wäre nach dem vorherrschenden Tonmineral möglich, indem die Typen Kaolinit-, Illit- und Mont-Smectit-Pelosol unterschieden würden.

I Pelosol DD (Abb. 103 und Tab. 113)
Im Typischen Pelosol mit einem Ah/P/PCv/Cn-Profil ist der P-Horizont hochplastisch (lehmiger Ton oder Ton), karbonatfrei und hat ein ausgeprägtes Gefüge aus Prismen, die sich in große Polyeder zerlegen lassen. Die Farbänderung gegenüber dem Ausgangsgestein ist gering. Der Reaktionsbereich im Solum schwankt von neutral bis stark sauer.

Die Entwicklung eines Pelosols ist auf den Seiten 343 bis 347 beschrieben. Die Weiterentwicklung verläuft im wasserdurchlässigen zur Braunerde und im wasserdurchlässigen Ton- bzw. Tonmergelstein zum Pseudogley. Subtypen des Pelosols sind folgende Übergangsformen: der Regosol-Pelosol (Ah/CvP/lC-Profil), der Ranker-Pelosol (Ah/CvP/mC-Profil), der vertisolartige Pelosol (Ah/AhP/(P)/C-Profil) und der Gley-Pelosol (Ah/P/PGo/Gr-Profil). Aus karbonathaltigem Tongestein kann ein Kalkhaltiger Pelosol oder ein Pararendzina-Pelosol entstehen.

Pelosole sind u.a. im Bereich des Keupers und Juras Südwestdeutschlands verbreitet, vereinzelt in Südniedersachsen, Ostwestfalen, im Münsterland und in der Wittlicher Trias-Senke anzutreffen. Gegenüber Tonstein als Ausgangsmaterial sind Tonmergelsteine häufiger das Ausgangsgestein. Auf älteren Gesteinen mit silikatischem Bindemittel aus Tongesteinen (Tonschiefer, Schieferton) sind sie seltener anzutreffen.

Pelosole aus Tonstein werden wegen der starken Quellungs- und Schrumpfungsvorgänge vorwiegend nur als Grünland oder Wald genutzt. Die forstliche Standorteignung kann nur unter Berücksichtigung des Regionalklimas, der Lage im Gelände, des Ausgangsgesteins und des Fortschritts der Bodenentwicklung (s. Seite 346) bestimmt werden. Tiefwurzler können sich im tonigen Solum verankern und auch die Nährstoffe und Wasserreserven des Unterbodens nutzen. Das Spektrum der Waldbauziele reicht von wüchsigen, tannenreichen Mischwäldern auf tiefgründigen, dabei gut dränierten Pelosolen an Unterhängen bis zu lichten und strauchreichen Schutzwäldern aus Traubeneiche, Feld- und Spitzahorn, Winterlinde, Vogelkirsche und eingesprenkten Kiefern auf flachgründigen Pelosolen der Kuppen und südexponierten Hangrippen. Ackerbau ist meist nur auf Pelosolen aus Tonmergelstein rentabel, weil deren Lufthaushalt und Durchwurzelbarkeit günstiger und die Bodenbearbeitung weniger stark erschwert ist.
ST: Typic (Vertic) und Dystric (Vertic) Eutrochrepts
FAO: Vertic Cambisols

e Braunerden B (Abb. 104 und Tab. 114)
In dieser Klasse sind die drei Bodentypen Braunerde mit Ah/Bv/lCv/lCn-Profil, Parabraunerde mit Ah/Al/Bt/(Bv)C-Profil und Fahlerde mit Ah/Ael/Bt/BvC-Profil zusammengefaßt worden. Die B-Horizonte die-

Tab. 114. Profile der Braunerde

Kurz-zeichen	Subtyp	Ausgangsgestein	Vorkommen	aufgenommen im Jahr	durch	Horizontfolge	Bodenschätzung bzw. Nutzung
BBn	Typische Braunerde	Buntsandstein	Odenw. u. Rhön	80	3/2.23	Ap/Bv/IIBvCv/Cv	S14V32/29
BBk	Kalkbraunerde	Muschelkalk	Jura	80	3/2.10	Ap/Bv/Cv	L 4V63/58
BBl	Lockerbraunerde	Basaltzersatz	Vogelsberg	80	2/46/218	L/Oh/Ah/AhBv/Bv/II Bv	Fichtenwald
RR-BB	Rendzina-Braunerde	Muschelkalk	Ostwestfalen	55	1/22	Of/Bv/BvlCv/mCn	Buchenwald
RZ-BB	Pararendzina-Braunerde	Würm-Löß	Vorgebirge	58	1/18	Ap/Bv/Bv1Cv/1Cv	70/?
CF-B	Terra fusca-Braunerde	Lias-Mergel	Oberfranken	80	4/13	Ap/Bv1/Bv2/BvCv	LT4V53/64
DD-BB	Pelosol-Braunerde	Lias-Mergel des Hettangium	Ardennen	83	2/37/57	Ah/Bv1/Bv2/IIBv3/PCc/PCv/Cn	Primel-Hainbuchenwald
BL-BB	Parabraunerde-Braunerde	Geschiebemergel	Oberbayern	56	1/21	Ap/A1Bv/BtBv/IImC	50/?
PP-BB	Podsol-Braunerde	Geschiebesand	w. Nienburg/W.	58	1/24	L/Ahe/BsBv1/BsBv2/IISw/Sd	Kiefernwald
SS-BB	Pseudogley-Braunerde	Buntsandstein	Freudenbg. M.	56	1/25	L/Ahe/Bv1/Bv2/mCn	
		Löß	Kaufunger Wald	55	1/23	L/Of/Ah/Bv/Sw/Sd	Eichenwald
Bln	typ. Parabraunerde	Geschiebemergel	Ostholstein	86	2/51/20	LOf/Of/Oh/Ah/Al/Bvt/BtC/Ccv/Cv/IICn	Laubwald

4/13 Merkblätter für Bodenkultur, Herausgeber: Bayer. Landesanstalt für Bodenkultur und Pflanzenbau Freising und München, Abt. Boden u. Landschaftspflege: Böden und ihre Nutzung.

ser drei Bodentypen haben eine durch fein verteilte Eisenoxide bedingte braune Farbe. Diese braunen Böden haben in Mitteleuropa die größte Verbreitung von allen Bodentypen.

I Braunerde BB

Die Entstehung einer Braunerde ist auf Seite 352ff. für einen Standort im norddeutschen Flachland beschrieben worden. Auf dessen relativ lockeren, trockenen Sandsediment hat sich ausgehend vom Lockersyrosem über einen Regosol die Braunerde entwickelt. Dabei hat im Bv-Horizont eine Verwitterung »an Ort und Stelle« stattgefunden. Im humiden Klima verwittern bei starker Bodendurchfeuchtung die Silikate, vor allem Feldspäte, Augite, Glimmer und Hornblenden; hierbei werden sekundäre Tonminerale wie Illit, Vermiculit und Smectit (s. Seite 44) neugebildet. Der neben diesem Prozeß der Verlehmung parallel verlaufende Prozeß der Verbraunung (Bildung von Fe(III)-Oxiden z.B. Goethit) führt dazu, daß primäre und sekundäre Mineralteilchen von Oxidhäutchen umgeben sind. Diese verursachen überwiegend die Braunfärbung des Bv-Horizontes. Die Kationenaustauschkapazität der pedogenen Tonfraktion beträgt meistens > 16 mval/100 g.

In der Typischen Braunerde erfolgt keine Verlagerung von Tonmineralen und Eisenoxiden aus dem Ah-Horizont in den Bv-Horizont oder innerhalb dieses Horizonts. Nach dem Basengehalt werden unterschieden: Basenreiche Braunerde, Mittelbasische Braunerde, Basenarme Braunerde und Sehr Basenarme Braunerde. Der Bv-Horizont einer Eisenreichen Braunerde ist rotbraun und hat ein loses Schorfgefüge. In der Rostbraunerde ist der Bv-Horizont ocker- bis rostfarben und zeigt ein loses bis schwach verfestigtes Gefüge. Weitere Abweichungen vom Normaltyp sind die Kalkbraunerde und die Lockerbraunerde, die im Bv-Horizont ein Gesamtporenvolumen $> 60\%$ hat. Bei überwiegend sandiger Bodenart kommen Braunerden mit Tonanreicherungsbändern von < 1 cm Mächtigkeit vor. Übergänge zu anderen Bodentypen kommen als Subtypen der Braunerde in folgenden Verbindungen vor: Ranker-, Regosol-, Rendzina-, Pararendzina-, Pelosol-, Grauplastosol-, Rotlatosol-, Terra fusca-, Parabraunerde-, Pseudogley-, Gley- und Podsol-Braunerde. In letzterem sind die Aeh und A(h)e-Horizonte zusammen > 3 cm mächtig. Braunerden mit geringerem Podsolierungsgrad (Aeh und A(h)e-Horizont < 3 cm) werden als Podsolige Braunerde bezeichnet. Die Podsol-Braunerde entsteht aus sandigen Substraten, die zunächst eine schwache Braunerdeentwicklung ermöglichen; aber die schnelle Versauerung lenkt die Bodenentwicklung in Richtung Podsol.

In Abhängigkeit von der Humusform schwankt das C/N-Verhältnis in Braunerden zwischen 10 und 22. Stärkere Unterschiede treten bei den V-Werten zwischen 95 und 20 auf. Der Gehalt an organischer Substanz beträgt bei Ackernutzung im Ap-Horizont 2 bis 3 %. Weiteste Verbreitung hat der Subtyp der Basenarmen Braunerde und deren Übergangsbildungen, die großflächig aus kalkfreien Gesteinen und deren Verlagerungsprodukten des Devons, Karbons, Perms und der Trias und aus silikatreichen, glazigenen und fluviatilen Sanden des Quartärs entstanden sind.

Bodenzahlen zwischen 25 und 70 zeigen (s. Tab. 114), daß der ackerbauliche Wert der Braunerden in einem weiten Bereich schwankt. Auch auf nährstoffarmen Ausprägungen der Braunerde lassen sich bei Zufuhr aller fehlenden Nährstoffe und Einsatz der Feldberegnung zur Ertragssicherung hohe Erträge erzielen. Eine Waldnutzung erfolgt oft in Anlehnung an naturnahe Waldbestände. ELLENBERG (1977) führt dazu aus, daß die Braunerde-Buchenwälder und -Buchenmischwälder ihre Ausprägung vor allem durch die unterschiedliche Bodenreaktion erfahren.

ST: Dystric Eutrochrepts, Typic Dystochrepts, Typic Haplumbrepts
FAO: Cambisols

II Parabraunerde BL (Abb. 100 und Tab. 114)
Der Unterschied zur Braunerde besteht in der vertikalen Tonverlagerung im Profil: diese Lessivierung führt zur Horizontfolge der Parabraunerde Ah/(Al-Bv/)Al/Bt/(Cc/)lC-Profil. Die Tongehaltdifferenz zwischen Al- und Bt-Horizont beträgt mindestens 3 Gew.% bei < 17% Ton und < 50% Schluff, mindestens 5 Gew.% bei < 17% Ton und > 50% Schluff oder 17 bis 45% Ton, mindestens 8 Gew.% bei > 45% Ton. Für die Ansprache als Parabraunerde braucht keine genetische Beziehung zwischen Al- und Bt-Horizont zu bestehen, wenn aus dem anstehenden Substrat normalerweise Parabraunerden entstehen. Besteht zwischen Al- und Bt-Horizont mit Sicherheit ein Schichtwechsel, so ist das in der Horizontsymbolik zu berücksichtigen: Ah/Al/IIBt/(Bv)C-Profil.

Die ab Seite 327 beschriebene Bodenbildungsfolge auf weichseleiszeitlichem Geschiebemergel im atlantisch beeinflußten, gemäßigten Klimabereich Mitteleuropas zeigt die Entstehung einer Parabraunerde auf; diese Bodenentwicklung verläuft vom Lockersyrosem über Pararendzina und Braunerde (s. Abb. 100). In dem genannten Abschnitt sind auch Aufbau und Eigenschaften der Parabraunerde nachzulesen. Bei den Substypen sind zu unterscheiden:
– Typische Parabraunerde, bei der durch die Verlagerung von Ton zusammen mit Eisenoxiden ohne sekundäre Verbraunung der Al heller und der Bt dunkler (gegenüber dem Bv-Horizont der Braunerde) gefärbt ist. Es kann eine Basenreiche und eine Basenarme Parabraunerde unterschieden werden.
– Rötliche Parabraunerde, deren Bt-Horizont durch Hämatit rötlichbraun gefärbt ist.
– Eisenreiche Parabraunerde, die aus einem eisenreichen Ausgangsge-

stein (z. B. eisenreicher Oolith mit karbonatischem Bindemittel) entstanden ist.

- Bänder-Parabraunerde, deren Bt-Horizont in tonangereicherte Bänder von 1 bis 10 cm Mächtigkeit geteilt ist; dieser Subtyp entsteht aus meist karbonathaltigen, sandigen Substraten.
- Tschernosem-Parabraunerde mit Ah/Ahl/AhBt/(Bv/)C- oder Ap/ Ahl/Bt/BtvAh/AlıC/C-Profil. Dieser Boden ist der genetische Übergang von der Schwarzerde zur Parabraunerde, bei dem die Tonverlagerung weit fortgeschritten ist (Griserde) (Abb. 101 und Seite 335); der genetische Vorläufer ist der Parabraunerde-Tschernosem.
- Braunerde-Parabraunerde. Dieser Subtyp geht bei zunehmender Tonverlagerung aus der Parabraunerde-Braunerde hervor.

Podsol-Pararbraunerde, Pseudogley-Parabraunerde und Gley-Parabraunerde sind Übergänge zu diesen Bodentypen.

Die Parabraunerde entsteht oft aus kalkhaltigen Lockersedimenten, die in Mitteleuropa großflächig verbreitet sind.

Diese Böden sind fruchtbare Ackerstandorte mit Bodenzahlen zwischen 50 und 90. Schluffreiche Parabraunerden neigen im Oberboden zur Verschlämmung und werden in Hanglagen leicht erodiert. Zur Beseitigung zeitweiligen Wasserstaus reicht in schluffreichen Pseudogley-Parabraunerden eine Dränung nicht immer aus. Eine erforderliche Hydromelioration (s. Seite 484) durch Tiefumbruch soll eine Tonanreicherung im tonverarmtem Al-Horizont erreichen. Nur dann ist durch verbesserte Gefügestabilität eine ausreichende Wasserzügigkeit und Minderung der Erosionsgefahr (s. Seite 518) zu erwarten. Die Humusformen sind Mull bis Moder, deren C/N-Verhältnis zwischen 12 und 20 schwankt (REHFUESS 1981). Je nach den klimatisch und reliefbedingten Standortausbildungen gedeiht eine breite Palette von Laub- und Nadelgehölzen. Auf im Oberboden basenreichen, tiefgründigen Parabraunerden wurzelt auch die Fichte tief und kann bei geringer Sturm- und Fäulegefährdung ohne die Gefahr einer starken Degradation der A-Horizonte angebaut werden.

ST: Typic Hapludalfs, Hapludults
FAO: Luvisols

III Fahlerde BF (Abb. 100)

Im Ah/A(e)l/Bt/Bv/(Cc/)lC-Profil ist der A(e)l-Horizont weißlich grau oder fahlgelb gefärbt und > 30 cm mächtig. Der Tongehaltunterschied zwischen A(e)l- und Bt-Horizont ist hoch; der Bt-Horizont relativ dicht und etwas verfestigt. Die Tonverlagerung hat in Folge starker Versauerung aufgehört. Die Aggregatoberflächen im oberen Teil des Bt-Horizonts erscheinen im trockenen Zustand durch Schluffanreicherung an der Aggregatoberfläche weiß überpudert. Typische Fahlerden werden überwiegend unter Wald angetroffen.

Es gibt einige Übergänge als Subtypen zu anderen Bodentypen, vor

Tab. 115. Profile der Podsole, Pseudogleye und Kolluvien

Kurzzeichen	Subtyp	Ausgangsgestein	Vorkommen	aufgenommen im Jahr	durch	Horizontfolge	Bodenschätzung bzw. Nutzung
PPn	Typischer Podsol	roter Sandstein	Odenwald	86	2/46/162	Oh/Aeh/Ae/Bh/Bhs/Bts/IICbtv/IICv/IIICn	Fichten-Buchenwald
PPe	Eisenpodsol	Gehängeschutt aus Kreide-Sandstein	Eggegebirge	55	1/32	L/Of/Ahe/Ae/B(s)h/Bs/C	Fichtenwald
PPeh	Eisen-Humus-Podsol	umgel. Hauptdolomit	Oberbayern	86	2/46/41	L/Of/Oh/Aeh/SwAe/Bhs/IIBsh1/Bsh2/Bsh3/BvCv	Tannen-Buchenwald
BB-PP	Braunerde-Podsol	roter Sandstein	Odenwald	86	2/46/164	Aeh/Ahe/Bhs/Btv/B(t)C/IICbtv	Kiefern-Buchenwald
BB-PP	Braunerde-Podsol	Geschiebesand	Oldenburger Geest	86	3/2.20	Ap/Ae/Bv-Bhs/BhsCv	S4D27/25
GG-PP	Gley-Podsol	Flugsand	Emsland	55	1/33	L/Ahe/Bsh/Bhs/Bs/Go/Gr	Kiefernwald
BB-CF	Braunerde-Terra fusca	Jurakalke	Frankenalb	86	3/2.22	Ap/IIT/TCv	sL4Vg45/42
SSn	Typischer Pseudogley	Löß über Keuperton	Hohenloher Ebene	56	1/36	Of/AhSw/Sw/Sd1/Sd2	Fichtenwald
LL-SS	Parabraunerde-Pseudogley	jüngerer über älterem Löß	Hohenloher Ebene	86	2/46/146	Ah/Al/SdBt/IIBtSd	Buchenwald
SHn	Typischer Haftnässepseudogley	Graulehm aus Mittlerem Buntsandstein	Kaufunger Wald	55	1/42	L/Of/Ah/AhSg/Sd1/Sd2	Fichtenwald
SSn	Typischer Stagnogley	Löß über Fließerde aus buntem Plastosol	Weserbergland	55	1/43	L/Of1/Of2/SwAh/Srw1/Srw2	Fichtenwald
KFn	Typisches Kolluvium	Löß über Keuperpelit	Leineaue	85	2/42/316	Ap/M/IIBt/IIICv/IVC	Acker

allem zur Parabraunerde, zum Podsol und zum Pseudogley. In der Kartieranleitung (1982) wird die Fahlerde aus kartiertechnischen Gründen mit der Parabraunerde zusammengefaßt.

Die Fahlerde ist vorwiegend auf älterem Löß und Geschiebelehm, sowie auf kalkhaltigen Sandsteinen des Keupers und der Kreide in Süddeutschland anzutreffen. Sie ist weniger fruchtbar als die Parabraunerde.

ST: Albic and Glossic Hapludalfs
FAO: Podzoluvisols

f Podsole P (Abb. 104 und Tab. 115)

Die freie Übersetzung des russischen Wortes Podsol ist »Ascheboden«. Dies sagt, daß unter dem aschgrauen, »gebleichten« Verarmungshorizont der nährstoffreichere Unterboden liegt. Der Bleichhorizont gab ursprünglich diesen Böden auch den Namen »Bleicherden«.

I Podsol PP

Das Ausgangsgestein ist vorwiegend kalkfreier und silikatarmer, quarzreicher Sand, Sandstein, Quarzit oder Kieselschiefer. Daraus entstand durch die Podsolierung (s. Seite 351) ein extrem verarmter Boden mit O/Aeh/Ahe/Ae/B(s)h/B(h)s/C-Profil.

Der im O-Horizont dem Profil aufliegende Rohhumus kann oft in drei Lagen aufgeteilt werden: L-, Of- und Oh-Horizont (s. Seite 355). Die Entstehung eines Podsols ist im Abschnitt »Bodenentwicklung auf sandigen Sedimentgesteinen« und »Bodenentwicklung auf Geschiebemergel« (s. Seiten 327 und 347) beschrieben worden. Die obige Horizontfolge des Typischen Podsols ist im B(s)h-Horizont meistens 5 bis 40 cm mächtig und kann wenig (Orterde) oder stark (Ortstein) verfestigt sein; im Bsh- und Bhs-Horizont ist der Quotient aus pyrophosphatlöslichem Kohlenstoff zu pyrophosphatlichem Eisen Cp : Fep 3 bis 10. Wenn der Gehalt an organischer Substanz in den B-Horizonten < 0,6 Gew.% ist, liegt der Humuseisenpodsol vor. Bei höherem Gehalt an organischer Substanz im B-Horizont kann der Typische Podsol auch als Eisenhumuspodsol bezeichnet werden.

Weitere Subtypen sind:
– Eisenpodsol mit O/Aeh/Ahe/Ae/Bs/C-Profil. Der Bs-Horizont enthält vorwiegend Sesquioxide des Eisens und Aluminiums und hat ein Cp:Fep-Verhältnis < 3.
– Humuspodsol mit O/Aeh/Ahe/Ae/Bh/C-Profil. Der Bh-Horizont enthält vrowiegend Humusstoffe als illuviale Anreicherung, und zwar mehr als der Ae-Horizont; im Bh-Horizont ist das Cp : Fep-Verhältnis > 10.
– Braunerde-Podsol und Parabraunerde-Podsol zeigen im Unterboden Reste der ursprünglichen Bodentypen. Zu diesem Subtyp ist in Abb. 104 das Beispiel Bänderparabraunerde-Orstein-Podsol darge-

stellt; er hat die Horizontfolge L/O/Ah/Ae/B(m)h/Bmsh/rBbt · Bbhs/ C. Auf allen im Ackerbau genutzten Flächen sind die oberen Horizonte des Podsols bis in den Ae-Horizont oder darüber hinaus durch die Bodenbearbeitung unkenntlich geworden. Dann sind sie zumindest von gepflügten Podsol-Parabraunerden nicht mehr zu unterscheiden. In der Kartieranteilung (1982) wird in diesem Falle vorgeschlagen, beide Subtypen zu einer Kartiereinheit zusammenzufassen. Überlegenswert ist in solchen gar nicht seltenen Fällen eine Zuordnung zu den Kultosolen als Agrosol (s. Seite 425).

– Pseudogley-Podsol mit O/Aeh/Ahe/Ae/B(s)h/B(h)s/Sw/Sd-Profil. Das zum Podsol gehörende Solum ist > 40 cm mächtig, d.h. im oberen Profilbereich liegt Podsolierung vor und im unteren wirkt Staunässe.

– Gley-Podsol mit O/Aeh/Ahe/Ae/B(s)h/B(h)s/G(h)o/Gr-Profil. Auch hier ist das Podsol-Solum > 40 cm mächtig. Die Obergrenze des G(h)o-Horizontes liegt 40 bis 80 cm unter Geländeoberfläche, die des Gr-Horizontes häufig 130 bis 200 cm unter Geländeoberfläche.

– Plaggenesch-Podsol mit einem E(O)/Aeh/Ae/B(s)h/B(h)s/C-Profil. Der durch Plaggendüngung entstandene E-Horizont ist < 40 cm mächtig.

– Moor-Podsol mit einem H/(Aa/)Ahe/Ae/B(s)h/B(h)s/C/(-G)-Profil. Der H-Horizont ist < 30 cm mächtig und oft eine Resttorfschicht nach Abtorfung. Dieser entstand über einem Podsol entweder bei gestautem Niederschlagswasser als Hochmoortorf oder bei Grundwasseranstieg (ertrunkener Podsol) als Niedermoortorf. Das Stau- oder Grundwasser ist – zumeist durch anthropogene Entwässerung – abgesenkt worden.

Der Podsol ist im kühlen bis kalt-gemäßigt humiden Klima weit verbreitet; besondere Schwerpunkte sind das Emsland, die Lüneburger Heide und der Mittelrücken von Schleswig-Holstein. In diesen Bereichen Nordwestdeutschlands hat der Mensch vielfach durch Abholzung des naturnahen Eichen-Birkenwaldes, langjährige Heidenutzung und Wiederaufforstung mit Kiefern die Podsolierung gefördert. Weitere kleinräumige Vorkommen finden sich auf Graniten und Gneisen im Harz, Hochschwarzwald, Fichtelgebirge, Bayrischen Wald und in den Zentralalpen, auf Sandsteinen des Devons im Harz, des Buntsandsteins im Schwarzwald, des Keupers in Süddeutschland, der Kreide im Teutoburger Wald und im Weserbergland und auf Quarziten im Rheinischen Schiefergebirge.

In Abhängigkeit von Ausgangsgesteinen, Pflanzenbeständen und Bewirtschaftungseingriffen ist die organische Substanz der Podsole in Menge und Güte sehr unterschiedlich. Dieser Humus ist jedoch gewöhnlich stickstoffarm; sein C/N-Verhältnis liegt zwischen 25 und 40 (REHFUESS 1981). Auf derartigen Standorten stehen ohne Mineraldüngung nur 10 bis 50 Kg N/ha · a überwiegend in der NH_4-Form für das

Pflanzenwachstum zur Verfügung. Daher ist die Baumartenwahl oft auf die Kiefer eingeengt und kann deren Wachstum sogar auf armen Eisenpodsolen auf Dünensand bis zum Krüppelwuchs beschränken. Für eine landwirtschaftliche Nutzung ist eine gründliche Gefügemelioration in Krume und Unterboden, Hydromelioration durch Bewässerung und Chemomelioration durch Kalkung und Mineraldüngung (s. Seite 507ff.) erforderlich. In den letzten Jahrzehnten sind derartige Bodenverbesserungen großflächig durchgeführt worden. Dadurch ist oft der Anteil an organischer Substanz im bis zu 35 cm mächtigen Ap-Horizont auf zwei Gew.% mit einem C/N-Wert zwischen 12 und 17 erhöht worden. Dieses hat die Ertragsfähigkeit dieser ärmeren Podsole deutlich verbessert. Zur Ertragssicherheit ist allerdings ein wesentlich höherer Betriebsaufwand (z.B. regelmäßige Düngung einschließlich einer Vorratskalkung und in sommertrockenen Gebieten Beregnung) als auf besseren Böden erforderlich.

ST: Typic Haplorthods, Typic Haplohumods, Ferrords
FAO: Podzols

II Staupodsol PS
Der Name ist vom Wasserstau über einem tiefer liegenden, dichten SdBhs-Horizont abgeleitet. An niederschlagsreichen Standorten kommt es zu zeitweiligem Stau, der aber im Sommer bei hoher Verdunstung verschwindet. Bei starker Podsolierung werden im B-Horizont die Hüllen um die Quarzkörner immer dicker. Dadurch werden die Zwischenräume ausgefüllt und so wird eine verminderte Wasserdurchlässigkeit verursacht. Der Staupodsol unterscheidet sich vom Podsol in der Verdichtung und Rostfleckigkeit des B-Horizontes und vor allem durch vermehrte Ansammlung von Feuchthumus in den O- und Aeh-Horizonten.

Im Subtyp des Ortstein-Staupodsol mit einem O/(Sw/)Aeh/(oder SwAa/)SwAe/(II)SdBhs/C-Profil ist durch Eisenoxidverkittung eine Verdichtung des Ortsteins zu einer Stausohle entstanden. Im Bändchen-Staupodsol mit O/Aeh/SwAe/SwBb(h)s/C-Profil verläuft ein welliges Bändchen als SdBb(h)s-Horizont, das rostbraun, hart, nur < 2 cm mächtig und wasserstauend ist. Der dunkelgraue 20 bis 40 cm mächtige Aeh-Horizont ist von meist recht feuchtem Rohhumus überlagert. Dieser seltene Subtyp kommt auf Buntsandstein im Hochschwarzwald vor.

ST: Epiaquic Haplorthods or Placorthods, Typic Epiaquic Placohumods
FAO: Stagno-Gleyic oder Humo-Placic Podzol

g Terrae calcis C
Der Name weist darauf hin, daß diese in Mitteleuropa häufig umgelagerten Böden aus den Lösungsrückständen von Carbonatgesteinen entstanden sind. Trotz der Umlagerung sind die ursprünglichen Eigen-

schaften weitgehend erhalten geblieben; im oberen Profilbereich ist oft Fremdmaterial (hauptsächlich Löß) beigemischt.

I Terra fusca CF (Abb. 102)

Die Entstehung dieses Bodentyps mit einem Ah/T/lCv/mCn-Profil ist auf Seite 339 ff. beschrieben. Der braungelbe bis rotbraune T-Horizont enthält > 45% Ton und ist wasserdurchlässig. Im Subtyp der typischen Terra fusca steigt im leuchtend gelb bis ockerbraun gefärbten T-Horizont der Tonanteil auf > 65%.

Die Kalkhaltige Terra fusca mit einem Ach/Tc/C-Profil ist durch sekundäre Aufkalkung, z.B. durch solifluidale Umlagerung, Beackerung oder Hangrutschung bis in den Ach-Horizont kalkhaltig. Weitere Subtypen sind durch eine Bodenentwicklung zur Braunerde, Parabraunerde oder zum Pseudogley gekennzeichnet. Letzterer hat ein Ah/SwBv/IISdT/C-Profil; der IISdT-Horizont ist (als Relikt der Verwitterung von tonigem Kalkstein bzw. Mergelkalk) oft nach solifluidaler Umlagerung verdichtet und hat eine mehr oder weniger starke Staunässe verursacht. Ah- und SwBv-Horizont sind gering mächtig (< 40 cm) und bestehen größtenteils aus Fremdmaterial (z.B. Löß). Die Tangel-Terra fusca mit O/Ah/T/C-Profil kommt in den Kalkalpen oberhalb 1400 m vor.

Terra fusca-Böden sind wegen ihres hohen Tonanteils bei Beackerung schwer zu bearbeiten und werden daher allgemein als Grünland oder Wald genutzt. Sie tragen von Natur aus in den Hügelländern und im Mittelgebirge buchenreiche Laubmischwälder mit Traubeneiche, Esche, Spitz- und Bergahorn und Linden. Im warmtrockenen, kollinen Bereich des Weinbau-Klimas herrscht auf flach- und mittelgründiger Terra fusca die Traubeneiche vor, während die Buche sich vor allem auf lößlehmvergüteten Standorten durchsetzt (REHFUESS 1981).

ST: Typic and Dystric Eutrochrepts (very fine)
FAO: Chromic Cambisols

II Terra rossa CR

Dieser Bodentyp hat seinen Namen von der leuchtend braunroten Färbung des T-Horizontes im Ah/T/C-Profil. In Deutschland ist er meist fossil oder reliktisch und daher weit seltener als die Terra fusca. Als Subtyp wurde die Vererdete (Ferrallitische) Terra rossa im Mainzer Bekken gefunden, die tertiäres Alter besitzt.

ST: Rhodic Xerochrepts (very fine)
FAO: Rhodo-Chromic Cambisols

h Plastosole (Fersiallite) V

Plastische, kaolinitreiche, teils illitreiche Böden, die in Mitteleuropa im Tertiär oder früher in einem subtropischen bis tropischen Klima aus Silikatgesteinen entstanden und im Jungtertiär großenteils abgetragen wurden. Der Restboden ist meist im Pleistozän solifluidal umgelagert worden. Bei den Normaltypen der Plastosole können Deckschichten bis 2 dm Mächtigkeit auftreten. Diese Böden sind das Produkt einer intensiven Verwitterung und daher extrem versauert und verarmt; sogar etwas Kieselsäure ging dabei in Lösung und wurde weggeführt. Die sorptionsschwache Tonsubstanz der Plastosole ist leicht dispergierbar, so daß diese Böden zur Dichtlagerung und Staunässe neigen und eine Dränung oft mangelhaft wirksam ist. Die meisten Flächen mit Plastosolen gibt es im Rheinischen Schiefergebirge, und hier besonders in der Eifel und im Hunsrück.

I Grauplastosol VG

Das Ah/Bj/(Cv/)C-Profil ist das Ergebnis einer präpleistozänen Verwitterung; es ist grau gefärbt und hoch plastisch, arm an Eisen, das zum Teil in rostgelben und rostbraunen Flecken oder als Konkretion an der Basis des Profils ausgefällt wurde. Der Grauplastosol ist in Mitteleuropa als Subtyp mit Staunässe am weitesten verbreitet, wenn er in ebener oder schwach muldiger Geländeposition entstand.

Vor Anwendung von Kalk und Mineraldüngung war dieser Boden unfruchtbar und trug daher nur dürftiges Grünland oder Wald. Nach Verbesserung der Düngung und Weidetechnik ist heute eine gute Weidewirtschaft möglich, wie KLAPP z.B. ab 1950 auf dem Versuchsgut Rengen gezeigt hat.

Beim Pseudogley-Grauplastosol mit einem Ah/SwBj/SdBj/C-Profil lagert das Graulehmmaterial oft so dicht, daß es zur extremen Staunässe kommt, die jede Bodennutzung sehr erschwert. Diese bodenbürtigen, aber auch durch menschliche Eingriffe hervorgerufenen Verdichtungen werden durch eine Tieflockerung nach dem von SCHULTE-KARRING (1986) entwickelten »Ahrweiler Meliorationsverfahren« beseitigt (s. Seite 504).

Beim Braunerde-Grauplastosol mit einem Ah(BvBj/Bj/(Cv/)C-Profil liegt in der Regel eine Deckschicht von 20 bis 40 cm über den Grauplastosolmaterial; die Deckschicht kann Lößlehm oder Braunerdematerial (z.B. vom höheren Hang her) sein, die weitgehend frei von Grauplastomaterial ist.

ST: Typic, Epiaquic and Oxic Dystropepts
FAO: Gleyic and Cambic Acrisols

II Braunplastosol (Gelbplastosol) VB

Im Ah/Bj/(Cv/)C-Profil kann der Bj-Horizont intensiv gelbbraun, orange (Lepidokrokit) bis rotbraun gefärbt sein. In Deutschland findet er sich selten in fossiler Form z.B. auf Löß, Geschiebelehm und Terrassenmaterial, aus denen er vor allem während warmer Interglazialzeiten entstand. Diese Böden sind weniger dicht gelagert und deshalb ist auch die Tendenz zur Staunässebildung geringer als beim Grauplastosol. Zu diesem gibt es Übergänge, die die Färbung beider Typen haben. Sie sind

stark grau und rotbraun (oder gelbbraun) gefleckt, so daß für diese
Böden die Bezeichnung Buntplastosol angebracht ist.
ST: Typic and Oxic Dystropepts
FAO: Acrisol

III Rotplastosol VR
Im Ah/Bj(Cv/)C-Profil ist der Bj-Horizont durch einen hohen Hämatit-
gehalt intensiv rot gefärbt. Dieser Bodentyp entstand wahrscheinlich
unter trockeneren Lokalbedingungen und ist daher nicht staunaß. Er
bildete sich in Deutschland während des Tertiärs vor allem auf Basalt
und Basalttuffen im Vogelsberg und Westerwald; kleinere Vorkommen
finden sich im Taunus und im Fichtelgebirge.
ST: u.a. Typic and Oxic Dystropepts
FAO: u.a. Rhodic Acrisol

i Latosole (Ferrallite, Ferralsols) W
Rote oder gelbe, Al- und ± Fe-reiche, an Kieselsäure verarmte, nicht-
plastische Böden mit hoher Wasser- und Luftdurchlässigkeit und erdig-
schorfigem Gefüge (deshalb früher »Erden« genannt). In Mitteleuropa
sind sie im Tertiär aus basischen, eisenreichen Silikatgesteinen entstanden und meistens im Pleistozän umgelagert. Geringmächtige Deckschichten (< 20 cm) sind möglich. Sie kommen vorwiegend im Vogelsberg vor.

I Rotlatosol (Roter Ferrallit, Ferralsol) WR
Der Typische Rotlatosol mit einem Ah/Bu/Cv/C-Profil ist im allgemeinen hämatitreich und hat oft ein erdig-flockiges Mikrogefüge. Trotz der
dadurch bedingten hohen Wasserleitfähigkeit, guten Durchlüftung und
tiefgründigen Durchwurzelbarkeit sind diese Böden schwierig zu bewirt-
schaften, da sie sehr nährstoffarm sind, leicht austrocknen und infolge
des hohen Fe-Oxidgehaltes Phosphate sehr stark festlegen. Die vor
allem in Zentralafrika, Südamerika, Südostasien und Australien verbreiteten Rotlatosole werden für den Anbau vieler wertvoller Kulturpflanzen (Baumwolle, Kaffee, Kakao u.a.) genutzt. In Deutschland
sind sie als Ergebnis einer tertiären Bodenentwicklung auf Basalt in
einigen Teilen des Vogelsberges verbreitet; kleinere Vorkommen sind im
Pfälzer Wald, Taunus und Westerwald festgestellt worden.
ST: u.a. Typic Haplorthox
FAO: u.a. Orthic and Rhodic Feralsol

II Gelblatosol (Gelber Ferrallit) WG
Die gelbliche Farbe im Ah/Bu/Cv/C-Profil beruht auf Goethit. Dieser
kaolinitreiche Bodentyp hat ein stabiles erdiges Mikrogefüge und ist gut
durchlässig für Wasser und Luft. In Mitteleuropa tritt er sehr selten
auf.

ST: Typic Haplorthox
FAO: Xanthic Ferralsol

III Plinthitlatosol (Plinthit-Ferrallit) WP
Im Ah/Bku/(Bu/)Cv/C-Profil besteht der Sesquioxid-Anreicherungshorizont Bku in Mitteleuropa nur aus Krustenbruchstücken oder Konkretionen von Erbsen- bis Faustgröße; das Solum ist hier umgelagert. Bei saurem Ausgangsgestein tritt häufig kein Bu-Horizont auf. Als Übergang zu anderen Typen ist der Pseudogley-Plinthitlatosol anzusprechen.
ST: u.a. Plinthic Haplorthox
FAO: u.a. Plinthic Ferralsol
Bei Kartierung mit dem Bohrstock sind fersiallitische und ferrallithische Bodenbildungen sehr schwer von den Edaphoiden, vorwiegend durch vulkanogen-hydrothermale Einflüsse entstandene, meist rot gefärbte Gesteinszonen, zu unterscheiden. Die Edaphoide können paläopedogenetisch überprägt sein.

j Stauwasserböden S (Abb. 105 und Tab. 115)
Die Zuordnung der in der 1. Auflage dieser »Bodenkunde« (1969) als Staunässeboden bezeichneten Pseudogleye entsprach der damaligen Systematik, die von MÜCKENHAUSEN (1957) veröffentlicht war. Sie ordnete die Staunässeböden in der Klasse f den Landböden zu. Zwischenzeitlich

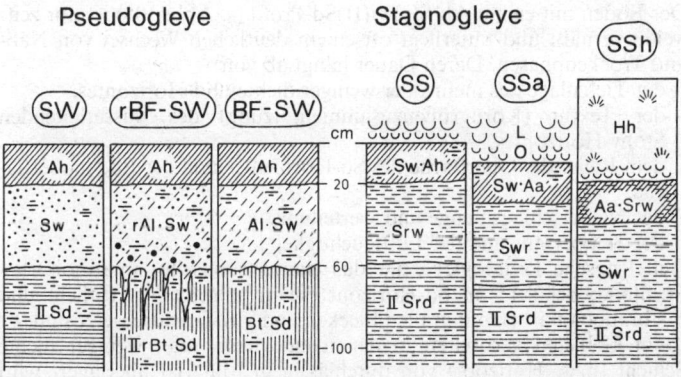

Abb. 105. Typische Bodenprofile von Stauwasserböden: SW: Typischer Pseudogley aus Sand über Ton; rBF-SW: Relikt-Fahlerde-Pseudogley aus Geschiebedecksand über saaleglazialem Geschiebelehm; BF-SW: Fahlerde-Pseudogley aus weichselglazialem Löß; SS: Typischer Stagnogley aus Sand über Ton; SSa: Anmoor-Stagnogley aus Sand über Ton; SSh: Hochmoor-Stagnogley aus Sand über Ton. Stark schematisch (ROESCHMANN 1984).

waren die Stauwasserböden als Klasse a in die Abteilung B der Stau-
und Grundwasserböden (Hydromorphe Böden) übernommen worden.
Das ist in der 2. und 3. Auflage der »Bodenkunde« (1981 und 1983)
berücksichtigt worden. Die 1985 von der Deutschen Bodenkundlichen
Gesellschaft veröffentlichte Systematik ordnet nunmehr die Stauwasserböden wieder der Abteilung A »Terrestrische Böden« zu.
In Bodenklasse i sind die Böden vereinigt, in denen das Sickerwasser auf
einem weitgehend undurchlässigen Unterboden- bzw. Untergrundhorizont (oder einer -schicht) gestaut wird und sich darüber als Stauwasser
sammelt. Im Sommer verschwindet es von der Bodenoberfläche meistens durch direkte Verdunstung und Transpiration der Vegetationsdecke, so daß ein Wechsel zwischen Vernässung und Austrocknung für
den Wasserhaushalt dieser Böden typisch ist. Die Dauer der Vernäs-
sungs- und die der Trockenphase sind für Boden und Pflanze gleichermaßen von Bedeutung. Während der Vernässungsphase wird die Bodenentwicklung von Reduktionsvorgängen bestimmt. In der Trockenphase gelangt Luft in den Boden, und dadurch können dann Oxidationsvorgänge ablaufen. Hierdurch ergibt sich ein sehr spezifischer,
kleinräumlich differenzierter, von Jahr zu Jahr wechselnder Wasserhaushalt. Das Zusammenwirken von Reduktions- und Oxidationspro-
zessen bei der Bodenbildung ist auf den Seiten 70, 181 ff. und 319 beschrieben.

I Pseudogley SW
Der Boden mit einem Ah/S(e)w/(II)Sd-Profil (s. Abb. 105) ist nur zeitweilig vernäßt und unterliegt oft einem deutlichen Wechsel von Naß-
und Trockenphasen. Deren Dauer hängt ab von:
– der Tiefenlage des mehr oder weniger dichten Sd-Horizontes,
– der Textur (Korngrößenzusammensetzung) des wasserleitenden
  S(e)w-Horizontes,
– dem Relief der Oberfläche des Sd-Horizontes und der Bodenoberfläche,
– der Niederschlagsmenge und -verteilung,
– der Temperatur und der Luftfeuchtigkeit.
Der Typische Pseudogley zeigt das charakteristische, »marmorierte«
Profilbild, bei dem im Sd-Horizont die im allgemeinen rötlich- und
rostbraunen Farben mit grauen Flecken und Streifen durchsetzt sind. Er
ist in Gebieten verbreitet, in denen eine mehr oder weniger dichte
Schicht (bzw. Horizont) von durchlässigem Material überlagert wird
(s. Seite 336).
Weitere Subtypen sind der Kalkhaltige, der Tiefhumose, der Konkre-
tionsreiche, der Hardpan- und der Hangpseudogley. Letzterer tritt in
Hanglagen mit > 9 % (5°) Neigung und einer hangabwärts gerichteten,
langsamen Wasserbewegung im oberen Profilbereich auf.
Der Anmoorpseudogley mit einem SwAa/S(e)w/Sd-Profil hat einen >

10 cm mächtigen SwAa-Horizont. Dieser ist durch hochanstehendes, längerfristiges Stauwasser gebildet worden; er entsteht vorwiegend in seichten Vertiefungen des Mikroreliefs.

Eine Veränderung des ursprünglich am jeweiligen Standort entstandenen Bodentyps durch Bildung von Stauzonen im Unterboden mit der Folge von zeitweiligen Vernässungserscheinungen wird systematisch mit folgenden Subtypen des Pseudogleys erfaßt:

– *Tschernosem*-Pseudogley, in dem das zeitweilige Stauwasser höher im Oberboden aufsteigt als im Pseudogley-Tschernosem (s. Abb. 101),
– *Braunerde*-Pseudogley, in dem Ah + BvSw zusammen < 40 cm mächtig sind; er entstand durch einen dichten (II)Sd-Horizont,
– *Parabraunerde*-Pseudogley, ging aus einem im Zuge der Tonverlagerung verdichteten BtSd-Horizont hervor, kann aber auch als Schichtprofil auftreten,
– *Fahlerde*-Pseudogley (s. Abb. 100 und 105), in dem der BtSd-Horizont u.a. eine längere Bildungsdauer hat als bei den vorstehenden Subtypen, er kann als IIrBtSw auch reliktisch sein,
– *Podsol*-Pseudogley mit einem L/O/Ah/Ae/Bhs/(Al)Sw/(II)BtSd/C-Profil, Voraussetzung für diese Entwicklung ist ein dichter, wasserstauender Untergrund, überdeckt mit nahezu calciumfreien quarzreichen Sanden, die relativ schnell im kühl-feuchten Klima der Podsolierung unterliegen (s. Abb. 100); die Bodenentwicklung kann zum Podsol-Pseudogley (s. Seite 326) führen,
– *Pelosol*-Pseudogley mit einem SwAh/(Sw)IIPSD/tCvSd/(e)tCSd-Profil, auch dieser Subtyp ist Klimax der Bodenentwicklung auf dichtem, wasserundurchlässigen Ton- bzw. Tonmergelstein (s. Abb. 103),
– *Terra-fusca*-Pseudogley mit einem Ah/SwBv/IISdT/mCv/mCn-Profil ist eine Weiterentwicklung der Pseudogley-Terra fusca (s. Abb. 102),
– *Gley*-Pseudogley mit Ah/Sw/Sd/(IIGo/)Gr-Profil, die Ah, Sw und Sd-Horizonte sind zusammen 40 bis 80 cm, der Sd-Horizont > 20 cm mächtig, darunter ist bisweilen gespanntes Grundwasser anzutreffen, die Obergrenze des Gr-Horizontes liegt häufig 130 bis 200 cm unter Geländeoberfläche.

Eine Zersetzung der organischen Substanz erfolgt in Pseudogleyen relativ langsam, da während der Naßphasen infolge Luftmangels das Bodenleben stark eingeschränkt ist. Diese Böden sind daher in der Regel für eine acker- und gartenbauliche Nutzung wenig geeignet. Hierzu sind z.T. umfangreiche Meliorationen (s. Seite 508ff.) erforderlich. Hingegen stellen die Pseudogleye besonders oft relativ günstige Grünlandstandorte dar.

Bei Waldnutzung von Pseudogleyen ist die Wurzelaktivität vieler Baumarten wegen Luftarmut und niedriger Temperaturen stark eingeschränkt. Eine tiefere Durchwurzelung erreichen nur die Weißtanne, die Stieleiche und die Schwarzerle (KREUTZER 1961). Letztere versorgt ihre Wurzeln über Lentizellen am Wurzelhals und ein Luftleitgewebe (Aeren-

chym) mit Sauerstoff und kann, daher Naßphasen mit Luftmangel
schadlos überstehen. Die Fichte entwickelt dagegen nur flache Wurzel-
teller, so daß es auf Pseudogleyen in Fichten-Monokulturen leicht zu
Sturmschäden mit großflächigem Windwurf kommt.
ST: u.a. Epiaquic Haplaquept
FAO: Stagno-Dystric, -Calcaric, -Humic, -Mollic Gleysols

II Haftnässepseudogley SH

Das in feinen Poren schluff- und tonreicher Böden fast ausschließlich
durch Kapillarkräfte gebundene, nur aufgrund von Wasserspannungs-
differenzen bewegliche Haftwasser führt zur Ausbildung eines Ah/Sg-
Profils. In diesem zeitweise vernäßten Boden erfolgt kein schroffer
Wechsel zwischen den Naß- und Feuchtphasen; Trockenphasen treten
kaum auf. Der Wasserhaushalt dieses Bodentyps ist schwer erfaßbar
und daher noch in der Diskussion. Als Subtypen können neben dem
Normaltyp ein Toniger sowie ein Sand- und Kiesgründiger Haftnässe-
pseudogley und Übergänge zur Braunerde, Parabraunerde und zum
Gley unterschieden werden.
ST: –
FAO: –

III Stagnogley SS (Abb. 105 und Tab. 115)

Der typische Stagnogley mit einem O/SwAh/Srw/IISrd-Profil ist infolge langandauernder Staunässe luftarm, fast stets stark entbast und
hat eine geringe biologische Aktivität, die im O-Horizont häufig zur
Bildung von Feuchtrohhumus führt. Darunter folgen zwei naßge-
bleichte Horizonte, von denen der SwAh-Horizont durch Humusein-
schlämmung aus dem O-Horizont schwärzlichgrau und der darunter
befindliche, dichte und etwas plattig gelagerte Srw-Horizont hellgrau ist.
Dieser Farbton hat zu der früheren Bezeichnung »Molkenboden« geführt, weil dieser Horizont und das daraus gewonnene Wasser die Farbe
von Molke hat. Unter diesem hellen Horizont folgt meistens die sehr
dichte, oben fahlgraue und unten rostgelb und -braun gefleckte Stauwassersohle IISrd, die bei einer seltenen, tieferen Austrocknung große,
dichte Polyeder bildet (s. Abb. 105).
Im Subtyp des Anmoorstagnogley mit einem L/O/SwAa/Swr/IISrd-
Profil ist der SwAa-Horizont > 10 cm mächtig und enthält 15 bis
30 Gew.% organische Substanz. Die bis in diesen Horizont reichende,
langanhaltende Staunässe führt zu starker Naßbleichung und einem
Reduktionsmilieu im ganzen Profil, das auch stets stark entbast ist.
Durch ein niederschlagsreiches Klima in Hochlagen der Mittelgebirge
wächst der Feuchtrohhumus nicht selten zu einem > 30 cm mächtigen
Hh-Horizont auf, so daß dadurch der Subtyp des Moorstagnogley (SSh
in Abb. 105) entsteht.
Wenn sich Grundwasser im Untergrund befindet, bildet sich bei gleichen

Standortbedingungen der Gley-Stagnogley mit einem O/SwAh/Srw/ IISrd/IIIG-Profil.
Stagnogleye sind für eine landwirtschaftliche Nutzung nicht geeignet. In Forstrevieren sollten derartige Flächen eine Dauerbestockung erhalten und nicht melioriert werden. Kahlgelegte Stagnogleye sind nur unter größten Schwierigkeiten wieder aufzuforsten. Da die Fichte in Hochlagen besonders sturmgefährdet ist, sind dort Tannen-, Kiefern- und Birkenbestände mit einem kraut- und moosreichen Unterwuchs vorzuziehen. So können Stagnogleye und ihre Bestockung als einmalige, spezifische und schützenswerte Feuchtbiotope erhalten werden (REHFUESS 1981).
ST: –
FAO: Dystric and Histic Planosol

k Kolluvien K (Abb. 106 und Tab. 115)
Bei den Böden dieser Klasse ist das Substrat der Bodenbildung durch Wasser oder Wind über kurze Strecken transportiert und dann abgelagert worden. Dieses kolluviale Material muß > 40 cm mächtig sein; darunter folgt der hier an der ehemaligen Oberfläche gebildete, autochthone Bodentyp.
Die Umlagerung ist die Folge der Bodennutzung. Ackerbau auf großen Schlägen im hängigen Gelände kann zur Bodenerosion führen. Somit sind diese Kolluvien oft relativ jung und im beackerten Hügelland kleinflächig weit verbreitet. – Auf leichten Böden war im nördlichen Mitteleuropa durch Abholzung und Überweidung eine so starke Zerstörung der Vegetation eingetreten, daß es zu großflächiger Winderosion kam. Hierdurch entstanden in den Ablagerungsräumen kolluviale Decken, aus denen teilweise auch Binnendünen aufwuchsen.
Für die systematische Gliederung der Kolluvien sind maßgebend:
1. Die Mächtigkeit des Kolluviums über dem an der ehemaligen Oberfläche gebildeten Bodentyp
2. sichtbare pedogenetische Veränderungen in der kolluvialen Decke
3. die Herkunft des kolluvialen Solumsediments
Die Fakten 1. und 2. sind für die Bildung der Subtypen maßgebend, während der 3. Faktor in einer niederen bodensystematischen Kategorie berücksichtigt wird, z. B. Pseudogley-Kolluvium über autochthonen Bodenbildungen aus Parabraunerdematerial (s. Abb. 107).

I Kolluvium (Fluviales Kolluvium) KF
Beim Subtyp des Typischen Kolluviums kann ein sehr mächtiges Ah/ wM-Profil vorliegen, bei dem es auch im Ah-Horizont wegen anhaltender Ablagerung von kolluvialem Material noch nicht zu einer sichtbaren pedogenetischen Veränderung gekommen ist. Bei Stauwassereinfluß durch Verschlechterung der Vorflut entsteht ein Pseudogley-Kolluvium mit einem Ap/wM/SwwM/SwfAh/fAlSw/fBtSd/II lC-Profil. Bei hoher

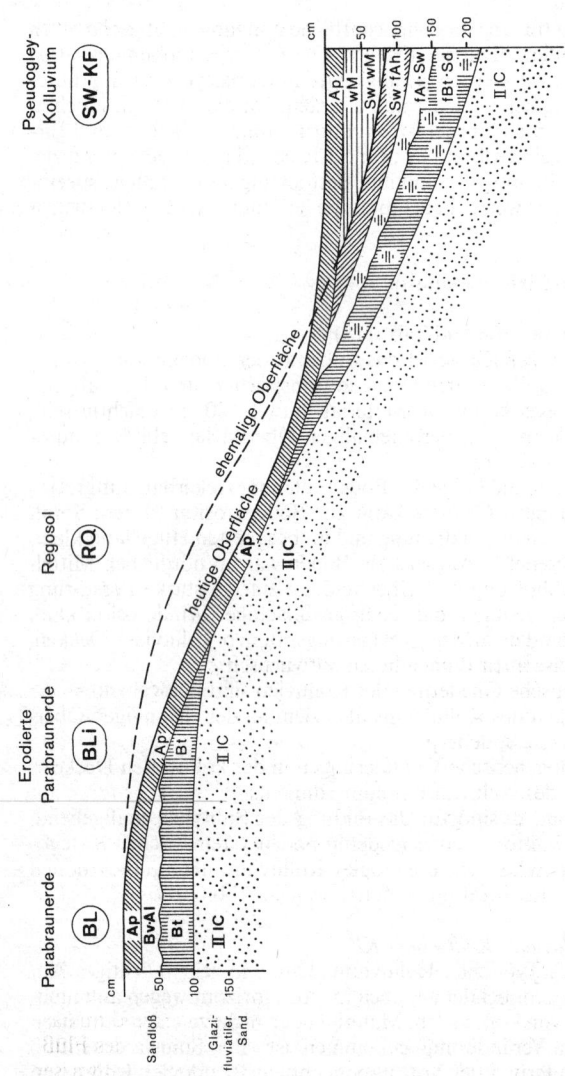

Abb. 106. Typisches Beispiel einer Bodencatena in einem hügeligen, beackerten Sandlöß-Gebiet Norddeutschlands. Nach der anthropogenen Entwaldung wurde die ursprüngliche Sandlöß-Parabraunerde am Mittelhang durch intensive Wassererosion völlig abgetragen. Stark schematisch (ROESCHMANN 1984).

Lagerungsdichte und geringer Wasserdurchlässigkeit (Sd-wM-Horizont) entsteht im vorliegenden Fall ein Pseudogley-Kolluvium über einem ursprünglich anstehenden Pseudogley. Bei einem Gley-Kolluvium wird die Vergleyung schon vor der Ablagerung des Kolluviums oder erst danach wirksam. Weitere Subtypen dieser Art sind möglich.

Während in den Abtragsbereichen an Mittelhängen eine deutliche Verschlechterung der Bodengüte eintritt, sind die Kolluvien, wenn sie nicht vernässen, besonders wertvolle Ackerflächen.

II Äolium (Äolisches Kolluvium) KA

Das > 40 cm mächtige Ah/oM-Profil entsteht aus Krumenmaterial, das von benachbarten Flächen während vegetationsfreier oder -armer Perioden durch Winderosion abgetragen worden ist. Solche Flächen finden sich häufig an der Leeseite von Gewässern in Talrandlagen.

Durch Stau- und Grundwassereinfluß kommt es auch beim Äolium zur Bildung von Subtypen des Pseudogleys bzw. des Gleys. Beim Podsol-Äolium über Podsol mit einem Ah/oM/(O)/(Aeh/)Ahe/Ae/Bhs/Bs/C-Profil kann die Obergrenze des anstehenden Podsol 40 bis 80 cm unter der Geländeoberfläche liegen. Mehrstöckige Podsolprofile können durch wiederholte Überwehung entstanden sein. Vom Podsol-Äolium kann nur dann gesprochen werden, wenn die Podsolierung innerhalb des Äoliums stattfindet.

B Semiterrestrische Böden

Im Hinblick auf den Bodenbildungsfaktor Wasser nehmen die Böden dieser bodentypologischen Abteilung eine Mittelstellung zwischen den terrestrischen einerseits und den semisubhydrischen und subhydrischen andererseits ein. Die Entstehung der semiterrestrischen Böden wird durch hohes Grundwasser (höher als etwa 1,3 m unter Geländeoberfläche), mehr oder weniger schwankenden Grundwasserstand und teils durch Überflutung und Überstauung bedingt. Diese Entstehungsbedingungen schwanken außerordentlich stark und verursachen eine große Mannigfaltigkeit von bodentypologischen Bildungen, die nach ihrer Entstehung, ihrem Aufbau und ihrer Dynamik gegliedert werden. Die einige Jahre lang dieser Abteilung zugeordneten Stauwasserböden sind nunmehr wieder in die terrestrischen Böden eingegliedert worden. Die Moore bilden wegen ihrer genetischen Sonderstellung eine besondere Abteilung.

a Auenböden A (Abb. 107, 108 und Tab. 116)

Die Böden der Flußniederungen außerhalb des Gezeiteneinflusses mit Ausnahme der Gleye, Anmoorgleye und Moore, in denen bei durchlässigem Untergrund die Grundwasserschwankungen mit denen des Flußwasserspiegels übereinstimmen und die z.T. periodisch bei Hochwasser überflutet werden, sind in der Klasse der Auenböden zusammengefaßt.

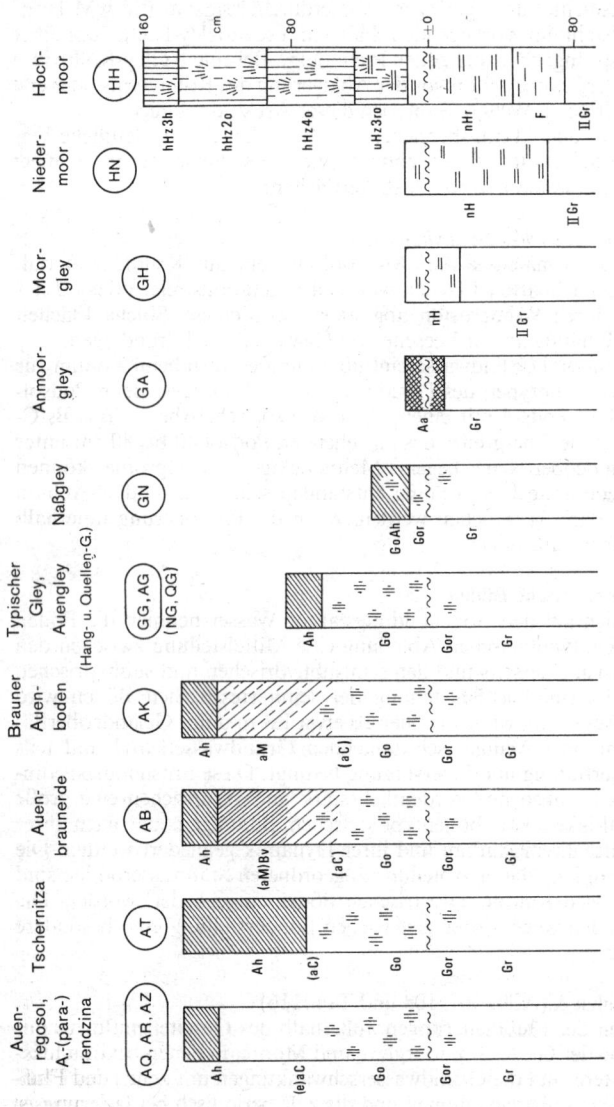

Abb. 107. Typische Bodenprofile von semiterrestrischen Böden und Moorböden in ihrer Lage zum mittleren Grundwassertiefstand (Wellenlinie). (aC) = an dieser Stelle ist in manchen Bodenprofilen ein aC-Horizont vorhanden. Stark schematisch (ROESCHMANN 1984).

Die Schwankungsamplitude des Grundwasserstandes ist im allgemeinen 1,5 bis 3 m, kann aber auch 4 m und bisweilen noch darüber hinaus betragen.
Wenn die Talaue längere Zeit überflutet wird und ihr Untergrund gut durchlässig ist, so wird der Grundwasserstand in den Auenböden noch mehrere km weit vom Flußlauf entfernt beeinflußt. Ist dagegen die Hochwasserzeit kurz und/oder der Untergrund relativ dicht, so reicht die Beeinflussung im seitlichen Grundwasserstrom nur bis in wenige 100 m Entfernung vom Flußlauf. Ist das Flußbett durch tonigen Schlamm gut abgedichtet, so kann naturgemäß kein Flußwasser in den seitlichen Grundwasserstrom der Aue eintreten. Wenn der Fluß bei Hochwasser über die Ufer tritt, wird je nach Strömungsgeschwindigkeit Bodenmaterial unterschiedlicher Korngröße im Überflutungsbereich aufgelandet.
Bei Hochwasser kann jedoch im eingedeichten Auengebiet bei durchlässigem Untergrund das Grundwasser nach dem Prinzip der kommunizierenden Röhren hinter dem Deich als Druck- oder Qualmwasser hochsteigen und die Aue überstauen. Bei fallendem Flußspiegel sinkt auch das Qualmwasser in den Untergrund zurück und fließt dem Flußbett wieder zu. In Mitteleuropa sind Frühjahrshochwasser am häufigsten; nach ausgiebigen Niederschlägen oder bei den aus dem Bergland kommenden Flüssen zur Zeit größerer Schneeschmelze können diese auch im Sommer eintreten. Dabei ist in jedem Fall der Transportweg des abgelagerten Materials lang im Vergleich zu dem des Kolluvium.
Liefert das Einzugsgebiet der Flüsse vorwiegend Solummaterial erodierter Böden, so entsteht daraus die Allochthone Vega (Braunauenboden); bringen aber die Flüsse vorwiegend unverwittertes, nur zerkleinertes Gesteinsmaterial, so bildet sich daraus die Vielzahl der Autochthonen Auenböden.
Die Namen dieser Bodentypen werden oft durch Zusammenziehen des in der Bodenentwicklung erreichten, terrestrischen Bodens mit dem Wort Auen gebildet, z.B. Auenregosol. Auen ist von Au oder Aue abgeleitet, womit das Verbreitungsgebiet dieser Böden in meist breiteren Fluß- und Stromtälern angesprochen wird. Von der Entstehung her ist die Bezeichnung Schwemmlandböden und vom geologischen Alter her die frühere Ansprache als alluviale Böden abgeleitet. Die aus spanischen, tschechischen und polnischen Volksnamen gebildeten Namen der Auenböden gehen überwiegend auf KUBIENA zurück.
Die Auswirkung von Änderungen in der Bodennutzung im Gebiet des Oberlaufes eines Flusses auf die Bildung von Auenböden macht die Abbildung 108 aus dem Wesertal deutlich. Dieser sich in den letzten 2000 Jahren ständig verstärkende Einfluß der Besiedlung und Landbewirtschaftung ist erst in den letzten 100 Jahren durch Deich- und Flußausbau mit Staustufen eingedämmt worden. – Diese Veränderung ist auch an den Profilen selbst zu erkennen: bei hoher Stromgeschwindig-

Tab. 116. Profile der Auenböden und Gleye

Kurz-zeichen	Subtyp	Ausgangsgestein	Vorkommen	aufgenommen im Jahr	durch	Horizontfolge	Bodenschätzung bzw. Nutzung
AZ	Auenpararendzina	Kalkschotter	Oberbayern	82	4/20	Ap/IICv/Cn(Go)/(Gr)	1S4A1 45/43
AT	Tschernitza	Kalkschotter	Unterallgäu	82	3/2.37	Ap/Ah/IICv/Cn	LT5A1 53/48
ABk	Auenkalk-braunerde	holozäner Flußlehm	Oberrheintal	86	2/46/172	Ah/AM/M1/M2/M3/M4/fAh/Go/Gr	Wiese
AGn	Typischer Auengley	holozäne Sedimente der Weser	Mittelweser	77	2/24/48	Ah/M1/M2/MGo/Go/IISd-Gor	LIIa2 66
GGn	Typischer Gley	umgelagerter Würm-löß	Kölner Bucht	58	1/53	Ah/Go/Gor/Gr	Grünland-grundzahl 60
BB-GG	Braunerde-Gley	Sand und Kies der Niederterrasse	Niederrhein	56	1/51	Ah/Bv/BvGo/Gro/Gor/IIGr	Wald
SS-GG	Pseudogley-Gley	Hochflutlehm	Donau-Isar-Hügel-land	86	3/2.43	Ap/Sw/GoSwd/fAa/Gr	LIIIb3 37/35
GN	Naßgley	holozäner Sand	NO-Westfalen	58	1/54	AhGor/Gor1/Gor2Gr	Grünland-grundzahl 28
GAn	Typischer Anmoorgley	fluviatiler Sand	Emsland	55	1/55	Ago/Gr1/Gr2/Gr3	Grünland-grundzahl 40
NGn	Typischer Hanggley	Fließerden und Ge-schiebelehm	Hochschwarzwald	79	2/28/204	L/Oh/OhAh/Go/Gor/Gor1–3/Gr/GrC/Cn	Fichtenwald mit Ebereschen

4/20 Merkblätter für Bodenkultur und Pflanzenbau, Herausgeber: Bayer. Landesanstalt für Bodenkultur und Pflanzenbau, Freising und München, Abt. Boden- u. Landespflege: Böden und ihre Nutzung.

keit ist grobes Material abgelagert worden. Mit zunehmender Aufhöhung nimmt an diesem Standort die Geschwindigkeit der Strömung ab, so daß vermehrt feineres Material zur Ablagerung kommt. Wenn sich dieser stets von unten nach oben erfolgende Sedimentationsvorgang »mehrstöckig« wiederholt, so ist im allgemeinen die Ursache in der Verlegung der Hauptströmung eines Flusses zu sehen.

In Böden der Täler der Alpen und ihres Vorlandes, in denen bei Überflutungen nicht vorverwittertes Material (Gesteinszerreibsel) abgelagert worden ist, erhalten die entsprechenden Horizonte das Symbol C und nicht M.

ST: Udifluvents
FAO: Fluvisols

I Rambla (Auenrohboden) AO

Im Ai/aC/aG-Profil sind Ai- und aC-Horizont zusammen > 80 cm mächtig. Dieser Boden entstand aus jungem Flußsediment. Als Subtypen sind die Typische Rambla (Auensilikatrohboden mit < 2% $CaCO_3$) und die Kalkrambla (Auenkarbonatrohboden mit > 2% $CaCO_3$) zu unterscheiden. Die meist grobkörnigen, schon sauber gewaschenen Böden der Typischen Rambla werden oft zur Kiesgewinnung abgebaut. Dabei entstehende, offene Wasserflächen können eine landschaftliche Bereicherung der Flußlandschaft sein.

II Paternia (Auenregosol) AQ

Der Name wurde vom Rio Paternia in der spanischen Sierra Nevada von KUBIENA (1953) abgeleitet. Dieser Boden hat bereits einen deutlichen Ah-Horizont über den unverwitterten Auensedimenten. Unterschieden werden die Subtypen Typische, Braune und Rambla Paternia; in letzterer ist der durchgehende Aih-Horizont nur 1 bis 2 cm mächtig.

III Auenpararendzina (Kalkpaternia) AZ

Das Ah/(e)aC/Go/Gor/Gr-Profil ist aus karbonathaltigem (2 bis 75%) jungen Flußsedimenten entstanden.

IV Borowina (Auenrendzina) AR

Bei gleicher Horizontfolge ist das Ausgangsgestein karbonatreich (> 75% $CaCO_3$) und der Ah-Horizont dunkelgrau gefärbt. Die Borowina ist in Deutschland nur in den Flußtälern kleinflächig anzutreffen, die nur oder fast nur Kalkgerölle mitführen (MÜCKENHAUSEN 1985).

V Tschernitza (Tschernosemähnlicher Auenboden) AT

Dieser Name wird in der Tschechoslowakei für die grauschwarzen Böden der breiteren Täler gebraucht und ist von dem tschechischen Wort tscherni = schwarz abgeleitet. Im Ah/(aC/)aGo/Gor/Gr-Profil ist der Ah-Horizont > 40 cm mächtig und im feuchten Zustand grau-

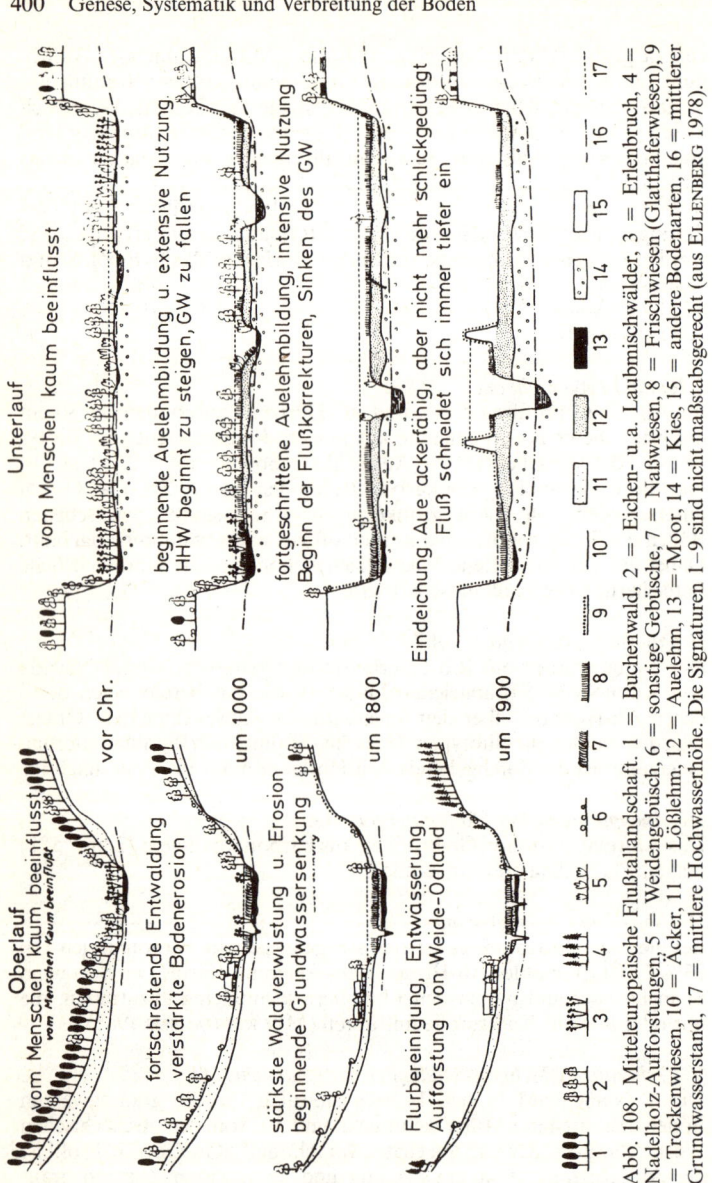

Abb. 108. Mitteleuropäische Flußtallandschaft. 1 = Buchenwald, 2 = Eichen- u.a. Laubmischwälder, 3 = Erlenbruch, 4 = Nadelholz-Aufforstungen, 5 = Weidengebüsch, 6 = sonstige Gebüsche, 7 = Naßwiesen, 8 = Frischwiesen (Glatthaferwiesen), 9 = Trockenwiesen, 10 = Äcker, 11 = Lößlehm, 12 = Auelehm, 13 = Moor, 14 = Kies, 15 = andere Bodenarten, 16 = mittlerer Grundwasserstand, 17 = mittlere Hochwasserhöhe. Die Signaturen 1–9 sind nicht maßstabsgerecht (aus ELLENBERG 1978).

schwarz. Die Entwicklung dieses Bodentyps verlief oft über ein früheres Anmoorstadium. Durch Flußausbau und Binnenentwässerung ist i.a. der Grundwasserspiegel so weit abgesenkt worden, daß mit besserer Durchlüftung die Aktivität der Bodenorganismen verstärkt wurde. Dies führte zur Vertiefung des Ah-Horizontes durch Bioturbation und zu einer Stabilisierung der stickstoffreichen Humussubstanz. Bei sandig-lehmiger Textur hat die Tschernitza eine hohe Wasserkapazität mit etwa 300 mm pflanzenverfügbarem Wasser. Mit einem hohen V-Wert, einem C/N-Verhältnis um 10 und einer Bodenzahl nahe 80 gehört sie zu den besten Ackerböden. Die Gesamtfläche der Tschernitza ist relativ klein; sie findet sich in Mitteleuropa jedoch in fast allen größeren Flußtälern.

ST: Fluvaquentic and Fluventic Hapludtolls
FAO: Eutric and Mollic Fluvisols

VI Auenbraunerde (Autochthone Vega) AB
Im Ah/(aM)Bv/(aC/)Go/Gor/Gr-Profil sind die beiden obersten Horizonte zusammen > 80 cm mächtig. Subtypen werden analog der Braunerde gebildet, z.B. Auengley-Auenbraunerde (Gley-Vega). Nur in diesem Boden erreicht das aufsteigende Grundwasser längere Zeit den oberen Profilbereich; bei allen anderen Subtypen erfolgt dies nur für kurze Zeit. Daher werden Auenbraunerden im allgemeinen intensiv landwirtschaftlich genutzt, Ackerbau ist nur im Schutz sicherer Deiche möglich. Die in Abb. 108 als Ausgangssituation dargestellten Auenwälder in den Gesellschaften des Silberweidenwaldes, der Grauerlenaue und des eschenreichen Hartholz-Auenmischwaldes sind nur noch in Relikten vorhanden. Da diese naturnahen Wälder durch einen hohen Anteil von Geophyten einen besonderen Artenreichtum aufweisen, ist ihr starker flächenmäßiger Rückgang im Sinne des Naturschutzes besonders bedenklich.

ST: Dystric Fluventic and Fluventic Eutrochrepts
FAO: Fluvi-Eutric Cambisol

VII Auenparabraunerde AL
Dieser Boden kann sowohl aus unverwittertem Flußsediment als auch aus Bodensediment (Allochthonem Auenboden) entstanden sein. Dadurch ergeben sich folgende zwei Profile: Ah/Al/Bt/(Bv/)aC/(aG) bzw. Ah/Al/Bt/Bv/)aM/aG. Auch hier werden die Subtypen analog der Parabraunerde gebildet. Dieser Bodentyp geht oft aus der Auenpararendzina hervor. Eigenschaften und Nutzungsmöglichkeiten entsprechen in diesem denen der Auenbraunerde.

ST: Alfic Fluvisol, Fluventic Alfisol
FAO: Fluvi-Eutric Luvisol

VIII Auenpseudogley AS

Durch Tonverlagerung im Profil oder bei der Sedimentation kann im Unterboden ein wasserstauender Horizont entstanden sein, der zur Ausprägung eines Ah/S(e)w/Sd/(aC, aM, aG/)-Profils geführt hat. Auch hier werden die Subtypen analog dem Pseudogley gebildet. Auenpseudogleye werden ganz überwiegend als Grünland genutzt; der in den letzten Jahren oft erfolgte Umbruch zur Ackernutzung hat sich vor allem bei Wintergetreideanbau nicht bewährt. Durch gefrierendes Stauwasser kommt es zu verstärkten Auswinterungsschäden.
ST: –
FAO: Stagno-Fluvic Gleysol

IX Auenpelosol AD

Im Ah/PaC/(aG/, aM/)-Profil sind Ah + P + C bzw. aM zusammen > 80 cm mächtig. Das tonige Sediment des P-Horizontes ist in Talauen nach Überflutung im beruhigten Wasser abgesetzt worden. In diesem tonigen Material kann weder eine Versickerung der Niederschläge noch ein nennenswerter Aufstieg des Grundwassers erfolgen. Qualmwasser kann dem Auenpelosol nur aus den Bereichen von in der Umgebung anstehenden, durchlässigen Böden überfließen; Überstauwasser kann auch nur seitwärts wieder abfließen. Daher bereitet der Auenpelosol bei der Bewirtschaftung die gleichen Schwierigkeiten wie der Pelosol. Diese sind bei der Nutzung als Dauergrünland am geringsten.
ST: –
FAO: Fluvi-Vertic Cambisol

X Auengley AG

Das Ah/Go/(Gro/)Gor/Gr-Profil stimmt weitgehend mit dem des Typischen Gleys überein und hat auch die gleiche Dynamik. Durch das Vorkommen zahlreicher Subtypen als Übergänge zu den anderen Auenböden und eine in Flußtälern örtlich und zeitweilig auftretende, kurzfristige Überflutung wird deutlich, daß der Auengley zur Bodengesellschaft der Auen gehört. Wenn > 10% karbonathaltiges Sediment vorliegt, wird dieser Subtyp als Kalkhaltiger Auengley angesprochen.
Der diesen Boden kennzeichnende hohe, wenig schwankende Grundwasserspiegel findet sich vor allem an den Talrändern. Dort tritt oft aus den benachbarten Hängen Wasser in den Untergrund der Talaue ein. Der standortgemäße Wald ist der Erlenbruchwald, der meist in Grünland umgewandelt ist. Eine Ackernutzung sollte auf diesen Böden unterbleiben.
ST: –
FAO: Fluvisols

XI Allochthone Vega (Braunauenboden) AK
Das Ah/aM/(aC/)Go/Gor/Gr-Profil (s. Abb. 107) ist aus verlagertem, mehr oder weniger humosem Bodenmaterial (Solummaterial) entstanden; es ist durch Niederschlagswasser von Hängen abgespült und nach langem Transport in meist breiten Tälern sedimentiert worden. An diesem Material sind keine pedogenetischen Veränderungen erkennbar. Das Solum dieser Vega ist häufig gleichmäßig braun.
Je nach Herkunft des abgelagerten Materials sind die Braunauenböden gutes bis sehr gutes Garten- und Ackerland. Bei schonender Bodenbearbeitung oder unter einer Grasnarbe kann sich ein hoher Besatz von Regenwürmern und anderen Bodentieren entwickeln. Durch die gute Durchlüftung wird von den Regenwürmern ein dichtes Netz von Röhren bis in größere Tiefe angelegt. Durch diese biologische Aktivität sowie durch das Einsetzen weiterer pedogenetischer Prozesse wird eine autochthone Bodenentwicklung eingeleitet. Nur wenn bei regelmäßig wiederkehrenden Überflutungen immer wieder neues Solummaterial abgelagert wird, bleibt das mächtige Profil der Allochthonen Vega längere Zeit erhalten.
ST: Udifluvents, Fluvic Udipsamments
FAO: (Fluvi-)Eutric Cambisol

b Gleye G (Abb. 107 und Tab. 116)
Die Böden dieser Klasse mit Ah/Go/Gr-Profil entstehen unter dem Einfluß von hochstehendem Grundwasser. Seine mittlere Schwankung ist im Vergleich zu den Auenböden weniger stark; sie beträgt im Mittel etwa 50 bis 150 cm im Jahresablauf. Wichtig sind dabei Hoch- und Tiefstand im Profil, womit die wichtigsten Gleytypen gegeben sind.
Darüber hinaus haben die seitliche Bewegung und der Sauerstoffgehalt des Grundwassers Einfluß auf die Typenbildung. Im Einflußbereich des Grundwassers sind Oxidations- Go und Reduktionszone Gr zu unterscheiden. Zwischen diesen können Gro- und Gor-Horizonte ausgebildet sein. Die Oxidationszone ist an rostgelben und rostbraunen Flecken, die bevorzugt an den Aggregatoberflächen ausgebildet sind, und die Reduktionszone an grauer, graublauer und graugrüner Färbung zu erkennen. In der Reduktionszone werden Stoffe (z.B. Eisen, Mangan) durch Reduktion in Lösung gesetzt und in der Oxidationszone durch Oxidation wieder ausgefällt.
Die Gleye sind typische Böden der (meist schmaleren) Täler und der Niederungen. Sie können auch in Hanglagen auftreten; in diesem Falle liegt der Grundwasserhemmer in geringer Tiefe und das Grundwasser fließt mehr oder minder schnell hangabwärts. In ausgesprochenen Hanglagen (> 5 ° Neigung) können ähnliche Gleye auftreten wie in ebener Lage; zu ihrer Kennzeichnung wird »Hang« vorangestellt.

I Gley GG (Abb. 107 und Tab. 116)

Im Ah/Go/Gor/Gr-Profil sind die Ah- und Go-Horizonte zusammen > 40 und < 80 cm mächtig; die Obergrenze des Go-Horizontes < 40 cm. Der Typische Gley hat im Go-Horizont > 10% (Flächenprozent) Rostflecken. Bei diesem Subtyp zeigt der Gr-Horizont stets Reduktionsfarben (grau, graublau, graugrün) und bis 5% Rostflecken auf Wurzelbahnen. Bei landwirtschaftlich genutzten Böden ist der Humusgehalt < 8%. Im Subtyp des Oxigleys fehlt der Gr-Horizont, da sauerstoffreiches Grundwasser eine Oxidation im ganzen Profil ermöglicht. Im Subtyp des Eisenreichen Gleys treten starke Absätze von Brauneisen auf, die im Gso-Horizont unverfestigt, im Gkso- als Raseneisenstein-Konkretionen und im Gmso-Horizont als knolliger oder bankiger Raseneisenstein vorliegen.

Im Bereich außerhalb der Auen kommt örtlich ein Gley mit stark schwankendem Grundwasser vor. Das Grundwasser sinkt dort im allgemeinen im Sommer sehr stark ab, kann aber auch kurzfristig wieder hoch ansteigen; dies ist vom zeitlichen Zufluß und der Menge und Verteilung der Niederschläge sowie einer hohen Kapillarität der G-Horizonte abhängig.

Im Humusgley (= Humusreicher Gley) beträgt der Humusgehalt in landwirtschaftlich genutzten Böden 8 bis 15 Gew.%. Zwischen dem Kalkhaltigen Gley und dem Kalkgley liegt die Grenze des Karbonatgehaltes bei 10%. In ersterem werden sekundäre Karbonatanreicherungen durch das nachgestellte Merkmalssymbol c gekennzeichnet. Der Kalkgley ist oft aus weichen Mergelkalken und Kalken wie Alm, Seekreide und Sinterkalk entstanden. Übergänge zu den Bodentypen Rendzina, Pararendzina, Regosol, Braunerde, Parabraunerde, Podsol, Pseudogley und Plaggenesch sind durch eine Mächtigkeit der beiden oberen Horizonte von < 40 cm zu erkennen; somit liegt bei ihnen die Obergrenze des Go-Horizontes stets oberhalb 40 cm unter Geländeoberfläche. Die Obergrenze des Gr-Horizontes ist dann in der Regel zwischen 80 und 130 cm anzutreffen.

Die Entstehung dieser verschiedenen Ausprägungen des Gleys ist auf Seite 204 beschrieben worden. Da sie auf unterschiedlichen Sedimenten in Senken und Tälern überall dort vorkommen, wo hohes, meistens wenig schwankendes Grundwasser vorhanden ist, sind sie zwar weit verbreitet, nehmen aber allgemein nur kleine Flächen ein.

Das Gefüge der Gleye ist in den einzelnen Profilbereichen verschieden: in tonreichen Gleyen im zeitweilig feuchten Oxidationshorizont krümelig, polyedrisch oder prismatisch, im ständig nassen Reduktionshorizont meist kohärent. In Sand-Gleyen herrscht Einzelkorngefüge vor. Gleye sind häufig schwach bis stark sauer. Ausgenommen sind kalkhaltige Böden, deren $CaCO_3$ dem Ausgangsgestein oder kalkreichen Grundwasser entstammen kann. Der Go-Horizont ist allgemein durch einen relativ hohen, fleckig verteilten Gehalt an Fe-Oxiden ausgezeichnet. Raseneisenstein kann 40 % und mehr Fe_2O_3 enthalten. Er wurde seit Beginn der Eisenzeit in Mitteleuropa in kleinen Schmelzöfen verhüttet. Wegen seiner schweren Verwitterbarkeit wurde er schon im frühen Mittelalter als Baumaterial genutzt.

Der Raseneisenstein ist oft zugleich relativ reich an Phosphat, bindet dieses jedoch so stark, daß die P-Verfügbarkeit gering ist. Als Humusformen treten im Gley in feuchten bis nassen Lagen Moder und Torf auf. Wenn das Grundwasser tiefer steht und kalk- und sauerstoffreich ist, wird Mull gebildet.

Gleye bilden natürliche Standorte nässe-verträglicher Pflanzengesellschaften, z. B. der Feuchten Eichen-Hainbuchen- und Erlenwälder. Die Böden sind als Grünland und auch forstlich gut nutzbar, besonders für den Anbau von Eschen, Pappeln, Erlen und anderen Baumarten mit hohem Wasserverbrauch. Auch der Hainbuche, der Stieleiche und den Ahornarten ist die Nässe kaum schädlich; wichtig ist, daß die Böden ausreichend mit Nährstoffen versorgt sind.

Als Acker- und Gartenland sind Gleye meist erst nach Senkung des Grundwasserspiegels geeignet. Während sich der rostfleckige Go-Horizont dadurch nur sehr langsam verändert, bedingt die Durchlüftung des Gr-Horizontes Oxidationsvorgänge und u. a. im Zuge der Umbildung von Eisensulfiden eine deutliche pH-Senkung. Der Entwässerung ist eine Meliorationskalkung anzuschließen, da sonst sekundär in tonigschluffigen Böden eine Pseudovergleyung eintreten kann. Bei gut wasserdurchlässigen Gleyen genügt oft schon der Vorflutausbau, bei schlecht waserdurchlässigen muß zur Binnenentwässerung zusätzlich gedränt werden. Auch dann bleiben sie vorwiegend Grünlandstandorte (Verockerungsgefahr).

ST: Typic, Aeric, Humic and Mollic Haplaquents
FAO: Gleysols

II Naßgley GN (Abb. 107 und Tab. 116)
Durch langanhaltenden, oberflächennahen Grundwasserstand ist das GoAh/Gor/Gr-Profil gegenüber dem Gley deutlich verkürzt. Der Humusgehalt des GoAh-Horizontes beträgt < 15 %. An manchen Standorten fehlt die Go-Ausprägung des obersten Horizontes weitgehend. Ein derartiges Profil ist durch das Vorherrschen von grauen, grünlichen oder bläulichen Farben gekennzeichnet. Der Naßgley hat in der Regel ein kohärentes, ungegliedertes Makrogefüge und erwärmt sich schlecht.

Am Standort des Naßgleys finden sich als naturnahe Pflanzengesellschaften Saure Kleinseggenrieder (ELLENBERG 1978), die nur als einschürige Streuwiesen genutzt werden können. Bei Entwässerung und Belüftung kann das im Reduktionshorizont gebildete Eisensulfid zu Schwefelsäure oxidiert werden. Die dadurch eintretende Versauerung kann nur durch wiederholte, sorgfältige Kalkung so abgemildert werden, daß der Naßgley sich zu einem der nicht versauerten Gley-Subtypen entwickeln kann. Erst dann können seine Pflanzenbestände in nutzbares Grünland umgewandelt werden.

ST: Typic Haplaquolls; Typic, Mollic and Humaqueptic Psammaquents
FAO: Dystric Gleysols

III Anmoorgley GA (Abb. 107 und Tab. 116)
Im Aa/Gr-Profil ist der oberste Horizont 10 bis 40 cm mächtig. Dessen Humusgehalt beträgt 15 bis 30 Gew.%. Der Typische Anmoorgley ist karbonatfrei. Im Kalkhaltigen Anmoorgley liegt der Karbonatgehalt < 10%, im Kalkanmoorgley > 10%. Ein weiterer Subtyp ist der Pelosol-Anmoorgley mit einem GoAa/PGo/Gr-Profil, der aus tonigem Flußsediment unter sehr feuchten Standortbedingungen entstanden ist. Im PGo-Horizont kommt es in Trockenjahren zeitweilig zu Schwundrißbildungen.
Der Typische Anmoorgley entsteht nur bei sehr hohen Grundwasserständen. In einem ausgeprägten humiden Klima ist er auf sandigen Böden die Initialphase eines Wurzelechten Hochmoores (s. Seite 106). Bei Grundwasserabsenkung trocknet sein Oberboden schnell aus und kann vor allem in Kalkanmoorgleyen puffig werden.

ST: Humic Haplaquepts, Typic Humaquepts
FAO: Humic Gleysols

IV Moorgley GH (Abb. 107 und Tab. 116)
Im nH/IIGr-Profil ist der H-Horizont < 30 cm mächtig und enthält > 30% organische Substanz. Neben diesem häufigeren Niedermoorgley kommt auch der Hochmoorgley vor, dessen Torfe überwiegend aus Hochmoorpflanzen entstanden sind. Durch Aufwachsen des H-Horizontes > 30 cm Mächtigkeit entsteht Moor.
Der Moorgley findet sich vornehmlich in der Randzone der Moore. Nach Absenkung des Grundwassers beginnt die Zersetzung der Torfe, die bei zunehmendem Ca-Gehalt beschleunigt verläuft. Nach langjähriger Ackernutzung können Ap-Horizonte mit 8 bis 15% organischer Substanz entstehen (s. Seite 483).

ST: Histic Humaquepts, Histic Haplaquolls
FAO: Histic Gleysols

V Hanggley NG
In niederschlagsreichen Gebieten, z.B. höhere Mittelgebirgslagen, Alpenvorland und Alpen, kommt es bei stärkerer Neigung auch am Mittel- und Oberhang nur durch Niederschlagswasser ohne zusätzliches Quellwasser zur Bildung von Grundwasserböden. Diese Hanggleye weisen sich vor allem durch die geringe Tiefe des Grundwasserhemmers und die relativ schnelle, hangabwärts gerichtete Fließrichtung des Hanggrundwassers als bodensystematisch eigenständig aus. Eine nähere Cha-

rakterisierung des Hangwassers nach Dynamik und Stofftransport ist in der bodensystematischen Kategorie der Subvarietät unbedingt erforderlich. Als Sonderform des Typischen Hanggleys mit Ah/Go/(Gr)-Profil kann auch ein Temporärer Hanggley auftreten, bei dem die Hangwasserzufuhr zeitweise nachläßt oder ganz ausbleibt. Als weitere Subtypen bilden sich in Hanglagen die gleichen, durch hohes Grundwasser geformten Böden wie in ebenen Lagen aus; die wichtigsten sind folgende: Oxihanggley, Kalkhaltiger Hanggley, Kalksinter Hanggley, Braunerde-Hanggley, Naßhanggley, Anmoorhanggley, Moorhanggley.

ST: –

FAO: Gleysols on slopes

VI Quellengley QG

In nassen Quellbereichen (Quellnischen, Quellaustritten), wo ständig oder fast ständig Quellwasser an die Oberfläche tritt und einen relativ kleinen Bodenbereich stark vernäßt, ist das Ah/Go/G(o)r-Profil des Quellengleys anzutreffen. In derartigen Hanglagen wird unterhalb des Quellaustrittes ein schmaler Hangstreifen ebenfalls stark vernäßt; dieser gehört ebenso zum Quellengley. Wenn sauerstoffreiches Wasser die Oxidation im ganzen Profil ermöglicht, bildet sich ein Oxiquellengley ohne Gr-Horizont.

Calcium- und Nährstoffgehalt des Quellwassers, Vernässungsgrad und Ansammlung von organischer Substanz lassen unterschiedliche Subtypen entstehen, z. B. Kalkhaltiger Quellengley, Kalkquellengley und Rendzina-Quellengley. Die meist nur kleinflächig vorkommenden Quellengleye sind für die Erforschung der Bodengenese besonders lehrreich.

ST: –

FAO: Gleysols on spring-water

c Marschen M (Abb. 109, 110, Tab. 117)

Marschen sind Bodenbildungen, die in Europa in Küstengebieten der Nordsee unter dem Einfluß der Gezeiten auf marinen, brackischen und fluviatilen Sedimenten entstanden.

Die Bildung der Marschen begann vor etwa 7500 Jahren. Das gesamte Marschprofil, das bis 20 m mächtig sein kann, gibt Zeugnis von den rhythmischen Transgressionen durch das Meer. An den deutschen Nordseeküsten sind drei Überflutungszeiten (Hauptsenkungszeiten) nachgewiesen worden:

1. *Atlantikum* bis Anfang Subboreal mit drei unterscheidbaren Meeresvorstößen (etwa 6000 bis 2800 v. Chr., flandrische Transgression)
2. *Subboreal* bis Anfang Subatlantikum mit zwei unterscheidbaren Meeresvorstößen (etwa 2800 v. Chr. bis 700 v. Chr.)
3. *Subatlantikum* mit vier unterscheidbaren Meeresvorstößen (ab 700 v. Chr.) (siehe Tab. 19).

Tab. 117. Profile der Marschen und Moore

Kurzzeichen	Subtyp	Ausgangsgestein	Vorkommen	aufgenommen im Jahr	aufgenommen durch	Horizontfolge	Bodenschätzung bzw. Nutzung
MSp	Unentwickelte (Roh)-Seemarsch	Marine Sedimente und Flußablagerungen	Dithmarschen	86	2/46/264	zGoAh/zAhGo/zGo/zGro/zGor/zGr1/zGr2/zGr3	Andelweide
MSn	Typische Seemarsch	Marine Sedimente und Flußablagerungen	Dithmarschen	86	2/46/268	Ap/GoAp/Go1/Go2/Gor/Gr1/Gr2	Schafweide
MSn	Typ. Seemarsch	mariner Schlick	Ostfries. Marsch	86	3/2.45	Ap/rGo1/rGo2	L2A1 89/86 Weide
MBs	Knickige Brackmarsch	Marine Sedimente und Flußsedimente	Dithmarschen	86	2/46/270	Ah/GoAp/SwGo/SdfAh/fAh-GoSd/fAhSd/fAhGo/Gho/Gro/Gor1/Gor2/Gr	
MBs	Knickige Brackmarsch	brackige Sedimente aus 2 Perioden	Wesermarsch	86	3/2.46	SwAh/Sq/IIf/AhGr/Gr	TIIa3 50/47
MFn	Typisches Flußmarsch	fluviatile Sedimente	Wesermarsch	77	2/24/56	Ah/AhGo/Go1/Go2/IIAhGr/Gr/IIIGr/IIa2	62
MOs	Schwefelreiche Organomarsch	Marine Sedimente und Flußablagerungen	Dithmarschen	86	2/46/272	GoAh1/GoAh2/Gho/Ghro/Ghor1/Ghor2/Ghr/Gr	Weide
HNn	Typisches Niedermoor Verlandungsmoor	Niedermoortorf über Mudden	Dümmerniederung	77	2/24/130	Hc/HbHc/Fh1/Fkm/Fhf/uS/Hb/MoIIa3/SHb/uS	31
HNn	Typ. Niedermoor	Kalkschotter mit Quellaustritten	Erdinger Moos	84	3/2.47	Hp/nH/IInHCv	MoIIa3 30/28
HHn	Typisches Hochmoor, wurzelecht	Hochmoortorf	Teufelsmoor	86	2/50/235	Y/hH1–hH6/nH7/IIfAhe/Bh/C	Weide
HHn	Typ. Hochmoor niedermoorartiges	Bleichmoos Torfe	Wesermünder Geest	86	3/2.48	Hp/hHI/hH2	MoIIa4 27/25 Moor
HUn	Übergangsmoor	Seeton im Toteissee	westliches Allgäu	87	2/54/78	uHf1/uH2/nHf	Ödland

Die Transgressionen wurden mehrmals durch Stillstandzeiten (Regressionen) unterbrochen. Es bildeten sich Moore oder andere mit Festlandvegetation bedeckte Flächen, die bei erneuter Überflutung des Landes überschlickt wurden. Daher sind in einem Marschprofil oft zahlreiche begrabene Horizonte zu erkennen: Torfhorizonte, dunkle, meist verdichtete fossile Ah-Horizonte (Humusdwog), fossile Gyttjen, fossile Eisenfleckenhorizonte (Eisendwog), mit Schilftorf durchsetzte Horizonte (Darg) und fossile Spülsäume (durch Ausspülung entstandene feine Schichten).

Das Seewasser enthält etwa 3,5% Salze. Unter den in ihm enthaltenen Kationen steht Na^+ mit fast 80% bei weitem an erster Stelle, es folgen Mg^{2+} mit 15 bis 20%, Ca^{2+} mit 5% und K^+ mit nur 2%. Die Salzkonzentration des Brackwassers ist gering (1,8 bis 0,05%). Auch in ihm überwiegt allgemein das Na^+. Im Flußwasser, dessen Salzgehalt unter 0,05% liegt, ist die Kationen-Verteilung vom Einzugsgebiet der Flüsse abhängig, doch dominieren hier allgemein die Ca^{2+}. Für den Ionenbelag der Sedimente ergibt sich daher folgendes Bild: Die Tonkolloide im Seewasserbereich sind vor allem mit Na^+ belegt, die aber nach der Eindeichung und Entwässerung rasch durch Ca^{2+} aus den Karbonaten ersetzt werden. Im Brackwasserbereich sind Na^+ und Mg^{2+} stark vertreten, während der Kationenbelag im Flußwasserbereich vorwiegend aus Ca^{2+} besteht.

Die Marschen als selbständige Bodenklasse besitzen gegenüber den Klassen Auenböden und Gleye folgende spezifische Merkmale:

1. die Eigenart der Sedimentation – kurzzeitig unter Tideeinfluß und längerfristig im Zuge der Transgression und Regression des Meeres,
2. das meists feinkörnige Sediment, aufgespült durch das Meer oder einen Fluß im Deltabereich,
3. der unter natürlichen Bedingungen ohne Eindeichung mit der Tide konform gehende, meist hohe Grundwasserstand,
4. die physikalische, chemische und biologische Differenzierung dieser Böden, die bedingt ist durch Sedimentation im See-, Brack- oder Flußwasser (Kalkgehalt, Ionenbelag), Wechsel und Dauer der Überflutung bei der Auflandung und die nach einer Eindeichung stattfindende Bodenentwicklung.

Da in den verschiedenen Vorschlägen für die systematische Gliederung der Marschen keine tiefgreifenden Unterschiede zu sehen sind, wird hier der Einteilung gefolgt, die der weitgehend abgeschlossenen Kartierung der niedersächsischen Marschen zugrunde liegt.

I Seemarsch MS (Abb. 109 und Tab. 117)

Das Ah/eGo/ezGr-Profil der Kalkreichen Typischen Seemarsch kann durch zeitliche Unterbrechung der Sedimentation auch mehrstöckig sein; oft ist die Sedimentationsgrenze durch einen Dwoghorizont gut anzusprechen. Abweichungen vom Normaltyp sind die Unentwickelte

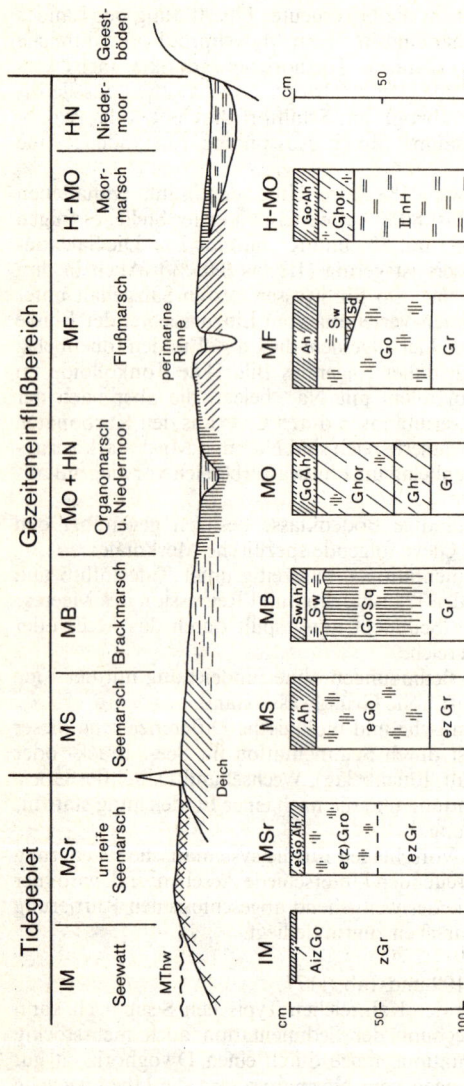

Abb. 109. Typische regionale Abfolge der wichtigsten Böden im Watten- und Marschengebiet zwischen der Nordseeküste und der südlich anschließenden, sandigen Geestlandschaft. Stark schematisch. (ROESCHMANN und BENZLER 1984).

(Roh)-Seemarsch, die Unreife Seemarsch, die Kalkreiche Brack-See-
marsch und die Haftnasse (Verschlämmende) Seemarsch.
Die Seemarsch kommt großflächig in den Küstengebieten vor, wo keine
Mischung von Salz- und Süßwasser erfolgen kann; das sind überwiegend die Räume zwischen den großen Flußmündungen, die oft erst in
der Neuzeit aus Rückgewinnung von mittelalterlichen Landverlusten
eingedeicht sind. Der frische Seeschlick enthält etwa 20‰ Salz, das beim
Ausbleiben weiterer Überflutungen in wenigen Wochen vom Niederschlag in den Untergrund ausgewaschen wird. Ab 9‰ Salzgehalt können salztolerante Kulturen wie Sommergerste angebaut werden. Die
Auswaschung von Carbonaten geht erst in Jahrhunderten vor sich. Der
hohe Ca-Gehalt erzeugt in der Seemarsch ein günstiges, krümeliges und
kleinpolyedrisches Gefüge; sie wird daher überwiegend als Acker genutzt, der vor allem beim Weizenanbau Spitzenerträge bringt.
Die seit Jahrhunderten eingedeichte und daher im oberen Bereich entkalkte Seemarsch (Altmarsch) kann durch starke Kalkung oder Blausandmelioration (s. Seite 507) verbessert werden. Derartige hohe Inve-
stitionen für die landeskulturelle Sicherung der Ertragsfähigkeit haben
in der Vergangenheit die Seemarschen zu Standorten mit herausragen-
der Bodenfruchtbarkeit gemacht. Um einen ganzjährigen Einsatz von
schweren Landmaschinen zu ermöglichen, wurde in den letzten Jahren
die grabenlose Dränung erfolgreich durchgeführt.
ST: Halaquent
FAO: Gleyo-Calcaric Fluvisols

II Brackmarsch MB (Abb. 109 und Tab. 117)
Das SwAh/Sw/GoSq/Gr-Profil weist auf eine sehr geringe Durchlässigkeit des Unterbodens hin. Die daher stark staunasse Brackmarsch wird
überwiegend als Dauergrünland genutzt. Der Tongehalt im Oberboden
beträgt > 17%. Subtypen weisen u.a. ein unterschiedliches Ca-Mg-
Verhältnis auf: Knick-Brackmarsch < 1,5, Knickige Brackmarsch 1,5
bis 2,5, Übergangs-Brackmarsch 2,5 bis 4 und Kalk-Brackmarsch > 4.
Das Ca-Mg-Verhältnis kann nach der Sedimentation während der Pedogenese von mehreren Faktoren beeinflußt worden sein.
Die Brackmarsch bildet bei Quellung durch Wassersättigung aufgrund
des hohen Schluffgehaltes und der Mg- und Na-Ionen eine dichte, weitgehend kohärente Masse mit fast keinen dränfähigen Poren. Der Anteil
an Mikroporen fällt so stark ab, daß nur noch eine geringe oder keine
Wasserdurchlässigkeit besteht. Obzwar die FK etwa 400 mm/m³ be-
trägt, sinkt die nFK auf 10 bis 20% ab. Daher kann auch Grünland auf
Brackmarsch bei langanhaltender Trockenheit Dürreschäden zeigen.
ST: –
FAO: Fluvi-Dystric Gleysol

III Flußmarsch MF (Abb. 109 und Tab. 117)

Im Ah/Go/Gr-Profil der Typischen Flußmarsch liegt die Obergrenze des Gr-Horizontes > 8 dm unter Geländeoberfläche. Die Entkalkungstiefe ist > 4 dm; der Humusgehalt des Go-Horizontes ist geringer als der eines Ah. Allenfalls kann mäßiger Stauwassereinfluß auftreten, der zu einem Ah/Sw/(Sd/)Go/Gr-Profil führt. Im Subtyp der Haftnassen Fluß-marsch mit einem Ah/Sg/Go/(z)Gr-Profil verschlämmt der Go-Hori-zont leicht und hat typische Haftnässe-Merkmale.

Im Ablagerungsgebiet der Flußmarschen in den großen Flußmündun-gen beträgt der Salzgehalt < 0,5‰; das Ca-Mg-Verhältnis ist > 4. Die Zusammensetzung der Ablagerungen ist von den Gesteinen und Böden im Einzugsgebiet abhängig, so daß z.B. in der Wesermarsch Material aus den Buntsandsteingebieten des Weserberglandes anzutreffen ist.

Die Vorland-Flußmarsch im Deichvorland ist durch regelmäßige Über-flutung und Überschlickung kalk- und nährstoffreich. Nach Eindei-chung wird sie zur Kalkhaltigen Flußmarsch, die in der Krume ein gutes Krümelgefüge hat und daher ein hochwertiger Ackerboden ist. Nach Absenkung des Grundwassers tritt ein »Reifungsprozeß« des Unterbo-dens ein; er schrumpft und bleibt für den Wasserabzug hinreichend durchlässig. Die Ausnutzbarkeit des reichlich gespeicherten Wassers ist auch im Untergrund gut, wenn nicht Dwog-Horizonte die Wurzelaus-breitung erschweren.

Nach der Ablagerung von zwar in den einzelnen Sedimentationsbere-ichen wechselnden, insgesamt aber hohen Schluff- und Tonanteilen ent-stehen die Subtypen der Unreifen Flußmarsch, der Dwog-Flußmarsch

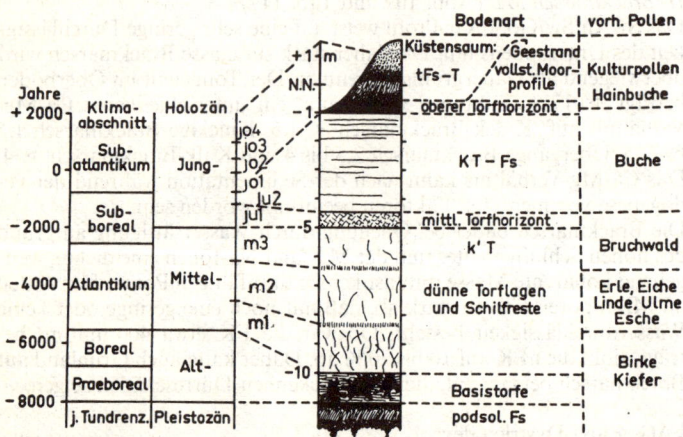

Abb. 110. Gliederung und geologisches Profil des Holozäns in Marschgebieten (KUNTZE 1965).

oder der Brack-Flußmarsch. Ihre geringe bis schlechte Durchlässigkeit zwingt zur Oberflächenentwässerung, die meist durch Beete und Grüppen erfolgt. Derartige Böden bedürfen einer regelmäßigen Kalkung (pH-Wert > 5,5) und können dann für einige Jahre als Acker genutzt werden. Ertragssicherer ist jedoch das Dauergrünland auf diesen Böden.

ST: –
FAO: Gleyo-Eutric Fluvisols, Fluvi-Molic Gleysols

IV Organomarsch MO (Abb. 109 und Tab. 117)
Im GoAh/Ghor/Ghr/Gr-Profil der Typischen Organomarsch liegen die pH-Werte > 3. Weitere Subtypen sind die teilweise salzhaltige Roh-Organomarsch, die Unreife Organomarsch mit schlechter Durchlüftung und Gefügeentwicklung, die Eisenreiche Organomarsch mit starken Eisenanreicherungen in Form von harten Konkretionen und die Schwefelreiche Organomarsch.
Im Profil des letzten Bodensubtyps können bei relativ langer Entwicklung von einigen Jahrtausenden reduzierte Schwefelverbindungen angereichert sein. Mit deren Oxidation durch tiefgreifende Bodenbewegungen können diese zu Sulfaten umgewandelt werden, wobei es zu pH-Werten nahe 2 kommen kann. Dadurch wird jede Vegetationsentwicklung unmöglich. Diese Böden sind an dem nesterweise auftretenden schwefelgelben Maibolt zu erkennen, der vorwiegend aus Jarosit besteht. In sulfatsauren Böden kann eine Tonzerstörung mit starker Al-Auswaschung stattfinden.
In Marschlandschaften können pleistozäne Mineralböden oder Moore überschlickt sein. Wenn diese Marschauflagen 2 bis 4 dm mächtig sind, bezeichnet man diese Böden als Geestmarsch und Moormarsch. Sie sind meist stark sauer und naß. Durch Sackung des Moores hat sich das tiefliegende »Sietland« (= Hamrich) gegenüber der »Hohen Marsch« gesenkt, wodurch das Grundwaser relativ anstieg und es bei zunehmender Vernässung zu erneuter Moorbildung kam. Auf extensivem Dauergrünland kann sich Gräsertorf, z.B. aus Honiggräsern, bilden.

ST: –
FAO: Fluvi-Humic Gleysol

C Semisubhydrische und subhydrische Böden
In dieser Abteilung werden Böden erfaßt, die in der ständig unter dem Einfluß von Ebbe und Flut stehenden Tideregion der Meeresküste (semisubhydrisch) oder am Grunde von Binnengewässern aller Größen (subhydrisch) entstehen, allseitig von Wasser durchdrungen sind und einen F-Horizont aufweisen. Da auch an diesen Standorten nach der Sedimentation pedogenetische Prozesse ablaufen, werden die Ablagerungen nicht, wie in der Geologie und Hydrologie üblich, zu den Sedimenten gestellt, sondern den Böden zugeordnet.

a Semisubhydrische Wattböden I (Abb. 109)
Böden dieser Klasse entstehen im ständigen Einflußbereich der Gezeiten
des Meeres in der Region der Küste und des Unterlaufes der größeren
Flüsse; und zwar landwärts der Grenze des Mitteltideniedrigwassers
(MTnw); sie werden vom Mitteltidehochwasser (MThw) überflutet. Die
nachstehenden Bodentypen sind nach der Gliederung der Wattböden an
der Küste von Niedersachsen beschrieben; die Gliederung der Wattböden an der Küste von Schleswig-Holstein unterscheidet nur Marines
Watt und Ästuarines Watt.

I Mariner Wattboden, Seewatt IM (Abb. 109)
Dieser Boden mit AizFo/zFr-Profil entsteht im marinen und brackisch-
marinen Sedimentationsbereich. Die Bildung von Subtypen erfolgt aufgrund der mineralischen (Schlickseewatt, Mischseewatt, Sandseewatt)
und organischen (z.B. marines Organoschlickwatt) Zusammensetzung,
des Karbonatgehaltes, des Entwicklungszustandes (abhängig von der
Durchlüftungsdauer) und etwaiger Vegetation (z.B. Queller-Schlick-
graszone).
ST: Hydraquents
FAO: –

II Brackwatt IB
Im brackischen Sedimentationsbereich des Unterlaufs der Flüsse und an
Küsten mit unterirdischem Süßwasserzufluß kommt dieser Bodentyp
mit einem Ai(z)Fo/(z)Fr-Profil vor. Die Subtypen werden wie beim See-
watt gebildet.
ST: Hydraquents
FAO: –

III Flußwatt IP
Der auch als Perimariner Wattboden bezeichnete Bodentyp mit einem
AiFo/Fr-Profil ist im Gezeitenrückstaubereich der großen Flüsse anzu-
treffen. Hier werden die Subtypen wie beim See- und Brackwatt gebil-
det.
ST: Hydraquents   FAO: –

b Subhydrische Böden J (Unterwasserböden)
Die Horizont-Nomenklatur und weitere Untergliederung der Unterwasserböden ist noch nicht festgelegt. Sie entstehen am Grunde von
Binnengewässern (Flüssen, Seen und Teichen), sind allseitig von Wasser
durchdrungen und besitzen an der Profiloberfläche einen F-Horizont
mit in der Regel > 1 Gew.% organischer Substanz.
Diese Böden werden auch Mudden genannt und besitzen eine charakteristische Humusform (s. Seite 102).
ST und FAO: –

I Protopedon JP

Protopedon (griechisch) bedeutet Urboden. Er ist ein Unterwasserroh-
boden mit einem geringmächtigen Fi-Horizont, der aus sehr unterschiedlichen Sedimenten hervorgegangen sein kann. Es ist kein sichtbarer Humus vorhanden, doch ist der Boden von Wasserpflanzen und
-tieren besiedelt. Er entsteht im Bereich stärkerer Wasserbewegung
(durch Strömung und Wellen), wo relativ wenig Bestandesabfall sedimentiert bzw. wieder erodiert wird. Diese Gewässer sind bis zum Grund
sauerstoffreich, wodurch der Abbau organischer Substanz begünstigt
wird.

II Gyttja JG

In ebenfalls gut durchlüfteten, hier stets nährstoffreichen Gewässern
bilden sich die Gyttjen oder Grauschlammböden mit einem Fo-Hori-
zont. Dieser hat eine olivgrüne, graue oder graubraune Farbe und ist
oberflächlich organismenreich. Nach Trockenfallen findet eine teils irre-
versible Schrumpfung statt, so daß keine künstliche Entwässerung für
eine landwirtschaftliche Nutzung erforderlich ist. In Mitteleuropa treten
überwiegend Dy-Gyttja-Übergangsböden auf.

III Sapropel JS

Der typische, schwärzliche Fr-Horizont dieser auch als Faulschlamm
bezeichneten Mudde weist auf die Sauerstoffarmut im Gewässer hin.
Aus dem fast immer vorhandenen Eisensulfid kann bei Luftzutritt
Schwefelsäure entstehen, die bei Austrocknung des Gewässers zu extremer Versauerung führt. Auch die schwärzliche Farbe weist auf diese
Standorteigenschaften hin. Dies führt dazu, daß nur anaerobe Organismen darin leben können. Im übrigen ist die Bodenmasse nährstoffreich.

IV Dy JD

Der für einen Unterwasserboden sauerstoff- und nährstoffarmer Gewässer typische Fr-Horizont besteht aus dunkelbraunen, sauren und
biologisch armen Huminstoffgelen (Braunschlamm). Bei Trockenlegung
schrumpft die Humusmasse zu harten Stücken zusammen, die bei Frost
zu Pulver zerfallen. Daher ist dieser Boden nutzungsfeindlich. Er findet
sich vor allem in Skandinavien am Boden von Binnenseen, deren Zufluß
überwiegend aus saurem, braunem Hochmoorwasser besteht.

D Moore (Böden aus Torfen) H (Abb. 107 und 109 und Tab. 117)

In dieser Klasse werden Böden mit > 3 dm Torfmächtigkeit (einschließlich zwischengelagerter mineralischer oder subhydrischer Sedimente) zusammengefaßt. Der Anteil an organischer Substanz beträgt im H-Horizont > 30 Gew. %. Liegt deren Gehalt zwischen 15 und 30 Gew. %, so
handelt es sich um einen Anmoorgley. Beträgt die Torfmächtigkeit

< 3 dm, so steht Moorgley an. Für die bodentypologische Einstufung sind die obersten Torflagen bestimmend; < 3 dm mächtige Auflagen, z. B. von Hochmoortorf auf Niedermoortorf, können außer Betracht bleiben. Soweit Moore natürliche Mineralbodendecken > 4 dm aufweisen, werden sie bodensystematisch den entsprechenden Mineralbodentypen zugeordnet, z. B. der Organomarsch. Moorböden mit > 4 dm Auftrag und künstlich stark veränderte Moore, wie Sandmischkultur- oder Tiefpflugsanddeckkulturböden, gehören zu den Anthropogenen Böden (s. Seite 429).

Zur vollständigen Beschreibung müssen die gesamte Moormächtigkeit einschließlich Mudden an der Moorbasis und die mineralischen Deckschichten erfaßt werden. Für kulturtechnische Fragestellungen werden die Moortypen weiter untergliedert in 3 bis 8 dm, 8 bis 13 dm und > 13 dm Moormächtigkeit. Regelmäßige Folgen von Torflagen führen zu *Schichttypen*. Die 6 wichtigsten sind in Tabelle 122 (s. Seite 474) zusammengefaßt. In dieser Tabelle sind die Übergangsmoortorfe nicht gesondert aufgeführt. Sie sind in den Niedermoortorfen enthalten.

Bei Bodenkartierungen und Geländearbeiten ist vor allem bei stärker zersetzten Torfen eine Einordnung als Übergangs- oder Niedermoortorfe nach erkennbaren Pflanzenresten häufig kaum möglich. Wohl kann die *topogene* oder *ombrogene* Moorentstehung aus Geländemerkmalen abgeleitet werden. Das Hochmoor ist ökologisch (Mineralstoffarmut) und botanisch (Negativ-Kriterium – Mineralbodenwasserzeiger – Grenze) ein klar definierter Moortyp. Alle übrigen Moore sind ökologisch weiter gefaßt und botanisch daher sehr vielfältig. Untereinheiten für Schichtfolge (siehe Tab. 122) und Moormächtigkeit (3 bis 8, 8 bis 13, > 13 dm) werden in die nächst tiefere Kategorie der *Varietät* eingeordnet. Weitere Modifikationen nach dem Zersetzungsgrad H < 4, H 4 bis 7, H > 7 und der Torfart sind als *Subvarietäten* auszuweisen. Die Beschaffenheit der mineralischen Komponente des Liegenden kann durch eine Untergliederung in Formen berücksichtigt werden.

I Niedermoor HN

Der Subtyp des Typischen Niedermoores mit einem (nHp/)nH/F/II fGr-Profil mit einer Torfmasse aus Pflanzen des Niedermoores (s. Seite 102) ist in der Regel reich an basischen Kationen und hat daher einen pH-Wert in $CaCl_2$ > 4. Im Entstehungszustand ist das Niedermoor ganz von Wasser erfüllt, das seine physikalischen Eigenschaften weitgehend bestimmt. Nach einer Entwässerung wird es poren- und luftreich; bei fortschreitender Entwicklung kann es so locker und schwer benetzbar (puffig) werden, daß sein Wasser- und Wärmehaushalt (zunehmende Bodenfrostgefahr) sich wesentlich verschlechtert.

Bei Zufluß kalkhaltigen Grundwassers ist das kalkhaltige Niedermoor mehr oder minder von $CaCO_3$ durchsetzt. Große Flächen mit meist stickstoff- und basenreichen Torfen gibt es z. B. in den Niedermooren

Bayerns (Erdinger-, Dachauer- und Donaumoos) und in den Tälern und Niederungen der Jungmoränen-Landschaft im Baltischen Höhenrük-ken. Der vor allem in Nordwestdeutschland verbreitete Subtyp des Sauren Niedermoores ist arm an basisch wirkenden Kationen, da er in Gebieten mit kalkfreiem Gestein entstanden ist. Sein pH-Wert in $CaCl_2$ ist < 4.

Die drei Subtypen des Niedermoores wurden landwirtschaftlich früher ganz überwiegend als Grünland genutzt. Der in den letzten Jahren erfolgte Umbruch vor ständiger Ackernutzung kann nur verantwortet werden, wenn alle Erfordernisse und Möglichkeiten des Bodenschutzes (s. Seite 513ff.) beachtet werden.

ST: Typic Medifibrists and histic subgroups
FAO: Eutric and Dystric Histosols

II Übergangsmoor HU
Zu diesem Bodentyp gehören die Subtypen:
Niedermoorartiges Übergangsmoor mit einem uH/(bzwuHp/)nH/(F/) f...-Profil und
Hochmoorartiges Übergangsmoor mit einem hH/uH/(nH, F/)f...-Profil. In beiden Profilen ist der oberste Horizont < 3 dm mächtig.

Das Übergangsmoor wächst mit einem zwar artenarmen, aber doch für den jeweiligen Standort typischen Pflanzenbestand (u.a. Fadensegge, Schnabelsimse und Blumenbinse). Bei Waldnutzung auf Übergangsmoor wirkt sich häufig deren K- und P-Mangel negativ aus; daher ist die Zufuhr dieser Nährstoffe auch bei forstlicher Nutzung eine rentable Bewirtschaftungsmaßnahme.

ST: Typic and Sphagnic Medifibrists
FAO: Dystric Histosols

III Hochmoor HH
»Hochmoor« ist die Bezeichnung für ein uhrglasförmig schwach gewölbtes, überwiegend durch Niederschläge vernäßtes Moor und gleichfalls der Typenname für den zugehörigen Moorboden. Die hauptsächlich klimabedingte Entwicklung des Hochmoores ist auf den Seiten 99 ff. ausführlich beschrieben.

In Nordwestdeutschland hat das Typische Hochmoor die Hochmoor-torfhorizonte Bunkerde, Weißtorf, Schwarztorf über Niedermoortorf. Unter Angabe des Zersetzungsgrades z nach der zehnteiligen v. Post-skala (s. Seite 145) ist folgende Horizontfolge aus dem rechtsstehenden Profil der Abb. 106 charakteristisch:

hHz3h/hHz2o/hHz4o/uHz3ro/nHr/F/IIGr

Bei diesem »vollständigen« Hochmoorprofil ist zwischen dem Schwarztorf hHz4o und dem Niedermoortorf nHr auch ein Übergangs-torf uHz3ro ausgebildet. Zu dessen Ansprache ist eine Bestimmung der torfbildenden Pflanzen erforderlich. Hierbei werden deren erkennbare

Großreste makro- und mikroskopisch (z. B. Stengelquerschnitte und Blattoberflächen) und Pollen untersucht (Schwaar 1982). Das wachsende Hochmoor wird von wenigen typischen Hochmoorpflanzen (Torfmoose, Wollgras, Moosbeere, Sonnentau u.a.) beherrscht. Nach Entwässerung ergreift eine Sekundärvegetation Platz, wozu vor allem Pfeifengras, Besen- und Glockenheide und Birke gehören.

Steht der Hochmoortorf direkt über dem anstehenden Mineralboden, wird die Horizontfolge (hHp/)hH/fAh ... dieses Subtyps als Wurzelechtes Hochmoor bezeichnet. Dieses Hochmoor ist direkt auf nassem, basenarmen Mineralboden aufgewachsen.

Die meisten Hochmoore Deutschlands haben sich auf den nährstoffarmen Böden des luftfeuchten Klimas im Nordwesten und im niederschlagsreichen Klima am nördlichen Alpenrand entwickelt. Einzelne, meist kleinere Hochmoore gibt es in höheren Lagen der deutschen Mittelgebirge (Bayerischer Wald, Fichtelgebirge, Erzgebirge, Frankenwald, Rhön, Vogelsberg, Harz, Solling, Hohes Venn und Schwarzwald). Die mögliche land- und forstwirtschaftliche Nutzung der Hochmoore ist in Teil 4.4 Bodentechnologie (s. Seite 467 ff.) beschrieben.

ST: Typic Sphagnofibrists (and histic subgroups)
FAO: Dystric Histosols

E Periglazialböden

Im periglazialen Raum, d. h. im Vorgebiet des Inlandeises und der Gletscher, entstehen Böden besonderer Prägung, die in einer bodensystematischen Abteilung zusammengefaßt werden. In Mitteleuropa treten aktuelle Periglazialböden nur in der näheren Umgebung der Gebirgsgletscher auf. Diese Strukturböden sind aber auch während der Eiszeiten im Periglazialgebiet Mitteleuropas zwischen dem Inlandeis im Norden und der alpinen Vergletscherung im Süden gebildet worden. Hiervon sind viele lokale Vorkommen, oft nur als gekappte fossile Böden, erhalten geblieben. Viele fossile Bodenreste sind zwar meistens noch im Pleistozän, durch solifluidale oder äolische Ereignisse überdeckt worden. Vor allem in diesen meist geringmächtigen jüngeren Sedimenten vollzog sich die nacheiszeitliche Bodenbildung. Aber für die heutigen Eigenschaften des fossilen Unterbodens und Untergrundes mit meist starker Unregelmäßigkeit in Korngrößenzusammensetzung und Lagerungsdichte haben die Periglazialböden oft maßgeblichen Einfluß auf den Boden als Pflanzenstandort.

Bedingungen für die Entstehung von Periglazialböden sind:
1. Die »ewige Gefrornis« führt zu Dauerfrostboden. Der dort ständig herrschende Permafrost (Zusammenziehung von »permanenter Frost«) erreicht in den subpolaren Gebieten der großen Kontinentalräume (Alaska und Nordkanada, Nordostsibirien) Tiefen über 300 m. Von Nordostsibirien sind größere Gebiete südlich der Eismeerküste über die Halbinsel Kola bis zu inselartigen Vorkommen in

Nordskandinavien auch heute Dauerfrostböden. Im Höhepunkt der Würmvereisung liegt ganz Mitteleuropa unter Permafrost.

Die Permafrostböden tauen nur im Sommer je nach Breiten- und Höhenlage sowie Exposition und Vegetation zwischen 0,4 m bis 6 m tief auf. In Mitteleuropa betrug diese Auftautiefe während der Würmvereisung bis etwa 2 m. Unter der Auftauzone bleibt der Permafrost ständig erhalten. Im Herbst beginnt der aufgetaute Bereich von oben her wieder zu gefrieren. Dadurch vereist das Substrat der oberen Bodenschicht je nach ihrer Wärmeleitfähigkeit unregelmäßig tief und setzt die restliche, noch nicht gefrorene Auftauschicht unter verschieden starken Druck.

2. Die Folge von unterschiedlich starkem Druck auf das noch nicht gefrorene Bodenmaterial ist seine Bewegung vom Ort höheren zum Ort niederen Drucks. Damit ist eine grobe Vermischung oder Verknetung der Bodenmasse verbunden (Kryoturbation, s. Seite 324). Andererseits bewirkt der jahreszeitlich bedingte Wechsel von Gefrieren und Auftauen im Oberboden eine Entmischung von Steinen und Feinerde, u. a. auch infolge unterschiedlicher Wärmeleitfähigkeit.

3. Die Bodenbildung vollzieht sich vorwiegend in der Auftauschicht bei meist niedriger Temperatur und stetiger Feuchtigkeit.

4. Die überwiegend als Frostsprengung ablaufende physikalische Verwitterung ist so stark, daß sie zur mechanischen Zerkleinerung des Gesteins, teils bis zur Größe des Schluffs und des Grobtons, führt (Kryoklastik, s. Seite 63).

5. Weil der Permafrost das Sickerwasser nicht in den Untergrund abziehen läßt, erfolgt im Sommer bei feuchtem Klima meistens eine starke Vernässung der Böden. Die Verdunstung ist hier bei hoher Luftfeuchtigkeit und niedrigen Temperaturen gering; bei trockenem Klima ist die Luftfeuchtigkeit geringer, und daher die Verdunstung höher.

6. Die wenigen kälteresistenten Pflanzen wachsen nur sehr langsam. Der Besatz mit Bodenorganismen ist gering.

7. Soweit pflanzliche Rückstände vorhanden sind, kommt es durch Nässe und Kälte zur Ansammlung von Feuchtrohhumus oder sogar zur Moorbildung.

8. Bei starker Vernässung und schlammiger Konsistenz der Bodenmasse sowie fehlender oder lückiger Vegetation kann der Boden selbst bei nur geringer Hangneigung (ab 3 %) in langsames Fließen (Bodenfließen oder Solifluktion, s. Seite 324) kommen.

a Aktuelle Alpine Periglazialböden
Diese Bodenklasse erfaßt die heute noch in der Entstehung befindlichen Alpinen Periglazialböden, die saumartig in der Umgebung der alpinen Gletscher und örtlich oberhalb der Schneegrenze auftreten. Diese Böden sind im Jahreslauf langzeitig, örtlich auch ganzjährig, gefroren. Sie sind damit zwar der Frostdynamik ausgesetzt; es fehlt jedoch der Permafrost.

I Alpiner Periglazialer Rohboden
Das Ai/(lC)mC-Profil unterliegt der Frostdynamik und ist daher teilweise von einem mehr oder minder dichten Steinpflaster (Hamada) bedeckt. Er entspricht dem Arktischen Rohboden sowie dem Syrosem bzw. Lockersyrosem.
ST: Lithic or Typic Cryorthents
FAO: −

II Alpiner Periglazialer Ranker
Im Ah/mCv/mCn-Profil hat der Ah-Horizont einen hohen Humusgehalt und der mCv-Horizont ist durch Frostsprengung gelockert.
ST: Lithic or Ruptic-Entic Cryumbrepts
FAO −

III Alpiner Periglazialer Regosol
Das aus Frostschutt entstandene Ah/lCv/lCn-Profil hat im Ah-Horizont einen hohen Humusgehalt.
ST: Typic Cryopsamments
FAO: −

IV Alpine Periglaziale Rendzina und Pararendzina
Beide Bodentypen haben ein Ah/mCv/mCn- oder ein Ah/lCv/lCn-Profil mit durch Frostsprengung gelockertem mCv- bzw. zerkleinertem lCv-Horizont. Die Rendzina entsteht aus festem Karbonatgestein oder karbonatischem Frostschutt. Ausgangsgestein der Pararendzina ist dagegen festes karbonathaltiges Silikatgestein oder ein Gemisch von karbonatischem und silikatischem Schutt; daher ist im Ah-Horizont mehr mineralische Substanz vorhanden.
ST: Lithic Rendolls or Entic Hapludolls FAO: −

V Alpiner Solifluktionsboden
Im Ah/B/C-Profil kann es bei zeitweiligem Bodenfließen des Solums zu einer wulstartigen Stauung des Solifluktionsmaterials kommen.
ST und FAO: −

b Fossile Periglazialböden
Zu dieser Bodenklasse gehören die verschiedenartigen, fossilen arktischen Böden, die in Mitteleuropa während der Eiszeiten des Pleistozäns entstanden.
Dabei waren sowohl Materialvermischung durch kryogene und solifluktive Vorgänge als auch Materialsortierung durch fluviatile, äolische und kryogene Abläufe beteiligt. Dadurch kamen sehr komplizierte Bodenbildungen zustande. Überwiegend gehören die Fossilen Periglazialböden zur großen Gruppe der Strukturböden, deren oberer Profilteil fast immer gestört und von Fremdmaterial (äolisches und solifluktives) als Deckschicht überlagert ist.

I Kryoturbater Boden

In diesen Böden ist es zu einer Massenbewegung auf engsten Raum gekommen, weil durch jahreszeitlich bedingte, fortschreitende Eisbildung von der Oberfläche her ein ungleicher, öfter wechselnder Druck auf das aufgetaute Bodenmaterial über dem Permafrost ausgeübt wurde. Die Bodenmasse bewegt sich dabei in Richtung des geringeren Druckes, und es entstehen durch diese Verknetung eigenartige Strukturen, die z.B. beulen- oder taschenartig sein können. Die Vielgestaltigkeit dieser Strukturböden wird durch die vielen für sie gebrauchten Namen zum Ausdruck gebracht; Würgeboden, Wickelboden, Brodelboden, Knetboden, Wannenboden, Taschenboden und noch weitere.

Oft ist der obere Teil dieser Bodenprofile durch Solifluktion, Bodenabtrag oder -auftrag verändert worden. Im Spätglazial und/oder Holozän hat sich über und teils in dem fossilen Bodenrest ein Bodentyp des nacheiszeitlichen Klimas gebildet. Die Schichtgrenze ist oft unscharf und räumlich wechselnd ausgebildet.

ST: Cryaquepts

FAO: −

II Polygonboden

Durch Schrumpfung, die durch Wasserentzug aus den feinerdereichen Bodenteilchen bei der Eisbildung erfolgt, entstehen Spalten, die den Boden in Polygone aufteilen. Die rezente Tundra und Taiga zeigen im wesentlichen zwei Polygontypen, nämlich große, wahrscheinlich ältere Polygone, begrenzt von z.T. mehreren Meter tiefen, keilartigen Spalten, und kleine Polygone, oft eine Aufteilung der größeren, begrenzt von weniger tiefen Spalten. Alle Spalten sind oben breiter und laufen nach unten spitz zu. Diese Keilform ist durch das von oben zufließende und dann gefrierende Wasser entstanden. Diese Eiskeile werden schließlich durch Füllung mit lockerem Bodenmaterial plombiert. Die Bildung von Eiskeilen und anderen Eiskörpern war nicht immer mit der Polygonbildung verbunden, sie entstanden auch als Einzelgebilde.

ST: Cryaquepts

FAO: −

III Steinringboden

Dieser Boden ist durch ringartige, aus Steinen bestehende Gebilde an der Oberfläche gekennzeichnet. Der Steinringboden wird aus einer steinhaltigen, teils auch kieshaltigen Feinerdemasse durch Entmischung gebildet.

Oft ist der Steinringboden aus einem Polygonboden entstanden. Die etwas nach oben gewölbten Kerne der Polygone bestehen aus feinerdereicherem und die Streifen über den Spalten zwischen den Polygonen aus gröberem Material. Dies ist durch ein Abgleiten der Steine von den durch Frost aufgewölbten Feinerdekernen erfolgt. So reichern sich die

Steine in der Spaltenzone um den Feinerdekern zu einem Steinring an, der meistens noch das Polygon des Spaltennetzes erkennen läßt. Davon ist auch der Name Steinnetzboden abgeleitet.

In Mitteleuropa ist der fossile Steinringboden an mehreren Stellen festgestellt worden. Er ist meist wegen Überlagerung an der Bodenoberfläche nicht erkennbar, sondern nur im Profilschnitt oder nach Abtrag der oberen Bodenschicht.

Wenn der gleiche Vorgang der Steinringbildung in Hanglagen stattfindet, kommt hier die differenzierende Bildungskomponente der solifluktiven Bodenbewegung hinzu. Die mehr oder weniger in Hangrichtung orientierten Steine der Steinringe rutschen parallel hangabwärts; dabei bilden sich Steinstreifen. Der Steinstreifenboden ist genetisch eine Variante des Steinringbodens. Großflächig ist dieser Boden im arktischen Bereich oberhalb der Baumgrenze anzutreffen. Er kommt kleinflächig aber auch rezent in den Alpen und vereinzelt in den Spitzenlagen der Mittelgebirge vor.

ST: Cryaquepts
FAO: −

IV Tropfenboden

Voraussetzung für seine Entstehung war die Überlagerung von Boden oder Sediment, dessen Rohdichte größer ist, als die des darunter befindlichen Materials. Im Zustand völliger Wasserdurchtränkung in der Auftauzone sank das spezifische schwerere Material in das spezifisch leichtere tropfenartig ein, nicht selten bis zum Permafrost. Dies ist daran erkennbar, daß der »Tropfen« auf dem vereisten Untergrund gestaucht und dadurch die Unterseite des »Tropfens« flach wurde.

Der Tropfenboden ist in Mitteleuropa öfter beobachtet und beschrieben worden. Besonders charakteristisch ist er in Westfalen entwickelt, wo pleistozänes lehmig-sandiges Bodenmaterial über kretazischem Quarzsand liegt. Hier ist der lehmig-sandige Tropfen in den Quarzsand eingesunken; ein lehmig-sandiger Streifen markiert die Gleitbahn des Tropfens.

ST: Cryaquepts
FAO: −

V Hydromorphe Periglazialböden

In tieferen Lagen der Tundra und Taiga, wo in der sommerlichen Auftauperiode Wasser ober- und unterirdisch zusammenfließen kann, bildet sich der Tundra- bzw. Taiga-Gley. Unter einem rostgelb und rostbraun geflecktem Go-Horizont folgt ein mittel- oder hellgrauer Gr-Horizont. Sie unterscheiden sich vom Gley des gemäßigt warmen, humiden Klimas durch die spezifische Dynamik im nivalen Klima. Nur in der Auftauzeit herrschen ähnliche Bedingungen wie im Typischen Gley.

Beginnt die Auftauzone im Herbst zu gefrieren, so kann in der noch nicht gefrorenen Zwischenschicht Kryoturbation (s. Seite 324) stattfinden. Die noch schwach gefrorene Oberschicht kann bei Wasserandrang von unten aufbrechen. Dann tritt der unter Druck stehende Bodenbrei als sogenannte Erdquelle an die Oberfläche. Dieser Prozeß führt zu einer starken Bodenvermischung.

Ist die Wasseransammlung im Vergleich zum Tundra- und Taiga-Gley geringer, so ist der gleiche oder ähnliche Wasserhaushalt wie im Pseudogley des gemäßigt warmen, humiden Klimas vorhanden. Für diesen Tundra- bzw. Taiga-Pseudogley bildet die Obergrenze des Permafrostes die Stauwassersohle.

Bei sehr nassen Bedingungen und stärkerem Bewuchs entsteht ein Tundra-Anmoor mit einem Aa/Gr-Profil. Dieses bildet oft den bodengenetischen Übergang zwischen Tundra-Gley und Tundra-Moor. Das Tundra-Moor unterscheidet sich von den Mooren des gemäßigt warmen, humiden Klimas durch Permafrost und eine starke Oberflächengliederung in Torfbulten und dazwischen gelegene Schlenken. Neben den vorherrschenden Bleichmoosen sind u.a. Krähenbeere, Moltebeere, Moosbeere, Zwergbirke und Flechten auf der kleinflächigen Oberfläche zu finden. Die durch größere Eislinsen gebildeten, bis zu mehreren Metern hoch werdenden Torfhügel nennt man Pingos oder Palsen.

ST: Cryaquepts
FAO: Gelic Gleysols

F Anthropogene Böden (Kultosole)

In dieser Abteilung werden Böden zusammengefaßt, die durch die unmittelbare Arbeit des Menschen eine so starke Umgestaltung im Profilaufbau erfahren haben, daß die ursprüngliche Horizontfolge weitgehend zerstört wurde.

Dazu gehören nicht die Böden, die durch normale Pflugarbeit eine < 35 cm mächtige Ackerkrume besitzen, unter der die natürliche Horizontfolge erhalten blieb. Auch Böden, die nur durch mittelbare Einflüsse des Menschen, z.B. Auslösung der Bodenerosion durch Abholzung oder durch Ackernutzung, verändert worden sind, zählen nicht zu den Anthropogenen Böden.

Die nachfolgend aufgeführten Klassen sind bisher zu den Abteilungen der entsprechenden, natürlichen Böden gestellt worden. Die Zusammenfassung aller Anthropogenen Böden in einer Abteilung ist aber bei voller Beachtung der obenstehenden Formulierung für die Definition zwingend. In den letzten Jahrzehnten ist durch verstärkte Anwendung der technischen Möglichkeiten eine sehr große Ausdehnung der anthropogen umgestalteten Böden erfolgt. Für die Zukunft ist mit einer erheblichen Steigerung dieser Tendenz zu rechnen. Im Rahmen des Bodenschutzes müssen daher die Anthropogenen Böden vermehrt untersucht werden. Nur so sind Bodenschäden weitgehend zu vermeiden und eine positive Entwicklung wie bei den jahrhundertealten Eschböden

Tab. 118. Profile der Anthropogenen Böden

Kurzzeichen	Subtyp	Ausgangsgestein	Vorkommen	aufgenommen im Jahr	durch	Horizontfolge	Bodenschätzung bzw. Nutzung
YEn	Grauer Plaggenesch über Gley-Podsol	Fluvioglazialer Sand der Riß-Eiszeit	Emsland	55	1/45	Ap1/Ap2/Ah/Ae/Bsh/Bs/Go	38
YEn	Typ. Grauer Plaggenesch	Geschiebesand	Oldenburger Geest	86	3/2.21	EAp/E/IIfAeE/Bhs/Cv	S3D31/34
YEb	Brauner Plaggensch	fluvioglazialer Sand der Riß-Eiszeit	Südoldenbg.	55	1/46	Ap1/Ap2/BvAp/Ahe/Ae/Bsh/Bs/Cv	45
YFn	Holländische Fehnkultur	teilweise abgetorftes Hochmoor	Drenthe (Niederl.)	86	2/50/293	RAp/RHp/RAh/fAh/Ae/Bh/Cv	Acker
Uh	Sandmischkultur	Hochmoortrof über fluvialen Sanden	Emsland	86	2/50/258	RAp/RHh/RfAhe/RfBh1/RfBh2/RC/IIC	Acker

sicherzustellen. Bei allen Kultosolen wird der ursprüngliche Bodentyp, soweit ansprechbar, im Subtyp genannt.

a Terrestrische Anthropogene Böden Y (Abb. 104 und Tab. 118)
Unbefriedigende Wasser- und Nährstoffverhältnisse sind schon im frühen Mittelalter durch planmäßige Bodenbewirtschaftung nachhaltig verbessert worden. Ein kleinräumiges Beispiel sind die Klostergärten. Großflächig wurden die Langstreifenfluren im sächsischen Siedlungsraum durch Plaggenwirtschaft in einer von Natur aus oligotrophen Landschaft zu fruchtbaren Eschböden umgewandelt.

I Plaggenesch YE
Esch ist eine alte Flurbezeichnung für hofnahe Ackerflächen, die ein bis zwei Meter höher lagen als die umliegenden, meist recht ebenen glazifluviatilen Ablagerungen. Auf diesen Standorten reicht die Plaggenwirtschaft im allgemeinen bis ins 8. bis 11. Jahrhundert zurück.
Als Plaggen bezeichnet man die mit einer besonderen Hacke, der Plaggenhaue, flach abgehobenen Soden des humosen und stark durchwurzelten Oberbodens, die mit Heide oder Gras bewachsen sind. Diese Plaggen wurden größtenteils in den damals üblichen Tiefställen als Einstreu gebraucht und dort über mehrere Monate einer anaeroben Verrottung ausgesetzt. Dieser Plaggenmist wurde dann, angereichert mit organischer Substanz und Nährstoffen aus Kot und Harn der Tiere, in bis zu zwei Meter hohen Erdmieten einer gehemmten Zersetzung unterzogen. Dabei verengte sich das C/N-Verhältnis auf 12 bis 15. Die Erdmieten sind nach mehrmonatiger Rotte abgetragen und als Düngung auf den relativ kleinen Ackerflächen verteilt worden. Durch diese Plaggendüngung erhöhten sich die Ackerflächen um etwa 1 mm im Jahr. Um einen Boden als Plaggenesch ansprechen zu können, muß die Plaggenauflage (die E-Horizonte) > 40 cm sein. Im allgemeinen sind Plaggenesche 60 bis 90 cm mächtig, wobei sie zur Mitte der Ackerfläche deutlich aufgewölbt sind. Im Profil ist der heute ständig bearbeitete EAp- vom darunter liegenden E-Horizont zu unterscheiden.
Das Typische Plaggenesch EAp/E/IIfAe/Bsh/Cv/Cn-Profil ist für einen aus grauen Heideplaggen über einem Podsolprofil entstandenen Boden charakteristisch; dieser Subtyp wird daher auch Grauer Plaggenesch genannt. Der Braune Plaggenesch ist vorwiegend aus Grasplaggen und anderen organischen Stoffen entstanden. Er enthält mehr bindiges Material (lehmige Sande, Lehme, tonige Schluffe) und liegt oft über Sauren Braunerden.
Wenn sowohl sandige Heideplaggen als auch lehmig-sandige Grasplaggen als Einstreu verwandt worden sind, ist der Graubraune Plaggenesch entstanden, dessen Farbe meist dunkelgrau bis braungrau ist. – Weitere Subtypen sind der Gley-Plaggenesch und der Pseudogley-Plaggenesch,

bei denen die Plaggenauflage auf einem Gley bzw. Pseudogley liegt. Auf den Plaggenstichflächen kam es zur Ausbildung gekappter Podsole.
ST: Plaggepts
FAO: Plaggensols

II Agrosol YP

Die Bodenbearbeitung durch den Pflug und seine Folgegeräte erreichte auf der Gespannstufe nur eine Tiefe von wenig über 20 cm. Nur diese Ackerkrume war durch die Lockerung so stark belüftet, daß sich eine Belebung durch aerobe Organismen einstellte. Darunter bildete sich oft die als Pflugsohle bekannte Verdichtung aus. Dadurch konnten auf solchen Ackerflächen vorwiegend flachwurzelnde Kulturpflanzen angebaut werden. Auch die überwiegende Zahl der Wildkräuter beschränkte sich auf diesen Wurzelraum.

Durch die Verstärkung der Zugkräfte ist eine Vertiefung des bearbeiteten Bereichs möglich geworden. Wenn dies > 40 cm sind, ist stets ein Ap1/Ap2/C-Profil ausgebildet. Dabei sind die ursprünglichen Profile eines flachgründigen Podsols oder einer Basenarmen Braunerde fast vollständig beseitigt. Diese Krumenvertiefung ist selten in einem Arbeitsgang erfolgt, sondern meistens in mehrjährigem Abstand schrittweise vorgenommen worden. Mit Pflügen und Schwergrubbern werden dabei Tiefen von 40 bis 50 cm selten überschritten. Darüber hinaus erfolgt eine Unterbodenlockerung von 50 bis 80 cm Tiefe (SCHULTE-KARRING 1986), um Störungen des Wasserhaushaltes zu beseitigen. Die so gelockerten Bereiche müssen durch Unterbodendüngung und Anbau tiefwurzelnder Zwischenfrüchte stabilisiert werden. In Weingärten besorgt dies die Rebe mit intensiver Wurzelbildung im gelockerten Bereich.

Wenn auf krumenvertieften Agrosolen mehrjährig nur eine flachgründige Bodenbearbeitung erfolgt und der Anbau tiefwurzelnder Kulturpflanzen und Zwischenfrüchte (Leguminosen und Kreuzblütler) unterbleibt, treten im Ap2-Horizont Verdichtungen auf. Diese können besonders bei schluffiger Bodenart als Reduktionszonen (s. Seite 182) mit entsprechender Bodenverfärbung ausgebildet sein. Das Bodenleben stellt sich dann zu anaeroben Organismen um.

Die Ap-Horizonte des Agrosols haben im allgemeinen pH-Werte von 5 bis 6 und sind deutlich mit Nährstoffen angereichert. Vor allem pflanzenaufnehmbare Phosphate mit bis zu 30 mg/100 g Boden liegen über dem Nährstoffbedarf der meisten Kulturpflanzen. Neben dem Typischen Agrosol sind weitere Subtypen anzusprechen, bei denen im Unterboden noch wesentliche Teile des ursprünglichen Profils vorhanden sind, z.B. Parabraunerde-Agrosol mit einem Ap1/Ap2/IIfBt/(Bv/Cc/)C-Profil. Weitere Übergangstypen zum Gley und Pseudogley sind möglich, aber wesentlich seltener zu beobachten.
ST: Arents FAO: –

III Hortisol YO

Der Hortisol (von lateinisch hortus = Garten und sol = Boden) ist ein seit Jahrhunderten intensiv genutzter Gartenboden. Der stets > 40 cm mächtige Ah-Horizont enthält > 4 Gew.% organische Substanz.

Diese ist durch regelmäßige, starke Zufuhr von Humusdüngern aller Art (Stallmist, Jauche, Fäkalien, Müll) entstanden. Oft sind diese Abfallstoffe durch vorheriges Kompostieren verbessert worden. Tieferes Umgraben, zusätzliche Wasserversorgung durch regelmäßiges Begießen und langandauernde Bodenbeschattung begünstigten nicht nur das Wachstum der Kulturpflanzen, sondern auch die Tätigkeit der Bodentiere, besonders der Regenwürmer. Diese intensive Bodenkultur führte örtlich geradezu zu einer »Anthropogenen Schwarzerde«. Neben dem jährlichen, meist spatentiefen Umgraben, das zu einem Ap-Horizont führt, wird in größeren Zeitabständen das gesamte Profil mit Bodenbewegungen durchmischt; daraus entstehen im Unterboden RAh-Horizonte. Im RAp/RAh1/(RAh2/)II . . .-Profil des Typischen Hortisol sind die RAh-Horizonte > 80 cm mächtig. Beim Braunerde-Horitsol (RAp/RAh/Bv/C-Profil) und beim Parabraunerde-Hortisol (RAp/RAh/Bt/(Bv/)C-Profil) sind die RAp und RAh-Horizonte zusammen 40 bis 80 cm mächtig. Es gibt weitere Subtypen dieser Art. Typische Hortisole sind in alten Siedlungen (Klostergärten, alte Gärten innerhalb mittelalterlicher Stadtmauern) zu finden. In größeren Flächen kommen Hortisole in alten Gemüseanbaugebieten vor, z.B. in den Vierlanden bei Hamburg, in der Regnitz-Niederung bei Bamberg und in der Rheinaue bei Mainz-Mombach.

ST: Arents

FAO: –

IV Rigosol YR

Durch den Arbeitsvorgang des Rigolens ist in diesen Böden die natürliche Horizontfolge vollkommen umgestaltet worden. Dies ist z.B. bei den zum Teil über 1000 Jahre alten Weinbergsböden der Fall. Sie wurden früher alle 30 bis 80 Jahre mit der Hand, heute alle 20 bis 40 Jahre maschinell rigolt, wobei unterschiedlich große Mengen an Fremdmaterial (Bodenaushub, Müllkompost u.a.) eingearbeitet wurden. Beim Rigolen werden durch unterschiedliche tiefe Furchen obere gegen untere Bodenbereiche umgeschichtet. Ein derartiger Austausch wirkt der Auswaschung von Nährstoffen, Humus und Feinboden in den Untergrund entgegen. Zu den Rigosolen kann auch die früher häufig angewandte Fehnkultur auf abgetorften Hochmoor (s. Seite 480) gerechnet werden.

Der Typische Rigosol mit einem RAp/(RAh/)R1/R2/C-Profil ist vielfach auch bei Verfüllung ehemaliger Baugruben, aufgelassener Straßen oder Gräben und Einebnung von Wällen und Böschungen entstanden. Auch bei Auenböden und Marschen sind tiefreichende Rigolarbeiten

(z. B. Kuhlen oberflächlich entkalkter Marschen s. Seite 507.) vorgenommen worden, um die Eigenschaften des Oberbodens zu verbessern. Weitere Subtypen werden gebildet, indem der Bodentyp, aus dem der Rigosol hervorging, in die Benennung einbezogen wird, z. B. Braunerde-Rigosol.

ST: Arents
FAO: –

V Tiefumbruchboden (Treposol) YU

Wenn durch den Einsatz von Tiefpflügen das ursprüngliche Bodenprofil gänzlich beseitigt worden ist, liegt mit einem RAp/(RAh/)R/C-Profil ein Typischer Treposol vor (s. Abb. 104, Seite 348). Im einzelnen sind dabei zu unterscheiden:

Tiefumbruch auf	Podsol (Heidekultur)	YUp
	Parabraunerde	YUl
	Gley	YUg
	Hochmoor (Sandmischkultur)	YUh
	Niedermoor (Tiefpflugsanddeckkultur)	YUn

Beim Tiefumbruch muß der den Wasserhaushalt störende Horizont (Bsh beim Podsol, Bt bei der Parabraunerde, fester Go beim Gley, tiefster H-Horizont bei den Mooren) unbedingt unterfahren werden. Wenn andererseits zuviel von darunter anstehenden, nährstoffarmen Sanden in den Oberboden eingemischt wird, geht dies zu Lasten der Bodenfruchtbarkeit. In windgefährdeten Lagen kann durch diesen Fehler beim Tiefpflügen auch die Winderosion erheblich zunehmen.

Böden, auf denen eine Tieflockerung durchgeführt wurde, bei der die ursprüngliche Horizontfolge weitgehend erhalten blieb, gelten nicht als Treposole.

ST: Arents FAO: –

VI Auftragsboden YY

Dies sind Böden mit jYAi (oder jYAh(p)/) /jY/II... oder yYAi (oder yYAh(p)/)yYII...-Profilen aus > 80 cm mächtigem Auftragsmaterial. Das Auftragsmaterial kann ein natürliches Substrat (jY-Horizont) oder ein künstliches (yY-Horizont) sein. Eine Subtypenbildung ist hier bisher nicht erfolgt, sondern die Vielgestaltigkeit des Auftragsmaterials (z. B. Sand, Löß, Hafenschlick, Müll, Schlacke, Scheideschlamm u. a.) muß im einzelnen beschrieben werden.

Deponien von Siedlungs- und Industrieabfällen werden oft mit der Verfüllung großer Sand- und Kiesabgrabungen und von ausgebeuteten Tagebauen verbunden. Auch bei einer Abdeckung mit Mutterboden beginnt auf derartigen Standorten die Bodenentwicklung mit einem Rohboden. Die Weiterentwicklung dieser Syroseme ist nicht leicht zu beeinflussen.

ST: Arents FAO: –

b Semiterrestrische Anthropogene Böden YG
Diese Gruppe umfaßt Böden, die mit ihrer Lage zum nahen Grundwasser weiterhin semiterrestrisch pedogene Bedingungen haben, deren natürliches, pedogenetisches Profil jedoch durch den Menschen umgestaltet worden ist. Damit gehören sie weiterhin in den Bereich der Auenböden, Gleye und Marschen, d.h. sie werden als Übergänge in die Kategorie der Subtypen eingeordnet.

I Plaggenesch-Gley
In dessen EAp/(E/)EGo/(Go/)Gr/-Profil sind die drei E-Horizonte > 40 cm mächtig. Er kommt im Verbreitungsgebiet des Plaggeneschs in Niederungen mit hochanstehendem Grundwasser auf sandigen Sedimenten vor.

II Hortisol-Gley
Im RAp/(R/)RGo/Gr-Profil sind RAp + (R) zusammen > 40 cm mächtig. Dieser Boden ist häufig in der Nähe von Siedlungen in Flußnähe zu finden.

III Rigosol-Auenboden
Das RAp/ (bzw. RAh/)R/aM/aG-Profil ist mit Spaten oder Pflug mit dem Ziel umgestaltet worden (meistens vermischt), einen besseren Kulturboden zu schaffen.

IV Rigosol-Marsch
Das RAh (bzw. RAp/)RGo/Gr-Profil dieser Marsch ist mit Spaten, Pflug oder Kuhlmaschine umgestaltet worden (vermischt oder gewendet) mit dem Ziel, einen besseren Kulturboden zu schaffen, indem günstigeres Bodenmaterial an die Bodenoberfläche gebracht wurde oder sandige und tonige Texturen vermischt wurden.
Wenn bei diesen Semiterrestrischen Anthropogenen Böden die pedogenetisch bestimmenden Grundwasserverhältnisse durch Vorflutausbau und nachhaltige Verbesserung der Binnenentwässerung (z.B. mit Hilfe von Schöpfwerken) geändert werden, müssen sie den Terrestrischen Böden zugeordnet werden.

c Kultivierte Moore YH (Abb. 109 und Tab. 118)
Nur wenn im Zuge der Bodenmelioration das gesamte Bodenprofil und damit auch wesentliche Eigenschaften des Moores umgestaltet worden sind, erfolgt eine Einordnung in diese Klasse der Anthropogenen Böden. Wenn hingegen bei der landwirtschaftlichen Nutzung ohne tiefes Pflügen und ohne Ein- oder Aufbringen von mineralischem Material die Torfmasse zwar zersetzt wird (bei Ackerkultur bis zu 1 cm/a), aber der Profilaufbau nicht grundsätzlich verändert wird, so zählt auch dieses so genutzte Moor noch zu den »Natürlichen« Mooren. Auch das Auf-

oder Einbringen von > 10 cm Sand oder Material einer anderen Korngröße bringt noch keine entscheidende Änderung des Gesamtbodens.
Nachstehend werden für die auf Seite 476ff. näher beschriebenen Moorkulturtypen deren typische Horizontfolgen genannt:

Fehnkultur   RAh/ (bzw. RAp/)R1/(R2/)f(Ah/)Ae/ Bsh/C
Sanddeckkultur   jYAp/jY/ hH1/hH2/ (uH/)nH1(nH2)
Sandmischkultur   RAp/R/f/Cv/)Cn

Auch diese Moorkulturtypen können, bei nachhaltiger Änderung des
Wasserhaushaltes, sich zu Terrestrischen Anthropogenen Böden entwik-
keln. Die Nennung der Fehnkultur beim Rigosol (s. Seite 427) und der
Sandmischkultur beim Treposol (s. Seite 428) weist auf die Möglichkeiten der weiteren Bodenbildung hin.

3.4.2 Verbreitete, weitere Bodenklassifikationen

3.4.2.1 Klassifikation in den USA – Soil Taxonomy

Die in den USA gebräuchliche Soil Taxonomy wurde nach langjähriger,
z.T. internationaler Zusammenarbeit im Jahr 1975 veröffentlicht.
10 Ordnungen (Orders) bilden die oberste Kategorie der Soil Taxonomy. Die Bodennamen wurden neu geprägt und in der Regel aus
lateinischen und griechischen Wortstämmen zusammengesetzt.

1. *Entisol:* Unentwickelte Böden ohne erkennbare Horizonte (von re-
   cent engl. = jung).
2. *Vertisol:* Dichte, dunkle Böden aus quellfähigen Tonen (von vertere
   lat. = umwenden).
3. *Inceptisol:* Schwach entwickelte Böden, die erkennbare Horizonte
   und als Humusformen Rohhumus, Moder oder sauren Anmoorhu-
   mus besitzen (von inceptum lat. = Anfang).
4. *Aridisol:* Böden mit Merkmalen trockenen Klimas (von aridus lat.
   = trocken).
5. *Mollisol:* Böden mit mächtigem, dunklem humusreichem (Mull),
   krümeligem A-Horizont (von mollis lat. = weich).
6. *Spodosol:* Böden mit Podsol-B-Horizont (von spodos griech. =
   Holzasche).
7. *Alfisol:* Böden mit Tonanreicherungshorizont, aber mäßiger Silikat-
   verwitterung (von Pedalfer = in der älteren amerikanischen Nomenklatur Böden mit völliger Karbonatauswaschung).
8. *Ultisol:* Böden mit Tonanreicherungshorizont, relativ starker Sili-
   katverwitterung und Jahresmitteltemperatur 8 °C (von ultimus lat.
   = der Letzte).
9. *Oxisol:* Sesquioxidreiche, stark verwitterte, innertropische Böden
   (von Oxid).
10. *Histosol:* Moore und andere Böden mit mächtiger Humusauflage
    (von histos griech. = Gewebe).

Die Bodennamen der Unterordnungen (Suborders), Gruppen (Great

Soil Groups), Untergruppen und Familien werden durch substantivischen oder adjektivischen Zusatz weiterer, wichtige Eigenschaften kennzeichnende, Silben gebildet. Ein Ortstein-Humuspodsol mit mächtigem A-Horizont erhält z. B. den Untergruppen-Namen *Cumulic Humod*. Ein typisch entwickelter Tschernosem mit weniger als 50 cm mächtigem A-Horizont wird als *Entic Haploboroll* bezeichnet. Die Bodenansprache im Gelände erfolgt unter Verwendung genau definierter und quantitativ gegeneinander abgegrenzter, *diagnostischer Bodenhorizonte*. Die dadurch erzielbare weltweite Anwendungsmöglichkeit dieser Taxonomie und die relativ gute Objektivität bei der Bodenkennzeichnung ist jedoch z. T. mit erheblichen bodengenetischen Inkonsequenzen verbunden. So können z. B. hydromorphe Böden auch bei ähnlicher oder gleicher Genese in sieben der zehn Ordnungen auftreten und werden erst im Niveau der Unterordnung durch die Zusatzsilbe *aqu-* gekennzeichnet. Typische Gleye können z. B. als *Aquent, Aquept* oder als *Aquoll* vorliegen. Andererseits werden z. T. bodengenetisch so unterschiedliche Bodentypen wie Ranker, Rendzinen, bestimmte Tschernoseme und Gleye bei ähnlich ausgebildeten Oberböden in der Ordnung der *Mollisols* untergebracht. In vielen Ländern besonders des englischen Sprachraumes und der Dritten Welt wird die SOIL TAXONOMY in zunehmendem Maße verwendet.

3.4.2.2 Bodeneinheiten der Weltbodenkarte
Im Jahre 1977 wurde nach langjähriger internationaler Zusammenarbeit unter Federführung der FAO, UNESCO ein Bodenkartenwerk der Erde im Maßstab 1 : 5 Millionen fertiggestellt, für dessen Legende eine eigene, internationale Bodennomenklatur erarbeitet wurde. Sie unterscheidet folgende Bodeneinheiten:

Fluvisols:	Auenböden mit geringer Profildifferenzierung
Gleysols:	Böden mit starken hydromorphen Merkmalen
Regosols:	Rohböden aus Lockersedimenten
Lithosols:	Rohböden aus Festgesteinen
Arenosols:	Böden sandreicher Gesteine
Rendzinas:	AC-Böden aus Kalkstein
Rankers:	AC-Boden aus Kieselgestein
Andosols:	Böden aus vulkanischen Aschen mit schwarzem Ah-Horizont
Vertisols:	Montmorillonitreiche, selbstmulchende Böden
Solonchaks:	Salzböden
Solonetz:	Alkaliböden
Yermosols:	Wüstenböden
Xerosols:	Landböden der Halbwüsten
Kastanozems:	Steppenböden mit kastanienfarbenem A-Horizont
Chernozems:	Steppenböden mit mächtigem, dunklen A-Horizont
Phaeozems:	Degradierte Steppenböden

Greyzems:	AC-Böden mit Mull-Ah-Horizont und gebleichten Aggregatoberflächen
Cambisols:	Verlehmte und verbraunte Landböden
Luvisols:	Lessivierte Böden mit hoher Basensättigung
Podzoluvisols:	Lessivierte Böden mit stark verfahltem, zungenförmig in den B-Horizont übergreifenden Al-Horizont
Podsols:	Podsolierte Böden
Planosols:	Böden mit tonarmem, naßgebleichtem A-Horizont über scharf abgesetztem tonreicherem Unterboden
Acrisols:	Stark verwitterte, lessivierte Böden
Nitosols:	Lessivierte Böden mit geringer Austauschkapazität der Tonfraktion
Ferralsols:	Ferallitisierte Böden
Histosols:	Organische Böden

In einem 1985 erschienenen 3. Entwurf der Legende zu dieser Weltbodenkarte sind die Bodeneinheiten der Lithosols, Rendzinas, Rankers, Xerosols und Yermosols fortgefallen. Sie sind z.T. in bereits bestehenden Einheiten aufgegangen. Der Entwurf enthält die folgenden neuen Bodeneinheiten:

Leptosols:	Schwach entwickelte flachgründige Böden, vorwiegend aus Festgesteinen
Calcisols:	Böden mit Kalk- bzw. Gips-Anreicherungen in weniger als 1,25 m Tiefe
Lixisols:	Böden mit Tonanreicherungshorizont mit < 16 mval Austauschkapazität und > 50% Basensättigung
Alisols:	Böden mit Tonanreicherungshorizont mit > 16 mval Austauschkapazität, < 50% Basensättigung und hoher Al-Sättigung
Plinthosols:	Eisenreiche, meistens rostfleckige, nicht verhärtete lehmig-tonige Böden (»lateritisch«)
Anthrosols:	Durch menschlichen Einfluß entstandene oder/und wesentlich umgestaltete Böden

Diese Gliederung der Böden der Erde beruht wie die Soil Taxonomy auf der Verwendung definierter diagnostischer Horizonte und stellt sowohl inhaltlich als auch nomenklatorisch einen Kompromiß aus verschiedenen Bodenklassifikationen dar (besonders aus den USA, aus Frankreich, der Sowjetunion, Großbritannien, Australien, Canada und der Bundesrepublik Deutschland).

Weitere Bodenklassifikationen mit überregionaler Bedeutung sind in folgenden Ländern entwickelt worden: UdSSR (BREBURDA 1974), Niederlande (DE BAKKER 1978), Frankreich (DUCHAUFOUR), Canada, Australien.

3.4.2.3   Numerische Klassifikation

Sie gründet sich auf der Verwendung elektronischer Rechenanlagen. Durch sie ist es möglich, die Böden umfassend quantitativ zu kennzeichnen. Aus zahlreichen gleichwertigen Merkmalen werden Böden mit möglichst hoher Übereinstimmung in Gruppen zusammengefaßt.

Die noch im Anfangsstadium stehende Numerische Klassifikation kann ein hohes Maß an Objektivität erreichen und sich zu einem Standard-System für weniger aufwendige Klassifikationen entwickeln.

3.4.3   Böden anderer Regionen

Die Beschreibung in diesem Abschnitt folgt der Einteilung von MÜK-KENHAUSEN (1985).

3.4.3.1   Böden der feuchten und wechselfeuchten Tropen und Subtropen

Die Bedingungen, die zur Entstehung der tropischen und subtropischen Böden führten, sind:
1. Feuchtes, teilw. periodisch wechselfeuchtes Klima.
2. Intensive chemische Verwitterung, Verarmung an Pflanzennährstoffen, zugleich teilweise Wegführung der Kieselsäuren und Bildung von Kaolinit sowie von wasserarmen und wasserfreien Eisenverbindungen, die zur intensiven Gelb- bis Rotfärbung der Böden führt.
3. Trotz starken Pflanzenwachstums meist keine nennenswerte Humusanreicherung wegen des schnellen Abbaues organischer Substanz.

Nach Entfernung der Vegetationsdecke durch den Menschen sind die Böden stark erosionsgefährdet.

Bei Ackerbau tritt eine sehr rasche Mineralisierung des Humus und damit über die Verminderung der Austauschkapazität eine Verringerung der Bodenfruchtbarkeit ein.

Wichtige Bodentypen

Ferrallitische Böden: Sie werden u.a. auch Ferisols, Ferralsole und Sols ferrallitiques, Roterde und Gelberde genannt und stellen eine Gruppe von Bodentypen dar, die im Zuge einer Ferrallitisierung bzw. Lateritisierung durch relative Anreicherung von Fe- und Al-Oxiden und von Kaolinit nach Verarmung an Kieselsäure entstanden sind. Ihre Einteilung erfolgt u.a. nach dem Grad der Ferratillisierung z.B. in typische Ferrallitische Böden, Locker-Ferralite, Lessivierte Ferrallitische Böden und Humusreiche Ferrallitische Böden. In tropischen Regionen mit mehr als 1200 mm Jahresniederschlag bei einer Trockenzeit von höchstens sechs Monaten entwickelten sie sich unter Waldvegetation aus stark verwittertem Ausgangsmaterial. Sie sind tiefgründig, sehr basenarm und nehmen in Afrika, Südamerika, Asien und Australien große Flächen ein.

Der Name *Laterit* ist von dem lat. Wort later = Ziegelstein abgeleitet. Lateritisierung bedeutet in der Bodenkunde eine tiefgreifende Härtung des durch Ferrallitisierung mit Fe und Al angereicherten Bodens. Laterit-Krustenbildung ist oft eine Folge der Erosion des A-Horizontes und der Austrocknung des Bodens, nachdem der Mensch die Vegetationsdecke vernichtete.

Den *Fersiallitischen Böden* sind u. a. folgende Namen gegeben worden: Red Yellow Podsolic Soils, Reddish Brown Lateritic Soils, Sols ferrugineux tropicaux, Rotlehm und Braunlehm. Die zu dieser Gruppe gehörenden Bodentypen sind nicht so stark und nicht so tiefgründig verwittert wie die Ferrallite. Die Eisenhaltigen Tropischen Böden (Sols ferrugineux tropicaux) sind in Afrika konzentriert auf Gebiete mit einem mittleren Niederschlag von 700 bis 1200 mm und einer Trockenzeit von 6 bis 8 Monaten. Sie sind sehr tiefgründig und zeigen Merkmale der Tonverlagerung. Ihre Austauschkapazität ist höher als diejenige der Ferrallite. Die Rotgelben Podsoligen Böden (Red Yellow Podsolic Soils) im Südosten der USA, in Brasilien und in Südostasien sind den Eisenhaltigen Tropischen Böden ähnlich. Fruchtbare Rötlichbraune Lateritische Böden (Reddish Brown Lateritic Soils) entstanden in vielen Gebieten der Tropen aus basenreichen Gesteinen (vielfach Magmatiten), während sich Arme Rötlichbraune Lateritische Böden (Dystrophic Reddish Brown Lateritic Soils) bei intensiver Verwitterung aus basenarmen Gesteinen der feuchten Tropen gebildet haben. Als Fe-Oxide treten vor allem Goethit und fein verteilter Hämatit auf, der die Rotfärbung bedingt. In Aluminium-Lateriten ist Gibbsit (AlOOH) angereichert. Oxid-Akkumulationen in den Tropen können ferrallitisch oder fersiallitisch entstanden sein.

Eutrophe Braune Tropenböden (Sols bruns eutrophic tropicaux oder Brown Eutrophic Tropical Soils) sind junge Böden aus basenreichen Magmatiten und Metamorphiten.

Andosole (Allophan Soils, Black Vulcanic Soils, Dark Dust Soils) sind dunkle, z. T. humusreiche Böden mit hohen Allophan-Gehalten aus vulkanischen Aschen. Sie kommen im Nordosten von Südamerika, in Mittelamerika, Chile, Ostafrika und in Südjapan vor. Im Japanischen bedeutet »an do« dunkler Boden.

Dunkelgraue und schwarze tonige Böden der Subtropen und Tropen (Vertisole)

Andere Namen sind: Regur, Black Cotton Soil, Margalitic Soil, früher auch Grumusol. Sie sind weit verbreitet in Ostafrika, Indien, Südostasien, Australien und Südamerika und vorwiegend in semihumiden bis semiariden Klimaräumen aus Karbonatgesteinen, Magmatiten und kalkhaltigen alluvialen Sedimenten entstanden. Der dunkelgraue bis schwarze Oberboden ist sehr mächtig (bis 100 cm), oft humusarm, jedoch reich an Ton (30 bis 80%) mit einem hohen Anteil an Montmorillonit und damit hoher Austauschkapazität.

Typisch für den Vertisol ist der *Selbstmulch-Effekt*, der eine intensive Bodendurchmischung bewirkt. Aufgrund dieses Vorganges wurde der

Name Vertisol gewählt (vertere, lat = wenden): Der Vertisol quillt bei Durchfeuchtung stark und schrumpft bei Trockenheit entsprechend. Die Trockenrisse, die ein Netz von Polygonen bilden, können mehrere cm breit und bis 150 cm tief sein. Von der lockeren Bodenoberfläche fällt in der Trockenheit Bodenmaterial in die offenen Spalten, das bei erneuter Quellung zusammengepreßt und verknetet wird. An den Scherflächen der Gefügekörper werden im Unterboden Tonminerale ausgerichtet und bilden glänzende Häute (Harnische, Slickensides).

Andere weit verbreitete Böden der feuchten Subtropen und Tropen sind u.a. Regosole, Ltihosole, Podsole, Gleye und Niedermoore. Sie haben in den subtropischen und tropiscchen Klimagebieten eine anderen Dynamik als die Böden Mitteleuropas.

3.4.3.2 Böden der Steppenklimate

Zwei verbreitete Bodentypen, der *Tschernosem* oder die Schwarzerde und der *Kastanosem* oder der Kastanienfarbene Boden entwickelten sich in einem kontinentalen Klima bei relativ geringen Niederschlägen (300 bis 500 mm jährlich), geringer Luftfeuchtigkeit und hoher potentieller Verdunstung. Heiße Sommer und kalte Winter sind weitere Kennzeichen des kontinental geprägten Klimaraumes. Es liegt bei beiden Böden überwiegend ein Ah/cC/lCv-Profil vor, dessen Ah-Horizont sehr mächtig, gut gekrümelt und stickstoffreich ist. Das folgende Bild zeigt die Stellung des Tschernosems und des Kastanosems innerhalb der Bodenfolge in der UdSSR (Abb. 111).

Da Eigenschaften und Entstehung des *Tschernosems* schon erläutert wurden (s. Seite 374), sind hier nur noch ergänzende Hinweise zu dessen Vorkommen und Ausprägung auf der Erde gegeben. In der Sowjetunion werden von Nord nach Süd unterschieden: der *Podsol-Tschernosem* – er grenzt nördlich an die Region des Grauen Waldbodens – mit Tonverlagerung, Auswaschung von Basen und Ah/Bt/Cv-Profil, z. T. Degradierter Tschernosem, der *Ausgelaugte Tschernosem* mit Basenverarmung und schwachem Bv-Horizont, z. T. Degradierter Tschernosem, der *Typische Tschernosem*, dessen Ah-Horizont 80 bis 100 cm mächtig ist und 10 bis 16% Humus enthält, der *Gewöhnliche Tschernosem* mit einem noch 60 bis 80 cm mächtigen Ah und 6 bis 10% Humus.

Die Reihe wird abgeschlossen durch den *Südlichen Tschernosem*, der durch einen noch geringeren Ah-Horizont und niedrigere Humuswerte gekennzeichnet ist.

Das Tschernosem-Gebiet ist sehr groß, es reicht von Sibirien bis nach Mitteleuropa und zur Balkanhalbinsel. Zu den Tschernosemen gehören z. B. auch die bei milderem Winter entstandenen A/C-Böden in Bulgarien.

In den USA liegt das Tschernosem-Gebiet westlich des Brunizems. Der Boden ist degradiert, hat ein A/B/C-Profil und einen 40 bis 60 cm mächtigen Ah-Horizont.

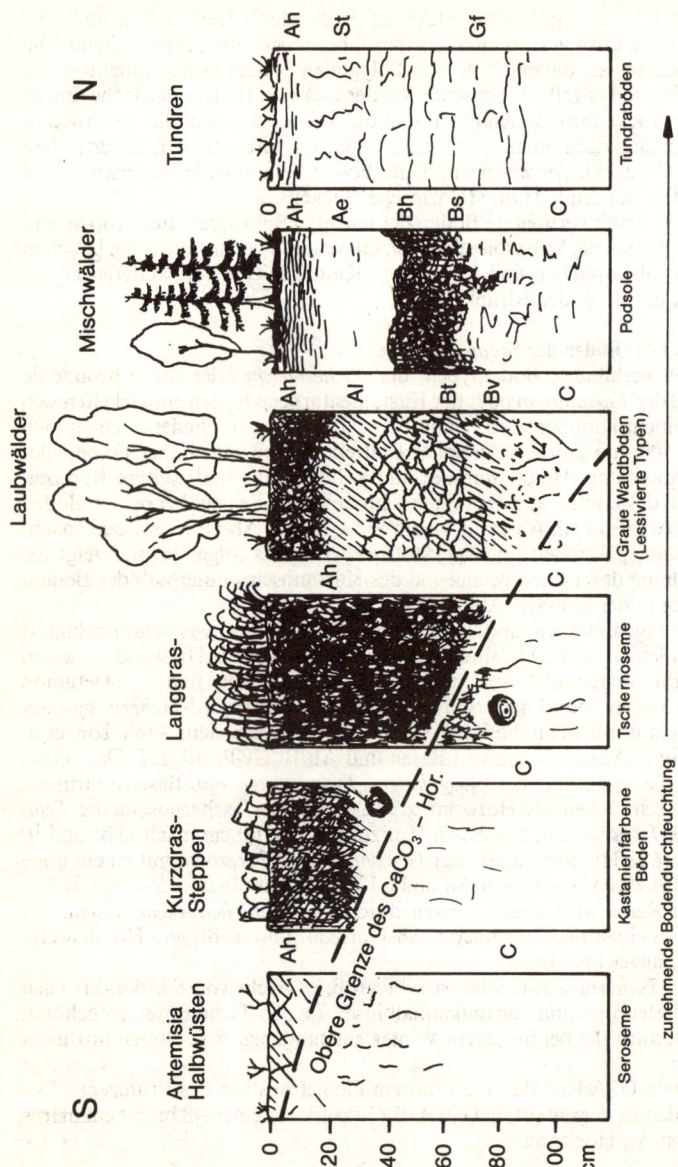

Abb. 111. Bodenprofilabfolge längs eines SW-NE-Schnittes durch die UdSSR in Beziehung zur Vegetation und zur Aridität bzw. Humidität des Klimas (GANSSEN 1972).

Der *Kastanosem* schließt sich in der Sowjetunion südlich und in den USA westlich an die Tschernosem-Region an (Abb. 111). Auch ist der Kastanosem im östlichen Asien und in Argentinien weit verbreitet. Das Klima, das zur Bildung dieses Bodens führt, ist semiarid. Der Kastanosem (Profil Ah/C, Ah/cC/lCv oder Ah/Bv/Cv), dessen Ah-Horizont 30 bis 60 cm mächtig und dunkelbraun bis rötlich-braun gefärbt ist, entstand unter einer Trockensteppe. Er ist krümelig, wasser- und luftdurchlässig, mit Basen gesättigt und zählt – falls der Ah nicht mit Salzen angereichert ist – zu den fruchtbaren Böden. Wassermangel ist jedoch oft der ertragsbegrenzende Faktor.

Brunizem und ähnliche Bodentypen (Phaeozem)

Voraussetzung für die Bildung dieser Böden ist ein kontinentales Klima mit etwa 600 bis 700 mm Niederschlag im Jahresdurchschnitt. Die Region der Brunizeme liegt zwischen derjenigen des Tschernosems und der podsolierten Böden. Die Böden sind fruchtbar, haben einen relativ mächtigen Ah-Horizont (30 bis 50 cm) und ein Ah/Bv/lCv oder ein Ah/Bt/Cv-Profil.

Der *Brunizem* oder *Prärieboden*, entstanden unter Langgrassteppe, bildet den Übergang zum Tschernosem. Einige Kennzeichen sind: Ah/Bt/lCv-Profil, krümeliger entkalkter Ah-Horizont mit günstigem Wasserhaushalt und mittlerer Basensättigung. Der Boden ist für den Maisanbau in den USA gut geeignet. Bei Staunässe kann aus dem Brunizem der *Planosol* mit Ah/Bt/Sd-Profil entstehen. Dem Brunizem in den USA entspricht etwa der *Graue Waldboden* in der Sowjetunion. Von Nord nach Süd bestehen folgende Übergänge: Hellgrauer, Grauer, Dunkelgrauer Waldboden und der Podsolierte Tschernosem.

Der *Pampa-Brunizem* auf Lößflächen der Nord-Pampa Südamerikas zeigt ebenfalls ein Ah/Bt/lCv-Profil. Der Ah-Horizont ist 30 bis 70 cm mächtig und sehr humusreich (bis 18% organische Substanz).

3.4.3.3   Böden der Halbwüsten und Wüsten

Das Klima ist streng arid. Den geringen Niederschlägen < 250 mm jährlich, oft als Starkregen, stehen hohe Temperaturen und hohe Verdunstungswerte gegenüber. Die xerophytische Pflanzendecke ist spärlich oder fehlt fast ganz. Erosion und Deflation können große Mengen an Boden- und Gesteinsmaterial verfrachten.

Böden der Halbwüste

Der *Burosem* oder der Braune Boden der Halbwüste zeichnet sich durch hohe Basensättigung und durch ein lockeres, krümeliges Gefüge aus. Artemisia-Arten bilden vor allem die Vegetation der Trockensteppe, die in Südostrußland und in westlichen Gebieten der USA weit verbreitet ist.

Bei einem Klima, das noch arider ist als das in der Region des Burosems, entsteht der *Sierosem* oder der Graue Boden der Halbwüste. Er besitzt ein Ah/cC/lCv-Profil und ist ebenfalls im Südosten der Sowjetunion und im Westen der USA ausgebildet.

Der *Rötlichbraune Halbwüstenboden* ist dem Burosem ähnlich.

Böden der Wüste

Lockerer Rohboden der Wüste: Er ist oft kalkhaltig und besitzt nur Spuren von organischer Substanz.

Steinpflaster-Wüstenboden, auch Hamada-Wüstenboden oder Hamada-Yerma genannt: Nach Zerkleinerung des Gesteins durch physikalische Verwitterung und Ausblasung von feinem Material blieb ein Steinpflaster zurück.

Sandwüstenboden, Erg oder Sand-Yerma, besteht im wesentlichen aus weißlich-grauem, ockergelbem oder rotgelbem Wüstensand.

Salzstaubboden enthält wasserlösliche Salze.

Wüstenkrustenboden zeichnet sich durch eine steinähnliche Kruste aus, die sehr verschieden mächtig sein kann (5 bis 200 cm). Salze werden bei gelegentlichen Niederschlägen gelöst und infolge intensiver Verdunstung und kapillaren Wasseranstiegs nahe der Oberfläche wieder ausgeschieden. Man unterscheidet Kalk-Gips-Krustenböden.

3.4.3.4 Salzböden

Sie sind in ariden, semiariden und semihumiden Klimagebieten weit verbreitet und entstanden aus relativ tonreichen Gesteinen unter dem Einfluß von salzhaltigem Grund- und Oberflächenwasser. Voraussetzung sind Salzlagerstätten im Untergrund oder fließendes Grundwasser, das gelöste Salze in Senken und Niederungen führt. In Küstennähe können die Salze auch aus dem Meereswasser stammen. Das kapillar ansteigende Wasser verdunstet, es scheiden sich in den oberen Horizonten Salze aus, die oft nur die Entwicklung von Halophyten zulassen oder das gesamte Pflanzenwachstum zum Erliegen bringen.

Die Salzböden sind gekennzeichnet durch hohe Gehalte an Chloriden und Sulfaten von Na, Mg und K sowie an Karbonaten von Na und Mg. Auch kann eine hohe Na-Sättigung vorliegen.

Solontschak (Weißalkaliboden): Er ist vorwiegend in Senken mit hochstehendem salzhaltigen Grundwasser gebildet worden.

Kapillarer Anstieg des Wassers und Verdunstung rufen die Bildung weißer Salzkrusten und Ausblühungen an der Bodenoberfläche hervor. Die Salze sind vor allem $NaCl$, Na_2SO_4, Na_2CO_3, $CaSO_4$, $MgSO_4$ und $CaCO_3$ in wechselnden Mengen. Es kann zwischen Natrium- und Kalzium-Solontschaken unterschieden werden. Weitere Kennzeichen dieses Bodens sind: Salzgehalt des Oberbodens > 0,3 %, Reaktion schwach bis mäßig alkalisch (pH meist unter 8,5). Aggregatbildung gut, Gehalt an organischer Substanz gering, Gliederung des Unterbodens wie bei den Gleyen in Go und Gr. Die Vegetation besteht nur aus wenigen Halophyten (Suaeda maritima, Lepidium cartilagineum u.a.).

Solonetz (Schwarzalkaliboden): Charakteristisch sind der niedrige Salzgehalt im Oberboden und der hohe Na-Sättigungsgrad im B-Horizont (15 bis 90%). Da durch Hydrolyse NaOH und bei Zutritt von CO_2 oft Na_2CO_3 entstehen können, sind die Solonetze stark bis sehr stark alkalisch (pH bis 11). Die hohe Na-Sättigung bedingt schlechte physikalische Eigenschaften: Verschlämmung bei Durchfeuchtung und Verkrustung bei Trockenheit. Quellung und Schrumpfung führen im tonreichen B-Horizont zur Ausbildung des typischen Säulengefüges. Na-Humate werden in peptisiertem Zustand in den B-Horizont verlagert, der dadurch tief dunkel gefärbt wird. Solonetze tragen eine reichere Vegetation als Solontschake.

Solod, Steppenbleicherde, entstand aus den Solonetzen infolge Absinken des Grundwasserspiegels, ist schwach sauer, und die Na-Sättigung im B-Horizont ist relativ gering (< 7%). Die starke Verlagerung der organischen Substanz führte zu einer deutlichen Profildifferenzierung: Unter dem schwach humosen Ah-Horizont, der ein plattiges Gefüge aufweist, liegen ein fast humusfreier Bleichhorizont und ein dunkel gefärbter, mit Ton und Humus angereicherter B-Horizont. Im Zuge der intensiven Verwitterung kann KOH-lösliche Kieselsäure im Oberboden so stark angereichert werden, daß sie als weißliche Ausblühung zu erkennen ist. Bei hohem $CaCO_3$-Gehalt werden nicht Solode gebildet, sondern den Pseudogleyen und Parabraunerden verwandte Böden.

3.4.3.5 Böden mediterraner und ähnlicher Klimate

Für die Entstehung der Böden des Mittelmeerraumes und ähnlicher klimatischer Regionen (z.B. Südwest-Australien, Kap-Provinz, einige Landschaften Kaliforniens) waren folgende Faktoren von Bedeutung: Wärme und Trockenheit im Sommer, Winterniederschlag (400 bis 1000 mm), Tendenz zur Bodenerosion in Hanglagen und bei hohen Regenfällen, verstärkt durch großflächige Entwaldung bereits vor vielen Jahrhunderten. In Gebirgen des Mittelmeer-Raumes kann die Bodenbildung wie in nördlichen Breiten erfolgen.

Die *Ranker* und *Regosole* zeigen eine geringe chemische Verwitterung und niedrige Humusgehalte und werden auch Mediterran-Ranker und Mediterran-Regosole genannt. Die Rendzina ist in trockenen Lagen ebenfalls humusarm, dabei hellgrau gefärbt und kalkreich (Xerorendzina). Sie kann sich zum Roten Mediterranboden weiterentwickeln. Rendzinen sind im Mittelmeer-Gebiet weit verbreitet.

Rote und braune Mediterranböden aus Karbonatgestein entsprechen der *Terra rossa* (Kalksteinrotlehm) bzw. der *Terra fusca* (Kalksteinbraunlehm) (s. Seite 385). Diese verbreiteten Böden sind aus dem A/C-Stadium der Rendzina hervorgegangen. Es sei hier nur noch auf die Rotfärbung hingewiesen, die besonders durch feinverteilten Hämatit hervorgerufen wird.

Rote und Braune Mediterranböden aus kalkfreien Silikat- und Kieselgesteinen entstehen über Ranker und Regosole. Sie haben im weiteren

Entwicklungsstadium ein differenziertes Profil (Ah/Al/Bt/mCn). Es kann nach Mückenhausen (1985) zur Zeit noch nicht übersehen werden, wie weit diese Roten und braunen Mediterranböden mit dem Rotlehm und Braunlehm (Kubiena, 1953) übereinstimmen.

3.4.3.6 Böden des arktischen Klimas
Die Bildungsbedingungen der Frostböden (Gelosole) sind: Tiefe Temperaturen, geringe Niederschläge und geringe Verdunstung, schwache chemische, aber starke physikalische Verwitterung, schwaches Pflanzenwachstum, langsame Zersetzung der organischen Substanz, Dauerfrost und Bodenfließen schon bei mäßiger Hanglage (etwa 3%). Dauerfrost (Permafrost) herrscht von einer gewissen Tiefe an. Im Sommer tauen die Böden 40 bis 60 cm tief auf und frieren zu Beginn des Winters von oben nach unten wieder vollständig ein.
An Bodentypen sind zu nennen:
Arktischer Rohboden mit Ai/C-Profil
Arktischer Steinpflaster-Rohboden (Arktischer-Hamada-Rohboden) mit »Steinpflaster« nach Ausblasung der Feinsubstanz.
Tundra-Ranker mit Ah/C-Profil auf Felsfluren und Gesteinsschutt, oft mit Rohhumus-Auflage.
Nordischer Zwergpodsol, dessen Profil bis zum C-Horizont vielfach weniger als 25 cm mächtig ist.
Tundra-Gley, gebildet in tieferen Lagen, dort, wo während der Auftauzeit das Wasser ober- und unterirdisch zusammenfließen kann.
Tundra-Anmoor, entstanden bei starker Vernässung und relativ dichter Pflanzendecke, mit dunklem, humusreichem Ah- und hellgrauem G-Horizont.
Tundra-Moor (Tundra-Moos oder Tundra-Torfmoor). Kennzeichen sind: Rohhumus-Auflage aus Sphagnaceen und Polytrichum- und Dicranum-Arten, sowie Bildung von Torfbülten, die mit Birke, Krähenbeere, Bärentraube, Moltebeere u.a. Pflanzen bestanden sind.
Alpine Rendzinen, z.B. Syrosem-Rendzina und Polster-Rendzina in hohen Gebirgslagen.
Arktische Strukturböden. Sie sind bereits auf den Seiten 74 und 420 beschrieben.

3.4.3.7 Böden der Hochgebirge
Ihre Bildung erfolgt unter extremen klimatischen Bedingungen, d.h. bei tiefen Temperaturen und hohen Niederschlägen in Form von Regen oder Schnee. Physikalische Verwitterung und Erosion beeinflussen stark die Bodenentwicklung. Sie ist auch abhängig von der geographischen Breite, der Höhenstufe und von der Hanglage (Inklination und Exposition).
Beispiele für diese Böden sind in dem Kapitel E der Bodensystematik (s. Seite 419) zu finden.

3.5   Bodengeographie – Regionale Bodenkunde

3.5.1   Verbreitung und Vergesellschaftung der Böden

Böden haben als Landschaftssegmente eine räumliche Ausdehnung. Der kleinste, einheitliche Bodenkörper (soil body) von in der Regel weniger als 1 m² Größe wird *Pedon* genannt (Abb. 112) und durch den Bodentyp, die Bodenartenschichtung und das Ausgangsmaterial der Bodenbildung (Substrat) als *Bodenform* gekennzeichnet (z.B. feinsandiger, tiefer Ortstein-Podsol aus Flugsand). Direkt benachbarte Pedons einer Bodenform bilden – als Grundbausteine der Pedosphäre und Teilbereiche der Ökosphäre – ein *Polypedon*, das in seiner räumlichen Ausdehnung (in Anlehnung an die Begriffe Biotop, Physiotop, Ökotop) nach HAASE u. SCHMIDT (1975) als *Pedotop* bezeichnet wird. Pedotope sind meist in sich nicht völlig homogen (z.B. aufgrund geringer Unterschiede in den Horizontmächtigkeiten). Zu Nachbar-Pedotopen bestehen oft fließende Übergänge. Scharfe Grenzen sind seltener (z.B. bei plötzlichem Gesteinswechsel oder an Steilstufen).

Treten unterschiedliche oder ähnliche Pedotope in einer Bodenlandschaft (auch als Bodenschaft (BLUME 1976) oder Soilscape (HOLE 1978) bezeichnet) in regelhafter, wiederkehrender Anordnung als Bodenformengesellschaften auf (z.B. Kuppen-Parabraunerden und Senken-Pseudogleye in einer hügeligen Lößlandschaft), so können sie zu pedologisch mehr oder weniger heterogenen *Pedochoren* zusammengefaßt werden (HAASE 1973 u.a.).

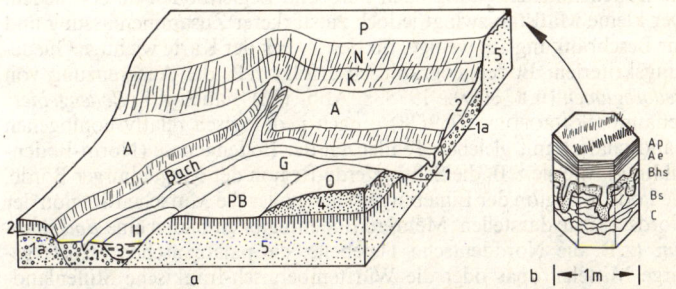

Abb. 112. Bachdurchflossene Bodenlandschaft (a) aus dem norddeutschen Flachland (schematisch) und Pedon (b) aus der beackerten Podsol-Bodengesellschaft. P = Podsole aus glazifluviatilen Sanden (S); N = Ranker in Hanglagen (Erosion); K = Kolluvien; G = Gleye aus jüngsten Auesedimenten (1); A = Aueböden aus holozänem Auelehm und – Sand (2) über älteren Auesedimenten; H = Niedermoor (3) und Anmoorgley; O = Rohboden und Podsol-Ranker auf einer Düne aus jungem Flugsand (4); PB = Podsol-Braunerde aus glazifluviatilen Sanden (5). (Entwurf ROESCHMANN 1983).

Die Unterscheidung und Abgrenzung der Pedochoren erfolgt nach SCHMIDT (1978)

a) nach ihrem Bodenformen-Inventar, unter Angabe vorherrschender Leit- und zurücktretender Begleit-Bodenformen sowie deren Heterogenitätsgrad und unter Angabe wichtiger Bodeneigenschaften,

b) nach den Reliefverhältnissen (z. B. Reliefformen, Hangneigungsstufen),

c) dem Gefügestil als dem typischen Verflechtungs- und Anordnungsmuster der Pedotope (Pedotopengefüge).

Im *Kommunikations*gefüge sind die Pedotope – häufig bei gleichem oder ähnlichem Substrat – durch frühere oder heutige pedogenetische Prozesse (z. B. unterschiedliche Vernässung, Podsolierung, Tonverlagerung) miteinander verbunden, während die räumliche Anordnung unterschiedlicher Pedotope im *Kombinations*gefüge z. B. auf tektonisch bedingten Gesteins- und Reliefformenwechsel zurückzuführen ist.

Bei der groß- und mittelmaßstäbigen Bodenkartierung (etwa > 1 : 200000) werden in der Regel zunächst dem Maßstab und Zweck der Karte angepaßte Kartiereinheiten gebildet und auf der Karte – unter Angabe von Leit- und Begleitböden – als *Bodeneinheiten* ausgegrenzt (ARBEITSGEMEINSCHAFT BODENKUNDE 1982). Diese können z. B. zweckbestimmte Bodeneigenschaften oder Bodentypen repräsentieren, aber auch aus Pedotopen, Pedokomplexen oder/und Pedochoren bestehen. Sie geben das regionale Bodenmosaik der verschiedenen Boden(land)-schaften wieder.

Auch auf kleinmaßstäbigen Bodenkarten (etwa ab 1 : 500000) werden die Bodeneinheiten häufig nach Leit- und Begleitböden unterschieden. Der kleine Maßstab zwingt jedoch zu stärkerer Zusammenfassung und zur Beschränkung auf wenige, für den Zweck der Karte wichtige Gliederungskriterien. Bodengeographisch erfolgt z. B. die Ausgrenzung von *Pedoregionen* (u. a. HAASE 1975, s. Abb. 113) – auch z. T. *Bodengebiete* genannt (SCHROEDER 1969/78) – nach pedologisch relativ homogenen Landschaften mit gleichen Tendenzen der Bodengenese (Norm-Bodenbildung), wie sie z. B. die Schwarzerde-Region der Magdeburger Börde, die Podsol-Region der Lüneburger Heide oder die Marschen-Region der Nordseeküste darstellen. Mehrere Bodenregionen bilden eine *Bodenprovinz* (z. B. die Norddeutsche Tiefebene, die paläozoischen Schiefergebirge Mitteleuropas oder die Württembergisch-fränkische Stufenlandschaft), deren Bodenlandschaften vorwiegend durch unterschiedliche petrographisch-geomorphologische Faktoren oder z. B. auch durch das unterschiedliche Alter ihrer Landoberflächen bedingt sind. In den globalen *Bodenzonen* und den häufig mehr kontinentalen *Bodensubzonen* erfolgt die Bodengliederung schließlich in pedogenetisch gleichartige Bodengürtel entsprechend den Klima- und Vegetationszonen der Erde (s. Abb. 121, Seite 456).

3.5.2 Typische Bodengesellschaften von Bodenregionen Mitteleuropas

Abb. 113 zeigt die Verbreitung der Bodengesellschaften in Mitteleuropa. Aus der Legende gehen die wichtigsten Leit- und Begleitböden hervor. Die Grundgliederung erfolgt nach Bodenlandschaften mit geogentisch bedingten, verschiedenartigen Ausgangsgesteinen der Bodenbildung (Substraten), denen in der Regel auch bestimmte Gruppen von Oberflächenformen entsprechen. Die innerhalb des feuchtgemäßigten Klimagebietes Mitteleuropas häufig engen Beziehungen zwischen den Substraten, Reliefformen und Bodentypen mit ihren ökologisch und technologisch unterschiedlichen Bodeneigenschaften werden dadurch deutlich. Klimatisch bedingte Unterschiede treten in der groben Übersicht zurück, sind jedoch sowohl in horizontaler (atlantischer bis kontinentaler Einfluß) als auch in vertikaler Richtung (klimatische Höhenstufen im Bergland und Gebirge) vorhanden.

3.5.2.1 Bodengesellschaften der Marschen und Flußauen

Die Besonderheiten der Marschenverbreitung an der Nordseeküste (Abb. 109) lassen sich weitgehend aus deren Genese ableiten. Das Abschmelzen der Gletscher des nördlichen Vereisungsgebietes hatte im Spätglazial und Holozän einen erheblichen Meeresanstieg zur Folge, der im gezeitenbeeinflußten Küstenbereich – bei gleichzeitiger langsamer Küstensenkung – zu ständiger Auflandung von Wattensedimenten führte. Im nördlichen Bereich kamen ausschließlich marine Feinsedimente mit hohen Salz- und Kalkgehalten zum Absatz, die sich später z.B. durch Entsalzungs- und Oxidationsvorgänge zur Typischen Seemarsch umbildeten. Im küstennahen Hinterland sowie besonders in den weiten Mündungsgebieten der großen Flüsse bewirkte dagegen die gezeitenbedingte Mischung von Meer- und Flußwasser bei Überschwemmungen die Ablagerung brackischer Marschenschlicke. Sie weisen besonders bei niedrigen pH-Werten und geringen oder fehlenden Karbonatgehalten bereits primär ein dichteres Gefüge und ungünstigere Eigenschaften auf (Brackmarschen). Flußmarschen schließen sich in südlich gelegenen, gezeitenbedingten Flußtalbereichen an, in denen bei Überflutungen rein fluviatile Sedimente zum Absatz kamen. Außerhalb des Tideeinflusses gehen sie in den Unter- und Mittellaufgebieten der Flüsse in die Gley- und Auenbodenlandschaften über.

Die Vergesellschaftung der Böden in den Flußauen ist weitgehend von den jeweiligen mittleren Grundwasserständen abhängig. Unter natürlichen Verhältnissen sind in den Überflutungsgebieten Gleye und Auenböden entstanden, die noch heute zu Zeiten hoher Grundwasserstände bis in den Oberboden hinein vernässen und zeitweilig überflutet werden, wenn nicht der Waserhaushalt durch Flußregulierungen künstlich verändert wurde. Während Auenböden in der Regel höhere Flächen der Flußtäler mit stark schwankendem, im Sommer tief liegendem Grund-

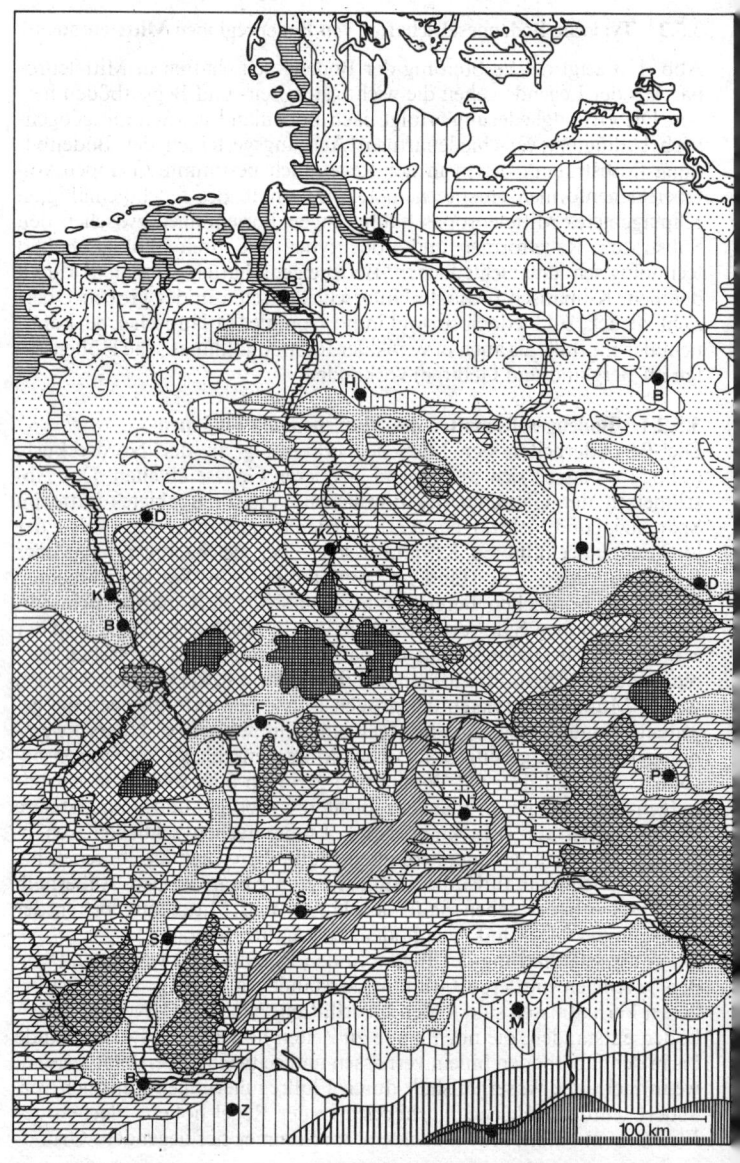

Böden der großen Täler und Küstengebiete

Marschen-Gebiete	Seemarsch, Brackmarsch, Flußmarsch u. a.; Salzmarsch, Kalkmarsch, Kleimarsch	mariner bis brackischer Schlick
Auenboden-Gebiete	Auenböden, Gleye, Niedermoore, höhere Lagen mit Braunerde, Parabraunerde, Pararendzina	tonige bis sandige Flußsedimente
Moorboden-Gebiete	Hochmoor (bes. in Norddeutschland), Niedermoor	Torfe

Böden des Flachlandes und der Lößgebiete (in Tälern Auenböden und Gleye, z. T. Moore)

Podsol-Gebiete	Podsol, Podsol-Braunerde, Rostbraunerde; Bänderparabraunerde; Gley-Podsol	fluviatile, glazifluviatile, glazigene und äolische Sande
Fahlerde-Gebiete	Fahlerde, Podsol-Fahlerde, Pseudogley-Fahlerde; Podsol-Parabraunerde, Pseudogley-Parabraunerde	Sand (z. T. Geschiebedecksand) über Geschiebelehm
Parabraunerde-Gebiete	Parabraunerde, Pseudogley-Parabraunerde, Fahlerde, Pseudogley-Fahlerde	kalkhaltige Moränenablagerungen, u. a. Geschiebemergel, z. T. mit Sanddecke
Parabraunerde-Gebiete	Parabraunerde, Pseudogley-Parabraunerde, Fahlerde, Pseudogley-Fahlerde; z. T. Übergänge zur Schwarzerde	Löß, Sandlöß, Schwemmlöß, Hochflutlehm
Schwarzerde-Gebiete	Schwarzerde, Pseudogley-Schwarzerde, Übergänge zu Parabraunerde ("degradierte" Schwarzerde), Pararendzina, Brauner Steppenboden (Mainzer Becken)	Löß, Schwemmlöß
Pseudogley-Gebiete	Pseudogley, Fahlerde-Pseudogley, Parabraunerde-Pseudogley, Podsol-Pseudogley	Geschiebemergel, z. T. Geschiebelehm, selten Löß

Böden der Bergländer und Mittelgebirge (in Tälern Auenböden und Gleye, z. T. Moore)

Podsol-Gebiete	Podsol, Podsol-Braunerde	Sandstein
Braunerde-Gebiete	Braunerde, Podsol-Braunerde, Pseudogley-Braunerde; Pseudogley, Stagnogley, Ranker	Sandstein, Schluff-Sandstein
Braunerde-Gebiete	Braunerde, Podsol-Braunerde, Ranker; örtlich Plastosol-Relikte (z. B. Eifel)	Schluff- und Tonschiefer
Braunerde-Gebiete	Braunerde, Podsol-Braunerde, Ranker	saure Magmatite, z. B. Granit, Gneis, Trachyt
Braunerde-Gebiete	Braunerde und Parabraunerde; Pseudogley, Ranker, örtl. Latosol-Relikte (z. B. Vogelsberg)	basische und intermediäre Magmatite, häufig Basalt, oft mit Lößdecke
Braunerde-Rendzina-Gebiete	Relativ engräumiger Wechsel von Braunerde, Rendzina, Ranker, Parabraunerde, Pseudogley	Sandstein, Schluffstein, Tonstein, Kalkstein und Mergelstein im Wechsel ohne und mit Deckschicht (z. T. Löß)
Rendzina-Terra fusca-Gebiete	Rendzina, Rendzina-Braunerde, Braunerde-Terra fusca; Parabraunerde, Pseudogley; örtlich Terra rossa-Relikte (Alb)	Kalkstein, Mergelstein, Dolomit, oft mit Lehm- oder Lößdecke
Pseudogley-Pelosol-Gebiete	Pseudogley, Pelosol, Pseudogley-Braunerde; Pseudogley-Parabraunerde, Rendzina	Tonstein, Tonmergelstein, oft mit lehmiger Deckschicht (z. T. Löß)

Böden des Hochgebirges (in Tälern Auenböden und Gleye, z. T. Moore)

Rendzina-Rohboden-Gebiete	Rendzina, Tangelrendzina, Pararendzina, Rohböden; Braunerde, Pseudogley	Dolomitstein, Kalkstein, Mergelstein und deren Schutt
Ranker-Rohboden-Gebiete	Ranker, Rohböden; Braunerde, Pseudogley, Podsol	Silikatische Festgesteine (oft Gneis, Granit) und deren Schutt

Abb. 113. Bodengesellschaften Mitteleuropas mit wichtigen Leitböden und Ausgangsgesteinen (Entwurf Roeschmann).

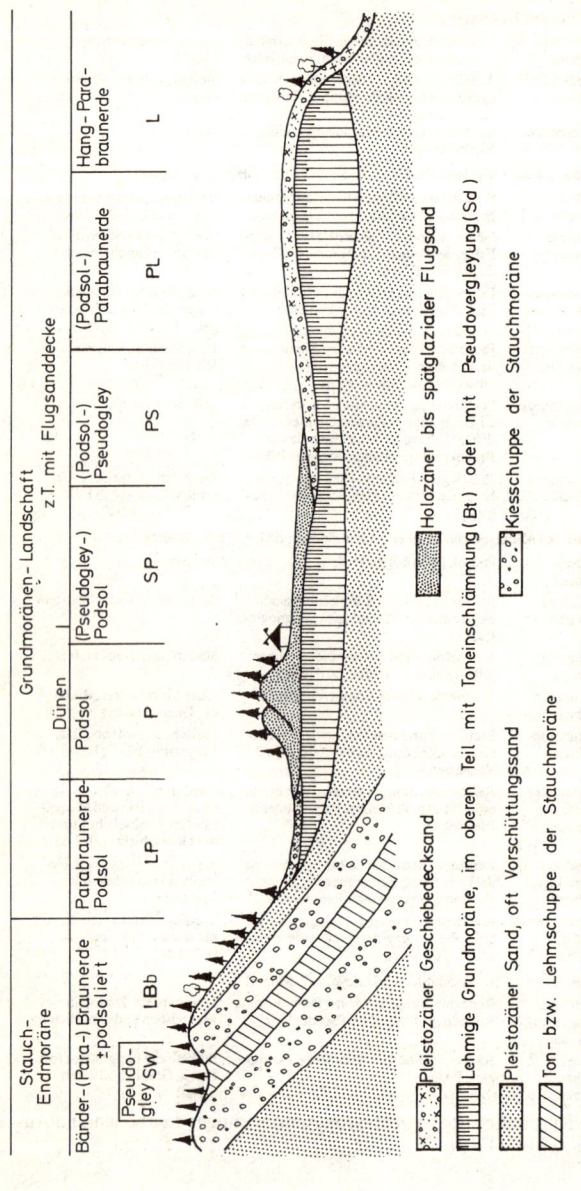

Abb. 114. Typische Bodenverbreitung in hochliegenden Geestgebieten mit Geschiebelehm-Decke (schematisch, stark überhöhter Querschnitt, unmaßstäblich (ROESCHMANN 1971).

wasser einnehmen (z. B. Terrassenflächen oder Uferrrhenen), sind Gleye
in tieferen Lagen mit mittleren bis hohen Grundwasserständen zu finden. Sie gehen z. B. am Rande von nassen Senken oft in Naßgleye,
Anmoorgleye und/oder Moorböden über. Die besonders in den Mittellaufgebieten vieler Flußtäler zahlreichen Hochwässer und Flußverle-
gungen haben im Laufe des Pleistozäns und Holozäns häufig zu Sedi-
mentumlagerungen, zur Erosion älterer und zur Anlandung jüngerer
Auensedimente sowie zur Torfbildung in Altwässern und Senken geführt. Dadurch bilden die Flußtalböden dort häufig ein besonders hete-
rogenes, kleinflächiges Bodenmosaik (s. Abb. 107, Seite 396).

3.5.2.2 Bodengesellschaften eiszeitlicher Aufschüttungsgebiete

Hierzu gehören die Bodenregionen des Norddeutschen Flachlandes
sowie des Alpenvorlandes (Abb. 113). In den nördlichen, weichseleiszeitlichen Moränengebieten bildete zu Beginn des Holozäns großflächig
Geschiebemergel das Ausgangsgestein für die Bodenbildung. Entkalkung und Tondurchschlämmung – meist unter Wald – waren die wichtigsten pedogenetischen Prozesse, die über das Zwischenstadium der
Pararendzina zur Entstehung von Parabraunerden mit Entkalkungstiefen zwischen 1,0 und 2,0 m führten. Sie haben vor allem in ausreichend
entwässerten Kuppen- und Hanglagen weite Verbreitung. In flachmul-
diger bis ebener Lage führte jedoch der relativ dichte Geschiebemergel
des Untergrundes besonders in klimatisch feuchteren Regionen zu Staunässe im Oberboden, so daß hier pseudovergleyte Parabraunerden und
Pseudogleye überwiegen. Starke Versauerung – oft unter Nadelwald –
führte in weiten Gebieten zur Ausbildung von Fahlerden, eine nach
anthropogener Entwaldung einsetzende Verheidung nicht selten zu zusätzlicher Podsolierung der Böden (s. Abb. 100). In grundwassernahen
Lagen der Täler herrschen Mullgleye vor. Die Böden der meist gröber-
körnigen, wasserdurchlässigeren Würm-Moränen und -Schotter des Alpenvorlandes sind oft als Parabraunerden mit zapfenartig in den C-
Horizont hineinreichenden Bt-Horizonten ausgebildet. In steileren Erosionslagen befinden sich auf kalkreichem Substrat (z. T. verbraunte)
Rendzinen, auf silikatischem Material Regosole und flachgründige
Braunerden.

Die Böden auf dem weit verbreiteten älteren Geschiebelehm der Saale-
bzw. Rißvereisung haben demgegenüber eine kompliziertere Bodenge-
schichte hinter sich. Einerseits ist das Substrat während wärmerer Inter-
stadiale der Eiszeiten und besonders im Eem-Interglazial intensiven Bodenbildungsprozessen ausgesetzt gewesen, die damals ähnliche Böden
wie in den heutigen Jungmoränengebieten hervorgebracht haben. Andererseits haben während der Kaltzeiten (Tab. 18) kryogene Prozesse
stattgefunden, die zusammen mit äolischer Deflation und Akkumulation (Flugsanddecken) zur Umgestaltung der warmzeitlichen Böden bei-
trugen. So sind z. B. die Tonverarmungshorizonte der interglazialen Pa-

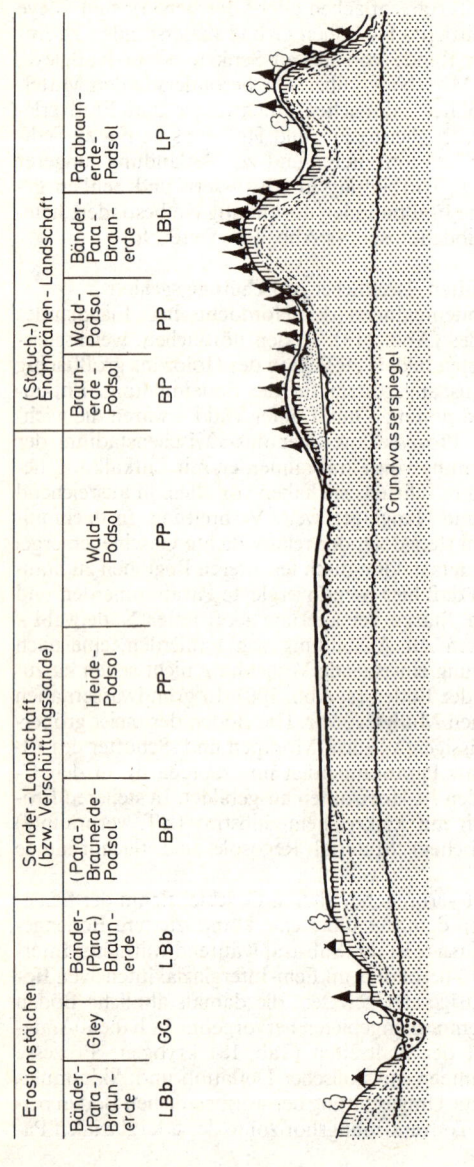

Erosionstälchen			Sander - Landschaft (bzw. Verschüttungssande)				(Stauch-) Endmoränen - Landschaft				
Bänder-(Para-)Braun-erde	Gley	Bänder-(Para-)Braun-erde	(Para-)Braunerde-Podsol	Heide-Podsol	Wald-Podsol		Braun-erde-Podsol	Wald-Podsol	Bänder-Para-Braun-erde	Parabraun-erde-Podsol	
LBb	GG	LBb	BP	PP	PP		BP	PP	LBb	LP	

Grundwasserspiegel

Abb. 115. Typische Bodenverbreitung in hochliegenden, sandigen Geestgebieten (schematischer, stark überhöhter Querschnitt, unmaßstäblich) (ROESCHMANN 1971).

Legende:
Pleistozäne Sande und Kiese
Holozäner Flugsand
Holozäner Schwemmsand

rabraunerden in ebener Lage häufig durch Kryoturbation mit dünnen Flugsanddecken vermischt worden, während sie an Hängen über dem Bt-Horizont durch Solifluktion mehr oder weniger weit hangabwärts verlagert wurden. Sie stellen streng genommen neue Sedimente über reliktischen Bt-Horizonten älterer Parabraunerden und Fahlerden dar. Von Quartärgeologen wird diese Abfolge daher auch als »Geschiebedecksand über Geschiebelehm« bezeichnet (Abb. 114). Mit dem Beginn des Holozäns wurden dann die reliktischen Bodenmerkmale überprägt von der rezenten Bodenbildung in Form deutlicher Verbraunung oder Verfahlung des Oberbodens bei meist undeutlichen oder fehlenden Tonverlagerungsmerkmalen, aber häufig sekundärer, z.T. starker Podsolierung. In Senken und/oder bei stark verdichtetem Unterboden tritt wechselnd intensive Pseudovergleyung durch Staunässe auf. Eine Trennung reliktischer und rezenter Bodenmerkmale ist oft schwierig, aber zur Beurteilung der heutigen Bodeneigenschaften wichtig. Wenn der größte Teil des Tones im Bt-Horizont dieser Böden vor dem Holozän verlagert wurde, so sollte von Parabraunerden oder Fahlerden mit reliktischen Bt-Horizonten gesprochen werden. Die Abb. 114 zeigt einen schematischen Querschnitt durch diese Bodenlandschaft.

Großflächig fehlt jedoch im Norddeutschen Flachland der Geschiebelehm als Deckschicht; glazifluviatile, fluviatile und äolische sandige bis kiesige Sedimente bilden die Oberfläche. Hier kam es in trockenen Lagen zunächst unter Wald zur Ausbildung von Braunerden und Bänderparabraunerden (s. Abb. 104) mit z.T. wohl reliktischen Bänder-Bt-Horizonten. Bei gleichzeitiger oder/und schwächerer Podsolierung entwickelten sich großflächig Rosterden. Häufig erfolgte jedoch nach der Entwaldung der Flächen durch den Menschen und anschließender Verheidung eine stärkere, sekundäre Podsolierung mit deutlich ausgebildeten Podsol-Horizonten. Diese Böden sind als Braunerde-Podsole mit fester Orterde oder Ortstein besonders in Nordwestdeutschland verbreitet (Abb. 115).

Die sandigen wie auch die mit Geschiebelehm bedeckten Hochflächen der eiszeitlichen Aufschüttungsgebiete werden sowohl von unzähligen kleinen und größeren Bachtälern als auch von breiten Flußtälern durchzogen, die häufig eiszeitlich angelegten Urstromtälern folgen. Außer den im vorigen Abschnitt beschriebenen Talauen-Böden sind in ihnen auch großflächig mehr oder weniger podsolierte Anmoorgleye, Gley-Podsole sowie Hochmoore und (meist mesotrophe) Niedermoore verbreitet. Besonderheiten sind im Nordwestdeutschen Raum die oft in Ortsnähe verbreiteten Plaggenesche sowie weitere inzwischen relativ weitverbreitete Kultosole wie z.B. Sandmischkulturen und Podsol-Tiefumbrüche.

3.5.2.3 Bodengesellschaften der Löß-Landschaften

In Mitteleuropa ist Löß in einem von Belgien bis nach Südpolen reichenden breiten Streifen verbreitet (Abb. 45). Während der Löß nahe seiner Nordgrenze im Vorland des südlich anschließenden Berglandes eine fast durchgehende, oft nur schmale Lößhügel-Zone bildet, ist er im Mittelgebirgsraum vor allem in intra-montanen Senken und Becken sowie im Oberrheintal und im nordöstlichen Alpenvorland zu finden. In der Regel bildet junger Weichsel/Würm-Löß die Oberfläche. Die Vergesellschaftung der Böden zeigt dort häufig Ähnlichkeiten mit der des nördlichen Jungmoränengebietes. Aus Abb. 116 geht hervor, daß in welligen Lößbörden des nördlichen Raumes auf relativ gut entwässerten Kuppen oder bei grobkörnigem Löß-Untergrund häufig Parabraunerden (BL) vorherrschen, deren Entkalkungstiefen durchschnittlich zwischen 1,5 m bei tonigem und 3,0 m bei sandig-kiesigem Untergrund schwanken. Bei mittleren Lößmächtigkeiten von 1 bis 3 m über toniglehmigen Untergrundschichten sind auf ebenen Flächen und an flachen Hängen Pseudogley-Parabraunerden (SL) verbreitet, während sich in flachen Senken ohne Grundwassereinfluß Pseudogleye (S), mit Grundwasseranschluß Pseudogley-Gleye (G) gebildet haben. Pseudogleye treten auch in Gebieten mit geringmächtigem Löß über dichten, meist bindigen Schichten oder in mächtigen, älteren, verdichteten Lößen oder Löß-Fließerden auf. Infolge der hohen Erosionsanfälligkeit ihrer schluffreichen Oberböden sind beackerte Parabraunerden und Pseudogleye in Hanglagen oft stärker erodiert (Li).

Auf dem im Norddeutschen Flachland inselförmig verbreiteten Sandlöß entwickelten sich unter Wald Parabraunerden, Fahlerden und Pseudogleye mit wechselnden Podsolierungsmerkmalen.

Besonderheiten der nördlichen Lößgebiete stellen z.B. das relativ niederschlagsarme Thüringer Becken und die Magdeburger Börde dar, in denen sich bereits im Frühholozän unter Steppen- bzw. Waldsteppenvegetation Löß-Tschernoseme bildeten. Ausläufer dieser Schwarzerden reichen bis in die Hildesheimer Börde (s. Abb. 101, Seite 334). Auf die Entwicklungsgeschichte und die Eigenschaften dieser Böden wird auf den Seiten 335ff und 374ff näher eingegangen.

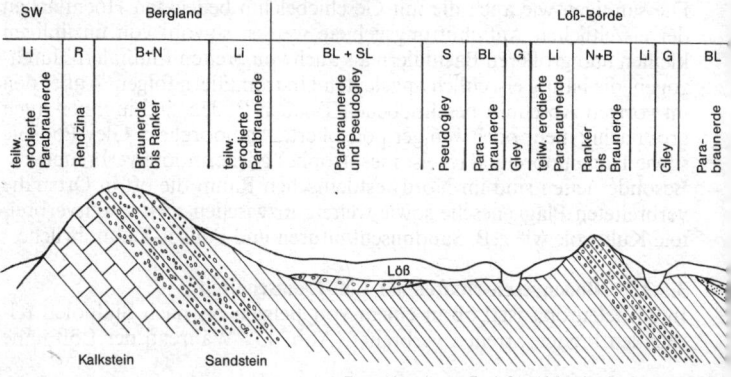

3.5.2.4 Bodengesellschaften der Berglandregionen

Innerhalb der durch vorherrschende Braunerdebildung gekennzeichneten Bergländer und Mittelgebirge ist die häufig kleinflächige Vielfalt der Böden vor allem durch Gesteins- und Reliefunterschiede bedingt. In steileren Kuppen- und Hanglagen sind – neben Fels-Rohböden – in der Regel auf silikatischen Festgesteinen Bodengesellschaften aus Rankern und sauren Braunerden verbreitet, während auf Karbonatgesteinen Rendzinen mit wenig oder nicht versauerten Braunerden vergesellschaftet sind. An Mittel- und Unterhängen hat allerdings das anstehende Festgestein meistens nur eine untergeordnete Bedeutung für die Bodenentwicklung, weil im Pleistozän gebildete und durch Solifluktion verlagerte, oft mit Löß vermischte Fließerden und Schuttdecken sowie zum Unterhang zunehmend mächtige Lößschleier das Ausgangsmaterial für die Bodenbildung darstellen. Häufig liegt unter der wohl i. d. R. aus dem Spätglazial stammenden tonärmeren oberen Solifluktionsdecke (»Deckschutt«) eine ältere, oft tonreichere Schicht (»Basisschutt«). Die Abb. 117 und 118 zeigen typische Bodengesellschaften auf solchen Substraten. Während z. B. der wasserdurchlässige, paläozoische Kieselschiefer und die steilere Hangneigung die Entwässerung des Oberbodens und damit die Bildung von Braunerden und Parabraunerden fördern, sind auf den oft flacheren Sandstein- und Tonsteinhängen besonders bei dichten lößvermischten Deckschichten mäßig bis stark staunasse Pseudogley-Parabraunerden und Pseudogleye verbreitet. Wenn der tonreichere Basisschutt zwar umgelagerte Relikte älterer Bodenhorizonte (Interglazial?), aber nur wenige oder keine Merkmale rezenter Toneinschlämmung aus dem Deckschutt aufweist, werden diese auch in ihren ökologischen Eigenschaften den genetischen Parabraunerden ähnlichen Schichtprofile als Phäno-Parabraunerden bezeichnet. – Entsprechende Bodengesellschaften treten auch auf anderen Festgesteinen auf. Während sich z. B. auf basischen Magmatiten relativ nährstoffreiche Ranker

			Flußtal	NE
TL+ SL	BL		A + G	BP
Tschernosem-Parabraunerde bis Pseudogley	Para-braunerde		Auenboden und Gley	Braunerde-Podsol

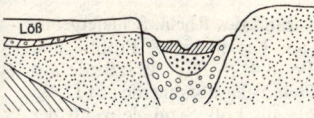

Abb. 116. Bodengesellschaften im Lößgebiet südwestlich von Hannover (schematisch; unmaßstäblich; Erklärung der Abkürzungen im Text) (Entwurf ROESCHMANN).

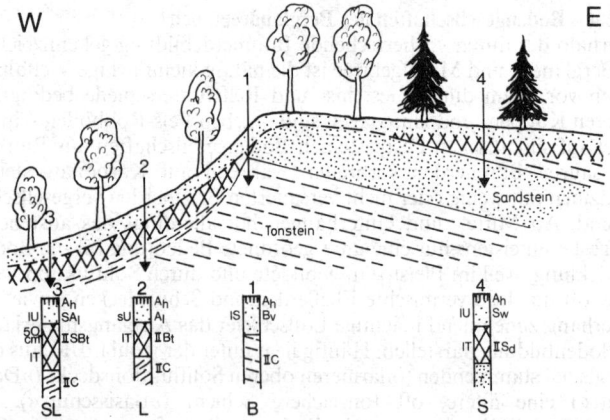

Abb. 117. Bodenabfolge im Deckgebirge; Hessisches Bergland (SEMMEL 1977). Profil 1 = B = Braunerde aus Deckschutt; Profil 2 = L = Phäno-Parabraunerde aus Deckschutt über Basisschutt; Profil 3 = SL = Pseudogley-Phäno-Parabraunerde aus Deckschutt über Basisschutt; Profil 4 = S = Pseudogley aus Deckschutt über Basisschutt; rechts der Profile = Horizontsymbole, links = Bodenarten.

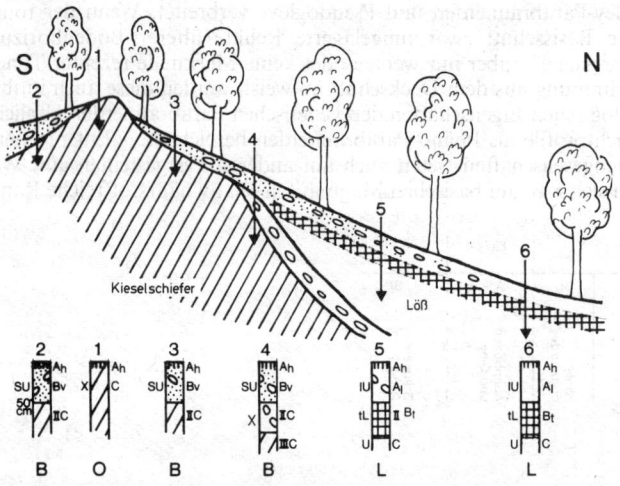

Abb. 118. Bodenabfolge im Grundgebirge; NE-Rand des Rhein. Schiefergebirges (SEMMEL 1977). Profil 1 = O = Ranker aus Kieselschiefer; Profil 2 und Profil 3 = B = Braunerde aus Deckschutt; Profil 4 = B = Braunerde aus Deckschutt über Basisschutt; Profil 5 = L = (Phäno-)Parabraunerde aus Deckschutt über Löß; Profil 6 = L = Parabraunerde aus Löß. Symbole rechts der Profile = Horizontsymbole, links = Bodenarten, X = stark steinig.

Abb. 119. Erdgeschichtliche Entwicklungstypen der Landschaft im württembergischen Keuperbergland mit kennzeichnenden Bodentypengruppen (MÜLLER 1969).

und Braunerden entwickelten, lassen die gleichen aber meist versauerten Bodentypen auf Graniten und Gneisen häufig zusätzlich Podsolierungsmerkmale erkennen. Örtlich treten Podsole auf. Diese sind auch in Sandsteingebieten besonders des Keupers im Nürnberger Raum verbreitet. Eine deutliche Abhängigkeit der Bodenbildung von Gestein und Relief zeigt auch das süddeutsche Schichtstufenland. Hier sind die Bodengesellschaften darüber hinaus besonders deutlich durch die Landschaftsgeschichte mitbestimmt, wie Abb. 119 zeigt. Besonders auf alten, seit dem Tertiär vorhandenen Landoberflächen (Rumpfflächen) sind z.B. auf Kalksteinen der Fränkischen und Schwäbischen Alb neben rezenter Rendzina und vorweigend im Pleistozän entstandener Terra fusca auch Relikte tertiärer Böden in Form z.T. fossiler Terra rossa vorhanden. Umgelagerte Braunlehm-, Graulehm- und Rotlehm-Reste des Tertiärs finden sich z.B. in Hochlagen auf Schiefern der Eifel und des Rheinischen Schiefergebirges. Abb. 120 (s. Seite 454) zeigt, daß die Bodenbildung außer vom Gestein und Relief im Mittelgebirge auch durch vertikale Klimaänderungen beeinflußt wird (Klimastufen).

3.5.2.5 Bodengesellschaften der Alpen

Die Bodenregion der Alpen weist besondere Züge auf, weil hier die *klimatische Höhenstufung* für die Vegetations- und Bodenentwicklung besondere Bedeutung hat. Zusätzlich spielen u.a. natürlich auch die Steilheit der Hänge und die verschiedenen Ausgangsgesteine eine erheb-

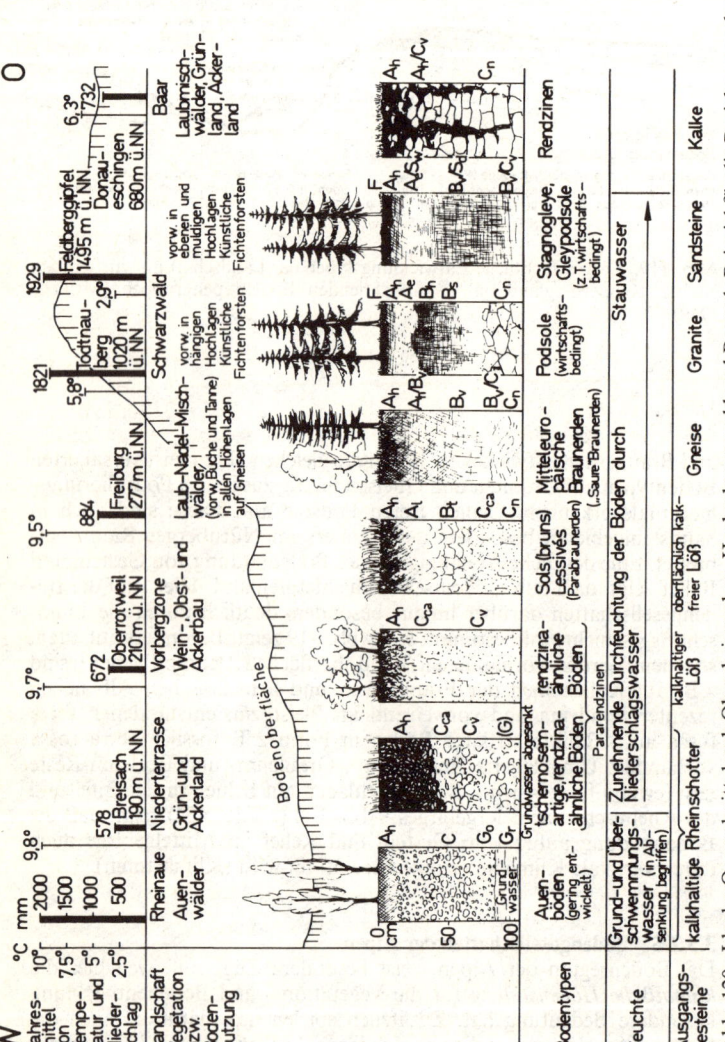

Abb. 120. Idealer Querschnitt durch Oberrheingraben, Hochschwarzwald und Baar als Beispiel für die Beziehungen der Böden zu Gestein, Klima, Vegetation, Relief, Grund- und Stauwasser und Bodennutzung (GANSSEN und HÄDRICH 1965).

liche Rolle: Vorwiegend Karbonatgesteine (Kalke, Mergel, Dolomite) in den nördlichen und südlichen Randalpen (»Kalkalpen«) und silikatische Gesteine (z. B. Granit, Porphyr, Gneis, Grauwacke) in den Zentralalpen. In der *unteren, kollinen Waldstufe* (bis 600 bis 800 m Höhe) und der *mittleren, montanen Waldstufe* (bis 1000 bis 1500 m Höhe) herrschen die aus den Mittelgebirgen bekannten Böden vor: Rendzina und Terra fusca auf karbonatischen sowie Ranker und ⊥ podsolige Braunerde aus silikatischen Festgesteinen; Pararendzinen, Regosole, Braunerden, Parabraunerden und Pseudogleye sind auf höhergelegenen Lockergesteinen (z. B. Schutt, Fließerden, Moränen), Auenböden, Gleye und Niedermoore in Tälern verbreitet. Niederschlagsarme, warme Täler der Südalpen weisen trockene Rendzinen und rötlichbraune sog. »insubrische« Braunerden (ähnlich mediterranen Braunerden) auf, im trockenwarmen oberen Rhonetal finden sich sogar steppenbodenartige Bildungen. – Die folgende *subalpine obere Waldstufe* mit ihrem feuchten kalten Klima hat auf Dolomit- und Kalkgesteinen die Ausbildung von typischen und dystrophen Tangelrendzinen ermöglicht. Auf Silikatgesteinen sind neben podsoligen Braunerden auch Podsole sowie in Senken Gleye und Moore verbreitet. Mit der *potentiellen Waldgrenze* in 1650 m (nördliche Randalpen) bis 2400 m + NN (Zentralalpen) beginnt dann in den Randalpen die *Krummholzstufe* z. B. mit Tangel- und PolsterseggenRendzinen unter Latschenkiefern und Pararendzinen bzw. alpinen Braunerden unter Grünerlenbeständen. Diese Stufe wird in den Zentralalpen oft durch Zwergstrauchheiden mit Podsolen ersetzt. Die dann folgende Höhenstufe der Alpenmatten (bis etwa 2900 m) weist bereits eine intensive Frostverwitterung auf. Zeitweilige Solifluktion führt an Hängen zur Ausbildung von begrasten Girlandenböden und Erdströmen. Rohböden sind verbreitet. Auf Karbonatgesteinen kommen Initialphasen der alpinen Rendzina und der Polsterrendzina vor, während Silikatgesteine humusreiche alpine Ranker und Rasenbraunerden tragen. Auf feinkörnigen Lockergesteinen haben sich unter dem wasserstauenden Einfluß des Bodenfrostes örtlich Pseudogleye gebildet. In der ab 2400 bis 2600 m in den Randalpen und ab 2900 m Höhe in den Zentralalpen folgenden *subnivalen Höhenstufe* liegen zwischen Rohböden unter spärlicher Vegetation Inseln von Polster-Rendzinen bzw. alpinen Rankern verstreut. Ab 2700 m Höhe wurde örtlich Permafrost im Boden beobachtet. Oberhalb der zwischen 2800 und 3100 m Höhe liegenden mittleren Schneegrenze werden die Fels- und Frostschutt-Rohböden der *nivalen Stufe* nur noch von Flechten, Moosen und einzelnen höheren Pflanzen besiedelt.

3.5.3 Bodenzonen der Erde

Den Klima- und Vegetationszonen der Erde (s. auch Tab. 9 und Abb. 18) entsprechen – mit Abweichungen – planetarische Bodenzonen.

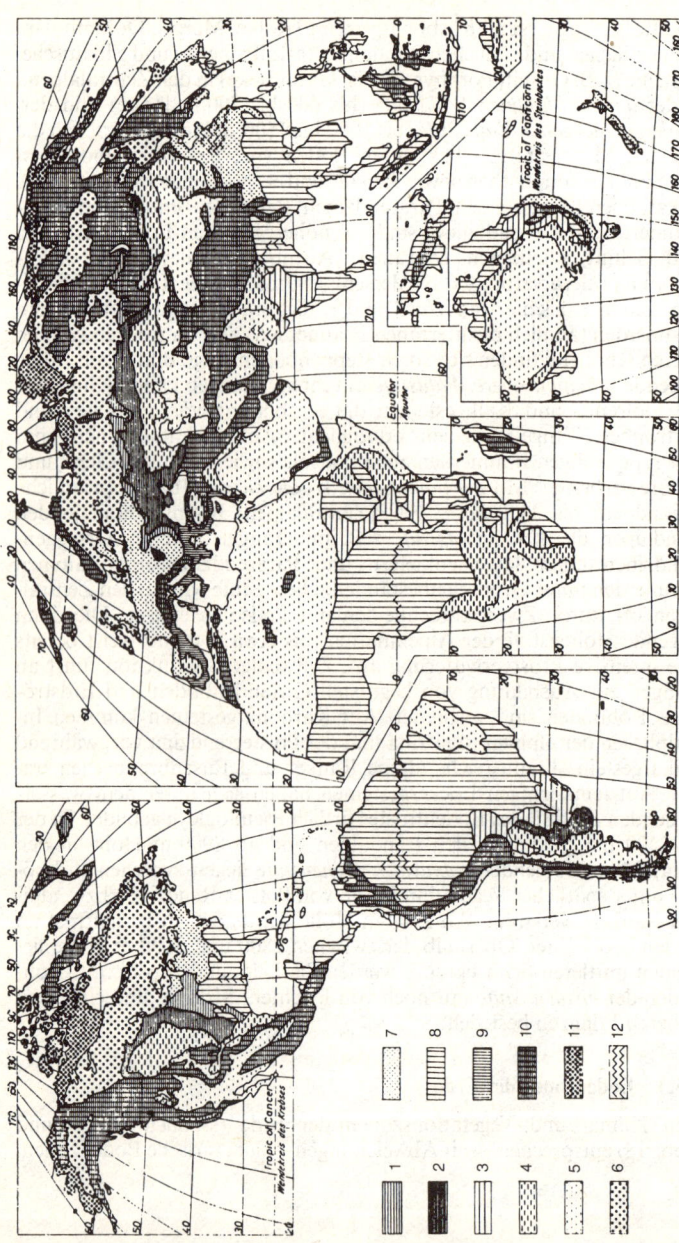

Sie sind in Abb. 121 nach den in ihnen vorherrschenden Leitböden mit bestimmter, vom Klima und der natürlichen Vegetation abhängiger Genese benannt (Klimaböden). Eine zusammenfassende Kennzeichnung dieser Böden ist im Kapitel 3.4 erfolgt, so daß hier – stark vereinfacht – vor allem auf Beziehungen zwischen Klima- und Vegetationsgebieten (s. Tab. 9 und Abb. 18) und den Bodenzonen hingewiesen wird. Die in Klammern stehenden Bodennamen der Kartenlegende entsprechen denen der Weltbodenkarte der FAO (Rom 1985). – Abb. 122 zeigt ein Beispiel für die Beziehungen zwischen horizontalen Bodenzonen und der vertikalen Bodenabfolge in Gebirgen. –

In der Zone der Frostböden (Gelosole) herrschen im polaren Frostschutzklima Rohböden vor, häufig in Form arktischer Strukturböden, während im subpolaren Tundrenklima außerdem Tundrengleye, Anmoorgleye und Moore verbreitet sind. Ihnen folgen im südlich anschließenden Bereich der winterkalten, borealen Nadelwälder zunächst – ebenfalls von Mooren durchsetzte – weite Podsolgebiete, die im südlichen Teil dieser Bodenzone mehr und mehr von wechselnd podsolierten Fahlerden abgelöst werden. In den maritim beeinflußten, feuchtgemäßigten Laub- und Mischwaldgebieten herrschen dann Braunerden (Cambisole) und Parabraunerden (Luvisole) vor, während die Fahlerden besonders im eurasischen Raum unter winterkalten Waldsteppen- und Steppenklimaten nach Süden in degradierte Schwarzerden (Phaeozeme) und Schwarzerden (Tschernoseme), sowie schließlich unter zunehmend wüstenhaften Klimabedingungen in Kastanozeme und von Salzböden durchsetzte Halbwüsten- und Wüstenböden (Xerosole und Yermosole) übergehen.

In Nordamerika folgen südlich der Podsole und Fahlerden ähnliche Bodenzonen aufeinander, allerdings in Abhängigkeit von der dort andersartigen Klima- und Vegetationsabfolge in ost-westlicher Richtung. – Eine Besonderheit stellen die mit Xerorendzinen, trockenen Braunerden und erosionsbedingten Rohböden vergesellschafteten roten und gelben Böden des Mittelmeerraumes dar. Weite Verbreitung haben die gering entwickelten Seroseme und Rohböden der semiariden bis ariden, subtropischen Halbwüsten- und Wüstenklimate, vor allem in Nordafrika.

Abb. 121. Bodenzonen der Erde (MÜCKENHAUSEN 1973, nach US-Dept. of Agriculture and FAO, Rom 1960). Benennung der Zonen nach Leitböden: 1 = Degradierte Schwarzerden (Phaeozeme), 2 = Schwarzerden (Tschernoseme), 3 = dunkle Tonböden (Vertisole), 4 = kastanienfarbene Böden (Kastanozeme), 5 = Wüsten- und Salzböden (Xerosole und Yermosole), 6 = Bleicherden und Fahlerden (Podsole und Podsoluvisole), 7 = Braunerden (Cambisole und Luvisole), 8 = Roterden (Ferralsole und Acrisole), 9 = Rotgelbe Mittelmeerböden (Ochric Luvisole und Rendzinen), 10 = Skelettböden (Lithosole), 11 = Frostböden (Gelosole), 12 = Marschen und Auenböden (Fluvisole).

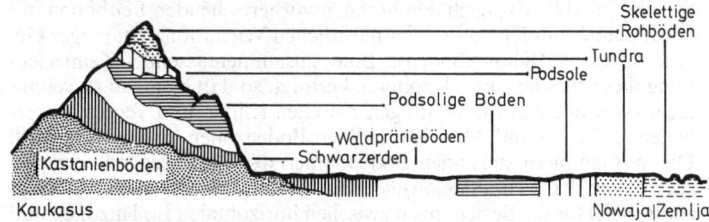

Abb. 122. Beziehung zwischen den Böden der Klimazonen Rußlands und den Böden in den Höhenzonen des Kaukasus (MÜLLER 1969).

In den südlich anschließenden semiariden und semihumiden Savannengebieten werden diese Böden dann zunehmend durch rote, z. T. lateritische Böden (Ferralsole und Acrisole) sowie – vorwiegend in Senken – durch dunkle Tonböden (z. T. Vertisole) abgelöst, die in den äquatornahen vollhumiden Regenwaldgebieten häufig von tropischen Podsolen durchsetzt sind. In den Talgebieten der großen tropischen Flußsysteme sind tropische Auenböden und Gleye (Fluvisole) sowie örtlich Moore (Histosole) verbreitet.

In weiten Gebieten stimmen die Grenzbereiche der Bodenzonen nicht mit denen der heutigen Klima- und Vegetationsgebiete überein. Dies läßt sich damit erklären, daß viele Böden z. B. bereits unter den Klimabedingungen des Pleistozäns entstanden, als die Klima- und Vegetationszonen aufgrund des Vorrückens der polaren Inlandeiskappen in Äquatorrichtung verschoben wurden. In Interglazialzeiten setzte wiederum eine umgekehrte Verlagerung in Polrichtung ein. Im Laufe ihrer oft relativ langsamen Entwicklung sind besonders die alten Böden subtropischer Gebiete mehrfachen und z. T. starken Klimawandlungen ausgesetzt gewesen, die in Extremfällen – wie z. B. bei sehr tief entwickelten Ferralsolen (»Lateritböden«) – bis in die Kreidezeit zurückreichen können.

4 Angewandte Bodenkunde

4.1 Bodenbewertung, Bodenschätzung

Viele Böden der Erde werden für land- und forstwirtschaftliche Kulturen, Hoch- und Verkehrsbauten sowie Abfalldeponien genutzt und unterschiedlich bewertet. In Deutschland wurde 1934 ein »Gesetz über die Schätzung des Kulturbodens« (Bodenschätzungsgesetz) verabschiedet und 1965 durch das »Bewertungsänderungsgesetz« ergänzt. Es ist Grundlage für eine gerechtere Besteuerung der Landwirtschaft, sinnvolle Bodennutzungsplanung, Beleihungen, Grundstückskäufe, Entschädigungen u. ä.

Die Bodenschätzung erfolgte im gesamten Reichsgebiet bei Geländebegehungen mit 1 m-Bohrungen im 50 m-Abstand und Aufgrabungen im Beisein ortskundiger Landwirte durch amtlich bestellte Bodenschätzer nach einem relativ einfachen Bewertungsschlüssel.

Die Ackerböden werden nach Bodenarten, Zustandsstufen und Entstehungsarten in Klassen eingeteilt. Da zahlreiche Bodenschätzer keine bodenkundlichen Fachleute sind, unterscheidet man auf Äckern lediglich acht, auf Grünlandflächen sogar nur fünf *Hauptbodenarten* (s. Tab. 119 und 120, Spalte 1). Die ökologisch wirksame Bodenartenschichtung wird bei der Gesamtansprache berücksichtigt. Nach der Ansprache der Bodenart ordnet man den Boden einer der sieben *Zustandsstufen* zu. Sie kennzeichnen zusammenfassend die durch Klima, früheren Pflanzenbestand, Geländegestaltung, Wasserhaushalt und derzeitige Nutzung hervorgerufenen unterschiedlichen Bodeneigenschaften (Stufe 1 = sehr guter, Stufe 7 = sehr schlechter Bodenzustand). Die 7 Stufen des Ackerlandes werden bei der Grünlandschätzung zu 3 Bodenstufen (gut, mittel, schlecht) zusammengefaßt (s. Tab. 120, Spalte 2). Wegen ihrer Bedeutung für die Beurteilung der Ertragsfähigkeit erfolgt bei Ackerböden die Angabe der sog. *Entstehungsart* (s. Tab. 119, Spalte 2), bei Grünlandböden stattdessen eine Kennzeichnung der *Klimaverhältnisse* (s. Tab. 120, Spalte 3) nach der durchschnittlichen Jahreswärme (a = > 8 °C; b = 7,9 bis 7,0 °C; c = < 6,9 °C) und der *Wasserverhältnisse* nach fünf Wertstufen (1 = sehr günstig, 4 und 5 zu trocken oder zu naß, s. Tab. 120, Spalten 4–8). Aufgrund dieser Kriterien wird im Acker- oder Grünlandschätzungsrahmen die den Bodenwert kennzeichnende Bodenzahl bzw. Grünlandgrundzahl bestimmt und schließlich durch Abschläge oder Zuschläge (Ungunst oder Gunst der Lage) die Ackerzahl bzw. Grünlandzahl ermittelt. Sie stellt eine auf den Reinertrag bezogene, für die Flächenbesteuerung gültige Verhältnis-

Tab. 119. Ackerschätzungsrahmen

Bodenart	Entstehung	Zustandsstufe						
		1	2	3	4	5	6	7
S	D		41–34	33–27	26–21	20–16	15–12	11– 7
Sand	Al		44–37	36–30	29–24	23–19	18–14	13– 9
Sl(S/lS)	D		51–43	42–33	34–28	27–22	21–17	16–11
anlehmiger	Al		53–46	45–38	37–31	30–24	23–19	18–13
Sand	V		49–43	42–36	35–29	28–23	22–18	17–12
lS	D	68–60	59–51	50–44	43–37	36–30	29–23	22–16
lehmiger	Lö	71–63	62–54	53–46	45–39	38–32	31–25	24–18
Sand	Al.	71–63	62–54	53–46	45–39	38–32	31–25	24–18
	V		57–51	50–44	43–37	36–30	29–24	23–17
	Vg			47–41	40–34	33–27	26–20	19–12
SL(lS/sL)	D	75–68	67–60	59–52	51–45	41–38	37–31	30–23
stark	Lö	81–73	72–64	63–55	54–47	46–40	39–33	32–25
lehmiger	Al	80–72	71–63	62–55	54–47	46–40	39–33	32–25
Sand	V	75–68	67–60	59–52	51–44	43–37	36–30	29–22
	Vg		55–48	47–40	39–32	31–24	23–16	
sL	D	84–76	75–68	67–60	59–53	52–46	45–39	38–30
sandiger	Lö	92–83	82–74	73–65	64–56	55–48	47–41	40–32
Lehm	Al	90–81	80–72	71–64	63–56	55–48	47–41	40–32
	V	85–77	76–68	67–59	58–51	50–44	43–36	35–27
	Vg		64–55	54–45	44–36	35–27	26–18	
L	D	90–82	81–74	73–66	65–58	57–50	49–43	42–34
Lehm	Lö	100–92	91–83	82–74	73–65	64–56	55–46	45–36
	Al	100–90	89–80	79–71	70–62	61–54	53–45	44–35
	V	91–83	82–74	73–65	64–56	55–47	46–39	38–30
	Vg		70–61	60–51	50–41	40–30	29–19	
LT	D	87–79	78–70	69–62	61–54	53–46	45–38	37–28
schwerer	Al	91–83	82–74	73–65	64–57	56–49	48–40	39–29
Lehm	V	87–79	78–70	69–61	60–52	51–43	42–34	33–24
	Vg		67–58	57–48	47–38	37–28	27–17	
T	D		71–64	63–56	55–48	49–41	39–30	29–18
Ton	Al		74–66	65–58	57–50	44–36	40–31	30–18
	V		71–63	62–54	53–45	47–40	35–26	23–14
	Vg			59–51	50–42	41–33	32–24	25–14
Mo		54–46	45–37	36–29	28–22	21–16	15–10	
Moor								

Al = Alluvium (Holozän); D = Diluvium (Pleistozän) z.T. Tertiär; Lö = Löß; V = Verwitterungsboden (g = Gestein, steinig)

Tab. 120. Grünlandschätzungsrahmen

Boden-art	stufe	Klima	Wasserverhältnisse 1	2	3	4	5
S Sand	I (45–40)	a	60–51	50–43	42–35	34–28	27–20
		b	52–44	43–36	35–29	28–23	22–16
		c	45–38	37–30	29–24	23–19	18–13
	II (30–25)	a	50–43	42–36	35–29	28–23	22–16
		b	43–37	36–30	29–24	23–19	18–13
		c	37–32	31–26	25–21	20–16	15–10
	III (20–15)	a	41–34	33–28	27–23	22–18	17–12
		b	36–30	29–24	23–19	18–15	14–10
		c	31–26	25–21	20–16	15–12	11–7
lS lehmiger Sand	I (60–55)	a	73–64	63–54	53–45	44–37	36–28
		b	65–56	55–47	46–39	38–31	30–23
		c	57–49	48–41	40–34	33–27	26–19
	II (45–40)	a	62–54	53–45	44–37	36–30	29–22
		b	55–47	46–39	38–32	31–26	25–19
		c	48–41	40–34	33–28	27–23	22–16
	III (30–25)	a	52–45	44–37	36–30	29–24	23–17
		b	46–39	38–32	31–26	25–21	20–14
		c	40–34	33–28	27–23	22–18	17–11
L Lehm	I (75–70)	a	88–77	76–66	65–55	54–44	43–33
		b	80–70	69–59	58–49	48–40	39–30
		c	70–61	60–52	51–43	42–35	34–26
	II (60–55)	a	75–65	64–55	54–46	45–38	37–28
		b	68–59	58–50	49–41	40–33	32–24
		c	60–52	51–44	43–36	35–29	28–20
	III (45–40)	a	64–55	54–46	45–38	37–30	29–22
		b	58–50	49–42	41–34	33–27	26–18
		c	51–44	43–37	36–30	29–23	22–14
T Ton	I (70–65)	a	88–77	76–66	65–55	54–44	43–33
		b	80–70	69–59	58–48	47–39	38–28
		c	70–61	60–52	51–43	42–34	33–23

Tab. 120. Grünlandschätzungsrahmen (Forts.)

Boden-art	stufe	Klima	1	2	3	4	5
				Wasserverhältnisse			
	II (55–60)	a	74–64	63–54	53–45	44–36	35–26
		b	66–57	56–48	47–39	38–30	29–21
		c	57–49	48–41	40–33	32–25	24–17
	III (40–35)	a	61–52	51–43	42–35	34–38	27–20
		b	54–46	45–38	37–31	30–24	23–16
		c	46–39	38–32	31–25	24–19	18–12
Mo Moor	I (45–40)	a	60–51	50–42	41–34	33–27	26–19
		b	57–49	48–40	39–32	31–25	24–17
		c	54–46	45–38	37–30	29–23	22–15
	II (30–25)	a	53–45	44–37	36–30	29–23	22–16
		b	50–43	42–35	34–28	27–21	20–14
		c	47–40	39–33	32–26	25–19	18–12
	III (20–15)	a	45–38	37–31	30–25	24–19	18–13
		b	41–35	34–28	27–22	21–16	15–10
		c	37–31	30–25	24–19	18–13	12–7

zahl dar (7 = absolutes Unland; 100 = bestes Ackerland). Beispiele: Ackerland: L 3 Lö 78/85; Grünland: 1S I a 2 60/58. Die Ergebnisse der Bodenschätzung liegen für das gesamte Bundesgebiet in Schätzungsbüchern und Schätzungskarten unterschiedlicher Maßstäbe bei den zuständigen Finanzämtern vor.

4.2 Bodenkartierung, Bodenkarten

Die Herstellung von praktisch und wissenschaftlich auswertbaren Bodenkarten nach dem neuesten Stand der Kenntnisse erfordert einen hohen zeitlichen, personellen und damit finanziellen Aufwand. Um vor allem die aufwendige Kartierarbeit im Gelände nach Möglichkeit zu reduzieren, ist es sinnvoll, vor dem Beginn der Geländearbeit aus vorhandenen Unterlagen eine Konzeptkarte zu erarbeiten. Die Sichtung und Auswertung v.a. der folgenden Unterlagen ist dabei hilfreich:
– Aus *topographischen Karten* mit Höhenlinien können z.B. die Grenzen von Neigungsstufen abgeleitet werden, bei zusätzlicher Verwendung von *historischen Karten* auch die heutigen und früheren Grenzen der Kulturarten (z.B. Wald, Heide, Acker, Grünland).

- Vorhandene – auch ältere – *Bodenkarten anderer Maßstäbe* geben wichtige Hinweise auf die im Blattgebiet vorhandenen Böden und ihre Verbreitung, wobei die Auswertung früherer Bohrergebnisse nicht selten lokale Einzelaussagen zu den Böden des Kartiergebietes ermöglicht.
- *Forstliche Standortkarten*, ihre Erläuterungstexte und Profilbeschreibungen (meistens im Maßstab 1 : 10000) enthalten oft wesentliche Gliederungs- und Abgrenzungskriterien der Böden, vor allem in Staatswaldgebieten.
- Bei der Auswertung von *Bodenschätzungskarten* können nicht nur die Klassengrenzen, Klassenzeichen und Bodenzahlen (s. Seite 459) sondern z.B. auch die Bodenprofilbeschreibungen der bestimmenden Grablöcher wichtige Hinweise für die spätere Kartierarbeit im Gelände liefern.
- *Geologische* und *geomorphologische Karten* lassen in der Regel bodenkundlich wichtige Gesteins- und Reliefgrenzen erkennen. Zahlreiche Erläuterungstexte zu den Karten enthalten bodenkundlich auswertbare Angaben und die Geländeprotokolle der Kartierbohrungen geben Aufschluß über die auch bodenkundlich wichtige Gesteinsschichtung nach der Tiefe.

Aus diesen und weiteren Unterlagen (wie z.B. geowissenschaftlichen Veröffentlichungen, Gutachten, Dissertationen usw.) wird dann eine Konzeptkarte des Kartiergebietes erarbeitet, die bereits wichtige Bodengrenzen und bodenkundliche Flächeninhalte enthält. Sie erleichtert z.B. einen gezielten Ansatz der Bohrungen bei der Geländearbeit, ermöglicht so eine z.T. erhebliche Einsparung von Bohrungen und kann den Kartieraufwand im Gelände auf mindestens die Hälfte reduzieren.

Die bodenkundliche Kartierung erfolgt mit 1- bis 2-m-Bohrern und Spaten. Die Bohrabstände richten sich nach dem Maßstab und Zweck der Karte (z.B. Übersichts- oder Spezialkarte), den in der Konzeptkarte bereits vorhandenen bodenkundlichen Angaben, sowie den örtlichen Verhältnissen (z.B. Gesteins- und Bodenwechsel, Relief). An typischen Stellen werden Aufgrabungen mit genauen Profilbeschreibungen und Probenahmen für Laboruntersuchungen eingeschaltet.

Die Profilbeschreibungen werden in der Regel – in Anlehnung an die Bodenkundliche Kartieranleitung (Arbeitsgemeinschaft Bodenkunde 1982) – auf besonderen Formblättern vorgenommen und sollen möglichst viele Bodenmerkmale, -merkmalsgruppen und Bodeneigenschaften sowie deren Wechsel nach der Tiefe erfassen. Aus diesen werden Horizontfolge und Bodentyp abgeleitet. Für praktische Belange (s. Seite 15 und Seite 466ff.) sind z.B. Aussagen zur Erosionsgefährdung, zur Melioration und zu den Filtereigenschaften der Böden gegenüber Schadstoffen von Interesse.

Unter Berücksichtigung der Konzeptkarte werden Bodeneinheiten ge-

bildet (z. B. vorherrschende Leitböden und zurücktretende Begleitböden), im Gelände die endgültigen Bodengrenzen in die Feldkarte einge-
tragen und daraus unter Verwendung von Labordaten als Druckvorlage
eine Feldreinkarte erarbeitet. Versuche zur Herstellung EDV-gestützter
Bodenkarten sind in einigen Bundesländern schon weit fortgeschritten.
Die Verwendbarkeit der Bodenkarten für praktische Zwecke (s. Seite 15)
richtet sich nach Karteninhalt, Kartiergenauigkeit und Maßstab. Bodenkarten 1 : 25000 sind i. d. R. nicht mehr für die Planung von Einzel-
projekten geeignet. Die Heterogenität der kartierten Flächen geht z. T.
aus den in der Legende zusätzlich zum Leitboden angegebenen Begleitböden hervor und nimmt bei mittleren bis kleinen Maßstäben rasch zu.
Die in Erläuterungen und Kartenlegenden angegebenen Bodeneigenschaften beziehen sich in der Regel nur auf die Leitböden. In einigen Bundesländern sollen die Kartierergebnisse künftig in digitalisierter
Form in Bodendatenbanken elektronisch gespeichert werden. Sie können dann für die verschiedensten praktischen und wissenschaftlichen
Auswertungszwecke schnell zur Verfügung gestellt werden.
Aus den Ergebnissen der Bodenschätzung werden z. B. in den Bundesländern Baden-Württemberg, Nordrhein-Westfalen und Niedersachsen
»Bodenkarten auf der Grundlage der Bodenschätzung 1 : 5000« erarbeitet. Sie enthalten außer den Schätzungsergebnissen (Grenzen, Klassenzeichen, Wertzahlen) eingekreiste Ziffern, die auf flächentypische Bodenprofile der Kartenlegende hinweisen mit durchschnittlichen Angaben zum Bodentyp, zur Bodenartenschichtung sowie zum Ausgangsmaterial der Bodenbildung. Sie entstanden durch »Übersetzung« der in
den Schätzungsbüchern vorliegenden Bodenansprachen der bestimmenden Grablöcher in die heute üblichen bodenkundlichen Begriffe. Bei
zusätzlicher Verwendung des z. T. am Kartenrand abgedruckten geolo-
gisch-bodenkundlichen Überblickes können diese Karten über die
Schätzungsergebnisse hinaus einfache bodenkundliche Entscheidungs-
hilfen z. B. für Kommunalplanungen oder Flurbereinigungsverfahren
liefern. – In Niedersachsen werden diese Bodenkarten künftig EDV-
gestützt hergestellt. –
Bodenkarten unterschiedlicher Maßstäbe sind in vielen Ländern der
Erde in staatlichen bodenkundlichen Diensten oder Hochschulinstituten
hergestellt worden. Von der UNESCO/FAO in Rom wurde eine Weltbodenkarte 1 : 5000000 in 19 Blättern, von der Europäischen Gemein-
schaft eine Bodenkarte von West-Europa 1 : 1000000 in 7 Blättern herausgegeben.

Beispiele von Bodenkarten in der Bundesrepublik Deutschland (Stand 1987)
Boden- und Moorkarte des Emslandes 1 : 5000. – 584 Blätter, – B:
NLfB Hannover 1953–1963.
Geologisch-bodenkundliche Karte der niedersächsischen Marschen
1 : 5000. – etwa 150 Blätter, B: NLfB Hannover 1955–1964.

Bodenkarte zur landwirtschaftlichen Standorterkundung von Nordrhein-Westfalen 1 : 5000. – Die Hälfte der landwirtschaftlichen Nutzfläche des Landes ist kartiert. B: GLA Krefeld.

Bodenkarte der Niederungsgebiete von Schleswig-Holstein 1 : 5000. 1 : 5000 bis 1 : 10000. – etwa 200 Blätter; B: GLA Kiel.

Bodenkarte auf der Grundlage der Bodenschätzung 1 : 5000. – B: etwa 6500 Blätter GLA Krefeld; etwa 3500 Blätter NLfB Hannover; etwa 6500 Blätter GLA Freiburg.

Bodenschätzungskarten 1 : 5000 von Bayern (fast vollzählig) und Baden Württemberg (etwa 45000 Blätter). – B: GLÄ München und Freiburg.

Boden- und Standortkarten der Weinbaugebiete in Hessen, Franken und im Rheingau 1 : 2000 bis 1 : 2500. – B: GLÄ, Mainz und München, HLfB Wiesbaden.

Bodenkundliche Standortkarten von Obstbaugebieten in Rheinland-Pfalz, Baden-Württemberg und Bayern 1 : 2000 bis 1 : 10000. – B: GLÄ Mainz, Freiburg und München.

Geologisch-bodenkundliche Karten zahlreicher Stadtkreise in Nordrhein-Westfalen 1 : 5000 oder 1 : 10000. – B: GLA Krefeld.

Bodenkarten 1 : 10000 im Rahmen der Forstlichen Standorterkundung in allen Bundesländern. B: Forstliche Dienststellen und GLA Krefeld.

Bodenkarten 1 : 25000 mit Erläuterung oder Tabellenlegenden. – etwa 300 Blätter aufgenommen im Rahmen der bodenkundlichen Landesaufnahme der GLÄ und LfB der meisten Bundesländer.

Standortkundliche Bodenkarte 1 : 50000 des Großraumes München. – 9 Blätter. B: GLA München. 1976–1979.

Bodenkarte von Nordrhein-Westfalen 1 : 50000. – 52 Blätter. B: GLA Krefeld.

Bodenkarten 1 : 25000 bis 1 : 100000 von zahlreichen Planungsgebieten und Landkreisen in fast allen Bundesländern. B: GLÄ und LfB.

Bodenkarte 1 : 100000 von Nordrhein-Westfalen. – 4 Blätter; B: GLA Krefeld.

Bodenkundliche Standortkarte 1 : 200000 im Rahmen der Karten des Naturraumpotentials von Niedersachsen und Bremen. – 7 Blätter. B: NLfB Hannover.

Bodenübersichtskarten der Bundesländer: 1 : 200000 (Rheinland-Pfalz), 1 : 300000 (Hessen, Nordrhein-Westfalen, Rheinland-Pfalz), 1 : 500000 (Schleswig-Holstein, Niedersachsen, Bayern, Rheinland-Pfalz), 1 : 600000 (Hessen, Baden-Württemberg); 1 : 875000 (Niedersachsen); B: GLÄ und LfB.

Bodenübersichtskarten der Bundesrepublik Deutschland 1 :1 Mill. (1986 mit Erläuterungsheft) und 1 : 2 Mill. (1978). B: NLfB Hannover.

Abkürzungen: B = Bearbeiter der Karten. GLA = Geologisches Landesamt, LfB = Landesamt für Bodenforschung

4.3 Beweissicherung

Für die Kennzeichnung des Standortkomplexes bei Veränderungen der Landschaft, des Bodens und seiner Ertragsfähigkeit durch großräumige Kulturmaßnahmen, weitreichende und tiefgreifende Eingriffe in den Bodenwasserhaushalt, – (z. B. durch Rückbau der Wasserläufe, Grundwasserschutzgebiete, Anlage von Tiefbrunnen für die industrielle Wassergewinnung, Grundwasserabsenkung in Verbindung mit dem Abteufen von Schachtanlagen und dem Abbau von Braunkohle im Tieftagebau, durch Absenkung des Bodens in Bergschadengebieten, durch die Beeinflussung der Qualität des Aufwuchses und der Ertragsfähigkeit des Bodens durch Flugaschen, Staub, Abgase und Abwässer von Industrieunternehmen) – ist die Beweissicherung von allergrößter Bedeutung. Dabei geht es nicht nur um die Feststellung und den geldlichen Ausgleich von Sach- und Vermögensschäden. Ebenso bedeutend ist auch die Sicherung des Zustandes am Beginn und der Ergebnisse z. B. nach größeren Meliorationen und landeskulturellen Maßnahmen, um für spätere Arbeiten ähnlicher Art zutreffende Schlußfolgerungen ziehen zu können (Dauerbeobachtungsflächen, s. Seite 515).

Im Rahmen einer Bodenkunde ist es nicht möglich, einen auch nur annähernd umfassenden Überblick über die verschiedenen Verfahren zur Beweissicherung zu vermitteln. Bei bedeutenden und verhältnismäßig einschneidenden Maßnahmen empfiehlt es sich daher, spezielle bodenkundliche oder wasserwirtschaftliche Institute rechtzeitig einzuschalten, um sowohl im Interesse der Auftraggeber als auch im Interesse der Landwirtschaft, des Gartenbaues und der Forstwirtschaft o. a. Betroffener eine Kartierung der Verhältnisse *vor* Beginn und einige Zeit *nach* dem Eingriff in den Boden oder die Landschaft vornehmen zu lassen. Nur so lassen sich die Auswirkung und der Erfolg verhältnismäßig rasch und sicher erkennen.

Bei Eingriffen in den *Bodenwasserhaushalt* ist eine sorgfältige Darstellung des Bodentyps, insbesondere auch die Art und Tiefenlage wasserstauender Schichten und Grundwasserstände erforderlich. Weiter empfiehlt sich zur Beobachtung und zur Beweissicherung z. B. die Anlage eines dichten Netzes von Beobachtungsbrunnen (Peilrohren), in denen der Pegelstand sowie die Amplitude des Grundwassers langfristig überwacht werden können. Weitere Schlußfolgerungen auf die Profilmorphologie, die Hydrologie und den landwirtschaftlichen Wasserbau ermöglicht die Beobachtung der Reduktion und Oxidation der Eisenverbindungen in grundwasservernäßten Schichten.

Bodenkundliche Untersuchungen allein sind nur punktweise möglich, und es bleiben daher, auch bei einem engen Beobachtungsnetz, Lücken bestehen. Es empfiehlt sich deshalb in der Regel zur Beweissicherung eine gleichzeitige Vegetationskartierung, da diese über die räumliche Auswirkung der Maßnahmen meistens genaue Angaben macht und oft

auch Hinweise auf geeignete, repräsentative Punkte für die bodenkundliche Untersuchung zur Sicherung der Standorteigenschaften gibt.

4.4 Bodentechnologie

Die Nutzung des Bodens wird von dessen Eigenschaften bestimmt
(Standort*orientierung*). Häufig müssen Böden erst pflanzenbaulichen
und ökologischen Anforderungen angepaßt werden (Standort*verbesserung* durch *kultur-* oder *öko*technische Maßnahmen). Mit zunehmender
Besiedlungsdichte überlagern sich die Nutzungsansprüche an den
Boden. Er wird dabei immer stärker in Anspruch genommen. Boden-
schäden vorzubeugen (Prophylaxe) oder sie zu beseitigen (Sanierung) ist
Aufgabe des Boden*schutzes*. Aufgabe der Bodentechnologie insgesamt·
ist es, den jeweiligen Bedarf, die Fähigkeit und Würdigkeit für Nutzun-
gen, Verbesserungen oder Schutz des Bodens nach *objektiven*, boden-
und standortkundlichen Kriterien zu lenken. Die bodentechnologischen
Arbeitsgebiete liegen folglich in:
- *Neulandgewinnung* aus Watten, Heiden und Mooren
- *Melioration* ertragsunsicherer Böden
- *Rekultivierung* bzw. *Renaturierung* von Kippen, Halden, Deponien
  und Abgrabungen
- *Schutz* vor Immissionen, Erosion und mechanischen Belastungen
Oberstes Prinzip kultur- und ökotechnischer Maßnahmen ist die *Nachhaltigkeit* ihrer Wirkungen. Das Ökosystem Boden ist ein Verbundsy-
stem verschiedener Teilhaushalte (s. 2.5). Änderungen einer Bodeneigenschaft (z. B. Wasserdurchlässigkeit) haben Rückwirkungen auf die
übrigen (z. B. Luft-, Wärme- und Nährstoffhaushalt). *Haupt-* und *Neben*wirkungen sind also zu beachten.

4.4.1 Neulandgewinnung

Der Ackerbau ist mit dem Seßhaftwerden der Menschen verbunden.
Dabei erfolgt eine Orientierung nach Standorteigenschaften. Landschaften mit ackerbaulich gut geeigneten Böden (Börden) erlangten so
früh historische Bedeutung. Mit Zunahme der Bevölkerung waren den
Waldrodungen (9. und 15. Jahrhundert) topographische und klimatische Grenzen gesetzt. Weitere *horizontale* Expansion war nur durch
Neulandgewinnung an den Küsten und Flußmündungen aus Meeres-
und Flußsedimenten (Marschkultur) oder durch Trockenlegung der
Sümpfe, Brüche und Moore (Moorkultur) möglich.

4.4.1.1 Marschkultur

Gezeitenabhängige Flachküsten wie an der südlichen Nordsee sind bevorzugte Sedimentationsräume. Meeres- und Gezeitenströmungen sor-
tieren Schwebstofffrachten der Fluß- und Seewässer. Dabei entstehen

mit der Dauer und Höhe der Überflutung in Körnung, Salz- und Nährstoffgehalt unterschiedliche Böden, die ab 40 cm über MThw im marin-
brackischen Milieu mit einer halophyten, im brackisch-fluviatilen Bereich mit einer telmatischen Pioniervegetation begrünen (Abb. 123).
Bereits vorher haben Diatomeen und Algen zusammen mit einer arten-
reichen Schlickfauna im marinen Milieu subhydrisch erste Bodenbildungsprozesse eingeleitet (s. Wattgyttja, s. Seite 415). Queller *(Salicor-
nia herbacea)* bzw. Schilf *(Phragmites communis)* wirken als Schlickfän-
ger und beschleunigen die Auflandung. Schließlich aus dem Einflußbereich des MThw aufgelandet und allmählich durch Niederschläge
entsalzt, bildet sich eine Grasnarbe (Andelgras, *Puccinellia maritima*;
Rotschwingel, *Festuca rubra*). Ihre sommerliche Beweidung ist bereits
möglich. Jetzt ist der Boden deichreif. Im salzärmeren, – freien brackischen bzw. fluviatilen Milieu und Gezeiteneinfluß übernehmen angepaßte niedere (Algen) und höhere Pflanzen (z.B. Schilf) die Rolle des
Schlickfängers (siehe Abschnitt Vertorfung und Moorbildung – Nieder-
moorbildung). Brackmarschen sind daher mit Organomarschen, Flußmarschen mit Moormarschen räumlich und stratigraphisch verzahnt.
Durch quer zur Hauptströmung angelegte Steinschüttungen (Buhnen)
oder Holz-, Strauchwerkfaschinen (Lahnungen) greift der Mensch ge-
staltend in die Sedimentation ein. Zwischen solchen – auch dem Ufer-
und Küstenschutz dienenden – Bauwerken, die wie Schlickfallen wirken,
weil sie die Strömungsgeschwindigkeit mindern, entstehen *An*landungs-
felder. Oberhalb MTnw werden diese durch flache Grüppen im Abstand
von 10 bis 20 m entwässert. Durch den wiederholten Auswurf der
immer wieder verschlickenden Grüppen entstehen zwischen diesen allmählich aufgewölbte Beete, die oberflächlich gut entwässern und ebenfalls bald ihre Pioniervegetation tragen.

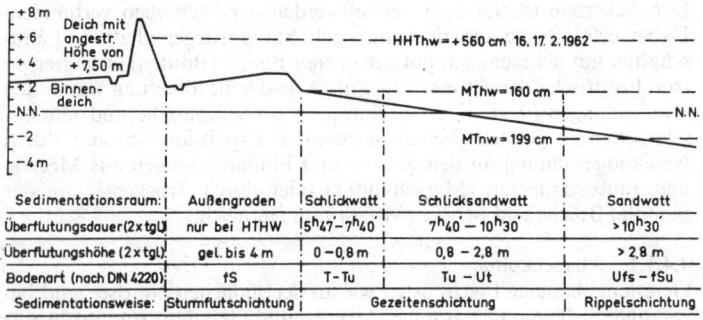

Abb. 123. Sedimentationsräume im Watt.

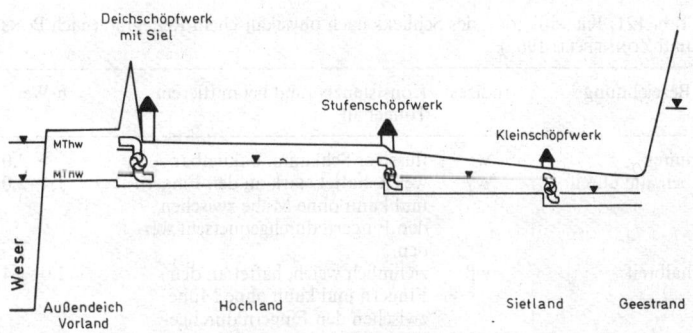

Abb. 124. Die künstliche Entwässerung einer tideabhängigen Flußniederung.

Gegen winterlich höhere Sturmfluten und Hochwässer sind allerdings Deiche erforderlich. Seit dem 10./11. Jahrhundert sind solche Deichbauten an der Nordseeküste üblich. Vorher boten nur künstlich aufgeworfene Wohn- und Fluchthügel (Wurten, Warften) Schutz vor Hochwasser. Der Deichbau macht eine andere Entwässerung notwendig. Das während Hochwaser auch hinter dem Deich sich sammelnde Niederschlagswasser wird durch ein Siel- und Schleusensystem abgeleitet. Anstelle der natürlich entwässernden Priele im Vordeichgelände müssen hinter dem Deich künstliche Kanäle (Fleete, Wettern, Siele) und ein darauf führendes Grabensystem angelegt werden. Im Deichkörper selbst wird ein Durchlass (Siel) am Ende des Hauptentwässerungskanals eingebaut, das als Klappschleuse mit Stemmtoren funktioniert. Dem jeweiligen Überdruck folgend, öffnen und schließen sich die Sieltore selbsttätig mit Tnw bzw. Thw zweimal täglich. Die Sielzugseiten sind jedoch immer kürzer geworden durch immer höher auflaufende Fluten infolge eustatischer Meeresspiegelerhöhung (25 cm/Jahrhundert), geosynklinaler Senkungen des Nordseebeckens, Sackungen infolge Entwässerung, Ausbau der Flußunterläufe für die Großschiffahrt. Deshalb sind in den letzten Jahrzehnten *zusätzlich* elektrisch betriebene Mündungs-, Groß-, Stufen- und Kleinschöpfwerke erforderlich geworden, um auch tiefer gelegene Flächen hinter den Deichen kontinuierlich zu entwässern (s. Abb. 124). Vorläufer dieser künstlichen Vorflut waren die holländischen Windschöpfmühlen des späten Mittelalters.

Durch diese künstliche Entwässerung ist es heute sogar möglich, mehrere Meter unter dem Meeresspiegel gelegene Polder im Gebiets- und Bodenwasserhaushalt zu regulieren, wie die Landgewinnung in der Zuidersee beweist.

Mit der Dauer der Entwässerung reifen die Sedimente zu Böden. Man unterscheidet eine *physikalische, chemische* und *biologische Bodenrei-*

Tab. 121. Klassifikation des Schlicks nach physikalischem Reifegrad (nach PONS und ZONNEFELD 1965)

Bezeichnung	Indizes[1]	Konsistenzbefund bei mittlerem Tongehalt	n-Wert[2]
unreif	wα	flüssiger Schlamm, unknetbar	> 2,0
beinahe unreif	wγ	weich, haftet stark an den Fingern und kann ohne Mühe zwischen den Fingern durchgequetscht werden	1,4–2,0
halbreif	wβ	ziehmlich weich, haftet an den Fingern und kann ohne Mühe zwischen den Fingern durchgequetscht werden	1,0–1,4
beinahe reif	wd	ziemlich fest, hat Neigung, an den Fingern zu haften und kann nicht mühelos zwischen den Fingern durchgequetscht werden	0,7–1,0
reif	r	fest, haftet nicht oder nur wenig an den Fingern und geht beim Quetschen nicht zwischen den Fingern durch	< 0,7

[1] zusätzlich zu den üblichen bodenkundlichen Kennzeichen der Horizonte.
[2] aus Ton-, Humus- und Wassergehalt errechnet: $n = (A - 0,2R)/(L + bH)$, wobei

A = Gesamtwassergehalt in Gew.%
L = Tongehalt in Gew.%
H = Organische Substanz in Gew.%
R = nichtkolloidaler mineralischer Bodenanteil ($R = 100 - H - L$)
b = Verhältnis des Wasserabsorptionsvermögens der org. Substanz zu dem von Ton ($= 3–5$)

fung. Sedimente mit > 15% < 2 μm schrumpfen bei Entwässerung. Sie ändern ihre Konsistenz von flüssig-breiig zu halbfest-fest. Es entsteht je nach Salz-, Na^+- oder Ca^{2+}-Gehalt der Bodenlösung ein Säulen-, Prismen- oder Polyedergefüge. Mit der Reifungstiefe werden die ursprünglich flachen Grüppen zu immer tieferen Gräben ausgebaut. Die Bodenreifung ist somit ein wichtiges kulturtechnisches Kriterium. Sie kann aus der Konsistenz, die vom Wasser-, Ton- und Humusgehalt (= n-Wert) abhängig ist, abgeleitet werden (s. Tab. 121).

Der zwischen den Gräben verbleibende Boden entwässert und entsalzt. Da leichtlösliche Na-Salze schneller abgeführt werden als die Ca-Salze, ändert sich auch die Kationengarnitur an den Austauschern des Bodens. Aus den Roh- bzw. unreifen Seemarschen (*Salz*marschen) des Vordeichlandes werden durch chemische Bodenreifung (Belüftung, Ionenumtausch) typische Seemarschen (*Kalk*marschen) des Polders. Da vor allem marine Sedimente reich sind an Sulfaten, die sich aus den Sulfiden des stark reduzierten, dunklen Wattsediments bei dessen Belüftung bilden, entwickelt sich eine starke S- und Fe-Dynamik in diesen Böden, die ihre Entkalkung beschleunigt ($\varnothing$ bis 1% $CaCO_3$/100 Jahre). Je nach Kalkgehalt des Sedimentationsraumes (marin > fluviatil > brackisch) sind durch synsedimentäre Entkalkung Bodenreifungen zur *Klei*- oder *Knick*marsch möglich. Entkalkte oder primär kalkfreie Marschböden werden als Klei- bzw. Brackmarschen bezeichnet. Sie können auch durch weitere Basenverluste und Tondurchschlämmung zur Knickmarsch degenerieren.

Neben der Regelung des Wasserhaushalts durch Entwässerung ist deshalb dem Basenhaushalt der an Feinstsubstanz reichen Marschen besondere Aufmerksamkeit zu widmen. Zufällig ist man im 17. Jahrhundert beim Brunnenbau auf den Wert des kalkhaltigen Wattsandes im Untergrund vieler Marschen aufmerksam geworden. Er wurde seither aus metertiefen Gruben oder Gräben mit dem Spaten aufgegraben (»gekuhlt«) und auf der kalkarmen Krume verteilt.

Dieser kalkhaltige Blausand (bis zu 10% $CaCO_3$) wird etwa 5 cm hoch auf die entkalkte bzw. kalkarme Bodenoberfläche gebracht. Das bedeutet eine doppelte Bodenmelioration:

1. Meliorationskalkung mit rund 50 t/ha vornehmlich langsam löslichen Muschelkalkes,
2. Magerung der oft zu bindigen Böden bei höherem Sandgehalt der Kuhlerde.

Seit 1925 wird die schwere Arbeit des Handkuhlens durch die Kuhlmaschine von RATJENS erledigt. Diese kann je laufenden Meter Maschinenvorschub bis zu 1 m³ Blausand aus bis zu 3,2 m Tiefe an die Bodenoberfläche fördern. Eine solche *Blausandmelioration* hat je nach Kalk- und Sandgehalt eine nachhaltig bodenverbessernde Wirkung von 30 bis 50 Jahren mit bis zu 30% Mehrerträgen und 25% Zugkraftersparnis bei der Bodenbearbeitung. Der etwa 60 cm breite Kuhlschlitz wirkt wie ein großer Erddrän.

Marschböden mit Tongehalten zwischen 15 und 35 Gew.% sind bei entsprechender Entwässerung gute Ackerstandorte. Erstfrüchte auf frisch eingedeichten, noch salzhaltigen Böden sind die salztolerante Sommergerste und der Raps, später Weizen und Rüben. Hackfrüchte sind jedoch auf diesen bindigen Böden bei später Ernte nicht empfehlenswert wegen der Ernteschwierigkeiten. Schwere Marschböden eignen sich vorzüglich für den Feldgemüse- und Obstbau (siehe Vier- und Marschlande, Altes Land bei Hamburg). Dank ihrer hohen nFK und guten Kapillarität werden sie jedoch überwiegend als hochwertiges Dauergrünland (Fettweiden) genutzt. In einigen schlecht entwässerbaren Gebieten (Moormarschen) erfuhr früher die Grünlandnutzung durch den giftigen Sumpfschachtelhalm (*Equisetum palustre*, »Duwock«) Einschränkungen.

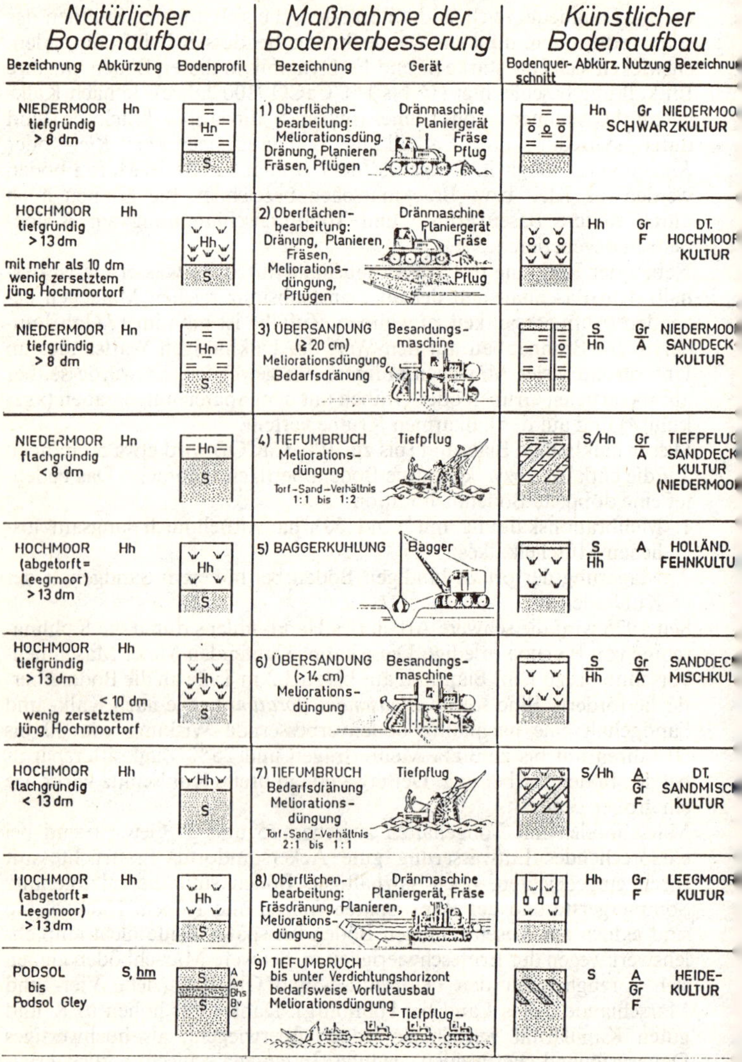

Natürlicher Bodenaufbau | Maßnahme der Bodenverbesserung | Künstlicher Bodenaufbau

Bezeichnung	Abkürzung	Bodenprofil	Bezeichnung	Gerät	Bodenquerschnitt	Abkürz. Nutzung	Bezeichnung
NIEDERMOOR tiefgründig > 8 dm	Hn		1) Oberflächenbearbeitung: Meliorationsdüng. Dränung, Planieren Fräsen, Pflügen	Dränmaschine Planiergerät Fräse Pflug		Hn Gr	NIEDERMOO SCHWARZKULTUR
HOCHMOOR tiefgründig > 13 dm mit mehr als 10 dm wenig zersetztem jüng. Hochmoortorf	Hh		2) Oberflächenbearbeitung: Dränung, Planieren, Fräsen, Meliorationsdüngung, Pflügen	Dränmaschine Planiergerät Fräse Pflug		Hh Gr F	DT. HOCHMOOF KULTUR
NIEDERMOOR tiefgründig > 8 dm	Hn		3) ÜBERSANDUNG (≥ 20 cm) Meliorationsdüngung Bedarfsdränung	Besandungsmaschine		S Gr Hn A	NIEDERMOO SANDDECK KULTUR
NIEDERMOOR flachgründig < 8 dm	Hn		4) TIEFUMBRUCH Meliorationsdüngung Torf-Sand-Verhältnis 1:1 bis 1:2	Tiefpflug		S/Hn Gr A	TIEFPFLUC SANDDECK KULTUR (NIEDERMOO
HOCHMOOR (abgetorft = Leegmoor) > 13 dm	Hh		5) BAGGERKUHLUNG	Bagger		S A Hh	HOLLÄND. FEHNKULTU
HOCHMOOR tiefgründig > 13 dm < 10 dm wenig zersetztem jüng. Hochmoortorf	Hh		6) ÜBERSANDUNG (>14 cm) Meliorationsdüngung	Besandungsmaschine		S Gr Hh A	SANDDEC MISCHKUL
HOCHMOOR flachgründig < 13 dm	Hh		7) TIEFUMBRUCH Bedarfsdränung Meliorationsdüngung Torf-Sand-Verhältnis 2:1 bis 1:1	Tiefpflug		S/Hh A Gr F	DT. SANDMISC KULTUR
HOCHMOOR (abgetorft = Leegmoor) > 13 dm	Hh		8) Oberflächenbearbeitung: Frädränung, Planieren, Meliorationsdüngung	Dränmaschine Planiergerät, Fräse		Hh Gr F	LEEGMOOR KULTUR
PODSOL bis Podsol Gley	S, hm		9) TIEFUMBRUCH bis unter Verdichtungshorizont bedarfsweise Vorflutausbau Meliorationsdüngung -Tiefpflug-			S A Gr F	HEIDEKULTUR

A = Acker. Gr = Grünland; F = Forst; $\frac{A}{Gr}$ vorwiegend zur Ackernutzung geeignet, zeitweise Grünlandnutzung möglich;

$\frac{Gr}{A}$ = vorwiegend zur Grünlandnutzung geeignet, zeitweise auch Ackerbau möglich

Abb. 125. Methoden der Bodenverbesserung bei Moor und Heide (KUNTZE in Oehmichen, 1981).

Das enge Grabennetz der ursprünglichen Beetkulturen brachte neben bis zu 15% Landverlust erhebliche Erschwernisse bei der maschinellen Bearbeitung. Diese ist deshalb inzwischen durch die Rohrdränung und allmähliche Planierung der Gräben abgelöst worden. Voraussetzungen für eine sichere Dränwirkung sind in diesen schluffreichen, makroporenarmen Böden:

– sichere Vorflut für eine möglichst tiefe Dränung
– endlose Vollfilterdräne gegen die Verschlämmungs- und Verockerungsgefahr.

Durch wechselnde Sedimentationsbedingungen sind Marschprofile in der Regel fein geschichtet. Das behindert ihre vertikale Wasserführung. Trotz ausreichender Absenkung des Grundwassers wird dann die bisher verdeckte Staunässe deutlich, sofern nicht eine gute, primäre, biogene Porung der Wattenfauna diese Porensprünge überwindet. Aus klimatischen Gründen sind diese an sich für eine tiefere Homogenisierung in ihren Unterböden meliorationsbedürftigen Profile dem Tieflockern oder Tiefpflügen schlecht zugänglich. Zusätzlich ist bei solchen mechanischen Eingriffen auf eine sehr gute Entwässerung zu achten.

Die vorgenannten kultur- und wasserbautechnischen Maßnahmen des Küstenschutzes mit gleichzeitiger Verbesserung der Marschböden für eine landwirtschaftliche Nutzung werden seit 1956 durch den Niedersächsischen Küstenplan, bzw. in Schleswig-Holstein durch das Programm Nord staatlich gefördert *(Landeskultur)*.

4.4.1.2 Moorkultur

Viele alte Dörfer liegen am Rande von *Nieder*mooren. Schon sehr früh wurden diese eutrophen Moore als sichere Futterquelle erkannt. Viehhaltung mit Produktion wirtschaftseigener Dungstoffe war von großem Wert für die ackerbauliche Nutzung vor allem leichter Mineralböden (»Die Wiese ist die Mutter des Ackerlandes«). Deshalb sind die Niedermoore schon seit dem frühen Mittelalter durch Initiativen der Klöster, später der weltlichen Landesherren landeskulturell erschlossen worden. Entsprechende großflächige Kultivierung der Hochmoore im Verlauf bäuerlicher Abtorfungen waren weniger erfolgreich. Die Hochmoore und ebenfalls an Nährstoffen verarmten Heiden stellten daher bis in die Nachkriegszeit die letzten Landreserven für eine *horizontale* Expansion dar. Die unterschiedlichen Moorbildungen machen verschiedene Kultivierungsverfahren erforderlich.

Für kulturtechnische Fragestellungen werden die Moore nach Torfmächtigkeit untergliedert in: 3 bis 8 dm, 8 bis 13 dm und > 13 dm. Regelmäßige Folgen von Torflagen führen zu *Schichttypen*. Die 6 wichtigsten sind in Tabelle 122 zusammengefaßt (Seite 474).

In dieser Tabelle sind die Übergangsmoortorfe nicht gesondert aufgeführt, sie sind in den Niedermoortorfen enthalten. Für kulturtechnische und landbauliche Fragestellungen kommt man mit 2 Moorkulturtypen

Tab. 122. Die wichtigsten Schichttypen der Moore

Schichttyp	1	2	3	4	5	6
Mineralische Decken			uT			
Torfe	Hn	Hn	Hn	Hh Hn	Hh Hn	Hh
Mudden	F			F		·

Schichttyp 3 = Moormarsch
Schichttyp 6 = wurzelechtes Hochmoor ⎫ bis auf den
Schichttyp 1,4 = Verlandungsmoor ⎬ mineralischen
Schichttyp 2,5 = Versumpfungsmoor ⎭ Untergrund

– Hoch- und Niedermoorboden – aus. Untereinheiten für Schichtfolge und Moormächtigkeit werden in die nächsttiefere Kategorie eingeordnet. Weitere Modifikationen sind nach dem Zersetzungsgrad (< 4, 4 bis 7, > 7 H) und nach der Torfart auszuweisen. Die Beschaffenheit der mineralischen Komponente des Liegenden kann durch weitere Untergliederung berücksichtigt werden. Zusammengefaßt ergibt sich folgende systematische Gliederung der Moorkulturtypen:
Nachfolgend werden die wichtigsten Moorkulturtypen in ihrer Verbreitung, Kultivierung, Eigenschaft, Nutzung, Weiterentwicklung und Rekultivierung beschrieben.
Die rund 700000 ha Niedermoore sind in der Bundesrepublik Deutschland zu nahezu 95% in Kultur, die 450000 ha Hochmoore zu etwa 70%. Die Moorkultivierung ist mit der Erschließung des Emslandes in der Bundesrepublik Deutschland ausgeklungen. Um den Erhalt der erst teilweise unter Naturschutz gestellten restlichen unkultivierten Moore als Feuchtbiotope wird hart gerungen. Im Ausland hat die Moorkulti-

Tab. 123. Moorkulturtypen

1. Kultivierungsverfahren	I – Schwarzkulturen
	II – Deckkulturen
	III – Mischkulturen
2. Moortyp	a) Hochmoor
	b) Niedermoor
3. Mächtigkeit	3.1 3– 8 dm Torf
	3.2 8–13 dm Torf
	3.3 > 13 dm Torf
4. Zersetzungsgrad	4.1 wenig zersetzt H < 4
	4.2 mittel zersetzt H 4–7
	4.3 stark zersetzt H > 7

Tab. 124. Moorkulturverfahren

Moormächtigkeit			
> 1,3 m		< 1,3 m	
Hh	Hn	Hh	Hn
a) Deutsche Hochmoorkultur	a) Niedermoorschwarzkultur	Deutsche Sandmischkultur	Tiefpflugsanddeckkultur
b) masch. Sanddeckmischkultur	b) masch. Sanddeckkultur		

vierung jedoch noch große Bedeutung. Auf deutsche Erfahrungen wird gern zurückgegriffen. Wegen der gefügekundlichen Labilität der Moorböden müssen gealterte Moorkulturen wiederholt rekultiviert werden. Das jeweilige Verfahren zur Kultivierung oder Rekultivierung richtet sich nach Moortyp, Moormächtigkeit, Beschaffenheit des mineralischen Untergrundes (s. Tabelle 124). In jedem Falle sind ausreichende Entwässerungstiefen und entsprechende Vorflut erforderlich.

Schwarzkulturen I
Niedermoorschwarzkultur
Verbreitung: Weltweit an Seen, in Niederungen. Ältester Moorkulturtyp.
Entstehung: Nach Entwässerung direkte Nutzung des gewachsenen Moorprofils. Die Torfe werden in der Krume mit der Nutzung schnell und stark humifiziert. Sie verleihen dem Moorboden eine tiefschwarze Farbe.
Profil: Meist > 1,3 m Torfmächtigkeit, häufig nur in der Krume stark zersetzt. Darunter folgen ± ganzpflanzliche Torfe über Mudden (*Verlandungs*moor) oder über mineralischen Lockersedimenten (*Versumpfungs*moor). Schichttypen 1 und 2 (Tab. 122): Torfe gut durchwurzelt (Abb. 126), wenn entwässert.
Eigenschaften: Mit Zersetzung der Torfe hohe, jedoch abnehmende nFK; kf-Werte anfänglich sehr hoch, nehmen mit Sackung und Torfschwund zunächst ab, nach Aggregierung wieder zu. ku-Werte verhalten sich umgekehrt. Bis pH 4,5 ist die Basenversorgung der Pflanzen ausreichend. Niedermoorschwarzkulturen mit pH > 7 und freiem $CaCO_3$ (Konchilien) sollten kalkzehrende Handelsdüngemittel erhalten. Je höher die Basensättigung, um so ungünstiger ist die Kaliumsorption. Bei zusätzlicher Durchschlickung ist regional (je nach Tonmineralgarnitur) mit K-Fixierung zu rechnen. Auch die natürliche P-Bevorratung ist in diesem Boden begrenzt. Das ungünstige, natürliche N : P : K : Ca-Verhältnis von 1 : 0,1 : 0,01 : 2 zwingt aus Sorge vor Festlegung (P)

oder Auswaschung (K) zu später Frühjahrsdüngung. Verbreitet tritt auf diesen N-reichen Böden Cu-Mangel auf. Desgleichen wird in kalkreichen Niedermooren Mn in schwerer lösliche Oxidationsstufen überführt (Dörrfleckenkrankheit). Physiologischer Mo-Mangel führt zur Moorruhr.

Hohe N-Freisetzungen (bis zu 1600 kg/ha · a), Verunkrautungsgefahr und mit der Intensität der Belüftung zunehmender Torfschwund (bis zu 2 cm/Jahr) machen diesen Moorkulturtyp zum *absoluten* Grünlandstandort. Gleichwohl ist er regional wegen der leichten Bearbeitung und seiner hohen Erträge vor allem im Gartenbau begehrt.

Weiterentwicklung: Je nach Nutzungs- und Entwässerungsintensität (Acker > Grünland) schnelle, anhaltende Zersetzung, Mineralisierung und Humifizierung. Torfschwund beträgt in Deutschland bei Ackerbau 2 cm/Jahr und bis zu 12 cm/Jahr im ariden Klima. Neben dem am Höhenverlust erkennbaren Torfschwund quantitative Veränderungen der organischen Bodensubstanz. Zersetzungsrückstände, Huminstoffvorstufen (Fulvosäuren) sind hydrophob. Benetzungswiderstände und Winderosionsgefahr bei spezifisch leichten Zersetzungsrückständen, vor allem bei offener Oberfläche (Ackerbau). Zwischen zeitweise trockener Krume und stets durchfeuchtetem Unterboden liegt eine Zone besonders intensiver biochemischer Umsetzungen. Analog der H-Lage im Auflagehumus entwickelt sich ein sehr stark humifizierter Horizont, der – vorwiegend aus Huminstoffen bestehend – bei Austrocknung zu scharfkantigen Feinpolyedern aggregiert. Dieser Huminifierungshori-

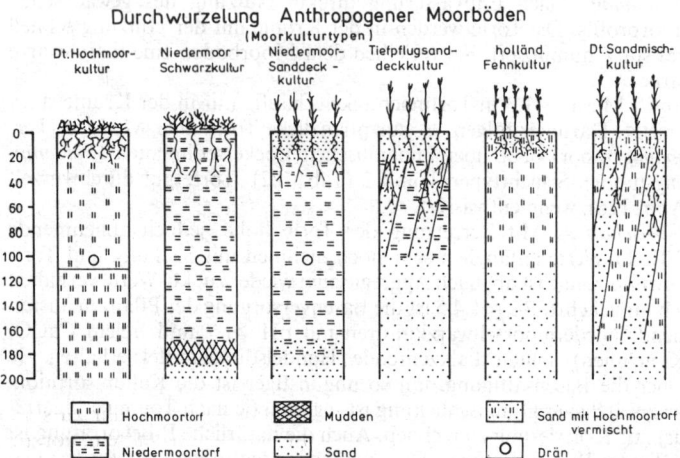

Abb. 126. Durchwurzelung anthropogener Moorböden (Moorkulturtypen).

zont wird als »Mursch« bezeichnet. Mit der Entwicklung des Niedermoorbodens nehmen Mächtigkeit und Tiefe dieses Murschhorizontes zu, Physikalisch hat er nach Austrocknung die Eigenschaften eines gS, da die Murschaggregate nahezu irreversibel schrumpfen. Damit werden kf wie ku im Bodenprofil gehemmt. Wurzeln meiden diesen Horizont geringer nFK. Trotz Grundwassernähe kann deshalb die direkte Wasserversorgung über die Wurzeln oder die indirekte durch kapillare Nachlieferung in Trockenperioden unterbrochen sein. Die Rückquellung des Mursches ist nahezu ausgeschlossen. Vermurschung ist im kontinentalen Klima stärker ausgeprägt als im humiden.

Verbesserung: Bedeckung mit Sand (siehe Sanddeckkultur) bremst die Torfumsetzungen und verbessert die Wiederbenetzung vermurschter Niedermoorböden. Auf die Tragfähigkeit begrenzte Entwässerungstiefe, bei gS unterlagerten, ebenen Flächen auch die jahreszeitlich nach Bedarf gelenkte kombinierte Unterflurbewässerung und Entwässerung drosseln die zu hohe Stickstoffdynamik dieses Moorkulturtyps.

Deutsche Hochmoorkultur

Verbreitung: Im atlantischen Klimaraum sowie im Voralpengebiet früher verbreitetster Hochmoorkulturtyp, da relativ einfaches und billiges Kulturverfahren.

Entstehung: Als Alternative zur Moorbranntkultur von der Moorversuchsstation Bremen auf Schichttypen 4, 5 und 6 (s. Tab. 122) entwickkelt. Nutzung des gewachsenen, > 1,3 m mächtigen Hochmoores, evtl. teilabgetorft (Leegmoor) nach Entwässerung. Kalkung bis pH 4,0 und Zufuhr fehlender Nährstoffe, die nur 20 cm tief eingemischt werden. Nur dieser meliorierte Horizont ist dann durchwurzelbar (s. Abb. 126).

Profil: Krume mittel- bis stark zersetzt, anthropogen eutrophiert, intensiv durchwurzelt. Möglichst > 8 dm wenig zersetzte, jüngere Hochmoortorfe (Weißtorf bzw. Bunkerde) über stärker zersetzten, älteren Hochmoortorfen (Schwarztorf) oder/und Niedermoortorfen, bzw. wurzelecht. Unterboden nicht durchwurzelt.

Eigenschaften und Nutzung: Solange genügend wenig zersetzte Torfe (H < 5) mit geringer Lagerungsdichte vorhanden, nach Entwässerung optimale Luft/Wasserverteilung. Anfangs sehr hohe nFK, mittlere kf- und ku-Werte nehmen mit Alterung ab. Bodenchemisch haben diese oligotrophen Böden anfangs einen hohen Kalkbedarf (bis 5 t/ha CaO) und müssen zunächst mit 300 kg/ha P_2O_5, 300 kg/ha K_2O und 10 kg/ha Cu einen künstlichen Nährstoffvorrat erhalten. Da Ca^{2+} durch organische Austauscher selektiv gebunden werden, ist eine Ca-Auswaschung in Hochmoorböden vernachlässigbar. Es besteht eher Gefahr zu starker Kalkanreicherung mit kalkmehrenden Handelsdüngemitteln, vor allem bei Grünlandnutzung. Diese oberflächennahe Sperrschicht mit bis zu pH 6,5 verhindert die Wanderung der sonst sehr mobilen Phosphate im

Moorboden. PO_3^{3-} bleibt im sauren Hochmoorboden bei fehlendem Fe^{2+}, Al^{3+} leichtlöslich. Dies ist für die Nährstoffversorgung der Pflanzen günstig. Selbst relativ niedrige $DL^-P_2O_5$-Werte sind für die Pflanzenernährung aus diesen Böden ausreichend (s. Seite 302). Nach der Chemomelioration reicht eine dem jeweiligen Ernteentzug entsprechende Ersatzdüngung. Höhere P-Gaben werden schnell im Boden verlagert und ausgewaschen. Der P-Austrag aus Hochmoorböden ist bis zu 100mal höher als aus Mineralböden. Bis zu 15 kg/ha P wurden jährlich als Austrag über Dräne gemessen. Auch K^+ ist vor allem im zu hoch aufgekalkten Hochmoorboden leicht auswaschbar. Schwarzkulturen bedürfen keiner organischen Düngung. Die N-Düngung wird teilweise im Humifizierungsprozeß verbraucht. Krumenböden Deutscher Hochmoorkulturen sind innerhalb weniger Jahre im N-Gehalt verdoppelt. Sie werden immer mehr dem Niedermoor ähnlich.

Dennoch bleibt die Nitrifikation im sauren Milieu gering. In nassen Perioden muß mit hohen Denitrifikationsverlusten gerechnet werden. Zur Erhaltung der Trittfestigkeit sind beim Dauergrünland 200 kg/ha·a N die obere Grenze der N-Düngung. Trotz guter Anfangserfolge, v.a. im Kartoffelbau, ist zur Substanzerhaltung Dauergrünland vorzuziehen. Diese Kulturart ist durch deutlich geringeren Nährstoffaustrag gekennzeichnet. Ökologisch hat Dauergrünland die größere Naturnähe. Versuche zur Forstnutzung können noch nicht abschließend bewertet werden. *Weiterentwicklung:* Sackungsverdichtungen besonders im oberen Profilbereich (Weißtorf). Bei weitem C/N-Verhältnis und tiefer Bodenreaktion verzögerter Torfschwund (0,5 bis 1 cm/Jahr). Im Vergleich zur Niedermoorschwarzkultur langsamere Alterung. Flurabstand des Grundwassers und der physikalisch günstige Bereich der wenig zersetzten Hochmoortorfe nehmen allmählich ab. So tendieren alternde Hochmoorkulturen zur Stau- und Haftnässe, die bei Rekultivierung engere Dränabstände erforderlich machen. Der zunächst auf 20 cm Tiefe chemisch meliorierte Krumenraum verflacht selbst unter Dauergrünland und zwingt zu wiederholtem Umbruch mit Neuansaat. *Verbesserung:* Mit Alterung (Sackung, Torfschwund) je nach Moormächtigkeit und Stratigraphie erneute Rekultivierung zur Deutschen Hochmoorkultur mit allerdings engeren Saugerabständen, schließlich nur noch Maulwurffräsdränung ökonomisch sinnvoll oder Rekultivierung durch Tiefumbruch zur Deutschen Sandmischkultur (s. Seite 481), sofern die Gesamtmoormächtigkeit < 1,3 m erreicht, bei geeignetem mineralischem Untergrund (s. Seite 482).

Sanddeckkulturen II
Niedermoorsanddeckkultur
Verbreitung: Mittel- bis Ostdeutschland, Polen.
Entstehung. Stark zersetzte Niedermoortorfe werden puffig. Ihr ungünstiger Wasserhaushalt (Benetzungswiderstand) kann durch Belastung

z. B. mit einer Sanddecke verbessert werden. Dieser Sand wird aus Gräben gewonnen und/oder seitlich antransportiert (Moordammkultur). Daher sind großflächig auch mächtigere Niedermoore besandet worden. Heute ist maschinelle Besandung mit der Kuhlmaschine möglich.

Profil: Niedermoortorfe mit 15 bis 20 cm Sanddecke, *nicht* mit Torf vermischt; Wurzeln reichen in Niedermoortorfe des Unterbodens (Abb. 126).

Eigenschaften: Tief durchwurzelbare, *flach* zu bearbeitende, tragfähige, intensiv nutzbare Ackerstandorte bei guter Entwässerung. Vermullung, Torfschwund und zu hohe N-Mineralisation durch schützende Sanddecke gebannt. Günstige thermische Eigenschaften (Nachtfrostgefahr vermindert), häufig Kupfer- und Manganmangel.

Weiterentwicklung: Sofern Bodenbearbeitung *flach* bleibt, sich auf die Sanddecke beschränkt, relativ gute Stabilität. Sobald jedoch N-reicher Niedermoortorf eingemischt ist, wird sein Abbau beschleunigt. Mit dem steigenden Humusgehalt verschlechtern sich hydrologische und thermische Eigenschaften. Schnelle Näherung zum Grundwasser und gleichzeitig Ausbildung von Haftnässe in zunehmend anmooriger Sanddecke machen weiteren Ackerbau zur Plage. Selbst als Grünland sind gealterte Sanddeckkulturen kaum noch sinnvoll zu nutzen.

Verbesserung: Verstärkung der Sanddecke bei zu stark humosen Böden und Entwässerung. Einsatz der Kuhlmaschine, wenn Moortiefe < 3 m und m-gS im Liegenden. Bei Resttorfmächtigkeit < 0,8 m und guter Entwässerung (kein Fremdwasser!) Tiefumbruch zur Tiefpflugsanddeckkultur, wenn ms/fS im Liegenden, keine Mudde, frei von pflanzenschädlichen Stoffen (FeS, FeS$_2$, Jarosit).

Tiefpflugsanddeckkulturen

Verbreitung: In flachgründigen Niedermooren (< 80 cm) über Talsand bei extrem guter Entwässerung.

Entstehung: Stark zersetzte Versumpfungsmoore über Talsand, Schichttyp 2 (Tab. 122), sind nach Entwässerung schnell irreversibel ausgetrocknet. Durch Bedeckung mit Sand und Konservierung des Niedermoortorfes im Unterboden werden hydrologische und thermische Eigenschaften verbessert. Durch Stufenpflugtechnik im Unterboden mögliche Wechselfolge von steilgestellten Sand- und Torfbalken. Darüber ausreichend mächtige Sanddecke, die *nicht* mit Niedermoortorf vermischt werden darf.

Profil: 20 bis 30 cm mächtige *schwach* humose Sanddecke. Darunter in Wechsellagen *steil* gestellte Sand- und Torfbalken zur Selbstdränung, bzw. Wasser-Nährstoffspeicherung. Tief durchwurzelt (Abb. 126).

Eigenschaften: Sanddecke bewirkt als Auflast gute kapillare Durchfeuchtung. Nachtfrostgefahr deutlich reduziert. Tief durchwurzelbar und gut tragfähig. Intensivem Ackerbau mit breitem Nutzungsspektrum zugänglich.

Weiterentwicklung: Sofern Bodenbearbeitung den Niedermoortorf im Unterboden nicht erfaßt, langsame Humusanreicherung in der Sanddecke (Konservierung). Wird dagegen zu tief bearbeitet, Niedermoortorf eingemischt, schnelle Mineralisierung und sekundäre Vernässung (Alterung – haftnaß).

Verbesserung: Verhaltene Humuszufuhr aus Wirtschaftsdüngung und Wurzeln. Gelegentliches Tiefgrubbern, um Pflugsohlenbildungen, bzw. Porensprung Sand/Torf zu begegnen.

Sandmischkulturen III
Holländische Fehnkultur

Verbreitung: Holländische Fehnkolonien (Groningen, Drenthe), Weser-Ems-Gebiet.

Entstehung: Die oberen Torflagen des Hochmoorprofiles aus stark zersetztem Heidetorf und wenig zersetztem Bleichmoostorf wurde zurückgesetzt, abgebunkt (= »Bunkerde«), dann der ältere, stärker zersetzte Hochmoortorf zur Brenntorfgewinnung ausgegraben, oft bis zum liegenden Sand. Nach Rigolen des fossilen Podsols werden 10 bis 15 cm Sand auf die zurückgesetzte Bunkerde aufgetragen und mit gleichen Anteilen Torf vermischt. Meliorationsdüngung anfangs mit aus den Städten in den Torfkähnen zurücktransportiertem »Straatendreck«. Später mit Wirtschafts- und Handelsdüngemitteln (wie Deutsche Hochmoorkultur).

Profil: Sehr nährstoffreiche, mit Sand, Torf und Kompost gemischte Krume (15 bis 20 cm) über umgelagerter, meist wenig bis mäßig zersetzter Bunkerde. Darunter teilweise noch stärker zersetzte Torfe. Resttorfe häufig stark verdichtet. Im Liegenden rigolter, fossiler Podsol aus Sand. Schichttyp 6 (s. Tab. 122).

Eigenschaften: Äußerst produktive Standorte intensiven Acker- und Gemüsebaus, da hydrologische, thermische und nährstoffdynamische Voraussetzungen bei *flacher* Bodenbearbeitung günstig.

Weiterentwicklung: Mit Alter und Intensität der Nutzung Nährstoffanreicherung. Durch ständiges Einmischen frischen Torfes bei ackerbaulicher Nutzung ähnlich starker Torfschwund wie bei Schwarzkulturen. Zunehmend anmoorige Krumen werden haftnaß. Wiederverdichtung der umgesetzten Bunkerde und Torfe im Unterboden.

Verbesserung: Zur Erhaltung ihres hohen Nährstoffkapitals in der Krume werden Unterbodenverdichtungen durch »Mengwoeler« gelockert und wenig Sand aus dem Untergrund als vertikale Sickerdochte bis an die Krume heraufgewühlt. Jedoch sekundäre Wiederverdichtung.

Maschinelle Hochmoorbesandung

Verbreitung: In nordwestdeutschen Hochmooren überall dort, wo Akkerbau erwünscht, langfristig Deutsche Hochmoorkultur nicht günstig und Deutsche Sandmischkultur noch nicht möglich.

Entstehung: 1,5–3 m mächtige Moorprofile (Schichttypen 4, 5, 6, Tab. 122) werden von Kuhlmaschine durchfahren, die je laufenden Meter etwa 1 m³ Sand unter Moor an die Mooroberfläche fördert und ausbreitet. Je enger die Kuhlmaschine fährt, umso mehr Sand wird gefördert. Besandungshöhe variiert zwischen 5 cm (trittfestes Grünland) und 15 cm (Ackerland). Je nach Feuchte und Körnung des Sandes jedoch ungleichmäßige Verteilung, die Nachplanieren erforderlich macht, ehe Sanddecke mit gleichen Torfanteilen vermischt wird. Kuhlschlitze wirken als große Erddräne. Meliorationsdüngung analog Deutscher Hochmoorkultur.

Profil: Natürliche Stratigraphie der Moore bleibt erhalten. Nur obere Torflage mit Sand bedeckt und vermischt. Wurzelraum auf diese Mischkrume begrenzt (s. Abb. 126).

Eigenschaften: Durch Kuhlschlitz relativ gute Dränung. Sandauftrag begünstigt die kapillare Durchfeuchtung von unten. Porensprung zwischen Mischboden in der Krume und darunter folgendem, wenig zersetzten Torf führt leicht zu Stauwasser bis Haftnässe. Bei gleichmäßigem Sandauftrag und torfschonender, ackerbaulicher Nutzung gute thermische Eigenschaften. Nährstoffdynamisch den holländischen Fehnkulturen ebenbürtig. Je nach Stärke der Sanddecke Acker- und Grünlandnutzung. Kulturpflanzen höherer Standortansprüche zugänglich.

Weiterentwicklung: Bei ungleichmäßiger Sanddecke unregelmäßige Einarbeitung von Torf, dadurch unterschiedlicher Torfschwund und Ausbildung verschieden humoser bis anmooriger Krumenböden mit ungleichmäßigen Wachstumsvoraussetzungen. Partielle Vernässung und Unebenheiten zwingen dann zur Aufgabe der Ackernutzung.

Verbesserung: Stauwasser und Haftnässe lassen sich durch einfache Schlitzdränung beheben, die durch Einfräsen von Sand in den Unterboden dochtartig den Porensprung überwindet.

Deutsche Sandmischkultur

Vorbereitung: Mit rund 150 000 ha der z. Zt. in Nordwestdeutschland verbreitetste Moorkulturtyp. Endglied der anthropogenen Moorbodenentwicklung.

Entstehung: Aus der Heidekultur (s. Seite 506) ab 1937 von der Moorversuchsstation in Bremen weiter entwickelter Moorkulturtyp. Sofern wurzelechte Hochmoore (Schichttyp 6, Tab. 122) < 1,50 m mächtig oder als Deutsche Hochmoorkultur auf diese Moormächtigkeit gealtert, bzw. durch Teilabtorfung so weit reduziert, wird bei ausreichender Vorflut (2 dm > Pflugtiefe) der Mammutpflug (bis 2,4 m Pflugtiefe) eingesetzt. Lagerungsdichten von Torf und Sand bestimmen das Volumenverhältnis beider Komponenten. Es soll schichtmäßig 2 : 1 bei locker gelagertem Torf (r_t < 200 g/l) und Sand (r_t < 1300 g/l) und 1 : 2 bei dichter lagerndem nicht überschreiten. Der Sand soll höchstens 15 bis 20 % Abschlämmbares (< 20 μm) enthalten, sonst erfüllt er seine Drän-

Tab. 125. Voraussetzung für eine stabile Deutsche Sandmischkultur (nach DIN 1185, 1973)

1. Ausgangsmaterial	Torfart (Hh > Hn, Zersetzungsgrad < H7, geringer Holzgehalt)
	Mineralboden (f-mS < 15 % < 20μm)
	Pflanzenschädliche Stoffe beachten
2. Vorflut	> 2 dm < TK-Sohle
	kein Fremdwasser
	Grabenabstand 150–250 m
3. Pflugtechnik	Torf : Sand = 2 : 1 – 1 : 2
	Furchentiefe : Breite = 3 : 2
	Furchengefälle < 3–5 %
	Überkippwinkel 135°
	nicht im Wasser pflügen
	(Bagger)kuhlung der Vorgewende
	Planieren nach Abtrocknen
	Oberflächengefälle < 1 % zum Graben
4. Meliorationsdüngung	pH 4,8 → 5,5 je nach Humusgehalt
	P, K, Cu – Vorratsdüngung → Versorgungsstufe B/C, (350/250/10) (n. Bodenuntersuchung)
5. Folgenutzung	Bearbeitung quer zur TK-Furche
	Allmähliche Krumenvertiefung
	Wiederholtes Nachplanieren (10 % Setzung, 5–20 % Sackung)
	Bedarfsdränung (N > 600 mm)

funktionen nicht. Nach dem Tiefpflügen wird planiert und in die Krume die Meliorationsdüngung – nach Bodenuntersuchung bis zu 5 t/ha CaO, 350 P_2O_5, 250 kg/ha K_2O, 10 kg/ha Cu – eingemischt. Nur die Krume wird gemischt. Dieser Moorkulturtyp ist sofort und nachhaltig ackerfähig. Die Voraussetzungen für eine stabile Deutsche Sandmischkultur sind in Tabelle 125 zusammengefaßt.

Profil: Unter einer anfangs h̄ bis a-Krume aus gemischtem Torf und Sand mit Tendenz zur Krumenvertiefung folgen im Unterboden um 135 ° überkippte Sandbalken (Selbstdränung) und Torfbalken (Wasserspeicherung). Je steiler gepflügt wurde, umso besser sind beide Funktionen in nassen wie trockenen Jahren zu erfüllen. Der Untergrund besteht aus dem bis in den Bv-Horizont gekappten fossilen Podsol, in der Regel vergleyt (s. Abb. 138).

Eigenschaften: Vielseitig nutzbarer Boden mit günstigen hydrologischen (Selbstdränung) und thermischen Eigenschaften (verminderte Nachtfrostgefahr). Mit der Tiefe der gemischten Krume und in den steilgestellten Sandbalken auch darüber hinaus durchwurzelbar. Als gefügestabiler Moorkulturtyp nachhaltig ackerfähig, mit breitem Nutzungsspektrum und hoher Anbauintensität, gleichzeitig aber auch als Dauergrünland und Forststandort gut geeignet.

Weiterentwicklung: Man unterscheidet 3 Phasen der Bodenentwicklung, die sich im Ertragsverlauf widerspiegeln (s. Abb. 127):

1. *Setzung* (bis 15% des aufgepflügten Bodens). Das anfangs optimale Luftvolumen wird wieder verringert (vorübergehender Ertragsrückgang).
2. *Homogenisierung.* Zunächst liegen nur rohe Mischungen von Torf und Sand vor. Diese werden in der Krume zunehmend homogenisiert.
3. Allmähliche *Humifizierung* des Torfes in der Krume. Mit Homogenisierung und Humifizierung Wiederanstieg des Ertrages. Nach 15 bis 18 Jahren ist die Sandmischkultur in der Krume zum Boden geworden. Der N-Gehalt in der organischen Substanz hat sich dann von < 1% im Hochmoortorf auf > 2% im Humus erhöht. Mit zunehmendem Alter stabilisiert sich die mineralische Komponente mit der organischen. Der Humusspiegel stellt sich auf 6 bis 8 Gew.% ein. Dann steigt der ursprünglich auf pH 4,7 bis 5,0 zu bemessene Kalkbedarf

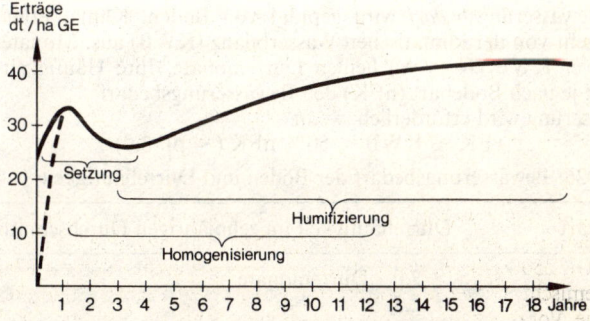

Abb. 127. Erträge und Bodenentwicklung der Sandmischkulturen.

auf pH 5,5. Die Erosionsgefahr läßt nach. Bei starker Setzung kann Bedarfsdränung erforderlich werden. Insgesamt nehmen ältere Sandmischkulturen schließlich Eigenschaften des Plaggenesch an.

Verbesserung: Mit dem Alter steigenden Kalkbedarf beachten. Durch allmähliche Krumenvertiefung und Bedarfsdränung weiter zu verbessern.

4.4.2 Standortverbesserung

Man unterscheidet eine *Melioration des Standortes*, z. B. durch Flurneuordnung, Wirtschaftswegebau, Gewässerausbau, landschaftspflegerische Begleitmaßnahmen, infrastrukturelle Maßnahmen sowie Dorferneuerung. Grundformen der *Bodenverbesserung* sind darin: *Hydro-* (Ent- und Bewässerung), *Profil-* und *Gefügemelioration* sowie *Chemomelioration.* Nach der *Tiefe* bodentechnologischer Eingriffe unterscheidet man:

a) *Krumen*melioration (< 35 cm), Bodenpflegemaßnahmen im i. w. S.
b) *Unterboden*melioration (Solum, B-, Sw-, Sd-, Go-, Gr-Horizonte)
c) *Untergrund*melioration (C-Horizont).

Kombinationen der verschiedenen Grundformen und Tiefen der Bodenverbesserung sind die Regel.

Standorte und Böden sollen den veränderten Anforderungen ihrer Nutzung besser angepaßt werden. Vorrangig geht es heute dabei eher um eine witterungsunabhängige, rationelle, großtechnische Bodennutzung mit Sicherung und Verbesserung der Erträge. Die dafür anzusetzenden Bodentechnologien führen zu einem vergrößerten nutzbaren Bodenvolumen. Diese *vertikale* Expansion hat verstärkt eingesetzt, nachdem eine horizontale mangels geeigneter Flächen und hoher Nutzungskonkurrenzen in der dichtbesiedelten Kulturlandschaft nicht mehr möglich ist.

4.4.2.1 Hydromeliorationen
4.4.2.1.1 Bewässerung

Der Bewässerungs*bedarf* wird geprägt von Boden, Klima, Pflanzen. Man geht von der klimatischen Wasserbilanz (KWB) aus. Monate mit negativer KWB (N < V) heißen Dürremonate. Ihre Häufigkeit bestimmt je nach Bodenart (nFK) den Bewässerungsbedarf. Bewässerung wird erforderlich, wenn

$$vFK \pm KWB < 50\% \; nFK \; (\sim pF \; 3,0).$$

Tab. 126. Bewässerungsbedarf der Böden und Dürrehäufigkeit

Bodenart	Dürrehäufigkeit im zehnjährigen Durchschnitt	
S-lS	> 2,0	Dürremonate
sL–L	> 2,5	–"–
tL, T, Hn	> 3,0	–"–

Tab. 127. Wasserbedarf verschiedener Nutzungsarten (Trockenjahre) nach Ackerzahlen (AZ) der Reichsbodenschätzung, Entnahmemengen in m³/ha und Jahr

Nutzungsart	leichte Böden 18–30	mittlere Böden 31–45	schwere Böden > 45 AZ	Frostschutz-beregnung
Hackfrucht-Getreide	1200	1000	800	1000
Futterbau-Weide	2000	1500	1200	–
Feldgemüse	2000	1500	1200	1000
Obst- und Weinbau	4000	3500	3000	1200
Freilandgemüsebau	6000	6000	6000	1000
Unterglasbetriebe	20000	20000	20000	–

Um Wasserverluste auszuschließen, sollte nur bis 70% nFK bewässert werden. Die erforderliche Bewässerungsmenge (BM) wird aus der aktuellen Bodenfeuchte (aBF) im effektiven Wurzelraum (We) berechnet:

$$mm \ BM = (70\% \ nFK - aBF) \ x \ dm \ We$$
$$aBF = Gew.\% \ H_2O \ x \ rt = \%vol = mm/dm.$$

Zeitpunkt und Höhe einer Bewässerung können auch mittels Tensiometer (s. Abb. 75) gesteuert werden. Sie wird je nach Kulturpflanzen bei pF 2,5 bis 3,0 erforderlich und sollte nur bis pF 2,0 bis 1,8 gehen. Die Bewässerungsmenge wird noch mit einem Verlustfaktor für unproduktive Verdunstung (VE) korrigiert (1,2 bei Beregnen, 1,6 bei Rieseln). Der Bewässerungsturnus (BT) ist abhängig von vFK und VET.

$$BT = \frac{vFK}{VET} \ (Tage)$$

Bei GW-Böden wird zur vFK die Summe täglicher kapillarer Aufstiegsraten der Wachstumszeit hinzugezählt (s. Tab. 81). Der pflanzliche Wasserbedarf ist art- und sortenabhängig, er wechselt während der Vegetationsperiode. Z.B. benötigt Getreide zur Keimung 30% nFK, beim Schossen bis Blüte 60 bis 70% nFK und bis zur Reife wieder 30% nFK. Die Wasseransprüche steigen mit der Blattoberfläche (Blattfrüchte > Halmfrüchte). Tiefwurzler erschließen mehr vFK als Flachwurzler. Dichte und Dauer der Vegetation machen das flachwurzelnde Grünland besonders wasserbedürftig. Reichliche Wasserversorgung junger Pflanzen erziehen diese zum »Säufer«, sie entwickeln dann nur ein relativ flaches Wurzelnetz. Schlechte Nährstoffversorgung zwingt die Pflanze zur Erfüllung ihres Nährstoffbedarfs zu erhöhter Transpiration. Aus dem Transpirationskoeffizienten (kg H₂O/kg TM) kann also nicht der Wasserbedarf, wohl die Effektivität des Bewässerungsverfahrens berechnet werden. Der Wasserbedarf verschiedener Nutzungsarten kann

Tab. 128. Infiltrationsrate und Bewässerungsverfahren (nach KOHNKE ergänzt)

Klasse	Infiltrationsrate	Bezeichnung	Verfahren
I	< 5 mm/h	gering	Beregnen, Tröpfeln, Stauen
II	6–127 mm/h	mittel	Berieseln
III	> 128 mm/h	hoch	Beregnen, Tröpfeln

nach Tabelle 127 auch aus den Ackerzahlen der Reichsbodenschätzung abgeleitet werden.

Das Wasseraufnahmevermögen (Bewässerungs*fähigkeit*) des Bodens wird im Felde mit dem Doppelringfiltrometer (DIN 19682, Teil 7) ermittelt.

Zu hohe Bewässerungsgaben und schon geringe Salzgehalte haben weltweit Schäden verursacht, wenn es an der notwendigen Entwässerung mangelt: z.B. 1000 mm BM x 300 ppm NaCl = 300 g NaCl/m^2 oder in 50 Jahren 15 kg NaCl-Zufuhr = 1% Salzanreicherung/m Bodentiefe. Salze erhöhen das osmotische Potential im Boden. Das Bodenwasser wird schlechter verfügbar für die Pflanzen (= physiologische Trockenheit). Besonders empfindlich sind junge Kulturpflanzen. Nur Halophyten verfügen über salztolerantes Plasma, bzw. sind zur Salzspeicherung befähigt (s. Tab. 129).

Zur Vermeidung von Salzschäden muß das Bewässerungswasser untersucht werden (DIN 19684, Teil 8, Abb. 2). In der elektrischen Leitfähigkeit werden alle dissoziierten Salze erfaßt (Salzgefährdung). Aus dem äquivalenten Verhältnis (SAR) dispergierender Na$^+$ zu flockender Ca^{2+} und Mg^{2+} wird die potentielle Gefügeschädigung abgeleitet (Natriumgefährdung).

Versalzte Böden (Solontschak) (> 1% Salz, > 4 mS, < 15% Na$^+$) werden hydrologisch regeneriert. Das versalzte GW muß möglichst abgesenkt werden. Die kritische GW-Tiefe wird aus der Kapillarität (s. Seite 254, DIN 19683) bestimmt.

Sie beträgt z.B. bei U-Böden je nach Salzgehalt und VET 2 bis 3 m. Mit salzhaltigem Wasser bewässerte Böden müssen also *tief* entwässert werden. Anschließend wird periodisch zur Salzauswaschung bewässert (»Leaching«). Häufige mittlere Gaben sind günstiger als einmalig hohe. Über salztolerante Pflanzen kann nur ein geringer Teil des Salzes mit dem Erntegut exportiert werden.

Ungenügend entsalzte Böden degenerieren zum *Alkali*boden (Solonetz) (pH >, > 15% Natriumbelegung). Feucht ist dieser gequollen, zähplastisch, kohärent und luftarm. Nach Austrocknung schrumpft er in ein Säulengefüge mit geringer nFK. Seine Melioration ist sehr schwierig. Alkaliböden werden mittels Gips melioriert:

Tab. 129. Salzgehalte (Gew.%) des Bodens
(Salzverträglichkeit nach BREBURDA 1966)

Beurteilung	Neutralsalze (Na_2SO_4, NaCl)	Alkalisalze (Na_2CO_3, $NaHCO_3$)	Salzverträglichkeit
salzfrei	< 0,2	< 0,05	alle Kulturpflanzen
leicht versalzt	0,2–0,4	0,05–0,1	Leguminosen, Obst, Zitrusfr.
mittel versalzt	0,4–0,6	0,1–0,2	Gerste, Rüben, Baumwolle
stark versalzt	0,6–1,0	0,2–0,3	Datteln
sehr st. versalzt	> 1,0	> 0,3	keine Pflanzen

$$2\ Na\text{-}Ton + CaSO_4 \rightarrow Ca\text{-}Ton + Na_2SO_4.$$
Das Neutralsalz Na_2SO_4 muß anschließend ausgewaschen werden.
Würde man $CaCO_3$ anstelle Gips nehmen, entstünde ein ungünstiges
Gefüge wegen der Sodadispergierung:
$$2\ Na\text{-}Ton + CaCO_3 \rightarrow Ca\text{-}Ton + Na_2CO_3.$$
Topographie, Böden und Bewirtschaftung machen unterschiedliche Bewässerungs*verfahren* erforderlich. Wasser- und energiesparende Verfahren sind vorzuziehen. Bewässerungs*würdig* sind vor allem hochproduktive Früchte (Gemüse, Obst, Hackfrüchte). Im folgenden sind die wichtigsten Bewässerungsverfahren Stauen, Rieseln, Beregnen und Tröpfeln hinsichtlich ihrer Effizienz dargestellt.

Bewässerungsverfahren

	Stauen	Rieseln	Beregnen	Tröpfeln
Wassermengen	←			
Wasser- u. Bodenbelüftung				→
Wirkungsgrad (Zufuhr/Ausnutzg.)				→
Kosten, Management				→

4.4.2.1.2 Entwässerung
Der **Entwässerungsbedarf** ist abhängig vom Klima (humid, semihumid), Topographie (Tal > Ebene > Hang), Bodenart (S < L < T < H), Bodentyp (hydromorphe Böden, s. Abb. 128), Nutzung (Acker > Weide > Wald > Wiese).
Ursachen schädlicher Bodennässe sind: Fremd-, Druck-, Grund- und Stauwasser. Bodentypen reflektieren den Wasserhaushalt, jedoch überdecken fossile Merkmale leicht rezente Einflüsse.

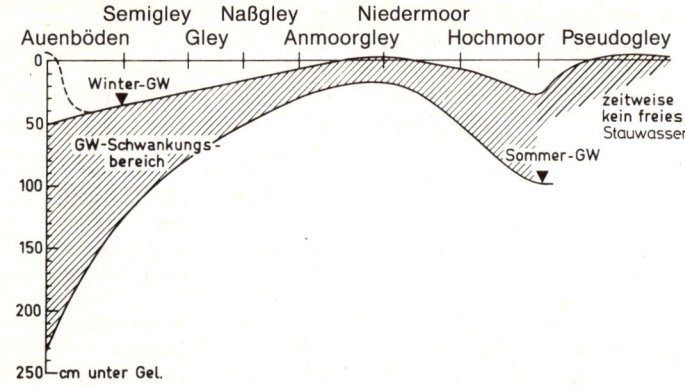

Abb. 128. Vom Grundwasser bzw. Stauwasser beeinflußte Bodentypen.

Zur Beurteilung des Entwässerungs*bedarfs* und der Entwässerungs*fähigkeit* sind vorrangig folgende Fragen zu beantworten:
1. *Dauer* der Vernässung
   – Ständig → Fremdwasser.
   – Wechselnd witterungsabhängig → Staunässe,
   – periodisch, vorwiegend außerhalb Vegetationszeit → Grundwasser
2. *Flächenmäßige* Ausdehnung der Vernässung
   – partiell *am Hang* → Schicht- oder Quellwasser
   – partiell *in der Ebene* → Reliefunterschiede,
     Entfernung zum Vorfluter, Bodenunterschiede,
   – *großflächig* → Bodenprofilstörungen, Bodenbearbeitungsfehler,
     fehlende Vorflut.

Fremdwasser. Fremdwasser ist das in ein Entwässerungsgebiet von außen ober- oder unterirdisch dringende Wasser, das einem *anderen* Niederschlagsgebiet entstammt. Es folgt geologisch vorgeprägten Schichten und Verwerfungen. Meist tritt es streifig, kleinflächig oder punktuell (Quelle) am Hangfuß auf. Fremdwasser ist häufig Transportmittel für gelöstes Eisen (Verockerungsgefahr!). Es wird durch Fanggräben oder -dräne *quer* zur Anströmung abgeleitet (s. Abb. 129). der Fremdwasseranteil ist bei Bemessung von Schöpfwerksleistungen zu berücksichtigen.

Grundwasser (s. a. Seite 270). Hier interessiert nur das *oberflächennahe* Grundwasser, das sich über einer undurchlässigen Sohle > 1,3 m unter GOF ansammelt. In Abhängigkeit von Witterungsgang und Vegetation (VET) ist die Grundwasseroberfläche jahresrhythmischen Schwankungen um so mehr unterworfen, je höher sie zur Bodenoberfläche ansteht. Zum Ende der Vegetationsperiode erreicht das Grundwasser seinen tiefsten, Ausgang des Winters seinen höchsten Stand. Dichtlagernde, luftarme Böden zeigen kurzfristig nach Niederschlägen schnellen Grundwasseranstieg (1%vol LK = 1 mm Wasseraufnahme/1 dm). Der Grundwasserstand wird als Grundwasserspiegel in mindestens 2 m tiefen Bohrlöchern, Beobachtungsrohren oder Brunnen nach Druckausgleich eingemessen. Frühestens 24 Stunden nach Bohrung und Verrohrung kann der Ruhegrundwasserspiegel eingemessen werden. Es genügt, in 1- bis 2wöchigem Abstand den Grundwassergang einzumessen. Die Grundwasseramplitude (Grundwasserhöchst- und Grundwassertiefststände) ist auch an Profilmerkmalen (z. B. Verfärbung des Eisens) abzulesen (s. Abb. 128). Die Grundnässe wird nach Tab. 130 eingestuft, daraus Nutzung und Entwässerung abgeleitet.

Für die meisten Böden ist eine ausreichende Trag- und Trittfestigkeit erst ab einem Grundwasserstand > 50 cm u. GOF gegeben. Bei größerer maschineller Belastung sind jedoch 80 cm anzustreben. Werden diese Flurabstände besonders in den kritischen Zeiten der Frühjahrsbestellung, Ernte- und Herbstbearbeitung nicht erreicht, muß der Grundwasserflurabstand durch Entwässerung vertieft werden. Das anzuwendende Entwässerungsverfahren wird vom Bodentyp und seiner Durchlässigkeit bestimmt (s. Seite 249). Da der Wasservorrat im Grundwasser in trockenen Perioden als wertvolle Reserve für die pflanzliche Wasserversorgung angesehen werden muß, sollte die Grundwasserabsenkung über einen kritischen Grenzflurabstand nicht hinausgehen. Dieser Grenzflurabstand setzt sich zusammen aus mittlerer, effektiver Durchwurzelungstiefe (We) und kapillarer Aufstiegsrate (Ka) (s. Seite 256). Böden geringer vFK und effektive Durchwurzelungstiefe sind eher auf kapillarem

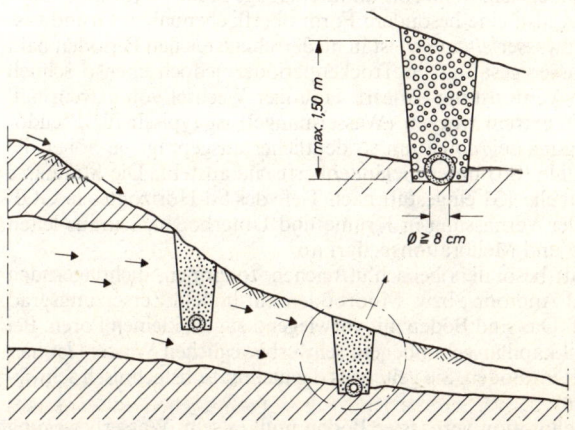

Abb. 129. Fangdräne für Fremdwasserandrang (nach DIN 1185, Teil 1).

Tab. 130. Beurteilung der Grundnässe (nach Kartieranleitung, 3. Aufl. 1982, vereinfacht und ergänzt)

Grundnässestufe	Vernässungsdauer				Entwässe-rungs-bedarf
	Krume	Unter-boden	Unter-grund	Nutzung	
sehr stark	L	L	L	G (Wiese)	+ + +
stark	M	L	L	G, F	+ +
mittel	K	M	L	G, F, A	+
schwach		K	M	A, G (Weide)	
sehr schwach			M	A	

L = langfristig, M = mittelfristig, K = kurzfristig,
G = Grünland, F = Forst, A = Acker,
+ + + = sehr hoch, + + = hoch, + = mittel

Grundwasseranschluß angewiesen. Der Grenzflurabstand ist nicht gleichzusetzen mit der Dräntiefe, da zwischen den Dränen höhere Grundwasserstände sich einstellen als in unmittelbarer Nähe zum Drän (s. Abb. 130).

Staunässe. *Zeitweise* Vernässung des Wurzelraums durch *dränbares Stau*wasser oder/und *nicht dränbares Haft*wasser wird als Stau*nässe* bezeichnet.

Stauwasser bildet sich, wenn eine undurchlässige Sohle < 1,3 m u. GOF ansteht. Es ist also eine besondere Form oberflächennahen Grundwassers. Der Stauwasser*leiter* (Sw) ist in niederschlagsreichen Perioden bald total mit Wasser gesättigt, in Trockenperioden jedoch ebenso schnell wieder durch Verdunstung entleert. Häufiger Wechsel von extrem naß (Luftmangel), extrem trocken (Wassermangel) ist typisch für Pseudogleye. Ihr Staunässe*grad* ist um so deutlicher ausgeprägt, je höher die Stauwassersohle (Sd) unter Geländeoberfläche ansteht. Die Staunässe wird nach Tabelle 131 eingestuft nach Tiefe des Sd-Horizontes u. GOF und Dauer der Vernässung in Krume und Unterboden. Daraus leiten sich Nutzung und Meliorationsbedarf ab.

Haftnässe tritt besonders bei schluffreichen, tonarmen, dichtlagernden Mineral- und Anmoor-, bzw. Moorböden mit hohem Zersetzungsgrad der Torfe auf. Das sind Böden mit vorwiegend engen, kleinen Poren. Bei hohem Anteil kapillar gebundenen, schwerbeweglichen Wassers ist hier zu wenig Luft im Boden. Sie gelten als die meliorationstechnisch schwierigsten Böden.

Ziel einer Melioration vernäßter Böden muß es sein, Wasserbewegung *und* Wasserspeicherung im Boden zu verbessern. Dazu dienen Dränung

Tab. 131. Beurteilung der Staunässe (nach Kartieranleitung, 3. Aufl. 1982, ergänzt und vereinfacht)

Staunässestufe	dm	Sd u. GOF	Krume	Unter- boden	Vegetationsverlauf	Nut- zung	Meliora- tion
sehr stark	< 2		L	L	sehr stark verzögert	F	TL + Dr
stark	2–4		M	L	stark verzögert	F, G	TL + Dr
mittel	4–8		K	M	verzögert	G, A	Dr + TL
schwach	8–13			M	gelegentlich verzögert	A, G	Dr
sehr schwach	> 13			K	selten verzögert	A	–

Vernässungsdauer

TL = Tieflockerung; Dr = Dränung
Übrige Legende siehe Tabelle 130

und/oder Unterbodenmelioration, die das nutzbare Bodenvolumen (= innerer Flächengewinn) erhöhen. Durch Maßnahmen der Entwässerung (Ausbau der natürlichen, bzw. Erstellung einer künstlichen Vorflut – Schöpfwerke – Binnenentwässerung – Rohrdränung und Unterbodenmelioration) soll und kann nur das überschüssige, im Boden allenfalls schwach gebundene Wasser abgezogen werden. *Maß der Dränfähigkeit* des Bodens ist seine Wasserdurchlässigkeit. Sie ist selten im Profil gleichmäßig ausgeprägt. Böden mit gröberer Körnung haben eine bessere Durchlässigkeit als feinkörnige Substrate. Allerdings können letztere durch Gefügebildung eine ebenso gute Durchlässigkeit erhalten (s. Tab. 76).

Wechsel in Körnung oder Gefüge durch Schichtung, bzw. Horizontierung der Profile bedingen stets einen Porensprung mit behinderter, vertikaler Wasserführung. Sie müssen als Wasserstau bei der Auswahl der Meßtiefen der Durchlässigkeit berücksichtigt werden. Sofern nicht die Durchlässigkeit aus Erfahrungswerten abzuleiten ist (s. Tab. 76, Seite 249), gibt es weitere Möglichkeiten, die Durchlässigkeit im Gelände zu

Tab. 132. Wasserandrang und Wasserdurchlässigkeit (nach EGGELSMANN 1973)

Wasserandrang beim Bohren	Wasserdurchlässigkeit	cm/d
Sehr wenig	sehr gering	< 6
wenig	gering	6– 15
mittel	mittel	15– 40
groß	hoch	40–100
sehr groß	sehr hoch	> 100

schätzen. Dazu legt man mit einem Flügelbohrer bis oberhalb einer festgestellten schwer- bis undurchlässigen Schicht/Horizont eine mindestens 0,5 m tiefe Bohrung (Durchmesser 7 bis 10 cm) an. Eine weitere Bohrung geht bis zur nächsten Sohle, bzw. bis maximal 2 m Tiefe. Die erste Beobachtung gilt der Stärke des Wasserandrangs (s. Tab. 132). Die Durchlässigkeit des Bodens kann aus der Zeit bis zum Einstellen des Ruhegrundwasserspiegels abgeleitet werden (Tab. 133).

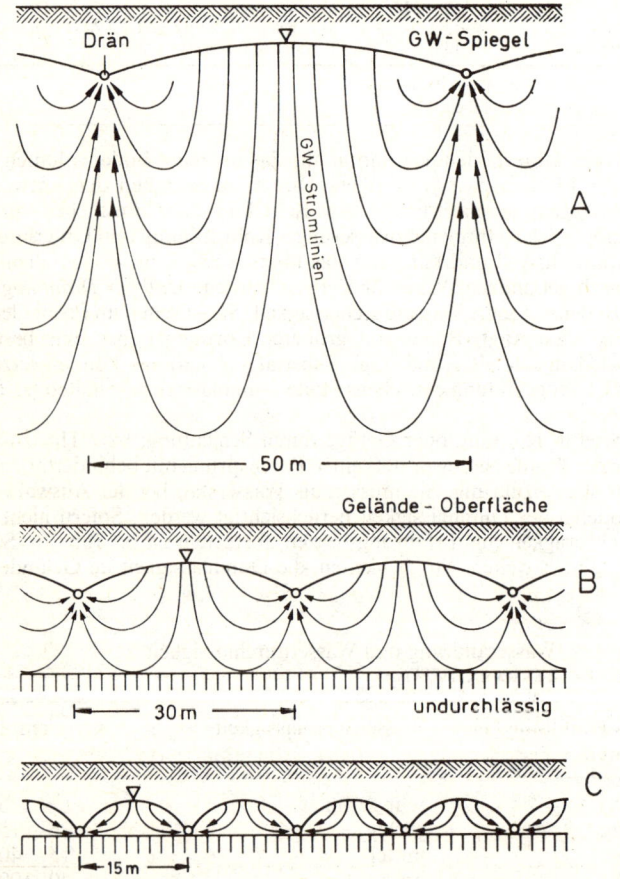

Abb. 130. Strömung des Wassers zum Dränrohr in Abhängigkeit von der Tiefenlage einer undurchlässigen Schicht (A > B > C).

Tab. 133. Grundwasseranstieg und Wasserdurchlässigkeit
(nach EGGELSMANN 1973)

Dauer bis zur Einspiegelung (h)	Wasserdurchlässigkeit	cm/d
> 6	sehr gering	< 6
6 −12	gering	6− 15
2 − 1/2	mittel	15 40
1/2− 1/4	hoch	40−100
< 1/4	sehr hoch	> 100

Diese Schätzungen sollten durch *Messungen* der tatsächlichen Geschwindigkeit des Grundwasseranstieges im Bohrloch ebenfalls kontrolliert werden. In der Regel werden zur Bestimmung des Dränabstandes 2 Bohrlöcher notwendig,

a) *oberhalb* beabsichtigter, bzw. nach der Vorflut – stets freie Dränausmündungen – möglicher Dräntiefe

b) *unterhalb* Dräntiefe unter Berücksichtigung des Abstandes zu einer schwer durchlässigen Schicht.

Je näher diese zur Dräntiefe liegt, umso günstiger sind nach Abb. 130 die Anströmungen des Wassers zum Drän, d. h., es muß dann enger gedränt werden (C< B < A). Entscheidend für die Dränabstandsbemessung ist die *unterhalb* beabsichtigter Dräntiefe gemessene Felddurchlässigkeit kf 2. In diesem Raum erfolgt vorzugsweise die Anströmung des Wassers zum Drän. Der Dränabstand wird neben der im Felde zu messenden, bzw. zu schätzenden Durchlässigkeit durch weitere Faktoren bestimmt, nämlich (s. Abb. 131):

1. Mächtigkeit der durchströmten Bodenschicht unterhalb Drän (D)
2. Höhe des zulässigen Grundwasserspiegels zwischen 2 Dränen (h). Sie bestimmt die erwünschte, stets grundwasserfreie Bodentiefe (f 50 bis 80 cm u. GOF)
3. Maximale tägliche Abflußhöhe (s) in Abhängigkeit vom Niederschlagsgebiet. Nach DIN 1185 ergibt sich folgende regionalklimatische Abhängigkeit von S.

Jahresniederschlag (mm)	Abflußhöhe (mm/Tag)	Abflußspende (1/s · ha)
< 600	7	0,8
600−1000	9	1,0
> 1000	17	2,0

Das Beispiel unter Abb. 131 zeigt den großen Einfluß der Durchlässigkeit *unter* Dräntiefe auf den Dränabstand (Faktor 8 statt 4). Würde

man einen geringeren grundwasserfreien Bodenraum zwischen den Dränen, z. B. bei trittfestem Grünland mit nur 0,5 m tolerieren, so ergibt das
bei t = 1,0 m für h = 0,5 in obige Formel eingesetzt einen Dränabstand
von 15,4 m. Bei Moorböden kann die Durchlässigkeit aus dem Zersetzungsgrad der Torfe abgeleitet werden (Tab. 30). Je größer der Zersetzungsgrad, um so geringer ist die Durchlässigkeit des Torfes. In
Abb. 132 sind für Niedermoor und Hochmoor die Abhängigkeiten der
Durchlässigkeit, bzw. des Dränabstandes vom Zersetzungsgrad und La-

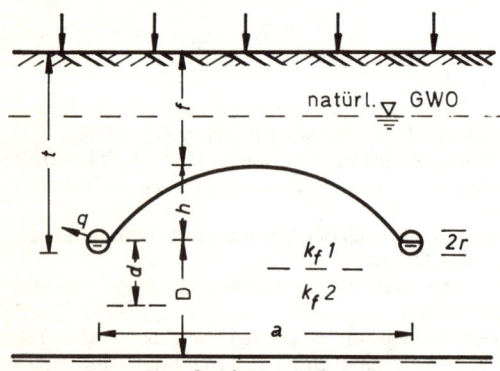

Abb. 131. Schema zur Dränabstandsformel (nach HOOGHOUDT aus DIN 1185,
Teil 2, 1973).

$$a = \sqrt{\frac{8 \cdot k_{f2} \cdot d \cdot h}{s} + \frac{4 \cdot k_{f1} \cdot h^2}{2}} \, (m)$$

k_{f1} = Durchlässigkeit *oberhalb* Dräntiefe, z.B. gering = 0,10 m/Tag
k_{f2} = Durchlässigkeit *unterhalb* Dräntiefe, z.B. hoch = 1,00 m/Tag
d = d-Faktor, s. Tabelle 134
D = Abstand des Dräns zu einer undurchlässigen Sohle, z.B. 0,5 m
h = Zulässige Aufwölbung zwischen den Dränen, wenn beabsich-
tigte Dräntiefe (t) 1 m und 0,8 m grundwasserfreier Bodenraum (f) erforderlich (Tragfähigkeit?)
h = t − f
h = 1,0 − 0,8 = 0,2 m
s = maximale tägliche Abflußhöhe, 0,009 m/Tag

$$a = \sqrt{\frac{8 \cdot 1,00 \cdot 0,5 \cdot 0,2}{0,009} + \frac{4 \cdot 0,10 \cdot 0,04}{0,009}} = \sqrt{\frac{0,8 + 0,016}{0,009}}$$

$$a = \sqrt{90,7} = 9,6 \, m$$

Tab. 134. d-Faktor (in m) für die Dränabstandsberechnung

D in m	d-Faktor für Dränabstand in m										
	5	7,5	10	15	20	25	30	35	40	45	50
0	0	0	0	0	0	0	0	0	0	0	0
0,50	0,47	0,48	0,49	0,49	0,49	0,50	0,50	0,50	0,50	0,50	0,50
0,75	0,60	0,65	0,69	0,71	0,73	0,74	0,75	0,75	0,75	0,76	0,76
1,00	0,67	0,75	0,80	0,86	0,89	0,91	0,93	0,94	0,96	0,96	0,96
1,25	0,70	0,82	0,89	1,00	1,05	1,09	1,12	1,13	1,14	1,14	1,15
1,50	0,71	0,88	0,97	1,11	1,19	1,25	1,28	1,31	1,34	1,35	1,36
1,75	0,71	0,91	1,02	1,20	1,30	1,39	1,45	1,49	1,52	1,55	1,57
2,00	0,71	0,93	1,08	1,28	1,41	1,50	1,57	1,62	1,66	1,70	1,72
2,50	0,71	0,93	1,14	1,38	1,57	1,69	1,79	1,87	1,94	1,99	2,02
3,00	0,71	0,93	1,14	1,45	1,67	1,83	1,97	2,08	2,16	2,23	2,29
3,50	0,71	0,93	1,14	1,50	1,75	1,93	2,11	2,24	2,35	2,45	2,54
4,00	0,71	0,93	1,14	1,53	1,81	2,02	2,22	2,37	2,51	2,62	2,71
5,00	0,71	0,93	1,14	1,53	1,88	2,15	2,38	2,58	2,75	2,89	3,02
∞	0,71	0,93	1,14	1,53	1,89	2,24	2,54	2,58	2,91	3,24	3,88

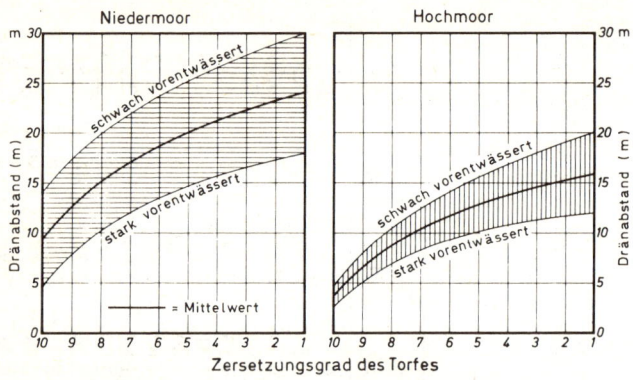

Abb. 132. Ermittlung des Dränabstandes für Nieder- und Hochmoore in Abhängigkeit vom Zersetzungsgrad und Intensität der Vorentwässerung gem. DIN 1185, Teil 2, 1973).

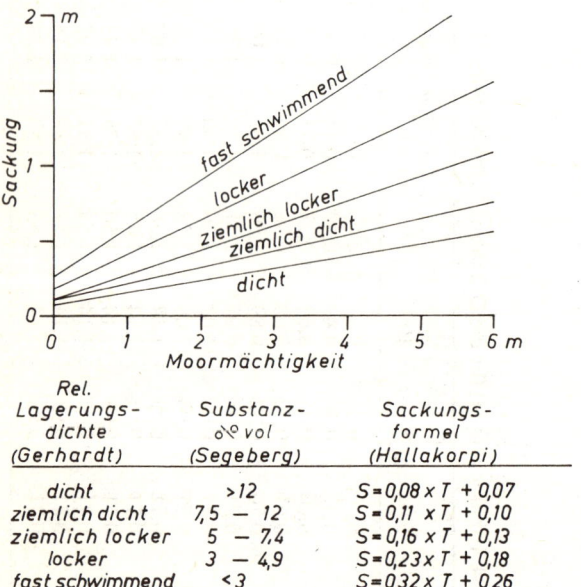

Rel. Lagerungs- dichte (Gerhardt)	Substanz- % vol (Segeberg)	Sackungs- formel (Hallakorpi)
dicht	>12	$S = 0,08 \times T + 0,07$
ziemlich dicht	7,5 — 12	$S = 0,11 \times T + 0,10$
ziemlich locker	5 — 7,4	$S = 0,16 \times T + 0,13$
locker	3 — 4,9	$S = 0,23 \times T + 0,18$
fast schwimmend	<3	$S = 0,32 \times T + 0,26$

Abb. 133. Maß der Moorsackung in Abhängigkeit von der Lagerungsdichte und Moormächtigkeit (nach DIN 19683, Teil 19, 1973).

gerungsdichte (Grad der Vorentwässerung) aufgetragen. Je stärker vorentwässert ein Moorboden ist, um so höher wird die Lagerungsdichte der Torfe. Deshalb sind bei gleichem Zersetzungsgrad die Wasserdurchlässigkeit und der Dränabstand im schwach vorentwässerten Moorboden größer zu wählen als in stärker vorentwässerten, dem heute allerdings vorherrschenden Zustand.

Bei der Moorbodenentwässerung ist die *Sackung* in der Bemessung der Dräntiefe zu berücksichtigen. Entwässerte Moore unterliegen einem Höhenverlust, der von der Moormächtigkeit und der Lagerungsdichte abhängt (Abb. 133).

Da der mineralische Untergrund eines Moores selten eben ist, sacken die tieferen Stellen im Moor stärker als die flacheren Torfauflagen. Auch die im Moorboden verlegten Dränstränge sacken mit. Unterschiedliche Sackung kann zu Abflußstörungen durch teilweises Gegengefälle führen. Die Dräne sind in ihrem Gefälle daher im Moor stets dem Gefälle des mineralischen Untergrundes anzupassen, d.h. von der geringeren zur größeren Moortiefe zu führen. Dazu muß vor einer Moordränung stets eine möglichst engmaschige Moorpeilung bis zum mineralischen Untergrund erfolgen. Sie kann im weichen Moorboden relativ einfach mit einer an ihrem unteren Ende löffelartig verstärkten Peilstange nach DIN 19671 durchgeführt werden.

Die Lagerungsdichte (fast schwimmend bis dicht) wird schichtmäßig ermittelt. Bei Kenntnis von Lagerungsdichte und Moormächtigkeit kann nach Abb. 133 bzw. DIN 19683, Teil 9, die Sackung errechnet werden. Es ist zu beachten, daß ackerbaulich genutzte Moore darüber hinaus in unserem Klima jährlich in der Krume bis zu 2 cm und auch in der Grünlandnarbe bis zu 1 cm Torfschwund durch Mineralisation erfahren. Man kann im wahrsten Sinne des Wortes ein Moor herunterwirtschaften (Schutzmaßnahmen s. Moorkulturverfahren).

Die im Mineralboden dagegen konstante Dräntiefe bestimmt sich nach

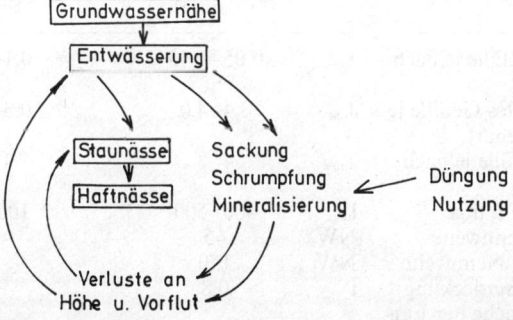

Abb. 134. Die Entwicklung eines grundnassen Moorbodens zum stau-haftnassen Problemstandort durch zu intensive Entwässerung und Nutzung.

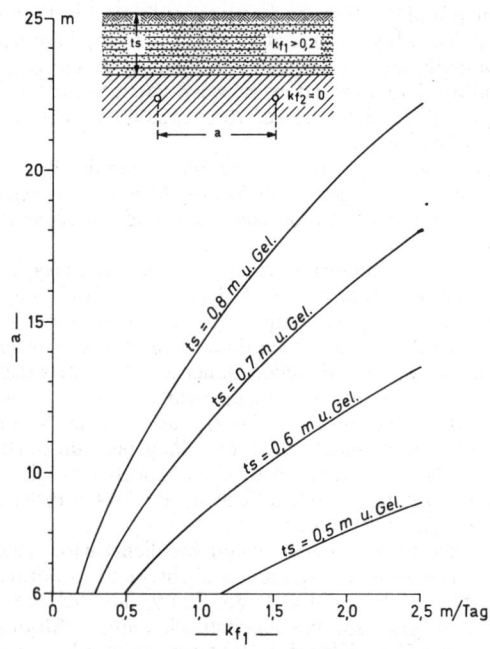

Abb. 135. Dränabstand in Stauwasserböden in Abhängigkeit von der Durchlässigkeit im Stauwasserleiter und Tiefe des Staukörpers (n. Kartieranl. 1982).

Tab. 135. Planungsgrundsätze zur Dränung (nach DIN 1185, gekürzt)

		für Sammler	für Sauger
Mindestgefälle je nach Bodenart	J_{min}	0,05–0,45	0,1– 0,3 %
Erwünschtes Gefälle je nach Bodenart	J_{opt}	0,4–4,0	0,3– 1,0 %
Höchstgefälle je nach Bodenart	J_{max}	4–8	1– 8 %
Maximale Länge	l_{max}	400–500	100–200 m
Mindestnennweite	NW_{min}	65	50 mm
Maximale Nennweite	NW_{max}	150	65 mm
Mindestüberdeckung	t	0,8	0,7 m
Mindestfläche der Eintrittsöffnungen	F		8 cm²/m

dem Profilaufbau. Sofern ein genügend großer Abstand zu einer stauenden Sohle gewahrt werden kann, ist er günstig für den dann weiten Dränabstand. In Stauwasserböden werden daher je nach Staunässegrad u.U. sehr enge Saugerabstände erforderlich (Abb. 135).

Hier ist daher bereits zu fragen, ob es nicht besser durch Unterbodenmeliorationen gelingt, diese Stausohle zu beseitigen, bzw. zu vertiefen (s. Seite 505). Ab kf < 10 cm/Tag und Stauwassersohle < 0,6 m GOF ergeben sich unwirtschaftlich enge Dränabstände.

Zur Regelung des Wasserhaushalts sehr schlecht durchlässiger Böden wird die kostengünstigere rohrlose *Erd-* oder *Maul*wurfdränung, kombiniert mit weiten Sammlerabständen und Grabenfilterung (Kies) und die systematische Tieflockerung (s. Seite 503) eingesetzt. Erddräne sind im Abstand von 2 m nur in steinfreien, bindigen Böden (> 30 Gew.% < 2 μm, T/U < 0,5) einzusetzen. In Moorböden wird bei ausreichender Lagerungsdichte (SV > 7,5%) und Zersetzungsgrad (H > 5) in 5 bis 10 m Abstand die Maulwurffräsdränung eingesetzt.

Die optimale Dräntiefe richtet sich nach Vorflut, Profilaufbau und dem GW-Grenzflurabstand. Dieser hängt ab von effektiver Durchwurzelungstiefe, vFK, hk und ku.

Wegen der mechanischen Störung durch Maschinendruck, Frostsprengung und Verwurzelung sollte die Mindestüberdeckung der Dräne 0,8 m sein. Sofern kein natürliches Gefälle ausgenutzt werden kann, liegen Sauger und Sammler an ihrem oberen Ende flacher als an der Ausmündung.

Wenn es Vorflut und Bodendurchlässigkeit *oberhalb* des Drän zulassen, ist eine größere Dräntiefe immer von Vorteil:

1. Sie gestattet bei gleichen Entwässerungsansprüchen und Durchlässigkeit einen weiten Saugerabstand.
2. Sie erhöht den luftführenden Porenraum, weil mit der Tiefe des Grundwassers und steigendem Unterdruck auch kleinere Poren mit entleert werden. Befahrbarkeit und Bearbeitungsfähigkeit werden damit früher erreicht.

Für die Schleppspannung des abfließenden Wassers im Drän und eine gewisse Selbstreinigung sollten Mindestgefälle eingehalten werden (s. Tab. 135).

In gefügelabilen, schluffreichen Böden (Wl-Wp < 6, U < 5) müssen Dräne durch *Voll*filterung gegen *mechanische* Verschlämmung geschützt werden. Lange reduzierte, tonreiche saure Böden verlagern bei Entwässerung viel Fe^{2+} in die Dräne, wo es zu $Fe(OH)_3$ oxidiert. Diese autochthone Verockerung endet mit Reifung des Bodens in wenigen Jahren. Kalkung und Lockerung fördern Oxidation und Verbraunung des Bodens. Fe^{3+} soll *vor* dem Drän im Boden ausfallen. Wird zusätzliches Fe^{2+} mit Fremdwasser herausgeführt (allochthone Verockerung), ist mit permanenter Verockerung zu rechnen (> 1 ppm Fe^{2+} und pH < 7 im GW). Dann hilft nur wiederholte mechanisch-chemische Dränspülung.

4.4.2.2   Profil- und Gefügemeliorationen

Geogene Schichtungen, pedogene Einlagerungs- und Setzungsverdichtungen sowie anthropogene Bearbeitungsfehler bedingen Störungen im Unterboden. Gestörte Profile sind wegen Mängel im Wasser- und Lufthaushalt physiologisch flachgründig (s. Abb. 136). Daher ist man bestrebt, durch mechanische Maßnahmen den verdichteten Unterboden für die Pflanzenwurzeln besser zu erschließen.

Verdichtungen werden verursacht durch:
− Kalk- und Humusmangel
− Bearbeitung zu feuchter Böden
− Geologisch-bodenkundliche Prozesse

Ein dichter Boden hat
− ein wenig ausgeprägtes, instabiles Gefüge (Einzelkorn-, Kitt-, Hüllen-, Kohärentgefüge)
− Relativ große Rohdichte (Mineralböden $> 1,4$ g/cm^3, Moorböden $> 7,5\%$ SV)
− zu wenig dränende Poren ($< 3\%$vol)
− zu geringe Wasserdurchlässigkeit (< 10 cm/Tag)

Man unterscheidet *allgemein* verdichtete Böden *(Profilverdichtung)*. Solche sind relativ selten. Häufiger dagegen ist die *relative* Verdichtung (Schicht-*Horizontverdichtung*). Verdichtungen bewirken Haftnässe, Stauwasser, Flachgründigkeit, schwache Durchwurzelbarkeit, erhöhten Bearbeitungs- und Düngungsaufwand. Daraus resultieren Ertragsunsicherheiten und -verluste.

Verdichtungen in und unmittelbar unter der Krume sind zu beheben

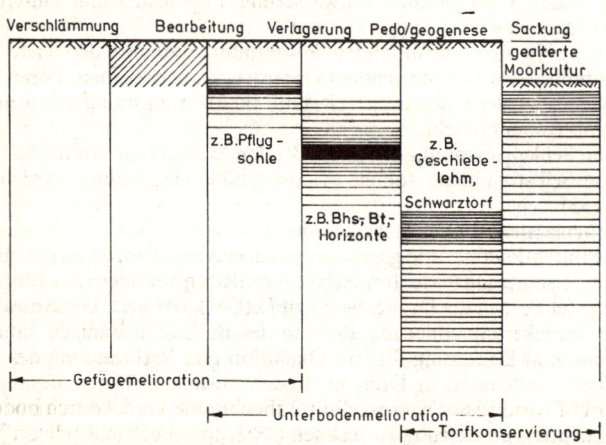

Abb. 136. Verdichtungen des Boden

Tab. 136. Wirkungen gleicher Radlasten (2600 kg) und verschiedener
Bereifung auf den Boden (slU) (nach WAYDELIN, HASSENPFLUG et al)

Bereifung	184-R-38 (Normal)	184-R-38 (Zwilling)	66 · 43,00-25 (Niederdruck)	
Reifendruck	1,2	0,8	0,4	bar
Lastfläche	1490	3100	8323	cm²
Kontaktdruck	1,74	0,84	0,31	kg/cm²
		Bodenscherfestigkeit		
6–10 cm	90	58	39	Nm
26–30 cm	175	124	117	Nm

durch trockene Bearbeitung. Hier sollte die Regel gelten, daß in nassen
Jahren möglichst flach, in trockenen Jahren hingegen tief bearbeitet
wird. Durch eine Meliorationskalkung und -düngung ist das mechanisch erstellte Lockergefüge zu stabilisieren. Tiefwurzler wie spezielle
Zwischenfrüchte können das mechanisch erstellte Lockergefüge stabilisieren helfen. Mit zunehmendem Einsatz schwerer Maschinen entstehen
Verdichtungen in immer größerer Tiefe. Pedogene Prozesse lassen Verdichtungen erst im Unterboden entstehen.
Verbreiteter Irrtum ist, daß nur bindige Böden durch Bearbeitungsfehler
plastisch verformbar die gefürchteten Unterbodenverdichtungen erhiel-
ten. Gerade schluff- und feinsandreiche Böden werden, in zu feuchtem
Zustand befahren, durch die Vibration der schweren Geräte bis in größere Tiefe verdichtet. Solche Rüttelverdichtungen sind auch dann möglich, wenn mit Gitterrädern, Zwillingsbereifung, Allradantrieb, Anti-
schlupf-Niederdruckreifen zur Bodenentlastung gefahren wird (s.
Tab. 136).
Neben solchen Bearbeitungsfehlern sind im Laufe der langen Entwicklung der Böden durch Versauerung, Ton- und Humusverlagerung im
Profil entstandene Einlagerungsverdichtungen weit verbreitet. Damit
wird der Unterboden in seiner Durchwurzelungstiefe begrenzt. Ziel der
Unterbodenmelioration ist es, geologisch-bodenkundlich vorgegebene
oder durch falsche Nutzung entstandene Profilstörungen zwischen
Krume und Untergrund zu beseitigen bzw. zu verhindern. Man unterscheidet *Tieflockern* und *Tiefumbruch*.
Der Untergrund ist das tiefer anschließende, noch nicht durch bodenbildende Prozesse veränderte Ausgangsmaterial; verbreitet sind von jüngeren Bodenbildungen überdeckte, fossile Bodenhorizonte, z.B. Podsol

Tab. 137. Unterbodenmelioration und Bedarfsdränung
(nach KUNTZE 1968)

Niederschlagshöhe (N)	< 600	600–800	> 800 mm
Evapotranspiration (VET)	500	500	500 mm
+ nFK nach Unterbodenmelioration (+ R)	50	50	50 mm
Oberflächenabfluß (A_O)	< 50	50–100	> 100 mm
unterird. Abfluß (A_U)	0	100–150	> 150 mm
zusätzlicher Entwässerungsbedarf	keine Bedarfsdräne	Teildränung Bedarfsdräne in Senken	Volldränung mit weiten Saugerabständen

unter Moor. Ist das Untergrundmaterial wertvoll, kann es durch Tiefpflügen und Besanden in die Melioration einbezogen werden (s. Seite 482). Die Grenzen zwischen meliorativer Bodenbearbeitung (*gelegentlich* tieferes Pflügen oder wiederholtes Lockern über die Krumentiefe hinaus) zu Unterbodenmeliorationen (*einmaliger* Eingriff bis *größere* Tiefe) sind fließend. Grundsätzlich gilt bei jeder Unterbodenmelioration, daß die notwendige Bearbeitungstiefe > MGW liegen muß. Der Unterbodenmelioration hat deshalb eine entsprechende Entwässerung vorauszugehen. Vernäßte Böden lassen sich nicht lockern, wenden und mischen. Im Zeitpunkt der Tiefenbearbeitung sollte die Bodenfeuchte bindiger Substrate < wp liegen.

Je nach Niederschlagshöhe muß bei geringem Gewinn an FK/nFK nach der Unterbodenmelioration in weiten Abständen (30 bis 40 m) zusätzlich gedränt werden, u.U. genügt Bedarfsdränung (Tab. 137). Die zusätzliche Hydromelioration wird von der erweiterten Haushaltsgleichung N = VET + Ao + Aa + R abgeleitet.

Die Folgenutzung ist wichtig für die nachhaltige Wirkung der Unterbodenmelioration. Grundsatz sollte sein, gelockerte und damit erhöht setzungsempfindliche Böden so wenig wie möglich zunächst zu belasten und zu bearbeiten und so schnell wie möglich das mechanisch erstellte Lockergefüge mit wurzelaktiven Kulturpflanzen, z.B. Luzerne, Raps, Rübsen, Hafer zu stabilisieren. Verfahren sind vorzuziehen, die möglichst wenig Planierungsarbeiten notwendig machen. Zur besseren Homogenisierung und Einmischung notwendiger Meliorationsdünger (Seite 504) sollte die Krumenbearbeitung stets quer zur Tieflockerung oder zur Tiefpflugfurche erfolgen. Ein bewährtes Nachbearbeitungsgerät ist die Spatenrollegge.

4.4.2.2.1 Tieflockerung

Lockerungs*bedürftig* sind verdichtete Böden (Pseudogleye, Pelosole, Podsole mit Orterde). Lockerungs*fähig* sind vor allem ungleichkörnige Lehmböden, bedingt lockerungsfähig abgetrockente Tonböden (s. Tab. 138).

Nicht lockerungsfähig sind Schluffböden. Ihr Gefüge ist instabil. Sie verschlämmen nach Lockerung und lagern dann immer dichter. Sandböden sind – abgesehen von Einlagerungsverdichtungen (Ortstein, s. Tiefpflügen, Seite 505) durch ihre gröbere Körnung nicht lockerungs*bedürftig*. Sie haben ausreichend grobe, primäre Hohlräume. Lockerungsbedürftig und -fähig sind nur solche trockenen Böden, deren Schollen zwischen den Fingern in der Hand bei leichtem Druck zu gröberen Gefügeelementen sich aufteilen lassen. Verdichtete Schichten oder Horizonte sind zu unterfahren. Bei Allgemeinverdichtung bestimmt die vorhandene Zugkraft die Bearbeitungstiefe. Als Faustregel kann gelten, daß je cm Bearbeitungstiefe für ein Lockerungsschar mindestens 1 kW, d.h. ein zweiarmiges Lockerungsgerät, das in 80 cm Tiefe arbeiten soll, verlangt 160 kW (= 218 PS).

Aus dem einfachen, starren Unterbodenmeisel oder Haken- bzw. Maulwurfdränpflug wurden Lockerungsgeräte entwickelt, die in folgende Typen zu unterscheiden sind (Abb. 137). Ein- und mehrarmige (meist 2 bis 3) starre und bewegliche (s. Abb. 138) mit und ohne Preßkegel (s. Maulwurfdränung), mit und ohne Einrichtung zur Tiefendüngung.

Durch Zapfwellenantrieb beweglich angeordnete Wippscharlockerer (Auf- und Abbewegung des Lockerungsschars durch eine exzentrisch gelagerte Welle) oder Hubschwenklockerer bzw. Stichhublockerer (zusätzliche Vor- und Rückwärtsbewegung) ahmen die Spatenarbeit nach. Damit ist eine partielle Vermischung des Bodens durch Verlagerung von Ah-Material im Unterboden verbunden. Das ist vor allem bei Podsoltieflockerung wichtig, die sich bei starren Lockerungsgeräten bald und stärker im Bhs-Horizont verdichten. Die Zugkraftbeanspruchung wird bei beweglicher Anordnung des Lockerungsschares um 25 bis 30% reduziert. Allerdings unterliegen solche Geräte einem entsprechend hohen Verschleiß. Den Lockerungseffekt kann man am besten am gewölbeartigen Aufbruch der Bodenoberfläche beurteilen (s. Abb. 138).

Tab. 138. Lockerungsfähige Bodenarten (nach KUNTZE 1968)

Bodenart	Änderung der Gefügeeigenschaft	zus. Dränbedarf
S	+ LK = + PV	–
L	+ LK > + PV	(–)
T	+ LK < + PV	+
U	– LK > – PV	+ +

Je höher der verdichtete Boden angehoben wird, um so besser ist die Lockerung. Dabei sollten die Lockerungsbereiche der einzelnen Schare sich überlappen. Der Furchenabstand richtet sich nach der Lockerungstiefe. Zum Überschneiden der Lockerungswirkung in Krumentiefe ist bei 80 cm Lockerungstiefe eine Arbeitsbreite von 75 cm anzustreben. Die Lockerung wirkt zunächst nur mechanisch. Das *primäre* Lockerungsgefüge besteht mehr oder weniger aus groben Schollen, Klumpen oder Prismen. Druckentlastet unterliegen diese unter Einfluß wechselnder Durchfeuchtung und Austrocknung einer weiteren Aufgliederung in kleinere Gefügeelemente (Bröckel und Polyeder). Dieses *Sekundär*gefüge gilt es zu stabilisieren, damit optimale Luft- und Wassergehalte sich im vorher vernäßten Boden langfristig einstellen können. Auf die große Bedeutung der Pflanzenwurzeln wurde bereits hingewiesen. Sie vernetzen nicht nur die einzelnen Gefügeelemente, sondern sind auch Nahrung für die Bodenorganismen, die biologisch den weiteren Verbau zur Gefügestabilisierung fördern.

Man hat versucht, diese Prozesse durch Tiefen*düngung* zu fördern. Alle bisher angebotenen Tiefenlockerungsgeräte mit Vorrichtungen zur Tiefendüngung bringen zu geringe Düngermengen in das vergrößerte Bodenvolumen. Statt der maximal möglichen 20 dt/ha sind oft bis zu 200 dt/ha Mineraldüngung im Unterboden zu verteilen. Am besten, d. h. gleichmäßig, wird der Dünger bei pneumatischer Einbringung im Unterboden verteilt. Vorzugsweise sind staubförmige Düngemittel einzusetzen. Körnige Düngemittel werden oft nur bandartig in der Lockerungsfurche abgelagert. Leichtlösliche Nährstoffe unterliegen im humiden Klima jedoch einer schnellen Auswaschung. Oft reicht daher die verstärkte Krumendüngung mit Einwaschung. Da Kalk leichtlöslich und schnell auswaschbar ist, können die für den Unterboden notwendigen Mengen auch durch oberflächliche Ausbringung allmählich tief verteilt werden. Für die Tiefendurchwurzelung sind N- und P-Vorräte im

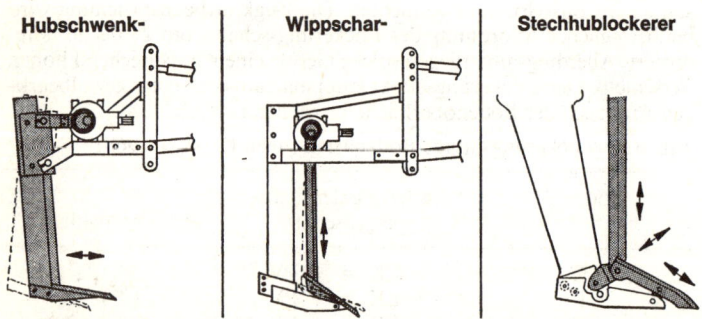

Abb. 137. Arbeitsprinzip von beweglichen Untergrundbodenlockerern (nach SCHULTE-KARRING 1976).

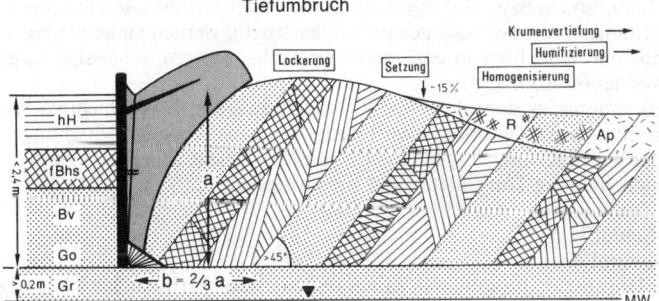

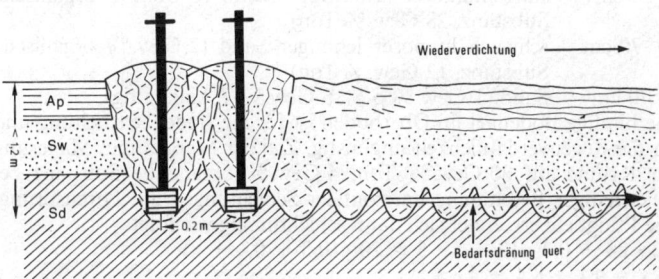

Abb. 138. Mischende und lockernde Unterbodenmelioration – Tiefumbruch bzw. Unterbodenlockerung.

Unterboden wichtig. Stickstoff ist, da leicht löslich, durch Krumendüngung schnell im Unterboden verlagert, nicht dagegen die Phosphorsäure. Deshalb sind alle unsere Bodenprofile »kopflastig«, d.h. in der Krume P-Versorgungsstufen C bis E, im Unterboden dagegen meist A bis M. Phosphate sind in Mineralböden praktisch nicht auswaschbar. Sie müssen daher vorzugsweise im Unterboden angereichert werden. Dazu reichen die Tiefendüngungseinrichtungen allerdings aus, wenngleich es sicherlich nicht erforderlich ist, Unterboden über Versorgungsstufe C hinaus aufzudüngen.

4.4.2.2.2 Tiefpflügen
Während man zu bindiges, stark saures oder steiniges Bodenmaterial, z.B. der Grundmoräne, tunlichst dort läßt, wo es ist, nämlich im Unterboden, und solche dort verdichteten Böden durch Tieflockerung verbessern kann, ist bei physikalisch und chemisch günstigerem Bodenmaterial

im Unterboden bzw. Untergrund gegenüber der Krume das Tiefpflügen zur Standortverbesserung geeignet. Gleichzeitig werden stauende Horizonte und Schichten in eine mehr vertikale, wasserdurchlässige Lage gewendet (s. Abb. 138).

Meist kommt es darauf an, die Krume zu magern. Das schichtmäßige Verhältnis beim Tiefpflügen wird nach den anzustrebenden Mischungen in der neuen Krume ausgerechnet. Für die rationelle ackerbauliche Nutzung sollten die Tongehalte (< 2 µm) betragen:

im Tonboden < 35 Gew.%

im Schluffboden > 20 Gew.%

im Lehmboden > 15 Gew.%.

Die Humusgehalte sollten in Mineralböden bei ackerbaulicher Nutzung um 2 bis 4 Gew.% eingestellt werden.

Hierzu als Beispiel ein durch Tiefpflügen zu meliorierender, schichtiger Auenboden:

0–30 cm   stark humoser schluffiger Lehm (6 Gew.% organische Substanz, 28 Gew.% Ton)

30–70 cm   schwach humoser lehmiger Sand (2 Gew.% organische Substanz, 12 Gew.% Ton)

> 70 cm   Sand (1 Gew.% o.S., 5 Gew.% T, kalkhaltig).

Die bindige Bodenart im Oberboden ist für die Bodenbearbeitung und für die Regenverdaulichkeit ungünstig. Ziel der Maßnahme: Magerung der Krume auf 20 Gew.% Ton, 4 Gew.% organische Substanz bei gleichzeitiger Beseitigung horizontaler Schichtungen mit Porensprung.

Die Pflugtiefe errechnet sich dann schichtmäßig wie folgt:

$0,3 \cdot 28 + 0,4 \cdot 12 + x \cdot 5 = 20 \cdot (0,3 + 0,4 + x)$

$15 x = 14 - 8,4 - 4,8$

$x = \dfrac{-0,8}{15} = -0,05$ m

Für einen optimalen Tongehalt von 20% errechnet sich mithin die Pflugtiefe zu $0,30 + 0,40 - 0,05 = 0,65$ m.

Für einen optimalen Humusgehalt (4%) wird die Pflugtiefe analog berechnet:

$0,3 \cdot 6 + 0,4 \cdot 2 + x \cdot 1 = 4 (0,3 + 0,4 + x)$

$-3 x = 2,8 - 1,8 - 0,8 = -0,07$ m

Pflugtiefe $= 0,3 + 0,4 + 0,07 = 0,77$ m

Da der Humusgehalt eher durch Vegetationsrückstände, Zwischenfrüchte und organische Düngung auf den standortüblichen Spiegel einzustellen ist, sollte man sich mehr nach dem schichtmäßigen Mischungsverhältnis für den Tongehalt in der Krume orientieren. Eine mittlere Pflugtiefe von 0,7 m ist daher zu empfehlen. So werden Podsole mit Erfolg durch die *Heidekultur re*gradiert (Aufpflügen des Ortsteines, Meliorationsdüngung). Podsole sind häufig von wurzelechten Hochmooren bedeckt, aus der Heidekultur wurde so die Deutsche Sandmischkultur entwickelt (s. Seite 481). In Tab. 139 ist die nach den Bedürfnissen der

Tab. 139. Entwicklung der Tiefkultur

Ab	Boden	max. Tiefe/cm	Anlaß
1870	L	40	Rübenmüdigkeit
1900	P	60	Aufforstung, Heidekultur
1950	Hh	120	Moorkultur
1965	L, A, M	100	Erosionsschutz, Kalkung
1975	HN	150	Rekultivierung
1983	HH	240	Rekultivierung

verschiedenen Bodentypen ausgerichtete Entwicklung der Tiefkultur aufgelistet.

Parabraunerden sind im Unterboden durch Tonanreicherung (Bt) gestört, vor allem in nassen Jahren durch Quellung. In trockenen Jahren entwickelt sich ein Schwundrißgefüge. Die an Ton verarmten, schluffreichen Ah- und Al-Horizonte sind leicht verschlämmt und erodierbar. Tiefpflügen beseitigt den Bt-Horizont und stabilisiert die Krume mit Ton (s. auch Erosionsschutz).

Sofern in Auen und Marschen kalkreiche ältere Sedimente mit dem Tiefpflug erreichbar sind, könnten neben der Beseitigung der für die Wasserbewegung im Profil ungünstigen Sedimentschichtung größere Kalkvorräte aufgebracht werden. Meist ist damit ein Magerungseffekt durch Vermischen von gröberer Körnung des Unterbodens im schweren, bindigen Krumenmaterial verbunden (s. auch Blausandmelioration).

4.4.2.3 Chemomelioration

Sofern die Stabilisierung des Bodengefüges oder ein Nährstoffpool erst mit größeren Düngermengen erzielt werden können, handelt es sich um eine *Meliorationsdüngung* (M). Besondere Bedeutung hat die Meliorations*kalkung*. Man unterscheidet den aktuellen (pH Wasser), potentiellen (pH $CaCO_2$) und zusätzlichen (pH H_2O_2) Kalkbedarf. Letzterer tritt vor allem bei sulfidischem Untergrundmaterial auf, das bei Tiefpflügen oder in Deponien auftreten kann. Ton- und Humusgehalte bestimmen die Ziel-pH-Werte, die Pufferung, Höhe und Form der Kalkung. Bei schlecht gepufferten Böden (S) mit hohem Kalkbedarf werden langsam wirkende Kalkformen (Mergel, Hüttenkalk) bevorzugt. Chemomelioration kann auch durch Tiefpflügen oder Kuhlen (Blausandmelioration) erfolgen.

Kalk- und silikathaltige P-Dünger (Thomasphosphat, Konverterkalk) sind zur Gefügeverbesserung schluffreicher Böden einzusetzen.

Als Bodenverbesserungsmittel, die die Humusgehalte direkt erhöhen, wird im Garten- und Landschaftsbau Hochmoortorf bevorzugt. Seine

Tab. 140. Meliorationsbedürftige Bodentypen und ihre standortgemäßen Meliorationsverfahren (KUNTZE 1986)

Bodentypen		HS	KV	GE	RD	MD	TP	TL	SD	MK	BW
Podsole	(P)						+			+	+
Pelosole	(D)					+	(+)				
Pseudogleye	(S)				(+)		+				(+)
Parabraunerden	(L)						(+)				
Gleye	(G)		(+)	+	+	+			+		
Auenböden	(A)	+	+	+	(+)	+	(+)				
Marschen	(M)	+	+	+	+	+	(+)		+		
Hochmoore	(Hh)			+	+	+	+		+	+	
Niedermoore	(Hn)	+	+	+	+	(+)	(+)		+	(+)	(+)

HS = Hochwasserschutz, Eindeichung, Polderung
KV = Künstliche Vorflut
GE = (großräumige) Grabenentwässerung
RD = Rohrdränung
MD = Maulwurfdränung
TP = Tiefpflügen
TL = Tieflockern
SD = Besanden
MK = Meliorationskalkung und -düngung
BW = Bewässerung
(+) = Bedingt anwendbar, erforderlich
+ = Hauptverfahren

faserige, offenporige Zellstruktur verbessert in leichten Böden die Wasserspeicherung, in schweren die Luftführung (DIN 11524 Düngetorf = enthält Kalk- und Nährstoffzusätze und Torfdünger = ohne Zusätze aufbereitete Torfe, meist Hochmoortorfe). Zur Bodenverbesserung werden ein bis zwei Ballen Torf/100m² empfohlen. Unkrautsamenfreie Hochmoortorfe (H 2 bis 3) sind leichter abbaubaren Niedermoortorfen vorzuziehen.
Alternativ zu diesen Naturprodukten werden aufgeschäumte Kunststoffe angeboten. Der geschlossenporige Schaumstoff Styropor® ist relativ abbauresistent und lockert vor allem stark bindige Böden. Der offenporige Hygromull® ist wegen seines N-Gehaltes jährlich bis zu 3 bis 5% abbaubar. Seine hohe Wasserspeicherung verbessert vor allem leichte Böden. Je nach Bodenart sind 1 bis 2 m³/100 m² Styro- oder Hygromull erforderlich.

Aufbereitete Siedlungsabfälle (Komposte) sind hygienisch unbedenklich über den Boden verwertbar, wenn bestimmte Randbedingungen (Menge, Zeitpunkt, Schwermetall-, Schadstoffgehalt, Kulturpflanzenart) beachtet werden. Sie sind Nährstoffträger und Humusquelle zugleich (Nährstoffäquivalent: 100 m³ Müllkompost, bzw. Klärschlamm entspricht 1,5 dt Volldünger). Über Siedlungsabfälle werden relativ stabile organische Substanzen angeboten (Klärschlämme 80 Gew.% in der Trockenmasse, Müllkompost 30 Gew.%). Sperrige Siedlungsabfälle dienen dem Erosionsschutz. Bei längerer Anwendung größerer Mengen ist mit Schwermetallakkumulationen zu rechnen (s. Bodenschutz). Jährlich sollten nicht mehr als 1,7 t Trockenmasse/ha Siedlungsabfälle verwertet werden.

Weil die physikalischen, chemischen und biologischen Bodeneigenschaften in Abhängigkeit voneinander stehen, ist eine Bodenverbesserung in der Regel nicht allein mit *einem* physikalischen oder chemischen Verfahren zu erreichen. Erst Verfahrenskombinationen führen deshalb zum nachhaltigen Meliorationserfolg. Für die meliorationsbedürftigen Bodentypen sind die wichtigsten Meliorationsverfahren in ihrer standortgemäßen Kombination in Tabelle 140 dargestellt.

4.4.3 Rekultivierung – Renaturierung

Im Bodenschutz steht das Vorsorge-/Verursacherprinzip vor dem der Schadensbeseitigung. Dennoch wird es sich nicht immer vermeiden lassen, daß *vorübergehende* Bodenschäden wieder saniert werden müssen.

Die Wiederherstellung eines Kulturbodens nennt man *Rekultivierung*. Bei Abgrabungen oberflächennaher Rohstoffe (Kies, Sand, Ton, Kieselgur, Torf, Braunkohle) wird dem Erhalt der humus- und nährstoffhalti-

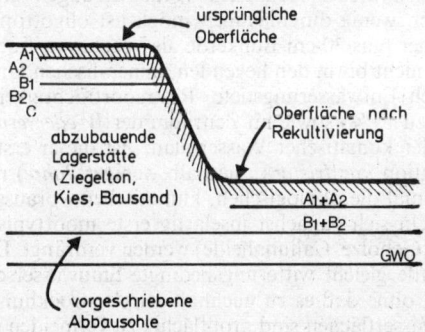

Abb. 139. Schema der Rekultivierung nach Entnahme des abzubauenden Materials. Die A- und B-Horizonte sind, jeder in sich gemischt, in ursprünglicher Reihenfolge wieder aufgebracht (nach HARTGE 1978).

gen, belebten Krume besonderes Augenmerk gewidmet (Mutterboden-Verordnung). Die horizontmäßige Zwischenlagerung von Deckböden bei Abgrabungen und ihr anschließend entsprechender Wiedereinbau verfolgt den Zweck, möglichst der Umgebung ähnliche Verhältnisse zu schaffen (s. Abb. 139).

Kiesabbau und Rekultivierung stehen z. Zt. im Gleichgewicht; es werden jährlich etwa ebensoviele Hektar rekultiviert wie abgegraben. Der Bodenabbau ist seit 1981 im Naturschutzgesetz geregelt. Die Unteren Naturschutzbehörden bei den Landkreisen genehmigen ihn nur, wenn neben einem technisch und zeitlich festgelegten Abbauplan ein Rekultivierungs- oder Landschaftspflegeplan bzw. andere Ersatzvornahmen zum Ausgleich des Eingriffes rechtzeitig vorgelegt werden. Besonders problematisch sind die tiefen Braunkohlentagebaue, wo auch weniger wertvoller pyrithaltiger Abraum mit u. U. großen Halden über längere Zeit, bzw. auf Dauer entstehen, die sich hinsichtlich Höhe und Form dem Landschaftsbild anzupassen haben. Dadurch kann der Flächenanspruch einer Halde u. U. größer sein als der des Tagebaus.

Der Mangel an ökologischen Ausgleichsflächen gibt *Renaturierungen* heute einen höheren Stellenwert als Rekultivierungen. Unter Renaturierung versteht man das Ziel der Wiederherstellung einer naturnahen Fläche. Insbesondere der Mangel an Feuchtbiotopen läßt aus grundwassererfüllten Kiesgruben mit Flachuferzonen und Ruhebuchten sowie Inseln sekundäre limnische Ökosysteme entstehen.

Abtorfungen sind z. B. nach dem Niedersächsischen Moorschutzprogramm nur auf ökologisch wertlosen Resthochmooren oder landwirtschaftlich genutzten Flächen (gealterte Deutsche Hochmoorkultur) zulässig. Ist als Folgenutzung eine *Moorregeneration* vorgesehen, sollen die dann nur *teil*abgetorften Hochmoore durch Anstau des Niederschlagswassers zunächst wieder vernässen. Voraussetzungen sind: > 50 cm stark zersetzter, wenig durchlässiger, möglichst oligotropher Basistorf als Wasserstauer plus 30 cm Bunkerde als Vegetationstragschicht, Vorentwässerung nicht bis in den liegenden, mineralischen Untergrund reichend. Je nach Entwässerungstiefe, Restmoorträchtigkeit und Rückquellung (bis zu 15 %) sowie im Zeitraum der *Wiedervernässungsphase* vorherrschender klimatischer Wasserbilanz, ist dieser erste Schritt der Moorregeneration *kurzfristig* (innerhalb weniger *Jahre*) möglich. Sind damit erst einmal die ökologischen, klimatischen Voraussetzungen geschaffen, siedeln sich zunächst inselartig erste moortypische Pflanzen an, atypische (Gehölze, Callunaheide) werden verdrängt. Die schwimmfähige Bunkerde gleicht witterungsbedingte Stauwasserschwankungen im Moor aus, ohne daß es zu nachhaltigen Austrocknungen kommen kann. *Freie* Wasserflächen sind großflächig zu vermeiden (erhöhte Verdunstungsverluste, Guanotrophierung). Am besten stellt sich das Bult-Schlenkenwachstum mit Torfmoospolstern auf nicht total eingeebneten Flächen ein. Diese *zweite Phase der Renaturierung* erfolgt je nach Aus-

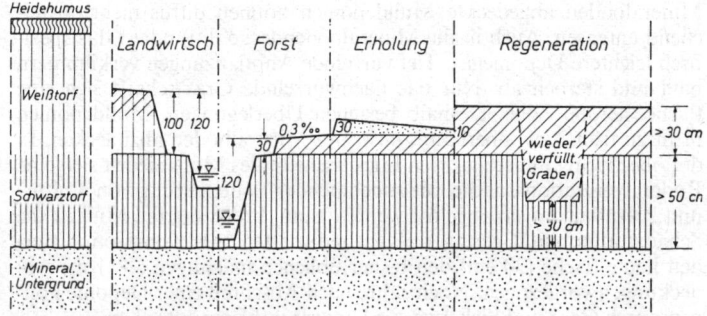

Abb. 140. Teilabbau von Hochmoor und Folgenutzung (nach KUNTZE 1973).

gangssituation (Degenerations-, Stillstands-, Wachstumskomplexe) unterschiedlich schnell *(mittelfristig, Jahrzehnte)*. Der moortypischen Vegetation folgt bald die moortypische Fauna. An ihrem Ende steht die *Moorregeneration* mit sichtbarer neuer Torfbildung aus der Biomasse. Sie dürfte erst *langfristig* in *Jahrhunderten* erreichbar sein.

Für landwirtschaftliche Folgenutzung ist eine *vollständige* Abtorfung dann anzustreben, wenn die Voraussetzungen einer sicheren Sandmischkultur (geeignete Körnung des mineralischen Untergrundes, frei von pflanzenschädlichen Stoffen, ausreichend tiefe Vorflut, s. Moorkultur Seite 473) gegeben sind. Dann kann auf die Bunkerde verzichtet werden, wenn nur mindestens 50 cm Resttorfe (möglichst keine holzreichen eutrophen Torfe) verbleiben (s. Abb. 140).

Besonders kritisch ist die Anlage und Rekultivierung von *Mülldeponien*, da es praktisch keinen undurchlässigen Boden gibt. Auch ein Ton mit kf = 10^{-8} m/sec ist langfristig immer noch durchlässig. So werden die Sohlen von Deponien grundsätzlich verdichtet (mechanisch mit Schaffußwalzen, chemisch mit Bindemittel wie Kalk), bzw. werden Abdichtfolien und mit einer Sohldränung zur Sammlung des Deponiesickerwassers versehen. Dieses wird entweder auf der Deponie ständig verrieselt oder einer Spezialkläranlage zugeführt.

Aus hygienischen und hydrologischen Gründen erfolgt letztlich auch zur Volumenminderung eine verdichtende, schichtweise Ablagerung des Hausmülls. Damit begegnet man der Gefahr der Selbstentzündung und einer allzu schnellen Versickerung mit Schadstoffauswaschung. Es entstehen aber *an*aerobe Verhältnisse. Noch über Jahrzehnte entwickelt sich im verdichteten Müll Deponiegas (40 bis 60% CH_4, 60 bis 40% CO/CO_2). Durch Gasdräne wird das Deponiegas gesammelt, teilweise nur abgefackelt oder technisch verwertet. Trotz dieser Vorkehrungen ist eine Deponie bald bis an die Oberfläche ein sauerstoffarmer Körper, erkennbar an fauligem Geruch und dunkler Verfärbung. Zu früh mit

Mineralboden abgedeckte Mülldeponien können diffus nicht ausreichend entgasen. Auch in die Mineralbodendecke diffundiert das spezifisch leichtere Deponiegas. Tiefwurzelnde Anpflanzungen verkümmern bald und sterben ab. Nur das flachwurzelnde Gras schafft sich eine flache, aerobe Zone. Deshalb bestehen Überlegungen, Mülldeponien nicht zu früh, bzw. überhaupt nicht mit Mineralboden abzudecken. In der oberflächig mineralisierten Lockerschicht des Mülls siedelt sich eine Ruderalvegetation an, die mit zunehmender Bodenreifung von Kultur- und Zierpflanzen abgelöst werden kann. Im oxidierten Müll ist die Schadstoffmobilität geringer als im reduzierten. Als Kompromiß werden heute flache (30 cm) den bisher üblichen mächtigen (> 1 m) Abdeckungen vorgezogen. Noch Jahre nach Abschluß einer Deponie können durch Gase und Sickerwässer Umweltprobleme entstehen.

Beim Bau und Unterhaltung von Verkehrswegen und Häfen wird zum Bodenaustausch, bzw. zur Entschlammung vorzugsweise das Naßbaggerverfahren mit Spültechnik eingesetzt. Dieses *Baggergut* kann sehr vielschichtig zusammengesetzt sein. In Spülpoldern können sich die verschieden schweren Bestandteile im Spülstrom und durch Sedimentation trennen. Dabei entstehen je nach Sorptionsfähigkeit des Spülgutes unterschiedlich mit anorganischen und organischen Schadstoffen, bzw. pflanzenschädlichen Stoffen (Pyrit) belastete Areale. Häufiges Umsetzen des Spülkopfes, nicht zu große Spülpolder, geringe Spülhöhen halten diese unerwünschte Auftrennung in Grenzen. Durch Voruntersuchungen lassen sich vorbelastete Partien in Sonderpolder rechtzeitig abzweigen.

Mit dem Ende der Aufspülung beginnt bereits die Reifung des Sedimentes zum Boden. Möglichst bald sind mit Schwimmgeräten flache Grüppen in engem Abstand (6 bis 12 m) zur Oberflächenentwässerung anzulegen. Eine Pioniervegetation sorgt für zusätzliche, biologische Entwässerung. In den trockenfallenden Jjsselmeerpoldern wurde dazu vom Flugzeug aus Schilf eingesät. Allmählich nimmt die Rohdichte des Schlicks dabei von 100 bis 200 g/l auf 400 bis 500 g/l zu. Das ist immer noch zu wenig im Vergleich zum gewachsenen Mineralboden (1000 bis 1500 g/l). Die Zunahme der Rohdichte wird verursacht durch Setzung und Schrumpfung. An den breiten Schwundrissen siedelt sich wegen der dort besonders guten Belüftung und schnellen Salzauswaschung eine Pioniervegetation an. Die Tiefe der Schwundrisse zeigt, wie tief die Grüppen sukzessive angelegt werden sollen. Sind durch Entwässerung und Gefügebildung Reifungstiefen von 80 cm erreicht, können die Grüppen teilweise durch Rohrdräne ersetzt werden.

Je nach Schadstoffgehalt, natürlicher Versauerung ist die Kalkung ein wichtiges Mittel in der Reifung solcher Sedimente. Man beginnt mit flacher Einarbeitung und vertieft erst allmählich die Krume. Die Bodenreifung von Spülgut kann 8 bis 20 Jahre, je nach ihren Ausgangsbedingungen und bodentechnischer Unterstützung dauern. Schwermetallhaltiges Baggergut kann – solange eine spezielle Baggergut-Verordnung fehlt – nach den Richtlinien der Klärschlamm-Verordnung bewertet und behandelt werden. Kalkung, Wahl weniger Schwermetalle aufnehmender Pflanzen (Futtergetreide, Bohnen, Kohl, Obst, Gehölze, Blumen statt Wurzel- und Blattgemüse sowie Brotgetreide) sowie ausreichende Abdeckung (> 30 cm bei flachwurzelnden, > 60 cm bei tiefwurzelnden Kulturpflanzen) mit nicht kontaminiertem Boden lassen die Schadstoffe unter Kontrolle halten.

Kippen und *Halden* sind wegen möglicher Abspülungen, Verwehungen und Schädigungen des Wasserhaushalts oft Belastungen für die Landschaft, pflanzenschädliche Stoffe können auftreten.

Auch hier ist zunächst die Erhaltung des belebten Bodens vorrangig, der zur späteren Abdeckung der Schüttung benötigt wird. Das aufgetragene Bodenmaterial muß bei steiler Böschung (Verhältnis 1 : 2) durch Aufrauhung des Untergrundes oder durch Faschinen vor dem Abrutschen geschützt werden.

Muß das Haldenmaterial den Pflanzen unmittelbar als Standort dienen, da Oberboden nicht zur Verfügung steht, wird es erforderlich, zuerst eine gründliche chemische und physikalische Untersuchung durchzuführen zur Ermittlung des Nährstoffhaushaltes, des Gefüges, des Kalkbedarfs und möglicher pflanzenschädlicher Stoffe. Nur so ist eine gezielte Standortverbesserung möglich. Besonders wichtig ist die Korngrößenzusammensetzung, da von ihr z.B. die Sorptionsfähigkeit der Pflanzennährstoffe sowie unter Berücksichtigung der Lagerungsdichte nFK und kf abhängen. Die mechanische Bodenlockerung kann sinnvoll mit Einarbeitung von Humus und Mineraldünger verbunden werden. Die Begrünung beginnt mit Pionierpflanzen, die sich durch Raschwüchsigkeit, Anspruchslosigkeit sowie Unempfindlichkeit gegenüber Frost, Hitze und Wind auszeichnen. Den bodendeckenden und tiefwurzelnden Leguminosen folgen je nach Standort verschiedene Pioniergehölze, z.B. Roterle, Grauerle, späte Traubenkirsche, Mehlbeere, Moorbirke, Zittelpappel, Robinie, Sanddorn, Brombeere, Besenginster u.a. Gehölze, die den Wald aufbauen, werden vielfach wenige Jahre später gesetzt. Kiefer, Fichte fördern Versauerung und Podsolierung nach Rohhumusbildung. Unter artenreichem Laubwald bildet sich dagegen ein Mullhumushorizont.

Diese Beispiele zeigen, wie heute Erfahrungen der Kultur- und Landbautechnik ökotechnisch mit Erfolg angewendet werden können.

4.4.4 Bodenschutz

Der Boden ist ein knappes Naturgut. Er ist unvermehrbar. In dicht besiedelten Räumen wie in der hochindustrialisierten Bundesrepublik resultiert daraus eine vielfältige Nutzungskonkurrenz mit Mehrfachnutzungsansprüchen (Nahrungs- oder Rohstoffproduktion, Siedlungs- und Verkehrsansprüche, Funktionen in der Landschaft für Erholung oder zum ökologischen Ausgleich). Mit diesen hohen Nutzungsansprüchen nehmen Nutzungsfehler durch mechanische und chemische Überlastungen zu. Damit drohen Gefahren der Boden(zer)störung. Aus einem *Vorsorge*prinzip erklärt sich der große Schutz*bedarf* des Bodens. Allerdings erst seit kurzem ist der Bodenschutz als neue Dimension in die Umweltdiskussion gelangt. Bundesregierung (Bodenschutz*konzeption*) und Umweltministerkonferenz der Länder (Bodenschutz*programm*) haben 1982/83 mit gesetzgeberischen Vorarbeiten begonnen. Die Bodencharta des Europarats hatte den Bodenschutz jedoch schon seit 1972 als vordringlich herausgestellt.

Die Bodenforschung hat seit Jahrzehnten den Schutz, bzw. die Beseitigung von Bodenschäden stets als vordringlich gefordert und bearbeitet und seine Schutz*fähigkeit* und -*würdigkeit* unter Beweis gestellt. Hierzu einige Beispiele:

– Erhaltung des Bodengefüges, Regelung der Nährstoff- und Schadstoffdynamik, Bemessung standortgerechten pH- und Kalkbedarfs.

– Nach großflächigen Bodenverlusten durch Bodenerosion nach Prärieumbrüchen in den USA wurde dort 1934 ein Soil Conservation Service mit heute über die Erosionsforschung hinausgehenden Aufgaben gegründet.

– Die Humusforschung hatte in Deutschland in den Jahren vor und nach dem 2. Weltkrieg einen hohen Stellenwert, der auf die Erhaltung standorttypischer Humusspiegel mit Pflege und Aufbereitung von Wirtschaftsdüngern als Nähr- und Dauerhumus zielte.

– Die Moorforschung hat bewirkt, daß die alten, torf*zehrenden* Schwarzkulturen des 19. Jahrhunderts inzwischen durch torf*konservierende* und gewässerschützende Sanddeck- und Mischkulturen abgelöst wurden.

– Über die Erforschung der Ursachen der *Spurenelement*mängel wurden rechtzeitig die Risiken der *Schwermetall*anreicherung in der Nahrungskette erkannt.

– In Bodenkarten einiger Länder der Bundesrepublik Deutschland sind bereits seit 1970 Angaben zum Bodenschutz enthalten.

Man erkennt, daß es sich überwiegend um aus der vorherrschenden land- und gartenbaulichen Nutzung stammende Fragen handelt. Heute sind häufig ökologische Nebenwirkungen, wie z. B. Risiken der Gewässerbelastung bei Überdüngung, d.h. die Filter- und Puffeigenschaften der Böden oder die Sicherung von Feuchtbiotopen bei Eingriffen in den Gebiets- und Bodenwasserhaushalt in den Vordergrund des Interesses gerückt. Neue Fragen werden deshalb an die Bodenforschung gestellt:

– Verhalten naturfremder, synthetischer Stoffe (Xenobiotika) in Böden
– Langzeitverhalten von Schadstoffen im Boden
– Mit der Rationalisierung der Bodennutzung durch immer schwerere Maschinen tieferreichende Bodenverdichtungen, ihre Vermeidung bzw. Beseitigung

– Verbesserung der Filterfunktion des Bodens bei der Grundwasserneubildung
– Einflüsse vereinfachter Bodennutzungssysteme auf die Bodenbiologie

Böden sind u.U. auf kleinstem Raum aus Grundeinheiten (Pedons) mosaikartig zusammengesetzte Bodengesellschaften (Pedokomplexe) in Bodenlandschaften (-gebiet, -provinz, -region, -zone). In der Bundesrepublik Deutschland entstehen aus 65 verschiedenen, vorherrschenden Substraten (geol. Ausgangsmaterialien) durch Verwitterung bis zu 30 mineralische und 3 organische Bodenarten, die je nach dem Zusammenwirken der übrigen bodenbildenden Faktoren (Klima, Relief, Vegetation, Mensch) im Laufe der Zeit *(Pedogenese)* sich zu verschiedenen Bodentypen (ca. 70) entwickeln. Diese verschiedenen Bodenformen haben unterschiedliche chemische, physikalische, biologische, damit ökologische Eigenschaften und auch unterschiedlichen Schutz*bedarf*, Schutz*fähigkeit* und Schutz*würdigkeit*. *Generelle* Schutzkonzepte kann es daher für *den* Boden nicht geben. Deshalb ist für die richtige Anwendung des Bodenschutzes als erster Schritt ein möglichst großmaßstäbliches Bodenkataster erforderlich. Hier steht die moderne Bodenkunde mit ihren weitreichenden Erkenntnissen vor einer zweiten, großen Herausforderung wie vor 5 Jahrzehnten mit dem Bodenschätzungsgesetz (1934) (s. Seite 459). Galt es damals, innerhalb weniger Jahre flächendeckend im Maßstab 1 : 5000 möglichst einfache, nachhaltig gültige Bewertungsmaßstäbe für eine *ökonomisch* richtige Bewertung der nachhaltigen Bodenfruchtbarkeit bei sachgemäßer Bodennutzung und damit eine Besteuerungs- wie finanzielle Belastungsgrundlage zu schaffen, so müssen heute analog möglichst bald in einem *ökologisch* orientierten Bodenkataster u.a. Kriterien der unterschiedlichen Schadstoffbelastbarkeit, der Filtereigenschaften usw. flächendeckend dargestellt werden.

Wie mit den Reichsmusterstücken brauchen wir dazu Dauerbeobachtungsflächen, um standorttypische Entwicklungen von z.B. Schadstoffanreicherungen, wie auch deren Langzeitverhalten, möglicherweise Metabolisierungen, Immobilisierungen, Mobilisierungen beweissichernd zu verfolgen. Daneben ist eine Bodenprobenbank für Referenzproben zu bisher nicht erkannten Belastungsfaktoren erforderlich.

Der Bodenschutz wird neben dem Verursacherprinzip vor allem von dem der Vorsorge diktiert. Dank der zunächst oft großen Speicher- und Pufferkapazität der meisten Böden werden Bodenschäden leider oft zu spät erkannt (vgl. Waldschäden). Im Gegensatz zu Luft und Wasser lassen sich Böden kaum reinigen. Prophylaxe muß daher vor Sanierung stehen. Auch hier ist wie in der Medizin Vorbeugen billiger als Heilen. Der hohe Wissensstand der Bodenforschung erlaubt den Hinweis: Dann ist der Boden *schutzfähig!*

Erst mit dem Bodenschutz wird eigentlich der zentrale Nerv des Umweltschutzes getroffen. Der Boden – die Pedosphäre – ist der Durchdringungskomplex von Atmosphäre, Hydrosphäre, Lithosphäre und Biosphäre, die zusammengefaßt die Ökosphäre (Umwelt) ergeben (s. Abb. 86). Über die Atmosphäre gelangen zahlreiche Immissionen (Tab. 141) letztlich in den Boden. Dort werden sie zunächst akkumuliert, transformiert, ab- oder umgebaut (metabolisiert) und dabei immobilisiert oder mobilisiert. Bei Überschreiten von teilweise noch unbekannten Belastbarkeitsgrenzen gelangen sie in die Bio- und Hydrosphäre und damit in die Nahrungskette, ehe sie selbst den Boden als belebtes, physikalisch-chemisches System zerstören und seine vielfältigen Funktionen in der Natur-, Erholungs-, Produktions- und Wohnlandschaft ausschalten.

Tab. 141. Mittlere statistische Bodenbelastungen in der Bundesrepublik Deutschland (nach Bodenschutzkonzeption BMI, Nov. 1984)

Luftverunreinigungen	
Stäube	0,028 t/ha GF
SO$_2$	0,120 t/ha GF
NO$_x$	0,124 t/ha GF
CH	0,064 t/ha GF
CO	0,328 t/ha GF
	0,664 t/ha Gesamtfläche
Abfälle	
Klärschlamm	1,880 t/ha GF
Hausmüll	1,280 t/ha GF
Industriemüll	2,000 t/ha GF
Sondermüll	0,140 t/ha GF
	5,300 t/ha Gesamtfläche
Agrochemikalien	
Mineraldünger (ges.)	1,386 t/ha LF
Wirtschaftsdünger (TM)	1,670 t/ha LF
Pflanzenschutzmittel (Wirkstoffe)	0,003 t/ha LF
	3,059 t/ha landw. genutzte Fläche

Das für die Bodenbildung wichtige Ausgangsgestein ist z. B. mit Schwermetallen unterschiedlich vorbelastet. Dieser geogene background (Beispiele aus Niedersachsen, s. Tab. 142) kann durch die Pedogenese verändert werden. Wenn z. B. bei der Verwitterung von primär schwermetallarmer Kreide einige Meter Kalkgestein zur Bildung weniger Dezimeter Verwitterungslehm erforderlich sind, kommt es sekundär zu einer pedogenen Schwermetallanreicherung, aber auch anderen Bindungsformen.

Tab. 142. Gesteine in Niedersachsen mit möglichen erhöhten Schwermetallgehalten nach Archiv-Unterlagen NLfB (Stand Mai 1982) (+ = > Richtwert AbfKlär VO f. Böden)

Formation	Gesteinsart	Zn	Pb	Cu	Cd	Ni	Cr	Co
U-Kreide	Alb-Phosphorit			+		+		
Lias	Ton				+	+	+	
Keuper	o. A.	+	+	+	+			
O-Muschelkalk	Trochiten-Kalk	+	+		+			
M-Muschelkalk	Dolomit	+	+					
Buntsandstein	Hardegser Ton	+	+	+	+			
Zechstein	Cu-Schiefer	+	+	+	+	+	+	+
Rotliegendes	Basalt					+	+	
O-Carbon	Gabbro Tonschiefer	+	+	+				
U-Carbon	Tonschiefer	+	+	+	+			
O-Devon	Bänderschiefer	+				+		
M-Devon	Calciolaschiefer	+				+	+	+
U-Devon	Tonschiefer					+		

In dieser zentralen Stellung des Bodens als Indikator, Transformator und Vermittler von Umweltbelastungen wird seine hohe Schutz*würdigkeit* dokumentiert. Man kann den Bodenschutz grob vereinfachend in drei große, unterschiedliche Bereiche unterteilen:
1. Flächenschutz
2. Substanzschutz
3. Funktionsschutz.

4.4.4.1 Flächenschutz

Der Verlust an offener, d.h. vegetationstragender Flächen ist ökolologisch wie ökonomisch bedenklich. Vorderster Grundsatz des Bodenschutzes sollte sein, den jeweiligen Boden am besten nach spezifischen Ansprüchen und entsprechenden Eigenschaften zu nutzen. Historisch begründet liegen Ballungsgebiete häufig in Landschaften mit landbaulich besten Böden (Börden). Der früh siedelnde Mensch orientierte sich beim Seßhaftwerden und Übergang zum Ackerbau stark nach der natürlichen Bodenfruchtbarkeit. Mit Ausdehnung der Ansprüche für Wohnungen, Industrie und Verkehrsanlagen sind gerade bessere Böden zunehmend überbaut worden. Seit Kriegsende hat sich dieser Flächenanspruch von 6 auf > 11 % der Gesamtfläche nahezu verdoppelt. Dabei wird die Bodenoberfläche großflächig versiegelt und fällt als Retentions- und Filterraum in der Grundwasserneubildung aus. Regenwasserrückhaltebecken müssen dann zur Entlastung der natürlichen Vorflut gebaut werden. Mischkanalisation erschwert die Abwasserreinigung. Wie Ta-

Tab. 143. Abflußbeiwerte von Niederschlägen (nach IMHOFF u. IMHOFF 1976)

Dächer	1,00–0,95	offene Bebauung	0,50–0,30
Asphaltstraßen	0,90–0,85	Kieswege	0,30–0,15
Pflasterstraßen, Schlacken-	0,85–0,60	Sportplätze	0,25–0,10
wege		Gärten	0,15–0,05
sehr dichte Bebauung	0,90–0,70	Parks	0,10–0,00
geschlossene Bebauung	0,70–0,50		

belle 143 zeigt, kann der sog. *Abflußbeiwert* einer versiegelten Fläche 4 bis 20mal höher sein als in durch Vegetation offengehaltenen Böden.

Mit der Flächeninanspruchnahme der Industriegesellschaft sind auch Flurzerschneidungen durch Verkehrsanlagen verbunden. In deren Saumbereich (beidseitig bis zu 100 m Breite) sind die Schadstoffbelastungen u. a. durch Auftausalze besonders hoch. Davon sind etwa 7 % der Gesamtfläche unseres Bundesgebietes betroffen. Flurzerschneidungen sind auch wesentliche Ursache für den Artenschwund.

Raumordnung, Landesplanung, Flurbereinigungsgesetz bieten rechtliche Ansätze für einen sparsameren Flächenverbrauch und standortgerechtere Bodennutzung. Naturraumpotentialkarten über landwirtschaftliches Ertragspotential, oberflächennahe Rohstoffe, Filtereigenschaften, Siedlungsabfallverwertung, Baugrund, Grundwasserhöffigkeit bieten dazu das notwendige, planerische Instrumentarium.

4.4.4.2 Substanzschutz

Bodenbildung ist ein sehr langsamer Prozeß. Ehe aus einer 1 m mächtigen Lößdecke ein ebenso mächtiger Löß*boden* (Schwarzerde, Parabraunerde, Braunerde) werden konnte, sind 2- bis 4000 Jahre vergangen. Daraus errechnet sich theoretisch eine mittlere Bodenbildungsrate von 0,5 bis 0,25 mm/Jahr. Von besonderem Wert sind die in der Krume angereicherten Ton- und Humusteilchen als Neubildung. Diesen drohen in der modernen, industrialisierten, rationalisierten Landwirtschaft regional unterschiedlich zunehmende Verluste. Mit der Flächengröße nehmen die Angriffsflächen für Wasser und Wind zu.

Wassererosion ist daher heute schon bei Hangneigung > 1 bis 2% festzustellen. Sie ist von der Erosivität des Klimas (R, Niederschlagsintensität) und von der Erodierbarkeit der Bodensubstrate (K) abhängig und tritt vor allem in humusarmen, zu tief gepflügten, humusverdünnten oder infolge Humusschwundes nach Grünlandumbruch bei feinsand- bis schluffreichen Böden auf.

Zunächst treten diese Bodenverluste flächenhaft, kaum sichtbar, schleichend auf, ehe sie vorzugsweise über verdichteten Fahrspuren in Rillen- und schließlich Grabenerosionen übergehen. Damit kommt es am Oberhang zum Bodenabtrag, zur Verkürzung der Bodenprofile, am Hangfuß und schließlich in Gewässern zur Akkumulation nährstoffreichen Bodens. Mit der Hanglänge und Bearbeitung in Fallrichtung steigt vor allem bei spätdeckenden Kulturpflanzen (Mais, Zuckerrüben) die Erosionsgefahr. In der ehemaligen kleinkammerigen, bäuerlichen Kulturlandschaft wurde der Erosionsgefahr durch terrassierte Kleinflächen mit Querbearbeitung zum Hang und immergrüner Wirtschaftsweise wirksam begegnet. Die rationalisierte Großflächenwirtschaft mit vereinfachtem Fruchtwechsel hat ihre standörtlichen Grenzen. Auf der Basis der in den USA von WISHMEYER und SMITH entwickelten und von SCHWERTMANN für bayrische Verhältnisse überprüften, allgemeinen Bodenabtragsgleichung lassen sich bei vorgegebenen Boden-, Klima- und Reliefverhältnissen unter Berücksichtigung von Anbau- und Schutzmaßnahmen die Bodenverluste durch Wassererosion prognostizieren und in Erosionsschutzkarten darstellen. Die Universelle Bodenabtragsgleichung (UBAG) lautet:

$$A = (R \times K \times LS \times C \times P) \times 2{,}24 \ (t/ha/a)$$
$$2{,}242 = \text{Umrechnungsfaktor tons/acre in t/ha.}$$

Darin bedeuten: A = Abtrag (zulässig für tiefgründige Lößböden, z. B. bis zu 15 t/ha jährlich, für flachgründige Böden dagegen nur höchstens 5 t/ha). Die Erosivität (R) wird über Jahresniederschlagshöhe und höchste Regenintensität über 30 Minuten bei einer Wahrscheinlichkeit von 50 Jahren nach den langjährigen Beobachtungen des Deutschen

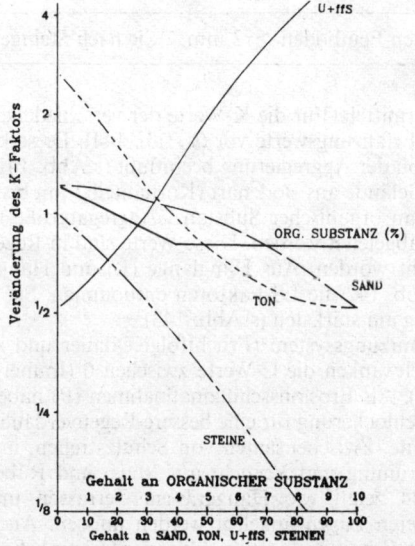

Abb. 141. Einflüsse auf den K-Faktor (nach AUERSWALD 1987).

Tab. 144. Beispiele für K-Faktoren (n. Kartieranl., 1982, gekürzt)

Boden	K-Faktor
Braunerde aus kiesreichem Molassematerial	0,11
Braunerde aus fms Molassematerial	0,21
Braunerde aus e', fms Molassematerial	0,30
Parabraunerde aus Löß	0,50
Braunerde aus glimmerreichem, u-1 Molassematerial	0,55
Braunerde mittlerer Entwicklung aus mittlerem Buntsandstein	0,28–0,34
Pararendzina aus kiesig-schluffiger Jungmoräne	0,26–0,29
Parabraunerde aus kiesig-schluffiger Jungmoräne	0,28–0,35
Pararendzina aus sandig-kiesiger Jungmoräne	0,08–0,11
Braunerde aus sandig-kiesiger Jungmoräne	0,09–0,13
Parabraunerde und Braunerde aus Altmoräne	0,21–0,37
Rigosol auf Unterem Muschelkalk	0,44–0,60*
Rigosol auf Mittlerem Muschelkalk	0,29–0,45*
Rigosol auf Oberem Muschelkalk	
Ausgangssubstrat kalkmergelig	0,36–0,45*
Ausgangssubstrat lehm- und tonmergelig	0,25–0,45*
R-Horizont mit Sandbeimengung	0,15–0,21*

* Bezogen auf den Feinboden > 2 mm $\varnothing$, je nach Steingehalt

Wetterdienstes ermittelt. Für die K-Werte der verschiedenen Böden liegen inzwischen Erfahrungswerte vor (s. Tab. 144). Diese k-Werte werden vor allem von der Aggregierung beeinflußt (s. Abb. 141).
Sie können im Gelände aus Bodenart (Kornanteil 2 µm bis 1 mm, 1 bis 2 mm), Gehalt an organischer Substanz, Aggregatgröße und Wasserdurchlässigkeit abgeleitet werden. Diese Werte sind in Regensimulatorversuchen geeicht worden. Aus Hanglänge (L) und Hangneigung (S) werden nach Abb. 142 die LS-Faktoren entnommen. Sie beeinflussen den Bodenabtrag am stärksten (s. Abb. 143).
Je nach Bodennutzungssystem (Fruchtfolge, -dauer und kritische Bedeckungszeit) schwanken die C-Werte zwischen 0 (Immergrün) und 1 (Schwarzbrache). Als Erosionsschutzmaßnahmen (P) haben sich Konturpflügen, Bodenlockerung für eine bessere Regenverdaulichkeit, Winterzwischenfrüchte, Zwischensaaten von Schutzstreifen, im Extrem jedoch Dauerbegrünung und Verzicht auf Mais- und Rübenanbau bewährt. Abb. 144 zeigt, wie Hanggräben, Terrassen und Wege in erosionsgefährdeten Lagen angelegt werden müssen. Auch durch die Übernutzung im Erholungsverkehr (Skipisten) nimmt die Erosionsgefährdung zu.

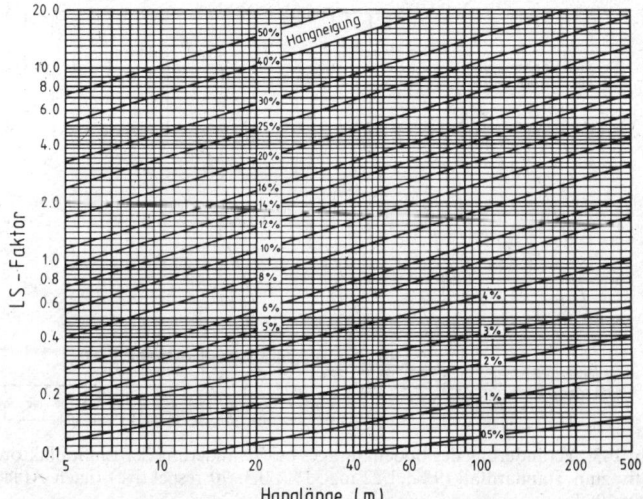

Abb. 142. Nomogramm zur Ermittlung des LS-Faktors (nach Kartieranleitung 1982).

Winderosion (Deflation) tritt klimatisch bedingt vorzugsweise in den küstennahen Flachlandregionen auf. Gefährdet sind (s. Tab. 145) vor allem humusarme Mittel- bis Feinsandböden sowie zu stark ausgetrocknete Moorschwarzkulturen. Die Winderosion hat große Landschaftsräume geprägt (Lößböden, Dünen). Bodenteilchen zwischen 100 und 63 μm werden vorzugsweise verfrachtet, wenn < 4% o.S. (Tab. 145).

In der Moor- und Heidekultur hat daher seit Jahrzehnten die standortgerechte Anlage und Pflege von Windschutzanlagen (Knicks) einen hohen Stellenwert. Ihr Aufbau mit entsprechenden Gehölzen verschiedener Größenordnung dokumentiert Abb. 145. 10 bis 20% sollten aus Gehölzen erster Größe (Hauptbaumarten), 30 bis 40% der zweiten Größe (Naturbaumart) und 40 bis 60% aus verschiedenen Sträuchern standortgemäßer Arten bestehen.

Eine Windschutzanlage soll nicht etwa den Wind stauen, das würde an Schwachstellen bald zu gefährlichen Düsenbildungen führen. Richtig angepflanzte Windschutzhecken sollen die Windgeschwindigkeit nur bremsen, die Windgeschwindigkeit dabei auf etwa 50% senken. Dieser Windbremseffekt reicht luvseitig bis zum 5fachen, leeseitig maximal bis zum 20- bis 30fachen der Höhe der Windschutzhecke. Bei 6 m Höhe müßten also quer bis zur Hauptwindrichtung der kritisch trockenen Frühjahrszeit im Abstand von 120 bis 150 m solche etwa 6 m breiten

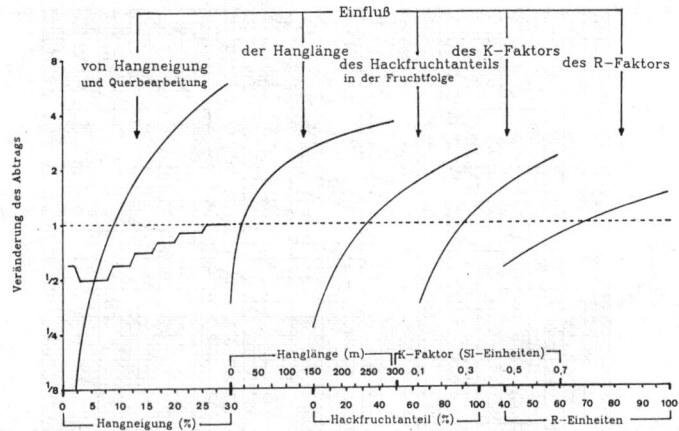

Abb. 143. Veränderung des Bodenabtrages bei Veränderung der Einflußfaktoren relativ zum Standardfall (9%, 1,22 m, 33%, 0,3, 70 respektive) (nach AUERSWALD 1987).

Anlagen bestehen. Das bedeutet bei quadratischer, totaler Eingrenzung maximale Flächengröße von 1,44 bis 2,25 ha mit 8 bis 7% Schutzflächenbedarf. Meist reichen jedoch zweiseitige Begrenzungen und entsprechende Langparzellenanordnungen. Aber auch das ist ein erheblicher Flächenverlust für diese Windschutzanlagen von 6 bzw. 8%, die allerdings als Kleinstrukturen, Saum- und Randbiotope neben ihrem klima-

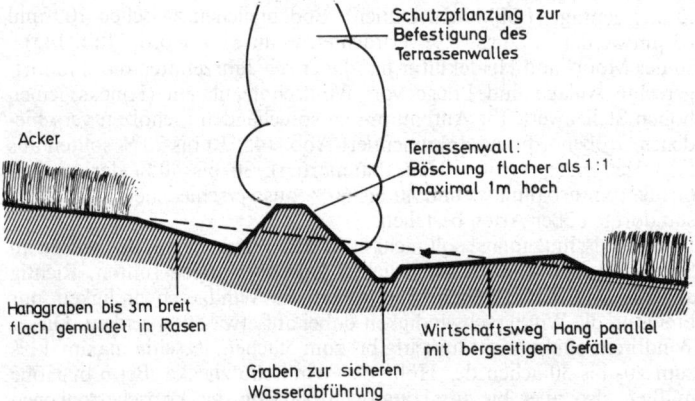

Abb. 144. Hanggraben und Wallterrasse gegen Bodenabtrag (nach PEUCKER 1974).

Tab. 145. Potentielle Erosionsgefährdung der Mineralböden durch Wind in Abhängigkeit von Bodenart, Humusgehalt und ökologische Feuchtestufe (nach Kartieranleitung, 3. Aufl. 1982)

Bodenart	Humusge-halt in %	naß				trocken
		I – III	IV	V	VI	VII
T, U, L		0	0	1		
S13	> 4	0	1	2	3	
S14	< 4	0	2	2	3	
S12, Su	> 4	0	2	3	4	5
ffS, gS	< 4	0	3	4	4	5
mS, msfS	> 4	0	3	4	5	5
fSms, fS	< 4	0	4	5	5	5

potentielle Erosionsgefahr: 0 = keine; 1 = sehr gering; 2 = gering;
3 = mittel;4 = hoch;5 = sehr hoch

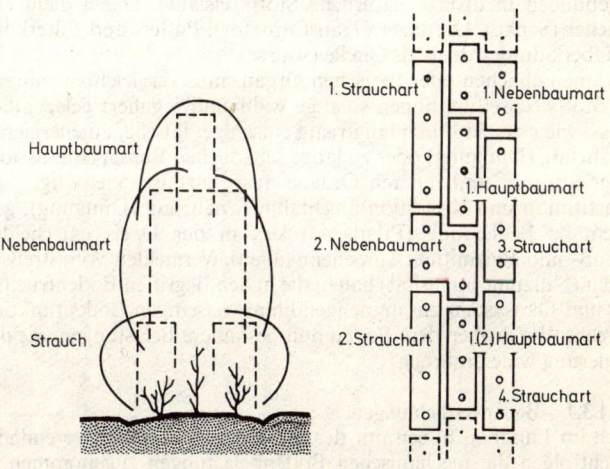

Abb. 145. Beispiel für eine dreireihige Bodenschutzpflanzung (nach PEUCKER 1974).

tischen einen hohen ökologischen Ausgleich durch Vernetzung von Biotopen in der Kulturlandschaft bewirken. Auch die mittelbare Wirkung einer Windschutzanlage ist positiv zu beurteilen. Vor allem auf leichten Böden verbessert sich damit ihr Wasserhaushalt (schwache Niederschlagserhöhung, geringere Verdunstung, mehr Taubildung). Oft ist der Abstand der Windschutzhecken zu groß und die Pflege bzw. Bestandsgründung nicht standortgerecht optimal. Deshalb wird nach anderen Möglichkeiten des wirksamen Windschutzes gesucht. Dazu zählt die minimale, konservierende Bodenbearbeitung mit über Winter deckenden Zwischenfrüchten (Phacelia, Wintergetreide in dünner Aussaat). Nach dem Abfrieren, bzw. chemischen Abtöten wird die unter der Mulchdecke vorhandene Frostgare nicht durch erneute Bodenbearbeitung gestört und die Folgefrucht direkt eingesät.

Sandmischkulturen mit > 6 bis 8 Gew.% organischer Substanz haben sich als nicht winderosionsanfällig gezeigt. Bei den älteren, großflächigen Fehnkulturen wird bei dort häufig fehlenden Windschutzanlagen sorgsam darauf geachtet, daß Rekultivierungen mittels Mischpflug nicht zuviel Sand in die schon humusärmeren Deckschichten bringen.

4.4.4.3 Funktionsschutz

Der Boden ist nicht nur Träger der Vegetation und damit Voraussetzung für die Produktion von Nahrungsgütern und nachwachsenden Rohstoffen, sondern auch landschaftsprägendes Element. Der Boden ist darin als belebtes physikalisch-chemisches System an entscheidender Stelle eingebunden in diverse natürliche Stoffkreisläufe. Dabei dient er als Speicher (Senke), Umsetzer (Transformator), Puffer- und Filterkörper, bei Überladung jedoch als Quelle (source).

Dem menschlichen oder tierischen Organismus vergleichbar, nimmt er alle Stoffwechselfunktionen solange wahr und reguliert gelegentlichen Stress, wie er nicht durch langfristig einseitige, falsche, zu energiereiche Ernährung (Düngung) oder zu lange schädlichen Reizen (Immissionen) seiner äußeren und inneren Organe ausgesetzt ist. Vielseitige, seiner Konstitution und Kondition angepaßte Ernährung (Düngung), geländegemäße Bekleidung (Pflanzendecke), in der Dosis entscheidende Genuß- und Reizmittel (Agrochemikalien), Vermeiden von Streßsituationen (Nutzungsintensität) halten die in den Begriffen Bodenfruchtbarkeit und Ökosystem zusammengefaßten, vielseitigen Bodenfunktionen aufrecht. Wo drohen dem Boden nun besondere Belastungen, die dieser Forderung widersprechen?

4.4.4.3.1 Bodenverdichtungen

Auch im Landbau haben mit der Großtechnik und den vereinfachten Fruchtfolgen die mechanischen Bodenbelastungen zugenommen. Am deutlichsten wird dies an Vorgewenden, die trotz erhöhter Düngung bis zu 50% Minderertrag und schnelle Oberflächenvernässung zeigen (s.

Tab. 146. Einfluß der Bodenstruktur auf Ertrag und notwendiges N-Angebot (nach HEGE 1982)

	Bodenstruktur			
	»gut«		»schlecht«	
Frucht	Ertrag dt/ha	N-Düngung kg/ha	Ertrag dt/ha	N-Düngung kg/ha
W.-Weizen	73,1	150	54,4	183
W.-Weizen	79,5	122	76,3	167
Z.-Rüben	537,0	200	420,0	310
W.-Weizen	80,0	Feldmitte	41,0	Vorgewende

Tab. 146). Mit der Größe und Schwere der Maschinen nehmen im Ackerbau, mit der Bestandsdichte in der Weidewirtschaft, mit dem Erholungsverkehr auf naturnahen Flächen Grad und Tiefe der Verdichtungen zu.

Verdichtete Böden werden stau- und haftnaß. Sie nehmen nicht mehr in ausreichendem Maße an der Grundwasserneubildung teil. Zeitweise Vernässung bedeutet Abnahme des ROP und pH. Schadstoffe werden dann leicht mobilisiert. Tiefere Bodenbearbeitung (Unterbodenmeliorationen) werden deshalb erforderlich. Damit steigt wieder die Gefahr der Humus- und Nährstoffverdünnung (s. Erosion). Nur ausreichend tief abgetrocknete Böden lassen Gefügeschäden vermeiden. Eine ausreichende Entwässerung hilft daher, die Filterfunktion aufrecht zu erhalten. Ziel einer standortgemäßen Melioration ist nach richtiger Diagnose des Meliorationsbedarfs (hier Verdichtung) die richtige Therapie (Dränung oder Sanierung durch Unterbodenmelioration, s. Meliorationsfähigkeit) unter Berücksichtigung von nachhaltigem Aufwand-/Nutzenverhältnis (Meliorationswürdigkeit). Bodenschutz und Bodenverbesserung sind danach kein Widerspruch in sich. Wie eine Bodenverbesserung ohne bodenschützerische Aspekte nicht von nachhaltiger Wirkung sein kann, ist auch der Bodenschutz oft nicht ohne unterstützende, bodenverbessernde Maßnahmen durchführbar.

4.4.4.3.2 Bodenversauerung
Das Waldsterben wird u.a. auf eine unter dieser Kulturart besonders schnelle Bodenversauerung bis zur Al^{3+}-Toxidität zurückgeführt (s. Seite 181). Entsprechende Bodenschäden sind im Landbau bisher nicht bekannt geworden, weil der hier zum Teil geringerer Säureeintrag durch gelegentliche Kalkung bzw. physiologisch-alkalische Düngung ausgeglichen wird. Je nach geologischem Ausgangsmaterial, Bodentyp, klimatischer Wasserbilanz und vor allem Anbauintensität muß die Problematik

Tab. 147. Kalkbilanzen kg/ha CaO 1983/84

	Ø BRD	Niedersachsen	Baden-Württemberg
Kalkverlust	− 350	− 350	− 350
Kalkdünger	+ 125	+ 177	+ 50
kalkh. Düngem.	+ 83	+ 88	+ 70
Kalkdefizit	− 142	− 85	− 230
+ Immissionsausgleich		+ 90	

des sauren Regens regional und bodenkundlich differenziert betrachtet werden (s. Tab. 147). Wichtig ist die regelmäßige Kontrolle des pH über den Krumenbereich hinaus (s. Kalkbedarfsermittlung, Seite 174).
Schon einmal hatte die Kalkung im Landbau einen ähnlich hohen Stellenwert. Das Mergeln war vor Einführung der Mineraldüngung eine Möglichkeit, letzte Bodenfruchtbarkeitsreserven stärker aus der organischen und mineralischen Bodensubstanz zu mobilisieren. Der Erfolg war von kurzer Dauer. »Kalk schafft reiche Väter und arme Söhne« hat sich seit damals sprichwörtlich bei älteren Landwirten gehalten. Heute hat Kalk jedoch die ökologische Aufgabe, Schadstoffe zu immobilisieren. Mit zunehmendem pH sinkt die Pflanzenverfügbarkeit der meisten Schwermetalle. Kalk fördert auch die Umsetzung organischer Schadstoffe. Kalk stabilisiert aber auch das Bodengefüge. Die Oberflächenverschlämmung, Verdichtbarkeit ausreichend mit Kalk versorgter Böden ist geringer als die versauerter Böden. Bei guter Regenverdaulichkeit nimmt die Erosionsgefährdung ab. Die quantitative und qualitative Filterleistung der Böden wird verbessert.

4.4.4.3.3 Anorganische Schadstoffe
Über den Luft- und Abfallpfad sowie zum Teil durch Düngemittel (Cd in Rohphosphat, Cu in Gülle) gelangen beachtliche Schwermetallmengen in die Böden. Schwermetalle sind solche Elemente, deren Dichte > 4,5 g/cm³ liegt. So betrachtet ist bereits Fe ein Schwermetall. Einige Schwermetalle sind für die Ernährung von Pflanzen, Tieren und Menschen *essentielle Bio*elemente, solange ihre Dosis gering bleibt (*Spuren*elemente). Andere, *nicht* essentielle sind schon in geringen Dosen hochgradig *toxisch* (z.B. Cd, Hg, As).
Der pflanzliche Schwermetallentzug mit der Ernte ist außerordentlich gering (s. Tab. 110). Auswaschungen ins Grundwasser sind bisher kaum nachweisbar, obwohl analytisch inzwischen Nachweismöglichkeiten bis in den ppt-Bereich bestehen (ppm = 1×10^{-6}, ppb = 1×10^{-9}, ppt = 1×10^{-12} mg/kg). Selbst kleinste Schwermetallmengen, die in den verschiedenen Gesteinen und Mineralien als natürliche Bestandteile ubiquitär allerdings in recht unterschiedlicher Konzentration anzutreffen sind,

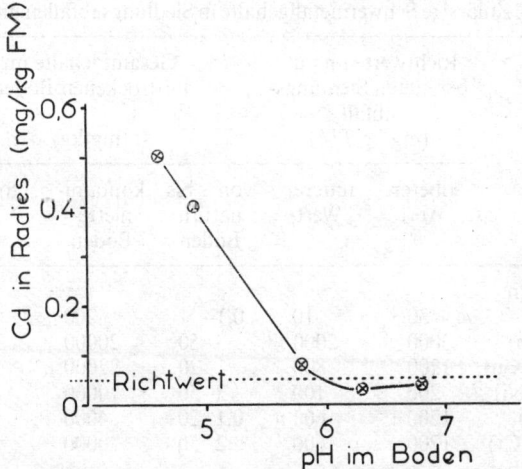

Abb. 146. Einfluß des pH-Wertes auf die Schwermetallaufnahme.

werden mehr oder weniger schnell in industriellen Prozessen aufbereitet und dabei diffus in die Umwelt verteilt. Am Schluß ihres Kreislaufes werden sie wieder im Boden akkumuliert.

Schwermetalle werden vorzugsweise von Bodenkolloiden (Ton, Humus, Metalloxide) sorbiert. Kolloidreiche Horizonte sind entsprechend anders zu bewerten als saure, sorptionsschwache Böden. Eine Durchprägung von natürlichen Vorbelastungen ist dann zu beachten, wenn sich herausstellen sollte, daß *anthropogene* Schadstoffe in ihrer spezifischen Aufbereitung und chemischer Bindungsform und Löslichkeit sich anders verhalten als die meist silikatisch, sulfidisch oder oxidisch gebundenen *geogenen* oder die sorptiv austauschbaren *pedogenen* Schwermetalle.

In der Klärschlamm-Verordnung zum Abfallbeseitigungs-Gesetz wurden erstmalig bodenschützerische Richtwerte für eine tolerierbare

Tab. 148. Schwermetalle in Böden (nach Materialien BMi zur Bodenschutzkonzeption 1985)

	Pb	Cd	Cu	Ni	Hg	As
natürlicher Gehalt im						
Boden	< 20	< 1	< 20	< 50	< 1	< 20 ppm
mittlerer Eintrag	183	4–108	350	26–255	7	2–365g/ha · a
mittlerer Austrag	14–124	2–34	118–282	28–146	1–5	16 g/ha · a
Persistenz	+ + +	+ + +	+ + +	+ + +	+ +	+ +
Mobilität	+	+ +	+	+	+	+ +
pflanzliche Aufnahme	+	+ + +	+ +	+ +	+ +	+ +

Tab. 149. Zulässige Schwermetallgehalte in Siedlungsabfällen und Böden

Element	Richtwerte im aufbereiteten Siedlungsabfall (mg/kg TM)		Gesamtgehalte im lufttrockenen Boden (mg/kg)		
	oberer Wert	unterer Wert	von – bis natürl. Böden	kontaminierte- Böden	tolerierbar
Cadmium (Cd)	30	10	0,1– 1	< 200	< 3
Zink (Zn)	3000	2000	3–50	< 20000	< 300
Kupfer (Cu)	1200	800	1–20	< 22000	< 100
Nickel (Ni)	200	100	2–50	< 10000	< 50
Blei (Pb)	1200	600	0,1–20	4000	< 100
Chrom (Cr)	1200	600	2–50	20000	< 100
Quecksilber (Hg)	25	10	0,1– 1	500	< 2
Arsen (As)			2–20	8000	< 20

Schwermetallanreicherung genannt (s. Tab. 149). Dazu werden die im Königswasseraufschluß (Goldscheidewasser: 3 Teile konzentrierte HCl und 1 Teil konzentrierte HNO_3) löslichen, quasi *Gesamt*schwermetallgehalte und damit das *maximale* Schadstoffpotential zugrundegelegt. Mittlere Bodenverhältnisse werden angenommen. Diese aus verschiedenen Versuchen abgeleiteten Grenzwerte sind jedoch im Sinne eines differenzierten Bodenschutzes zu überdenken, da die Schwermetalle im Boden in verschiedenen chemischen Bindungsformen mit unterschiedlicher Aufnahmefähigkeit und Toxizität für die Pflanzen vorliegen und im Laufe der Zeit bodentypisch unterschiedlichen Umwandlungsprozessen unterliegen (Langzeitwirkung!). Großen Einfluß nimmt der pH-Wert. In Modellversuchen konnte festgestellt werden, daß mit Änderung der Bodenreaktion um eine Einheit die Schwermetallaufnahme durch zahlreiche Testpflanzen um 15% zu- bzw. abnahm. Bei pH 4 hat die gleiche Schwermetallkonzentration eine ungefähr doppelt so hohe Löslichkeit wie bei pH 7. Der Tongehalt (s. KAK) senkt die Schwermetallverfügbarkeit um 2%/% Ton. Ein Tonboden (40% < 2 µm) hat bei gleichem Schwermetallgehalt eine um ⅔ geringere Schwermetalllöslichkeit als ein lS-Boden mit 10% < 2 µm. Mit dem Humifizierungsgrad steigt die Selektivität der Schwermetallbindung (siehe z.B. Kupfermangel auf Moorböden). Dagegen können niedrigpolymere Nichthuminstoffe durch Chelatisierung die Schwermetallbeweglichkeit fördern. Für im pH-Wert begrenzt kontrollierbare, leichte Böden sind Eisengehalte und -formen bisher wenig genutzte Möglichkeiten, Schwermetallbelastungen zu sanieren. Goethitreiche Gleyböden sind bessere Schwermetallsenken als ferrihydrithaltige. Eisenhaltige Industrienebenprodukte (z. B. Rotschlamm der Aluminiumindustrie) könnten sich nach bisher vorliegenden Versuchen als meliorative Alternativen zur Kalkung empfindlicher Böden (S, H) erweisen. Die Beeinträchtigung der Phosphat-Mobilität ist zu berücksichtigen.

Alle diese vorgenannten Bodeneigenschaften, welche die Mobilität, Löslichkeit und Pflanzenverfügbarkeit von Schwermetallen beeinflussen, werden durch die Ermittlung als Gesamtgehalte im Königswasser-Auszug nicht erfaßt. Für einige Schwermetalle ist inzwischen eine bessere Korrelation zu diesen Bodeneigenschaften, z. B. bei Verwendung einer 0,25 molaren $CaCL_2$-Extraktionslösung gefunden worden.

Da nach Tabelle 148 die Schwermetalleinträge örtlich bereits höher liegen als der Austrag, ist bei ihrer allgemein hohen Persistenz jeder weitere Schwermetalleintrag genauestens zu überwachen. Die Schwermetallgehalte der darin reichen Klärschlämme dürfen die in Tabelle 149 angegebenen Gehalte nicht überschreiten, wenn eine landbauliche Verwertung der darin enthaltenen Nährstoffe angestrebt wird.

Bereits das Überschreiten des Richtwertes *eines* Elementes schließt eine landbauliche Verwertung des gesamten Klärschlammes aus. Daher muß Klärschlamm jährlich mindestens viermal amtlich untersucht werden. Auch der damit zu belastende Boden muß analytisch überwacht werden. Die tolerierbaren Grenzwerte im Boden liegen deutlich unter den phytotoxischen (s. Tab. 150).

Bei 1,7 t Klärschlamm Trockenmasse/ha · a oder 5 t in einem dreijährigen Turnus werden erst nach mehreren hundert Jahren kritische Gehalte

Tab. 150. Häufige Gehalte, Richtwerte und phytotoxische Schwellenwerte einiger wichtigr Schwermetalle in Böden (mg/kg TM) (nach KLOKE 1980, AbfKlärV 1982 und SCHOLL 1981)

Schwermetall	häufig	Richtwerte	phytotoxische Schwelle
Cd	0,01–1	< 3	10–175
Cr	2–50	< 100	500–1500
Cu	1–20	< 100	200–400
Hg	0,01–1	< 2	10–1000
Ni	2–50	< 50	200–2000
Pb	0,1–20	< 100	500–1500
Zn	3–50	< 300	500–5000

im Boden erreicht. Offen bleibt das *Lang*zeitverhalten der Schwermetalle im Boden. Wenn man Mobilisierungseffekte durch Versauerung oder niedermolekulare organische Substanzen ausschließt, ist auch eine Immobilisierung denkbar (s. Abb. 95). Wichtig bleibt, daß Schadstoffeinträge generell auf ein niedriges Niveau des Input-Output-Gleichgewichts eingestellt werden (siehe Düngemittel-VO).

Tab. 151. Potentielle Gefahrstoffe

	anorganisch (Schwermetalle) »natürlich«	organisch PAH, PCB, PCDD, HCH) »xenobiotisch«
1. Anzahl	61	50000 + 1.500/a
2. Probenahme	konventionell	Konservierung!
3. Analytik	AAS, RFA »quantitativ«	GC, MS, HPLC, IR* »qualitativ«
4. Konzentration	ppm	ppb
5. kritisch/presistent	6	200
6. Verhalten im Boden	fest (flüssig) Sorption/Ionen- bindung	fest-flüssig-gasförmig metabolisierbar »bound residues«

* Erläuterungen: AAS = *A*tom*a*dsorptionsspektrometrie;
RFA = *R*öntgen*f*luoreszenz*a*nalyse; GC = Gas*c*hromatographie;
MS = *M*assen*s*pektrometrie; HPLC = *h*igh *p*ressure *l*iquid chromotographie (Hochdruckflüssigkeitsspektrometrie); IR = *I*nfra*r*ot

4.4.4.3.4 Organische Gefahrstoffe

Im Vergleich zu den nach Zahl, Konzentration, Analytik, Probenahme/ Konservierung und Verhalten im Boden überschaubaren Schwermetallen sind organische Gefahrstoffe als meist xenobiotische (naturfremde) Substanzen schwieriger zu beurteilen. Sehr aufwendige Analysenmethoden gestatten häufig erst eine halbquantitative bis qualitative Bewertung. Es muß mit Zustandsänderungen der organischen Substanzen im Boden gerechnet werden. Metabolite werfen neue Fragen ihrer Toxidität auf. In Tabelle 151 ist dieser Sachverhalt tabellarisch gegenübergestellt.

Die potentiellen organischen Gefahrstoffe lassen sich in anthropogene und natürliche gliedern.

Von 4 Mio. bekannten chemischen Verbindungen sind mindestens 5000, möglicherweise über 50000 umweltrelevant. Die US-Environmental Protection Agency bezeichnet davon 650 als prioritäre Gefahrstoffe, von denen die OECD 115 Risikostoffe nennt. Alle diese einzeln abzuhandeln, ist selbst der spezifischen Fachliteratur noch nicht möglich. Sie werden meist in Gruppen potentieller Schadstoffe dargestellt, diesem Vorgehen wird hier gefolgt (s. Abb. 147).

Halogenierte Kohlenwasserstoffe (HCH)
Diese werden als Reinigungsmittel (z. B. Tri-, Tetrachloräthan) oder zur Entfettung in der Metall-Elektronik-Industrie verwendet. Sie erreichen als leicht flüchtige Stoffe über die Luft, aber auch über Abwasser und Klärschlamm den Boden. Dort sind sie infolge photolytischen Abbaus wenig persistent. Verweilzeiten bis zu 18 Monaten wurden jedoch beobachtet. In der Bodenluft, aber auch in Sickerwässern in der Nähe von Deponien sind erhöhte Konzentrationen festgestellt worden.

Polychlorierte Biphenyle (PCB)
Im niedermolekularen, zyklischen Monomer können bis zu 10 Cl-Atome substituiert werden. Mit dem Chlorierungsgrad steigt die Persistenz im Boden. Diese große Langlebigkeit verlangt daher ihre Verwendung nur noch in geschlossenen Systemen (Kühlmittel in Transformatoren). Sie werden aber auch als Stabilisatoren in Pflanzenschutzmitteln benötigt und können durch Einwirkung vom UV-Licht beim Abbau des – inzwischen in der Bundesrepublik Deutschland verbotenen – DDT entstehen. Wegen zahlreicher Isomere ist ihre Analytik schwierig. Infolge geringer Wasserlöslichkeit reichern sie sich in der Wasser-Luft-Grenzschicht an, wo sie dann verdampfen. Ländliche Gebiete weisen deutlich niedrigere PCB-Gehalte im Boden auf als Ballungsgebiete. Siedlungsabfälle akkumulieren PCB. Ein Kontaminationsrisiko mit PCB-Aufnahme durch die Pflanzen entsteht > 5 ppm im Boden.

Polychlorierte Dibenzodioxine (PCDD)
Diese entstehen als Nebenprodukte bei der Herstellung z. B. von PCB; 2, 4, 5-T, bzw. bei deren Beseitigung (unvollständige Müllverbrennung, große Waldbrände). Von den 75 Dioxinisomeren ist bisher nur das 2, 3, 7, 8-Tetrachloridbenzodioxin (TCDD-Seveso-Dioxin) toxikologisch erfaßt. Weil die Analytik dieser Stoffgruppe äußerst aufwendig und schwierig ist, ist ihre Risikoabschätzung noch nicht möglich.

Tab. 152. Potentielle organische Gefahrstoffe

anthropogen	biogen
Chlorkohlenwasserstoffe (CCH)	Eiweißabbauprodukte
– leicht flüchtig (Lösungsmittel, Trichloräthan)	– Nitrosamine
– schwer flüchtig (HCH, HCB, Dioxine, DDT, PCB)	– Aflatoxine
Polyzykl. Aromate (PAH) – unvollst. Verbrennung	Alkaloide
Phenole (Konservierungsmittel)	Blaualgentoxine
Mineralöl	
Hochpolymere (Kunststoffe, Detergentien)	

Polyzyklische, aromatische Kohlenwasserstoffe (PAH)
Benzo(a)pyren ist die Leitsubstanz dieser ubiquitären Stoffgruppe. Es entsteht bei unvollständiger Verbrennung von fossilen Brennstoffen. In der Luft werden PAH's an Staubteilchen gebunden und gelangen so in die Böden. Die Humusauflage von Waldböden enthalten mehr PAH als Freilandböden (Filterwirkung). Die meisten organischen Schadstoffe werden in der organischen Bodensubstanz oberflächennah akkumuliert.

Das Chemie-Gesetz schreibt eine Risikobeurteilung neuer Stoffgruppen vor. Es handelt sich überwiegend um stoffspezifische Prüfungen wie z. B. Löslichkeit, Dampfdruck und Abbaubarkeit. Diese Prüfungen erfolgen losgelöst vom natürlichen Milieu Boden. So wird die Sorption sowie die von den Bodeneigenschaften pH, KAK, organische Substanz, Enzymaktivität stark geprägte, unterschiedliche Abbaubarkeit je nach biologischer Aktivität der Böden nicht berücksichtigt. Das Pflanzenschutzmittel-Gesetz nimmt sich dieser Frage mit Modellböden im Laborexperiment an. Die noch zu novellierende Klärschlamm-Verordnung zum Abfallbeseitigungs-Gesetz wird voraussichtlich organische Schadstoffe als neue Gefahrstoffparameter in Klärschlämmen und vielleicht auch schon in Böden bringen.

Die Abbaugeschwindigkeit für verschiedene potentielle Schadstoffe liegt zwischen wenigen Wochen (z. B. Insektizide, P-Ester), wenigen Monaten (z. B. Wuchsstoffherbizide, Phenoxifettsäure, Öle) und mehreren Jahren (Chlorkohlenwasserstoff). Nach dem bisherigen Kenntnisstand ist ein chemischer Abbau – ausgenommen photochemische Reaktionen – von geringerer Bedeutung als der mikrobielle.

Grundstruktur		Jahresproduktion BRD[1] [t/a]	Bodengehalte [mg/kg] Ballungsg.	Ländl. Geb.
PCB	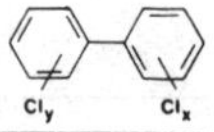 Cl_y Cl_x	7500-2700 (1980) (nur Verbrauch, keine Produktion)	< 100	0,05-0,1
PCDD	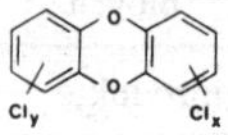 Cl_y Cl_x	keine; Nebenprodukte bei 2,4,5-T; PCP-Herstellung; Müllverbrennung	nur in Kontaminationsflächen (Seveso, Times Beach) untersucht	
PAH's	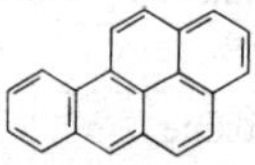	keine; Nebenprodukte bei Verbrennung fossiler Brennstoffe und organischer Substanz	< 650	0,02
Tri-, Tetra-chlorethen	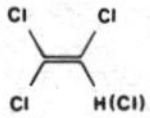 Cl Cl Cl $H(Cl)$	113.000 (1979)	< 60 (Tri) < 112 (Tetra) [µg/m³ Bodenluft]	

Abb. 147. Organische Gefahrstoffe – Produktion und Konzentration in Böden (nach FÜHR et al. 1986).

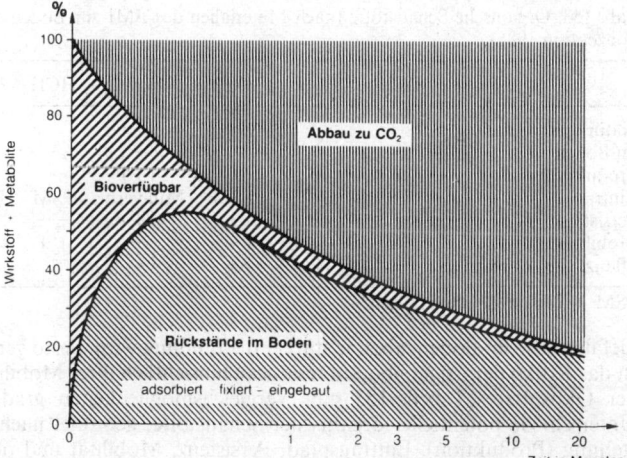

Abb. 148. Die generelle Situation von Pflanzenschutz-Wirkungen in Böden (nach FÜHR et al. 1986).

Am Beispiel der Pflanzenschutzmittel wird das Verhalten organischer Fremdstoffe im Boden verdeutlicht (Abb. 148).

Hierbei handelt es sich um die am besten erforschte Stoffgruppe. Jährlich werden z.Zt. in der Bundesrepublik Deutschland 30000 t Pflanzenschutzmittel verbraucht. Das entspricht einem Biozideinsatz von etwa 10 kg/ha Ackerland. Diese werden überwiegend von der organischen Substanz sorbiert. Einige Herbizide verlangen z.B. auf humusreichen Böden eine 4- bis 5fach erhöhte Dosis, um zu vergleichbarer Wirkung zu gelangen. Das kann für Folgefrüchte (z.B. Nachwirkung von Gesaprim für Mais auf die Nachfrucht Getreide) Schäden bis zu Totalausfällen bewirken. Derartig hoch angereicherte Böden sind in ihren mikrobiellen Aktivität zumindest vorübergehend beeinflußt. Bei sachgemäßem Pflanzenschutzmittel-Einsatz ist die Mikroflora – von vorübergehenden Störungen abgesehen – durch ihre hohe Zahl und Artenvielfalt der Bodenmikroben weniger betroffen als die von Wildkräutern abhängigen Insekten. Schwund und Vitalitätsverluste des Regenwurms als wichtigsten Bodenwühler werden allerdings nicht ausgeschlossen.

Humin- und Fulvosäuren besitzen reaktive Gruppen, die organische Fremdstoffe bzw. deren Metabolite sorbieren. Mit steigender Verweildauer sinkt so die biologische Verfügbarkeit durch Sorption einerseits und biochemischem Abbau, Verflüchtigung und Auswaschung andererseits. Denkbar ist auch, daß organische Fremdstoffe oder deren Metabolite im Bodenhumus inkorporiert werden. Solche sorptiven, fixierten oder inkorporierten Bindungen erhöhen zwar die Persistenz organischer

Tab. 153. Organische Schadstoffe (nach Materialien des BMI zur Bodenschutzkonzeption 1985)

	PCB	PAH	PCP	Dioxine	HCH	HCB
Natürlicher Gehalt im Boden	< 0,1 µg	−	−	−	−	−
Produktion	−	+	+	(+)	−	+
Eintrag	KS	Luft	PSM	Müllverbr.	PSM	PSM
Persistenz	+ + +	+ +	+	+ + +	+ +	+ +
Mobilität	+	+	+ + +	+	+ +	+ + +
pflanzliche Aufnahme	+	+	+	+	+ + +	+ + +

PSM = i Pflanzenschutzmittel

Gefahrstoffe im Boden, aber, je stärker die Bindung wird, desto geringer ist das Risiko derartiger »bound residues« hinsichtlich ihrer Mobilität in der Ökosphäre. Tabelle 153 gibt Vergleichsmöglichkeiten gradueller Unterschiede potentieller organischer Schadstoffe, geordnet nach Entstehung (Produktion), Eintragspfad, Persistenz, Mobilität und pflanzliche Aufnahme.

4.4.4.3.5 Nährstoffkreisläufe
Auf die Gefahren der Eu- bis Polytrophierung von Böden und Gewässern wurde im Kapitel Nährstoffhaushalt bereits hingewiesen. Mit jeder weiteren Zufuhr von Energie werden die ökosystemaren Kreisläufe erweitert, auf ein höheres Niveau angehoben und zunehmend geöffnet (s. Abb. 149). Zum Bodenschutz gehört deshalb eine regelmäßige Kontrolle der Bodenreaktion, von Phosphatanreicherungen (bei Gülledüngung) und der Stickstoffdynamik. Auch aus ökologischer Sicht sind die Versorgungsstufen C mit einer dem jeweiligen Ertragspotential und der Vorjahreswitterung angepassten Ersatzdüngung ausreichend, um Polytrophierungen zu vermeiden.

Nur in Fe-, Al-, Ca-armen Moorböden ist die Phosphatauswaschung ökologisch bedenklich hoch. Boden- und Gewässerschutz erfolgt hier dann durch Minderung des P-Austrages mit Einsatz schwerlöslicher Rohphosphate (maximal 80 kg P_2O_5/ha jährlich auf Schwarzkulturen). Dauergrünlandnutzung, Sandmisch- und Deckkulturen haben ähnlich niedrige P-Auswaschungen wie Mineralböden. Die Gülledüngung sollte wegen der höheren Phosphatbeweglichkeit auf Moorböden auf 1−2 Dungeinheiten/ha begrenzt werden. Durch Bodenerosion gelangt an Bodenteilchen sorbiertes Phosphat in die Gewässer und wird dort ausgetauscht.

Die Nitratanreicherung im oberflächennahen Grundwasser ist vor allem im Spätherbst besonders hoch mit Einsetzen der Sickerwasserbildung infolge positiver, klimatischer Wasserbilanz. Das ist der von der Hauptfrucht nicht verbrauchte Reststickstoff aus der Düngung und dem

Bodenumsatz. Wasser- (bis zu 120 mm) und Nitrataufnahme (bis zu 60 kg/ha) durch Zwischenfrüchte können zu einer Entlastung des Grundwassers beitragen. Strohdüngung bindet ebenfalls vorübergehend einen Teil des Bodenstickstoffs in der Krume. Bei herbstlicher Gülledüngung sollte die Nitrifikation des NH_4 bzw. CO $(NH_2)_2$ durch Zusatz von Nitrifikationshemmern (z.B. Didin®, Dicyandiamid) solange gebremst werden, wie noch zu hohe Bodentemperaturen > 5 °C) einen Stickstoffumsatz wahrscheinlich machen. Die Wirkungsdauer des Didin's liegt je nach Bodentemperatur zwischen 2 und 4 Monaten. Im fünfjährigen Durchschnitt konnte mit didinhaltigem Mineraldünger Alzon® der winterliche Nitrataustrag in S-Böden um durchschnittlich 30%, maximal um 50% reduziert werden.

Abb. 150 verdeutlicht den Zusammenhang der N_2-Gesamtproduktion nach Nitrat-Düngung mit der Wirkung der Faktoren Temperatur, Wassergehalt und organische Substanz.

Grünlandumbruch ist auch mit nur kurzfristiger Ackerzwischennutzung zu vermeiden. Dabei können einige t Stickstoff/ha innerhalb weniger

Nährstoffhaushalt - Ertragspotential - Landbausystem

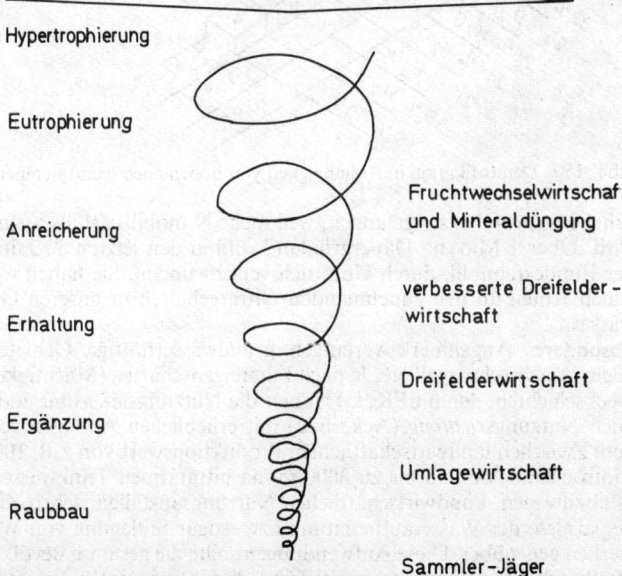

Abb. 149. Spirale der offenen Nährstoffkreisläufe und Entwicklung der Ertragspotentiale in Landbausystemen (nach KUNTZE und VOSS 1981).'

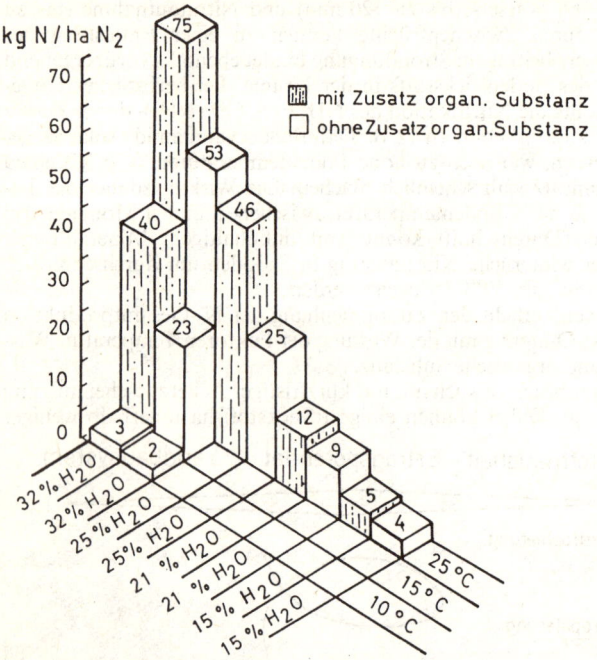

Abb. 150. Denitrifikation in Abhängigkeit von Bodenfeuchte und -temperatur.

Jahre ins Grundwaser gelangen, weil mehr N mobilisiert als assimiliert wird. Über 1 Mio. ha Dauergrünland sind in den letzten 30 Jahren in der Bundesrepublik durch Umbruch verschwunden. Sie haben wesentlichen Anteil an den zunehmenden Nitratgehalten in unseren Grundwässern.

Besonderes Augenmerk verlangen grundwasserhöffige Gebiete, vor allem Wasserschutzgebiete. Je nach Filtereigenschaften (Mächtigkeit der Deckschichten, deren nFK, k_f) ist hier die Nutzungs*intensität* und ggfs. auch Nutzungs*richtung* (Ackerbau) mit erheblichen Auflagen verbunden. Zwischen landwirtschaftlichem Produktionswert von z.B. 100 t/ha Biotrockenmasse und bis zu 3000 m³/ha nitratarmen Trinkwassers gilt es abzuwägen. Landwirtschaftlichen Nutzungsausfällen stehen Kostenersparnisse der Wasseraufbereitung bzw. sogar Stillegung von Wasserwerken gegenüber. Diese Aufwendungen sollte die gesamte Bevölkerung durch erhöhten Trinkwasserpreis und damit angeregten sparsameren Wasserverbrauch tragen. Ab. 1. 8. 1985 gilt in der EG ein einheitlicher Trinkwasserrichtwert von 50 mg NO_3^-/l.

4.4.4.3.6 Bodenfruchtbarkeit

Die Fähigkeit eines Bodens, in Wechselwirkungen seiner physikalischen, chemischen und biologischen Eigenschaften Funktionen als Pflanzenstandort zu erfüllen, wird als Bodenfruchtbarkeit bezeichnet. Je höher die Produktion pflanzlicher Substanz, je vielfältiger die Vegetation und je geringer die witterungs- und nutzungsabhängigen Ertragsschwankungen sind, um so fruchtbarer ist der Boden. Die Bodenfruchtbarkeit muß jedoch bei den vielfältigen ökologischen Ansprüchen an den Boden heute weiter gesehen werden als nach dieser Formulierung älterer Lehrmeinung.

Die Bodenfruchtbarkeit umfaßt sehr komplexe Eigenschaften des Bodens. Zusammen mit den Faktoren Klima, Pflanze, Bearbeitung, Pflege und Umwelt wird die *Standort*ertragsfähigkeit definiert. Bei Optimierung aller Randbedingungen wird eine maximale, d. h. *potentielle* Standortertragsfähigkeit erreicht. Dieses Standortspotential wird mit der Reichsbodenschätzung erfaßt. Die unter gegebenen Bedingungen erreichbare aktuelle Standortertragsfähigkeit ist als *effektive* Standortertragsfähigkeit zu bezeichnen. Die Schwarzerden der Ukraine haben z. B. eine potentiell hohe Bodenfruchtbarkeit. Ihre effektive Standortertragsfähigkeit ist dagegen unter dort vorherrschenden Bedingungen gering. Umgekehrt ist die bereits degradierte Schwarzerde in der Hildesheimer Börde durch eine sehr effektive Standortertragsfähigkeit ausgezeichnet, welche die potentielle Bodenfruchtbarkeit bereits übertrifft. Dieses kann langfristig Nachteile für den Standort bedeuten. Oberstes Ziel des Bodenschutzes ist es daher, die Bodenfruchtbarkeit zu erhalten und zu verbessern. Die geringe effektive Standortertragsfähigkeit eines degradierten Bodens, z. B. saurer Podsol mit Ortsteinverdichtung, ist mit bodentechnologischen Maßnahmen (Tiefumbruch + Kalkung) potentiell zu erhöhen (Regradierung).

Wenn man die Bodenfruchtbarkeit über ökonomische Funktionen hinaus auch in ihren ökologischen Ansprüchen beurteilen möchte, dann

Tab. 154. Gebrauchswert der Böden

Funktionen	Eigenschaften
Versorgung (Wasser, Luft, Wärme, Nährstoffe	Transformationsvermögen
Regulation-Sanierung-Entsorgung (Nähr-, Gefahr-, Schadstoffe)	Biologische Aktivität Pufferung, Filterung
Technologische Eignung (Großtechnik-Großflächen)	Tragfähigkeit, Bearbeitbarkeit

sollte man eher vom Gebrauchswert der Böden sprechen. Seine wichtigsten Funktionen sind von Bodeneigenschaften geprägt (s. Tab. 154). Die wichtigsten Meßgrößen der Bodenfruchtbarkeit sind die Nachhaltigkeit von Ertragshöhe/Aufwand, geringe Ertragsschwankungen, Witterungsunabhängigkeit, Qualität der Erträge, breites Anbauspektrum, technologische Anpassungsfähigkeiten und Pufferung von Immissionen. Diese hängen von Bodeneigenschaften ab, deren Stabilität bzw. Labilität recht unterschiedlich ist. In Tabelle 155 wird aufgezeigt, daß die Körnung eine recht stabile Bodeneigenschaft ist, durch Erosionen aber Verluste erleiden kann, die durch Verwitterungsneubildungen nur begrenzt ersetzt werden können. Eine nur mittlere Stabilität nimmt die Bodenreaktion ein. Mit der Nutzungsintensität und durch Umweltbelastungen kommt es zur allmählichen Versauerung, der durch Kalkung gezielt engegengewirkt werden kann. Eine recht labile Bodeneigenschaft ist das Gefüge. Es wird durch unsachgemäße Belastungen zerstört, meßbar an den nach Grad und Tiefe zunehmendem Verdichtungen. Meliorationen sollen diese dann mit hohen Aufwendungen beseitigen.

Durch nicht standortgemäße Bodennutzung sind die Verluste an Bodenfruchtbarkeit beeinflussenden Bodeneigenschaften meist größer als ihr Gewinn durch sanierende Maßnahmen. Veränderungen von Bodeneigenschaften zeigen, ob die Bodenfruchtbarkeit zu- oder abgenommen hat. Durch allmähliche Krumenvertiefung hat sich der Humusspiegel nicht wesentlich verändert, das humushaltige Bodenvolumen jedoch erhöht. Durch Krumenvertiefung von 20 auf 30 cm nimmt der Humusvorrat um 50 % zu, wenn der Humusgehalt unverändert bleibt. Erhöhte Humusmengen bedingen, daß im jährlichen Umsatz statt z. B. früher nur 50, heute bei besseren Böden durchaus 100 bis 120 kg N/ha jährlich

Tab. 155. Bodeneigenschaften und Bodenfruchtbarkeit

Eigenschaft	Stabilität	Verlust	Gewinn
Körnung		Erosion	(Verwitterung)
Gründigkeit		Erosion, Verdichtung	Melioration
Reaktion		Entzug, Auswaschung Immission	Kalkung
Nährstoffspeicher u.- nachlieferung (Transformation)		Ertrag, Auswaschung Mineralisation,	Düngung
Humusgehalt		Erosion	Fruchtfolge
Gefüge		Verdichtung	Melioration
Biol. Aktivität		Schadstoffe	Minimalbodenbearbeitung

Tab. 156. Gefährdungen der Bodenfruchtbarkeit

Belastung	durch	Folge	Schutzmaßnahme
Streß	Großtechnik	Bodenverdichtung	– Bodenwasserhaushalt regeln
		Humusumsatz	– Niederdruckbereifung
		Erosion	– Gerätekoppelung
			– konservierende Bodenbearbeitung
			– Unterbodenlockerung
	Großflächen	Artenschwund	– Zwischenfrüchte
		Erosion	– Aufgelockerte Fruchtfolgen
Kreislauf	Düngung	Eutrophierung	– standorts- u. bedarfsgerechte Düngung
			– Bodenuntersuchung
Gefahrstoffe	Immission	Bodenversauerung	– Kalkung
	Siedlungsabfälle	Schwermetallanreicherung	– Klärschlammverordnung
			– Schadschwellen,
	Pflanzenschutz	Bound residues	– integrierter Pflanzenschutz

nachgeliefert werden. Betreibt man die Krumenvertiefung zu schnell, wächst bei vorübergehender Magerung des Bodens die Erosionsgefahr.

Mißt man Bodenfruchtbarkeit bzw. Standortertragsfähigkeit nur an steigenden Erträgen, dann hat sich diese durch moderne Landbewirtschaftung deutlich erhöht. Mit immer stärkerer effektiver Ausnutzung der potentiellen Standortertragsfähigkeit werden jedoch mit erhöhtem Potential Gleichgewichtsstörungen kritischer. Ein Vergleich zur Volksgesundheit bietet sich an: Die Lebenserwartung der Menschen ist durch medizinisch-technischen Fortschritt, verbesserte Hygiene und Ernährung deutlich gestiegen. Mit zunehmendem Lebensalter als Maßstab der Volksgesundheit haben sich jedoch die Todesursachen von früher vorwiegend Infektionskrankheiten heute auf Kreislauf- und Stoffwechselstörungen infolge Stress und einseitiger Überernährung sowie durch Umweltgifte mit ausgelöste Krebserkrankungen verlagert. Auch die Bodenfruchtbarkeit als Maß der Bodengesundheit ist durch Stress, Kreislaufstörungen und Schadstoffe gefährdet. In Tabelle 156 wird gezeigt, was unter Bodenstress zu verstehen ist, nämlich übertriebener Einsatz der Großtechnik auf Großflächen, der zu Bodenverdichtungen, vermehrtem Humusumsatz, Erosionen und Artenschwund führt. Komplexe Bodenschutzmaßnahmen werden deshalb prophylaktisch oder sanierend erforderlich.

Einseitige, überhöhte Düngung führt zu Eutrophierungen. Erhöhte Nitratausträge lassen erkennen, daß der Nährstoffkreislauf regional nicht mehr in Ordnung ist. Standort- und bedarfsgerechte Düngung nach Bodenuntersuchung grenzt dieses Krankheitssymptom besser ein. Zahlreiche Gefahrstoffe werden durch Immissionen, Siedlungsabfälle, aber auch Pflanzenschutzmittel im Boden akkumuliert. Hier sind deshalb die Schadschwellen zu beachten (Grenz- und Richt-Werte für Schwermetalle laut Klärschlamm-Verordnung) und integrierter Pflanzenschutz, Kalkung u.a. als Schutzmaßnahmen zu nennen.

Verdichtungen, Erosion und Nährstoffaustrag sind die am meisten genannten Bodenschäden. Standortgemäße Bodennutzung ist ein alter Grundsatz des Bodenschutzes. Bleiben diese Grundsätze unbeachtet, z.B. durch Grünlandumbruch in Hanglagen mit dem Ziel des Maisanbaues und der Gülleverwertung, sind nachhaltige, irreparable Boden- und Gewässerschäden unausweichlich. Die Erhaltung und Mehrung der Bodenfruchtbarkeit als oberstes Prinzip des Bodenschutzes deklariert, macht wegen wirtschaftspolitisch ausgelöster Nutzungsänderungen über das bodenkundliche Augenmerk hinaus flankierende, agrarpolitische Maßnahmen erforderlich.

4.4.5 Bodenschutzgesetze

Im Rahmen des Umweltschutzes ist neben Wasser, Luft und Natur auch der Boden ein Naturgut mit hohem Schutzbedarf. Ein Bodenschutz*gesetz* gibt es zur Zeit nicht. 1984 wurde in einer Bodenschutz*konzeption* des Bundesinnenministeriums ein möglicher Rechtsrahmen für den Bodenschutz aufgezeigt. Aufgabe der im Rahmen konkurrierender Gesetzgebung verantwortlichen Bundesländer ist es, in einem Bodenschutz*programm* Maßnahmen und Handlungsbedarf aufzuzeigen. Vordringlich ist zunächst, zahlreiche den Bodenschutz direkt oder indirekt berührende Gesetze aufeinander abzustimmen.

Tab. 157. Bodenschützende Rechtsvorschriften (n = 29), Materialiien BMJ 1984

Unmittelbar boden- schützend (n = 11)	Planungsnormen (n = 8)	Mittelbar bodenschützend (n = 10)
Bundes*naturschutz*gesetz §§ 1, 2, 8, 12, 15, 27	*Raumordnungs*gesetz § 2	*Wasserhaushalts*gesetz §§ 19, 34, 36
Bundesberggesetz §§ 1, 2	Bundes*bau*gesetz §§ 1, 39	Waschmittelgesetz
Chemikaliengesetz § 3	Bundesfernstraßen- gesetz § 17	Bundes*immissionsschutz*- gesetz (*TA Luft*) § 50
*Pflanzenschutz*gesetz §§ 1, 8		DDT-Gesetz
Düngemittelgesetz §§ 2, 5	Bundeswasserstra- ßengesetz	*Benzin-Blei*-Gesetz
*Abfallbeseitigungs*gesetz §§ 2, 11, 15	Bundesbahngesetz	Gesetz über die Beförderung gefährlicher Güter
Tierkörperbeseitigungsge- setz § 3	Luftverkehrsgesetz	Gewerbeordnung
Altölgesetz	Telegraphenwegege- setz	Bundes*wald*gesetz §§ 1, 6, 12, 16, 17
Atomgesetz §§ 7, 9	Landbeschaffungs- gesetz	*Flurbereinigungs*gesetz §§ 1, 18, 37
Strahlenschutzverordnung §§ 6, 18		*Grundstücksverkehrs*gesetz §§ 1, 2, 9
Strafrecht §§ 326, 329, 330		

Literaturverzeichnis

Mit * gekennzeichnete Veröffentlichungen dienten als Quellen für Tabellen und Abbildungen, die teils unverändert, teils in etwas abgewandelter Form in diesem Taschenbuch wiedergegeben sind.

ACHTNICH, W.: Bewässerungslandbau. Verlag E. Ulmer Stuttgart, 1980.

AGRON. DEPT. CORNELL UNIV: Keys to Soil Taxonomy, Soil Management Support Services: Techn. Monogr. Nr. 6. Ithaca, New York 1985, 2. Aufl.

* Arbeiten der DLG, Bd. 185: Bodenschutz mit der Landwirtschaft: Bodenbelastungen, Ursachen, Folgen, Gegenmaßnahmen. DLG-Verlag, Frankfurt/M. 1986.

* Arbeitsgemeinschaft Bodenkunde der Geologischen Landesämter, der Landesämter für Bodenforschung sowie der Bundesanstalt für Geowissenschaften und Rohstoffe: Kartieranleitung. 3. Aufl., Hannover 1982.

AUBERT, H. und M. PINTA: Trace Elements in Soils. Verlag Elsevier, Amsterdam 1980, 2. Aufl.

* Auerswald, K.: Sensivität erosionsbestimmender Faktoren. Z. Wasser und Boden **39**, 34–39, 1987.

BADEN, W.: Düngung und Kalkung von Moor und Anmoor. In: Handbuch für Pflanzenzüchtung und Düngung, Bd. 3, 1445–1516, Verlag Springer, Berlin–Wien–New York 1965.

* BADEN, W. und R. EGGELSMANN: Über die Regelung des Wasserhaushaltes bei Moormeliorationen und die dafür notwendigen Vor- und Folgearbeiten. Wasser und Boden 10, 29–36, 1958.

de BAKKER: H. und A.W. Edelman: De Nederlandse Boden in Kleur. Stichting vor Bodenkartering, Wageningen 1976.

BARNER, J.: Experimentelle Landschaftsökologie. 196 S., Verlag F. Enke, Stuttgart 1983.

BARTH, T.F.W., E.W. CORRENS und P. ESKOLA: Die Entstehung der Gesteine. Verlag Springer, Berlin–Göttingen–Heidelberg 1939, Neudruck 1960.

BARTELS, J. und G. ANGENHEISTER: Geophysik, Fischer Lexikon, Berlin 1969.

* BÄTJER, D. und H. KUNTZE: Untersuchungen des Niederschlagswassers im Küstengebiet Ostfrieslands und Oldenburgs. Die Küste 11, 34–51, 1963.

BAUMANN, H., V. SCHENDEL und G. MANN: Wasserwirtschaft in Stichworten, Verlag F. Hirt, Kiel 1974.

* BAVER, L.D.: Soil physics. J. Wiley & Sons Inc. 4. Aufl. New York 1965.

* BECK, T.: Mikrobiologie des Bodens. Bayerischer Landwirtschaftsverlag, München 1968.

* BEESE, F., H. GEBHARDT, P. HUGENROTH, B. MEYER und H. WILDHAGEN: Bodenkunde – Aspekte und Grundlagen. Eigenverlag, Göttingen 1974.

BENDER, Fr. (Herausgeber): Angewandte Geowissenschaften, Band 1. Verlag Ferdinand Enke, Stuttgart 1981.

BERGLUND, B. E. (Herausgeber): Handbook of Holocene Palaeoecology and Palaeohydrology. Chichester–New York 1986.

BIRKELAND, P.: Soils and Geomorphology. Oxford University Press, 1984.

BLANCK, E. (Herausgeber): Handbuch der Bodenlehre, Bd. 1–10 und ein Ergänzungsbd. Verlag Springer, Berlin 1929–1939.

* BMI: Bodenschutz-Konzeption der Bundesregierung. Verlag W. Kolhammer, Stuttgart–Berlin–Köln–Mainz, S. 1–229, 1985.

BOARDMAN, J.: Soils and Quaternary Landscape Evolution. Verlag J. Wiley and Sons, Chichester 1985.

BOHN, H. L., B. L. MC NEIL, and G. A. O'CONNOR, Soil Chemistry. Verlag J. Wiley and Sons. New York, Chinchester, 1985, 2. Auflage.

BONNEAU, M. und B. SOUCHIER: Constituents et Propriété du Sol. Academic Press, London, 1982.

de BOODT, M. und D. GABRIELS: Assessment of Erosion. Verlag J. Wiley and Sons, Chichester-Sussex 1981.

BORK, H. R. und W. RICKEN: Bodenerosion, holozäne und pleistozäne Bodenentwicklung. Catena, Supplement 3, Göttingen 1982.

BRADY, N. C.: The Nature and Properties of Soils. Macmillan Publ. Comp., New York 1984.

BRETSCHNEIDER, H., K. LECHER und M. SCHMIDT (Hrsg.): Taschenbuch der Wasserwirtschaft. Verlag Paul Parey, Hamburg 1982, 6. Aufl.

* BRINKMANN, R.: Abriß der Geologie, allgemeine Geologie (Band 1). Neubearb. von W. ZEIL. Verlag F. Enke, Stuttgart 1975, 11. Aufl.

* BRINKMANN, R.: Abriß der Geologie, Historische Geologie (Band 2). Verlag F. Enke, Stuttgart 1977, 11. Aufl.

BUCHNER, A.; »Düngemittel«. In: Ullmanns Enzyklopädie der Techn. Chemie. Band 10, 201–256, 1975, 4. Aufl.

* BUOL, S. W., F. D. HOLE und R. J. MCCRACKEN: Soil Genesis and Classification, 2. Aufl. The Iowa State University Press, Ames 1980.

BUOL, S. W. and A. W. SANCHEZ: Red Soils in the Americas: Morphology, Classification and Management. – In: Proceedings: Intern. Symposium for Red Soils in Beijing, China, Seite 14–44, Verlag Elsevier, Amsterdam 1986.

BUTLER, B. E.: Soil Classification for Soil Survey. Oxford University Press, 1980.

Canada Soil Survey Committee: The Canadian System of Soil Classification. Research Branch Canada Department of Agriculture. Publication 1646, 1978.

CATT, J. A.: Soils and Quaternary Geology – A Handbook for Field Scientists. Clarendon Press, Oxford, 1986.

Commission of the European Communities: Soil Map of the European Communities. Brüssel–Luxemburg 1985.

* CORRENS, C. W.: Einführung in die Mineralogie (Kristallographie und Petrologie). Verlag Springer, Berlin 1968, 2. Aufl.

* DAVIS, S. F. und R. E. LUCAS: Organic soils, their formation, distribution, utilization and management. Spec. Bull. Michigan State Univ. 423, East Lansing 1959.

Deutsche Bodenkundliche Gesellschaft: Memorandum Bodenkunde – Stand und Entwicklung bodenkundlicher Forschung. Göttingen 1980.

Deutsche Bodenkundliche Gesellschaft: Systematik der Böden der Bundesrepublik Deutschland. Mittlg. d. DBG, Band 44, Göttingen 1985. Gleichzeitig englische und französische Ausgabe.

* DIEZ, Th.: Bodenansprache und -beurteilung im Gelände für die landwirtschaftliche Bodennutzung. Mitt. Deutsche Bodenkundliche Ges. **53**, 137–142, 1987.

DIEZ, Th., H. WEIGELT: Böden unter landwirtschaftlicher Nutzung: 48 Bodenprofile in Farbe. BLV Verlagsges., München, 1987.

DOMSCH, K.H.: Funktionen und Belastbarkeit des Bodens aus der Sicht der Bodenmikrobiologie. Materialien zur Umweltforschung herausgegeben vom Rat von Sachverständigen für Umweltfragen, Verlag W. Kohlhammer, Stuttgart und Mainz 1985.

DUCHAUFOUR, P.: Atlas écologique des sols du monde. Verlag Masson, Paris, New York, Barcelona, Milan 1976.

DUCHAUFOUR, P.: Pédologie-Pédogenèse et classification. Verlag Masson, Paris, New York, Barcelona, Milan 1977. Engl. Ausgabe 1982.

DUDAL, R.: Definitions of Soil Units for the Soil Map of the World. World Soil Resources Reports 33. World Soil Resource Office, Land and Water Development Division, FAO, Rome 1978.

DVWK (Herausgeber): Bodenkundliche Grunduntersuchungen im Felde zur Ermittlung von Kennwerten meliorationsbedürftiger Standorte. Heft 115, Teil I Grundansprache der Böden (1980), Heft 116, Teil II Ermittlung von Standortkennwerten mit Hilfe der Grundansprache der Böden (1982), Kommissionsvertrieb, Verlag P. Parey, Hamburg u. Berlin.

DVWK (Herausgeber): Bodennutzung und Nitrataustrag. Schriftenreihe Deutscher Verband für Wasserwirtschaft u. Kulturbau, **73**, 241 S. Verlag P. Parey, Hamburg u. Berlin 1985.

* EGGELSMANN, R.: Dränanleitung. Verlag Paul Parey, Hamburg 1981, 2. Aufl.

* EIMERN, J. VAN und H. HÄCKEL: Wetter- und Klimakunde für Landwirtschaft, Garten- und Weinbau. Verlag Eugen Ulmer, Stuttgart 1984, 4. Aufl.

EISSMANN, L.: Periglaziäre Prozesse und Permafroststrukturen aus sechs Kaltzeiten des Quartärs. Altenberger Naturwiss. Forschg., Band 1, Altenberg 1981.

* ELLENBERG, H.: Naturgemäße Anbauplanung, Melioration und Landespflege. Landwirtschaftliche Pflanzensoziologie III. Verlag E. Ulmer, Stuttgart 1954.

* ELLENBERG, H.: Vegetation Mitteleuropas mit den Alpen in kausaler, dynamischer und historischer Sicht. Verlag E. Ulmer, Stuttgart 1982, 3. Aufl.

ELLENBERG, H.: Ökosystemforschung. Verlag Springer, Berlin–Heidelberg–New York 1973.

EL-SWAIFI, S.A., W.C. MOLDENHAUER und A. LO (Herausgeber): Soil Erosion and Conservation, Soil Conservation Society of America. Ankeny, Iowa 1985.

FIEDLER, H.J. und H. REISSIG: Lehrbuch der Bodenkunde. VEB Verlag G. Fischer, Jena 1964.

FINCK, A.: Tropische Böden. Verlag P. Parey, Berlin u. Hamburg 1963.

* FINK, J.: Internationale Lößforschungen. Eiszeitalter u. Gegenwart 27, 220–235, Öhringen/Württ. 1965.

FINKL, C.W.: Soil Classification. Hutchinson Press Publ. Comp., Stroadsbg., Penn. 1982.

FOTH, H.D. und L.M. TURK: Fundamental of Soil Science. Verlag J. Wiley and Sons, Chichester, New York, Brisbane, Toronto, Singapore 1984, 7. Aufl.

FRANZ, M.: Feldbodenkunde als Grundlage der Standortbeurteilung und Bodenbewirtschaftung mit besonderer Berücksichtigung der Arbeit im Gelände. Verlag G. Fromme u. Co., Wien u. München 1960.

* FREDE, H.G., GEBHARD, G. u. MEYER, B.: Größe, Ursachen und Bedingungen von Boden- und Dünger-N-Verlusten durch Denitrifikation aus dem Ap-Horizont einer Acherparabraunerde aus Löß. Göttinger Bodenkundl. Ber. **34**, 69–165 u. 295–313, 1975

* FRENZEL, G.: Kurzeinführung in die Gesteinskunde. Der Aufschluß 22, H. 1, Göttingen 1971.

FROHMANN, M.: Handbuch des Landschaftsbaues, Bautechnik 1, Erdbau-Wegebau-Entwässerung. Verlag E. Ulmer, Stuttgart 1986.

* FÜHR, F., SCHEELE, B. u. KLOSTER, G.: Schadstoffeintäge in den Boden durch Industrie, Besiedlung, Verkehr und Landbewirtschaftung (organische Stoffe). VDLUFA – Schriftenreihe, Kongreßband, Gießen 1985, S. 73–84, VDLUFA – Verlag Darmstadt, 1986.

GANSSEN, R.: Bodengeographie. K.F. Koehler-Verlag, Suttgart 1972, 2. Aufl.

* GANSSEN, R. und F. HÄDRICH: Atlas zur Bodenkunde. Meyers Großer Physischer Weltatlas, Band 1. Bibliogr. Inst. Mannheim 1965.

GERLING, B. (Redaktion): Unser Boden, 70 Jahre Agrarforschung der BASF AG. Verlag Wissenschaft und Politik, Köln 1985.

GLAZOVSKAYA, M.A.: Soils of the World, Vol. I: Soil families and soil types; Vol. II: Soil geography. Balkema Publishers, Rotterdam 1983/4.

GÖTTLICH, K.: Moor- und Torfkunde. E. Schweizerbart'sche Verlagsbuchhandlung, Stuttgart 1988, 3. Aufl. (im Druck)

* HAASE, G. und R. SCHMIDT: Struktur und Gliederung der Bodendecke der DDR. Petermanns Geographische Mitteilungen 119, H. 4, VEB Hermann Haack, Gotha/Leipzig 1975.

HÄCKEL, H.: Meteorologie, UTB 1338, Verlag Eugen Ulmer, Stuttgart 1985.

* HARTGE, K.H.: Einführung in die Bodenphysik. Verlag F. Enke, Stuttgart 1978.

* HARTGE, K.H.: Die physikalische Untersuchung von Böden. Verlag F. Enke, Stuttgart 1988, 2. Aufl. (im Druck).

* HERRMANN, R.: Einführung in die Hydrologie. Teubners Studienbücher, Geographie, Stuttgart 1977.

HESEMANN, J.: Geologie (UTB 777). Verlag Schöningh, Paderborn 1978.

HÖLSCHER, J. u. WALTHER, W.: Belastungen von Wasser und Boden in der Bundesrep. Deutschland durch Luftverunreinigungen. Mitt. Nds. Landesamt f. Wasserwirtschaft, Heft 2, Hildesheim, 1986.

HUDSON, N.: Soil Conservation. Cornell University Press, Ithaca, New York 1973.

* IMHOFF, K. u. K. IMHOFF: Taschenbuch der Stadtentwässerung. 24. verb. Auflage, R. Oldenbourg Verlag, München–Wien 1976.

International Society of Soil Science: Soil Map of Middle Europe 1 : 1000000. Luxemburg 1986.

* ISERMANN, K.: Bewertung natürlicher und anthropogener Stoffeinträge über die Atmosphäre als Standortfaktoren hinsichtlich der Versauerungland- und forstwirtschaftlich genutzter Böden. VDI-Berichte Nr. 500, S 307–335, 1983.

KALPAGÉ, F.S.C.P.: Tropical Soils, Classification, Fertility, Management. R. Macmillan Press Ltd, London 1976.

KOHNKE, H.: Soil physics. Mc. Graw Hill Book Company, New York 1968.

KÖHNLEIN, J. und H. VETTER: Ernterückstände und Wurzelbild. Verlag P. Parey, Berlin u. Hamburg 1953.

* KOSSINNA, E. (1923): Zitiert bei MURAWSKI, H.: Geologisches Wörterbuch. Verlag F. Enke, Stuttgart 1963, 5. Aufl.

KOVDA, V.A.: The Principles of Pedologie. Vol. I und II, Publishing House »Nauka«, Moskow 1973.

KREEB, K.H.: Ökologische Grundlagen der Bewässerungskulturen in den Subtropen. Verlag G. Fischer, Stuttgart 1964.

KREEB, K.H.: Vegetationskunde. UTB – Große Reihe, Verlag Eugen Ulmer, Stuttgart 1983

Kubiena, W.K.: Bestimmungsbuch und Systematik der Böden Europas. Verlag F. Enke, Stuttgart 1953.

KUBIENA, W.K.: Grundzüge der Geopedologie und der Formenlehre der Böden. Österr. Agrarverlag, Wien 1986.

* KUNTZE, H.: Die Marschen – schwere Böden in der landwirtschaftlichen Evolution. Verlag P. Parey, Hamburg u. Berlin 1965.

* KUNTZE, H.: Abtorfung – Rekultivierung oder Regeneration. Telma, 3, 289–299, Berichte der Deutschen Gesellschaft für Moor- u. Torfkunde, Hannover 1973.

KUNTZE, H.: Moore im Stoffhaushalt der Natur – Konsequenzen ihrer Nutzung. Landschaft + Stadt 5, 88–96, 1973.

* KUNTZE, H.: Meliorationsbeispiel Sandmischkultur. Landbauforschung Völkenrode So. Nr. 24, 31–46, 1974.

KUNTZE, H.: Verockerungen – Diagnose und Therapie. Schriftenr. d. Kuratoriums für Wasser und Kulturbauwesen, Heft 32, Verlag P. Parey, Berlin u. Hamburg 1978.

* KUNTZE, H.: Melioration vom Hofe aus. 161 S., Rationalisierungs-Kuratorium für Landwirtschaft (RKL), Kiel 1981.

KUNTZE, H.: (Herausgeber): Bewirtschaftung und Düngung von Moorböden, 80 S., Landw. Verlag Weser-Ems GmbH, Oldenburg 1984.

* KUNTZE, H.: Soil reclamation, improvement, reclamation and conservation in Germany, Z. Pflanzenernährung und Bodenkunde, 149, 500–512, 1986.

KUNTZE, H. u. EGGELSMANN, R.: Zur Schutzfähigkeit nordwestdeutscher Moore. Telma, 11, 197–212, Berichte der Deutschen Gesellschaft für Moor- und Torfkunde, Hannover 1981.

* KUNTZE, H.: Meliorationen in OEHMICHEN (Herausgeber) Pflanzenproduktion. Verlag Paul Parey, Hamburg 1983.

KUNTZE, H. u. VETTER, H. (Herausgeber), Bewirtschaftung und Düngung von Sandmischkulturen, 120 S., Landw. Verlag Weser-Ems GmbH, Oldenburg 1980.

* KUNTZE, H. u. W. VOSS: Statusbericht Düngung, Landwirtschaft Angewandte Wissenschaft, Heft 245, Landw. Verlag Hiltrup 1980.

LAATSCH, W.: Dynamik der deutschen Acker- und Waldböden. Verlag Steinkopff, Dresden u. Leipzig 1944, 2. Aufl.

* Landwirtschaftskammer Weser-Ems: Richtwerte und Unterlagen für die Düngung nach Boden- und Pflanzenanalysen, Oldenburg 1987.

LARCHER, W.: Ökologie der Pflanzen. (UTB 232). Verlag E. Ulmer, Stuttgart 1980, 3. Aufl.

* LESER, H.: Landschaftsökologie (UTB 521). Verlag E. Ulmer, Stuttgart 1978, 2. Aufl.

546   Literaturverzeichnis

LIEBEROTH, J.: Bodenkunde – Bodenfruchtbarkeit. VEB Deutscher Landwirt-schaftsverlag, Berlin 1982, 3. Aufl.

LOF, P.: Soils of the World (Wall Chart 80 × 135 cm) – 100 typische Bodenprofile der Erde in Farbbildern mit int. Nomenklatur. Verlag Elsevier, Amsterdam 1986.

* LOUIS, H.: Allgemeine Geomorphologie. Lehrbuch der Allg. Geographie, Band 1, Hrsg. E. OBST. Verlag W. de Gruyter & Co., Berlin 1968.

LUCKNER, L. und W.M. SCHESTAKOW: Migrationsprozesse im Boden- und Grundwasserbereich. VEB Deutscher Verlag für Grundstoffindustrie, Leipzig 1986.

* LÜBBE, E.: Einfluß der Landwirtschaft auf die Grundwassergüte, Wasser und Boden, **36**, 92–94, 1984.

LÜDERS, K.: Kleines Küsten-Lexikon, Walter Dorn Verlag, Bremen–Hannover 1958.

* LUNDEGARDH, H.: Klima und Boden in ihrer Wirkung auf das Pflanzenleben. Verlag G. Fischer, Jena 1949, 3. Aufl.

MAHANEY, W.C.: Correlation of Quaternary Chronologies. Geo Books, Norwich 1983.

MAUERSBERGER, P.: Groundwater flow and migration processes – Aspects of theory and modelling. Acta hydrophysica, Band 32, Nr. 2/3, 1988 (im Druck).

MELFI, A.J. und A. CARVALHO: Laterisation Processes. Proceedings II. Int. Sem. on Laterisation Processes, Sao Paulo 1982.

MERIAN, E. (Herausgeber): Metalle in der Umwelt – Verteilung, Analytik und biologische Relevanz. VCH-Verlagsges., Weinheim, 722 S., 1984.

MEYER, B. u. G. ROESCHMANN: Das Schwarzerdegebiet um Hildesheim. Mitt. d. dt. Bodenkdl. Ges. 13, 287–310, 1971.

MILDE, G. und R. LESCHBER: Boden- und Grundwasserschutz. Schriftenr. Ver. Waser-, Boden-, Lufthygiene, Band 64, Stuttgart 1986.

MOKMA, D.L. und P. BUURMAN: Podzols and podzolization in temperate regions. Int. Soil Museum, Monograph 1, 1982.

* MÜCKENHAUSEN, E.: Die Produktionskapazität der Böden der Erde. Vortrag Nr. 234, Rheinisch-Westfäl. Akad. d. Wissensch. Westdeutscher Verlag, Opladen 1973.

* MÜCKENHAUSEN, E.: Die Bodenkunde und ihre geologischen, geomorphologischen, mineralogischen und petrologischen Grundlagen. DLG-Verlag, Frankfurt a.M. 1985, 3. Aufl.

MÜCKENHAUSEN, E.: Entstehung, Eigenschaften und Systematik der Böden der Bundesrepublik Deutschland. DLG-Verlag, Frankfurt a.M. 1977, 2. Aufl.

MÜCKENHAUSEN, E. (Hrsg.): Stand paläopedologischer Forschung in der Bundesrepublik Deutschland. Geol. Jb. Reihe F (Bodenkunde), Hannover 1981.

MÜCKENHAUSEN, E. und H. ZAKOSEK: Bodenkundliche Untersuchungsmethoden. In: Angewandte Geowissenschaften von F. BENDER (Herausgeber) Band I, Verlag F. Enke, Stuttgart 1981.

MÜLLER, G.: Bodenbiologie. Verlag Fischer, Jena 1965.

MÜLLER, G., E. EHWALD, I. FÖRSTER und G. REUTER: Bodenkunde. VEB Deutscher Landwirtschaftsverlag, Berlin 1980.

* MÜLLER, S.: Böden unserer Heimat. Kosmos Naturführer, Francksche Verlagsbuchhandlung, Stuttgart 1969.

NEEF, E. (Hrsg.): Das Gesicht der Erde. Mit einem ABC. Taschenbuch d. physischen Geographie, Verlag H. Deutsch, Zürich–Frankfurt/M. 1976, 4. Aufl.

NIEDER, H. (Herausgeber): Nitrat im Grundwasser – Herkunft, Wirkung und Vermeidung. Verlag Chemie, Weinheim, 88 s., 1985.

OEHMICHEN, J. (Herausgeber): Pflanzenproduktion, Bd. 1, Grundlagen. Verlag P. Parey, Berlin u. Hamburg 1983.

OELKERS, K.-H.: Datenschlüssel Bodenkunde. Hannover 1984.

OKRUSZKO, H.: Soil-forming process in drained peatlands. Proc. 2nd Intern. Peat Congr., Vol. I, 189–197, 1968.

OKRUSZKO, H.: Decession in the Natural Evolution of Low Peatlands. Int. Ass. for Ecology, Bulletin 1985.

* OVERBECK, F.: Botanisch-geologische Moorkunde. K. Wachholtz Verlag, Neumünster 1975.

* PAPE, H.: Leitfaden zur Gesteinsbestimmung. Verlag F. Enke, Stuttgart 1972 und 1975, 3. Aufl.

* PEUCKER, H.: Maßnahmen der Landschaftspflege. Gärtnerische Berufspraxis, 2. Aufl., Verlag Paul Parey, Berlin und Hamburg 1983.

* PONS, J. u. ZONNEVELD, J.S.: Soil ripening and soil classification. Dutch Int. Inst. Land Reclamation and Improvement, 13, 1–128, Wageningen 1965.

* RAMDOHR, P. und H. STRUNZ: Klockmanns Lehrbuch der Mineralogie. Verlag F. Enke, Stuttgart 1967, 15. Aufl.

* REHFUESS, K.E.: Waldböden-Entwicklung, Eigenschaften und Nutzung. Pareys Studientexte, Band 29, Verlag Paul Parey, Hamburg und Berlin 1981.

RENGER, M., O. STREBEL und W. GIESEL: Beurteilung bodenkundlicher, kulturtechnischer und hydrologischer Fragen mit Hilfe von klimatischer Wasserbilanz und bodenphysikalischen Kennwerten. Z. f. Kulturtechnik u. Flurbereinigung 15, 148–160, 206–221, 263–271, 1974.

* RICHTER, D.: Allgemeine Geologie. Sammlung Göschen Nr. 2604. Verlag W. de Gruyter, Berlin–New York 1976.

RICHTER, J.: Der Boden als Reaktor-Modelle für Prozesse im Boden. Verlag Ferdinand Enke, Stuttgart 1986.

RICHTER, G., und W. SPERLING: Bodenerosion in Mitteleuropa. Wiss. Buchgesellsch., Darmstadt 1976.

RID, H.: Das Buch vom Boden. Verlag Eugen Ulmer, Stuttgart 1984.

RIEGER, S.: The Genesis and Classification of cold Soils. Academic Press, New York 1983.

ROESCHMANN, G.: Zur Entstehungsgeschichte von Parabraunerden und Pseudogleyen aus Sandlöß südlich von Bremen, N. Jb. Geol. Paläont. Abh. 117, 286–302, 1963.

* ROESCHMANN, G.: Die Böden der nordwestdeutschen Geestlandschaft. Mitt. dt. Bodenkdl. Ges. 13, 151–231, Göttingen 1971.

ROESCHMANN, G.: Die Entstehung der Böden, in »Norddeutschland und angrenzende Gebiete im Eiszeitalter« von WOLDSTEDT und DUPHORN, 376–403, Stuttgart 1974.

* ROESCHMANN, G.: Zur Untersuchungsmethodik, pedogenetischen Deutung und Datierung fossiler Sandböden des Pleistozäns in Norddeutschland. Mitt. dt. Bodenkdl. Ges. 22, 581–590, Göttingen 1975.

ROESCHMANN, G.: Bodenkarte der Bundesrepublik Deutschland 1 : 1 000 000 mit

548   Literaturverzeichnis

Legenden und Erläuterungsheft. Bundesanstalt für Geowissenschaften und Rohstoffe, Hannover 1986.
RÖSLER, H.J.: Lehrbuch der Mineralogie. VEB Dtsch. Verlag für Grundstoffindustrie, Leipzig 1979, 2. Aufl.
ROHMANN, U. u. SONTHEIMER, H.: Nitrat im Grundwasser. DVGW-forschungsstelle am Engler-Bunte-Institut, TU Karlsruhe, 468 S., 1985.
Ruhr-Stickstoff-AG, Faustzahlen für Landwirtschaft und Gartenbau, 10. Aufl., Landwirtschaftsverlag Münster-Hiltrup, 1983.

SAUERBECK, D.: Funktionen, Güte und Belastbarkeit des Bodens aus agrikulturchemischer Sicht. Materialien zur Umweltforschung herausgegeben vom Rat von Sachverständigen für Umweltfragen, Verlag W. Kohlhammer, Stuttgart und Mainz 1985.
SCHARPF, H.C. und J. WEHRMANN: Die Bedeutung des Mineralstickstoffvorrates des Bodens zu Vegetationsbeginn für die Bemessung der N-Düngung zu Winterweizen. Landw. Forschung XXIX, 32/I. Sonderheft 100–114, 1976.
* SCHEFFER, F., H. KUNTZE und H. NEUHAUS: Quellen und Schrumpfen – Faktoren der Bodenstruktur und ihre Beeinflussung bei Marschböden. Z. Pflanzenernähr., Düng., Bodenkunde 103, 210–219, 1963.
* SCHEFFER, F. und P. SCHACHTSCHABEL: Lehrbuch der Bodenkunde, neubearbeitet von P. SCHACHTSCHABEL, H.-P. BLUME, K.-H. HARTGE und U. SCHWERTMANN. Verlag F. Enke, Stuttgart 1982, 11. Aufl.
SCHEFFER, F. und B. ULRICH: Humus. Verlag F. Enke, Stuttgart 1960.
* SCHEFFER, F., B. ULRICH und L.E. LISSANTI: Nährstoffpotentiale zur Charakterisierung des Nährmediums von Pflanzen. Attides IV Simposio Internationale di Agrochemicca, Pisa 1962.
SCHLICHTING, E.: Einführung in die Bodenkunde. Pareys Studientexte, Band 58, Verlag Paul Parey, Hamburg–Berlin 1986, 2. Aufl.
SCHLICHTING, E. und H.-P. BLUME: Bodenkundliches Praktikum. Verlag Paul Parey, Hamburg und Berlin 1988, 2. Aufl. (im Druck).
SCHLICHTING, E. und U. SCHWERTMANN: (Herausgeber) Pseudogley und Gley. Verlag Chemie Weinheim 1973.
* SCHMIDT, K.: Erdgeschichte. Sammlung Göschen Nr. 5001, Verlag W. de Gruyter, Berlin–New York 1972.
* SCHMIDT, R.: Geographische Aspekte der mittelmaßstäbigen landwirtschaftlichen Standortkartierung. Hallesches Jb. Geowiss. Bd. 3, 15–32, VEB H. Haack Gotha/Leipzig 1978.
SCHMIDT-LORENZ, R.: Die Böden der Tropen und Subtropen. Aus Handbuch der Landwirtschaft und Ernährung in den Entwicklungsländern, Band 3, Verlag F. Enke, Stuttgart 1986.
* SCHROEDER, D.: Bodenkunde in Stichworten, Verlag F. Hirt, CH-Unterägeri 1983, 4. Aufl.
* SCHULTE-KARRING, H.: Die meliorative Bodenbewirtschaftung. Verlag R. Warlich, Ahrweiler 1970.
* SCHUMANN, M.: Grundlagen des geologischen Wissens für Techniker. Verlag Vandenhoeck u. Ruprecht, Göttingen 1962.
SCHUMANN, H.: Einführung in die Gesteinswelt. Göttingen 1968, 4. Aufl.
SCHWAAR, J.: Subfossile, moosreiche Kleinseggenriede im Geeste-Mündungstrichter bei Laven/Krs. Cuxhaven. Tuexenia, 6, 205–218, Göttingen, 1986.
SCHWARZBACH, M.: Das Klima der Vorzeit. Verlag F. Enke, Stuttgart 1974, 3. Aufl.

* Schwegler, E., P. Schneider und W. Heissel: Geologie in Stichworten. Verlag F. Hirt, Kiel 1969, 3. Aufl.

Schweikle, V.: Gefügeeigenschaften von Tonböden. Hohenheimer Arbeiten, **177**, 799. Verlag Ulmer, Stuttgart 1982.

Schwerdtfeger,. G.: Genese und Nomenklatur krumenvertiefter Ackerböden. Mitt. d. dt. Bodenkdl. Ges. **25**, 633–638, 1977.

Schwerdtfeger, G.: Der Agrosol – ein krumenvertiefter anthropogener Ackerboden. 11th Congress Int. Society of Soil Science Edmonton, Canada 1978, Volume 1, Abstracts for Commission Papers, 405.

Schwerdtfeger, G.: Ursachen und Bekämpfung der Erosion auf Ackerflächen. Bericht ü. Landw., Sonderheft 197, 60–71, 1981.

Schwerdtfeger, G.: Erfordernisse und Möglichkeiten der Grundwasserbewirtschaftung, XIII. Congress d. int. bodenkdl. Ges. in Hamburg, Transactions, vol. V, 1409–1410, 1986.

Schwerdtfeger, G.: Bodenkarten zur Beurteilung von Flächen des niedersächsischen Grünbracheprogramms im Gebiet der Samtgemeinde Bodenteich, Mittlg. Dtsch. Bodenkdl. Ges., **53**, 275–280, 1987.

Schwertmann, U. und Mitarb.: Die Vorausschätzung des Bodenabtrags durch Wasser in Bayern, Bayr. Staatsmin. f. LEF, München 1981.

* Semmel, A.: Grundzüge der Bodengeographie. Teubner Studienbücher Geographie. Stuttgart 1977.

Simpson, K.: Soil. Verlag Longman, London und New York 1983.

* Sluijsmans, C.M.J.: Der Einfluß von Düngemitteln auf den Kalkzustand des Bodens. Z. Pflanzenern. u. Bodenkunde, **126**, 97–103, 1970.

Soil Survey Staff: Soil Taxonomy. Agriculture Handbook No. 436, Soil Conservation Service. U.S. Dept. of Agriculture, Washington D.C., 1975.

Standard Soil Color Charts. Farbtafel nach dem Munsell Notation System mit 389 Farben, Erläuterungen in Englisch, Französisch und Japanisch. Fnjihira Industry Co. Ltd., 11, Hongo 6-Chome, Bunkyo-Ku, Tokyo, Japan.

Stevenson, F.J.: Cycles of Soil-Carbon, Nitrogen, Phosphorous, Sulfur, Micronutrients. Verlag Wiley and Sons, New York, Chichester, Brisbane, Toronto, Singapore 1986.

* Strebel, O., M. Renger und W. Giesel: Vertikale Wasserbewegung und Nitratverlagerung unterhalb des Wurzelraumes. Mitt. d. dt. Bodenkdl. Ges., **22**, 277–286, 1975.

* Streckeisen, A.: Classification and Nomenclature of Plutonic Rocks. Recommendation. N. Jb. Mineralogie, Monatshefte, Jg. 1973, H. 4, A. 149–164, Stuttgart 1973.

Succow, M. u. Jeschke,: Moore in der Landschaft. 268 S., Urania-Verlag, Leipzig–Jena–Berlin 1986.

Thöle, R. u. Meyer, B.: Bodengenetische und bodenökologische Analyse eines Repräsentativbereichs der Göttinger Muschelkalkscholle als Planungsgrundlage, Göttinger Bodenkdl. Berichte, **59**, 230 Seiten Göttingen 1979.

Troeh F.R., J.A. Horrs and R.L. Donahue: soil and water conservation for productivity and enviromental protection. Verlag Prentice-Hall, Englewood cliffs, N.J., 1980.

Trolldenier, G.: Bodenbiologie. Kosmos-Studienbücher. Franckh'sche Verlagshandlung, Stuttgart 1971.

ULRICH, B., R. MAYER und P.K. KHANNA: Deposition von Luftverunreinigungen und ihre Auswirkungen in Waldökosystemen im Solling. Schriften a. d. forstl. Fakultät d. Univ. Göttingen, Band 58, Sauerländ. Verlag, Frankfurt a.M. 1979.

ULRICH, B. und J. PANRATH: Effects of Accumulation of Air Pollutants in Forest Ecosystems. Proceedings Workshop, Göttingen 1982.

ULRICH, M.: Interaction of indirect and direct effects of air pollutants in forests. – in TROYANOWSKY c. (Herausgeber): Air pollution and plants. VCH- Verlagsgesellschaft, Weinheim, 149–181, 1985.

VETTER, H.: Wieviel düngen? DLG-Verlag, Frankfurt/M. 1977.

VOLGMANN, W.: Landschaftsbau. Verlag E. Ulmer, Stuttgart 1979.

* WALTER, H.: Vegetationszonen und Klima. UTB – Große Reihe, Verlag E. Ulmer, Stuttgart 1977, 3. Aufl.

* WALTHER, H.W. und A. ZITZMANN: Geologische Karte der Bundesrepublik Deutschland 1 : 1 000 000 und benachbarter Gebiete. Hrsg. Bundesanstalt für Geowissenschaften und Rohstoffe, Hannover 1973.

WEBER, C.A.: Über Torf und Moore. Versuch einer Begriffsbestimmung mit Rücksicht auf die Kartierung und die Statistik der Moore. Abh. d. naturw. Vereins zu Bremen, **17**(2), 446–484, 1903.

WEHRMANN, J. u. SCHARPF, H.C.: Der Mineralstickstoffgehalt des Bodens als Maßstab für den N-Düngerbedarf (Nmin-Methode). – Plant and Soil, **52**, 109–126, 1979.

WEHRMANN J. u. SCHARPF, H.C.: The Nin-method – an aid to integration various objections of nitrogen fertilization. Z. Pflanzenernährung u. Bodenkunde, **149**, 428–440, 1986.

WEISE, O.R.: Das Periglazial: Geomorphologie und Klima in gletscherfreien, kalten Regionen. Verlag Borntraeger, Berlin–Stuttgart 1983.

WIECHMANN, H.: Stoffverlagerung in Podsolen. Hohenheimer Arbeiten, Heft 94, Verlag E. Ulmer, Stuttgart 1978.

WILDLING, L.P., N.E. SMECK und G.F. HALL: Pedogenesis and Soil Taxonomy, Part I Concepts and Interactions, Part II The Soil Orders. Verlag 1983.

* WILHELMY, H.: Geomorphologie in Stichworten, I bis III. Verlag F. Hirt, Kiel 1971/72.

* WILHELMY, H.: Klimageomorphologie in Stichworten. Verlag F. Hirt, Kiel 1974.

* WINKLER, H.: Petrogenesis of Metamorphic Rocks. Verlag Springer, New York Inc. 1974.

WISCHMEIER, W.H., und D.D. SMITH: Predicting rainfall erosion losses – a guide to conservation planning. Agr. handbook No. 537 USDA 1978.

WITHERS, B., St. VIPOND und K. LECHER: Bewässerung. Verlag P. Parey, Berlin 1978.

* WOHLRAB, B. und R. BAHR: Bodennutzung und Wasserhaushalt. Wirkungen von Eingriffen – Schutzmaßnahmen. Ber. über Landwirtschaft 50, 10–25, 1972.

* WOLDSTEDT, P.: Das Eiszeitalter. 3 Bände. Verlag F. Enke, Stuttgart 1954–1969.

* WOLDSTEDT, P. und K. DUPHORN: Norddeutschland und angrenzende Gebiete im Eiszeitalter. Verlag Koehler, Stuttgart 1974, 3. Aufl.

* WOLKEWITZ, H.: Rißbilder trocknender Tone und ihre Deutung. Z. Pflanzen-ern., Düng., Bodenkunde, 82, 17–33, 1958.

WRIGHT V.P. (Herausgeber): Paleosols, their Recognition and Interpretation, 330 Seiten, Verlag Blackwell Scientific Publications Ltd, Oxford 1983.

YAALON, D.H. (Hrsg.): Paleopedology, Origin, Nature and Dating of Paleosols. Papers of Sympos. Age of Parent Materials and Soils. Israel Universities Press, Jerusalem 1971.

ZAKOSEK, H.: Zur Genese und Gliederung der Steppenböden im nördlichen Oberrheintal. Abh. Hess. Landesamt Bodenforsch. Wiesbaden 37, 1962.

* ZIECHMANN, W.: Huminstoffe, Probleme, Methoden, Ergebnisse. Verlag Che-mie, Weinheim 1980.

Glossare

1) Ausschuß für Internationale Zusammenarbeit im Kuratorium für Kulturbauwesen: Fachwörterbuch für Bewässerung und Entwässerung, Englisch, Französisch, Deutsch. Franckh'sche Verlagshandlung, 1971.

2) Dachverband wissenschaftlicher Gesellschaften, der Agrar-, Forst-, Ernährungs-, Veterinär- und Umweltforschung e.V.: Begriffe aus Ökologie, Umweltschutz und Landnutzung. 1984

3) FREEMAN: Wörterbuch technischer Begriffe mit 4300 Definitionen nach DIN, Deutsch u. Englisch. Beuth Verlag, Berlin 1983.

4) Internationale Moor- und Torfgesellschaft: Peat Dictionary. Helsinki 1983.

5) LOGIE, G.: Glossary of land resources. Verlag Elsevier. Amsterdam, 1984

6) LOZET, J. et MATHIEU, C.: Dictionnaire de Science du Sol. Paris 1986.

7) MEYNEN, E.: Int. geographisches Glossarium. Stuttgart, 1985.

8) MURAWSKI: Geologisches Wörterbuch. Ferdinand Enke Verlag, Stuttgart 1983, 8. Aufl.

9) Soil Conservation Society of America: Resource Conservation Glossary. 3. Auflg. Ankeny-Iowa 1982.

10) SCHAEFER/TISCHLER: Ökologie, 2. Auflage, Fischer Verlag, Stuttgart 1983, (Wörterbücher der Biologie).

11) VOLLMER: Lexikon für Wasserwesen, Erd- und Grundbau. UTB Nr. 255 Fischer Verlag, Stuttgart 1973.

Zeitschriften mit bodenkundlichen Veröffentlichungen

Belgien
Pédologie
Bundesrepublik Deutschland
Allgemeine Forstzeitschrift
Geologisches Jahrbuch, Reihe F, Bodenkunde
Catena
Landwirtschaftliche Forschung
Mitteilungen der Deutschen Boden-
kundlichen Gesellschaft
Wasser und Boden
Zeitschrift für Acker- und Pflanzenbau
Zeitschrift für Kulturtechnik und Flurbereinigung
Zeitschrift für Pflanzenernährung und Bodenkunde
Deutsche Demokratische Republik
Archiv für Acker- und Pflanzenbau und Bodenkunde
Landwirtschaftliches Zentralblatt Pflanzliche Produktion
Pedobiologia
FAO, ROM
Soils Bulletin
Frankreich
Science du Sol
Großbritannien
Journal of Soil Science
Soils and Fertilizers
Geomorphology
Japan
Journal of Soil Science
Kanada
Canadian Journal of Soil Science
Niederlande
Geoderma
Plant and Soil
Österreich
Bodenkultur
Polen
Roczniki Gleboznawcze
USA
Hydrology
Journal of Soil and Water Conservation
Soil Science
Soil Science Society of America Proceedings
UdSSR
Pochvovedenie (Soviet Soil
Science)

Sachregister

Halbfett gedruckte Seitenzahlen beziehen sich auf Schwerpunkte der Ausführungen im Text, *kursiv* gesetzte Ziffern auf Abbildungen, Tabellen und Formeln.